ADVANCES OF RESEARCH ON EDITING AND PUBLISHING SCIENCE

编辑出版学研究进展
第三卷
2011年度报告

朱 宇　王彦祥

中国书籍出版社

本课题获得北京出版产业
与文化研究基地科研项目资助

图书在版编目（CIP）数据

编辑出版学研究进展. 第3卷：2011年度报告/朱宇，王彦祥
主编. —北京：中国书籍出版社，2013.11
ISBN 978-7-5068-3836-8

Ⅰ.①编… Ⅱ.①朱… ②王… Ⅲ. ①编辑工作－研究报告－
中国－2011 ②出版工作－研究报告－中国－2011 Ⅳ.①G239.2

中国版本图书馆CIP数据核字（2013）第266235号

编辑出版学研究进展（第三卷）：2011年度报告

责任编辑/庞　元
责任印制/孙马飞　张智勇
封面设计/吴凤鸣
版式设计/王若玢
出版发行/中国书籍出版社
　　　　地　　址：北京市丰台区三路居97号（邮编：100073）
　　　　电　　话：（010）52257143（总编室）
　　　　　　　　　（010）52257153（发行部）
　　　　电子邮箱：chinabp@vip.sina.com
经　销/全国新华书店
印　制/世纪千禧印刷（北京）有限公司
开　本/787mm×1092mm　　1/16
印　张/33.5
字　数/496千字
版　次/2013年11月第1版　2013年11月第1次印刷
书　号/ISBN 978-7-5068-3836-8
定　价/78.00元

序　言

郝振省

　　我国出版业正进入一个快速改革发展的时期。体制改革，机制创新，产品创新，市场运作，联合重组，资本运营，规模扩张，多元化经营，科技融合，多媒体互动，人才汇聚，国际化发展……如此等等，一发而不可收。行业里充满了新理念新战略新规划，从业者心中充盈着热情激情豪情，新书刊新文库接踵而至，新举措新创意层出不穷，新技术出版令读者喜新却不厌旧，新锐人物与资深人士交相辉映。于此情势之下，作为行业改革发展的观察者、研究者的编辑出版学研究，必定热血沸腾、文思泉涌、灵感闪现、锦心绣口、妙语连珠。在我的印象里，似乎每月都有国内乃至国际的行业高层论坛，每月都有编辑出版学重要科研课题开题、论证和结题、验收，更无论令人目不暇接的大量编辑出版论文发表——完全击碎了我过去的一个歪论，即所谓"出版经营没有太多理论值得深究，主要还是做好与内容相关的编辑出版研究"一说，那是我信口开河之误。此刻，我就在重庆至宜昌的"世纪宝石号"江轮上，伴着"滚滚长江东逝水"，与国内外数十位出版界高层人士举行"香山论坛·重庆峰会"，讨论出版业的"科技、资本、创新"诸论题。论坛屡有高论宏论新论，大有"不尽长江滚滚来"之势。我国出版行业的学术研究也正进入一个快速发展繁荣的时期。

　　我之所以发表以上感想，乃是想说明，北京印刷学院新闻出版学院王彦祥、朱宇两位研究生导师带领研究生组成的"编辑出版学研究进展学术团队"编写的《编辑出版学研究进展年度报告》（以下简称《研究进展报告》），就是在这样的形势背景下设计并完成的。行业快速发

1

展，行业研究快速跟进，快速反映行业发展状况、学科发展进程及学术前沿成果就成为一项任务。为读者及时提供相关信息，客观记录出版业和编辑出版学研究的发展轨迹，量化专业研究成果和出版业发展指标，总结出版学各方面的学科前沿成果，并指明年度研究之短长，未来研究之方向，是这个项目的主要目的。

这一研究课题所具有的实践意义、导向作用、时效价值、学术价值、文献价值是显而易见的。《研究进展报告》设置了政策解读、专题综述、新著评介、信息资料等四大部分，既有一次文献如行业新规、重要文件，也有二次文献如专业新书提要、博硕论文目录、学术会议索引，更有作为研究成果的三次文献即十几篇综述。本书采用了多种多样的研究和写作形式，具有了学术研究参考、重要文献查询、专业新作导读、研究生学习指引等多重功能。这是我初一看到全书清样便心中为之一振的第一个原因。

提出这一课题设计已属不易，因为需要眼光和心胸，而报告的编写难度则更是难以想象的，因为需要切实刻苦地去搜寻资料、整合归类、研究分析等工作。这不是某个专题论著，更不是通常学术会议的论文汇编。前者可以由论者自主展开，后者则可做开放性选编，不必有周全安排。本书是年度报告，当有全面、准确、深入、切实的要求。书中收入的十几篇综述，内容涵盖编辑出版学理论、专业教育与培训、出版业转制与改革、出版法制建设与著作权、出版组织与管理、编辑与编辑工作、图书出版、期刊出版、新媒体出版、发行营销与版权贸易、国民阅读、出版历史与文化、国外出版研究等方面。如果撰稿人没有比较广泛全面的阅读，对专业文献不做相当深入的研究，是不可能写出这样具有较高学术价值的文字的。

《研究进展报告》中选摘编辑了年度内国家新颁布的法规文件及专家解读文字，年度重要专著的评介和简明提要，年度专业学术会议、博硕论文目录等大量参考文献资料和研究信息，自然需要研究团队对编辑出版学研究的长期关注与系统性梳理，需要用心、用力、用时，下一番"死工夫"，方能做好这样的学术基础性工作。特别是，当报告被冠以"2009年"之后，时间就益发显得紧迫。40多万字的专业出版物，仅用10个月时间就编写完成并出版，这需要主编者大量时间和精力的付出，也需要团队加班加点潜心工作且甘于奉献。主编者和整个团队表现出来的奋斗精神确实与出版业改革发展的时代精神形成呼应。当第一次看到全书清样时，我不由得对主编之一王彦祥先生发出了钦佩的感叹。

本书是由导师带领在校研究生共同完成的，这种方式也引起了我很大兴趣。这样既发挥了大学教师在教学和专业研究方面的优势，也调动了研究生的学习和科研积极性，培养了他们的学术研究能力和编辑出版业务工作能力。教师和研究生密切配合，两方面的优势合理发挥，用实际行动探索了书刊编辑学方向研究生培养的新模式。本书的顺利出版，也印证了该模式的成功，实现了"学科建设与研究生培养"课题申报时的承诺，即：研究生导师和在校研究生组成学术团队，以项目研究带动教学和科研，将专业人才培养融合在课题研究和具体出版物的编写之中，有利于研究生实际能力的培养。

据我所知，《研究进展报告》的编写出版，还充分发挥了该研究团队的编辑出版学专业优势。在整个过程中，研究生根据所学专业技能，对稿件进行编辑加工、校对修改，如期交出了"齐、清、定"的书稿。研究生导师作为本书的主编，也将专业教学和编辑出版专长充分发挥出来，不仅完成了全书的选题策划、框架设计和编审工作，还将本书的编写经验作为典型案例应用于课堂教学。特别是全书由研究生自己进行版式与装帧设计，自己完成排版制作，相互配合、集思广益、勇于创新，完全是一次实习教学。作为一位业内人士，我对此很有亲切之感。

由此书的编写和出版实践的过程，想到编辑出版学科研教育的实践性问题。清代学术中颜李学派的掌门人颜习斋提倡："必有事焉，学之要也。心有事则存，身有事则修，家之齐，国之治，皆有事也。无事则治与道俱废……德、行、艺曰物，不征诸物，非德非行非艺也。"（李塨《习斋年谱》卷上）他以为，离开事物没有学问，离开事物谈学问则不是学问，在事物上求学问不实习是不行的。梁启超把颜李学派称为实践实用主义而予以基本肯定。我以为，扬弃其中的绝对实践主义的片面性，颜习斋的观点实在是值得我们借鉴的。我们的编辑出版学的科研、教育以及人才培养，应当尽可能贴近行业实际来开展。

编辑出版学是一门实实在在的应用型学问。在这里，空洞调头要少唱，空话套话要少说，而代之以生动活泼的实践研究和对事物规律性的准确把握，以及由此生发出来的理论思考和前瞻性认识，方可使得我们的科研、教育以及人才培养有实用、见实效，从而与如火如荼的行业改革发展态势相适应，并反过来为行业的科学发展提供清醒冷静的科学研究支持。"编辑出版学研究进展学术团队"的教学与科研实践正是这么做的，值得我们称道。我们有理由相信，该团队会把这项工作继续做下去，而且会做得更好，尤其是把综述文章写得更全面、更精当，更具研究者的判断力和思考力，为出版行业的科学发展作出重要贡献。与此同时，也衷心祝愿，团队最终实现教学相长、产学研互动的目标，特别是要实现既出书又出人的目的。

是为序。

目 录 contents

深度分析

新著评介

ADVANCES OF RESEARCH ON EDITING AND PUBLISHING SCIENCE

年 度 热 点

新闻出版强国研究热点扫描　　朱　宇

新闻出版总署署长柳斌杰在2010年全国新闻出版工作会议上做了题为《改革创新，科学发展，大力推动我国向新闻出版强国迈进》的主题报告，报告提出建设新闻出版强国的目标。"新闻出版强国"，作为一种战略的提出，对于提升国家综合实力，尤其是国家软实力，对于提升我国的国际地位，保障国家文化安全，满足公众日益增长的文化需求具有重要意义，因此连续两年成为编辑出版学领域关注的话题和研究热点。

一、新闻出版强国研究的量化分析

2010年，新闻出版强国研究成为当年热点议题，从研究成果检索情况看，2010年有相关学术论文12篇，2011年有学术论文近10篇，连续两年成为编辑出版学领域关注的话题和研究热点。

关注建设新闻出版强国的媒体主要有两家，分别是《中国出版》杂志社和《中国编辑》杂志社，其中《中国出版》杂志社于2010年策划"建设新闻出版强国"专栏，刊发8篇文章。《中国编辑》杂志社于2010年刊发2篇相关文章。2011年《中国出版》杂志社继续策划"建设新闻出版强国"专栏，刊发4篇相关文章。《中国出版》杂志社还于2010年策划"中国出版发展论坛"专栏，刊发2篇文章。

有关研究建设新闻出版强国的作者有近20人。一个作者发布多篇作品的作者是新闻出版总署的柳斌杰和柯维。

作者单位有新闻出版总署、地方出版局、出版企业和新闻出版研究单位。其中，新闻出版总署6人次、地方出版局2人次、出版企业4人次，新闻出版研究单位3人次。

二、新闻出版强国研究热点的背景分析

新闻出版总署署长柳斌杰在2010年全国新闻出版工作会议上做了题为《改革创新，科学发展，大力推动我国向新闻出版强国迈进》的主题报告，报告提出大力推动我国向新闻出版强国迈进，不仅意义重大，而且条件具备。第一，国家经济的持续快速健康发展为新闻出版业加快发展奠定了强大的经济基础。"十一五"以来，国家对文化产业尤其是新闻出版产业投入持续增加，并制定了一系列优惠政策，为推动新闻出版业发展方式转变和结构调整发挥了关键性作

用。第二，党和政府的高度重视为新闻出版业加快发展奠定了坚实的政治基础。党的十六大以来，党和政府把文化发展置于中国特色社会主义事业"四位一体"总体布局中统一部署、全面推进，并制定了国家《文化产业振兴规划》，为新闻出版业破解深层次矛盾、解决突出问题，推动新闻出版业又好又快发展提供了强大的政治支持。第三，中华优秀文化传统与社会主义先进文化为新闻出版业加快发展奠定了深厚的文化基础。五千年的中华文明为我们积淀了深邃厚重的精神宝库；社会主义先进文化的发展繁荣、马克思主义学习型政党建设目标的提出和学习型社会的推进，为提升我国新闻出版传播力和影响力提供了良好的文化条件。第四，全面建设小康社会进程的不断加快为新闻出版业加快发展奠定了广泛的社会基础。人民群众精神文化需求日益多样性和个性化，使文化市场需求不断增长，催生了新兴业态的迅猛发展，为产业的发展繁荣拓展了巨大的市场空间。第五，文化体制改革为新闻出版业加快发展奠定了良好的制度基础。随着改革的不断深入，逐步破除制约新闻出版业发展的体制机制障碍，进一步解放了新闻出版生产力和创造力，智慧的中国人民文化创新、创意、创业的精神空前振奋，一定能在人类精神文化的宝库里增加当代中国人的实践创造成果和传世文化珍宝。

三、新闻出版强国研究的落点分析

（一）研究新闻出版强国的含义

什么是新闻出版强国？郭振兰认为《国际竞争力与新闻出版强国》（《中国出版》2010-8下）有一批畅销国际且内容对人类进步有引领作用的图书，较好利用当今最先进的数字出版传播技术，拥有一批自主知识产权和知名品牌，有一批国际竞争力很强的大中型新闻出版传媒企业。

周蔚华提出新闻出版强国是以质为本质特征、以国际目标为参照系、包含质和量相统一的范畴。认为出版强国首先是建立在出版的高质量的基础上，出版强国就是以质为基础的、质和量的统一。出版强国不是纵向比较，而是横向比较，是按照当下的国际标准，是和国际上出版强国之间的比较，只有与当下国际上的出版强国处在同一水准，才能真正称得上是出版强国。作者认为出版强国应该具有十个主要标志或主要特征：第一，新闻出版业要具有与硬实力相匹配的软实力；第二，新闻出版产业具有较强的综合实力；第三，新闻出版企业和出版品牌具有很强的国际影响力；第四，出版物具有核心竞争力和较高的国际市场占有率；第五，新闻出版企业的经营模式具有较强的创新力；第六，出版技术在国际上具有引领力；第七，新闻出版机制具有灵活的应变适应力；第八，在新闻出版业建立较为完善的公共服务体系；第九，在出版国际组织和国际规则制定中有较强的话语权力；第十，在国际出版舞台上有一批活跃的出版人才。

（二）研究新闻出版强国发展目标

新闻出版总署署长柳斌杰在2010年全国新闻出版工作会议上的主题报告提出建设新闻出版强国的目标。报告指出综合判断未来十年世界新闻出版业发展趋势和我国全面建设小康社会进程以及新闻出版业的基础条件，今后十年我国建设新闻出版强国的发展目标是：到2020年，新闻出版产业总产值占当年全国GDP的5%左右，成为国家经济发展的重要产业；基本实现全国年人均消费图书6册、期刊3.2册，报纸每千人日130份以上；数字媒体等新兴产业的发展达到世界先进水平。

（三）研究新闻出版强国建设内涵

仇英义认为，要全面提高新闻出版公共服务体系的水平和质量，创造出更多社会效益与经济效益俱佳的新闻出版产品，为人民群众提供基本、均等、便利的新闻出版公共服务，满足人民群众日益增长的多样化、多层次、多方面的精神文化需求，保障公民的基本文化权益。简言之，构建与新闻出版强国相符的公共服务体系，也是建设新闻出版强国的题中应有之义。

刘晓凯认为建设新闻出版强国的基本思路和战略重点是："三大指标"的战略目标，"八个形成"的新格局，"六个应当"、"四个一批"、"四个更加"的衡量标准。

"三大指标"的战略目标，即到2020年，新闻出版产业总产值占当年全国GDP的5%左右，成为国家经济发展的重要产业；基本实现全国年人均消费图书6册、期刊3.2册，报纸每千人日130份以上；数字媒体等新兴产业的发展达到世界先进水平。

"八个形成"的新格局，即形成科学合理的新闻出版产业结构；形成能够创造出更多社会效益与经济效益俱佳的新闻出版产品的生产机制；形成一批拥有自主知识产权和知名品牌、国际竞争力较强的骨干出版传媒企业；形成以企业为主体、市场为导向、产学研相结合的新闻出版创新体系；形成统一开放、竞争有序、健康繁荣的新闻出版市场体系；形成参与国际竞争的体制机制；形成宏观调控、依法行政、公共服务和市场监管到位的政府行政管理机制；形成一支适应新闻出版业发展新要求的高素质人才队伍。

"六个应当"、"四个一批"、"四个更加"的衡量标准，即应当用社会主义核心价值体系引领社会思潮；应当以传输快捷、覆盖广泛的现代传播体系为重要载体；应当建立起现代新闻出版产业体系；应当构建起覆盖城乡的公共服务体系；应当形成多层次、全方位、广覆盖的"走出去"新格局；应当拥有一批科技含量高的新型业态、一批世界知名的出版传媒集团、一批国际影响力大的出版品牌、一批创造活力竞相迸发的各类人才，等等。

吴劭文认为要实现2020年将我国建设成为新闻出版强国的战略目标，需要全行业上下一盘棋，立足当下，着眼全局，协调一致，步步为营。就宏观而言，要着力下好三局棋。第一局棋：构建坚强有力的国家保障体系。第二局棋：营造绿色健康的生态环境体系独享的保护政策。第三局棋：健全完善有序的公共服务体系。

于殿利提出建设新闻出版强国应当重视品牌的力量，加强品牌建设，图书装帧设计与品牌的管理也很值得探讨。

（四）建设新闻出版强国的关键问题

郭振兰认为建设新闻出版强国关键问题是"提高新闻出版业的国际竞争力"。何军民认为如要实现今后10年把我国建设成为新闻出版强国目标，最为关键的是"确立新闻出版强国的评价标准"。作者认为，评价标准不应该简单地归于某一方面，它应该是一个由几个核心要素构成的标准体系，至少应该包含五个方面：第一，有利于行业健康发展的顺畅体制；第二，新闻出版产品具有丰富的文化含量；第三，一支愿创新、能创新的人才队伍；第四，有一套清晰明确的战略规划；第五，有一个促进新闻出版业发展的全民阅读氛围。

刘晓凯提出观照西方文化强国发展的轨迹，要发展成为文化强国，一是其文化产业在本国GDP中应占有重要比例，成为国家重要的支柱产业；二是具有很强的内容创新能力，在科技、文化、艺术发展等方面发挥主导作用；三是在国家经济社会发展中越来越具战略地位，在国家核心价值体系和意识形态的传播力和影响力方面越来越强势；四是在提升文化软实力和综合国力竞争中发挥着更加突出的作用。

赵卫斌认为建设新闻出版强国要以打造一批拥有自主知识产权和知名品牌、国际竞争力突出的骨干新闻出版传媒企业为突破口和重点。

（五）研究建成新闻出版强国的途径与方法

郭振兰认为成为新闻出版强国最直接的办法是提高国际竞争力。必须从市场竞争的角度和国际高度思考问题，从政府到企业都为培育竞争市场、培育市场主体、培养有竞争力的人才、掌握和利用有竞争力的科学技术而努力。提高国际竞争力的具体建议是：第一，转变政府职能，培育竞争市场。第二，深化体制改革，培育市场主体。第三，培育有国际竞争力的市场产品。第四，积极掌握和充分利用现代科学技术。第五，加紧培养参与国际竞争急需的高素质人才。第六，积极拓宽资本来源渠道。还可设立国家专项资金，吸引更多的社会资本参与新闻出版产业发展，逐步建立多元化的投资融资体系，为建设新闻出版强国服务。

何军民提出确立新闻出版强国的评价标准应该采取的战略规划主要包括：第

一，要大力推进出版改革，使新闻出版单位尽快转变为真正意义上的市场经营主体，以便整个行业在同样的轨道上和国际同行业进行竞争。在此基础上，要鼓励发展思路明确、实力强大的新闻出版企业跨区域重组，建立起超大型新闻出版传媒集团，重新配置资源，打破市场分割和地区封锁等障碍。第二，要大力推动新兴新闻出版业态的发展。第三，要加大对新闻出版业"走出去"工作的引导和支持力度。政府要通过相关行业协会组织相关培训和考察，让新闻出版企业从业人员熟悉国际版权贸易的交易规则，培养起一大批懂业务、懂法律、懂文化的专业化人才，为新闻出版"走出去"贮备好人才资源。

宋焕起通过重新定义传统出版的意义，从另一个角度给"新闻出版强国建设"建言。作者提出在出版的数字时代，既要有危机与忧患意识，更要有信心与勇气，要研究和寻找攻守之道，做好我们应该和能够做好的事情。认为传统出版与新媒介的价值和功用不可以简单地比较和臧否。认为攻守之道是把握纸介图书的三大特质——纯粹，突出的文化属性，内容的系统、完整和逻辑性。做传统出版最应当、最得心应手、最体现自身价值，具有突出的个性品质、品相、品位，其他媒介无法或难以替代的"这一个"的事情，即：一做经典；二做深度；三做文献；四做收藏；五做审美；六做从容。

李保东提出全民阅读是构建新闻出版强国的基础和平台，作者以珠三角为研究视角，探讨全民阅读与新闻出版强国建设的内在联系与规律。作者提出未来 10 年，要真正实现新闻出版由"量变"到"质变"的跨越，必须在深化全民阅读上苦下功夫。作者的具体建议是：第一，设立国家读书节，将全民阅读作为国家战略。第二，打造精品，以精品读物引领社会阅读。第三，加大公共财政投入力度，发挥图书馆全民阅读阵地作用。第四，关注数字阅读，不断创新阅读方式。第五，关注弱势群体，不断扩大阅读覆盖面。第六，创新阅读机制，调动社会力量推广阅读。

刘海泉提出建设信息时代新闻出版强国的对策建议是：借船出海，建立大出版"统一战线"；高端定位，加快研制个人信息终端；吸收借鉴，实现数字版权保护关键技术的突破；完善机制，大力提高新闻出版产业的科技含量。

（六）研究建设新闻出版强国面临的问题及破解途径

刘晓凯认为制约我国新闻出版向强国迈进的主要问题，表面上看是公共文化基础设施欠账过多，文化产品和服务供给不足等问题；深层次看是新闻出版思想观念、体制机制、结构转变和发展方式等问题。破解问题的关键是增强"软实力"，要用"硬功夫"。

四、新闻出版强国研究的作者构成分析

从研究成果检索情况看，有关新闻出版强国研究的作者单位有新闻出版总署、地方出版局、出版企业和新闻出版研究单位。其中，新闻出版总署6人次、地方出版局2人次、出版企业4人次，新闻出版研究单位3人次。

作者构成直接影响到新闻出版强国热点研究的落点、对政策的把握、分析问题的方法等。

从研究成果看，出版决策机关、政策的制定者从更高的层面，多角度阐释对建设新闻出版强国目标的理解，对出版研究者、出版工作者提供很好的研究思路；出版教育工作者和出版科研人员，由于大多受过严格的学术训练，遵循学术规范，对建设新闻出版强国研究更多的长于学理分析；出版实践的管理者和从业者，对出版业实践，尤其对新闻出版强国有着较为清晰的认识，长于问题研究；传播学、经济学等相关学科的研究者，将新闻出版强国问题作为切入自身所在的学科领域的一个视角，运用新的方法，提出新的观点。

五、新闻出版强国研究的出版单位分析

从研究成果检索情况看，有关新闻出版强国研究的热点推动力量主要是期刊社。2010年2月《中国出版》就全文刊发了新闻出版总署署长柳斌杰在2010年全国新闻出版工作会议上的主题报告。柳斌杰在题为《改革创新，科学发展，大力推动我国向新闻出版强国迈进》的报告中，提出我国新闻出版业经过改革开放30年，特别是党的十六大以来的跨越式发展，各方面都取得了丰硕成果，已进入一个新的发展阶段。站在新的历史起点上，必须瞄准世界新闻出版强国，将今后十年我国新闻出版工作的主攻方向和新闻出版业的发展目标确定为：向新闻出版强国迈进！随即在2010年10月和11月，2011年的1月、2月持续、集中刊发相关文章。发挥了舆论领袖的作用，对引导、深化新闻出版强国研究产生积极的影响。

结　语

2011年是"十二五"的开局之年，"十二五"规划对新闻出版单位在国家政治文明、精神文明建设，在文化建设中应承担的社会责任提出了新的要求，继2010年建设新闻出版强国的话题成为该年度各方面关注和研讨的热点之后，2011年该话题继续成为业界、学界关注的焦点，研究更为系统、深入。

撰稿：朱　宇（北京印刷学院）

主要参考文献：

[1] 柯维. 中国成为新闻出版强国的战略思考. 中国编辑, 2010（1）

[2] 郭振兰. 国际竞争力与新闻出版强国. 中国出版, 2010（8 下）

[3] 周蔚华. 新闻出版强国论. 中国出版, 2011（1 上）

[4] 蒋建国. 深化改革是迈向新闻出版强国的必由之路. 中国出版 2010（2 上）

[5] 仇英义. 对构建与新闻出版强国相符的公共服务体系的思考. 中国出版, 2010（11 上）

[6] 刘晓凯. 深入探索新闻出版发展规律, 努力实现新闻出版强国目标. 中国编辑, 2010（2）

[7] 吴劲文. 建设新闻出版强国需要下好三局棋. 中国出版, 2012（12 上）

[8] 于殿利. 论品牌建设与新闻出版强国——从装帧设计谈起. 中国出版, 2010（11 上）

[9] 任殿顺. 从几组数据看我国与发达国家新闻出版业的差距——兼议建设新闻出版强国的标准. 中国出版, 2010（11 上）

[10] 曹晓娟, 方允仲. 在低碳化转型中打造新闻出版强国——关于建立新闻出版业低碳产业体系的思考与建议. 中国出版, 2010（12 上）

[11] 何军民. 确立评价标准体系, 实现新闻出版强国建设目标. 中国出版, 2010（12 上）

[12] 赵卫斌. 建设新闻出版强国要以打造骨干企业为突破口. 中国出版, 2010（10 上）

[13] 张宗芳. 新闻出版强国评估指标体系研究设计. 中国出版, 2011（2 上）

[14] 宋焕起. 攻守之道: 重新定义传统出版的意义——从另一个角度给"新闻出版强国建设"建言. 中国出版, 2011（1 上）

[15] 李保东. 以深化全民阅读力促新闻出版强国建设——基于珠三角地区的视角. 中国出版, 2011（2 下）

[16] 刘海泉. 建设信息时代的新闻出版强国. 中国出版, 2011（2 上）

[17] 陶喜红, 张芸. 基于 SWOT 分析的新闻出版强国发展战略研究. 中国出版, 2011（2 下）

透视出版史研究中的"民国"情结　　于　文

近年来，文化界与学术界兴起了一股喧闹的民国热，以纪念辛亥革命百年为高潮。或是对民国服饰、民国建筑、民国课本的集体怀旧，或是对民国人物、民国历史的新说新解。这是一个离我们不远的时代，最容易引起与现实的联想对照；这也是一个多彩斑斓的时代，各种异邦与新生的事物在此交汇；这又是一个独特而飘摇的时代，留给我们无限的猜想与假设。正因如此，民国出版史的研究也显得格外热闹。近年来，围绕民国出版史的专著出版、论文发表、课题研究、硕博论文、学术会议层出不穷，使出版史研究浸淫在浓郁的"民国"情结之中。为此，有必要对于出版史研究中"民国情结"的成因与得失进行反思，这对于提升出版史研究的学术自觉有重要意义。

民国出版史研究是出版史断代研究中的重要组成。凡是以出版及相关活动为研究对象，研究时段在"中华民国"期间内（1911～1949）的学术研究，都可视为民国出版史研究。对超出这一时间范围，但是以民国为主要研究时段的相关研究，同样可归属为民国出版史研究。以此标准，近年来民国研究在整个出版史研究中所占的比例非常高，而且连年上升。通过对近三年出版史研究成果的量化分析，清晰地表明了这一点。而针对民国出版史研究文本的内容分析，能进一步揭示出版史研究取得的进展与存在的问题。

一、出版史"民国热"的定量验证

出版史中的"民国热"应当是出版学界大多数研究者共同的直观感受。但事实情况还需要依靠实证分析。为确保分析样本的全面客观，笔者采用"北京印刷学院编辑出版学研究进展课题组"所发布的专业检索结果作为基础数据。该检索结果对国内主要检索性期刊进行全面采集，并通过补漏、查重和综合保证了结果的权威性与客观性。本次调查研究对象包括学术期刊论文、学术专著和硕博学位论文三项，涵盖了出版史研究成果的主要发表形式。笔者在此基础上，结合文献的全文内容逐一进行内容甄别和性质分类，获得了2009年～2011年国内出版和发表的民国出版史研究成果的数量和品种，并依据数据统计完成本文。

（一）期刊论文中的"民国热"

期刊论文是出版史研究最重要的阵地，反映了出版史研究的最新趋势。统计数据表明，2009年发表的以出版史为主题的学术期刊论文数量共计131篇，其中民国出版史论文为31篇，占出版史论文总篇数的23%。这个比重相对来说是合理的，与民国出版史在出版史整体研究中的分量相符合。但从2010年开始，民国出版史研究开始出现急剧的升温。2010年发表的出版史期刊论文为190篇，其中民国出版史论文就高达93篇，占出版史论文总篇数的49%。2011年民国出版史论文篇数占全年出版史总篇数的比值进一步上升到53%。发表的出版史论文篇数为260篇，其中民国出版史论文篇数为137篇。近三年期刊论文的量化统计形象地反映了"民国"出版史研究的升温态势，出版史"民国热"是不争的事实。

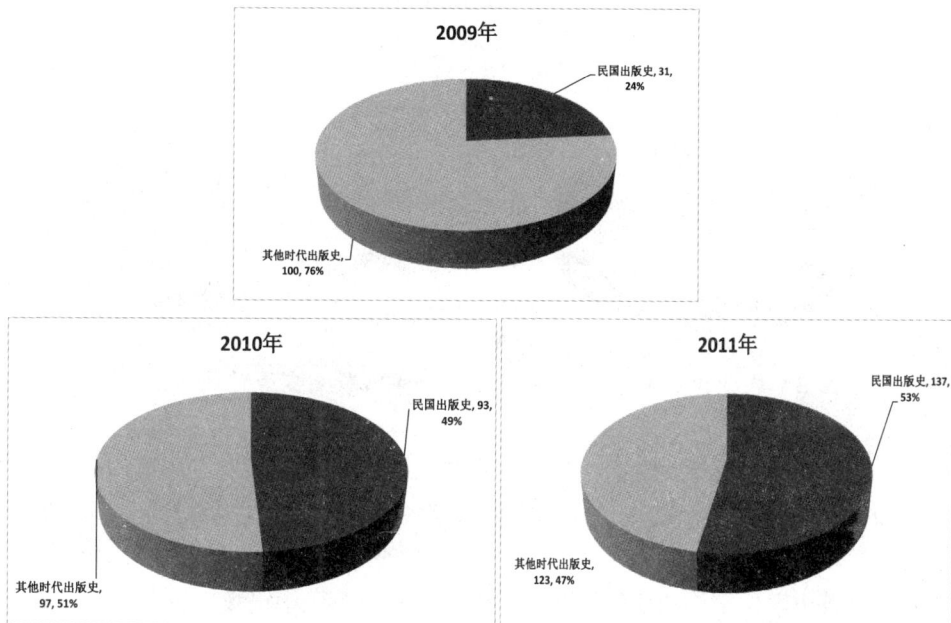

图1 民国出版史论文发表篇数占全年出版史论文篇数的比值

（二）专著出版中的"民国热"

2009年以来的出版史研究专著出版统计结果显示了同样的趋势。2011年全国出版史相关专著出版种数为41种，其中超过半数为民国出版史专著，计22种，民国出版史占当年全部出版史研究的比例为51%。该比值不仅连续三年增长，而且首次突破半数。此前的2009年和2010年，该比值分别为29%和48%。其中2009年出版史专著总计14种，民国出版史种数4种；2010年出版史专著总计42种，其中民国出版史种数20种。

2009年

民国出版史, 4, 29%

其他时代出版史, 10, 71%

2010年

民国出版史, 20, 48%

其他时代出版史, 22, 52%

2011年

其他时代出版史, 19, 46%

民国出版史, 22, 54%

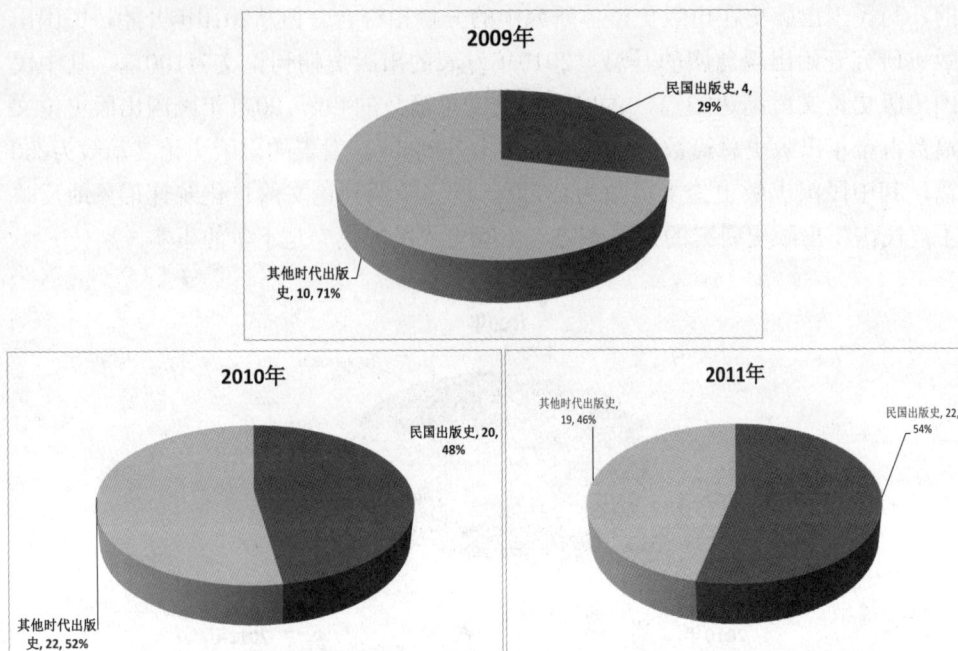

图 2　民国出版史专著出版种数占全年出版史专著种数的比值

（三）硕博学位论文选题中的"民国热"

硕博学位论文是出版史研究的重要组成，每年全国以出版史为主题的学位论文，数量都在百篇以上。根据对近三年获得学位的硕士、博士论文的统计，2009年出版史学位论文的篇数为46篇，而其中30篇为民国出版史论文，比例高达65%。而2010年和2011年的出版史学位论文中也都有一半左右的论文选择以民国出版史为主题。其中，2010年民国出版史论文占全年总数的50%，2011年该比值为48%。

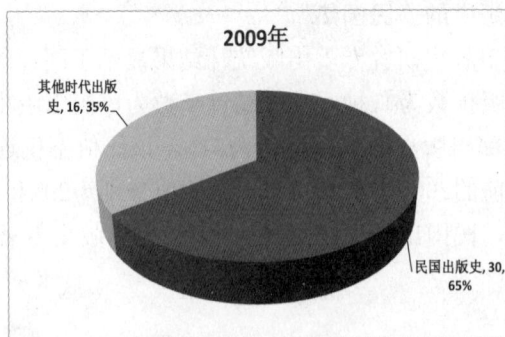

2009年

其他时代出版史, 16, 35%

民国出版史, 30, 65%

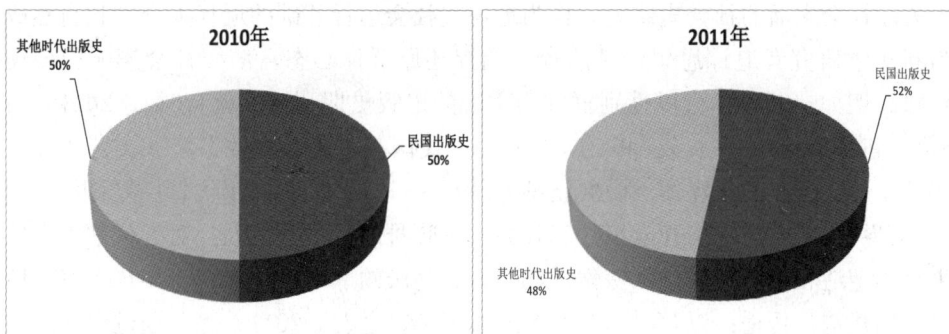

图3　民国出版史硕博学位论文占全年研究生学位论文篇数的比值

民国出版史只有短短38年的历史跨度，而中国出版自"书于竹帛"的时代起至今，已有上下两千余年的历史。两者相比，民国出版史在绵长的中国出版史进程中只能算转瞬之间。因此，民国出版史的时间跨度与近年来的民国出版史的研究成果数量形成了鲜明的反差。围绕38年的民国出版史，我国每年产出的学术论文、专著和学位论文的数量占到了整个出版史研究（包括外国出版史研究）的半数之多。

数据统计结论表明，出版史研究中的"民国"情结不仅仅是普遍的主观印象，而是的的确确的客观事实。民国出版史研究的热度与出版史研究所应达到的广度是不相符的。因为作为出版历史最悠久的国度之一，同时也是纸质书与印刷书历史最长的国家，中国出版史的研究从断代角度来看，是非常丰富的。其中既有两宋、明清等传统热点年代，也包括先秦、新中国、数字出版时代等亟待深入挖掘的研究时段。因此这种与时间跨度极其不匹配的"民国热"，蕴含了诸多出版史研究的深层次问题，有必要从产生原因和文本内容等角度进行深入探究。

二、近三年"民国"出版史研究的特点

透视出版史研究中"民国热"，成果数量只是一个方面。要达到对"民国热"的全面反思，需要分析"民国热"的成因、趋势及其影响。因此，首先应当从选题内容、研究者构成和出版单位等多角度对近三年的"民国"出版史研究的整体状况进行归纳分析。

（一）选题热点分析

民国出版史研究近年来较为突出的选题热点是思想史和社会生活史等近现代史学研究主题。受西方"新史学"和"新文化史"等史学潮流的影响，近年国内的史学研究更为重视以关注民众"智识"（intellectual）的心态文化史和更

加关注社会生活的社会史研究。作为近现代社会运行基础的近代大众书刊自然成为新史学研究者追踪思想传播路径，捕捉还原群体心态，演绎社会影响的最佳材料。例如，2010年仅以性别群体为主题的出版史期刊论文就有3篇，2011年为5篇。包括贾佳的《〈良友〉和〈生活周刊〉：民国都市"新女性"》（文艺研究，2010年）、侯杰的《媒体 性别 抗战总动员——以20世纪30年代〈世界日报〉副刊〈妇女界〉为中心》（南开学报，2010）、王晓丹的《〈妇女杂志〉对近代都市女性生活的塑造和影响》（学术探索，2011）、马庆的《20世纪二三十年代上海女性时尚的建构与传播：以〈今代妇女〉为例》（编辑之友，2011）等，通过对期刊的研究，围绕新女性意识、女性生活等现代性主题进行了深入研究。

学科史和行业史等专史研究也是新兴研究热点。出版史所具有的魅力，使其不仅仅得到了文化史和社会史等历史学家的偏爱，而且受到了来自于其他学科史专家的特别关注。文学史、科技史等学科史和行业史等专史研究者都不约而同地选择印刷出版物作为材料，运用出版史研究的范式与方法，将单纯研究学科知识和思想发展的内史转向以学科著作、报刊出版来揭示学科社会关系的外史。民国时期正是我国各种现代学科和行业发端发展的关键时期，学科的出版史因此成为研究热点。文学是依靠文字传播的艺术形式，因而与出版史的关系最为密切，是传统的研究主题。例如近年发表的陈传芝的《抗战时期商务印书馆的外国文学译作出版》（编辑之友，2010）及张霞的博士论文《出版与近代文学现代化的发生》（复旦大学）都进一步深化了出版与文学的关系研究。科技传播史也是传统热点，但传统研究一般立足整体现代科学的出版传播研究，而近年来的科技出版史研究更加细化，具体到医学、数学、生物和无线电等专门学科。例如《〈国立湘雅医学院院刊〉的创刊及其科技史价值》（2010）、《〈科学〉与生物进化论在中国的传播》（2010）、《博物学会杂志》与其生物学知识传播、《〈无线电月报〉首开中国无线电专业期刊先河》（2011）、《〈西北学术〉与现代数学在西北的传播》（2011）等。最引人瞩目的发展是体育、美术、音乐等学科的出版史研究都大幅增加，标志着民国出版史研究的广度进一步扩展。例如陈刚的《民国期刊〈体育季刊〉研究》（2011）、岳虹妍的博士论文《上海〈勤奋体育月报〉研究》；卢培钊的《〈美术生活〉：民国时期美术大众画报之范例》（广西民族大学学报，2010）、赵贤贤的《抗战烽火中的桂林美术期刊》（艺术探索，2011）；祁斌斌的硕士论文《1937年以前中国音乐期刊文论研究》（中央音乐学院）、翁娜的硕士论文《商务印书馆与中国近代音乐文化传播研究》（河北师范大学）等。这些国内的研究者在对各自学科的学术史提出了别开生面的新诠释的同时，也进一步充实和发展了民国出版史的研究内容。

民国时期中国共产党领导的出版事业是民国出版史的重要组成，也是新中国出版业的根基。相对于民营出版业的研究而言，解放区出版史研究相对薄弱。但近年来，越来越多的研究者发现，共产党领导的出版事业是非常重要的历史宝藏，对于揭示中国出版业发展的完整脉络有重要意义。因而，关于中国共产党的抗战出版研究近两年也逐渐升温。这其中有研究解放区出版事业的论文，如王海军发表于《新闻与传播研究》的《抗战时期陕甘宁边区"红色图书"出版发行探析》（2011）以及郭国昌的《新华书店与解放区文学出版体制的形成》（中国现代文学研究丛刊，2010）等；还有的论文是探究中国共产党的思想抗战活动，如张晓玮的《抗战时期中共海外华文报刊的舆论策应》（社会科学辑刊，2010）、经盛鸿的《延安中共报刊和图书对日军南京大屠杀的报道与评论》（中共党史研究，2010）等。

（二）作者构成分析

研究者分析是追踪研究动向的核心指标。民国出版史作为一个热门研究领域，绝不是某个学科的研究者能够完成的。同样，一个有生命力的研究领域应当能够吸引来自不同学科领域的研究者共同开垦挖掘，这是学科发展的良性之路。通过对2010年至2011年，民国出版史学术期刊论文发表的核心作者进行分析，我们可以看到民国出版史学科的作者学科构成日趋合理，但仍然存在不足。

通过统计分析，近两年内发表民国出版史期刊论文数量超过2篇的作者为14人。其中，西北大学编辑出版与传播科学研究所的姚远教授发文7篇，均为合作论文。其次是来自同一研究中心的李楠，两年内发表了4篇，且均与姚远合作发表。紧随其后，另有3位作者发表了3篇论文，分别为汪家熔、范军和杨军。其余的9位作者均发表两篇论文。根据作者的工作单位，研究者的所属专业可分为4类，分别是传播学（包括编辑出版学）、图书情报学、文学和教育学。人数最多的是传播学（包括编辑出版学），一共有10位研究者。其中7位来自高校的新闻与传播学院，分别是华中师范大学的范军、河南大学的黄雅玲、西北大学的姚远和李楠、湖南大学的陶贤都、北京印刷学院的王瑞、陕西师范大学的杨军、黑龙江大学的王雷。另有两位来自出版业界，同时也是资深的出版史研究者，分别是商务印书馆的汪家熔和三联书店的樊希安。图书情报学背景的学者为两位，分别为武汉大学的吴永贵和广西图书馆的廖晓云。来自文学专业的学者有3位，分别是四川大学的陈传芝、汕头大学的陈方竞、武汉大学的韩晗。来自教育学专业的核心作者1位，为华中师范大学的喻永庆。

核心作者中最突出的群体是西北大学姚远教授领导的科技期刊传播史研究团队。近年来，该团队针对民国时期的科学技术期刊展开了系统和持续的研究，将科技期刊传播史研究拓展到了自然科学的各主要领域。这些研究不仅分析期刊出版和发行，而且着重研究传播过程和传播影响研究，进一步发展了出版史的研究范式。通过对作者专业的统计分类可知，虽然民国出版史研究议题愈发广泛，研究者的学科构成愈加多样，但民国出版史研究的核心作者依然集中在编辑出版学的学者之中。该现象说明对其他学科的研究者而言，民国出版史研究更多只是一种研究路径，是服务于他们的研究问题的方法与材料。这说明民国出版史研究的主流研究依然限于出版学科的范围内，作为一个多学科交叉的研究领域尚未完全形成。

（三）出版单位分析

出版单位的分布情况可以反映一个研究领域在学科共同体中的影响。通过对两年来民国出版史论文出版单位的统计分析，民国出版史期刊论文的发表相对集中，有近100篇论文发表在14种主要刊物上。按照《中文社会科学引文索引》的分类办法，这14种重点刊物中有11种为新闻传播学类期刊，按照发表篇数分别为《编辑之友》27篇、《中国出版》16篇、《出版发行研究》11篇、《出版科学》5篇、《编辑学刊》4篇、《现代传播》4篇、《中国科技期刊研究》4篇、《编辑学报》3篇、《国际新闻界》3篇、《新闻界》3篇、《中国图书评论》3篇。其余3种重点期刊均为大学学报类期刊，分别为《北京印刷学院学报》6篇、《西北大学学报》5篇、《陕西师范大学学报》3篇。重点期刊的分布情况反映民国出版史研究成果集中发表在新闻传播类（主要是编辑出版类）刊物上，SCCSI来源期刊和扩展版中的11种编辑出版类期刊，除了《现代出版》、《中国编辑》和《科技与出版》三种期刊外，均发表了超过3篇的民国出版史论文。其中《编辑之友》在两年内发表了高达27篇的民国出版史论文。但历史学类、图书情报类和综合社会科学类的类别的学术期刊中发表的民国出版史论文，则只是零星分布。由此可见，民国出版史研究并没有在综合社会科学和相关学科的研究中形成足够的影响和发展势力。

三、"民国情结"的成因

民国出版史占据了全部出版史研究的半壁江山，其中虽有跟风之因素，但也是由多种历史与内在因素共同作用之使然。从民国出版史的时代特性、出版史研究的现实意义、出版史的外延范围、出版史学的历史脉络以及研究者学科来源等多角度看，出版史"民国热"的形成存在必然性。"民国情结"的成因反映了出版史学科发展的现实趋势。

第一，民国出版业的现代性。"中华民国"是中国现代出版业的发端期，是现代出版业研究的起点。出版是文化的子系统，是文化积累、文化再造和文化传播的主要方式，这是出版社会功能不变的一面。出版史的研究也应该是涵盖各个时段的整体研究。但出版业具体的社会功能却因时而异。传统社会的书籍传播囿于少数统治集团及附属知识阶层，政府和私人财富投入的官刻、私刻基本能满足上层阶级的阅读需求。而中国近代化转型，尤其是城市文化与资本主义的发展，使各社会阶层产生新信息需求。民众通过新式教科书和文库读本接受学校教育和知识普及，通过报刊获取参与现代生活的实用信息，通过通俗文学进行消遣阅读；行业能人通过著述与同行分享专业经验；知识分子通过译书著书展开新知与学术的共时交流。这些新的写作与阅读是现代性社会得以建构的基础。传统出版的生产方式与产能无法胜任这些全新的社会交往，需借助产业化手段，由专门的出版机构组织生产，并由物质生产部门和全国商业网络配合，才能保障投入与生产的持续性。因此，民国出版业构筑了全新形态的出版文化，以社会化大生产为本质特征，并派生出生产机器化的技术特征、资本社会化的经营特征和阅读大众化的消费特征。

民国时期的现代出版业在构建和维系现代性方面发挥了极其重要的基础作用，这是民国出版史研究成为研究热点的重要原因。作为中国构建现代国家的最初尝试，民国史的研究重点集中在现代国民的形成、现代观念的萌发、现代文化的创立、现代经济的运行等基本问题，而这些议题所要触及的基本问题便是通过书刊传播缔造起来的全新的社会交往结构。因此，民国出版史的研究者的学科构成在中国出版史研究中是最为多元的，其中以研究近现代史特别是社会文化史方向的历史学者为主体，还包括了来自其他学科的文学史、艺术史、学术史、科学史、政治史等不同学科领域的学者。这正是民国出版史所展现的丰富性使然。

第二，民国出版史的现实意义。以晚清时期教会出版和官书局为先导，民国时期的民营出版企业孕育了全新的出版观念、出版制度与出版物，这段时间不长却功绩斐然的探索对于中国出版业和出版学的研究而言具有重要现实意义。出版史是专题史，也是行业史，特别是作为出版学的学科组成，出版史研究比纯粹的历史学科更关注现实意义，更关注出版史研究对出版本质规律的揭示以及出版发展实际的启示。

虽然民国时期的出版业与我国目前正在建立的与社会主义市场经济相配套的现代出版产业存在本质区别。但对于当下中国而言，民国出版家们从无到有建立中国现代出版业的探索与经验是弥足珍贵的。中国目前进行的出版改革存在双重转轨。一方面由事业向企业、计划向市场转轨，另一方面要建立与时代发展和国际趋势相适应的现代出版产业。由于长期的计划经济体制，中国的现代出版产业发展缺乏中国经验，而照抄西方模式又不能适应中国文化与中国社会的特点。民国出版业曾经孕育了以商务印书馆、中华书局为代表的世界级出版企业，也催生了众多如新潮社、北新书局等具有创造活力的小型出版社，更成就了张元济、邹韬奋等堪为后世楷模的出版大家。更为重要的是民国出版业是中国知识分子第一次走向民间，以文化实业救国的努力实践，他们形成的出版精神和价值观念正是今天中国出版业需要继承和发扬的。所以说民国出版企业与出版人物曾经达到的高度是今天的中国出版业尚难以企及的，而挖掘这些出版机构与人物的成功之道与精神内核是出版史研究的重任。

第三，民国出版史研究对象的丰富性。印刷出版史研究所涵盖的出版物类型主要以图书和期刊为主（报纸在学术传统上为新闻史的研究对象）。从晚清的近代出版业萌芽开始，期刊逐渐成为中国出版业的主要出版物类型，到民国时期达到高潮。不仅商务、中华等大出版公司形成了涵盖社会各阶层各领域的期刊体系，而且知名的生活书店、良友图书等公司更是以期刊作为出版主业。期刊因为连续出版和内容丰富等原因，成了各学科的研究者探究社会历史变迁的最佳档案资料。而古代出版史的研究，因为出版物类型的局限，主要以图书出版研究为主。因此，这也是民国出版史成果数量要远远超过其他时段研究的主要原因。

第四，民国出版史的再发现。因为特定的历史原因，新中国成立以来的民国史研究一直较多地受到政治因素的干扰。所以从20世纪90年代出版史研究复兴以来，民国出版史的研究长期受到冷落，与古代史的研究热不可同日而语。随着社会环境和学术氛围的改变，近年来的民国史研究开始了新一轮的"再发现"过程，对一些历史事件、人物的认知也在发生变化，具体细节受到重新检视。"解封民国"成为民国热的基本原因，也是出版史"民国热"的原因之一。随着新的研究角度发展和新研究材料的披露，近年来的出版史研究不仅对于党的革命根据地出版事业有了更加科学的研究态度，而且对资本主义出版企业的出版家，如王云五、沈知方等人有了更加全面客观的评价，对"中华民国"政府出版事业也有了更加接近真实的认识。

第五，研究历史的薄弱。复旦大学周振鹤教授在谈及近代文献的问题时说到，"中国出版史研究历来重两头，一头是古籍版本目录研究，一头是现当代出版物研究，而对中间的研究相当薄弱。近代文献甚至一度处于目录学不讲、藏书家不重、图书馆不收的境地。然而近代正是传统古籍向现当代文献变化的重要过渡阶段，无论从出版物的内容、形式、种类以及印刷方式、印刷技术、出版过程、出版理念与资本运作形式都发生了巨大的甚至是革命性的变化。忽略或轻视这一时段的印刷出版史研究不但将使整个中国出版史残缺不全，而且实际上也无法理解中国印刷出版事业的现代化进程"。这其中的近代出版就包括了民国时期的出版史研究。因为中国出版史研究的学术脉络多来自于图书馆学、版本学、目录学、古典文献学等治书之学，因此从研究历史看，重古代而轻近代是在所难免的。近年的民国热是对过去研究历史所存在缺憾的弥补。

四、反思"民国情结"

以上对出版史"民国热"的成因分析，解释了近年的出版史研究为何会有一种难解难分的"民国"情结，也同时展现了近年来民国出版史研究中出现的可喜进展。正如前面所提到的，民国出版业所具有的现代性，吸引了历史学、文学、社会学、科学史等多学科研究者的介入，使得研究领域也从出版活动的制度史、技术史、经济史拓展到了出版的影响研究，即与社会史、政治史和文化史的互动，研究对象也拓展到书、报、刊等多种出版物类型。在研究方法上，越来越多的个案研究和史料的精细运用使民国的出版物和出版活动像一面面的多棱镜，展现出社会文化的诸多问题与特点。这些是民国出版史研究中可喜的一面。

当然，出版史"民国热"同样也存在一些不可忽视的问题。若不加以注意，则相当堪忧。根据对"2010年至2011年民国出版史研究成果统计"的进一步分析表明，出版史"民国热"主要存在以下问题。

第一，"情结"的隐患。出版史研究只有涵盖古今中外的整体研究，才能获得规律性和本质性的认识，达到出版史研究的目的。然而统计数据表明的现状，确实令人担忧。超过一半的研究力量和研究成果集中在民国时段，而且有上升的势头，长此以往，将不利于出版史研究的健康发展。"民国情结"会束缚住研究者的眼界，使得研究者不能够站在更广阔的高度来看待出版业的历史变迁。"民国情结"会影响出版史研究的资源分配和学术潮流，压制许多更亟待研究领域的发展，例如当代数字出版史、先秦出版史和外国出版史的研究。近年来硕博学位论文的统计数据反映了民国情结的"隐忧"。硕博论文选题受到了导师学术方向、研究热点与研究资料的影响。正是因为古代出版史研究的相对冷落，以及研究生导师的态度，使得研究生很容易选择研究成果更加丰富的民国选题。

第二，重期刊、轻图书。正如"民国热"成因所分析，期刊史等新型出版物的历史研究极大地丰富了出版史的研究对象，吸引了各种主题的研究者，成为民国"情结"的主要缘由。但通过统计数据的分析，我们会发现"民国热"之中的"期刊热"非常突出。2010年的发表的民国出版史论文93篇，其中以期刊研究为主题的论文为44篇，占总篇数的47.3%。2011年发表的民国出版史论文137篇，其中期刊史论文为87篇，占总篇数的63%。统计的结果是惊人的，也是令人忧虑的。图书出版史没有受到与之地位相匹配的研究关注。期刊研究热成为了"民国热"的主因。

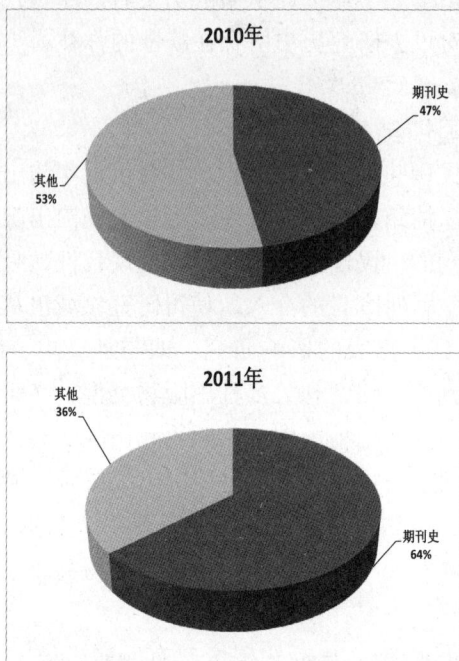

图4　民国期刊史论文篇数占全年民国出版史论文篇数的比值

　　第三，选题重复。一旦超过半数的研究都集中在一个极小的研究领域，选题的重复是不可避免的。从2010年和2011年的统计数据来看，虽然一些以前没有注意到的问题得到了关注，例如版权问题（刘禹，2011），苏区出版业（范军2011），少数民族期刊（刘莉，2010）等。但一些传统的热点依然存在过热的问题，如商务印书馆的研究（22篇），张元济研究（5篇），邹韬奋研究（5篇）。而刚才提及的期刊史研究，热点扎堆的问题更加突出。例如研究《新青年》的论文就高达11篇，《东方杂志》为10篇，《中国青年》8篇。虽然引进了新的研究角度、研究问题和研究方法，但这种重复选题还是造成了学术研究的重叠，也遏制了其他研究的发展。

　　第四，被夸大的意义。历史学家钱乘旦总结历史研究的两大基本任务即"还原历史"和"以史为鉴"。追寻历史故事的现实启示、发掘历史人物的现实意义是出版史研究最为重要的使命，也是民国出版史研究之所以火热的原因。但是民国离我们真的很近吗？王余光教授说过，"民国时期史的确是时间上距离我们最近的一段'大历史'，政局上的多变和文化上的多元，都有着与前朝后世不尽相同的状貌"。正因如此，民国离我们也很远，民国的政治乱世与文化多元，以及各种新旧冲突，这些基本的社会环境都与今天完全不同。即便民国出版令人津津乐道，甚至感到难以企及，但我们从中获得的历史经验与借鉴也是有限，更不能成为过度强调民国出版史研究重要性的理由。事实上离我们更近的社会主义建设时期的出版业、改革开放初期的出版史对现实影响更大更为具体。因为我们今天的出版改革的问题都脱胎于这些旧体制。出版史研究应当将注意力更多地转到这些时段的历史研究上来。

第五，研究模式固定化。民国出版史研究包含了不同层级的研究。既要有较为宏观的整体研究与比较研究，也需要微观的个案研究与史料整理。不同层次的研究发挥不同的学术贡献，在拓展研究问题、推进研究深度方面都起到不可替代的作用。通过对近年来民国出版史研究的统计分析，会发现聚焦于某一种出版物的微观研究，数量非常庞大，占据了全部民国出版史研究的三分之二以上。这些微观研究填补了民国出版史研究的许多空白，研究角度上也有所扩展，而且成为了出版史整体研究非常重要的研究基础，对学科发展有着积极的贡献。但是这些研究也存在不容忽视的问题。首先，案例的研究数量明显过多。超过三分之二的研究都集中于微观个案研究，不仅对于学科的发展不利，而且对于研究者研究素质的发展，研究思路和眼界的拓展都极为不利。尤其是近年来的民国出版史硕博学位论文，大量的选题围绕某一种出版物展开，对于研究生学术思路的整体发展是不利的。其次，这些个案研究的研究方法甚至于写作模式都相对固定化，形成了对刊物内容描述、编辑特色研究、社会影响研究等固定模式。而且研究问题也很集中，大多数选题围绕知识传播、思想变迁等主题。

第六，研究缺乏体系性。出版史作为完整的学科体系，是出版学、历史学和图书馆学等学科的交叉学科，研究内容和研究任务非常广泛。出版史的基本研究分支包括出版制度史、出版经济史、著述编纂史、印刷史、发行史、阅读史、出版机构史、出版人物史、版权史、装帧设计史等。以上对民国出版史研究热点的分析表明，民国出版史研究存在问题扎堆的现象，集中在了社会史、思想史研究等少数研究热点中，学科体系中的其他研究问题与研究任务都没有引起同等重视。这样的研究风气不仅对于民国出版史研究的全面发展不利，对于深入民国出版史问题的热点研究问题也是非常不利的。因为出版史具有完整的学科体系，不同的研究对象相互关联。没有对其他研究角度的深入，少数热点研究方向也很难进行创新与突破。

综上所述，近年来的民国出版史弥漫着难分难解的"民国情结"。这种"民国热"得到了统计数字的验证，超过半数的出版史学术成果都集中在民国出版史。一方面"民国热"存在有合理的基础，是民国史本身的特性，既往研究的缺憾等原因所致。而且"民国热"推进了出版史研究的范围、方法、视角，壮大了研究队伍。但另一方面，"民国情结"制约了出版史整体研究的均衡发展，不可避免的产生了研究主题和研究对象重叠重复、研究模式和方法固定化等问题。长此以往，对出版史研究的健康发展不利，应当引起足够的重视。我们希望未来的出版史研究能够克服民国出版史研究中的情结心态，并将近年来民国出版史研究在问题意识、方法意识等方面取得的成就移植到其他时段的出版史研究中去，促进出版学研究的全面发展。

撰稿：于　文（华东政法大学）

专 题 综 述

编辑出版学理论研究综述　　朱　宇

2011年是"十二五"的开局之年，也是中国出版业承上启下的一年。面对新的形势和新的任务，编辑出版学研究者在研究领域的拓展，研究方法的探索等诸方面均取得进展。

据不完全统计，2011年各类出版教材专著有30余种，有关编辑出版学的著作约10余种。特别值得一提的是李新祥编撰的《中国出版学研究综录》，综录近95万字，收录了中国1949至2009年两岸三地出版的出版研究书录6779种，内容涵盖了图书、报纸、杂志、音像与电子、网络与手机出版物等媒介形态，同时涉及综合、创作与编辑、装帧与复制、发行与版权、评论与阅读等出版流程。

肖东发、张文彦等著的《出版创新与中国文化软实力》，从出版创新的视角出发，探讨了出版业在面对提升国家文化软实力时所必须进行的思考和选择。作者从我国出版产业的现状入手，评估了目前我国出版文化软实力的基本状况，从全球出版结构的角度，指出了中国出版软实力的不足，分析了我国出版集团竞争力远低于国外出版集团的原因，在此基础上，作者提出了以出版创新提升文化软实力的建议。

2011年，有关编辑出版学研究的专题研讨会有10余场，包括2011数字出版与文化产业国际研讨会、第七届中国（深圳）文博会2011数字出版高端论坛、第21届全国图书交易博览会中国出版发展论坛、近代编辑出版活动与中外文化交流学术研讨会、科技期刊创新与发展研讨会、中英出版论坛、中国编辑学会第15届年会、两岸出版"数字出版产业链的构建"高峰论坛、全国教育出版数字化发展研讨会等。会议议题广泛，涉及出版创新、数字出版、出版经营、人才培养等内容，反映了社会对编辑出版工作发展趋势的高度关注。本课题组从中国知网搜集到的2011年涉及编辑出版学的各种学术会议中的学术论文近70篇，论文议题紧密结合编辑出版工作实际，体现出会议的组织者及研究者的问题意识和服务现实的自觉性。

本课题组通过对2011年编辑出版类核心期刊、其他重要专业媒体相关论文进行全文检索，通过检索硕博论文，收集编辑出版学研究论文百余篇，通过文本解读，对2011年编辑出版学研究状况进行综述。

一、编辑出版学研究：回顾·展望·思考

2011年是"十二五"的开局之年，自然也有研究者在回顾与总结的基础上，

展望编辑出版学科的建设。

李建伟认为"十一五"期间是我国出版产业改革开放迈开实质性步伐最大的时期。主要依据有三个方面。一是编辑出版学高等教育继续加快发展。二是出版业成为各界关注重点。2009年至2010年的研究集中于数字出版、出版业体制改革、跨媒介出版、"3G"阅读、出版集团上市等热点。三是编辑出版学学术会议活跃。四是科研成果丰富。作者梳理了"十一五"期间编辑出版学研究涉及的相关方面,包括基础理论研究、实务研究和史论研究。认为基础理论研究关注点主要集中于四个方面,分别是对出版概念内涵的理解与探析;对出版活动的实用功能研究;对出版学研究对象的界定;对出版学学科性质及与其他学科关系的理解。实务研究主要集中于数字出版及跨媒体出版、出版策划营销等方面,具体包括新闻出版体制改革研究、新中国出版60年研究、书号实名申领制研究、中国出版业"走出去"战略研究、数字出版研究、版权保护研究、金融危机对中国出版业的影响及应对研究。

谈到"十二五"编辑出版学科发展趋势,作者认为就学科地位而言,编辑出版学的发展目标是将编辑出版学建设成为与新闻传播学并列的一级学科,即成立新闻出版与传播学。或者将新闻学与传播学提升为学科门类,将新闻学、传播学、出版学等提升为一级学科。就专业教育而言,在"十二五"期间,在编辑出版学教育方面应该认真研究办学理念、人才培养模式等问题,增强编辑出版教育的办学实力和影响力。在学术研究方面,应扩大学术阵地,加强学术研究深度。

谈到"十二五"期间编辑出版学的重点研究领域及课题,作者提出"十二五"期间编辑出版学的研究重点应为:数字化出版环境下的人才培养研究、出版产业发展模式及相关问题研究。

"十二五"期间编辑出版学应该解决的重大课题是编辑出版学学科体系建设研究、数字出版专业教育研究、出版载体去"界限化"研究、图书主业发展研究、动漫图书开发研究、电子书出版及发展研究、手机出版研究、报刊质量评估体系研究。

丁苗苗、孙旭认为编辑学、出版学、传播学三者的学科关系问题是编辑出版学科一个关键的学理问题,它直接影响着编辑出版学的学科定位、形貌与走向。作者从编辑、出版是现代媒介传播的重要源流与母体;编辑活动的本质是信息的组织与传播;编辑出版学研究的流派与传播学关系;从学科建制现状看三者关系四个方面,对编辑学、出版学与传播学的关系进行了考察、分析。针对后两个问题,作者认为中国编辑学研究的几大流派——"文化结构"学派、"信息传播"学派、"编辑本体"学派、"中介服务"学派等,均是从传播的不同侧面或环节来开展研究的。认为编辑出版学是一门具有浓郁东方特色的学科，从其研究对象、研究内容、研究主旨来说，被归入传播学范畴，作为部门传播学或分科传播学加以研究，是合乎情理的。在我国目前的学科建制格局中，编辑学与出版学并没有彼此从属的关系；编辑学、出版学或编辑出版学，和"新闻学与传播学"一级学科存在一定的从属关系。

方静认为编辑出版美学的研究对象至今尚无定论，非常不利于编辑出版美学学科的建立。作者提出编辑出版美学的研究对象应该是编辑出版实践中的审美活动和审美规律，其主要内容是编辑出版活动中的审美主体的审美意识、审美客体的审美标准和审美特征以及审美主体与审美客体的审美关系及其审美机制。编辑出版美学以审美主体和审美客体为立足点，融合各种相关要素，交织展开为一个审美关系网。作者认为编辑出版活动中的审美主体主要有三类，即作者、编辑和读者，在编辑出版学里也有人称为编辑创体、编辑主体和编辑用体。这三类主体在编辑出版活动中的审美意识都是其在审美活动中主体对客体在自身经验基础上形成某种感性认识和理性思考。编辑出版活动中的审美客体主要有两种，即书稿和书刊，也称为编辑源体和编辑客体。针对审美主体与审美客体之间的审美关系和审美机制，作者提出编辑出版美学活动中包含着三对主要的审美关系：即作者与书稿的审美关系，编辑与书稿的审美关系，用体与书刊的审美关系。作者认为美学贯穿于编辑活动始终，美学在编辑出版活动的各个环节中都扮演着重要的角色，特别是在三对审美关系中，审美主体和审美对象的活动过程尤其需要美学思想的理论分析。对于这些问题的具体展开是编辑出版美学的重要内容。

二、出版基本问题研究：在变化中探求规律

（一）研究出版的概念

什么是"出版"？出版的分类标准有哪些？数字时代出版的新概念、新内涵是什么？这些都是出版学研究的基本问题，反映出研究者对出版的性质的理解，研究者关照出版业及出版工作实际，对出版的概念及类型进行了阐释。

李新祥提出，按照出版定义文本中动态性环节的数量作为分类标准，可以将已有的出版定义分为五种类型："单一环节"论、"二环节"论、"三环节"论、"多环节"论和其他类。作者认为研究这五类定义，可以得出三个结论：第一，从"单一环节"的概念框定至"多环节"的界说，反映出人们对出版本质认识的深化；第二，出版不是一个即时性的静态范畴，而是动态的过程性范畴，"复制"属于出版的核心环节在很大程度上已取得共识；第三，载体不是衡量构成出版行为与否的关键，是否有偿也不是构成出版行为与否的标准。

陈世华、韩翠丽认为，因特网出现后，尤其是web2．0诞生后，新的出版方式——微出版（ Micropublishing）开始出现。微出版是个人利用因特网平台而进行的出版活动。微出版是简易版和缩小版的出版，是基于Web2．0技术平台上的信息发表和传播。Web2．0技术基础上的博客、微博、社交网站、视频分享、RSS内容列表、贴吧、维基百科等都是微出版的平台和工具。在这些平台上，用户基于关系网络而进行出版的生产、传播、获取、分享。个人出版者通过手机短信、即时通信工具、E－mail、网页等方式向网络平台发送出版信息，随时更新、即时分享。出版作为一种重要的传播活动，是一个完整有序的传播过程。作者认为微出版的作者不再依赖于传统的出版商，个人就是出版的主角，人人皆是潜在的作者和出版者。每个因特网用户都是信息的创造者、发表者、评论者和传播者。无须精湛的写作技巧，只要能识字、写字的任何人，都可以使用网络实现出版。在微出版中，传播的主客体的区分不再重要，每个人都成为数字出版未来的主导者。在微出版时代，出版的媒介则是计算机网络，无法看到任何有形介质。在具体的表现形式上，微出版的媒介表现为基于web2.0技术的各种博客、微博、视频分享网站、社交网站等。这种出版是无形和去中介化的，处于云计算的云端，无象无形，无法触摸，而且超大容量，理论上微出版的介质容量是无限的。作者认为在微出版时代，出版的内容是"微内容"，是指网页上所显示的"超小文字段"，比如页头与标题。一篇网志，一张图片、一段音频、视频都是微出版的内容。但无论平台与渠道是哪种形式，微出版的"关键仍然是内容，而且永远是内容"。由于因特网的点对点交互技术，微出版时代的任何人都是微出版的受众。但由于web2.0的交互性，受众也随时会转化为出版者。受众通过对出版内容的转发、修改、评议等活动，构成一种表达自我的出版活动，成为出版过程中的主体。作者认为微出版并不意味着影响力的微弱。微出版在一定程度上削弱了专业出版者的权力，将出版权话语权进一步下放，保证让公民有权利出版，"凸显了微出版的草根性与平民化"。微出版对传统出版产生了巨大冲击，微出版的出现和发展引起了出版业结构性的变革。微出版的快捷性，出版形式的多样化促使出版营销理念的更新。微出版给传统出版带来了挑战和机遇。微出版所搭建的平台还直接成为扩散营销的阵地。微出版迫使传统出版更新出版编辑流程，跟进服务模式，转变出版理念，创建新的出版机制。微出版可以与传统出版相辅相成，促进出版融合。微出版的专业性无法与专业出版机构相媲美，但其力量不可忽视。微出版的基本特征就是移动出版、互动出版、自助出版，是迷你的出版、瞬时的出版、扁平化的出版。作者指出微出版的特征：第一是，传受一体。第二是，个性化明显，原创性强，叙事风格独特。第三是，零时间的出版生产机制。第四是，出版的高效、便捷、互动。第五是，去中心化。人人皆可自成中心，开展出版活动，草根性更加突出。第六是，成本低廉，低碳环保。第七是，碎片化的文本。作者认为微出版存在的问题是：碎片化；缺乏合理的盈利模式；审查困难；把关人缺失。

任翔认为很多人眼中所谓先进的数字出版，其实还停留在Web1.0阶段，只是简单地数字化了纸本出版。在Web2.0时代，"传统出版"的定义不再依据出版载体——纸介还是数码存储，而是基于其传播方式与商业模式的特征。作者界定"传统出版"的八个方面是：第一，内容经过编辑、出版等加工环节后公布；第二，内容版权归出版单位；第三，内容为收费阅读；第四，内容的传播为单向：纸媒对读者、数字平台对读者，或者电子书阅读器对读者；第五，消费为一次性消费；第六，内容不可升级更新；第七，内容形式以文本为主、兼有插图；第八，版权收入为主要收入来源。作者认为以Web2.0为基础的互动出版，或者说"出版2.0"的概念应该是：（1）内容原创发布。（2）有的内容版权归作者所有。（3）部分或全部内容可以免费阅读。（4）内容的传播为双向。（5）消费为多次消费。（6）内容不断更新，不断填充，并且有附加的增值服务。（7）多媒体形式的内容。（8）收入来源多元化。版税收入将不再是不可或缺的，相反，基于开放免费的传播，出版商可以产生诸如培训收入，广告收入，信息服务收入等多元收入渠道。作者认为未来几年，随着中国出版数字化进程的加快，中国数字出版将真正迎来web2.0时代。

周斌认为绿色出版的提法，侧重于推进出版业可持续发展社会效能的发挥；数字出版的提法，侧重于对时代出版业所附属的二进制数字技术属性的概括。数字出版不仅包括新兴媒体的出版，也包括传统媒体的出版。作者提出智慧地生产消费者所需健康内容是绿色出版和数字出版建设发展的共同目标。建设绿色出版的最大难题和永恒目标是出版读者需要的、有用的、健康文明的绿色出版物；数字出版的真谛和真正困难是将内容资源按照数字化生产、数字化传送、数字化阅读的要求进行再创造，进行转化、整合更新、拓展等深度加工，智慧地生产消费者需要的健康内容。

（二）研究出版的本质

出版的本质到底是什么？什么因素对其产生持续深远的影响，什么影响着一个时代的出版实践，出版的价值何在，研究出版的本质的意义何在，如何界定、理解出版自由，这些都是研究者关注的话题。

孙海芳提出出版的变迁史是一部与技术进步互动发展的历史，技术变革对出版变迁具有直接影响力；但与此同时，出版在技术变革中具有自身作为内容产业的相对独立性。对于当今的出版机构而言，认清数字出版的本质与变革，明晰未来出版发展的方向与核心竞争力，并培育这种核心竞争力是其三大任务，也是保证其能够在未来出版竞争格局中占有一席之地的前提与基础。作者认为出版业不能忽视技术对出版的影响。深入研究技术的发展规律与时代的社会技术、出版技术的发展特点，是有的放矢发展出版业的前提与关键。作者认为出版活动所依赖的技术手段和载体是不断变化的，这些不断变化的出版技术将不可避免地带来出版内涵、概念、流程、模式等的一系列变化。特别是现代数字出版技术对出版产生的影响更是全方位的，它将深刻改变出版产业的内涵与外延，促使出版发展的方向从知识生产向信息服务发展，为顾客提供个性化、全方位的信息服务将成为出版业发展的重心。因此，对于出版的理解应是随时代发展而不断变化的，而不能是一成不变的。

李艳中在第九届（2011）全国核心期刊与期刊国际化、网络化研讨会上获得优秀论文一等奖。文章指出出版技术的信息载体由实质的纸张发展到虚拟的网络，网络出版应运而生并带来出版业革命。出版形式与出版内容是手段与结果的关系，与出版观念是手段与基础的关系。出版形式、内容、观念三方互动、三位一体置身于全球化信息社会，必将会推动着出版大众传播事业不断向前进步。

游翔认为出版精神是凝聚在出版活动中的主导精神，并力图从新中国出版发展的历程中发现其精神特质，从出版人的精神、出版集体的精神以及出版的时代精神三个层次论述出版精神应有的内涵。作者认为出版人的精神是出版精神的主体，出版集体精神是出版精神的群体风貌，出版的时代精神是出版精神的最高层次，反映了一个时代的出版实践与精神风貌。作者分析了这三种精神对出版的意义与价值，强调在当前出版业转企改制的前提下应当继承而不应遗失出版精神。

周玉波、田常青提出出版价值的主体是文化价值和经济价值，两者相互依存又相互冲突，它们之间存在着博弈。出版价值追求的过程即是选择博弈最优解的过程。出版的首要意义是坚守文化价值。通过理性的博弈策略可以达到博弈均衡，实现双重价值的和谐统一。作者认为无论是出版的文化价值追求还是经济价值追求，这两者终将统一于文化主导下的市场，并于其中实现双方的最优状态，即利润最大化和顾客满意最大化的统一；商品交换价值和使用价值的统一；出版物的生产环节和流通空间的统一。

马洁认为出版自由是公民在宪法、法律规定的范围内，将作品编辑、加工并复制后向公众传播，以出版物的形式发表意见来参与管理国家、公共等事务的权利。作者提出当代我国的"出版自由"，应着眼于法律如何保障出版自由和如何规制出版自由。即现阶段我国"出版自由"的内涵是：出版自由是公民在宪法、法律规定的范围内，将作品编辑、加工并复制后向公众传播，以出版的形式发表意见来参与管理国家、公共等事务的权利。研究"出版自由"时应正确区分出版自由和政治自由、表达自由、新闻自由、议论自由的区别与联系。我国现行的法律法规有明确的《中华人民共和国著作权法》，却没有"出版自由法"，其实"出版自由权"与"著作权"有着至关重要的关系，出版自由权是著作权的前提和保证，而著作权则是出版自由权得以落实和具体化的司法手段。只有明确出版自由权的外延内涵，并与法律明文规定的著作权区分明确，才能为说明现阶段我国制订《出版自由法》提供前提和依据，在此基础上针对我国出版实际，结合外国出版自由法的规定，制定我国的出版自由法。

（三）转变观念，应对变化

变化是这个时代的特征，出版研究者从变化的表象，关注、探寻着变化的规律，提出应对变化之策。

庄庸提出要"转变发展方式"，最重要的是先要转变观念，重塑自己的思考方式和行为习惯。作者认为复杂性、不确定、变革与转型，将是出版业下一个5年的基本主题！作者认为我们一直在出版的大困境中恶性循环，困境制造着困境。第一大困境：封闭式恶循环竞争——品种、规模和效益全方位竞争，不顾传统阅读基数不断下降，隐入恶性循环。第二大困境：大包围圈的孤军战——在媒体大变局中，网络、影视、移动……似乎谁都如狼似虎，蚕噬着包围圈中央——图书这一头孤羊可怜的市场份额。第三大困境：传统出版业曾经依赖的权威力量发表平台、"第二作者"的编审机制、读者反馈与忠诚的公信力黏性，正在被互联网的阅读、表达、分享一体化所解构。第四大困境：创造力、创新力、创作力的源泉——全民自由写作正在被"反盗版寡头"和"小众精英控制"所消灭！作者感叹在屏上，当阅读——表达——分享一体化时，它所有的读者、作者以及编者都牢牢地黏在那里，让他们即时互动并且相互转化！作者提出出版界最需要是"向图书回归"——重塑图书之美（形态）、重现图书之神（内涵），以契合大时代变化中的中国人的精神回归。作者根据自己的出版实践，提出我们不只是做书，而应该做"平台"——致力于构建读者可持续发展且阅读——表达——分享一体化的、开放性的"黏性平台"，从图书到互联网，开始尝试"微博"——并从"营销新渠道"逐渐发现其背后"言语即生产力"的新机制，从而开始调整一系列所谓传统的观念。由此，意识到，在屏阅读时代，我们需要新的文本。这种文本，本身就是一种阅读——表达——分享一体化的"言语"方式；但是，却是在"向传统图书回归"！

徐力认为只要突破了"图书"概念的物形束缚，把"图书"一词还原为对图书内容的指称，把屏幕作为图书内容的新的载体，而让图书内容在新载体中由图形、文字自然地扩展为图、文、声、像，从而将"图书出版"由单一的纸本出版扩展为全媒体的"大出版（综合出版）"，则"图书出版"遇到"屏幕"将不是危机而是极大的机遇。作者提出在网络环境下的图书出版，著、编、管、读各方需要相应地调整或者树立全媒体或多媒体观、网络出版观、全时空观、新的图书经营观，以及图书内容可以拆零、重组的观念，目前要特别重视纸书与屏书并行不悖但相互异质，网外网内统一、互动的观念，努力改变在纸本图书时代形成的各种思维定式。主动、积极地以更高的眼界看待，以更前瞻的方式解决从人才到组织结构、经营管理模式等各方面的新问题，使"图书出版"进入一片空前广阔的全新天地。

朱文革认为未来出版社的价值将存在于那些引导和培育用户的企业，而不是那些控制内容的企业。内容、技术和服务应成为驱动未来出版业发展方向的三驾马车，不可偏废其一。内容是传统出版业优势所在，技术是内容转化为产品的条件，服务决定了内容和技术的效果，进一步创造价值的增值，拉动需求增长，从而形成上下联动的局面，为持续发展提供源源不断的资金。

宋焕起作者认为出版人应正视新媒介出版的大势，稳住阵脚，做自己最拿手的事情。作者认为不论出现什么新的媒介，作为人类文明进步标志的阅读诉求不会变。按照社会发展规律，这种诉求和需要只会更加普遍更加深入更加成为人类和社会进步的标志，并且阅读的内容本体不变。内容要素是阅读行为与需求的核心与本质。要重新找回传统图书的力量，那就是做传统出版最应当、最得心应手、最体现自身价值，具有突出的个性品质、品相、品位，其他媒介无法或难以替代的"这一个"的事情：一做经典；二做深度；三做文献；四做收藏；五做审美；六做从容。传统出版的力量，既表现为内容和项目本身，也还表现在传统阅读方式，尤其是知识阶层的阅读方式上，两者相得益彰。作者认为传统出版和新媒介出版两种形态还会有一个你中有我我中有你、交织、纠集，以及边界不清的过渡期。过渡时间的长短并不重要，关键是要有前瞻的眼光，即看到传统出版已经显露经典化、精品化和精英化的端倪。还要有有所为有所不为的超然态度，不能犹豫，不能摇摆，要有舍有得，不能种了别人的地荒了自己的田。所以，要不失时机地把那些可做可不做、有我也行没我也行、费力不讨好，包括资讯性、浅阅读、快餐式、检索性和互动性等见长的事情、项目毫不犹豫地让渡给新媒介，不做或少做其他媒介可以或轻而易举替代的事情。只有能够包容、化解、克服、吸收，也包括某些情况下，能够抵御自己的对立面的存在，才是传统出版生命力的存在。

三、出版学研究："三十未立"？

出版学的研究现状、研究方法、研究对象依旧是研究者思考的问题，也是值得学界、业界关注的理论问题。

刘兰肖提出在《学科分类与代码》（GB/T 13745-2009）中，出版学作为一个三级学科的学科地位仍不明确。这一现实，固然未能客观反映学科最新的发展状况，但也说明出版学作为一门学科，在许多方面的建设亟待加强。作者认为要使出版学获得学术界的广泛认同，建构科学的理论显得尤为迫切。一是要增强理论自觉。充分认识学科理论建设对于出版学发展的基础性作用，热点问题和现实问题的研究，不能替代理论建设。二是从概念着手建构理论。三是理论与实践相结合。认为出版学属于经验分析科学，不属于理性思辨科学，其研究对象是出版实践，其学科基础在于实践，其最根本的学科属性是其实践性，必须以出版实践活动为前提和对象性的客体。从出版学学科发展的历史来看，支撑学科并被人们普遍认同的成果均来自对出版业的长期追踪研究。一方面，出版业改革发展中积累的问题是通过长期实践检验获得，对于此类具有实践色彩的问题进行研究，有助于学科理论的形成和发展。另一方面，出版学研究也为出版产业提供理论检验。30年来出版学之所以还未成为一门公认的成熟学科，一定程度是由于远离实践性这一根本属性。因此，有意识地把对现实问题的研究与学科建设结合起来，有助于更科学地反映出版业的内在规定性和本质属性，从而使这一学科体系不仅拥有系统和稳定的学科知识，而且具有深厚的理论维度。

论及探索具有出版学特色的研究方法，作者认为可以从三个方面着手：一是加强定量研究。二是深化比较研究。三是推动综合研究。既要加强编辑学、印刷复制学、出版经济学、出版管理学等出版学分支学科的建设，又要加强与传播学、文化学、社会学等相关学科之间的交叉、渗透与融合，借鉴其他学科的新的研究方法，促进出版学科整合和整体发展。

作者提出出版学科地位的巩固，还需要加强外在的学术建制。当前亟待完善的工作：一是强化研究队伍建设；二是规范高校学科设置；三是加快专业教材建设。同类文章还有郭志菊的《关于我国出版学发展定位的思考》（编辑之友，2011年第10期）。

关于出版学研究方法，李新祥认为，出版学研究方法为学科研究起着选择研究途径、确定研究程序、提供研究手段的作用，它理所当然应成为出版学理论研究的重要命题。认为在当下出版学的研究过程中，应注意四个方面：一是加强方法继承中的创新；二是定性和评价研究相结合的同时，加强定量和实证研究；三是在整体论的视野中加强案例研究；四是研究方法追求多样化，但要以解决问题为指向。

关于出版学研究对象，于翠玲提出中国的出版学研究应该以自古至今的出版活动为对象，从中考察出版活动的变化规律和发展趋势。作者认为在中国出版史上有两个出现重大变化的时期，特别值得深入研究。一次是晚清民国时期，在西学东渐的背景下，中国出版活动从传统转向现代，其影响延续到今天；一次是1978年改革开放以来，在全球化的背景下，中国出版活动正在发生前所未有的变化。中国改革开放以来出版活动的变化以及发展趋势，涉及政治、经济、科学技术、文化诸多因素。如果与中国近代的出版活动相比较，可以发现其中有相似的地方：都是基于政治制度的根本变革，中国从封闭的环境走向开放的环境，由此推动出版体制转型，引入先进的媒介技术，进入大规模的企业运作，带动多种媒介产品的出版，促进了中外出版文化的交流。反过来，出版文化的发展进一步推动了中国的政治改革、社会变迁，加快了中国走向世界的步伐。作者认为中国出版活动从近代到当代所经历的转型变化也存在一定的内在联系，有的是复兴，有的是超越，可以衔接起来加以考察，借以探讨出版研究的中国特色。

姜华根据2010年出版研究热点问题归纳的关键词是出版强国、数字出版、出版改制。作者认为2010年的中国出版研究，延续了近年来学界和业界对中国出版业转企改制背景下一系列问题的深入思考。尤其是总署"一号文件"的发布和出版强国目标的提出，使研究论题相对集中——除出版史研究外，研究者对出版集团、数字出版、出版改革等论题的研究，都最终指向如何通过科学发展做大做强中国出版业，早日实现出版强国的目标。

2011年研究者除了继续关注数字出版与出版改制，还集中探讨了新闻出版强国的目标与途径，本书有专题分析，此处不再赘述。

四、出版媒介研究：融合与重构

出版媒介研究是出版学研究的重要内容。在新的环境下，出版媒介形式有哪些变化，媒介的融合及发展趋势，以及媒介研究现状等是引起研究者广泛关注的问题。

程美华认为我国出版媒介的融合，大致有出版媒介自身的融合、出版媒介与其他媒介的融合、出版媒介与非媒介行业的融合等形式，每种形式又有不同的分支。我国出版媒介在跨地区、跨媒体、跨所有制、跨行业等方面的融合均已有一定发展，但某些环节还比较薄弱，需要加强，一些关系还待理顺。随着政策的进一步放开，出版媒介组织机构间的融合将以自愿、自主发展为主。媒介形态的融合将进一步加大，资本在媒介融合中的纽带作用将更加明显，出版媒介融合的多元化趋势将极大地促进出版产业的完善和发展。作者认为出版媒介自身的融合主要包括出版社之间的融合、出版社与民营书业的融合、民营书业自身的融合、我国出版媒介（包括国有和民营）与国外出版媒介的融合、传统出版与数字出版的融合等，前四种都是组织机构间的横向融合，第五种是传播方式的纵向融合。出版媒介与其他媒介的融合主要指出版媒介与报纸、广播、影视媒介的融合及与网络、手机的融合。这是传播手段的跨媒介横向融合。出版媒介与非媒介行业的融合属于"跨行业"的融合。主要表现为两种形式：一种是非媒介行业投资于出版媒介行业；另一种是出版媒介自身通过衍生产品的开发延伸出版产业链，这对于追加出版业的产业价值具有重要的意义。作者认为整个出版媒介的融合应是呈网状形态、多头并进、互为补充、互相促进的过程，而非完成了一步再进行另一步的站式、线性行为。作者提出出版媒介的融合，将呈现五大趋势：第一，随着政策的进一步放开，出版媒介组织机构间的融合将会渐渐摆脱行政力量的因素，以自愿、自主发展为主。第二，传统出版与数字出版的融合仍会是业界较为关注的话题。第三，媒介形态的融合将进一步加大。第四，资本在出版媒介融合中的纽带作用将更加明显，出版媒介融资的渠道将会更宽、力度也将更大。第五，出版媒介融合的多元化趋势将极大地促进出版产业的完善和发展。作者提出出版媒介的融合若要寻求更深层次的发展离不开政策、技术和市场三方力量的推动以及整个媒介产业的发展。出版媒介的融合必将对整个媒介融合产生借鉴或促进作用；而媒介融合也将成为未来媒介发展的趋势。

洪缨认为印刷出版物的传递行为是一个被信息传递链制约的综合过程。对内，它受控于记录工具、传播载体、信息载入和编排方式，更被认知个体视觉系统的生理和心理知觉所左右。对外，社会进步与变革促就印刷媒介发生巨变，信息变革反过来又推动社会的进步与发展，加速科学技术向前迈进的步伐，在受到现代电子信息传播媒介的大力冲击下，印刷出版物信息的设计、传播、接收模式又必然呈现多元态势方可应对现实环境与认知个体的需求。

梁晓莹、甘勇、王勇认为国内外电纸书、平板电脑产业近年来渐入发展佳境，随着受众量的逐渐增多，已成为第五次传播革命——互动传播的中坚力量。作者探讨了电纸书等便携式阅读器的传播学意义与前景，提出"内容为王"一直是纸质媒体倚重的金科玉律。通过与电子媒体的融合共进，纸质媒体今后的运作范式重构后，或许可以化弱势为强势，找到一条更光明的大道。作者认为网络为出版业带来了新的技术、新的生产方式，也对传统的出版范式、出版理念带来了变革。在基本技术领域，传统出版流程的各个环节都可以电子化，出版物从内容的创作、交稿到出版社的编辑、出版、发行，都可以通过计算机在网络中进行。

更正、修改、重版、改版，内容的备份存储等更是简单易行。利用强大的内容攻势结合新媒体的外衣，传播出版活动将变得快捷、高效。

刘品然认为如何在面对当前复杂的媒介环境以及如何应对能源环境对报纸行业造成的冲击是当前以及在未来很长的时间内国家有关部门和世界成熟纸质媒体行业需要探讨和合作的论题。作者认为，报纸在新的社会历史条件下仍然具备自身的特点和优势，要是能发挥出自身特点，纸质媒体在目前条件下是完全具备竞争条件的。谈到纸质媒体的转型，作者提出纸质媒体在信息量上要做大，信息报道质量上要做精，只有这样才能保证消耗和产出成一个正比例关系。从现今读者的接受角度来说，大众化报纸的发展面临两个契机：合理调节"软""硬"新闻的比例；积极提供具有"远见性"的深度信息。

洪缨、李朱提出文字借助印刷出版物这一重要媒介记录、保存和传播信息，信息以文字形态被承印，认知个体通过视觉系统接收并推测文字内容的表达意图，从而获取信息，而认知个体对信息的接受能力和程度取决于信息的可读性与易读性。文字形态、围合文字的空间以及认知个体之间的相互作用，共同影响了信息的可读性与易读性，从而决定了信息接收的量与质。作者认为不断拓宽的社会文化视角，不断发展的科学技术以及多元化的认知方式使得印刷出版物不再是绝对的主流传播媒介。但是，对印刷出版物而言，能够触摸、欣赏、珍藏、馈赠都是其他媒介无法超越的优势，如何发散魅力、捍卫存在价值也是必须面对的现实问题，把握认知个体生理与心理因素，保证信息易于被阅读和理解，强化其可读性与易读性不失为重要的解决方法之一。

陈冠兰分析了期刊研究问题的成因，提出期刊研究的理想走向与路径。作者认为期刊研究应该再现期刊在社会与群体中作为思想与文化交流、传播工具这一本质面目，再现它与社会和群体的互动，同时发现它对社会和群体的复杂影响。认为改变期刊研究"碎片化"的现状，至少可以从几个方面努力：第一，亟须进行宏观的整体的理论研究。第二，继续提高期刊的应用研究与个案研究。第三，重视定性研究，不同背景与兴趣的研究者加强合作。

五、出版受众研究：新视角、新探索

刘鲁川、孙凯针对受众对移动出版服务的接受行为，在信息技术接受模型的基本架构上展开研究，通过理论分析和添加新的研究变量，得到移动出版用户接受行为的理论模型，并通过实证对模型进行了检验和修正。模型概括了移动出版服务用户接受行为的微观机理，即：发现了移动出版信息系统的系统质量、信息质量等外生性因素对用户的感知有用性和易用性的影响；社会影响和沉浸体验对用户使用态度和使用意图的影响；以及用户的使用意图和行为与使用态度、感知有用性、感知易用性等内生性因素之间的关系。

六、出版文化研究：观念与方法

研究者主要从提升媒体竞争力，出版的文化观等方面开展出版文化研究。

刘宣民认为媒体的核心竞争力实质上是"人无我有，人有我新，人新我深"的一种优势实力。面对新媒体咄咄逼人的挑战，传统媒体必须适应形势，与时俱进，转变观念，既不能视而不见，更不能妄自菲薄，而是要积极融入到全媒体时代。作者提出充分利用和挖掘品牌这一宝贵的软资源，不断进行品牌再造，是传统媒体增强核心竞争力的途径。具体而言，一是规划品牌工程；二是打造传播精品；三是形成独特优势。

杨军认为出版不仅是社会文化传承、传播的工具，同时又具有内在于本体的文化品质。将出版视为文化传承工具的工具论出版观强调了出版的社会工具价值，将出版看作具有实体内容的文化存在的本体论出版观凸显了出版的本体文化价值。因此，只有承认出版价值的两重性，才能建立起一种全面的出版文化观。

王晓泰以内容分析法对1980到2009年在《中国青年》杂志上发表的青年人物报道进行了系统描述与分析。通过抽样、编码、阅读，基于527篇报道样本描述和分析了被报道青年人物的"地区形象""生理形象""文化形象""婚姻形象""身份形象"及"事迹形象"，展示了20世纪80年代、90年代和00年代青年媒体形象的特征及变迁。正如作者所述，青年的媒体形象的变迁在某种意义上是中国社会与经济发展的一种产物，虽然作者认为文章仅描述了媒体青年形象在不同时代的特征和变迁，而没能就这种特征和变迁的原因做出足够的分析，加之研究仅仅倚重于单一杂志所提供的资料，可能因为杂志本身的偏好而带来偏差，但研究结果仍然是系统和有启发性的，对研究出版文化具有一定的参考作用。

七、出版人的研究：探究历史，服务现实

出版人的研究属于出版史研究的范畴。研究者探究历史，力图从中探寻解决现实问题的方法与途径。

孙鲁燕认为张元济先生的文献资料是其一生留下的最全面的宝贵文字，也是商务印书馆发展历程的全面体现乃至近现代出版业、社会发展历程的重要见证，具有极高的史料价值。《张元济全集》在书稿的编辑加工、体例编排，以及严谨求实的工作态度上，对编辑人员业务的提高有很大帮助。一些珍贵的及未曾发表过的商务馆史档案的问世，客观真实地反映了商务印书馆科学规范的企业运作方

式及经营管理制度，在今天看来都令人瞠目。《全集》也是研究出版业图书、报刊、教科书等出版物以及出版流程的全面资料。从各种出版载体到完整的出版环节，从出版理念到出版业务，都是我们今天研究出版业体制改革及企业化转型最好的资料。

朱家梅对散落在胡乔木的著作、文章、讲话、谈话、书信以及为中央起草的文件中的出版思想进行总结和论述，梳理了胡乔木对出版的性质、原则、任务等宏观方面进行的理论阐述，对图书编辑、注释、校对、发行等具体问题提出的微观见解。

同类文章还有侯秀菊的《赵家璧的出版理念》（中国出版，2011年6月下），陈磷彬的《王仿子先生的出版理念》（编辑之友，2011年第11期）等。

八、编辑学研究：总结、探索与反思

姜华、姬建敏等学者分别从编辑学研究的深入推进、新技术背景条件下的编辑素养与编辑新职能、编辑教育与编辑人才、编辑思想史研究等几个方面梳理2010年编辑学研究成果，认为2010年的编辑理论研究呈现出论题相对集中、研讨较为深入，显示出多元发展的趋势。从研究的落点及成果看，主要表现在重视编辑学理论研究的开拓与创新、注重对编辑与文化的全方位探讨、探索编辑出版学研究的新视角、关注新技术条件下的编辑出版工作、观照编辑学研究的发展进程、解析编辑家的典型个案与聚焦数字化时代编辑出版人才的培养与教育问题。认为2010年编辑学研究存在的主要问题是低水平重复和缺乏原创性。提出当下要做的是继续创新理论，关注实践。

随着编辑学研究的深入，研究者不再满足于学院式、封闭式以及重复性的研究，从研究者对编辑学研究现状的反思，体现出强烈的问题意识和忧患意识。《编辑之友》连续两期刊发《编辑学研究：路在何方》的专题策划，标题的提出及问题的设计，反映出研究者的困惑与思考。策划者认为，我国的编辑学研究，在宏观方面，诸如它的定义、学科性质、学科体系及其范畴、研究对象及其内容、学科分类等，均存在着激烈的争论和明显的分歧。而且争论和明显的分歧正在逐步深入。策划者希望通过学术讨论和争鸣的开展，推动编辑学研究不断深入发展。在讨论中，对于编辑活动的产生与发展，靳青万认为编辑活动是从远古人类创造符号的活动中产生的，距今已有约1万年的历史。对于编辑活动的规律，靳青万认为编辑活动由编辑主体（即编辑者）、编辑源体（即作者）、编辑客体（即被编辑物）、编辑用体（即编辑产品的使用者）和编辑辅体（即对编辑活动起辅助作用的人），简称"编辑五体"，所共同构成。禤胜修认为编辑活动发展的规律是编辑活动与社会文化需求相统一，编辑活动与社会文化发展相统一。姬建敏认为编辑规律应该是作为编辑学基本研究对象的编辑活动的规律，即以编辑为主体的创构文化媒介活动的规律，而不仅仅是某一范围内或某一类型编辑活动的规律。王和平强调"编辑"和"编辑学"，并非指狭义的"编辑"概念，即某一媒体、某一门类或某种分工的编辑，而是指广义的"编辑"概念，它不仅适合当今的各类媒体，而且能够涵盖古今中外各种各样实际存在的编辑活动。他提出编辑活动的产生和发展大致分为三个阶段：文字传播时代的编辑活动、大众传播时代的编辑活动和网络传播时代的编辑活动。周国清认为应该遵循层次论与过程论的研究原则与方法，将编辑活动置于人类精神实践活动和文化创造的整体背景下考察，分层探寻和概括编辑规律。基于此将之分为3个层次：总规律、一般规律和特殊规律。提出编辑主体和编辑客体的矛盾运动是编辑活动过程的总规律，反映了编辑活动中最深层的、本质的普遍特征，其中的关键在于对编辑主体和编辑客体进行科学界定。

就目前我国的编辑学研究，在宏观方面，存在激烈的争论和明显的分歧，周国清认为一是编辑学学科性质，二是编辑学的研究对象。认为编辑学属于一门独特的人文社会科学，理论性和应用性是编辑学的双重学科属性，编辑学是一门具有交叉性与复合性、时代性与动态性的综合性新兴学科。编辑学的研究对象由三个方面构成：编辑主体、编辑客体、编辑活动及其过程。王和平认为考察问题的层面和视角的不同是造成分歧的根本原因，从目前的研究成果看，研究者主要是从著述、编辑自身小系统、出版、大众传播、传播、社会文化、文化、哲学等角度探讨了编辑的本质。王和平认为要揭示普通编辑学意义上的编辑的本质，关键是要选准一个恰当的视角，认为从传播的角度来揭示编辑的本质恰如其分。李景和认为当前编辑学研究激烈的争论和明显的分歧，主要表现在三个方面：一是编辑学研究对象是什么，这是构建普通编辑学理论体系的逻辑起点；二是编辑行为的本质特征是什么，概括"编辑行为"这个基本概念，是编辑学理论研究的基本范畴，是构建普通编辑学理论体系的基石；三是编辑行为的运行规律是什么，这是普通编辑学理论研究的基本目标，提出以"编辑行为"作为编辑学研究对象。姬建敏认为像编辑学在一些比较基本的问题上存在争执和分歧，不同观点之多，争论时间之久，的确是不多见的。具体到争论的表现，归纳为：其一是概念之争。其次，既然概念的界定有分歧，那么对编辑学研究对象的认识也就无法相同。再次，争论和分歧比较明显的还有编辑学学科性质和学科地位的问题。靳青万认为编辑学研究方面的争论和分歧很多，这既与不同学者的不同认识和学识有关，也源于编辑活动具有广泛性、博涉性、多面性、悠久性和复杂性，比较难以从宏观上认识和把握。姬建敏认为编辑的概念是编辑主体在既定目标方针指引下，利用一定的手段对精神文化产品进行遴选、提粹和加工，使其便于传播和发挥效能的活动。基于此，编辑活动的本质特点就在于中介性、缔构性和引导性。编辑学的任务就在于揭示编辑活动的本质，找出编辑活动的内在矛盾和运行规律，以此来解释和指导编辑实践。这也可以说是编辑学理论的研究范畴。至于编辑活动的社会作用，从整个社会发展的视角来看，可以归结为缔构社会文化、引导发展方向、满足受众需要。李景和认为，研究者们的学术背景、理论视角特别是思维方法不同，是导致编辑概念"仁者见仁，智者见智"的主要原因。褚胜修并不认同在宏观研究方面存在"明显的分歧"。认为诸如编辑学的学科体系由编辑理论、编辑业务、编辑史三个部分组成，编辑学的学科性质和学科分类属于社会科学和应用科学等等认识已趋于统一。一些问题，比如关于编辑学的定义表面上看似分歧明显，但也只是一种假象。认为关于什么是编辑的本质，编辑的基本规律是什么，等等，的确存在着许多分歧，但争论和分歧，正说明其研究内容的丰富和前景的广阔，也是编辑学的生命力和魅力之所在。

参与《编辑之友》专题讨论的学者对于考证著名编辑家的编辑活动和编辑思想，深入开展专题研究、系列研究的重要意义，形成共识。认为以重要编辑家及其活动为切入点，构建编辑史学的发展脉络和内在逻辑，寻找编辑活动规律，从而将其融入编辑学学科体系之中，推动编辑学的发展；以史为鉴，总结经验，吸取教训，为当代编辑实践活动提供启示，为建设中国特色社会主义编辑事业与编辑学科服务；站在编辑与文化发展的高度，通过展示中国灿烂的文明，探索历代编辑家的文化价值取向以及编辑人物及其活动与中国文化、中华文明的互动互应的关系，特别是编辑家在中国现代化历史进程中的重要作用；历史的经验，特别是名编辑家的活动及其事迹，对于当代编辑人才的成长及人才培养具有重要意义；从中可见出编辑活动与社会经济、政治特别是科学技术发展的关系，从而为当下的编辑管理与编辑方式等提供深远阔达的思考空间。专题讨论还探讨了编辑学的研究对象、研究的针对性以及目前的研究任务等问题。

2011年关于编辑活动的思考，值得特别关注的文章还有刘杲为自己的文集写的序，作者谈了三个方面的问题，一是编辑活动与以人为本，二是编辑活动与政治文明，三是编辑活动与数字出版。关于编辑活动与以人为本，作者认为，以人为本是科学发展观的核心。在编辑活动中坚持以人为本，就是在对作品进行选择和加工的过程中，以造福人民为共同基础，积极协调作者和受众的关系，即协调作者创作自由权利和读者基本文化权益的关系。实现这两个方面的衔接，形成彼此和谐相处，文化成果共享的良好关系。以人为本的最终目标是人的全面发展和人的完全解放。坚持以人为本，将使编辑活动更加彰显人文精神，更加突出人文关怀。作者提出对编辑活动来说，以人为本是一种理念，更是一种境界。关于编辑活动与政治文明，作者认为，编辑活动，作为一种社会文化活动，不言而喻要为大局服务。政治文明关系着宪法规定的出版自由权利的行使，更与编辑活动有着直接关系。原则是清楚的：一方面，依法保障出版自由权利的行使；另一方面，依法制止对出版自由权利的滥用。这两个方面相辅相成，主流自然是依法保障出版自由权利的行使。毫无疑问，我们需要更加开放包容与文明和谐。这会对编辑活动中的选择和加工产生积极影响。关于编辑活动与数字出版，作者认为与传统印刷出版相同，数字出版也以传播科学文化知识为己任，也属于内容产业。数字出版包括内容提供、技术提供、设备制造和渠道运营等产业环节。在数字出版生成的过程中，同样需要强化编辑活动，需要编辑对作品进行选择和加工。这包括对极为丰富的传统出版资源的数字化转换。如果没有编辑的策划、设计、组织、选择、加工、整合直到校对等一系列的能动作用，所有资源不可能结合成为一项数字出版产品的整体，也不可能保证数字出版产品以及数字化服务的质量，更不可能有随后的不断更新和升级换代。由此可见，数字出版离不开专业的有效的编辑活动。

王志刚认为编辑活动基本规律的研究存在三点不足：概念表述词语存在争论；基本规律以偏概全；规律多元、以繁代简。作者认同多数研究者的观点，认为"选择"和"加工"是编辑活动的基本特征，认为在概念表述中用这两个词比较贴切和精准。作者认为王振铎先生关于编辑活动基本规律的观点很有价值，即内在生成规律是编辑活动赖以存在的前提，编辑活动中编辑主体与编辑客体之间的关系，才是这一事物最原始、最直接、最密切的内在联系。对于目前编辑规律的众说纷纭，作者认为应探讨的是编辑活动基础的、基本的、根本的、本原的、一贯的、稳定的、决定着编辑活动发展方向的规律，这个规律只能是唯一的。

对于编辑学研究为什么不能深入，还有学者撰文阐释自己的观点。蔡克难认为三个原因造成编辑学研究的停滞：一是缺乏对编辑学基础理论的研究，二是缺乏对编辑学理论研究必要性的正确认识，三是缺乏持续的、有力的组织和必要的宣传。作者提出编辑学基础理论研究的意义，在于其较之编辑术研究领域更加宽广，探讨更加深入，更具有前瞻性和对实践的普遍指导意义。在当前来说，编辑学基础理论研究的深入和发展是决定编辑学理论体系能否存在的关键。科学的理论研究需要有必要的超脱和高度，它不能沦落为当下社会实践的附庸。理论研究应该按照自身规律发展，百家争鸣与科学的引导都是十分必要的。

关于编辑学的学科边界，靳青万认为同其他所有学科一样，编辑学也有自己的学科边界。认为以往编辑学界主要只研究以"编辑两体论"为主的狭义编辑学，自我划定的学科边界过于狭小，使自己的学科覆盖及学科疆域较诸实际大大缩小，因而严重影响了编辑学学科的科学性、影响力及其发展。作者提出如今必须向"编辑五体论"视域条件下的广义编辑学的应有边界拓展，重新建构其理论体系，扩大自己的学科覆盖，开拓其应有的学科疆域，发掘其实有的科学性，激发其强大的生命力，结束其原来那种孱弱无用、社会认可度低的不正常的尴尬局面。作者提出的"编辑五体"，是在编辑学界原有的"编辑两体"——编辑主体和编辑客体基础上拓展而来的编辑学概念。在进一步确认了编辑主体（编者）、编辑客体（稿件）之后，又加进了编辑源体（作者，取其为编辑活动提供稿源之意）、编辑用体（读者、观众、听众、网民等，取其编辑产品使用者之意）、编辑辅体（印刷厂工人、书店店员等所有对编辑活动起辅助作用的人）而共同构成的。作者认为编辑出版学专业培养的人才不受业界欢迎的问题就出在"编辑两体论"的狭隘编辑学上，认为把编辑学的学科边界划得太小了，只研究编辑怎样改稿子，不从宏观上去审视和把握整个的编辑活动，研究出来的编辑学无法涵括实际的编辑活动，缺少对编辑活动的宏观考量，远离编辑活动的真实情况。作者认为编辑活动与编辑学的学科疆域如此广大，事实上几乎涵盖地球上的每一个人、每一个学科，涉及整个人类文明、人类文化、科学技术，以及一切物质、文化产业，而且它还有十分悠久的历史作依托。

在编辑学研究中，关于编辑主体的研究相对集中，周国清撰文考察了编辑主体研究的发端及其路径，分析了独立的编辑主体出现的基本条件及状态。认为不能把编辑主体等同为编辑个体，编辑主体包括编辑组织和编辑者，编辑主体论不是编辑本体论。于洪飞依据David McClellan"胜任力模型"和"冰山理论"，发展并构建了科技期刊学编辑能力理论，提出科技期刊的编辑能力是由显性和隐性能力所构成，显性能力与隐性能力比例为1:9。显性能力由专业知识水平、编辑知识容量和编辑职业资质所构成；隐性能力由基础层次、职业层次和事业层次三个级别的编辑能力构成，基础层次能力包括语文能力、专业能力和沟通能力，职业层次能力包括鉴审能力、公关能力、组织能力和管理能力，事业层次能力包括策划能力和创新能力。王保健认为当代编辑的危机表现在现实层面和精神层面。现实层面的危机主要表现在技术变革、读者阅读习惯和手段的变化，竞争激烈等带来的危机。精神层面的危机表现在缺乏职业认同，创新意识不足，作风浮躁等方面。实现出版业的发展，不仅要强调外在环境的改变，出版技术的创新，更重要的是要重视编辑主体的建设。

吴平认为编辑思想是编辑实践反映在编辑工作者的意识中经过思维活动而

产生的结果。它可以是历史中某个编辑或某位从事编辑出版活动者的思想，也可以是某一时期编辑出版主流意识和编辑出版成果的集中体现。他提出编辑思想者也是出版实践者，编辑思想与编辑工作同步发展，编辑思想是编辑工作本质的反映，使编辑工作不断创新是编辑思想的灵魂。作者认为实践性是编辑思想的属性，编辑实践是编辑思想的出发点，也是落脚点。当代编辑出版工作正值信息化、现代化、国际化、网络化交互发展之时，注重编辑思想，充分发挥编辑主体的作用，让现代编辑出版实践焕发出勃勃生机，尤其具有重要的现实意义和深远的历史意义。

九、编辑实务研究：关注变化，探讨应对之策

编辑学研究的目的在于更好地服务现实工作，探索解决目前困扰编辑学研究者与从业人员的现实问题的途径与策略。2011年，研究者关注于在编辑活动中编辑的定位，新的出版环境下的编辑规范，编辑的伦理决策以及编辑哲学等。

郭永新提出媒介新技术对编辑角色的冲击和消解是当前发展传播学关注的重大问题，尤其是对编辑把关主体角色的迷失是当下出版界亟待解决的重大出版问题，重构编辑角色对于规范编辑活动，顺利开展编辑出版活动具有重大的意义。作者结合《杜拉拉升职记》策划团队的实践和探索，系统分析了"创作出版论"与新媒介环境下编辑角色重构的关系，认为《杜拉拉升职记》出版传播的运作流程中全程策划，尤其是前期的媒介创意策划和后期的媒介产品异型延伸，作为一种理论视角对新媒介环境下出版理论创新具有构建意义。

李玉为、朱宇认为新时期出版环境的改变已经深刻地影响着编辑实践活动，加大了编辑领域机会主义行为发生的可能性。作为约束的有效手段，编辑规范需要被大力强调。同时，原有编辑规范中与新出版环境不符合的地方，也需要区分情况，加以创新调整。经过创新发展的编辑规范反过来会对出版环境产生一定影响，两者就是在这种互动的关系中共存着、发展着。而作为编辑规范创新主体，编辑共同体或政府相关管理部门更应该采取积极的姿态，灵活应对，不断推动两者的和谐发展。

刘向红提出编辑决策的有效性直接影响着编辑的质量。认为传统的编辑决策由于没有考虑伦理因素，会出现决策偏差。作者借鉴现代伦理决策理论，构建了编辑伦理决策的基本框架，包括编辑伦理决策的概念、标准和流程等。作者提出编辑伦理决策是指具有一定伦理道德的编辑和编辑团队，对编辑稿件按照一定的伦理标准进行评价、比较和筛选的过程。编辑伦理决策有狭义和广义之分。狭义的编辑伦理编辑决策是指某一个编辑（责任编辑或主编）对编辑稿件，在某一

环节做出评价、比较和筛选的过程。广义的编辑伦理决策是指一个编辑团队对整个编辑过程的一组稿件进行评价、比较和筛选的过程。作者将广义的编辑伦理决策的主体伦理标准归纳为：自主性、公平性、诚实性、奉献性、客观性。将决策客体的伦理标准（对来稿的内容的伦理要求）归纳为：合法性、道德性、真实性、学术性、社会性、规范性。作者根据编辑伦理决策自身的特点，结合伦理决策理论的基本原理，按照实用性、经济性的原则，构建适合编辑伦理决策的决策模型，第一步，对稿件的合法性进行判断；第二步，对合法的稿件进行真实性判断。如果稿件符合真实性要求，则可进入到第三步的道德性判断。第三步，对符合真实性要求的稿件的道德性进行判断。

论及编辑修辞学，余禺认为编辑行为源自编辑内在的文化诗学想象和知识构想力。编者既是读者，也是"作者"。编辑的读解是预期的读解、关联的读解和想象的读解，正如语言修辞允许诠释的"偏差"，解读是为了创造出一个编辑文本；编辑组构对原作的形式或题旨做某一元素的提取，从而给出符号置换，形成文本与阅读之间的修辞。编辑符号的指示功能因编辑语言的相对性而呈现出矜持的修辞性，编辑符号的能指最终落于作品的符号系统，构成文本与编辑语言共同谋划和积极组成的言语，体现编者的价值判断。认为在言内又在言外的编辑状态，也是编辑修辞学的体现。

王文鹏在《出版是个手工业——编辑都在做什么》一文中，以轻松的笔触描绘了图书编辑的工作过程，正如作者所述，可以窥见编辑实际工作的复杂程度。

十、编辑家研究：发掘史实，服务现实

对编辑家的研究是编辑学研究之编辑历史研究的一个重点内容，历来受到学界和业界的重视。2011年李景端甚至撰文提出应组织得力人员随带录音笔和摄像机，抓紧逐个采访成就显著的老编辑，尽量把他们的音频及视频资料采录保存下来，以抢救"摸得着"的编辑学。2011年，有十余篇文章通过编辑家从历史发展轨迹和理论研究中去剖析现实的难题，力求找出现实问题的最佳发展策略和解决方案。

何大吉通过林语堂的《开明英文文法》，研究其体现了作者怎样不同一般的编辑思想和学术视野，力图对现在的英语语法书的编辑出版，乃至英语教学法有所启示。作者认为《开明英文文法》与其他语法书最大的不同之处，也是体现该书语言学思想精髓之处，是注重语言意义——形式的思维及编排模式。提出林氏将文法定义为"表现法的科学"，把一种新的文法理论应用到中国的英文法教学上面。提出林氏的《开明英文文法》还十分注重中西文化及思维方式的对比，特

别强调中西方文化意念的比较，强调语法隐喻导致的中英不同思维方式的对比。注重文法学习的趣味性。作者认为趣味性首先应得益于林氏非凡的语言造诣和幽默的文风；其次，林语堂强调对语法规则的重新认识；再次，林氏认为我们应正确对待两种语言错误——异邦人的思想法及由于心理的原因，如观念的矛盾，心理的转变，人类的遗忘性，前后词的影响等。作者认为林氏的《开明英文文法》并没有机械地划分英语中正确与错误的表达，而是从说话者欲表达的意念入手，从学习者的认知视角出发，探寻可能出现的不同表达式，并逐一分析其功用与不同。通过研究，作者认为语法并非一成不变的规则，也非正确与错误的简单说教，而是人类语言表达的科学描写、人类智慧光芒的闪烁，只有透过这纷繁复杂、看似艰深晦涩的语言现象，通过对"规则"、"错误"的正确认识，才能打破语言的藩篱，进入另一语言的世界观，也才能真正体味到人类语言隐喻之趣。

李天福通过研究沈从文从1928年到1949年创办并经营过的报刊以及文献资料，提出系统的报刊功能观、独特的报刊经营观、高远的编辑素质观、前沿的报刊读者观等，构成了沈从文系统而深刻的报刊编辑理念。文献资料显示，在沈从文看来，现代报刊具有传播知识、控制社会、引导阅读、重造文学、舆论监督等功能。沈从文认识到，报刊生存发展中，环境选择是重要因素；定位策略是基本方向；讲究时效是时代要求；注重创新是制胜法宝；统筹兼顾是永恒主题。沈从文认为，编辑素质决定报刊质量。他曾系统分析了范长江、赵超构、萧乾、徐盈四位现代著名的报刊工作者成功的原因，认为知识、经验和文笔三者缺一不可。沈从文具有鲜明的读者意识。他认为，刊物必须有特定而稳固的读者群，判定刊物质量的"应是现在和未来的一切读者"。他曾提出"读者理解力"、"读者能力程度"等较为前沿的概念，认为报刊编辑编发、处理稿件时要从读者的角度着眼，考虑读者的接受能力，让稿件尽量通俗易懂。但他同时强调，满足读者需要并非迁就少数人某一方面特别的趣味，而是本着对社会负责，对大多数读者负责的态度，把读者的注意力引导到健康的轨道上来。这些理念对当今的报刊编辑工作乃至不同介质的编辑工作仍然具有启迪价值。

姬建敏认为刘杲作为编辑学研究的开拓者、领路人，对编辑学研究在中国的兴起，对编辑学及编辑学学科建设做出重大贡献。尤其是在编辑学建设和发展中，他始终坚持把政治方向放在第一位；以全面提高编辑素质为抓手，鼓励多出精品和传世之作；在宏观指导的同时，带头从事编辑学理论研究；对编辑学学科建设尽心尽力。

龚传星认为郑振铎编辑思想的主体性特征表现为个体生存方式渗入、个体性暗示、个体理想指向。认为郑振铎先生基于自己的生存方式，不断捕捉实践火花，从而成就了其独具一格的编辑思想。通过史料的发掘记述郑振铎先生如何利用图片的选择、标题的处理等，在编辑工作中潜在地表达自己的思想。作者认为"好作品"的首要条件是符合编辑自己的理想指向。郑振铎先生认为编辑工作是严肃的事业，担负着造福国家民族的重大责任，他的编辑理想影响到他的编辑行为，成为他编辑思想主体性的重要表征。

曾祥旭分析了萧统《文选》选文标准——综缉辞采，错比文华。《文选》的编录原则——以类相从，以时代相次。以及《文选》的编纂原则，具体而言，在选篇立项方面编者遵从下列原则，一是，尽量遵从皇家选文"由内及外"的编辑理想；二是，从众原则和选家眼光的有机结合；三是，为方便读者，编辑家尽量实现简明扼要易学易诵的编辑要求。作者认为《文选》体现了以萧统为代表编辑家的远见和卓识。《文选》历千年五百而不绝，形成"文选学"，除了选文质量上乘之外，其编纂水平、编纂视野不能低估，因此，总结《文选》的编辑体例、原则和方法，对于今天的编辑出版事业良有裨益。

李景端提出，许多编辑前辈，他们丰富的学识、高尚的道德、敬业的精神、成功的业绩，具体实在，就发生我们身边，完全称得上是"摸得着的"编辑学。这些出自实践的编辑工作成果，极大地丰富了我国编辑学的内容及范例，更是当前众多年轻编辑学习的珍贵教材。作者的具体的建议是：第一，希望新闻出版总署拨出一笔资金，再向有实力的出版集团和出版社募捐一笔钱，合起来设立一项"编辑接力棒基金"，专用于收集、整理、传播优秀编辑经验，充实和丰富中国编辑学之用。第二，委托中国编辑学会，组织得力人员随带录音笔和摄像机，抓紧逐个采访成就显著的老编辑，尽量把他们的音频及视频资料采录保存下来。第三，在采集、整理必要材料基础上，组织编写出版两套丛书：一套是"优秀出版家列传"，第一辑暂定10本，每人写一本，主要选业绩突出全面的，写一个人，又可带出一个出版社的成功特色。例如写陈原，就可带出商务，写巢峰，就可带出辞海。另一套是"编辑精英巡礼"，是开放式丛书，新老编辑中事迹突出的都可选入，每人一篇，可长可短，多人合集。这套书可以与"韬奋出版奖""出版政府奖·优秀出版人物"的评优成果结合起来，并使它常态化，不断出下去。

另外，还有刘阳海的《孔子"述而不作"的思想渊源和编辑技巧》（编辑之友2011年第1期），马晓琼的《论毛晋的编辑出版活动与思想》（编辑之友，2011年第3期），范军的《张闻天新闻出版思想与实践》（编辑学刊，2011年第06期）等十多篇文章，从不同视角，运用不同方法研究编辑及其活动，探讨编辑工作的规律。

结　语

2011年的编辑出版学研究，延续着2010年的研究热度，形成较稳定的研究领域，更多的研究者开始注重借鉴传播学、文化学、历史学等其他学科的理论资源对编辑出版现象进行分析，不仅拓宽了研究视野，也使问题的研讨更加深入。虽然从整体上看在遵循学术规范，长于学理分析方面弱于着眼现实的问题研究；虽然有研究者在更深的层面看到并分析了编辑出版学理论研究的不足与危机，但这些也昭示了编辑出版学发展的空间和潜力，相信经过研究者的努力，编辑出版学理论研究将会产生更多有影响的研究成果。

撰稿：朱　宇（北京印刷学院）

主要参考文献：

[1] 李建伟. 编辑出版学建设的"十一五"回顾及"十二五"展望. 中国出版，2011（2上）

[2] 丁苗苗，孙旭. 关于编辑学、出版学与传播学关系的深层思考. 中国出版，2011（11下）

[3] 方静. 编辑出版美学研究对象刍议. 漳州师范学院学报·哲学社会科学版，2011（1）

[4] 李新祥. 出版定义的类型研究. 出版科学，2011（1）

[5] 陈世华，韩翠丽. "微出版"初探. 编辑之友，2011（10）

[6] 任翔. 传统出版的概念要升级. 出版参考，2011（5下）

[7] 周斌. 内容服务:绿色出版与数字出版的一个交集. 北京印刷学院学报，2011（6）

[8] 孙海芳. 出版变迁与技术变革互动发展规律初探. 出版发行研究，2011（3）

[9] 李艳中. 出版形式发展及其与内容观念的关系. 万方数据，2011（12）

[10] 游翔. 出版精神内涵与实践意义. 中国出版，2011（11下）

[11] 周玉波，田常青. 出版双重价值实现与"三统一". 出版发行研究，2011（10）

[12] 马洁. 当代我国出版自由研究. 唐都学刊，2011（3）

[13] 庄庸. 下一个5年，书业亟待"思维革命"（上）. 出版广角，2011（5）

[14] 徐力. 关于突破图书概念、转变出版观念的思考. 出版发行研究，2011（8）

[15] 朱文革. 数字时代内容是否还为王. 编辑之友，2011（3）

[16] 宋焕起. 攻守之道:重新定义传统出版的意义——从另一个角度给"新闻出版强国建设"建言. 中国出版，2011（1上）

[17] 刘兰肖. "三十未立"的出版学——从2009年颁布的国家标准《学科分类与代码》谈起. 济南大学学报·社会科学版，2011(3)

[18] 姬建敏．数字化时代编辑出版学关注的新问题——全国编辑出版学研究分会暨数字化时代出版学高层人才培养国际研讨会综述．河南大学学报·社会科学版，2011（5）

[19] 于翠玲．出版学要研究出版活动的变化与发展趋势．济南大学学报·社会科学版，2011（3）

[20] 姜华．2010年出版研究热点问题综述．中国出版，2011（7下）

[21] 程美华．出版媒介的融合方式及其发展．重庆社会科学，2011（5）

[22] 洪缨．指向认知个体的印刷出版物信息传递研究．重庆大学学报·社会科学版，2011（6）

[23] 梁晓莹，甘勇，王勇．无纸阅读时代纸媒范式重构．新闻前哨，2011（1）

[24] 刘品然．论纸质媒体的优劣及转型方向．浙江传媒学院学报，2011（2）

[25] 洪缨，李朱．印刷出版物文字信息传递的可读性与易读性研究．现代传播，2011（9）

[26] 陈冠兰．期刊研究的碎片化．中国出版，2011（2下）

[27] 刘鲁川，孙凯．移动出版服务受众采纳的行为模式——基于信息技术接受模型的实证研究．国际新闻界，2011（6）

[28] 刘宜民．全媒体时代传统媒体的核心竞争力．中国广播电视学刊，2011（238）

[29] 杨军．试论工具论与本体论相统一的出版文化观．编辑之友，2011（9）

[30] 王晓泰．青年媒体形象的特征与变迁典型研究——基于《中国青年》杂志的内容分析（1980—2009）．中国青年研究，2011（4）

[31] 孙鲁燕．《张元济全集》及其出版价值．出版发行研究，2011（6）

[32] 张元济．张元济全集（10卷）．商务印书馆，2010（11）

[33] 朱家梅．胡乔木出版思想述论．中国出版，2011（3下）

[34] 姜华．2010年编辑学研究热点综述．中国编辑，2011（3）

[35] 姬建敏．编辑学研究在路上——2010年印象．出版科学，2011（6）

[36] 编辑学研究：路在何方．编辑之友，2011（9）

[37] 刘杲．关于编辑活动的思考．中国新闻出版报（2011年10月14日006）

[38] 王志刚．编辑活动基本规律研究的三点不足．出版科学，2011（4）

[39] 蔡克难．编辑学研究为什么不能深入．出版科学，2011（4）

[40] 靳青万．"编辑五体"与编辑学学科边界——兼论编辑学高等教育问题．陕西师范大学学报哲学·社会科学版，2011（11）

[41] 周国清．编辑主体研究述议．长江大学学报．社会科学版，2011（6）

[42] 周国清. 编辑主体蠡测. 中南林业科技大学学报. 社会科学版, 2011(8)

[43] 于洪飞. 科技期刊学的编辑能力理论. 编辑学报, 2011 (6)

[44] 王保健. 论当代编辑的危机. 河南社会科学, 2011 (9)

[45] 吴平. 编辑思想的实践性探讨. 中国出版, 2011 (3上)

[46] 郭永新. 新媒介环境下的"创作出版论"与编辑角色重构. 出版发行研究, 2011 (8)

[47] 李玉为, 朱宇. 浅谈新时期编辑规范的创新发展与应对. 出版发行研究, 2011 (3)

[48] 刘向红. 编辑伦理决策研究. 广西民族大学学报•哲学社会科学版, 2011 (7)

[49] 余禺. 论编辑修辞学. 出版科学, 2011 (5)

[50] 王文鹏. 出版是个手工业——编辑都在做什么. 中国民营书业, 2011 (7)

[51] 何大吉. 林语堂《开明英文文法》编辑思想浅析. 编辑之友, 2011 (9)

[52] 李天福. 沈从文的报刊编辑理念及当代价值. 新闻界, 2011 (3)

[53] 姬建敏. 论刘杲对编辑学建设和发展的贡献. 中国出版, 2011 (12下)

[54] 龚传星. 郑振铎编辑思想的主体性特征. 编辑之友, 2011 (3)

[55] 曾祥旭. 略论萧统《文选》的编辑学思想. 中国出版, 2011 (9上)

[56] 李景端. 抢救"摸得着"的编辑学. 编辑学刊, 2011 (6)

出版教育与培训研究综述　　王彦祥

一、年度研究的整体盘点

较之2009年和2010年的出版教育与培训研究，2011年度此领域研究呈现出走弱的趋势：成果数量总体上未减，质量却有所下降；研究热点趋于零散，前两年讨论的若干重点主题突然消失；振聋发聩的观点鲜见，泛泛空谈和应景之作却不在少数。

依据2011年正式发表的专业论文和出版的专著，以及相关课题研究资料、学术会议成果，笔者调研和统计分析后得知，本年度有关出版教育与培训的研究论文有50多篇，与上一年度基本持平。就内容而言，集中讨论并形成年度特点的几大主题有：出版教育模式研究、数字出版教育研究、专业实践教学研究、编辑出版继续教育研究、出版教育历史回顾等。而前两年火热讨论的出版专业硕士教育问题、出版专业资格考试问题、专业教材编写问题却突然哑火，本年度竟无一篇论文专门进行持续性研究。

2011年没有专门结集出版的出版教育与培训类论文集，几部综合性的论文集中，经查阅统计约有10篇左右的论文涉猎出版教育问题。但这些论文要么是已经发表过而重复刊载的"旧作"，要么是质量不够"专业"，鲜有独特的观点，故此这部分论文未被列入本综述的观点分析和引用之列。2011年专门为出版教育而召开的学术会议也是薄弱环节，其中8月中旬在台湾高雄市召开的"第七届海峡两岸华文出版论坛"、8月底在北京大学举办的"首届中英国际出版论坛"、10月中旬在保定市河北大学召开的"第七届全国电子与网络编辑年会"，以出版教育界人士为主，并发布了一些出版教育与人才培养方面的论文。不过这些论文属于灰色文献，绝大多数论文只进行会议内部交流，个别论文会后在专业期刊上公开发表，限于论文性质和难于搜集，本综述也未能进行观点分析和引用。

本年度出版的唯一一部出版教育类专著，是张志林、陈丹、黄孝章合著的《数字出版人才培养研究》（商务印书馆，2011年8月），本书作为北京印刷学院传播学硕士点建设和数字出版专业建设专项资助成果，从理论阐述和实践探索两个方面，对数字出版人才培养进行了较为系统的论述。全书分为六部分十三章内容，从数字出版产业、数字出版人才适应性及知识构成等方面展开论述，并以北京印刷学院作为案例，从高校、企业、政府等方面进行分析，提出了数字出版产业人才培养的一些具体建议，以及加强数字出版人才培养与管理的设想（具体可参看本研究进展"新著评介"栏目内的此书介绍内容）。

　　至于服务出版教育与培训的专业教材建设，本年度倒是可以用硕果累累、形式多样来形容，既有理论课程教材，也有实践教学教材，还有成套的出版专业资格考试教材。为反映专业教材的出版全貌，兹列出清单以飨读者：

　　《普通编辑学》，邵益文、周蔚华主编，中国人民大学出版社，2011年9月。

　　《编辑学原理》，吴平、芦珊珊编著，武汉大学出版社，2011年6月。

　　《编辑概论》，陈桃珍主编，重庆大学出版社，2011年10月。

　　《网络编辑实务》，肖旻主编，机械工业出版社，2011年7月。

　　《校对实务》，程德和主编，重庆大学出版社，2011年9月。

　　《出版管理学》，于春迟、谢文辉著，中国人民大学出版社，2011年6月。

　　《出版物物流管理概论》，朱诠著，中国书籍出版社，2011年2月。

　　《出版专业基础·初级》，全国出版专业职业资格考试办公室编，崇文书局，2011年5月。

　　《出版专业实务·初级》，全国出版专业职业资格考试办公室编，崇文书局，2011年5月。

　　《出版专业基础·中级》，全国出版专业职业资格考试办公室编，上海辞书出版社，2011年7月。

　　《出版专业实务·中级》，全国出版专业职业资格考试办公室编，上海辞书出版社，2011年8月。

　　《全国出版专业职业资格考试·考试大纲·2011年版》，全国出版专业职业资格考试办公室编，上海辞书出版社，2011年7月。

　　另外，还有约13种"版式设计"内容的教材。然而它们是为美术、艺术设计、数字媒体、包装印刷等专业写作的，不是专为编辑出版学专业编写，故不再一一列出。这一出版现象已持续若干年，选题重复，内容大同小异，2011年更是延展到翻译类教材，有（美国）丽莎·格雷厄姆著，周姗译《版式设计与文字编排》（上海人民美术出版社，2011年1月）；（英国）加文·安布罗斯、保罗·哈里编著，詹凯、蔡峥嵘译《版式设计（第2版）》（中国青年出版社，2011年12月），大有推波助澜之势，值得我们深思并尽快谋求改变之策。

　　2011年具有统领性作用且影响深远的事件是，新闻出版总署于2011年5月发布了《新闻出版业"十二五"时期人才发展规划》。该文件是"为进一步加强新闻出版队伍建设，全面实施新闻出版人才兴业战略，加快实现新闻出版强国目标"而制定。《规划》列出了新闻出版业"十二五"时期人才发展的形势和任务、指导思想和发展目标、主要任务、措施与保障、组织实施等五大方面。具体到出版人才教育和培养，《规划》提出的新内容主要有：

扩大新闻出版人才队伍规模，提高人才队伍整体素质，与建设新闻出版强国战略目标相适应。加快新闻出版新型人才培养，着力培养数字出版与传播、动漫游戏等方面的急需紧缺专门人才；以提高专业水平和创新能力为核心，以高层次人才和紧缺人才为重点，培养一支数量多、素质高的新闻出版专业技术人才队伍，到2015年新闻出版专业技术人才总量达到100万人。实施高技能人才工程，以提升职业素质和职业技能为核心，以印刷复制、出版物发行等领域的高技能人才为重点，形成一支门类齐全、技艺精湛的高技能人才队伍，到2015年新闻出版高技能人才总量达到40万人。

健全新闻出版职业资格体系，对新闻出版关键岗位，包括出版单位的责任编辑，新闻单位的采编人员和新闻出版单位领导人员等，积极建立、完善国家级水平评价类的职业资格考试制度体系和登记注册管理制度体系，并依法实行从业准入管理。对新闻出版重要岗位，包括在编辑、校对高级岗位和新闻采编高级岗位工作的人员，建立完备的职业资格考试与评审相结合的水平评价机制。对新闻出版行业特有工种，建立统一的行业职业技能鉴定评价制度体系和高技能人才竞争选拔机制。

完善人才遴选和培养制度，建立产学研战略联盟。加强新闻、出版、印刷包装等专业教学指导委员会建设，促进产学研各界的联系和协作，为高等学校培养高素质毕业生提供咨询和指导。为学科带头人深入行业、深入基层、科研攻关创造条件。支持实践经验丰富、具有一定理论水平的产业人才到高校担任兼职教师。支持产学研联合开发教学、培训教材。支持有条件的新闻出版单位设立实习实训基地。进一步发挥高等院校新闻出版人才培养基地的作用，支持人才培养基地举办新闻与传播及出版专业硕士、在职研修班、专题研讨会、专业培训班等。

可见，国家对于新闻出版人才建设的重视，从时间、数量和质量上都提出了明确的目标，对于出版界和出版教育界来说，可谓目标明确，寄予厚望，时间紧迫，任重道远。我们只有在这三年时间内加倍努力，实现专业人才教育与培养的跨越发展，才能适应国家的整体人才发展趋势，满足出版业大发展大繁荣的实际要求。

二、问题式研究提出的相关问题

本年度有若干篇论文，不约而同地提出了专业教育与培训存在的问题和未来要面临的问题。问题令人关注，也需要脚踏实地解决好这些问题。如姬建敏在《数字化时代编辑出版学关注的新问题：全国编辑出版学研究分会暨数字化时代出版学高层人才培养国际研讨会综述》（河南大学学报：社科版，2011年第3

期）中指出，在数字化时代编辑出版人才培养，编辑出版教育等重点和热点问题上，离不开高等学校的教育和教学，需要从传统到现代华丽转身，需要高校与社会联手，实现学界与业界的无缝对接。为此，作者归纳与会者的发言和论文，提出四方面的问题进行观点罗列，包括数字化时代编辑出版人才的培养问题、数字化时代的编辑出版教育问题、数字化时代的出版产业问题、数字化时代编辑出版学基本理论与实务的研究问题。

何国军在《数字环境下的出版产业发展和出版教育转型：第三届数字时代出版产业发展与人才培养国际学术研讨会综述》（出版科学，2011年第1期）中也指出，我国目前的出版学教育必须进行转型和改革，以适应时代发展的要求。出版教育要在培养专业学生应具备的能力、课程体系以及培养方式三个方面实现数字化转型。数字出版人才培养模式要进行改革，须树立大编辑、大文化、大媒体的教育理念；在数字出版教育师资队伍建设问题上，可采取走出去和引进来战略；还应解决好出版教育实践教学问题，大力实施教学改革与创新。

李频在《出版专业教育转型分析框架略述：问题单及其结构的试清理》（出版科学，2011年第2期）中，采用纵贯与横剖相结合的分析方法，将近30年的编辑出版教育划分为三个阶段，并合成了出版专业教育转型的问题单。创始阶段值得讨论的问题有三。一是为什么胡愈之在1979年12月的长沙会议录音发言稿中主张办出版专业，而胡乔木极力推动的是编辑学专业建设？二是为什么胡乔木在1984年后极力推动创办编辑学专业？三是为什么北京大学中文系对编辑学专业"试而不办"？发展阶段的主要问题有：1998年图书发行学和编辑学合并而称编辑出版学的过程如何？影响如何？规范意义何在？问题分解一：胡乔木逝世于1992年，编辑出版学的命名能简单地肯定或否定是对胡乔木权力意志的消解？问题分解二：图书发行学专业到底是怎么来的？

转型阶段的时间划分会伴随两个质疑，其一，对"转型"的理解，转型是对已经发生的历史事实的描述还是对未来愿景的期盼？其二，如何认识2001年中国高校办学体制转轨对编辑出版学专业教育的影响？2002年（或2003年）起，编辑出版学专业由国家控制专业变为自由申报专业，这一专业向全国高校开放的意义该如何认识？出版专业教育转型依赖于社会转型中的出版转型，在认同这一点的前提下，出版教育转型中到底哪些是要转必转的，哪些是不转不变的？基于出版学目前的学科水平，编辑出版教育群体是否具备了设计未来10—20年出版人的知识结构和能力结构的认知水平，如果我们没有这样的认知水平，我们该怎么办？套句流行的话说，我们如何培养作为受教育者的学生的核心竞争力？

侯耀东在《数字出版新时代下人才建设的几点建议》（出版发行研究，2011

年第1期）中，直截了当地提出数字出版产业发展中人才建设的三大突出问题。一是传统图书出版单位缺乏创新意识，数字技术人才建设、储备不足，特别是传统图书出版单位在人才培训上跟不上数字出版形势发展的需要。二是数字新媒体企业中数字技术人才实力雄厚，对出版编辑领域相对陌生。三是出版专业教育和出版行业需求存在脱节，理论与实践急需结合，由于高校培养的数字出版人才与当前数字出版发展实际需求有相当差距，不能为其输送所需人才，因而制约了数字出版的进一步发展。作者给出的建议是：教育界要重视出版专业，注重实践创新教育，重构满足数字时代需求的人才培养体系。文中提出的问题很好，可惜给出的建议不免流于空洞和平淡。

三、专业教育历史回顾与现状研究

本年度对于出版专业教育的历史回顾和典型事件研究突然多了起来，对于专业办学的现状也进行了相应的调研和分析。如陈燕在《胡乔木与中国高等教育编辑出版专业的诞生》（出版发行研究，2011年第12期）中指出，中国编辑出版高等教育体系的建立，与老一辈无产阶级革命家胡乔木同志早期的关心、倡导和大力支持息息相关，正是他为中国高校建立编辑出版专业不惮烦言，促成了中国高校编辑出版专业的诞生。文章具体回顾了胡乔木同志建国初期倡导编辑教育的事例，披露了他的原话："党也要负责领导教育出版工作的教育工作，学校中也没有这样一系，应该有这一系，应该包括出版业中各项的业务，在这系中学习的学生应当受到严格的训练。"然后，介绍了胡乔木同志1984～1985年就高等院校建立编辑学和编辑专业的问题给教育部的信，请教育部高教司协助北大、南开、复旦三校具体筹备该专业等史实，以及1986年支持浙江省创办印刷出版学校，杭大创办出版系等情况。

李频在《出版专业教育转型分析框架略述：问题单及其结构的试清理》一文中，将近30年的编辑出版教育划分为创始阶段（1984—1997年）、发展阶段（1998—2001年）和转型阶段，并回顾了胡愈之、胡乔木等人在20世纪70年代末至80年代中期，积极筹办出版专业或编辑学专业的情况，以及1998年教育部将图书发行学专业和编辑学专业合并而称为编辑出版学专业的情况。

李乐发表《我国编辑出版高职高专教育的历史、现状及对策》（中国出版，2011年第3期下），回顾了编辑出版高职高专教育的历史，梳理出编辑出版高职高专层次的相关专业以及开设院校的基本情况，认为定位明确、校企合作、灵活办学是编辑出版高职高专教育成功的关键所在。作者认为，我国最早的编辑出版职业教育，即1909年创办的商务印书馆附设商业补习学校，已经具备了职业培训学校的性质，在课程设置、师资力量、学员学制、毕业去向等各方面都颇为规范科学，为后续的编辑出版教育可起到良好的示范作用。其后，回顾新中国最早兴办的技工学校，即出版总署委托上海市出版局于1953年10月创办的上海印刷学校（现为上海出版印刷高等专科学校），形成了出版传播、印刷包装、艺术设计与动漫三大专业群。我国现有三所新闻出版类高职高专院校，即上海出版印刷高等专科学校、江西新闻出版职业技术学院、安徽新闻出版职业技术学院，此外，开设有编辑出版相关专业的高职高专院校共16所，北京印刷学院也设有与编辑、出版、印刷相关的8个高职专业。最后指出，目前编辑出版高职高专教育力量比较薄弱，从师资力量和专业设置上都可以看出来。其困境来自社会对高职高专编辑出版教育存在偏见；教育投入少，资金短缺；与编辑出版事业的现实发展结合不够紧密。给出发展出路是，明确编辑出版高职高专人才培养的定位；与出版单位接轨，形成开放性教学格局；建立灵活开放的编辑出版高职高专培养模式。

对于专业教育现状揭示力度最大的，是中国编辑学会教育专业委员会（筹）和中国编辑杂志社"对编辑出版专业学生、专业教师和相关用人单位开展的编辑人才学校教育和出版单位对专业毕业生使用情况的调查"，其刊发的《开拓资源，创新模式，促进编辑人才培养——编辑出版专业人才培养调查报告》（中国编辑，2011年第3期）中，介绍了2010年6月开展的"编辑人才培养系列调查"活动，包括调查背景、调查内容及基本情况、编辑出版专业人才培养存在的主要问题及原因分析、编辑出版学专业改革发展的意见和建议等四大部分。重点篇幅是第二部分：学校教育情况，包含学科划分及定位、院系设置、招生层次及培养目标、培养模式、课程设置、教材建设、师资力量等内容。单位用人情况包含就业岗位分布、用人单位对专业学生的评价及需求、业界对人才的继续教育等内容。对于专业人才培养存在的主要问题及原因，调查者认为学界方面是观念陈旧、学用和供需关系不对称、学科地位不明确、培养模式不科学；业界方面是对专业教育的重要性认识不足、重实用却对在校学生培养的社会责任担当不够。作者提出专业改革发展的意见和建议是，专业建设应以坚持为文化发展培养人才的宗旨，以社会需求为导向，以提高学生能力为重，以人才培养模式改革为突破口，坚持"大文化、大媒体、大编辑"理念，明确专业教育学科定位，搞好课程设置、教材建设、师资队伍建设，促进编辑人才培养和使用的优化。具体要点包括解放思想，提高认识；创造条件，优化环境；创新培养模式，综合利用资源；拓宽教育内容，紧贴行业需求；狠抓师资队伍建构，加强教材建设；提高管理水平，规范学科发展；积极发挥行业协会、学会的作用等。本文篇幅很大，资料价值较好，读者可查阅原文获取相关数据信息；但内容偏于庞杂，数据的可视化程度不高，行文不够严谨，特别是经常将"编辑出版学专业"与"媒体编辑学专业"相混淆，使人不得不质疑此次调查的规范性和数据的权威性。

四、出版专业办学规模研究

我国编辑出版学专业教育的办学规模和发展现状，历来众说纷纭，莫衷一是。尽管本《研究进展》第一卷（即2009卷）中，曾辟出"出版教育规模调研及结果公布"内容，汇集了相关机构和研究者的调研结果，但并没有引起出版界和教育界的广泛重视，其原因很有可能是《研究进展》刚刚出版，传播范围有限所致。为此，北京印刷学院的王彦祥带领课题组，依据最新的调研结果，在《科技与出版》2011年第11期上刊出《我国编辑出版学专业教育规模调研和地域分布分析》，随后的2012年第3期《出版业》（中国人民大学报刊复印资料），以全文文摘形式转载了该文。

论文主要介绍作者近年来开展的编辑出版学专业调研情况及取得的成果，并给出了目前全国开设该专业的63所高校的具体数据，表1详细列出了这63个编辑出版学本科专业隶属的高校名称、院系，所属地区等。其后，依照我国行政区划，将全国编辑出版学专业的办学规模划分为三个级次。华东地区为第一级次，设置本专业的密度最大，达到21个；华北地区和中南地区形成办学规模的第二级次，各地区在10～19个之间；东北地区、西南地区和西北地区构成办学规模的第三级次，各地区等于或低于5个。

基于调研数据，作者分析出编辑出版学专业在地域分布上存在的五大特点：（1）全国编辑出版学专业设置数量除了存在三个级次的地域分布规律外，从国家版图上分析，还明显存在东部多、西部少，南方多、北方少的特点；（2）编辑出版学专业设置最多的地区是华东地区，占到总数的三分之一；（3）各大地区内所有省、直辖市、自治区均设置有编辑出版学专业的是华北地区、东北地区，而开设本专业较少，且各省、直辖市、自治区专业设置数量差距较大的是西南地区、西北地区；（4）出版单位聚集区与编辑出版学专业地域分布呈正相关关系，即编辑出版学专业设置较多的地区和省份，也是出版单位设立较多的地方，如北京市、上海市、浙江省、山东省、湖广地区、陕西省；（5）目前有9个省份只有一所高校设置编辑出版学专业，从地域分布上看比较分散，也没有规律可循；还没有高校设置编辑出版学专业的8个省、直辖市、自治区，除江西省和海南省外，均地处西部，而且是少数民族聚居区。

该文刊发后引起研究者的关注，有热心读者指出个别省份不同的地域归属和校对错误问题，征得作者和期刊社同意，在此刊登最新的统计表格，以飨读者。

表1　全国设置"编辑出版学"本科专业的高校分地域统计表

地　区	省　份	学　校	隶属院系
华北地区（11）	北京市（4）	北京大学	新闻与传播学院
		北京印刷学院	新闻出版学院编辑出版系
		中国人民大学	新闻学院
		中国传媒大学	电视与新闻学院电视系
	天津市（1）	南开大学	文学院传播学系
	河北省（3）	河北大学	新闻传播学院编辑出版系
		河北经贸大学	人文学院新闻传播系
		河北大学工商学院	人文学部
	山西省（1）	山西师范大学	文学院
	内蒙古自治区（2）	内蒙古大学	文学与新闻传播学院新闻学系
		内蒙古民族大学	蒙古学学院
东北地区（5）	辽宁省（1）	辽宁大学	历史文化学院
	吉林省（3）	吉林师范大学	历史文化学院
		吉林工程技术师范学院	文化传媒学院
		吉林艺术学院现代传媒学院	——
	黑龙江（1）	黑龙江大学	信息管理学院
华东地区（21）	上海市（3）	上海理工大学	出版印刷与艺术设计学院新媒体与出版传播系
		华东师范大学	传播学院传播学系
		上海师范大学	人文与传播学院文化典籍系
	江苏省（3）	南京大学	信息管理系
		南京师范大学	文学院编辑出版与高级文秘系
		中国传媒大学南广学院	新闻传播系
	浙江省（7）	浙江大学	人文学院中国语言文学系
		浙江工商大学	人文学院
		浙江传媒学院	新闻与文化传播学院
		杭州电子科技大学	人文学院文化传播系
		浙江万里学院	文化与传播学院
		浙江越秀外国语学院	网络传播学院
		浙江工商大学杭州商学院	人文系

地 区	省 份	学 校	隶属院系
华东地区（21）	安徽省（1）	安徽大学	新闻传播学院
	福建省（1）	漳州师范学院	新闻传播系
	山东省（6）	中国海洋大学	文学与新闻传播学院新闻与传播学系
		青岛科技大学	传播与动漫学院
		山东工商学院	政法学院
		山东经济学院	文学院
		山东工艺美术学院	人文艺术学院
		临沂师范学院	文学院
中南地区（19）	河南省（1）	河南大学	新闻与传播学院
	湖北省（5）	武汉大学	信息管理学院出版科学系
		武汉理工大学	文法学院
		湖北民族学院	文学与传媒学院
		湖北第二师范学院	文学院
		武汉理工大学华夏学院	人文与艺术系
	湖南省（5）	湘潭大学	公共管理学院知识资源管理系
		湖南师范大学	新闻与传播学院
		湖南商学院	中国语言文学学院
		衡阳师范学院	中文系
		湖南商学院北津学院	中文系
	广东省（5）	华南师范大学	文学院
		华南理工大学	新闻与传播学院
		广东海洋大学	文学院
		汕头大学	长江新闻与传播学院
		北京师范大学珠海分校	文学院
	广西壮族自治区（3）	广西师范大学	文学院
		广西民族大学	文学院
		广西民族大学相思湖学院	人文社科系
西南地区（3）	四川省（1）	四川大学	文学与新闻学院
	云南省（2）	云南民族大学	民族文化学院
		昆明理工大学	文学院
西北地区（4）	陕西省（3）	陕西师范大学	新闻与传播学院
		西北政法大学	新闻传播学院
		西安欧亚学院	新闻与传播学院
	青海省（1）	青海师范大学	人文学院中国语言文学系

　　搜索2011年发表的各专业论文中提及的编辑出版学办学规模数字，与前几年相似，仍然是各说各话，但又缺少实际的调研和动态的数据支撑。典型的有：中国编辑学会教育专业委员会发表的《开拓资源，创新模式，促进编辑人才培养——编辑出版专业人才培养调查报告》中说，根据此次调查和开展其他活动中进行调查摸底的不完全统计，目前全国有100多所高校在不同的学科门类下开展了编辑出版学专业或者方向的教学工作，作者明显没有分清专业与专业方向的巨大差别。陈燕在《胡乔木与中国高等教育编辑出版专业的诞生》中说，目前我国150多所高校成立了编辑出版专业，形成了从专科、本科、硕士到博士的一套完整的高等教育专业教育体系，此数据从何而来却没有交代。

　　作为教育部人文社会科学规划基金项目"我国编辑出版学教育发展现状及前景研究"成果之一，河南大学的李建伟教授在《编辑出版学建设的"十一五"回顾及"十二五"展望》（中国出版，2011年第2期上）中指出，经不完全统计，截至2010年底，我国教育部批准开设"编辑出版学"、"出版发行学"、"图书发行学"及相关专业本科教育的高校有200多所。这一数字明显与前述63所、100多所、150多所差距巨大，可能是作者将统计口径扩大至编辑出版学、出版发行学、图书发行学及相关专业所致。问题是早在1998年教育部已将编辑学、出版管理学、出版发行学等相关专业统一为"编辑出版学"，不再使用的本科专业名称就不应该在十几年后再次出现，也不可能得出调研数据。

五、学科建设与研究生教育研究

　　李建伟发表《编辑出版学建设的"十一五"回顾及"十二五"展望》，总结了"十一五"以来编辑出版学学科建设取得的进展，认为呈现出的明显特征是：编辑出版学高等教育继续加快发展，理论研究服务现实需要，编辑出版学学术会议活跃，科研成果丰富。研究涉及的相关方面包括基础理论研究、史论研究、实务研究。其中实务研究涵盖了新闻出版体制改革研究、新中国出版60年研究、书号实名申领制研究、中国出版业"走出去"战略研究、数字出版研究、版权保护研究、金融危机对中国出版业的影响及应对研究等诸多方面。论文还梳理了学科地位、专业教育、学术研究三方面的"十二五"编辑出版学科发展趋势，提出"十二五"期间编辑出版学的研究重点，有数字化出版环境下的人才培养研究、出版产业发展模式及相关问题研究；指出"十二五"期间编辑出版学应该解决的重大课题，包括编辑出版学学科体系建设研究、数字出版专业教育研究、出版载体去"界限化"研究、图书主业发展研究、动漫图书开发研究、电子书出版及发展研究、手机出版研究、报刊质量评估体系研究。

漳州师范学院靳青万教授自提出"编辑五体论"以来，不遗余力地阐释其内涵和外延。近期发表《"编辑五体"与编辑学学科边界：兼论编辑学高等教育问题》（陕西师范大学学报：哲社版，2011年第6期），在讨论"编辑五体论"——广义编辑学效益与编辑学高等教育问题时，作者认为编辑学高等教育发展很快，已有数量可观的本专业大学生、研究生毕业并进入社会。但编辑出版学专业大学毕业生并不被业界所看好，培养的专业人才不受社会青睐，就业状况不佳，甚至往往被本应接受的编辑出版单位拒绝接收。这些问题就出在"编辑两体论"的狭隘编辑学上，它把编辑学的学科边界划得太小了！只研究编辑怎样改稿子，不从宏观上去审视和把握整个的编辑活动，把一个广大无边的编辑学疆域自我缩小到巴掌大一片，这样里面还有多少学问、还有多少科学可言？按照这种理论成果、这种思维模式教育出来的大学生，能有什么本事、能有什么用处、怎么可能会被业界欢迎与接受呢？至于说他们学到的那一点点审稿、改稿的所谓本领，那是其他任何专业、甚至是中学毕业的优等生都可以做的事，何况人家至少还有一个基本专业背景做后盾，反而还比你更有优势，如此说业界会更喜欢要谁呢？作者直言，以"编辑五体论"为学科疆域的广义编辑学，正是符合编辑活动客观实际的，因而它是科学的。中国的编辑学，已经有太多的人为此付出了太多的心血，我们决不能让它黄了！作为一个老师，作为一个编辑学专业的带头人，站在讲台上，看着台下一个个面目稚嫩的、可爱的学生，我们更加坚定地认为再不拿那些似是而非、没有用处的东西来办编辑学专业，来贻误编辑学的未来！

李玉恒撰写《论新媒体环境下的编辑教育》（中国出版，2011年第9期上）提出，新媒体环境下的编辑教育发展出路是编辑教育观念从"单一制"到"复合制"，编辑教育模式从"基础培养"到"个性服务"，编辑教育方针从"理论认知"到"服务实践"。编辑教育者和受教者也需要适时地转变思路，将理论学习与专业实践放在同等重要的位置，教学相长共同努力，才能够实现新媒体环境下高校编辑教育良好有序的发展。

宋艳丽继续着民族特色专业教育研究，发表了《媒介融合时代对民族高校编辑出版学专业特色教育的思考》（编辑之友，2011年第6期），提出民族高校编辑出版学专业发展存在培养方向不明（编辑出版学专业涵盖面广、"通才"理念的误区、"编辑内涵"的误区）和民族特色欠缺等问题。她以湖北民族学院为例，提出了媒介融合时代民族高校编辑出版专业特色教育的建议，涵盖强化专业意识，明确培养目标；积极引导学生，改被动学习为主动思考；立足民族特色，发展个性教育。

对于出版教育所涉及的重要概念，本年度恰有秦学智、秦倩、何娟发表的

《传媒素养教育的几个重要概念辨析》（现代传播，2011年第12期），对媒介、媒体和传媒，专门传媒和类传媒，传媒组织，素养、素质和修养，传媒素养，传媒素养教育等概念进行辨析和定义，并提出自己的见解。作者建议将"传媒素养"定义为：个人经过后天训练、培养和实践而达到的应对各种传媒的智力和非智力水平，主要包括知识、技能、情感、态度、价值观和思想道德品质等几个维度。至于传媒素养教育（媒介素养教育），应是根据一定的社会要求与受教育者的身心发展规律，通过一定的教育手段使受教育者能够掌握或具备一定传媒素养的培养人的活动。它不仅培养受教育者的传媒知识、技能，还培养与传媒有关的情感、态度，以及现代社会所要求的价值观和思想道德品质等修养。

与上一年度异常火热的研究生教育讨论相比，本年度却少有成果问世，似有偃旗息鼓之势。毕竟研究生教育也属于学科建设的大范畴，既然不能成为独当一面的大类研究问题，只能将研究生教育研究与出版学科建设的综述文字合并在一起，置于此处来展示。

张养志发表《出版传播类学科建设与研究生教育研究》（现代出版，2011年第3期）一文，认为数字时代出版业的发展态势，要求出版传播类高校必须适应行业需求，在履行高校"三大功能"的过程中，建立应用型学科、应用型科学研究和应用型研究生培养的联动机制，使其成为打造特色、积聚优势、形成品牌的有机整体。应用型的学科建设、研究生教育，需要凝练学科方向、构筑基础平台、集成标志性成果、打通与产业合作通道，尤其要形成结构合理的应用型学科队伍。应用型研究生培养体系包括研究方向、培养目标、课程设置、培养环节、教学的内容与方法等诸多方面，与基础学科和技术专业相比有很大的不同，要体现"宽、新、实"的特点。对于出版传播类应用型学科建设和研究生教育创新的主要抓手，最主要的就是创新研究生培养方案，构筑特色育人模式，树立品牌竞争优势。至于出版传播类应用型研究生培养方案的创新，需要明确培养目标、优化研究方向、完善教学体系、改进培养方式，使理论与应用相结合、一般与个性相结合、基础与专业相结合，形成具有竞争力的创新性教育体系。

洪九来撰写《美国出版专业研究生教育的特色及启示——一个以佩斯大学出版系为中心的考察》（现代出版，2011年第3期）指出，美国高校出版专业教育的课程设置和教学体系有着鲜明的特色，既拥有很强的学科独立性和知识技能培养模式，也非常注重与业界紧密结合，贴近实践，培养真正符合企业需要的出版人才。作为考察对象的佩斯大学，其办学理念、运作方式、课程设置等值得我国学习借鉴。佩斯大学（Pace University）1984年创办出版专业，是美国第一个授予出版硕士学位的专业，在课程体系、教学模式、国际化办学等方面形成了自己的特色，获得了美国以及国际出版教育界的高度认同。佩斯大学出版系的办学成效表现在，办学规模不断扩大，国际化的程度较高；充分利用世界出版中心的优势，师资力量高质且充足；紧贴产业实际规划专业发展，依托社会资源办学助学。其课程体系特色是，课程的专业相关度高，业界的案例示范性强，学生的实践意识感强。

六、编辑出版人才培养模式研究

2011年出版教育与培训研究领域讨论最多最集中的，就是专业人才培养的模式问题，但发表论文多不代表提出的培养模式就有创新性，且对模式的理解也应该准确严格。《现代汉语词典》对"模式"一词的解释是：某种事物的标准形式或使人可以照着做的标准样式。那么，本年度研究者提出的人才培养模式能给我们什么启示呢？

李建伟发表《媒介融合趋势下的编辑出版专业人才培养模式探索》（河南大学学报：社科版，2011年第3期）认为，在媒介融合趋势下，业界要求编辑出版人必须具备对海量信息的分析、整合能力，对多种媒介技术的操作运用能力，跨媒体传播中的策划与管理能力。因此，编辑出版专业教育要更新理念，明确学科定位，树立"大出版"观；明确专业教育功能，树立"大教育"观。通过实施多元化学制，逐步提高教育层次；构建实践教学体系，突出实用性；调整课程结构，强化开放性与兼容性；改进教学方式，重视案例教学法等措施，促进学科发展和产业进步，以培养高素质的专业人才。此文没有描绘出具体的专业人才培养模式。

黎海英撰写《高校编辑出版专业人才培养模式探究》（广西师范大学学报：哲社版，2011年第3期），从出版人才培养模式的现状和现象、人才培养规格以及编辑的职业维度出发，提出编辑出版专业人才培养应是在"专"的基础上"复"，高校编辑出版"通才"的培养模式在一定程度上必须有所变革。目前的几种培养模式中，"理想的编辑"源于用人者、培养者的想象；无师自通的业余爱好者的模式，侧重传播技术掌握而轻信息内容模式，均有不同的侧重和不足。而业界和专业教育界所期盼的是培养编辑出版复合型人才的理想模式，它以教授学生某一学科专业知识为建构龙头，以培养学生的文本加工、传媒经营能力为特色；以强化培养学生电子出版物操作技能为一翼：在校期间要求学生熟练掌握计算机编辑技术、多媒体和新媒体应用技术；以及平面媒体电子排版、三维动画创意技术；以强化学生现代出版业经营与管理能力培养为另一翼：要求学生初步具备图书的策划能力、市场营销知识以及有关成本核算知识。三者以学科专业特长为建构龙头，两翼技能并驾齐驱，综合发展，以培养学生媒介融合时代应具备的知识和能力。作者认为以这种模式培养出的学生一定受到业界的普遍青睐，并讨论了模式的构建策略，但此文框架有了而模式不够清晰，也缺少实际操作性。

贺子岳、杨欣在《编辑出版教育中产学研合作培养模式探析》（理工高教研究，2010年第6期）中，论述了编辑出版学本科教育中产学研合作办学的重要性，提出产学研合作办学的主要模式，阐述合作办学的具体措施，并指出需要注意的问题，包括要有明确合理的培养目标，培养方式应具备科学性和可行性，课程结构调整要合理，外聘教师的聘用标准问题、权益分配与责任约束问题。可惜文中提及的四种培养模式，都是国内外早已尝试过的，有出版企业向高校提供资助、合作方参与编辑出版教学、将出版企业建成编辑出版学习基地、出版企业在高校开展编辑出版教学，因此读后不免给人纸上谈兵、后知后觉的感觉。

梁春芳的《转型期数字出版人才培养模式探析》（现代出版，2011年第2期）认为，应从八个方面构建数字出版人才培养模式，即树立"大编辑、大文化、大媒体"的教育理念，尽快组建一支精良的数字出版教师队伍，增加并强化数字出版专业相关课程，数字出版教材建设亟待跟进，大力加强学校数字出版实验室建设，开放数字出版基地和数字出版企业，导入数字出版专业竞赛和职业资格鉴定机制，加强数字出版高层次人才培养。此文同样是只有粗线条的设想，而没有提出具体的培养模式。

陈洁、陈佳在《媒介融合视角下的数字出版人才培养模式探析》（中国出版，2011年第11期上）中，阐述了综合性大学发展数字出版专业的模式问题，认为数字出版专业的发展模式是以本专业为点、其他相关专业为面，点面结合、多面开花的模式。国内综合性大学理工科实力较强，数字出版专业可与计算机学院、软件学院等技术类学院开展稳定深度的合作，这些学院的技术研发实力和成果可以为数字出版所用，而数字出版专业的学生又必须具备良好的计算机操作基础。为兼顾出版的商业性与文学性需求，还有必要与经济学院、管理学院、公共管理学院等形成良好的互动，让学生掌握社会学、管理学、营销学方面的理论知识。此文只蜻蜓点水般地简单涉猎培养模式问题，很难与具体的模式联系起来。

当我们对一年的培养模式研究感到失望时，却发现崔波撰写的论文《基于缄默知识观的全媒体编辑出版教育模式探究》（中国出版，2011年第1期上），提出了一个值得深入研究的"LCT"全媒体编辑出版教育模式。在回顾全媒体编辑出版教育模式（结构模式、"2＋2"培养模式、"3＋1"培养模式、"平台＋模块"模式）基础上，作者从知识观的角度批驳了教育模式设置中的纯粹客观的科学知识理念，分析了编辑出版学具有的隐性知识特质，由此提出应在波兰尼的缄默知识理论观照下设置编辑出版教育模式的思路及模式图。在编辑出版学专业教育中，缄默知识往往比显性知识更加有用，然而人们对于缄默知识的认识是不充分或者不到位的，因为除了实践课程，缄默知识还大量渗透于编辑出版教育的方方面面。构建教育模式时，不仅要给予未来编辑出版人一定的人文素养、科学素养和专业素养，而且要揭示、分析和发展他们的缄默知识，如编辑出版态度或信念等。

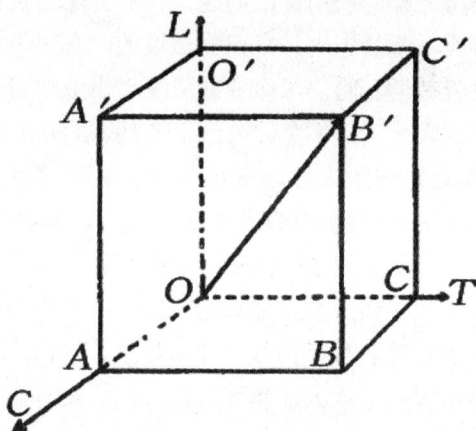

图 1　编辑出版教育 LCT 模式图

　　具体的"LCT"模式由三个维度构成，即素养维度、情境维度和技术维度，也就是说该模式既关注素养教育、情境教育和技术教育的发展水平对编辑出版人才能力提升的作用，同时也体现这三者在该模式中所占比例不同的特色所在。在所描绘的模型中，长方形OABC—O'A'B'C'把坐标空间一分为二，一部分在其中或表面之内，另一部分在空间之外（供发展的空间）。随着素养教育、情境教育和技术教育发展水平的提升，长方体的发展空间也就越大，也就是学生能力发展越可能呈现复合发展趋势。反之，其能力发展将受到一定的限制。此模式的最大特点是从动态的角度看待影响编辑出版学教育的三个维度，如果以长方体的体积大小作为学生能力发展水平高低表征的话，那么由于长方体的长、宽、高的比例不同，则表征出学生能力发展的不同结构。从这一点出发，可以预测即便是在"LCT"模式下，各校对三个维度所占比例的选择，表现出的编辑出版学专业特色也是不同的。此文阐释的"LCT"培养模式未深入到专业教学的内部，有戛然而止之感，自然也给别人留出了进一步研究的空间。

七、课程建设与实践教学研究

孙艳华在《现代编辑出版专业课程体系构建》（编辑之友，2011年第7期）中，提出了四方面的专业课程体系构建思路，即加大出版发行类课程设置比重，以丰富原有的编辑出版专业课程体系，使其更加完善。重视实践环节，积极组织和开展多媒体和实验教学模拟出版现场，将实践能力培养的主旨贯穿于教学始终。更新现代专业技术课程，将相关课程贯穿于教学始终并及时更新，还要不断应用于实践，让学生更好地掌握。依据"小编辑""大出版"思路，应根据各办学地区的文化特征和社会经济发展水平，体现出办学特色，使学生不仅有扎实的专业基础，还能根据兴趣和地区需要，通过选修特定课程，掌握一门"绝活"，为就业带来方便；学生不仅能服务于编辑出版领域，还能服务于印刷复制领域、互联网服务行业。作者最后给出了一个高校现代编辑出版学专业课程体系的初步方案，供研究者和教育者参考。

杨旸在发表的《出版理念革新与编辑出版专业实践立体化教学改革的思考》（吉林师范大学学报：人文社会科学版，2011年第2期）中指出，在"媒介融合"的数字新时代，应革新教育理念，以实践能力为核心培养大批的"实践型"人才，重新建构立体化的实践型教学体系。"实践型"教育理念应该注重的是，在教学理念中将编辑出版的各个方面整合成一个有机整体而非各自分割，培养学生的一种对信息加以综合整合的实践能力。课程设置与教学实践中强调在学习中"做"，同时注意避免一种对于"实践"的极端化认知，认为"实践"就是要求学生动手去做，不考虑时空场合和学生的学习程度，一味地强调"实践"。应建构一种由课堂教学与实验教学、社会实习和独立实践出版流程等多层次、立体化的实践教学模式，包括浅层次实践活动，主要应包括课堂实践性教学和实验教学；普通实践活动，针对所学的编辑出版专业知识进行社会实习；深层实践活动，即由学生独立实践操作出版流程的各个环节，让学生真正参与到整体业务流程的操作中来。

陶安涛在《试论出版教育中的案例研究与案例教学：兼论出版案例库建设的原则与作用》（编辑之友，2011年第11期）中认为，当前出版教育偏重理论，与出版实践有一定距离，不利于学生养成独立思考能力与基本的操作能力。解决这一问题的普遍做法是加强出版实践，给学生多创造深入出版一线实际锻炼的机会。随后，作者论述了出版案例研究的必要性，提出出版案例教学法是一种运用典型案例将现实中具体的出版活动引入课堂教学或者学习者的思维过程，是对某一具体出版过程进行场景引入的结果，帮助学习者在仿真的职业情境中像从业人员那样思考和行动的教学方法。案例研究为案例教学提供内容，案例教学则使案例研究成果得到应用，两者相互促进。我国出版界对案例的研究和开发存在着数量不多、质量不高的缺陷；出版案例教学也开展不够，尚待加强。出版学科中的出版营销、选题策划、出版经营管理、出版法律法规、版权贸易、编辑出版应用写作等课程，都适宜于运用案例教学法来进行。最后，作者提出了出版案例库建设的原则、作用和内容，出版案例库建设总原则是以出版实践为导向，以出版学科建设为支撑，遵循教育规律和出版活动特点，坚持"理念—实践—创新"和"知识—能力—素质"的协调发展，推动出版学科的专业化发展。出版案例库建设对出版教育发展的最大作用，就是提供丰富的教学资源和坚实的科研支撑，弥补出版教育与实践的疏离，推动出版教学改革。

出版案例库的建设内容可从多个角度划分为若干子库，如依照出版物生产流程可划分为：（1）选题策划案例库，包括期刊、图书（精品书、畅销书、常销书）的选题策划的成功案例；（2）组稿审稿案例库：包括期刊、图书富有启示意义的组稿、审稿实际操作经验；（3）编辑加工案例库：展示文字（图书、期刊）、图片、音频、视频、动画的编辑加工原则、步骤、方法等内容；（4）装帧设计案例库：期刊、书籍经典的装帧设计；（5）出版经营管理案例库：解读国内外典型出版经营管理个案，总结分析其经营管理成败经验；（6）出版营销案例库：包括出版竞争与市场结构、市场定位、产品策略、价格策略、渠道策略、品牌策略等内容；（7）版权贸易案例库：包括版权贸易的基本形式（版权许可、版权转让）、版权贸易基本程序、版权贸易法律、版权贸易合同、版权贸易营销等内容；（8）出版法律法规案例库：反映知识产权、著作权以及报纸、期刊、图书出版相关的法律法规的出版事件；（9）编辑出版应用写作案例库，包括书稿前期、发稿阶段、图书辅文的应用写作，如选题报告、编辑计划、编写体例与凡例、出版前言与序言、书讯、书评与书刊广告、组稿、约稿信写作技巧及范例等。

王武林的《数字化进程中的编辑出版专业实践教学改革探索》（出版发行研究，2011年第12期）认为，出版产业正在发生着重大变革，数字化和全媒体化是其最基本的特征，跟踪出版产业发展趋势，改进编辑出版教育，尤其是结合学科发展前沿，对专业实践教学进行改革和探索，不仅必要而且是非常紧迫的。在分析了北京大学、中国人民大学、中国传媒大学、北京师范大学的出版实践教学后，作者给出了专业实践教学改革与探索的路径，即课程选择与设置探索、实践教学环节与模式创新、实践教学平台与内容改革。实践教学平台的创设可以结合各校实际，尽量建立适应当前数字出版业务流程及专业素质培养的实践平台，包括实践基地、校园媒体、实验中心、工作室等，然后针对不同的平台在内容上作出调整与改进。

陈洁、陈佳二人发表的《媒介融合视角下的数字出版人才培养模式探析》（中国出版，2011年第11期上），也涉及了一些数字出版专业课程设置问题。数字出版专业人才的培养理应是"1+N"的新模式。"1"即传媒与文学的基本素养，不管出版的媒介发生何种改变，出版业的最终归宿仍是文化的传播与传承。因此，传媒与文学的素养始终是数字出版视角下人才培养的支撑点。文学、传播学相关课程的设置要放在突出位置，并且是专业课程的基础所在。同时，此类课程又要与社会的流行热点，特别是数字出版的新动态紧密结合，如开展对网络文学的有关研究、解析数字出版环境下大众阅读方式的变化。"N"的范围较广，包括一定的计算机技术、管理学知识、营销学知识，甚至还要求通过辅修第二专业掌握如法律、金融、建筑等某一专门学科。在课程设置上，尤其要重点培养学生的计算机能力和出版实践能力。

张国平在《网络编辑专业课程建设现状与思考》（出版发行研究，2011年第2期）中写道，目前高校中开设网络编辑专业的还很少，课程建设也不成熟，存在着课程设置与实际需求脱节、培养口径小、重理论轻实践的"黑板教学模式"等问题。为此提出了网络编辑专业课程体系改革思路，根据岗位需求调整课程设置，将产学合作贯穿于培养学生的整个过程中，重视教学实践，拓宽培养口径和就业渠道，以提高专业学生的核心竞争力。

王华在《我国出版美学教研的现状与思考》（中国出版，2011年第10期下）一文中，就出版美学的具体研究和教育现状、发展意义与未来走向展开讨论。内容包括出版美学研究与教育现状：出版美学的学科地位与研究对象、美学方法在出版操作中的实践研究、出版美学教育状况。出版美学研究和教育意义，我国出版美学发展的未来趋势：新媒体出版将成为出版美学的重要关注客体，出版美学教研将继续面临市场经济和纯功利话语冲击。作为一门专业小课程，能够让作者潜心研究，并提出较为深入的观点，值得鼓励和提倡。

对于国外出版教育的课程与实践研究，有张美娟、张婷、徐新发表的《英美出版高等教育现状述评》（出版发行研究，2011年第12期），认为英美两国出版高等教育发展由来已久，并已形成相对完善、独特的课程教学体系。文中对当前英美两国出版教育中的培养目标、课程设置、教学方法、师资队伍等一手资料，进行了较为广泛的收集和归纳分析，指出英美出版教育层次多样化，以短期培训为主；教学目标定位明确，注重培养实用型人才。课程设置以"职业"为导向，立足实际需要，重视经营管理课程，各校又有所区别；数字出版课程占较大比重，课程内容体现国际化，可操作性强。教学方式多种多样，实践性教学是其特色；考核方式灵活，注重培养学生的自主学习能力。多数教师具有出版从业经历，同时利用行业资源，聘请资深出版人为兼职教师，以壮大师资队伍。作者汇总出的"英美两国高校出版专业课程统计表"较为实用也具有参考对比价值，可惜还不够系统全面。

八、数字出版人才培养研究

陈兴昌发表的《数字出版复合型人才培养刍议》（出版发行研究，2011年第9期）认为，数字出版产业是由出版单位、技术服务商等多个行业、多个部门、多种专业人才共同合作的结果，人为地将数字出版产业链上的出版和技术两个关键行业"复合"成一个行业，希望通过培养既懂编辑出版又精通技术的复合型人才独立完成，这种做法过于理想化，其可行性值得商榷。数字出版中的技术研发、生产，甚至是较为繁杂的技术加工，都应由相应的技术企业完成，但数字出版人才必须懂数字出版，其含义既包括要熟悉传统出版的本质属性、特点、功能、读者需求、市场环境等，还包括掌握从事数字出版的生产流程、工作方式、工作技能以及管理方法等。数字出版人才不必要精通具体的IT技术，但必须掌握与数字出版工作要求相一致的方式、方法和能力。

付继娟、何戈、耿东锋合写的论文《数字出版编辑人才培养问题及对策研究》（编辑之友，2011年第5期）指出，在数字出版迅猛发展形势下，出版从业人员却存在观念滞后、掌握数字出版技术的人才和管理人员相对缺乏、对数字版权问题不加重视、缺乏数字出版的学习研究风气等问题。作者提出的数字出版编辑人才培养对策有四：更新理念，增强创新和互动意识；完善编辑人员的数字出版技术；处理好电子出版物著作权属关系；提高鉴别能力，注重科学研究与科研成果转化。

陈丽菲在《中国大学数字出版教育范围与课程之研究》（上海师范大学学报：哲社版，2011年第6期）中，讨论了数字出版教育中最重要的几个方面。数字出版的教育依据和范围包括传统媒体内容平移型的电子出版、全媒体互动发布型的数据库出版、Web2.0概念下的网络型内容开发出版、娱乐拓展型的网络游戏与动画（漫）开发出版。对应的数字出版教育要培养三方面人才，即数字内容创意与表达方向：数字出版编创人员，数字内容经营与推广方向：数字出版管理人员，数字出版技术应用方向：数字出版技术人员。编辑出版学专业学生应知应会的最基本软件教学范围，按大致的教学顺序是排版软件、版面设计软件、基础编程语言、网页制作软件、多媒体技术、交互式网站技术、自运行光盘技术。最后，以上海师范大学的数字出版教育课程设置为案例，进行了教学改革与定位原则、学生就业实际效果的讨论。其中专业课程改革秉持的定位与原则是，课程设置的顺序应服务于实践教学的需要，"学校实训—社会实践—专业实习"这三个环节和层次环环相扣，互为支撑；技术的教学要服务于内容编辑教育定位。

李新宇在《中国新闻出版报》（2011年4月18日）上发表《数字出版专业人才培养的现状与途径》认为，目前高校开设的数字出版专业，有强调专业性的，也有强调复合性的，而从数字出版产业的现状看，缺乏的是熟悉传统出版流程、数字技术、经营管理、设计营销的应用型、复合型、技能型人才。解决途径是，在课程体系的构建方面，体现出"数字化"和"出版"学科专业的交叉性，还要考虑课时安排的灵活性，构建"平台+模块"的专业课程体系。实习基地建设过程中要考虑到数字出版的专业属性，一方面依托和贴近行业，一方面要考虑选择适合数字出版专业的企业和单位。师资队伍建设应体现联合性和多样性，加强出版学界和业界的交流合作，联合建设师资队伍，同时要形成校内和校外，教授和专家、精英组成的多样化的师资队伍。

何国军在《数字环境下的出版产业发展和出版教育转型：第三届数字时代出版产业发展与人才培养国际学术研讨会综述》中，总结了与会者对数字出版教育师资队伍建设的观点，认为可采取走出去战略，让数字编辑出版知识能力欠缺的教师，通过参加全国性的数字出版教育培训活动，与业界建立教师培训交流常态机制。还可采取引进来措施，将业界打拼多年已成为应用型复合人才、应用研究型复合人才、经营管理型人才等专家型职员，聘任到师资队伍中来，带领学生进行多种媒体的互动和融合的实战训练。

陈洁、陈佳所写的《媒介融合视角下的数字出版人才培养模式探析》（中国出版，2011年第11期上）论文，比较了中外数字出版人才培养情况。中国数字出版人才的培养多是在硕士生、博士生阶段才开始较为系统化地进行，数字出版人才却得不到相应的满足和补充，专业人才的培养始终滞后于数字出版行业的发展。而西方将数字出版作为应用性极强的学科，致力于提高学生的职业技能和职业素质，以及计算机操作能力的培养。学生即可时刻把握出版业的最新动态，获悉数字出版领域的前沿和发展趋势，又可与所学进行对接。在师资力量和构成上，国外大学任教人员基本上是来自于各大出版机构的专业人士，既在学校担任教授或其他学术职务，又是各级出版社的精英人士；此外，兼职和专职教师模式也被广泛地采用。我国的师资情况则相对尴尬，业界资深人士进入高校任教得不到制度支持，而真正懂数字出版的教师又极度匮乏。

本文的另一重点是讨论媒介融合时代的数字出版学建构问题。作者认为，数字出版学即数字技术与出版理论双重结合，专门研究数字出版领域的学科。建立发展数字出版学并不是要脱离传统出版学科，相反要以传统出版学科为基础，而后再注入新的因素。数字出版学的内涵是与时下流行的数字出版运营模式结合，研究数字出版的赢利模式、发展现状、未来走向、多媒介的交融，以及现阶段遭遇的瓶颈与掣肘；探讨范围包括网络出版、电子出版、手机出版等新型数字媒体的出版。数字出版学的核心目标和社会价值在于站在大文化的角度，培养能够运用数字媒体，传播人类优秀文化、影响社会大众，并把数字出版这块蛋糕越做越大的人才。数字出版学学科体系建设涵盖四个方面，即师资队伍的建立与扩大、教材体系的创立、实践环节的对接、本硕博一体的学位体制建设。高校数字出版学学科的建立，要尽可能地发挥产学研一体化的优势，为全媒体应用平台的构建提出设想与解决办法。

九、专业（职业）培训研究

本年度的专业（职业）培训研究，呈现出论文数量多，观点鲜明，成果质量好的特点，这也一扫近年来此方面研究薄弱、成果数量少的劣势，给人耳目一新的感觉。具体成果和典型观点如下：

薛建立撰文《论出版强国建设与图书编辑全面素质教育》（郑州大学学报：哲社版，2011年第4期）指出，编辑在职教育要突出政治思想教育、通识教育和理论性、学术性、针对性教育，只有具有政治责任感的编辑人员才能尽快适应出版业发展的新要求，成为推动出版创新的主力军和重要动力。出版社应通过常规化的在职教育培训途径，创新人才培养的模式，培育具有较强的综合文化素质和开拓能力的创新型和应用型人才群体。在职教育是一种对人才的自主培养工作，也是对人力资源的合理开发，对在职员工通过一定的教育形式（如学历和非学历教育、培训等），有目的有针对性地提高个人职业道德、思想理论水平和提升职业文化素质，可以为从业人员创造力的发挥创造新条件。这种行之有效的人才培养机制着力点，主要表现在强化政治责任感教育、加强职业操守教育、强化编辑的通识教育、加强编辑出版理论教育、培养编辑的学术素养等几方面。此外，更要通过在职培训教育，树立终身教育的编辑思想，提倡根据个人实际采用灵活和实用的教育学习方式与方法，使自身的观念、知识不断得到更新，知识结构更趋合理，并为其创造力的发挥提供优质的资源和知识推动力。

狄松发表的《出版业企业化发展的人才应对》（中共福建省委党校学报，2011年第7期）认为，出版业企业化发展的人才困局是人才总量不足，妨碍了出版业企业化的跨越式发展；出版业人才管理机制不健全，人才受继续教育的面过窄；人才的学历结构不合理；人才的流失状况不容乐观，而编辑人才的队伍结构也不合理。我们应当学习和落实党和国家领导人先进的人才思想，学习借鉴国外出版业企业化发展人才应对的创新经验和杰出案例，重视人才应对的创新，打造高素质的三种人才团队，一是选题策划人才团队，二是文本编辑人才团队，三是市场营销人才团队。

对于终身教育，马辉、张鲲撰文《终身教育——出版界迎接网络时代挑战的对策》（出版参考，2011年第8期下）指出，终身教育是当今社会发展的必然趋势，一次性的学校教育已经不能满足人们不断更新知识的需要，要逐步建立和完善有利于终身学习的教育制度。出版业实施终身教育的必要性是：社会发展的必然趋势、经济全球化的必然结果、技术迅速发展的呼唤。出版业实施终身教育的重要性是：符合行业特征、有助于从业者树立积极的文化心态、有利于激活出版业的竞争机制。出版业构建终身教育体系的步骤和措施是：树立新型人才观；利用现代化技术手段，掌握先进工具，借鉴成型经验；制定保障实施的具体条文，修订评估体系。

陈希学的《论编辑的学习力及其培养》（中国出版，2011年第12期上）认为，学习型编辑是建设学习型期刊社的基础。编辑要学有所获，关键是靠学习力。编辑学习力的内涵包括认知力、思考力、执行力、创造力。学习力决定着学习成果，学习既是编辑修身立德之本，又是实现其人生价值之基；编辑只有不断提高学习能力，才能不断超越自我，与时俱进，实现事业的进步和发展。至于编辑学习力的开发与培养，要坚持"终身学习"思想，坚持思维的独立性，还要运用正确的方法。

赵晓东发表的《对编辑继续教育问题的探讨》（成人教育，2011年第6期）认为，对编辑的继续教育是提升编辑素质、保证和提高出版物质量的有效措施。社会的发展进步，要求编辑必须与时俱进；编辑工作的发展变化，要求编辑人员必须接受继续教育；编辑工作的特殊性和编辑的自身发展，要求对其必须实施继续教育。目前对编辑的继续教育培训组织形式日渐多样，培训内容日渐丰富。为此，要构建编辑继续教育发展的长效机制，进一步提高对编辑继续教育的认识；构建编辑继续教育的体制机制，确保继续教育工作发展的持续性；增强编辑继续教育工作的针对性和有效性。

杜辛在《出版创意人才是这样成长的：一位美编成才的案例分析》（出版发行研究，2011年第8期）一文中，以江苏科技出版社培养优秀美编赵清为例，通过个案分析，说明选"好苗子"是出版创意产业人才成才的前提，以人为本的现代创意企业管理模式是人才成才的关键，学习型组织建设是出版创意产业人才成才的沃土，三者相互支撑，缺一不可。

接雅俐、郭立锦发表《学报编辑培养策略研究：明确职业定位，提升专业发展》（中国科技期刊研究，2011年第6期）指出，高校学报的发展趋势是专业化和学者化办刊，学报编辑要以编辑工作为第一要义，通过出版职业资格考试，修炼各项编辑素质，撰写并发表高质量的论文，不断提升编辑业务水平。培养学习型编辑是当前的一条必要和可行之路，学报编辑的培养要注重两个方面，一是明确职业定位，培养具有合格的编校技术能力、职业素质、敬业精神和责任心的编辑；二是提升专业发展，改善编辑队伍知识结构老化、学识面偏窄、理论水平不高的现象。

姜红在《试论期刊编辑的责任意识及其培育》（出版广角，2011年第10期）一文中阐释，期刊编辑的责任意识事关期刊质量，包括质量责任意识和社会责任意识。责任意识的培育不仅需要编辑自身的努力，更需要期刊编辑部门加强管理，提供制度保障，如规范管理，主办单位监督检查到位，编辑部门定期研讨相关情况，加强机构建设；加强对全体编辑的职业道德培养，在编辑中树立团队意识，促进编辑之间的互动沟通。期刊编辑只有树立责任意识，努力工作，才能把更高质量的稿件呈现给读者，从而使期刊更具有生命力。

具体的期刊编辑某一能力的培养，有鞠佳撰写的《期刊编辑策划能力的形成和培养》（科技与出版，2011年第10期），从目标信息找寻能力、目标信息学习能力、目标知识构建能力、目标选题生成能力四个方面，介绍了策划能力的形成和培养方法。通过对期刊编辑策划能力各个要素的培养，由接受来稿到选题约稿、独立编辑，再到采编一体的实质性转变的过程，会使期刊编辑自身研究能力、采写能力获得很大提升，继而实现期刊出版工作的技术进步。另一篇叶利荣的《期刊编辑的法律意识及其培养》（长江大学学报：社会科学版，2011年第11期）认为，期刊编辑的法律意识是指期刊编辑所具备的法律知识及其对法律的认识和态度，集中反映了期刊编辑对有关期刊出版的法律法规的认识、理解和掌握的程度。法律意识在期刊编辑工作中具有举足轻重的地位，应加大期刊编辑有关出版的法律法规的培训力度，建立编辑责任追究制度，在期刊编辑各环节强化编辑的著作权意识。

宋友谊在《从大型图书项目的发行工作看青年发行人才的培养》（中国出版，2011年第10期上）中指出，制定并形成一套科学长远的培训制度，尤其是对青年发行人进行培养与培训，对于出版业的良性发展有着重要的作用。可以探索举办读书沙龙，把图书的宣传营销和青年发行人自身的阅读提升连接在一起，但更关键的是要给他们提供施展才华的平台，让他们在项目中成才。作者以大型文献丛书《越南汉文燕行文献集成》出版发行工作为例，让青年发行人与资深业务员一起承担，在宣传、推广和发货等各方面做了大量培训工作，并在营销模式上做出有益探索，其做法是参与新书发布会，为营销做好准备；探索网络营销等多种营销模式，扩大图书的影响。在项目运作中，青年发行员不断向资深业务员学习，利用大型书展进行宣传推广营销，并通过有关中盘进行宣传推介营销，使青年发行人积累了经验，也培养了他们的团队精神。

庄艺真在《生活书店人才特质谈》（中国出版，2011年第10期上）中，回顾了生活书店在现代革命出版史上起过的特殊作用，引出邹韬奋所说，人才是"本店事业所以得到相当成功的最重要的因素之一"。其人才特质体现在爱事业、肯负责、会创新、善服务、勤学习、能合作等多个方面。人才始终是第一资源，生活书店是依靠人才优势发展壮大起来的。生活书店用"人才主义"政策，培养了一支有战斗力的人才队伍，对于今天的出版人才队伍建设具有启发意义。

小　结

通览2011年的出版教育与培训研究成果，成绩和特色主要体现在三个方面。一是研究纵深有所加强，如对专业教育历史的回顾研究、出版专业办学规模的调查研究、出版人才培养的模式研究、数字出版人才的培养研究等，都有更进一步的问题挖掘和成果体现。二是研究范围逐渐扩大，重点体现在各类教育与培训问题的梳理、教育历史与现实问题的对比和观照，专业人才培训的各种方式方法讨论等。三是参与研究的人员进一步扩大，往年集中于高校教师的此领域研究队伍，开始向编辑出版从业人员和研究者扩散，同时传媒领域的相关人士也有一些论文发表问世，这有利于新思想新观点的产生，研究成果的百花齐放。

一年来的研究也存在着三大不足。一是研究的整体质量有所下降，论文中振聋发聩的鲜明观点较少出现，论述平庸的应景之作却比比皆是，一些重点领域如出版学科建设、研究生培养、教育模式创新、实践教学体系构建等，总是提出大致相同的问题，归结出基本相似的策略或建议，实际应用价值却不高。二是研究的持续性开始降低，前两年火热讨论的若干重点问题，如出版专业硕士教育、出版专业资格考试、专业教材编写等问题突然消失，说明研究的炒作之风渐入本领域，而坚持不懈的踏实研究之风需要强调和发扬。三是研究的表面化趋向比较严重，较多的论文停留在提出问题而不能解决问题的层面，谈策略、创模式、讲大道理的文字多，而亮出真知灼见，拿出可操作性的方式方法方案的论文实在不多，需要今后逐渐加强才行。

在2011年出版教育与培训研究方面，依然从成果的数量和质量两方面考量，形成的年度核心作者有王彦祥、李建伟、陈丽菲、姬建敏、崔波、宋艳丽等人。与前两年相比，一是研究者有了不小的变化，主要是几位重量级研究者在本年度没有发挥，未刊出新的研究成果；二是王彦祥、李建伟两位研究者，已是连续三年入围此领域研究的核心作者，可敬可贺。

刊载本领域研究成果数量较多且质量较好，形成研究优势的专业期刊是《中国出版》《出版发行研究》《编辑之友》《现代出版》《科技与出版》《河南大学学报：社科版》等。与2010年相比较，除了各刊刊载论文数量趋于均衡和稳定外，《中国出版》刊载的论文数量与质量排在第一位，继续领跑编辑出版类专业期刊；而《河南大学学报：社科版》作为大学学报首次进入年度期刊榜，说明大学学报在支撑出版教育与培养研究方面潜力巨大，值得我们继续期待。

撰稿：王彦祥（北京印刷学院）

主要参考文献：

[1] 王彦祥. 出版教育与培训研究综述. 编辑出版学研究进展（第一卷）：2009年度报告. 北京：中国书籍出版社，2010年12月

[2] 新闻出版总署. 新闻出版业"十二五"时期人才发展规划. 中国出版，2011（12上）

[3] 张志林，陈丹，黄孝章. 数字出版人才培养研究. 北京：商务印书馆，2011年8月

[4] 姬建敏. 数字化时代编辑出版学关注的新问题：全国编辑出版学研究分会暨数字化时代出版学高层人才培养国际研讨会综述. 河南大学学报：社科版，2011（3）

[5] 何国军. 数字环境下的出版产业发展和出版教育转型：第三届数字时代出版产业发展与人才培养国际学术研讨会综述. 出版科学，2011（1）

[6] 李频. 出版专业教育转型分析框架略述：问题单及其结构的试清理. 出版科学，2011（2）

[7] 侯耀东. 数字出版新时代下人才建设的几点建议. 出版发行研究，2011（1）

[8] 陈燕. 胡乔木与中国高等教育编辑出版专业的诞生. 出版发行研究，2011（12）

[9] 李乐. 我国编辑出版高职高专教育的历史、现状及对策. 中国出版，2011（3下）

[10] 中国编辑学会教育专业委员会（筹）、中国编辑杂志社. 开拓资源，创新模式，促进编辑人才培养——编辑出版专业人才培养调查报告. 中国编辑，2011（3）

[11] 王彦祥. 我国编辑出版学专业教育规模调研和地域分布分析. 科技与出版，2011（11）

[12] 李建伟. 编辑出版学建设的"十一五"回顾及"十二五"展望. 中国出版，2011（2上）

[13] 靳青万. "编辑五体"与编辑学学科边界：兼论编辑学高等教育问题. 陕西师范大学学报：哲社版，2011（6）

[14] 李玉恒. 论新媒体环境下的编辑教育. 中国出版，2011（9上）

[15] 宋艳丽．媒介融合时代对民族高校编辑出版学专业特色教育的思考．编辑之友，2011（6）

[16] 秦学智，秦倩，何娟．传媒素养教育的几个重要概念辨析．现代传播，2011（12）

[17] 张养志．出版传播类学科建设与研究生教育研究．现代出版，2011（3）

[18] 洪九来．美国出版专业研究生教育的特色及启示——一个以佩斯大学出版系为中心的考察．现代出版，2011（3）

[19] 李建伟．媒介融合趋势下的编辑出版专业人才培养模式探索．河南大学学报：社科版，2011（3）

[20] 黎海英．高校编辑出版专业人才培养模式探究．广西师范大学学报：哲社版，2011（3）

[21] 贺子岳，杨欣．编辑出版教育中产学研合作培养模式探析．理工高教研究，2010（6）

[22] 梁春芳．转型期数字出版人才培养模式探析．现代出版，2011（2）

[23] 陈洁、陈佳．媒介融合视角下的数字出版人才培养模式探析．中国出版，2011（11上）

[24] 崔波．基于缄默知识观的全媒体编辑出版教育模式探究．中国出版，2011（1上）

[25] 孙艳华．现代编辑出版专业课程体系构建．编辑之友，2011（7）

[26] 杨旸．出版理念革新与编辑出版专业实践立体化教学改革的思考．吉林师范大学学报：人文社会科学版，2011（2）

[27] 陶安涛．试论出版教育中的案例研究与案例教学：兼论出版案例库建设的原则与作用．编辑之友，2011（11）

[28] 王武林．数字化进程中的编辑出版专业实践教学改革探索．出版发行研究，2011（12）

[29] 张国平．网络编辑专业课程建设现状与思考．出版发行研究，2011（2）

[30] 王华．我国出版美学教研的现状与思考．中国出版，2011（10下）

[31] 张美娟，张婷，徐新．英美出版高等教育现状述评．出版发行研究，2011（12）

[32] 陈兴昌．数字出版复合型人才培养刍议．出版发行研究，2011（9）

[33] 付继娟，何戈，耿东锋．数字出版编辑人才培养问题及对策研究．编辑之友，2011（5）

[34] 陈丽菲．中国大学数字出版教育范围与课程之研究．上海师范大学学报：哲社版，2011（6）

[35] 李新宇．数字出版专业人才培养的现状与途径．中国新闻出版报，2011.4.18

[36] 薛建立．论出版强国建设与图书编辑全面素质教育．郑州大学学报：哲社版，2011（4）

[37] 狄松．出版业企业化发展的人才应对．中共福建省委党校学报，2011（7）

[38] 马辉，张鲲．终身教育——出版界迎接网络时代挑战的对策．出版参考，2011（8下）

[39] 陈希学. 论编辑的学习力及其培养. 中国出版, 2011 (12上)

[40] 赵晓东. 对编辑继续教育问题的探讨. 成人教育, 2011 (6)

[41] 杜辛. 出版创意人才是这样成长的: 一位美编成才的案例分析. 出版发行研究, 2011 (8)

[42] 接雅俐, 郭立锦. 学报编辑培养策略研究: 明确职业定位, 提升专业发展. 中国科技期刊研究, 2011 (6)

[43] 姜红. 试论期刊编辑的责任意识及其培育. 出版广角, 2011 (10)

[44] 鞠佳. 期刊编辑策划能力的形成和培养. 科技与出版, 2011 (10)

[45] 叶利荣. 期刊编辑的法律意识及其培养. 长江大学学报: 社会科学版, 2011 (11)

[46] 宋友谊. 从大型图书项目的发行工作看青年发行人才的培养. 中国出版, 2011 (10上)

[47] 庄艺真. 生活书店人才特质谈. 中国出版, 2011 (10上)

出版业改革与管理研究综述　　樊　鑫

如果说2009年是中国新闻出版体制改革的主题年、攻坚年，2010年是中国新闻出版体制改革的丰收年、成果年，那么，2011年则是中国新闻出版体制改革的验收年、回顾年和展望年。事实也是如此，从2003年21家新闻出版单位成为文化体制改革试点单位起，历经8年不懈探索和锐意开拓，今天，新闻出版业已在文化领域率先完成了全行业改革，取得了累累硕果。特别是党的十七大以来，新闻出版业进行了一场场体制改革攻坚战，破解了一批批难题，极大地解放了新闻出版生产力，推动了新闻出版业快速发展，取得了骄人的成绩，成为了文化产业的主力军。

而出版业的改革与管理仍将成为2011年乃至今后一个时期出版业和出版工作的关键点。出版学术界也继续对中国出版业的改革与管理问题给予了很大的关注，取得了不少研究成果。根据笔者统计，2011年出版类专业期刊、大学学报等报刊上刊登的相关研究论文近400篇。此外，还有一些研究专著、调研报告、研究生学位论文，主题研讨会等，也涉及出版业改革和管理问题。但值得一提的是出版业改革问题研究的热点与之前两年有了一定程度的转变，研究的焦点主要由过去的出版业改革宏观问题转向深层问题；由中央部委出版社的转制改革转向大学出版社的转制改革；由改革转制过程中的问题转向改革转制后的问题。而出版业管理方面的研究热点则变化不大，总体上仍集中在出版强国，出版业集团化、数字化，出版产业链，出版企业运营、上市、创新，以及公益出版、合作出版等方面，本综述将就以上问题展开分析论述。

一、出版业改制问题研究

党的十六大以来，新闻出版体制改革一直走在文化体制改革的前列。尤其是近一两年，随着出版体制改革勇破坚冰向纵深发展，无论是转企改制、上市融资、组建大型出版"航母"，还是跨地区、跨行业、跨媒体的联合重组，我国出版行业正在经历一场波澜壮阔的深刻变革，出版体制改革已成为文化体制改革的一面旗帜。可以说2011年是出版业全面进入后改制时期的一年，当然对出版业后改制时期问题的研究也成为了2011年出版学界的焦点。

（一）出版业改制问题深层探究

如何深化出版业改革，真正实现改革目标的路径又在哪里，成为了出版业改制问题不容忽视的一部分。柳建尧在《从国企改革历程看出版企业深化改革的走向》（中国编辑，2011年第2期）一文中提出，出版社完成从事业单位转制为企业，仅仅是新闻出版体制改革第一步的阶段性目标。出版企业进一步深化改革，可以从国企改革历程看到实行股权多元化的重要性和必要性。转企后的出版企业股权多元化的途径可以通过股改上市，也可以通过引入其他行业或国有投资机构的国有资本方式实现，很好地总结了国企改革带给出版业的启示，为出版企业深化改革的未来方向提出了建议。

魏玉山在《关于深化出版体制改革的断想》（编辑学刊，2011年第4期）中对于已经完成的出版体制改革做出了回顾，并对未来改革的进行提出了建议。魏玉山认为出版社转企改制完成以后，改革的任务并没有就此完成，严格来说，只是完成了转企改制的第一阶段，取消了事业法人，登记了企业法人，由事业单位改成国有独资公司这样一种特殊的公司制，而没有建立起一般意义上的有限责任公司或股份有限公司。因此下一阶段出版单位的目标应该是在现有的改革基础上，建立规范的现代企业制度。

目前，各出版改制单位都从不同的层面，对出版转企改制做了十分有益和有效的探讨，也积累了很多好的经验。作为一种变革，特别是一种产业变革，更需要理论作为基础和依托，借助理论分析来完善变革实践。倪庆华在《出版业转企改制的新制度经济学分析》（出版发行研究，2011年第12期）一文中提出，出版单位转企改制是国家战略。从新制度经济学的逻辑和理论框架看，出版单位转企改制具有经济学本质和动因，其改革的核心是产权制度的变革，目标是制度变迁。唯有制度创新，出版业才能实现转企改制的任务和目标。

陈鹏和李彬在《媒介转企改制的产权理论分析》（中国出版，2011年第1期）中指出，有必要深入探索理论的逻辑脉络，从产权的角度加深对于产业与事业相分离基础上的"转企改制"的科学认识，从而为下一步的改革发展做好理论储备。

段维则在《转企改制背景下出版工作如何坚持社会主义核心价值观》（中国出版，2011年第13期）一文中提出，社会主义核心价值体系是党的十六届六中全会提出的新的重要概念，它包括"马克思主义指导思想、中国特色社会主义共同理想、以爱国主义为核心的民族精神和以改革创新为核心的时代精神、社会主义荣辱观"等基本内容。在转企改制的时代背景下，出版工作如何坚持社会主义的核心价值观，是我们面临的新课题。并从坚守出版文化阵地是出版企业神圣的职责，以及运用市场法则统一出版企业对两个效益的追求做出了具体分析。

葛艳玲、张瑞静在《文化体制改革对民族图书出版业的影响》（青海社会科学，2011年第4期）一文中提出，文化体制改革涉及全国的文化产业链，改革促使民族出版业找到了出路，激发了活力。但若用"文化传播、科技推广"来概况民族图书出版业的功能和价值未免狭义，民族图书出版也是贯彻党的民族政策的一个重要方面，应该看到其重要性、特殊性和复杂性，这些特性在民族图书出版业未来的发展中不会改变。面对出版业未来的发展趋势，民族图书出版单位只有积极地去应对，主动迎接变革，才能占得先机，进而实现民族图书业的振兴。

（二）期刊改制问题研究

2011年7月新闻出版总署明确了非时政类报刊出版单位体制改革的"路线图"和"时间表"，转制的号角正式吹响，这标志着我国的新闻出版体制改革进入了一个新的阶段和最后的攻坚期。期刊出版单位的转企改制也正式拉开了帷幕。期刊出版体制改革的目的是，希望通过体制改变使出版单位成为具备法人资格和独立承担责任能力的市场主体，并且通过重组和集约，改变目前出版单位数量过多、规模小、竞争力弱的缺陷，实现内涵式发展，调整结构和布局，开创一批专、精、特、新的现代报刊出版企业。针对我国期刊业的转企改制，尤其是科技期刊的转制，都是专家学者们研究的热点。

张品纯等在《科技社团主办科技期刊的出版体制改革问题探讨》（中国科技期刊研究，2011年第3期）一文中提出，在出版体制改革中，科技社团主办的科技期刊面临着整合出版资源、明确办刊主体、获得公平经营权、寻求资金支持等深层次问题。科技社团主办科技期刊具有非营利性的显著特征，但国家推进出版体制改革时只区分了公益性出版与经营性出版，没有涉及非营利性出版的问题。因此，尽管报刊出版单位分类改革的政策导向为科技期刊的改革明确了基本方向，但具体到如何推进科技社团期刊出版体制改革，仍有许多现实问题值得深入研究和分析。将涉及科技社团期刊出版体制的相关问题分析透彻，进一步统一思想认识，做到心中有数并做出相应安排，有利于在中央确定的改革政策框架下从操作层面切实推进科技社团期刊出版体制改革，从而促进其持续发展。

潘云涛在《换个角度看中国科技期刊出版体制改革》（科学学研究，2011年第12期）一文中提出，根据对发达国家科技期刊办刊体制机制及发展历史的专题调研结果，进而看我国科技期刊转制问题，则得出如下几点意见：第一，中国科技期刊历史短，刚刚进入繁荣期，需要国家支持。第二，学术类科技期刊出版者应划入非营利出版机构范畴。第三，强调专业化发展的同时，重点扶持少数具备条件的科技期刊群集约化、集团化发展。第四，政府应考虑对科技期刊的税收支持。第五，通过政策调控，把优质办刊资源留在国内。

许昌淦在《科技期刊体制改革的见解》（中国科技期刊研究，2011年第3

期）一文中指出，针对我国科技期刊改革已进入深入阶段而提出改革的关键是体制改革。在当前条件下，体制改革的核心在于领导层。在我国科技期刊的改革已大为落后的形势下，更为迫切的是领导层将要采取的实际行动，只有这样我国的期刊改革才能真正见成效。

张治国在《论学术期刊转企改制的难点与出路设计》（出版发行研究，2011年第11期）中提出，我国学术期刊的办刊现状是综合性期刊多、办刊单位分散、编辑部规模小、绝大多数期刊的学术影响力弱。形成此现状的根本原因是办刊体制。在学术期刊转企改制时，要借鉴发达国家的经验，通过组建期刊群整合现有办刊资源，国家按刊号分类给予财政补贴，扶助学术期刊走上集约化经营之路。

龚维忠则在《叩问：我国期刊改革发展方略》（湖南大学学报，2011年第6期）一文中通过从我国期刊与图书、报纸的出版产能，及三者的改革进程进行的基本分析比较，得到了对我国期刊改革发展的一些启示，即：适当扩大我国期刊种类的总量，重点增加消费性期刊数量，合理调整期刊种类结构；鼓励与支持期刊"抱团"，采取品牌期刊"选择兼并"，同类期刊"引导组合"，部门期刊"跨行扩充"。全力加速地走中国特色的期刊出版机制改革之路；加快期刊的数字化出版进程，创建新媒体。力求顺网络传播之势，扬期刊内容之长，适读者阅读之需。

（三）后改制时期大学社问题研究

中国出版业正在进入一个新的发展时期——全面企业化时期。大学出版社在国家政策的主导下，也完成了改制过渡，开始了新的企业化运作模式。但改制只是引领发展的第一步，改制后的大学出版社，要想稳步、快速发展，必须延续改制的方向和思路，多方面探索定位，取得持续性突破和发展。而以怎样的视野、怎样的战略目标、怎样的发展思路，来建设大学出版社、发展大学出版社，这是每一个大学出版社领导和关注大学社未来的学者都在认真思考与着力解决的重大问题。

吴培华在《夹缝求生——后改制时代大学社面临的处境》（编辑之友，2011年第1期）一文中提出，大学出版社作为中国出版业异军突起的一支生力军，从它步入成长阶段开始，就面临着中国出版改革起步阶段种种不公平竞争和不正当竞争带来的挤轧。所以在出版业集团化的大趋势下，管理部门应在建设统一、开放、有序的图书市场上下大力气，在制度上对大集团和中小型专业出版社都提供一致的市场环境，因为创造公平、有序、合理的竞争环境才有利于出版企业的优胜劣汰，而在同一个市场环境中能够发展并脱颖而出的企业也才是未来并购、重组的最适宜的对象。同时，中国的出版业也只有形成这样的出版格局才完整。

张天蔚在《转企背景下大学出版社发展的思考》（现代出版，2011年第2期）一文中提出，在转企背景下，大学出版社要真正做到科学发展、快速发展、可持续发展，重在强化四个追求。首先是政治追求，其次是文化追求，再次是经济追求，最后是质量追求。

王佰铭在《浅谈大学出版社改制后的定位问题》（出版发现研究，2011年第12期）一文中提出，大学出版社改制后处在一个变幻莫测的拐点。要想在竞争中获得持续发展，决定于有对主体的准确定位，有对出版内容的理性选择，并且能够用现代企业的发展理念抓住首要和核心的问题并及时解决。大学出版社作为文化企业，兼具教育使命和文化使命的双重任务，　因此对实现文化科技创新和扩大文化消费具有义不容辞的责任。

李辉在《论改制后中小型大学社发展模式的选择》（科技与出版，2011年第3期）一文中指出，大学社应首先重视主要业务工作方面的科学化模式、体系的建立，使之具有较为客观的可操作性、不因人为的因素而出现偏差。具体而言就是：在核心竞争力、选题决策、服务质量、科学系统、管理运作等方面使其更具客观性、科学性、可评价性和可操作性。这几项大的业务工作方面若做得好，再加上灵活有效的营销措施尤其是出版社领导层面的系统管理与运作等，则中小型大学出版社在改制后的新体制下就一定能走出困境，赢得未来。

黄健在《后转制时代大学出版社发展模式的探讨》（科技与出版，2011年第6期）一文中提出，转企改制后如何进一步发展，是目前摆在各大学出版社主办、主管者和全体从业人员面前的一个不容回避的问题，如果说转企改制是"早改早得益"的话，相信对于后转制时代如何发展的问题，也定会早定位早得益。目前可行的模式有：整合校内资源、成立书刊出版公司；尝试校际合作、打造大学出版集团；跨出高校大门、融入出版"航母"体系。

（四）后改制时期中小出版社社问题研究

随着改制基本完成，中国的出版业进入了后改制时代，出版社间的竞争日益激烈，单体中小出版社面对在资金、技术、管理、人才等方面都有明显优势的大出版社、地方出版集团及数字出版的冲击和挤压，步履维艰。对于中小出版社来说，压力中的重中之重还是市场瓶颈问题。中小型出版社在后改制时代如何求解？　如何突破市场重围？

曹胜利、谭学余在《对改制后中小出版社发展道路的思考》（出版发行研究，2011年第10期）一文中提出，在转企改制后，出版业将更加开放，竞争将更加激烈。众多规模小、实力弱、竞争力不强而又没有加入出版集团的中小出版社，在改制后作为独立的市场经济实体，将不得不面对纸质图书市场的萎缩和大型出版集团的挤压等严峻的外部环境。但在目前出版业的总体形势下，中小出版社完全有存在的必要和空间，由于中小出版社具备自己特有的优势和缺陷，所以中小出版社应当依据自身状况，坚持差异化战略，通过特色和品牌立社强社，扬长避短地走"做专做强"的发展道路。

和龚在《后改制时代：中小出版社遭遇发展之困》（中华读书报，2011年月28日）一文中指出，出版社转制平静完成，出版社事业单位的身份注定将成为历史。在新体制下，中小出版社如何适应角色转换，如何才能抓住机遇，攀缘而上，做强做大，是首先要思考的问题。而改制后的出版企业面临着数字出版的冲击和市场的无序竞争及大出版社、出版集团的挤压等三重压力，尽管单体中小出版社从20世纪到今天都有了不同程度的发展和积累，但在新的形势下，依然面临着新的发展困窘。

徐艳在《地方人民社转企以后如何走出运营困境》（中国出版，2011年第2期）一文中指出，随着新闻出版体制改革的逐步推进，全国地方人民社已正式转制为企业，成为市场主体，自主经营，自负盈亏。转企的目的是激发出版业的活力，推动地方人民社业务的活跃发展。对企业自身而言，在转企初期，往往要经历一定的适应期。并存在着如业务发展缓慢，资金出现瓶颈，市场开拓能力不足，竞争挤压市场空间，内部功能设置不能完全适应市场需要等问题。

赵晓丽在《组织结构变革在中小型出版企业中的应用》（编辑之友，2011年第3期）一文中指出，在我国500多家出版社中，中小型出版企业占据绝大多数，它们的生存与发展是我们出版业关注的重点之一。然而，大部分中小型出版企业市场化程度较低，市场化进程缓慢，在组织结构和体制上仍沿袭传统的科层制结构，企业的经营者与管理者也少有成本和效率的观念和意识。在出版业市场化，企业竞争日益激烈的今天，也应当提倡科学管理，向管理要效益。在尽量不增加企业成本的基础上，如何通过组织结构变革来提高出版社的管理效率，降低管理成本，激发中小出版企业的生命力和活力，是值得我们继续探究的问题。

二、出版宏观管理研究

2011年是我国"十二五"规划的开局之年，是中国出版业里程碑式的一年。这一年，经历了转企改制的中国出版业砥砺奋进，实现了产业持续发展、结构改变调整和不断满足人民群众的文化需求的目标。同时不难看出，出版强国、上市重组、数字出版、合作出版以及出版运营、出版创新等都成为出版业的鲜明特色，中国出版业进入一个更为重要的发展期。在这一年里，无论是政府的宏观管理还是出版企业的微观经营，都引起出版学术界的广泛关注。此外随着我国出版产业化发展不断深入，问题也日益增多，这在客观上对出版产业组织管理的理论研究提出了更多更新的要求，从而推动了相关的研究发展。

（一）出版强国研究

在当下，文化的作用和影响比以往任何时候都广泛和深刻，文化越来越成为民族凝聚力和创造力的重要源泉，越来越成为综合国力竞争的重要因素，越来越成为经济社会发展的重要支撑，所以文化产业的强大与否直接关系到国家的兴衰，而作为文化产业的核心组成部分的出版业自然是重中之重，出版强国也自然成为了专家学者们研究的热点。

谭跃在《为文化强国建设尽出版业国家队的责任》（中国出版，2011年第21期）一文中提出，在出版强国的大形势下，作为出版企业应当做到以下几点：认真学习和把握社会主义核心价值体系建设的总体思路、目标任务、工作措施和政策保障。全面贯彻"二为"方向和"双百"方针，努力出版更多人民群众喜闻乐见的优秀读物，全面提升各类图书的品位质量，发挥出版在引领风尚，教育人民，服务社会，推动发展上的特殊作用。充分认识出版产业正面临着极好发展机遇，认识到科技与出版加速融合，为出版产业提供了强大动力。

周蔚华在《新闻出版强国论》（中国出版，2011年第1期）一文中提出，建设新闻出版强国首先必须明确的问题是：我们要建设的是一个什么样的新闻出版强国？新闻出版强国应当是以质为本质特征、以国际目标为参照系、包含质和量相统一的范畴。如果说新闻出版大国主要着眼于"量"，那么新闻出版强国则主要着眼于"质"。出版强国首先是建立在出版的高质量的基础上，出版强国就是以质为基础的、质和量的统一。此外，出版强国相比较的参照系不是自己的过去，就是说出版强国不是纵向比较，而是横向比较，是按照当下的国际标准，是和国际上出版强国之间的比较，只有与当下国际上的出版强国处在同一水准，才能真正称得上是出版强国。

宋焕起在《攻守之道：重新定义传统出版的意义——从另一个角度给"新闻出版强国建设"建言》（中国出版，2011年第1期）一文中提出，要建设新闻出版强国应当正视新媒介出版的大势，对于传统出版而言，定力就是来自于在数字出版与传统出版的对峙中，能够对新老（传统）介质的利弊得失做出理性而科学的分析与判断，认清形势，知彼知此，明确我们能够做什么和怎么做。在出版的数字时代，既要有危机与忧患意识；更要有信心与勇气，要研究和寻找攻守之道，做好我们应该和能够做好的事情。

张士宏在《精英骨干型人才：建设出版强国的中坚力量》（中国出版，2011年第9期）中提出，出版社要为精英型人才提供业务框架、信息以及学习和成长必需的制度和机遇，还要提供沟通和鼓励，帮助员工专注于切合实际的成长与工作计划。但对精英型人才来说，发展的机会取决于出版社提供的资源与支持，更取决于自身的努力与坚守，要以积极平和的心态制定职业发展计划，树立崇高的事业心、责任感和坚韧不拔的毅力与恒心，懂得"难酬蹈海亦英雄"的坚持，具备"守得云开见月明"的耐心，只有这样才不愧为建设出版强国的中坚力量。

张宗芳在《新闻出版强国评估指标体系研究设计》（中国出版，2011年第9期）一文中提出，"向新闻出版强国迈进"是未来10年我国新闻出版工作的主攻方向和新闻出版业的发展目标。建设新闻出版强国的目标预示着中国已经成为出版大国，具备向出版强国发展的基础条件，同时意味着中国即将迈入新闻出版发展的崭新历史阶段。但如何真正成为新闻出版强国目前缺乏统一的评估标准，这一问题是值得深入研究的。

（二）出版集团与集团化研究

出版产业集团化发端于20世纪90年代中期，新华书店系统为加强竞争优势，提升新华书店品牌，纷纷成立省级新华发行集团。20世纪末，以上海世纪出版集团为代表的第一批以出版社为单位的集团化整合开始，至今十余年，伴随着出版体制改革，全国几乎所有省市自治区都成立了出版发行集团，部属中央出版社也不甘落后，纷纷成立或更名为出版集团。与此同时，为推进出版发行集团的发展，从2003年四川新华文轩发行集团在港交所上市以来，全国已有6个出版发行集团以IPO和借壳形式进入资本市场。集团化愈演愈烈，中国出版业已进入集团化生存时代。与出版集团和出版业集团化相关的研究更是成为当下出版业研究的主流之一。

郝振省、魏玉山、庞沁文等在《2010年出版传媒集团主要困难与问题研究》（出版发行研究，2011年第6期）一文中指出，2010年出版集团建设取得了显著的成绩，社会效益与经济效益获得了双丰收。但不可否认，这一年中，出版集团也面临了一些发展中的困境和问题。例如：股份制改革一股独大，现代企业制度流于形式；上市企业业绩增长乏力，缺少提升股价的题材故事；兼并重组推进艰难，战略合作有待观察；国有与民营合作问题进一步显现，合作风险需及早防范；原创缺乏，积重难返，倚重工作室；专业化内容平台缺失，电子书版权资源有限；对专业化发展重视不够，专业化程度令人担忧；走出去相对薄弱，打造国际性出版集团任重道远等。

伊静波在《关于我国出版产业集团化的思考》（出版科学，2011年第1期）一文中提出，集团化是产业发展的一种方式，它在整合资源、规模优势等方面发挥了积极作用。但是，集团化的产生和发展需要一定的政策环境和市场条件，这就像核物理中裂变和聚变一样，需要许多外部和内部环境才能完成。并将出版产业集团化的概念定义为，出版企业为追求规模效应，实施集约经营，缔造共同市场，降低平均成本，优势互补等为目的，在各级政府的主导下，按照市场法则进行资产并购重组，将一些符合国家产业政策或经济开发计划的出版发行单位，或是以资源互补为目的的出版公司，根据国家产业发展或者企业自身发展需要，通过资产重组、兼并重组等方式组建企业集团。

施宏俊在《中国图书出版业集团化扩张战略分析上》（编辑学刊，2011年第4期）以及《中国图书出版业集团化扩张战略分析下》（编辑学刊，2011年第5期）中对中国图书出版业的宏观环境和集团化过程进行了梳理，针对中国出版业集团化过程中出现的问题，按照PES下分析框架对中国出版亚集团化扩张战略的宏观环境进行归纳分析，并在此基础上提出了出版业的多元化发展需要以培育和提高企业核心竞争力为前提，出版企业进入其他行业后应对出版主业产生促进作用和协同效应，有必要首先改革政府，找到政府的适当定位，在此基础上，才能真正以市场的方式进行集团化改革与产业整合。

在出版集团和出版业集团化的研究的领域中，除了上述的宏观研究外，还有不少研究都侧重在具体案例上，尤其是针对西北地区的出版集团的分析和探讨。这些研究对于各个出版集团的都具有很好的借鉴和实践意义。

毕彦华在《宁夏出版业集团化改革发展对策研究》（宁夏社会科学，2011年第1期）一文中分析了宁夏出版业集团化改革的动因，即：自身发展的需求；政策推动，市场拉动；实现规模效应和多元化经营等。以及宁夏出版产业发展的制约因素，即：思想观念滞后；整体实力弱；人才结构不尽合理；技术研发能力较弱等。总结出宁夏出版业集团化发展的对策，即：实施品牌战略，走特色出版之路；强化专业出版，走"走出去"战略之路；加快向数字化转型，走科技出版之路；大力培养、吸引人才，走人才兴企之路；实施主业为主，走多元经营之路。

齐峰在《分类管理出版集团机制改革的新探索——以山西出版集团为例》（编辑之友，2011年第1期）一文中提出，当前出版业所处的内外环境发生了前所未有的变化，随着出版企业市场化运作程度的日益深化，各出版集团转企改制的顺利完成，集团内部管理机制的创新对企业的发展将起到越来越重要的作用。因此，选择更为合理、科学、有效的管理方式显得极为迫切。分类管理作为集团公司管理方式的改革创新，没有现成的经验可以应用，需要我们在实践中发现探索，在运行中创造经验。山西出版传媒集团的分类管理制度也是初级的，尚有不少疏漏和不足需要及时调整，有待于在摸索中逐步完善，使之逐渐趋于成熟。

曹永虎、祁正贤在《青海出版业集团化发展模式略论》（攀登，2011年第6

期）一文中提出，改革开放使青海出版业得到了长足发展、但随着改革步伐的不断深入，人们日益增长的对文化的需求，使得青海出版业自身存在的诸多问题不断显现出来。从青海出版业的整体发展现状可以看出，要想增强自身实力，谋得更好的发展，以集团化形式整合优势资源，放大规模效应，必然是青海出版业融入市场、参与竞争的最佳路径。

（三）出版业上市问题研究

从2003年起中央关于文化体制改革意见颁布以来，新闻出版领域文化体制改革取得了重大进展，以出版社转企改制为契机，各省市集团化、集约化、规模化、多元化的发展势头迅猛，一大批新型的市场主体应时而生，产业化、市场化程度迅速提高。与此同时，在已有出版传媒、时代出版、新华传媒、新华文轩、皖新传媒上市之后，中南出版传媒集团、江西出版传媒集团、凤凰出版传媒集团也以各种方式实现上市。而与之相关的学术研究更是成果丰硕。

乔平在《报业集团利用上市平台做大做强的路径研究》（华南理工大学学报，2011年第1期）一文中指出，《文化产业振兴规划》明确鼓励有条件的文化企业通过主板和创业板上市融资，"上市"已经成为中国报业集团做大做强的最高形态。中国报业集团既要坚守党和国家的舆论阵地，又要通过资本市场加快发展，必须寻求具有我国特色的发展路径：（1）要充分利用上市公司的资本平台，借文化体制改革之力，理性选择投资机会，加快资产重组步伐；（2）合理运用多元化并购、资产剥离、置换等手段，提高资本运营能力；（3）加强管理，理顺关系，提高企业市场化、规范化运作水平，建立适应市场要求的、高效的现代企业制度，推动报业集团做大做强。

周正兵在《出版类上市公司投资行为的实证分析——我国出版产业培育战略投资者的现实思考之二》（编辑之友，2011年第1期）一文中提出，我国的出版产业正处于重要的改革和发展关口，通过资本市场打造大型出版上市集团，培育出版战略投资者具有十分重要的战略意义。一方面培育出版产业的战略投资者可以推进我国出版产业体制改革的步伐，特别是通过资本的纽带推动出版资源的合理配置，打破现有出版管理体制的地域、行业等诸多体制瓶颈，对释放我国出版产业的生产力和创造力有着十分重要的意义;另一方面培育出版产业的战略投资者对于我国出版产业的可持续发展有着重要的推进作用，特别是通过战略投资和资产重组，等市场化方式打造大型出版集团，优化出版产业结构，提升出版产业的竞争力。

李靓在《论民营书业的上市》（中国民营书业，2011年第7期）一文中指出，民营书业一定要把握好优惠政策，上市只是企业经营的一种尝试，尝试的目的在增加品牌效应以及谋求更好的发展。现行制度下，在可以预见的时间范围内，民营书业的蛋糕要做多大，做这样的蛋糕需要多少资金，心里必须有数。这个市场到底有多少发展空间，竞争格局是怎样的，这些都需要民营从业者在上市之前考虑清楚。

李舸在《地方上市出版集团募集资金投放问题刍议——兼论跨区域、跨文化、跨媒体、跨行业的产业扩张》（出版发行研究，2011年第2期）一文中指出，我国出版市场整体上处于条块分割状态，地方出版集团上市后将面临逐步扩张的资金融储规模与相对有限的资金投放区域之间的矛盾，因此，地方上市出版集团应探索跨区域、跨媒体、跨行业、跨文化的外延式发展路径，为其募集资金拓展更为开阔的市场运营空间、资源配置区间与资本增值维度。

赵卫斌在《新闻出版企业上市方式的选择》（中国出版，2011年第20期）一文中指出，新闻出版企业上市是行业发展的战略选择，一般企业可通过直接或间接上市的方式成为上市公司。本文根据我国新闻出版行业发展现状与前景及资本市场特征，结合上市公司的具体案例，分析了不同上市方式对企业发展的影响，认为新闻出版企业上市应首选直接上市的方式，这样对企业和行业发展更有利。

伍旭升在《反思当前出版发行集团上市热潮》（现代出版，2011年第3期）一文中提出，出版产业的繁荣和发展需要冷静思考和科学决策，片面追求规模化、市场化的出版传媒集团上市热潮值得反思。应科学规划出版集团上市之路，正确处理总量与质量关系，正视资本扩张冲动，警惕"主业漂移"现象，同时以募投方向为抓手，实施产业区域规划战略。

（四）出版业兼并重组问题研究

中国出版集团、中国教育出版集团、上海世纪出版集团等的上市工作也在紧锣密鼓地推进，以打造"双百亿"大型集团为目标，以中国教育出版集团、凤凰出版传媒集团以及拟议中的中国医药科技出版集团等大型航母集团横空出世为标志，中国出版传媒产业领域的跨地域、跨行业、跨所有制和跨媒界的兼并重组将掀起新的浪潮。对于以上现象的研究也成为了2011的热点之一。

刘畅在《我国出版集团联合重组的协同效应研究》（出版发行研究，2011年第5期）中提出，随着出版业改革的深入，以股份制形式以及产权多样化形式联合重组的"四跨"出版集团，通过生产关系和管理架构的调整，都在一定程度上放大了原有的生产力效能，并且聚合产生了新的协同效应，实现了"1+1＞2"的重组目标。但目前我国重组的出版集团仍然存在着企业改制不到位、重组不合理、治理结构不规范、运营模式不先进、管理机制不科学、技术发展不先进、项目储备不充分等问题。

吴亮芳在《破解我国出版业并购难题——贝塔斯曼给我们的启示》（中国出版，2011年第4期）中提出，贝塔斯曼成功的并购给我们提供了解决并购难题的视角，细推其并购历程，对处于并购初级阶段的我国出版业至少有以下几点启示，即立足核心业务开展并购，根据企业的发展战略选择目标企业，抓住机遇是并购成功的第一步，并购后的整合是关键，以及用审慎的并购模式涉足新领域。

贺永祥在《强国愿景下出版集团联合重组的战略思考》（中国出版，2011年第1期）中提出，中国出版业已进入一个新的行业转型时代。按照新闻出版总署建设新闻出版强国的目标规划，出版行业将迎来一个重新洗牌期，联合重组将成为新的主要的发展形态。对作为市场主体的出版集团来说，挑战与机遇并存，能否抢占市场空间和发展先机，打造成为出版传媒旗舰是竞争与竞合的重点。

梁小建、于春生在《国外传媒集团的并购经营及对我国出版业的启示》（中国出版，2011年第2期）一文中提出，在建设新闻出版强国过程中，我国出版业要借助业外资本，特别是传媒业资本实现做大做强；出版业要借助传媒集团的跨国发展，占领国际图书市场。传媒集团要对内部资源进行良好的整合，实现传媒业与出版业的协同作用；传媒业要从战略上认清出版业的地位和作用，扶持出版业发展。

（五）出版业数字化战略研究

数字化已成为出版业的发展趋势，出版企业都在积极思考如何利用自身资源优势，涉足数字出版，探索新的出版模式，顺利实现数字化转型。柳斌杰署长在《数字时代的全球出版走势》（现代出版，2011年第6期）一文中提出，在新世纪的第二个十年，全面跟进数字化新趋势，大力发展数字出版产业，已成为我国实现向新闻出版强国迈进的重要战略任务，也是世界出版业自我发展的必然选择。转型意味着变革，但这种变革不是对过去的彻底否定，也不是新与旧、活与死的替代关系，而是一种适应性的变化。转型的最高境界不是替代而是融合，因而融合也是国际出版业未来最大的趋势。

蒋宏在《传统出版向数字出版转型的现实困惑与发展方向》（现代出版，2011年第3期）一文中提出，数字出版是出版业发展的大趋势，传统出版社面对数字化浪潮冲击，必须认清形势，对自身进行准确定位，发挥自己的优势和长处，敢于采用新理念、新技术，努力成为数字出版产业链中的主导力量，从而引导日后数字出版的发展方向。

刘刚在《大学出版社数字化转型的对策》（四川师范大学学报，2011年第3期）一文中提出，在数字出版的内涵逐渐清晰和商业模式日趋成熟的条件下，过去凭借其得天独厚的资源、人才和区位优势得以发展壮大的大学出版社，在数字出版成为我国新闻出版业发展趋势的态势下，既面临数字化转型的困境，也拥有诸多发展的优势。大学出版社唯有通过挖掘自身内涵，借助高新技术的发展，培养并依靠一批敢于开拓进取、善于创新的领军人才，才能在激烈的数字化浪潮中保持优势地位，继续谋求发展。

黄先蓉、赵礼寿、甘慧君在《数字技术环境下出版产业政策需求研究》（出版发行研究，2011年第7期）一文中提出，在数字技术环境下，出版产业的发展离不开出版体制变革，因为只有体制的变革，数字技术在产业中才能真正改变资源配置的方式，在产业中发挥作用，而从微观的角度来看，就是政府要制定产业政策体系以适应技术带来的改变。当前，我国的出版产业体系正处于变革之中，产业政策的顺势而变对出版产业持续健康的发展将起到重要的推动作用。

刘灿姣、董光磊在《出版企业实施数字内容生命周期管理研究》（中国出版，2011年第1期）一文中提出，依托传统出版行业基础、结合现代高新技术优势、依靠国家的大力支持，数字出版新业态不断出现和发展，产业链条日趋完整，融合度逐渐加深，规模日益扩大。产业链各方均看到三网融合背景下数字内容产业的巨大商机而展开布局，新的产品和服务模式不断涌现。数字内容管理的发展迫切需要相关的理论来指导，而信息生命周期管理理论从信息产生到消亡的全过程出发，在信息的不同生命周期阶段实施不同的策略，为数字内容管理提供了新的管理视角。

程海燕、隋立明、束义明、杨庆国在《传统出版企业的数字化转型定位策略》（出版参考，2011年第20期）一文中指出，多数专家和学者将我国传统出版社对待数字出版的消极态度归结为因为没有找到合适的商业模式，好的商业模式要建立在企业战略的基础上，而企业战略的核心命题就在于选定一个企业可以据为己有的位置，而定位是战略的核心，同时也是构建一个企业优秀的商业模式的起点。因此，传统出版业要找到适合自己的商业模式，全面进入数字出版，必须首先在全面了解市场并结合自身资源优势基础上对出版社进行清晰明确的定位。

（六）出版业多元化战略研究

中国的出版企业，在经历了集约化发展后，其产业形态与经营模式等方面都发生了显著的变化。众多出版集团成立，占全国半数以上的出版社已经被圈入其中。出版集团的建立，使出版业的生产规模与经济实力有了较大的改观，为出版企业实施多元化经营构建了一定的物质基础。而在转企改制后，出版单位性质的转变，为其真正作为自主经营的主体、变革经营机制、自主选择适合自身发展模式提供了前所未有的空间，出现了一批跨媒体、跨行业或跨地区的多元化经营的出版企业。对于出版业多元化战略的研究也成为了时下的热点之一。

陶丹在《多元化战略下我国出版企业进入新领域的方式与启示》（现代出版，2011年第3期）一文中指出，出版企业实施多元化战略，对进入新领域的方式必须有所考量。并购、合作与自我发展都是进入新领域的可行途径。选择的标准在于是否能充分挖掘内部资源，把握内容优势，并且利用相关性降低风险，增强核心圈，壮大主业。

所广一在《关于出版企业多元化战略的思考》（中国出版，2011年第1期）一文中指出，出版企业成功实施多元化的关键在于通过价值链的匹配获取范围经济性，匹配性越好，范围经济性越显著。国内外的企业经营案例都表明，相关多元化较之不相关多元化的风险度要小很多。出版企业如果能够围绕主业开展相关多元化，在坚守文化责任的同时，利用已有的品牌、内容、资源在市场经济中获取效益的最大化，应该是有益的探索。

陶丹在《中国出版企业实施多元化经营的途径与建议》（中国出版，2011年第4期）中指出，中国出版企业实施多元化经营应当做到：第一，做强主业，培养核心竞争力；第二，进行出版产权变革，真正实现出版企业的自主经营；第三，变革出版管理体制，破除出版企业跨媒介、跨行业经营的限制。

马勤在《出版文化企业产业多元化经营研究——以海峡出版发行集团为例》（中共福建省委党校学报，2011年第11期）一文中提出，国内出版集团文化产业多元化经营战略已有成功的省份。海峡出版发行集团作为新组建的出版文化集团企业要在激烈的出版文化行业市场竞争中发展壮大。必须把握"闽台基因，海峡元素"的特色，科学规划，从打造战略联盟、做大出版主业、做强数字网络、开拓文化地产、跟进资本市场等五个方面培育多元化经营竞争战略。

杨庆国、陈敬良、毛星懿在《出版传媒集团资本多元化战略实证探析》（出版科学，2011年第6期）一文中提出，通过数据分析发现，在实施多元化经营发展战略的出版集团当中，从控股或参股的子公司数量上看，行业集聚多元化之路的公司数量最多，走新业态多元化的公司数量次之，走资本运作多元化的公司数量最少。在我国目前出版集团多元化发展进程当中，走形成行业集聚完成多元化发展的出版集团数量最多，走新业态多元化模式的集团数量次之，走资本运作模式的集团数量最末；其中在资本运作模式里，投资地产进行资本运作的出版集团数量多于投资金融。

王谷香、刘美华在《出版集团多元化经营创新模式研究——基于国内25家出版集团数据统计及模式建构》（编辑之友，2011年第8期）一文中提出，出版企业多元化是指出版企业根据自身的资源和能力，通过权衡产业吸引力和市场风险的基础，对产品线和业务领域进行拓展的经营战略。多元化战略根据新增业务与出版主导产业的关联，可分为相关多元化和非相关多元化战略。

（七）出版企业薪酬绩效管理研究

目前，我国的出版业正在进入一个新的发展时期——全面企业化时期。在这样一个后改制时代，我们应该如何建立健全企业内部管理机制，自觉地适应新的经营环境的要求，按照市场经济运行规律，变人事管理为人力资源开发与管理，逐步建立健全员工绩效考评制度与体系，是许多出版企业内部管理改革的题中应有之义。针对目前出版企业绩效考评中普遍存在的问题，论述转企改制后出版企业员工绩效考评制度构建的策略也成为目前的研究热点之一。

何志勇在《出版企业绩效管理问题探析》（北京印刷学院学报，2011年第5期）一文中提出，企业提升绩效的有效途径是进行绩效管理，然而许多出版企业在引入绩效管理后，效果却不尽人意。这是因为出版企业在绩效管理中存在着把绩效考核当作绩效管理和业绩考核等诸多问题。只有认清问题的根源，对出版企业的管理才能更有效。提高出版企业绩效管理的水平，必须建立完整的绩效管理运行机制和战略导向的绩效考评和激励机制，加强绩效导向的财务管理和企业文化创新。

王四朋在《大学出版社薪酬管理创新研究》（现代出版，2011年第5期）一文中提出，大学出版社的核心竞争优势是人才，只有从薪酬管理的内部一致性、外部竞争性和按员工的贡献付酬以及管理的分权化策略方面创新薪酬管理机制，以收入分配为核心，以绩效管理为手段，建立适应人力资源市场和大学出版社发展特点的薪酬管理机制，将人的才能和动力转化为战略优势，才能促进大学出版社发展战略的实现。

李阳在《试论出版企业绩效考评制度的设计》（出版发行研究，2011年第1期）一文中提出，出版企业现行的绩效考评制度还存在着诸多问题。这些问题在很大程度上影响了出版企业绩效考评应起的作用，甚至会引起某些负面效应。为了做好绩效考评工作，出版企业必须对绩效考评进行全面系统的分析，从制度上、内容上、方法上、程序上等方面进行全面规范和构建，使考评做到公平合理，真正起到激励员工的作用。

朱静雯、刘志杰在《出版发行上市公司高管薪酬利润比研究》（出版发行研究，2011年第6期）一文中提出以出版发行上市公司为研究对象，将高管薪酬与净利润比值作为检验指标，通过与文化产业内上市公司以及产业外净利润相似的其他国有上市公司进行对比，说明出版发行上市公司高管薪酬的激励强度，结果发现，无论是与产业内还是与产业外比较，出版发行上市公司高管薪酬利润比水平都明显偏低。

（八）中小型出版企业管理研究

在行业内部，我们习惯将年出版码洋不超过亿元的出版社统称为中小出版社。而在我国五百多家出版社中，中小出版社在绝对数量和相对数量上都占有相当的比重，它们活跃着整个出版市场，极大地满足了当代读者对知识产品个性化和多元化的需要，同时，它们的生存状况从某种程度上也代表了我国整个出版业的状况。

朱璐、周鼎在《中小出版社经营战略管理研究》（科技与出版，2011年第6期）一文中提出，在中小出版社的经营管理中，最重要、最关键的问题就是中小社的经营战略决策。由于资源的有限和实力上的差距，中小出版社不可能像大出版集团那样有面面俱到的多元化发展，因而做契合的战略选择、进行准确的市场定位，是关系到中小出版社生存发展的关键。

李满意在《中小型出版企业的管理之道》（出版参考，2011年第5期）一文中提出，在转企改制的过程中，不少中小型出版机构正在努力转换经营模式，尽可能拓展赢利模式，增加赢利空间，但这些必须通过高效的现代企业管理模式来实现。现代企业管理目标，集中体现在高效的决策、执行能力上，考验的是管理者对企业整体的把控能力。

刘学明、芦珊珊在《边缘突围——试论中小型大学出版社的可持续发展》（现代出版，2011年第4期）一文中提出，从当前我国中小出版社的作用与现状出发，我国中小型出版社的发展之道应当是不断进行内部的机制改革与创新，坚定不移地走专业化特色化道路，整合已有出版资源、培养核心竞争能力、打造品牌优势，以及积极寻求各种灵活的合作方式等。

小　结

在这中国出版业全面进入后改制时期的一年里，学界和业界对于转制与改革的研究仍然投入了大量的精力，予以了很多关注。对出版业改革深化问题，出版业后改制时代的中小社发展问题，期刊改制问题，大学出版社问题等方面的研究，均取得了丰硕的成果，这将为进入后改制时期的出版业提供有力的指导和参考。与此同时，关于出版产业与管理诸多问题的研究，也是本年度编辑出版学术领域的重点，对出版企业和出版行业的发展具有重要意义。在2011年里，学术界在这一领域仍旧取得了较多的研究成果，保持了相关研究的热度，并且对于相关的各个方面，均有深入的研究。此外，2011年的相关研究中不乏广泛借鉴国外先进理论应用于出版业组织管理实践的文章，实证和数据分析较之往年也增加了不少。这些研究及其成果，都将继续积极地指导出版管理工作的进行。

当然本年度的研究和实践也存在一些不足之处，多学科研究视角仍旧缺乏；分析的深度不够；创新意识不强；研究外延有待拓宽；涉及一些具体问题时，未能提供切实可行的解决思路和方法；在针对一些现状的分析上，所提出的解决办法经常重复，且缺乏实际意义，难以解决目前出版业所面临的问题。此外，还有部分文章不仅理论性差，还没有具体分析，且不具备实践意义，颇有滥竽充数之嫌，这也是应当引起我们注意的问题。

在进入后改制时代后，新的技术革命和新的产业环境都将会带来新的机遇和挑战，不管是出版管理机构还是出版企业，都需要面对这些问题。而解决这些问题都有待于出版学术界和出版业界共同努力，通力合作，上下求索，从而合理高效地解决新问题，为我国出版业的美好未来创造新的业绩！

撰稿：樊　鑫（北京印刷学院）

主要参考文献：

[1] 柳建尧．从国企改革历程看出版企业深化改革的走向[J]．中国编辑，2011（02）

[2] 魏玉山．关于深化出版体制改革的断想[J]．编辑学刊，2011（04）

[3] 陈鹏，李彬．媒介转企改制的产权理论分析[J]．中国出版，2011（01）

[4] 段维．转企改制背景下出版工作如何坚持社会主义核心价值观[J]．中国出版，2011（13）

[5] 倪庆华．出版业转企改制的新制度经济学分析[J]．出版发行研究，2011（12）

[6] 许昌淦．科技期刊体制改革的见解[J]．中国科技期刊研究，2011（03）

[7] 张品纯，初迎霞，苏婧，韩振中．科技社团主办科技期刊的出版体制改革问题探讨[J]．中国科技期刊研究，2011（03）

[8] 张品纯，初迎霞，苏婧，韩振中．科技社团主办科技期刊的出版体制改革问题探讨[J]．中国科技期刊研究，2011（03）

[9] 许昌淦．科技期刊体制改革的见解[J]．中国科技期刊研究，2011（03）

[10] 吴培华．夹缝求生，后改制时代大学社面临的处境[J]．编辑之友，2011（01）

[11] 张治国．论学术期刊转企改制的难点与出路设计[J]．出版发行研究，2011（11）

[12] 龚维忠．叩问:我国期刊改革发展方略[J]．湖南大学学报（社会科学版），2011（06）

[13] 张天蔚．转企背景下大学出版社发展的思考[J]．现代出版，2011（02）

[14] 李辉．论改制后中小型大学社发展模式的选择[J]．科技与出版，2011（03）

[15] 黄健．后转制时代大学出版社发展模式的探讨[J]．科技与出版，2011（06）

[16] 曹胜利，谭学余. 对改制后中小出版社发展道路的思考[J]. 出版发行研究，2011（10）

[17] 王佰铭. 浅谈大学出版社改制后的定位问题[J]. 出版发行研究，2011（12）

[18] 和龑. 后改制时代：中小出版社遭遇发展之困[N]. 中华读书报，2011-09-28.

[19] 徐艳. 地方人民社转企以后如何走出运营困境[J]. 中国出版，2011（02）

[20] 赵晓丽. 组织结构变革在中小型出版企业中的应用[J]. 编辑之友，2011（03）[21]周蔚华. 新闻出版强国论[J]. 中国出版，2011（01）

[22] 宋焕起. 攻守之道：重新定义传统出版的意义——从另一个角度给"新闻出版强国建设"建言[J]. 中国出版，2011（01）

[23] 谭跃. 为文化强国建设尽出版业国家队的责任[J]. 中国出版，2011（21）

[24] 张士宏. 精英骨干型人才：建设出版强国的中坚力量——以大学出版社为例[J]. 中国出版，2011（09）

[25] 伊静波. 关于我国出版产业集团化的思考[J]. 出版科学，2011（01）

[26] 张宗芳. 新闻出版强国评估指标体系研究设计[J]. 中国出版，2011（03）

[27] 郝振省，魏玉山，刘拥军，刘兰肖，庞沁文. 2010年出版传媒集团主要困难与问题研究[J]. 出版发行研究，2011（06）

[28] 施宏俊. 中国图书出版业集团化扩张战略分析（上）[J]. 编辑学刊，2011（04）

[29] 施宏俊. 中国图书出版业集团化扩张战略分析（下）[J]. 编辑学刊，2011（05）

[30] 毕彦华. 宁夏出版业集团化改革发展对策研究[J]. 宁夏社会科学，2011（04）

[31] 齐峰. 分类管理：出版集团机制改革的新探索——以山西出版集团为例[J]. 编辑之友，2011（01）

[32] 曹永虎，祁正贤. 青海出版业集团化发展模式略论[J]. 攀登，2011（06）

[33] 乔平. 报业集团利用上市平台做大做强的路径研究[J]. 华南理工大学学报（社会科学版），2011（01）

[34] 周正兵. 出版类上市公司投资行为的实证分析——我国出版产业培育战略投资者的现实思考之二[J]. 编辑之友，2011（01）

[35] 李靓. 论民营书业的上市[J]. 出版参考，2011（21）

[36] 李舸. 地方上市出版集团募集资金投放问题刍议——兼论跨区域、跨文化、跨媒体、跨行业的产业扩张[J]. 出版发行研究，2011（02）

[37] 伍旭升. 反思当前出版发行集团上市热潮[J]. 现代出版，2011（03）

[38] 刘畅. 我国出版集团联合重组的协同效应研究[J]. 出版发行研究，2011（05）

[39] 赵卫斌. 新闻出版企业上市方式的选择[J]. 中国出版, 2011 (20)

[40] 吴亮芳. 破解我国出版业并购难题——贝塔斯曼给我们的启示[J]. 中国出版, 2011 (04)

[41] 贺永祥. 强国愿景下出版集团联合重组的战略思考[J]. 中国出版, 2011 (01)

[42] 梁小建, 于春生. 国外传媒集团的并购经营及对我国出版业的启示[J]. 中国出版, 2011 (02)

[43] 柳斌杰. 数字时代的全球出版走势[J]. 现代出版, 2011 (06)

[44] 蒋宏. 传统出版向数字出版转型的现实困惑与发展方向[J]. 现代出版, 2011 (02)

[45] 刘刚. 大学出版社数字化转型的对策[J]. 四川师范大学学报（社会科学版）, 2011 (03)

[46] 刘灿姣, 董光磊. 出版企业实施数字内容生命周期管理研究[J]. 中国出版, 2011 (01)

[47] 黄先蓉, 赵礼寿, 甘慧君. 数字技术环境下出版产业政策需求研究[J]. 出版发行研究, 2011 (07)

[48] 程海燕, 隋立明, 束义明, 杨庆国. 传统出版企业的数字化转型定位策略[J]. 出版参考, 2011 (30)

[49] 陶丹. 多元化战略下我国出版企业进入新领域的方式与启示[J]. 现代出版, 2011 (03)

[50] 所广一. 关于出版企业多元化战略的思考[J]. 中国出版, 2011 (01)

[51] 陶丹. 中国出版企业实施多元化经营的途径与建议[J]. 中国出版, 2011 (04)

[52] 马勤. 出版文化企业产业多元化经营研究——以海峡出版发行集团为例[J]. 中共福建省委党校学报, 2011 (11)

[53] 杨庆国, 陈敬良, 毛星懿. 出版集团多元化经营创新模式研究——基于国内25家出版集团数据统计及模式建构[J]. 出版科学, 2011 (06)

[54] 王谷香, 刘美华. 出版传媒集团资本多元化战略实证探析[J]. 编辑之友, 2011 (08)

[55] 何志勇. 出版企业绩效管理问题探析[J]. 北京印刷学院学报, 2011 (05)

[56] 李阳. 试论出版企业绩效考评制度的设计[J]. 出版发行研究, 2011 (01)

[57] 朱静雯, 刘志杰. 出版发行上市公司高管薪酬利润比研究[J]. 出版发行研究, 2011 (06)

[58] 王四朋. 大学出版社薪酬管理创新研究[J]. 现代出版, 2011 (05)

[59] 朱璐, 周鼎. 中小出版社经营战略管理研究[J]. 科技与出版, 2011 (06)

[60] 李满意. 中小型出版企业的管理之道[J]. 出版参考, 2011 (13)

[61] 郝静. 边缘突围——试论中小型大学出版社的可持续发展[J]. 现代出版, 2011 (04)

出版法制建设与著作权保护研究综述　　李彦强

　　2011年是新闻出版业改革发展的关键性一年，既是经营性出版单位全面完成转企改制任务后的第一年，也是新闻出版业"十二五"规划的第一年，在这一关键时期，出版法制建设与著作权保护仍旧是新闻出版业的一大重要课题。

　　随着经营性出版单位转企改制和"十二五"规划的制定，出版单位、出版工作人员、作者、读者之间的相互关系有了新的变化，也出现了许多新的问题。另一方面，数字出版持续快速发展，给出版业管理带来了新的挑战。由于出版法律法规的制定滞后于出版业的实际发展，制定新的出版法律法规、对原有法律法规进行完善与修订便具有必要性与紧迫性。通过对新闻出版业报纸、期刊、文摘、索引、《全国新书目》、《中国社会科学文献提要》、大学学报以及中国知网、万方数据等全文数据库进行检索，共获得2011年度关于出版法制建设与著作权保护研究的专业论文123篇，相比较2009年、2010年，论文数量有显著增长。

　　2011年度出版法制建设与著作权保护研究主要集中在两个方面，即学术不端问题研究与数字出版著作权问题研究，这两方面的相关研究论文分别为21篇和28篇，共占论文总量的39.8%。本文通过对2011年度关于出版法制建设与著作权保护研究的123篇专业论文进行分析，试从以下六个方面对这些重要研究成果进行简要评述。

一、出版法制建设研究

　　出版业改革给行业发展提供了许多新的机遇，也给出版业管理带来了新的挑战，许多新问题开始涌现，原有的法律法规已不能妥善解决这些问题，因此，对法律法规中与这些问题相关的条款进行重新解读，以及对其进行修订与完善变得十分必要。2011年，数字出版持续快速稳定发展，也对完善数字出版著作权保护法律法规提出了新要求。

（一）原有法律法规解读研究

　　这方面研究主要集中在对关于原有的著作权方面法律法规进行解读，其中具有代表性的观点有：

　　王岩云在《学术期刊出版中的多重版权法律关系研究》（河北经贸大学学报，2011年第4期）一文中提出，学术期刊出版中往往涉及多重版权法律关系，由于学术期刊内容与组织形式的独特性，其多重版权之间关系较为复杂。为保障学术期刊出版的良好运行，期刊文章作者的版权、整本学术期刊作为作品的版权、作为责任编辑的个体所应享有的版权之间的关系需要妥善处理。作者分别对这三方的版权问题进行了分析、解释，对各自的版权范围也进行了界定，这对明晰期刊、作者、编辑之间的多重版权关系，推动学术期刊出版提供了重要参考。

梁志文在《著作人格权保护制度的误解与真相》（华南师范大学学报：社会科学版，2011年第4期）一文中提出，在著作人格权的保护路径方面，传统比较版权法理论中"普通法国家与大陆法国家授予作者的基本权利存在差异这一观点"是不科学的，这一差异只是表面上的一些不同，在实质上并不存在；在著作人格权保护的基本理念方面，传统理论上普通法系与大陆法系之间的差异也在逐渐消失，虽然形式略有差别，但目的相同；在著作人格权的权利限制方面，相比较普通法国家，大陆法国家并不缺乏对使用者利益的关注，从司法层面来分析两大法系对著作人格权的限制，差异就会明显缩小，因此，认为大陆法国家缺乏对社会公众利益的关注这一说话也是误解。作者最后总结，传统比较版权理论所认为的著作人格权是两大法系著作法中最大的差异，这一差异主要体现在概念层面，然而著作权的真实面目应该从司法实践而不是仅仅从概念上来考察。

孙咏梅在《论访谈作品的著作权和报酬权》（中国出版，2011年4月上）一文中提出，访谈作品的采访者是否应该付给被采访者费用要具体问题具体分析。直接对被采访者的口述或录音资料进行文字化而形成的访谈类作品属于独立创作的作品，著作权应该归采访者所有，采访者根据被采访者所提供的素材独立创作完成的访谈作品的著作权归采访者所有，这两种访谈作品采访者都应该支付给被采访者相应的报酬。对于采访者与被采访者共同参与创作的访谈类作品属于合作作品，采访者与被采访者都具有著作权，被采访者有权根据《中华人民共和国著作权法》的相应规定向采访者要求合理的报酬。

"可分割使用的合作作品"是我国《著作权法》中一个比较有争议的部分，冯涛在《可分割使用的合作作品的权利争议与对策：以社会科学教科书为分析对象》（中国版权，2011年第3期）中，首先通过对可分割使用的合作作品的概念和所享有的著作权进行深入分析，主要得出以下结论：一，"可分割使用"的作品与"割裂作品"性质完全不同，不应混淆；二，不同专家对可分割使用的合作作品双重著作权的规定看法虽然有所不同，但都坚持以"个别利用可能性"作为"双重版权"的基础，单独著作权的行使不能妨碍整体著作权；三，对于已经出版的合作作品，评价署名方式时都合法要考虑现实，另外还要完善著作权法，补充规定署名方式。

（二）立法与完善法律法规研究

随着出版业的不断发展，原有法律法规与出版业现状难免会有所脱节，这就需要制定新的法律法规，或者对原有法律法规进行修订与完善，使其能够与时俱进，与现有出版业发展状态相适应。研究者对该方面研究较有针对性，主要观点如下：

蒋志培在《对著作权法修改的几点意见》（中国版权，2011年第2期）一文中指出，我国《著作权法》自颁布实施二十年来，进行过两次小范围的修订，并未进行全面修订，目前已不能充分满足出版业发展的需要，全面修法十分有必要。并提出三点建议：一是针对当前著作权侵权与盗版行为猖獗的现象，提高打击盗版力度；在法律责任规定中适度增加惩罚力度和赔偿数额；增加盗版侵权人举证责任的规定。二是随着数字出版的快速发展，应补充完善网络版权保护的相关规定。三是应加强保障公共知悉权、知情权；要划清应当适用或者不适用版权领域的界限，将著作权法保护对象界定的更加明确。

同样是对《著作权法》的完善提出意见，李杨在《对我国著作权法完善的几点撷谈》（编辑之友，2011年第7期）中，却是从立法宗旨、《著作权法》第四条及著作权等级制度等三个方面提出自己的见解。认为立法宗旨的首要部分"保护作者的著作权与著作权相关的权益"不甚恰当，应进行修改；而著作权第四条应妥善回应此前所回避的几个问题；另外著作权法应针对著作权登记制度增加若干内容，例如在总则里增加国家提倡并鼓励对著作权权属及著作权交易进行登记、明确等级作为诉讼初始证据的一般效力，以及在第三章"著作权许可使用与转让合同"中明确著作权合同转让登记、专用许可使用合同具有对抗第三人的效力等内容。

郭禾在《关于现行著作权法修订问题的随想》（中国版权，2011年第4期）中，以比较浅显但精辟的文字对现行著作权法的修订发表了自己的见解，认为需要对六部著作权行政法规条例进行调整与整合；著作权法需要与时俱进、适应数字出版的发展；另外还从著作权基地管理组织和音像产业等方面提出了中肯意见，对推动著作权法适应现行环境与技术发展具有借鉴意义。

不同于以上几位对著作权法的修订与完善所提出的诸多建议，邓茜、申晓娟、汪东波在《出版物样本缴送立法的必要性及制度设计》（国家图书馆学刊，2011年第4期）一文中，从制度设计层面，对国家制定专门的行政法规、规范出版物样本缴送制度提出了建议。认为要制定专门的条例来增强立法效力，还要扩大缴送范围，建立以法定缴送为主、以自愿缴送和以通知缴送为辅的多元化缴送模式，并完善出版物样本缴送制度的归责体系，以便能更好地发挥出版物样本缴送制度的效力。

二、学术不端问题研究

2011年，学术不端、学术造假案件仍屡发，此类事件影响恶劣，严重阻碍出版业的健康发展。在2011年度关于出版法制建设与著作权保护研究的123篇专业论文中，研究学术不端问题的文献数量达到21篇，占17.0%，与2009年、2010年相比数量与比例均有显著增加，足以看出出版业从业人员与研究人员对该问题的重视。

吴林娟的《学术期刊出版机构对学术不端行为的控制》（图书与情报，2011年第6期）与李路丹的《论期刊编辑对学术不端行为的防与治》（湖南商学院学报，2011年第2期）均对学术期刊如何应对学术不端行为提出见解，但两篇文章研究角度不同。前者是从学术期刊出版机构的角度，对出版流程各阶段如何控制学术不端行为进行了论述；而后者则对将作者研究成果公布于众的把关者——期刊编辑如何防治学术不端行为进行研究，不仅分析了学术不端行为的社会危害性和原因，还对期刊编辑如何治理学术不端行为提出了几点具体举措，有实际借鉴意义。

同样是研究期刊编辑对学术不端行为的防范策略，庞海波在《科技学术期刊编辑对学术不端行为的认识与误区》（编辑学报，2011年第2期）中。除了提出几点具体防范策略外，还对科技期刊编辑对学术不端行为的几个常见认识误区进行了分析研究，认为误区主要有以下几点，即片面理解作者文责自负、过于迷信权威、认为只要是引用就不是抄袭、漠视作者的署名权等，并对这些误区进行了详细论述与和辨析。

科技期刊是传播和获得科研成就的重要途径之一，在科技期刊出版过程中防范学术不端行为对科研、学术成果的保护至关重要。陈素军、徐文娟在《科技期刊出版过程中不端行为的防范》（中国科技期刊研究，2011年第5期）一文中，首先对学术不端行为进行了界定，并从作者、审稿专家、编辑等不同主体出发对科技期刊学术不端的表现形式进行了详细归纳；随后针对不端行为的成因和表现形式提出几点防范策略，策略有宏观层面也有微观侧面，较有借鉴意义。

朱艳华在《利用计算机技术防范学报学术不端行为》（辽宁工程技术大学学报：社会科学版，2011年第6期）一文中探讨了如何利用计算机技术防范学术不端行为，作者首先对其可行性进行探讨，认为此种手段有技术支撑；随后提出了两点具体实践方法，一是充分利用学术不端检测系统，防范作者学术不端行为，二是充分利用编辑部远程投稿系统，防范编辑学术不端行为。

虽然利用计算机技术防范学术不端行为给期刊社、编辑带来了极大便利，但由于计算机技术机械性较强，过分依赖这一技术有时难免出现误差，会错失一些具有创新观点的文献。陆宜新在《学术期刊不端文献检测结果的统计分析》（中国科技期刊研究，2011第5期）中，通过运用学术不端检测系统对350篇文献进行检测，并按照文字重合率对检测结果进行分析，认为按照文字重合率作为文献选择的绝对标准太过武断，要充分结合编辑自身的知识能力进行再判断，并对某些有创新价值的文献进行二次检测，对不同类型的文献也要按照不同标准来对待，这样才能够充分、正确发挥学术不端监测系统的作用。

曹伟明在《一种反抄袭新思路》（中国科技期刊研究，2011年第4期）中，首先对传统的反学术抄袭方法，如道德力量、行政力量、反抄袭软件等的局限性进行了分析，认为这些方法虽有一定效果但无法从根本上根治学术不端行为。并提出了一种反抄袭新思路，即参照深圳网商文化集团所推出的反盗版维权新方式，将其应用于出版业。网尚公司利用公司化模式，先取得授权，确定分成比例，使反盗版成为一个产业，从而实现"打击盗版、人人有利"的赢利模式。作者认为出版业的现有发展环境与反抄袭软件的应用为这种模式提供了可能性，但所提出的几点具体运作模式虽有针对性，却仍有一些实践困难，具体操作性仍有待研究。

三、传统出版版权保护研究

编辑活动基本伴随着出版物的出版全过程，可见编辑在出版物版权保护中的重要作用，2011年度出版法制建设与著作权保护文献中关于编辑作用的研究文献不少，成就较大。肖丽娟、严美娟在《科技期刊编辑应加强著作权意识》（编辑学报，2011第6期）中，认为科技期刊编辑应提高版权保护意识和对《著作权法》相关知识的掌握能力，加强科技期刊著作权的保护。李小龙在《在编辑工作中如何把好版权关》（中国版权，2011年第5期）中，提出编辑应从重视版权前置意识、加强对稿件版权的审核意识、提高作品出版后的维权意识三方面加强编辑过程中的版权保护。鄢正芳在《浅谈期刊编辑在编辑出版活动中如何贯彻实践〈著作权法〉》（青海师范大学学报：哲学社会科学版，2011年第2期）中也认为，期刊编辑在编辑过程中首先应加强各方面的版权保护意识，才能更好地保护作者的相关权益。

高校是主要的科研场所，有着优越的学术资源，高校学报也是出版业研究文献的重要发表载体，因此要重视高校学报的版权保护。朱正余在《我国高校学报版权保护探析：以湖南省高校学报为例》（编辑之友，2011第4期）中，通过以湖南高校学报为例进行分析，认为目前高校学报版权保护现状不容乐观，应采取加强《著作权法》学习、培养编辑的版权意识、签订著作权转让合同等措施加强高校学报版权保护。

随着办刊环境越来越开放，学术期刊所面临的版权问题也越来越严峻。江国平在《浅谈学术期刊编辑出版各环节中的著作权保护》（中国编辑，2011第2期）中提出，保护作者和期刊本身的权益，整个出版过程的各个环节都要加强版权保护。作者还针对组稿、审稿、编辑加工、出版、发行等各个环节提出了具体的版权保护措施。

学术研究离不开对前人研究成果的学习和借鉴，在学术论文中，这种学习和借鉴的部分，即通常所说的引用的部分便称为引文。赖方忠在《学术期刊引文行为的版权保护及措施》（四川师范大学学报：社会科学版，2011第3期）提出，引文属于学术论文的一部分，同样应受到版权保护。作者认为我国出版法律法规中有对引文版权保护的相关规定，但规定存在漏洞，因此要妥善保护引文版权，需要完善相关法律法规，完善期刊文稿的审稿标准、实行学术不端行为出版问责制，并建立引文伦理规范制度、明确引文行为规范的层次体系。

四、数字出版版权保护研究

2011年，数字出版仍在快速发展，发展势头仍未见疲软，但数字出版内部态势却有所变动。数字化国民阅读开始兴起，电子书包计划开始在多个地区实行，然而电子阅读器市场却开始走向低谷，各种侵权案件层出不穷。数字出版内部的这种复杂形势，给出版业带来了许多可供研究之处。本年度数字出版版权保护研究仍是出版法制建设与著作权保护研究中的一个重要部分。

（一）数字出版版权讨论

数字出版发展迅速，在发展过程中也会出现许多原有出版法律法规无法解决的新问题。在数字出版环境下产生的许多侵权问题，就无法严格按照传统的版权保护法律法规妥善解决，这给数字出版版权保护带来了诸多挑战，因此，完善相关法制颇为重要。完善数字出版版权保护法律法规，一个重要的前提就是要了解数字出版侵权的新形式与新特点。吴亮芳在《探讨数字化环境下侵权新特点》（出版参考，2011年9月上旬刊）一文中就对这一问题进行了探究，认为数字化环境下版权侵权行为所呈现的新特点主要有版权侵权越来越普遍、越来越具有技术性、越来越隐蔽，侵权对象越来越大以及侵权主体越来越广泛等。

向长艳在《数字出版版权保护面临的法律问题》（中国出版，2011年9月下）中，首先提出在现有的法律法规框架下保护数字出版版权，具有版权保护法律意识薄弱、立法相对不完备、行政监管不到位以及侵权惩戒力度不够强等不足之处，并结合这些方面对完善著作权保护内容提出建议，即要明确与数字出版相关的各项概念、确立合法的授权模式和明确授权范围、完善版权登记和监管体系、完善网络著作权集体管理制度、建立间接第三人责任制度、加大侵权惩罚力度等。

电子书及电子阅读器近几年发展很快，成了出版业的一个热门词汇，也吸引了不少专家学者对这方面进行研究与探讨。赖鲜在《电子书及其阅读器行业版权保护问题初探》（中国出版，2011年4月上）中，首先对电子书及其阅读器行业的版权产业及市场状况进行了介绍，并通过具体案例对电子书版权授权主体问题进行分析、探讨，最后还对如何对电子书及其阅读器进行版权保护提出了几点具体措施。文章对该问题论述较为全面，具有理论与实践意义。

（二）数字化期刊版权保护研究

传统学术期刊数字化可能会面临著作权侵权风险，张惠认为这种风险包括作品的信息网络传播权和保护作品完整权两方面。作者在《学术期刊数字化面临的著作权侵权风险及其规避》（出版发行研究，2011年第12期）一文中对这个问题进行了论述，认为在对传统期刊进行数字化时要重视单篇作品作者和期刊社这两个期刊主体的著作权；并在对上述两种风险进行了详细分析与介绍后，提出规避这两种风险需要从作者、期刊社和数据库平台三方面入手，采取多种措施，例如期刊社在与数据库签订合同时明确约定转让的是否为专有收录权、数据库应做好技术防范措施等等。

张可人、周雍在《网络时代数字期刊的版权问题探讨：以"龙源期刊网案"为例》（上海商学院学报，2011年增刊）中，从震惊学界和业界的"龙源期刊网案"展开讨论，认为互联网时代给网络传播中的版权问题带来了许多新的挑战。作者对数字期刊网站的经营模式进行了分析，认为其经营理念是对传统杂志的再发行；并对数字期刊网站的版权获得方式进行了论述。认为数字期刊网络授权面临着坚持旧的经营模式还是寻找新模式的两难局面，提出尽快完善相关法律及其实施制度是解决网络时代数字期刊版权问题的关键之处。

同样是以"龙源期刊网案"探讨数字出版环境下的期刊版权保护问题，丁媛媛、王立明在《从龙源期刊网侵权败诉案看期刊社在数字化出版中的自我保护》（中国科技期刊研究，2011年第2期）一文中，认为科技期刊在著作权保护、与数字出版商的合作以及享有的权利效力等方面具有劣势，并提出期刊社要带头保护作者的著作权，主动获得信息网络传播权的合法授权并依法使用。

陈锐锋、刘清海在《新形势下数字化期刊的版权保护》（编辑学报，2011年第3期）中，通过分析数字化技术快速发展时期我国数字化期刊侵权的表现以及新媒体新模式条件下的侵权隐患进行分析，提出保护数字化期刊版权不仅要加强普法教育、实现全民自律，还要完善相关法律法规、构建合法的使用机制，例如实行一对一授权、建立著作权专人负责制或聘请法律顾问等。

（三）数字图书馆版权问题研究

李文涛在《略谈高校数字图书馆建设中的版权问题》（中国出版，2011年5月上）一文中，认为高校图书馆虽然基本上属于非营利性的公益机构，但在建立过程中不能以公益性为借口忽视对版权的保护；在解决学生论文的版权问题时可以采用一些必要的技术手段来保护版权；在对古籍进行数字化以及自建相关学科的数据库时也要采取必要的手段来解决版权保护问题，以确保数字图书馆的顺利建设。

论及数字图书馆版权问题，就不能不提知名网站谷歌的数字图书馆计划，这在近几年都是研究热点。薛虹在《谷歌图书项目——知识产权全球性治理初现》（中国版权，2011年第1期）一文中通过对谷歌图书项目的版权纠纷进行分析解读，提出跨国公司的知识产权全球治理亟待解决，认为这一问题的妥善解决需要采取利益有关方共同参与的新型知识产权全球治理模式，以及建立全球性的法律法规、监管系统等方法。

五、中外版权保护比较研究

国外出版法制建设与著作权保护与中国相比存在差异，但有可供借鉴之处，尤其是现在全球化趋势越来越明显，研究对比中外出版法制建设与著作权保护，可以使我们学习国外研究的长处，有助于推动我国出版业的健康发展。

王志刚在《欧美出版企业版权战略管理对我国出版企业的启示》（中州大学学报，2011年第5期）中提出，我国出版企业普遍缺乏版权业务的战略化管理意识，要学习和借鉴欧美出版企业先进的市场运作经验，出版企业不仅要推动出版行业协会对政府提出更多的政策诉求、建构科学的版权管理支持体系，还要提升版权战略管理的实施效率。

网络资源极其丰富，并具有艺术、学术、研究、史料等价值，尽快建立网络出版物缴送机制，将网络出版物纳入法定保存机构的缴送范围，对保存网络文化具有极大作用。国外网络出版物缴送政策开始较早，发展较成熟，对我国相关方面立法具有极大借鉴意义。王秀香、李丹在《国外网络出版物缴送政策对我国相关立法工作的启示》（国家图书馆学刊，2011年第4期）一文中通过对国外网络出版物缴送立法过程和立法要点进行论述，提出我国网络出版物缴送需要注意以下几点：一是需要追随国际趋势将网络出版物纳入法定缴送范围，二是需要明确界定网络出版物的缴送范围和缴送主题，三是要尽快制定相关工作实施细则。

打击学术不端、学术造假等行为，学术不端文献检测系统发挥了巨大的作用。张旻浩、高国龙、钱俊龙在《国内外学术不端文献检测系统平台的比较研究》（中国科技期刊研究，2011年第4期）一文中对国内和国外的学术不端文献检测系统平台进行了研究，并对二者进行了比较，指出国内学术不端文献检测系统平台与国外相比仍相对不成熟，具有一定的差距。

黄先蓉、黄媛、赵礼寿在《中外出版政策比较研究》（出版科学，2011年第2期）一文中从经济角度对我国与其他各国的出版政策进行了比较，比较主要从政策制定机构、财政政策、金融政策和外贸政策四个方面展开。比较详细、论述翔实，对国内外的出版政策都进行了深度剖析，对于我国出版业借鉴国外经验具有重要意义。

六、古代版权保护研究

我国版权保护由来已久，有学者研究指出，宋代时期已有保护作者版权的禁令。研究古代版权保护对当前出版法制建设与著作权保护具有直接的借鉴意义。

袁琳在《宋代图书刻印与版权保护价值观念考》（出版发行研究，2011年第3期）一文中以宋代版权保护观念为例，通过官方刻印与私下刻印进行介绍与论述，探讨了这两者对于版权保护的价值追求。作者认为官方刻印虽具有经济属性，但实际上还是以政治属性为主，因此版权保护很难，甚至是不可能的事；而民间私家刻印的价值追求则分为崇学、追求名利、重义轻利等多种，其版权保护观念也相应有所区别。

明清时期，对出版者权益保护不仅成为一种普遍意识，相关部门还采取了许多具体的措施来保护出版者权益。余晓宏在《明清时期出版行业的出版权益保护》（编辑之友，2011年第3期）一文中对明清时期出版行业版权保护兴起的原因以及维护版权的具体措施进行了探究，指出这一时期的版权保护不仅缺少对著作权人的保护、没有形成完备的著作权法律，也没有明确的惩罚措施，致使盗版活动仍很猖獗，版权保护具有一定的局限性。

隋朝推行积极的文化政策，奖励民间献书，确定了求购图书的复制价格，不仅维护了书籍作品占有者的经济权利，还促进了唐代文人学士稿酬意识的迸发，并对宋代版权保护意识产生影响。廖铭德在《我国古代"稿酬"缘起的重要历史节点：隋代著作权"经济权利"意识的历史考察》（出版发行研究，2011年第10期）一文中认为隋代著作权"经济权利"意识是研究我国古代"稿酬"缘起的一个十分重要的节点，并对以后各朝版权保护意识的发展产生了直接的推动作用。

张天星在《晚清报刊摘录转载的实践与中国现代版权制度的建立》（南京理

工大学学报：社会科学版，2011年第1期）一文中通过对具体史料的分析，认为晚清报刊摘录转载的盛行，导致了公开盗版活动的频发，给作家的著作权造成破坏，并带来了直接利益损失。但这也促使晚清报馆采取措施保护作家版权，并推动了"不许摘录转载"观念和法规的形成，对晚晴报刊文字版权保护意义重大，也为中国现代报刊文字版权保护相关行政法规的制定奠定了基础。

中国古代书籍审查传统久远，在晚清时期对书籍报刊的审查更趋严厉。张运君在《晚清政府对书籍的审查——以种类分析为中心》（青岛科技大学：社会科学版，2011年第3期）一文中对晚清时期对书籍的审查进行论述，从审查种类、审查方式等方面进行了分析。文中提及侵犯版权类书籍也是清政府严查的对象，虽未详细展开论述，但也从一个侧面反映了晚清时期对著作权保护的重视。

小 结

纵观2011年度出版法制建设与著作权保护研究，总的来说呈现一种积极活跃的态势，不仅文献数量增多，研究视野也变得开阔，单纯就事论事的研究文献少，而是大多都能从一个较高的层面对问题的规律性进行归纳、对事件的本质进行思考。另外，对著作权经典案例进行分析解读，或者结合这些经典案例对出版法制建设进行研究的文献收获大，这种研究方法可以紧密结合实际，从实践研究角度探讨出版法制建设与著作权保护，比单纯从理论角度进行研究更具有针对性，也更能准确反映出现行法律法规所存在的不足之处，对于完善法律法规、推动出版业的发展具有直接的推动作用。

2011年度出版法制建设与著作权保护研究也有以下几点不足之处。

首先，多数文献研究力度欠缺，研究不够深入。2011年度出版法制建设与著作权保护研究文献，仍旧是绝大多数发表在专业期刊上的专业论文，另外还有一部分是发表在大学学报上的文章，但相关研究专著和硕博论文方面却基本为空白。由于篇幅及其他方面因素限制，问题研究较为概略，并且大多数文献理论研究比重较大，而忽视了实践研究，不能够很好地将理论结合实际分析问题，从而使得文献论述较多，研究欠缺。

其次，热点研究集中，整体研究不均衡。2011年度出版法制建设与著作权保护研究文献中，学术不端问题研究与数字出版著作权问题研究论文分别为21篇和28篇，这两方面研究共占论文总量的近40%，这与近年来学术造假、学术不端案件频发，以及数字出版发展迅速有关。但这种集中研究热点的行为，容易造成对出版业实际发展中一些细小问题研究的忽略，对出版业的健康、持续、快速发展具有一定的负面影响。

　　另外，宏观角度研究多，提出建议也较笼统。2011年度相关研究文献中，许多都采取宏观研究角度，论述大而空泛，缺乏细节；针对出版业所出现的各种问题提出建议的文献不少，但多数建议都很笼统，直接借鉴性不强。若能深入、细致探讨问题，提出针对性强、可行性强的建议，则会提升出版法制建设与著作权保护研究的整体水平，并对出版业的发展提供更大的推动作用。

撰稿：李彦强（北京印刷学院）

主要参考文献：

[1] 王岩云. 学术期刊出版中的多重版权法律关系研究. 河北经贸大学学报，2011（4）

[2] 梁志文. 著作人格权保护制度的误解与真相. 华南师范大学学报：社会科学版，2011（4）

[3] 孙咏梅. 论访谈作品的著作权和报酬权. 中国出版，2011（4A）

[4] 冯涛. 可分割使用的合作作品的权利争议与对策：以社会科学教科书为分析对象. 中国版权，2011（3）

[5] 蒋志培. 对著作权法修改的几点意见. 中国版权，2011（2）

[6] 李杨. 对我国著作权法完善的几点摭谈. 编辑之友，2011（7）

[7] 郭禾. 关于现行著作权法修订问题的随想. 中国版权，2011（4）

[8] 邓茜，申晓娟，汪东波. 出版物样本缴送立法的必要性及制度设计. 国家图书馆学刊，2011（4）

[9] 吴林娟. 学术期刊出版机构对学术不端行为的控制. 图书与情报，2011（6）

[10] 李路丹. 论期刊编辑对学术不端行为的防与治. 湖南商学院学报，2011（2）

[11] 庞海波. 科技学术期刊编辑对学术不端行为的认识误区与防范策略. 编辑学报，2011（2）

[12] 陈素军，徐文娟. 科技期刊出版过程中不端行为的防范. 中国科技期刊研究，2011（5）

[13] 朱艳华. 利用计算机技术防范学报学术不端行为. 辽宁工程技术大学学报：社会科学版，2011（6）

[14] 陆宜新. 学术期刊不端文献检测结果的统计分析. 中国科技期刊研究，2011（5）

[15] 曾伟明. 一种反抄袭新思路. 中国科技期刊研究，2011（4）

[16] 朱正余. 我国高校学报版权保护探析：以湖南省高校学报为例. 编辑之友，2011（4）

[17] 鄢正芳. 浅谈期刊编辑在编辑出版活动中如何贯彻实践《著作权法》. 青海师范大学学报：哲学社会科学版，2011（2）

[18] 李小龙. 在编辑工作中如何把好版权关. 中国版权，2011（5）

[19] 肖丽娟，严美娟. 科技期刊编辑应加强著作权意识. 编辑学报，2011（6）

[20] 江国平. 浅谈学术期刊编辑出版各环节中的著作权保护. 中国编辑，2011（2）

[21] 赖方忠. 学术期刊引文行为的版权保护及措施. 四川师范大学学报：社会科学版，2011（3）

[22] 吴亮芳. 探讨数字化环境下侵权新特点. 出版参考，2011（9上）

[23] 向长艳. 数字出版版权保护面临的法律问题. 中国出版，2011（9下）

[24] 赖鲜. 电子书及其阅读器行业版权保护问题初探. 中国出版，2011（4上）

[25] 张惠. 学术期刊数字化面临的著作权侵权风险及其规避. 出版发行研究，2011（12）

[26] 张可人，周雍. 网络时代数字期刊的版权问题探讨：以"龙源期刊网案"为例. 上海商学院学报，2011（增刊）

[27] 丁媛媛、王立明. 从龙源期刊网侵权败诉案看期刊社在数字化出版中的自我保护. 中国科技期刊研究，2011（2）

[28] 陈锐锋，刘清海. 新形势下数字化期刊的版权保护. 编辑学报，2011（3）

[29] 李文涛. 略谈高校数字图书馆建设中的版权问题. 中国出版，2011（5上）

[30] 薛虹. 谷歌图书项目——知识产权全球性治理初现. 中国版权，2011（1）

[31] 王志刚. 欧美出版企业版权战略管理对我国出版企业的启示. 中州大学学报，2011（5）

[32] 王秀香，李丹. 国外网络出版物缴送政策对我国相关立法工作的启示. 国家图书馆学刊，2011（4）

[33] 张旻浩，高国龙，钱俊龙. 国内外学术不端文献检测系统平台的比较研究. 中国科技期刊研究，2011（4）

[34] 黄先蓉，黄媛，赵礼寿. 中外出版政策比较研究. 出版科学，2011（2）

[35] 袁琳. 宋代图书刻印与版权保护价值观念考. 出版发行研究，2011（3）

[36] 余晓宏. 明清时期出版行业的出版权益保护. 编辑之友，2011（3）

[37] 廖铭德. 我国古代"稿酬"缘起的重要历史节点：隋代著作权"经济权利"意识的历史考察. 出版发行研究，2011（10）

[38] 张天星. 晚清报刊摘录转载的实践与中国现代版权制度的建立. 南京理工大学学报：社会科学版，2011（1）

[39] 张运君. 晚清政府对书籍的审查——以种类分析为中心. 青岛科技大学：社会科学版，2011（3）

编辑工作研究综述 　　　李雪峰

编辑是出版工作中的中心环节，是出版社存在和发展的源泉。近年来，在如何做好编辑工作的问题上，无论学界还是业界的专家学者，都发表了不同看法。与2010年相比，2011年的编辑工作研究仍十分活跃，具体概述就是：著作数量大幅上升，学术文章略有下降，而相关调研报告、课题进展、硕博论文、专业研讨会等则热度不减。

在学术著作方面，2011年共出版了近50本与编辑工作相关的图书，与2010年相比数量猛增。其中仅有关版式装帧设计的图书就比去年增加了20多本，而仅以"版式设计"命名的图书就达10本之多，图书的同质化问题就显得十分严重。其他图书包括冯国祥的《编辑出版行为理性研究》、黄占宝主编的《千疮百孔的嫁衣:〈嫁衣余香录:编辑文化学研究〉学术指误》、程德和主编的《校对实务》、陈勤的《全媒体创意策划攻略》、詹新惠的《网络新闻写作与编辑实务》等。

在学术论文方面，与2010年相比，2011年的学术论文无论在数量还是质量方面，都略微有所下降，鲜有佳作。在这些学术论文的研究主题多元化方面，保持了去年"百家争鸣"的景象，研究主题也较为广泛。其中，易图强的《选题论证与选题决策中的几个辩证关系》、刘筱燕的《市场动态与图书策划:图书策划如何在市场掀起波澜》、马瑞洁的《三审制的现实之困及其突破》、苏金河的《怎样为英汉双语图书把好终审关》、李宇辉的《论书籍装帧设计中负空间的表现》、以及汪家明的《美术文化类图书出版浅议:以三联书店为例》等论文具有代表性。

笔者对2011年所发表的约190篇有关编辑工作的论文进行分析，从选题策划、审稿、编校工作、装帧设计、编辑工作经验介绍五方面分别论述。

一、对选题策划的探讨

在资源整合时代，出版社的存在价值体现在选题策划之中，选题质量的高低成为图书的生命线。因此，对选题策划的探讨，无论在学界还是业界，一直以来都是热点。2011年，此类论文有近40篇。与2010年相同类别论文数量相比，下降10篇左右。笔者对这40篇论文进行细分，从以下四个方面简要介绍。

（一）对选题策划过程中需要注意问题的探讨

选题策划是整个出版活动开展的基础，关系到图书质量的优劣，因此在这一过程中需注意的问题就很多。何楠、姜伟在《浅谈策划编辑在选题实施过程中的几个误区》（中国出版，2011年第3期〈下〉）中指出了选题策划中容易出现的一些问题，提出了在文字编辑、装帧设计、图书印制、市场营销等四个环节中容易出现的失误。作者认为，对文字编辑过程撒手不管、对装帧设计过程不闻不问、对图书印制过程漠不关心以及对图书的营销推广不够重视是选题策划过程中最易出现的四个问题。而这些问题出现的最初原因，是出版社分工造成的策划编辑与文字编辑、营销编辑工作之间的脱节。

如何进行选题策划，如何避免选题策划中容易出现的一些问题，就需弄清从选题论证到选题决策这一过程中存在的矛盾关系。具体来说，有哪些矛盾关系才是需要注意的？易图强在《选题论证与选题决策中的几个辩证关系》（中国出版，2011年第6期〈下〉）一文中给出了诠释。作者认为，最好的选题与最优的选题、"民主"的论证与领导的"拍板"、评审专家的意见与编辑个人的主见、个体选题与集体选题，这几个关系经常困扰着选题的论证者与决策者，因此这几对矛盾关系也是选题策划过程中需谨慎处理之处。作者的观点是，首先，最好的选题未必是最优的选题，衡量一个选题的优劣，既要看它本身具有多大价值，更要看它与已出同类图书相比较后具有多大价值。人有我特、人有我优的选题才值得出版。其次，"民主"的选题论证并不等于科学的选题论证，有两方面的原因：非业务性因素（如人情、责任感等）使参与论证者难以做到客观、公正；业务性因素（如掌握的信息不全面，对选题涉及的专业领域不熟悉等）使参与论证者的评判很可能不准确；再次，专家学者的意见要听但不能全听。作者认为对通俗性、普及性的选题，专家学者的审读意见往往不具有权威性；最后，不能"挂万漏一"，更不能"挂一漏万"。有的选题，孤立地看很不错，但置入整体中显得不协调，就不宜列入选题计划；反过来，有的选题，孤立地看很平常，但放入整体中显出耀眼光彩，就可以列入选题计划。这主要是对作为选题决策者的出版社领导提出的要求，但也适合于编辑个人策划选题。

除此之外，2011年还有部分文章对特定对象选题策划需注意的问题进行研究。在这方面，下面两篇文章具有代表性。

雷回兴在《重大选题经营管理中应注意的几个问题》（出版发行研究，2011年第9期）一文中指出，重大选题作为构建出版社图书品牌的基石，是创建出版社的形象、地位、声誉的重要砝码。在进行重大选题策划时，出版社要注意选题的定位、开发、实施、流程、后续服务五个方面的问题。

王绚在《编辑西藏选题图书应注意的几个问题》（中国出版，2011年第6期〈上〉）一文中指出了在进行西藏图书选题策划时需注意的几个问题，从历史政治、宗教民俗、人名地名翻译等或宏观或具体的方面进行研究，针对西藏选题图书中容易出现的错误予以指正。

（二）选题策略研究

2011年，关于选题策略研究的论文篇目所占比例较大，笔者选取其中具有代表性的论文进行介绍。

策划编辑的创新思维在选题策划中起着巨大作用，因此对选题策略进行探讨，就不能忽略思维问题。孙利军在《图书选题创新中逆向思维模式研究》（国际新闻界，2011年第10期）一文中，通过对图书选题创新中观念逆向、内容逆向、内容——形式逆向、单书——丛书逆向、出版流程逆向、出版行为逆向六种逆向思维模式的探讨，揭示逆向思维在图书选题创新中的运用及基本原理。作者认为，逆向思维是创造性思维中一种重要的思维方式，能够帮助编辑发现新的策划角度，发现新的图书选题。由此来解决当前图书出版严重的跟风现象、选题同质化以及图书质量下降问题。

随着图书市场的越发细化，出版社如何在众多图书类别中选择适合本社特征、并具有资源优势选题就显得十分迫切。针对这一问题，侯海英在《方向性选题的开发路径探讨》（出版发行研究，2011年第5期）一文中，结合自身工作实践，从何为方向性选题、方向性选题对出版社的作用，以及方向性选题开发的过程和方法等几个方面，提出了开发方向性选题必须经历生存期、成长期、发展期、成熟期等开发路径，为方向性选题策划提出依据。作者认为，充分考虑出版社自身的定位和资源优势、充分考虑渠道特征和已有优势，以及对发展目标和市场预期进行量化，是确定出版社方向性选题需明确的问题。

除上述两篇论文，刘筱燕在《市场动态与图书策划：图书策划如何在市场掀起波澜》（出版广角，2011年第3期）一文中提出了一个新颖的观点。作者将图书市场假设成为一个大水池，这样市场就会发生不同的效应思考模式：一个球体掉进水中引起的水波一直到平衡，这中间所产生的主动力、反动力称之为动态市场。若把畅销书市场以效应动态说明，在动态市场中，市场是一直变化的、也是一个持续竞争级产品交易的环境，所以市场从来不曾静止，市场永远是动的，是活的。并给出了示意图（见图1），由此指出了出版社在进行选题策划时需考虑的种种因素。

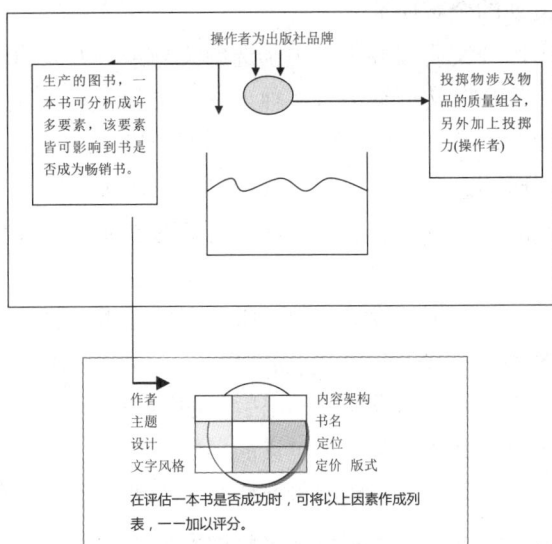

图1　投掷物和投入力量的分析

（三）对新形势下的选题策划研究

随着科技的不断发展，传统出版受到的冲击越来越大，以数字出版为代表的新媒介发展愈发迅猛，这就对出版选题策划工作提出了更高的要求。

刘寒娥在《数字出版时代图书选题策划的全媒体攻略》（内蒙古社会科学，2011年第32卷第3期）一文中指出，在数字出版背景下，图书的选题策划环境发生了巨大变化，图书出版形态被延伸，全媒体复合整合出版成为数字出版的理念和趋势，出版社要以全媒体理念构建图书选题策划的新模式，强化图书选题策划的立体化品牌建设，从源头策划转向全程策划，实现图书选题策划的效益增值。

董中锋在《新形势下的选题策划》（编辑学刊，2011年第4期）一文中指出，在新形势下，编辑的职能由出版的上游扩展到出版的全流域，现代编辑在围绕市场策划选题的过程中出现了一些新的模式，但也要防止唯市场论的不良倾向。具体而言，作者给出了三条建议：首先，不要一味迎合市场，可以把握、开发、引导市场；其次，防止文化迷失，不能只重选题的经济价值而忽视文化价值；第三，防止虚假策划，真实才是选题策划的基础与条件。

除上述两篇文章之外，贺亮明的《出版创意下的选题策划》（中国出版，2011年1月〈上〉）、胡国臣和周永进的《数字出版与传统出版的同步策划》（中国编辑，2011年第1期）等文章分别针对出版创意与数字出版环境下的图书选题策划进行探讨，对新形势下选题策划进行研究。

（四）选题策划的个案研究

严格意义来讲，个案研究并不是关于选题策划某一方面的研究。但由于2011年此类文章较多，都是以某一案例为基础来论述文章主题，故单列一类。

韩立华的《胡愈之策划出版三农图书对今天的启示》（出版发行研究，2011年第10期）一文，以胡愈之策划出版三农图书为案例进行研究，对胡愈之在三农图书策划出版方面的做法进行了梳理，探讨了其对当前新农村文化建设大背景下三农出版的启示。

宋俊果、汪春林、刘军的《成就引进版图书精品需要扎实的积累："中国出版政府奖"获奖图书策划体会》（现代出版，2011年第6期）一文，以获得第二届"中国出版政府奖"的中国农业大学出版社的图书《家畜兽医解剖学教程与彩色图谱》为例，认为图书能够获奖是积累的必然，其中包括出版社整体的积累和策划编辑的积累。作者认为，策划编辑要增强主动策划学术精品的意识，注意平时的积累；关注国外的出版市场动态并了解国内的需求；培养活跃在专业领域内的作者和译者。并提出了编辑不能单纯因短期经济效益而忽略学术出版资源积累的观点。

李敏的《精品科技图书策划方略的若干思考：以<中国可持续发展总纲>等获奖图书为例》一文，瞄准形成中国特色、世界一流的精品科技图书体系的现实需要，给出了精品科技图书的基本定位，并以获奖图书为例，对精品科技图书策划方略提出思考，提出了关于精品科技图书策划的五点基本方略：全面关注科技创新成果、解消发展瓶颈、重视维护国家安全的成果、展示大型学术工程成果以及把握优秀科普读物。

周雁翎的《浅论以"问题"为取向的图书选题策划：以"大学教师通识教育系列读本"为例》一文，对以"问题"为取向的图书选题策划的三个环节进行了简要分析：发现问题、解决问题、确定具体选题并组织实施。在这一过程中，作者分析到，图书策划人抓住当前我国大学教师职业素养出现的问题，试图从图书出版角度去找出解决这一问题的途径。而有利于提升大学教师职业素养的图书在国内几乎为空白，于是把眼光转向西方，并最终取得成功。

二、审稿工作的探讨

审稿是编辑人员的一种职能，也是编辑工作的重要组成环节。编辑人员对作者创作的文字、图像等材料为对象所进行的判断、鉴定和评价工作，由审读、写审读报告两部分组成。又称审读。审稿是编辑工作的关键，是决定图书质量的重要步骤。2011年，与审稿工作有关的论文10篇左右，与2010年相比，在数量上略有下降。其中以下面几位学者的观点较具代表性。

（一）对"三审制"的研究探讨

三审制作为一项推行多年的出版制度，对于出版质量的提高的确大有裨益，因此历来是审稿工作研究的重点，2011年也不例外。马瑞洁在《三审制的现实之困及其突破》（出版发行研究，2011年第3期）中提出，近年来在书业日趋激烈的市场竞争中，三审制受到了前所未有的冲击。文章中，作者剖析了三审制的核心原则与制度设计，认为互为逆反的双重金字塔结构，不够均衡的激励与约束机制，过分重视行政级别的人员配置，不甚清晰的内部责任与分工，是造成三审制现实之困的制度性原因。作者在坚持三审制本质目标不变的前提下，为三审制的完善提供了一些可行性建议。作者认为，三级审读不能简单化为三次审读，理顺激励与约束制度、重视真才实干、提升复审力量等措施有利于三审制的完善。

无独有偶，郑力民的《三审方法谈》（编辑学刊，2011年第5期）也针对如何进行三审工作做了相关研究。文章中，作者总结了做好三审工作的三种方法：预案法、收缩法、精准法。作者在提到收缩法时解释道：收缩法是从一部书稿的外在样式着手，进而到其内容主体的一种审读方法，它贯穿审稿的整个过程，并有着阶段性的实施步骤，具体而言就是先查后审，循序渐进。首先要严查标题，其次要层面分检，最后要务虚问实。如此，收缩法易于掌握，且实用有效。

（二）对审稿工作的具体方法研究探析

2011年关于审稿工作研究的文章中，除对"三审制"进行研究探析之外，也有文章针对某一图书应该如何展开审稿工作进行研究。其中下面两位作者的观点较为新颖。

苏金河在《怎样为英汉双语图书把好终审关》（中国出版，2011年第6期〈上〉）一文中，从工作程序的角度，根据一般双语图书的特点和来稿质量水平，以中国建材工业出版社近年出版的几种英汉双语图书为例，对双语图书终审把关提出一些建议。具体为五点：首先要了解书稿作者情况、编写背景、编写要求和读者定位等情况；其次要通过感受或浏览检查把握编写水平、质量及主要问题，提出初步的改核意见；再次，应用具体问题具体分析的方法，灵活、机动地处理具体错误，强化编者和作者沟通、校改的作用，分步解决质量问题；第四，要全面排查书稿印前尚未消灭的错误节点和问题，通过和编辑、作者商改解决容易忽视、遗留的问题；最后，认真、全面地写出终审意见。

综观2011年度关于审稿工作研究的论文，许多并不是针对大众图书，而是以某一专业领域的图书为研究对象进行探讨。在这方面，任克良的《年鉴编辑中通稿与联审之商榷》（新疆地方志，2011年第2期）是很好体现。文中，作者针对年鉴编纂工作中的审读环节进行分析，提出了年鉴审稿工作的三条原则：首先，全文通读，勘误补漏，统一文风；其次，编辑联审，反复斟酌，集思广益；再次，精编细审，严把质量，打造精品。

三、对编校工作的探讨

2011年，有关编校工作的研究论文在数量上与去年持平，有70篇左右。在论文主题方面，则大大优于去年，可谓多点开花。从研究主题来看，可大致分为具体实践工作研究、编校工作方法与原则研究、编校质量研究以及新形势下编校工作研究四大类。

（一）具体实践工作研究

2011年关于编校工作的具体实践工作研究中，有很大一批论文涉及字词的使用规范、典型差错例析等方面。这些论文大多是岗位编辑日常工作的总结，是编辑群体的主体意识与专业理念的彰显。例如《编辑学刊》在"编辑语文"栏目下连续刊登了《请站在"蜡梅"一边？（外九篇）——编校工作中的常见问题（一）》《该用"像"时莫用"象"（外九篇）——编校工作中的常见问题（二）》《"辟邪"优于"避邪"（外八篇）——编校工作中的常见问题（三）》《孙悟空压在哪座山下（外九篇）——编校工作中的常见问题（四）》。这几篇文章指出了当下行业内编校工作中混用、误用的一些词语和知识点，这不仅为行业内人员提供参考，更鞭策人们重视编校工作。

此外，编校工作的具体实践工作研究还涉及出版点校本宜当保持古籍原貌；书稿中涉台相关用语的使用；英语科技论文写作中的冗余及编辑处理；图书标题制作；编辑出版中法律法规援引、摘编的规范化等问题。

（二）编校工作方法与原则研究

在当前图书出版品种逐年增长，出版整体周期缩短，策划审读与编辑加工分离的大背景下，编辑加工实际上已成为作者完成书稿写作后图书内容生产的主力环节。如何在保证编辑加工质量的前提下提高编辑加工效率，如何用更为科学的方法完成编校工作成为出版社领导和编辑以及研究人员日益关注的话题。

关于这个问题，李姿娇、蔡洪伟在《浏览加工与精读加工有机结合的编加技巧》（科技与出版，2011年第9期）一文中给出了如下诠释：在保证编辑加工质量的前提下，提高编辑加工效率可采取精读加工前进行适当浏览加工的技巧。并指出，在精读加工中，加工正文时辅以目录加工，图表和公式与相应的上下文模块化加工，加工中遇到疑难问题时，尽量集中解决，并向作者"借力"，这些方法都有利于提高编辑加工的效率和质量。

关于年鉴类图书编校工作的探讨是2011年的一个热点问题，于伟平在《用"三新"观点指导地方综合年鉴编纂》（巴蜀史志，2011年第4期）一文中指出，要用新的观念、新的材料、新的方法和体例指导地方综合年鉴编纂。在这里，作者将年鉴编纂的方法概括为"三新"。在"三新"观点的指导下，通过牢固树立创新意识，并积极主动学习，才能不断推出精品佳作。

熊锡源在《略论编辑加工的"度"》（编辑之友，2011年第8期）一文中提出了编辑工作的尺度问题，指出编辑加工的"度"取决于多种因素，包括文稿的体裁、作者的风格、编辑的个人风格、编辑对有关出版法规的认识等。要把握好编辑加工的"度"，关键就在处理好这些因素之间的关系。掌握对书稿编辑加工的"度"，是编辑工作的重要命题，这一命题包括以下几层含义：首先，有关编辑出版的法规是编辑加工工作必须认真参照的刚性要求，是编辑加工的底线；若不能按这些法规的要求把文稿中必须清除的错误改掉，就是改稿不足。其次，编辑在对书稿文字做进一步"美化"的工作时，必须以认真审读原稿、理解原稿、尊重作者意图为前提，否则就会改动不该改动的内容，出现"过度改稿"的问题。最后，"改稿不足"和"过度改稿"并不是非此即彼的关系，有时候，编辑会同时犯改稿不足和改稿过度的毛病。

岳永华在《编写儿童阅读类教辅图书的原则》（出版发行研究，2011年第9期）一文中总结了儿童阅读类教辅图书的特点，并提出编好儿童阅读类教辅图书应把握的原则。作者指出，选择适宜的阅读材料内容、构建科学完整的训练体系、注重版面设计、及时吸纳心理学教育学研究成果，这些都有利于出版优秀的儿童类教辅图书。

（三）编校质量研究

2011年7月，新闻出版总署发布了《2010年新闻出版产业分析报告》。报告指出，2010年全国共出版图书32.8万种，较2009年增长了8.8%；其中，新版图书18.9万种，增长了12.5%。图书出版数量逐年增加，图书市场越来越繁荣。同时，2011年也是新闻出版总署规定的"出版物质量管理年"，出版物质量，特别是图书编校质量低下已成为我们出版行业久治不愈的顽症，图书编校质量也成为研究者大量关注的问题。

张卓冉在《图书编校质量浅谈》（中国出版，2011年第12期〈上〉）中认为，加强图书编校质量，出版行业必须统一认识、齐心协力。作者指出，行政管理部门完善质量管理制度，出版单位加强管理，出版工作人员增强社会责任感、不断提高业务水平，各方一起努力，才能不断提高图书质量，创造更好的图书市场。在具体做法上，作者提出几点建议：进一步完善质量管理制度，落实图书质量保障体系；加大对相关法律、法规、标准、规范的宣传贯彻力度；培养出版工作人员的社会责任感，提高业务知识水平；对民营单位采取接纳、帮助的方式。

为了有效提升出版质量，近几年，许多出版社成立了编辑加工中心，该机构专项负责审稿和发稿工作。编辑加工中心建立后的效果问题成为部分研究者关注的问题。于小雪在《编辑加工环节的数据分析和质量管理》（出版发行研究，2011年第4期）一文中通过对人民卫生出版社编辑加工中心2010年相关的几项审稿数据统计和总结分析，探讨了如何提高审稿质量、保证审稿周期、对编辑加工中心的审稿工作进行科学管理等问题。论文中，作者认为成书质量的好坏与作者的原稿有直接关系，而审读加工则是质量的关键环节。通过归纳审稿差错率、审稿周期、发稿和付型周期等数据并进行分析，可以实现提高审稿质量、保证审稿周期，对审稿工作进行科学管理的目的。

关于编校工作质量的研究，除上述几篇文章之外，宋玉平在《构建图书编校质量的多重防线》（中国新闻出版报，2011年第8期）一文中也做出了相关论述，作者结合东北财经大学出版社多年的工作实际，探索了如何在图书的生产环节构建多重防线，以避免错误发生，以此提高图书的编校质量，为社会和广大读者提供合格的图书产品。

（四）新形势下编校工作研究

数字出版的迅猛发展，不仅在载体形式方面给经营者提出更高要求，而且也要求经营者在内容资源整合方面必须有所突破。在相当长的一段时期内，出版企业的主要身份仍然是内容提供商，因此，编辑工作创新的意义相当重大，这其中编校工作涉及出版物的质量问题，其新形势下的发展也成为众多研究者研究的热点问题。

新形势下，电子稿件的大量采用，让编审环节的录入差错大大降低，表面上看校对工作应该比以前轻松，但实际上新形势下对校对工作提出了更严峻的挑战：为追求时效性，刊物出版周期比以前大大缩短；为了降低成本，校对人员的编制逐渐减少。

田艳明的《数字化时代，校对定位三问》（出版发行研究，2011年第7期）一文指出，在数字出版越来越成为主流的现状下，现在的校样除了编辑加工过的地方以外，其他与电子文件并无二致，只是按旧惯例仍称其为"原稿"。关键在于，如果继续沿用传统的"只对原稿负责"的"校异同"模式显然是很难校出问题的。因此，传统模式在很大程度上已不能满足新形势下对校对工作的要求。

作者通过对当前校对职能转变的探讨，分析了校对的文字编辑作用、增加职责权限的利弊，及其对编校质量的影响。目的在于提高图书质量，使出版流程更趋合理、高效。

无独有偶，武志敏在《新形势下校对人员如何做好校对工作》（编辑之友，2011年第10期）一文中也提出这一问题。作者认为，现阶段校对人员既要做到符合现代出版快节奏要求，又要降低差错率保证刊物质量。这就要求编辑从以下几个方面入手：充分认识校对工作的重要性；树立编辑意识；提高心理素质；提高业务能力；处理好编校之间的关系。

新时期我国出版业界的编辑实践活动呈现多元化、复杂化。最值得关注的是信息技术革命和出版体制改革所引起的编辑实践活动的改变，这些改变势必会对编辑规范的创新发展造成影响，需要淘汰一些旧规范和创新一些新规范来有效地约束编辑行为，保障正常的编辑活动秩序。针对这一趋势，李玉为、朱宇在《浅谈新时期编辑规范的创新发展与应对》（出版发行研究，2011年第3期）一文中指出，编辑规范作为长期编辑实践经验的科学总结，理应同步发展。而在编辑规范不断创新发展的过程中，编辑共同体和政府相关管理部门应该发挥编辑规范创新主体作用。如此积极应对，才能适应多元化、复杂化的编辑环境。

四、对版式装帧设计的探讨

2011年，有关版式装帧设计的论文在数量上与去年持平，有10篇左右。从质量上来看，与2010年相比，较之略微下降，很少有观点鲜明的文章。相比而言，下面两位学者的论文观点较为新颖。

王园园在《现代图书的文字视觉化编排设计》（编辑之友，2011年第9期）一文中强调了文字在版式装帧设计中起的作用。作者认为，文字作为现代平面设计中最重要、最具有个性活力、又最具独到之处的设计要素，不仅是语言信息的载体，又是具有视觉识别特征的符号系统。即使图书内容没有图形与色彩的辅助设计，文字依然能够凭借自身特性将图书的内涵与情感表达出来。文章中，作者从字体语言、文字与空间以及文字的组织三方面展开论述，对字体、字号、间距、虚空、留白以及文字图形化等实际操作中的具体问题进行细致分析，使得文字的视觉化编排设计成为当下值得深入探讨的课题。

除了对文字视觉化的研究之外，还有多篇论文提到了版式整体设计方面的内容。其中，李宇辉引入"负空间理论"，在《论书籍装帧设计中负空间的表现》（中国出版，2011年第1期〈下〉）一文中认为，正确运用负空间，可以有效地向观众传达信息。而在书籍装帧设计中，位于主体图像和文字之后以从属地位出现的空间都可以称之为负空间。作者提出，负空间的运用在书籍装帧设计中具有六大作用：第一，是书籍装帧设计意境形成的动力；第二，可以打开装帧设计的想象空间；第三，可以使装帧设计在视觉上制造轻松感；第四，可以对装帧设计的主题加以衬托；第五，会使装帧设计更具层次性；第六，有效强化了装帧设计的动感因素。诚如作者所言，负空间在装帧设计中起的作用固然大，却也不能忽视了正负空间的辩证关系。"密不透风，疏可跑马"，在装帧设计中，一味地想要表达太多的内容，只会使整个版面满涨累赘，观者则应接不暇、难知其意。在设计中，设计者对不必要的信息进行删减，适当地使用空白空间和有意创造出负空间，这样才能突出重点。

五、编辑经验泛谈

与2010年相比，2011年关于编校工作研究的论文中，以编辑经验为介绍对象的论文数量急剧增多，共有近40篇的论文以编辑经验介绍为主题。这类论文并不针对编校工作中的某一环节或某一问题展开论述，而是综合来看，故此单列一类。而在这些论文中，以某一特定对象研究进行经验介绍的论文又不在少数，故分为两部分，从是否以特定对象为研究内容这一角度进行论述。

（一）特定研究对象经验介绍

以特定对象为研究内容进行经验介绍的论文，主题各不相同而又有相近之处。总体来看，特定对象的性质也难以明确划分，限于篇幅，不一一赘述，主要从以下三个方面进行概述。

1. 以史书类图书为研究对象

史书未必一定能如实纪录历史，而是收集各地事件，再编集成书。因此这类图书一直是出版者的关注对象，而介绍此类图书的编纂经验也就成为热点。

霍艳芳的《隋唐五代出版史的扛鼎之作——评曹之撰〈中国出版通史·隋唐五代卷〉》（山东图书馆学刊，2011年第3期）一文，以曹之先生撰《中国出版通史·隋唐五代卷》为例，介绍了该书出版的经验。作者认为，"化整为零、各个击破"是常用的一种写作方法，即集中优势兵力，一个个地攻下子课题。具体到该书而言，在《隋唐五代卷》出版以前，作者就已围绕这一专题发表了多篇学术论文。这种方法虽然耗时费力，却能保证著作的质量。因为如果一篇论文有一点新意，十篇论文就有十点新意。论文越多，新意越多。涓涓细流可以汇成大海，篇篇论文可以编成巨著。作者的这一观点，应引起广大编辑工作者的思考。

　　另一篇较具代表性的文章是徐栩的《〈中国灾害通史·先秦卷〉编辑札记》（中国出版，2011年第9期〈上〉）。文中，作者回顾了它的出版始末，总结经验与教训，从中寻找学术著作出版规律。作者对该书的出版流程进行总结，从选题的提出与组稿的实施、初审和编辑加工、复审和终审工作三个角度进行论述。之后，又以编辑学术专著的思路与方法作为总结，指出学术专著图书选题的提出要"合时宜"，并需要在审稿环节把好关，定好位。

2. 以文选、文集类图书为研究对象

　　2011年以文选文集类图书为研究对象进行经验介绍的文章数量较多，尤以下列几位作者的观点较为新颖。

　　赵建永在《〈汤用彤全集〉的编纂和学术意义》（出版发行研究，2011年第12期）一文中详细描述了该书的整个出版过程。作者指出，为提高版本质量，在整理校订《全集》期间，深入经藏，钩沉索隐，对勘汤用彤已刊著作所有版本及手稿 60余册，并重新核对引文；查阅《大正藏》《续藏经》《金藏》《日本佛教全书》五千多卷，《道藏》三千余卷，以及四库全书、金石碑铭中上千卷相关文献。《全集》经过五次复校，终得出版。如此烦琐却细致的工作，是当今编辑工作的典范。

　　作为出版社赢利的重要来源，重印再版书一直是编辑工作的追求。然而，真正的好书并不常有，连版多次的图书出版经验就更值得借鉴。蒋忠波在《析〈中国的西北角〉连版九次的原因》（编辑之友，2011年第12期）中指出，《中国的西北角》之所以可以在短短十四个月中连版九次，是由以下几个因素所造成：应时代之所需、作品蕴涵着强烈的社会责任感、题材的难以获取性以及作品所蕴含的知识的广博性和思考的深刻性。看似简单的理由，却值得所有编辑工作者去深刻体会。

　　在图书出版过程中，除了要考虑经济效益外，社会效益是另一个不容忽视的层面。一本图书的出版如何取得良好的社会效益，是编辑首要考虑的问题。这其中就涉及编辑思想的问题。曾祥旭的《略论萧统〈文选〉的编辑学思想》（中国出版，2011年第9 期，〈上〉）一文，从《文选》的选文标准、编录原则和编纂原则三方面进行论述，概括了该书受到好评的原因。作者指出，"综缉辞采，错比文华"是《文选》的选文标准；"以类相从，以时代相次"是《文选》的编录原则；而《文选》的编纂原则包括了三个方面：首先要尽量遵从皇家选文"由内及外"的编辑理想；其次要将从众原则和选家眼光有机结合；最后编辑家要尽量实现简明扼要易学易诵的编辑要求，以方便读者。

3. 以出版者为研究对象

在以出版者为研究对象的这类论文中，少有以"出版人"为研究内容进行的论述，更多的是以"出版机构"为研究对象进行的论述，下面的这篇文章最具代表性。

汪家明在《美术文化类图书出版浅议：以三联书店为例》（编辑学刊，2011年第6期）一文中，首先以上海人民美术出版社、天津人民美术出版社、广西美术出版社、湖南美术出版社、吉林美术出版社以及人民美术出版社为例，简述了当前国内美术图书的分类，进而指出并没有分出"美术文化"这一类图书。作者从自身工作经历出发，以三联书店出版的美术文化类图书为研究对象展开论述。作者指出，各家美术出版社在出版优秀画册、美术技法、美术工具书、美术史论和美术教材等图书方面是其他出版社难以竞争的，但在出版美术文化类图书方面却有欠缺，但为什么三联书店能够集中出版这样的美术文化类图书？作者认为，选题角度的不同造成了这种现象的产生。通常美术出版社比较注重自己的专业身份，习惯从专业角度去构思选题，心目中的读者主要是美术圈内人士，而三联书店的读者对象是文化大众。由此，二者在选择图书类别时自然要考虑符合目标读者的图书，也就造成了这种差异。

（二）非特定研究对象的经验介绍

以非特定对象为研究内容进行经验介绍的论文，更多是从某一类图书出发，对某一整类图书进行概括性论述。总体来看，这类论文的主题更为繁杂。笔者归于此类论文近20篇，几乎"各成一派"，只有少数几篇主题相近或类似。笔者选取其中较为典型的几篇论文进行概述。

1. 以民族类图书为例

覃琼送在《如何把握好编辑民族图书的"尺度"》（学术论坛，2011年第9期）一文中指出，在策划民族图书选题、编辑民族图书稿件过程中，关键在于把握好民族、民俗、宗教三方面问题，即把握好政治和专业的"尺度"。文章阐述了民族图书容易出现民族、民俗、宗教问题之所在，并对其症结进行剖析，最后提出解决问题的两个方法：其一，把握好民族图书的政治尺度，坚持"趋利避害"原则；其二，把握好民族图书的专业尺度，练好"内功"，擦亮"慧眼"，以推动民族出版事业的健康发展。

2. 以工具书为例

工具书是出版社出版图书的重要组成部分，然而，质量的参差不齐使得工具书出版举步维艰。陈琦在《学生工具书应对发展中困境的几点思索》（出版发行研究，2011年第9期）一文中指出，近几年我国学生工具书整体质量严重堪忧，在编写设计和体例方面严重趋同，在内容方面知识罗列僵化现象严重，学习使用的检索功能和工具性质明显减弱等，严重影响其健康发展。针对于此，作者从内在质量上的生命力、体例上的实用性、外在形式的包装、数字化优点的对接等方面阐述了见解。

3. 以科技类图书为例

科技类图书出版成本高，印数有限，赢利较难。因此这就要求在进行科技类图书的出版时要尽量发掘和使用一切可以利用的资源，尽量采用适合科技图书的编纂方法。肖萍在《科技类图书编辑加工中常见的问题》（出版发行研究，2011年第12期）一文中，以核科技类图书在编辑加工过程中常出现的问题为例，就诸如书稿总体框架、书稿内容的审查、概念准确性、图表质量以及参考文献等问题做了简要分析。

4. 以音乐类图书为例

近几年，音乐类图书的出版数量呈现递增趋势，音乐类图书市场也越来越大。然而，表面的繁荣却隐藏着巨大的危机。陈欣的《市场类音乐图书的编辑策略》（编辑学刊，2011年第5期）一文，针对音乐图书市场目前存在的一些问题，阐述了在打造此类图书过程中的一些做法和体会。作者指出，目前音乐图书市场繁荣背后隐藏着巨大的泡沫：质量良莠不齐，高重复率，引进多、原创少等因素阻碍了音乐图书的真正繁荣。针对这些问题，作者提出了五条建议：整合资源厚积薄发；勇立潮头胆大心细；集中推出系列出版；合集形式高性价比；不断修订打击盗版。

5. 以童书为例

改革开放以来，我国的童书出版经历了从紧缺到繁荣，从封闭到开放，从引进到输出的发展历程，已经成为出版体系完备、出版品种齐全、数量巨大、版权贸易活跃的童书出版大国。尤其是近年来，童书出版持续升温。但是，在童书出版繁荣的背后，也存在着一些让人忧虑的问题。顾琳敏在《环保理念如何引入童书》（编辑学刊，2011年第5期）一文中，以2010年上海的"低碳世博"为开头，指出目前环保题材的儿童文学作品匮乏，发出了"环保离孩子有多远"的疑问；并在文章第二部分呼吁将环保理念引入童书中；最后，作者还提出，应该用环保的方式编辑童书，以身作则。这样出版的童书，才是可以真正实现社会效益的图书。

小　结

综观2011年对我国编辑工作的研究，热度依然不减，研究主题也呈现出多元化特征。与2010年相比，整体质量持平。在行文表述方面，许多论文都采取了先提出问题，进而分析研究，最终提出解决方案的论述方式。

通过分析可以发现，与2010年相同，关于选题策划和编校工作的研究是论述重点，在篇目数量上占比很高。而关于审稿工作和版式装帧设计的论文相比则显得十分匮乏，研究的力度有待加大。与2010年不同的一点是，2011年介绍编辑工作经验的论文数量占比很大，这也为今后编辑工作的研究提供了一个新思路。

笔者通过阅读论文发现的另一个缺陷，是同一主题的某些论文相似度极高，不免引人怀疑。诸如刘寒娥的《数字出版时代图书选题策划的全媒体攻略》与张丽萍、刘寒娥的《数字出版时代的"全媒体"策划理念》这两篇文章，不仅有相同作者，相同主题，且内容也在很大程度上类似，仅仅是文章的侧重点不同。然而从整体上看2011年编辑工作的研究情况，毕竟瑕不掩瑜，我们应该持客观的态度去看待，认清事物的发展总会有起伏，辩证地去看待一些不足，取长补短，不断促进编辑工作的研究与发展。

撰稿：李雪峰（北京印刷学院）

主要参考文献：

[1] 何楠，姜伟．浅谈策划编辑在选题实施过程中的几个误区．中国出版，2011（3B）

[2] 易图强．选题论证与选题决策中的几个辩证关系．中国出版，2011（6B）

[3] 雷回兴．重大选题经营管理中应注意的几个问题．出版发行研究，2011（9）

[4] 王绚．编辑西藏选题图书应注意的几个问题．中国出版，2011（6A）

[5] 孙利军．图书选题创新中逆向思维模式研究．国际新闻界，2011（10）

[6] 侯海英．方向性选题的开发路径探讨．出版发行研究，2011（5）

[7] 刘筱燕．市场动态与图书策划：图书策划如何在市场掀起波澜．出版广角，2011（3）

[8] 刘寒娥．数字出版时代图书选题策划的全媒体攻略．内蒙古社会科学，2011（3）

[9] 董中锋．新形势下的选题策划．编辑学刊，2011（4）

[10] 贺亮明．出版创意下的选题策划．中国出版，2011（1A）

[11] 胡国臣，周永进．数字出版与传统出版的同步策划．中国编辑，2011（1）

[12] 韩立华. 胡愈之策划出版三农图书对今天的启示. 出版发行研究, 2011 (10)

[13] 宋俊果, 汪春林, 刘军. 成就引进版图书精品需要扎实的积累: "中国出版政府奖"获奖图书策划体会. 现代出版, 2011 (6)

[14] 李敏. 精品科技图书策划方略的若干思考: 以《中国可持续发展总纲》等获奖图书为例. 出版发行研究, 2011 (7)

[15] 周雁翎. 浅论以"问题"为取向的图书选题策划: 以"大学教师通识教育系列读本"为例. 编辑之友, 2011 (7)

[16] 马瑞洁. 三审制的现实之困及其突破. 出版发行研究, 2011 (3)

[17] 郑力民. 三审方法谈. 编辑学刊, 2011 (5)

[18] 苏金河. 怎样为英汉双语图书把好终审关. 中国出版, 2011 (6A)

[19] 任克良. 年鉴编辑中通稿与联审之商榷. 新疆地方志, 2011 (2)

[20] 闻芸. 请站在"蜡梅"一边? (外九篇) ——编校工作中的常见问题 (一). 编辑学刊, 2011 (2)

[21] 闻芸. 该用"像"时莫用"象" (外九篇) ——编校工作中的常见问题 (二). 编辑学刊, 2011 (3)

[22] 闻芸. "辟邪"优于"避邪" (外八篇) ——编校工作中的常见问题 (三). 编辑学刊, 2011 (4)

[23] 闻芸. 孙悟空压在哪座山下 (外九篇) ——编校工作中的常见问题 (四). 编辑学刊, 2011 (6)

[24] 李姿娇, 蔡洪伟. 浏览加工与精读加工有机结合的编加技巧. 科技与出版, 2011 (9)

[25] 于伟平. 用"三新"观点指导地方综合年鉴编纂. 巴蜀史志, 2011 (4)

[26] 熊锡源. 略论编辑加工的"度". 编辑之友, 2011 (8)

[27] 岳永华. 编写儿童阅读类教辅图书的原则. 出版发行研究, 2011 (9)

[28] 张卓冉. 图书编校质量浅谈. 中国出版, 2011 (12A)

[29] 于小雪. 编辑加工环节的数据分析和质量管理. 出版发行研究, 2011 (4)

[30] 宋玉平. 构建图书编校质量的多重防线. 中国新闻出版报, 2011 (8)

[31] 田艳明. 数字化时代, 校对定位三问. 出版发行研究, 2011 (7)

[32] 武志敏. 新形势下校对人员如何做好校对工作. 编辑之友, 2011 (10)

[33] 李玉为，朱宇．浅谈新时期编辑规范的创新发展与应对．出版发行研究，2011（3）

[34] 王园园．现代图书的文字视觉化编排设计．编辑之友，2011（9）

[35] 李宇辉．论书籍装帧设计中负空间的表现．中国出版，2011（1）

[36] 霍艳芳．隋唐五代出版史的扛鼎之作——评曹之撰《中国出版通史·隋唐五代卷》．山东图书馆学刊，2011（3）

[37] 徐栩的《中国灾害通史·先秦卷》编辑札记．中国出版，2011（9A）

[38] 赵建永．《汤用彤全集》的编纂和学术意义．出版发行研究，2011（12）

[39] 蒋忠波．析《中国的西北角》连版九次的原因．编辑之友，2011（12）

[40] 曾祥旭．略论萧统《文选》的编辑学思想．中国出版，2011（9A）

[41] 汪家明．美术文化类图书出版浅议：以三联书店为例．编辑学刊，2011（6）

[42] 覃琼送．如何把握好编辑民族图书的"尺度"．学术论坛，2011（9）

[43] 陈琦．学生工具书应对发展中困境的几点思索．出版发行研究，2011（9）

[44] 肖萍．科技类图书编辑加工中常见的问题．出版发行研究，2011（12）

[45] 陈欣．市场类音乐图书的编辑策略．编辑学刊，2011（5）

[46] 顾琳敏．环保理念如何引入童书．编辑学刊，2011（5）

编辑出版人研究综述　　周 葛

2011年，我国有关编辑出版人的研究比较活跃，呈现出多元发展的趋势，学术影响力有所增强。研究者把目光更多地投向了新的出版环境中从而进行研究，多层面、多角度地探索编辑出版人研究的基本问题，不断寻求在研究成果上新的突破。

在学术著作方面，截至2011年12月，共出版10余本与编辑出版人相关的图书。其中包括冯国祥的《编辑出版行为理性研究》、肖旻的《网络编辑实务》以及董瑞生的《赢得读者》等。

在学术论文方面，2011年的研究论文主题多样化，且涌现出了不少观点新颖的优秀论文。如游俊、胡小洋的《"编辑学者化"的实质及现实可行性分析》，徐诗荣的《全媒体出版时代编辑能力的培养》，李飞跃、刘双红的《编辑：媒介进化的根本力量——从模因理论理解编辑创造媒介》，沈永伟的《360度反馈评价在编辑胜任力评价中的运用探讨》及汪俪的《浅说编辑的绿色出版意识》等论文都提出了新颖独到的观点。

在此，笔者对2011年所发表的约300篇有关编辑出版人的论文进行分析，这些论文所涉及的领域见图1。

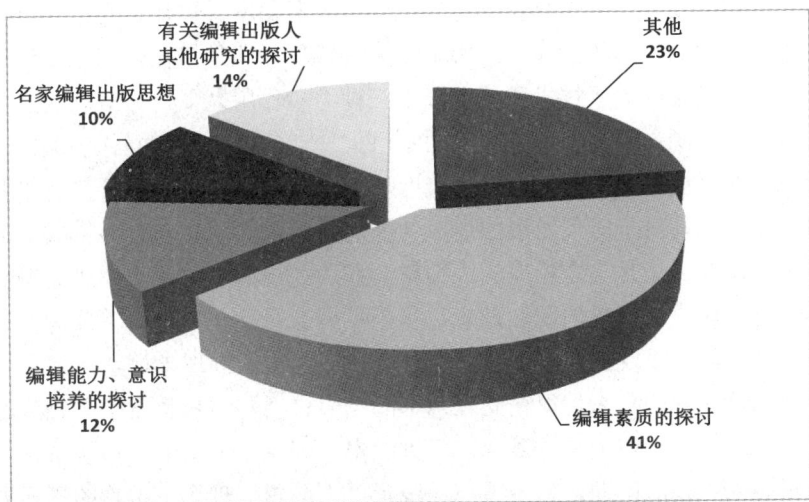

图1　2011年编辑出版人研究领域统计分析图

由图1我们可以清晰地看出，2011年对编辑素质话题的讨论更受到研究者的青睐，论文量更是占到了其论文总量的41%，而其他领域的研究成果分布相对平均，皆为论文总量的10%～14%。

通过对论文内容的甄别和整理，笔者总结出了论文集中研究的几个方面，选取观点新颖且有代表性的论文作为研究依据，进行综述分析。

一、编辑素质的探讨

（一）编辑媒介意识的研究

"大文化·大媒体·大编辑"是中国编辑学会于2008年4月正式提出并大力倡导的核心理念。随着全球化和信息化趋势的增强，以及文化发展、数字技术和社会分工三种力量的共同作用，编辑工作面临着巨大变革，大编辑时代已经到来。在此种状况下，编辑自身媒介意识的提升就显得尤为重要，只有从思想上达到根本性的转变，才能够适应新趋势、新环境。2011年有近40篇论文基于"大文化·大媒体·大编辑"的理念，探讨编辑的媒介意识。

徐盼在《"大出版"时代期待"大编辑"》（中国编辑，2011年第1期）一文中指出，媒介融合时代的到来，要求编辑人员不断提升自身素质，积极向"大编辑"靠拢。作者认为所谓"大出版"，即是指运用所有传播手段和媒介平台构建的复合型出版体系。具体来讲，就是综合运用文字、声像、网络、通讯等传播手段，打造全媒体出版产业链，通过多种方式和多层次形态，满足受众对传播内容多样化的要求，使受众获得更加及时、更多角度、更加真实、更有深度、更多听觉和视觉满足的阅读体验。所谓"大编辑"，即是指在全球化、信息化背景下，在文化发展、数字技术和社会分工三种力量作用之下，在信息获取、处理与传播方式、资源占用与使用方式等面临巨大变迁的情势中，媒体在编辑理念、编辑组织方式、编辑手段等方面进行全面革新，以创造更大信息价值、提升媒体竞争力、提高媒体对于时代发展的适应性能的新的编辑思想与行为模式。大文化、大出版，需要的必是与之相应的大编辑。在"大出版"时代下，"大编辑"应具备树立为文化事业服务的职业理想、积极扩展自身文化视野、提高综合运用多种媒体传播的能力以及强化"产业链经营"和绿色出版的理念等素质。

大编辑时代的到来使得在此理念下的编辑素质与责任也发生了相应的变化，在此种情况下，如何理解并践行在"大编辑"理念下编辑的素质及责任，就成为了编辑必须正视的问题。韩江雪在《浅析"大编辑"理念下编辑的素质要求及责任》（编辑之友，2011年第9期）中谈到，"大编辑"理念下编辑人应树立"大文化"观，大文化的实质，是在全球背景下，文化所呈现出的一种开放性和包容性的状态，以及在文化交流与融合过程中不断凸显的民族文化的自我反思与觉醒。"大文化"要求我国编辑具备更高的文化视野，这也是编辑工作者必须具备的文化观。编辑应树立"大媒体"观，传媒在日常生活中的重要性日益增加，传媒形式的多元化使"大媒体"成为传媒界的发展趋势。"大编辑"首先要站到时代的尖端，发挥主观能动性，培养对行业、时代发展趋势的敏感度与远见。然后要充分认识新兴媒体给社会生活带来的巨大改变，以给传媒界带来的巨大效益，充分利用新兴媒体的优势弥补传统媒体的不足，扬长避短，实现受众覆盖面的最大化，形成经济效益与社会效益双赢的局面。

全媒体出版是指图书一方面以传统方式进行纸质图书的出版，另一方面以数字图书的形式通过互联网、手机、手持阅读器等终端数字设备进行同步出版，多种载体同时发布。近年来，全媒体出版引发了业界的关注与热议。在这样的背景下，传统图书编辑亟须实现哪些理念的创新与角色的转型？周山丹在《全媒体出版语境下图书编辑的理念创新与角色转型》（编辑之友，2011年第6期）中谈到，在全媒体出版语境下，图书编辑首先需要在理念上进行变革与创新，具体应具备：选题策划的立体化理念、出版流程的数字化理念、营销宣传的互动化理念。而随着全媒体出版时代的到来，图书编辑的角色在嬗变，在不久的将来，编辑将成为多元信息的选择者、内容资源的整合者、创意产业的策划者。

随着大编辑时代的到来，编辑的角色定位与相关关系的处理也发生了巨大的变化，在此种情况下，如何从思想上转变固有的思维定式，从行为上适应新的环境要求，就成为了编辑需要面对的一个课题。关于此问题，共有六位学者提出了自己的观点，但大多论述的是编辑与作者、编辑与读者之间的关系，研究视角较之往年并无新的变化，但相比之下张文字、麦林的《编者与译者之间的灰色地带》（编辑之友，2011第7期）提出了新颖的论点，较具代表性。作者认为编者与译者的合作主要基于对译文的修改，而修改往往又导致分歧。从译者角度看，编辑有时不解甚至错解译文，导致译文质量下降。从编者的角度看，要完全融入作者的思维、情感、翻译风格，又要使译作符合出版要求，亦何其难也！作者认为编者与译者要增强理解与交流，顾及全局与局部的分歧，在把握译文的程度上保持统一。在对译文的表达上，编辑更多考虑的是忠实原意，对词语的准确性与句子的结构性的价值追求，而译者必须在音韵、词语、句段、篇章等各个层面上进行一系列的选择与处理，更要通过这些或大或细的环节，牢牢把握和再现原文的神韵。作者认为一部作品的意蕴、风格、神采就是靠着点点滴滴的咬文嚼字构筑而成，在翻译中无论怎样字斟句酌都不为过。编辑应该尊重译者，忌滥施刀斧，既要体现出自己的价值又要保护译者的精神创造。

出版市场日新月异，这对出版单位来讲既是机遇又是挑战，特别是在出版单位转企改制后，编辑人员应该如何适应现今的市场，面对竞争压力。关于"转企改制环境下编辑应当具有怎样的素质"这一话题，陈东枢在《转制后编辑应坚守的两种精神追求》（出版发行研究，2011年第9期）中提到随着出版社转企改制，编辑不仅应该坚持正确的出版方向和党的出版方针，坚持我们对党和人民所承担的政治责任和社会责任，坚持社会效益与经济效益的统一。也要坚守编辑的人文关怀，尤其是出版社转制后，编辑面对着越来越严格的业务考核，要在面对图书经济利益的时候，不能误导读者，编辑职务虽小，但是重任在肩。同时还要坚守精品意识，慢下来，深下去，长久些；薄下来，短下来，精起来。编辑要心中雪亮，眼底光明，追求精品，不能被经济利益冲昏头脑。作者认为，一个成功的编辑，应该追求的"不是短期效应，而是长期效应；不是单一效应，而是多元效应；不是近期的认可，而是历史的承认"。

随着环保与可持续发展的理念深入人心，环保和可持续发展已经成为大众关注的话题，低碳、环保的理念也已深入各行各业。汪俪在《浅说编辑的绿色出版意识》（科技与出版，2011年第8期）中认为绿色出版包括绿色内容、绿色生产和绿色营销，本质是"三低一高"，即低能耗、低排放、低污染和高效益。编辑在实际工作中，对各个环节都应加强绿色出版意识：第一，策划环保类图书；第二，避免跟风选题；第三，使用电子手段编辑加工；第四，节约图书纸张；第五，合理确定印数；第六，选用环保纸张；第七，尝试数字出版；第八，利用网络宣传。

（二）编辑媒介素养的研究

一篇稿件乃至一本出版物的优劣与编辑人员的媒介素养是有很大联系的，尽管编辑人员对稿件的审读角度是"横看成岭侧成峰，远近高低各不同"，编辑加工更是见仁见智，但编辑的素质决定了编辑对每篇文章的判断和修改质量，这是毋庸置疑的。因此，关于编辑媒介素养的研究与探讨一直是学界热衷于讨论的议题。2011年有关编辑媒介素养的研究论文有近50篇，其中以下几位学者的观点最具代表性。

关于编辑力的问题，是历年的热点话题。该问题在2011年仍旧是研究者们关注度较高的，不同的是，研究者将此问题放入更加多元的环境下进行研究。

鲍娴在《现代编辑的四种能力》（编辑学刊，2011年第4期）中提到，面对传统出版业完成历史性转型，现今充满活力，群雄逐鹿的图书市场，编辑必须具备自我适应能力、对出版资源的挖掘和整合能力、人际交往能力以及学习能力以使自身在激烈的竞争中立于不败之地。

　　李军领在《编辑力"五力模型"试探》（编辑之友，2011年第4期）中则创新性地提出了编辑力"五力模型"，即策划力、组织力、审读力、选择力、加工力，从编辑工作流程出发将其称为编辑的"五力模型"。"五力模型"各要素虽无重要非重要之分，但有层次之别。策划力与组织力一起构成编辑力的宏观力，是编辑力的"核心力"；审读力、选择力侧重对稿件的审读和判断，是一种中观力，是"重要力"；加工力是编辑技能的直观体现，属于微观力的范畴，是编辑工作的"基础力"。这就要求编辑人员在提升自身编辑力的时候要注意方法，根据工作实践和自身的具体情况有针对地选择提高，据此有效提升自身的编辑力。

　　编辑作为把关人角色，需要从大量冗杂信息中挑选出精品，这是编辑审美意识的一种体现，它既是一种意识，又是一种能力。将美学元素融合到编辑活动中，可以让原本粗糙的文字内容变得更具色彩。2011年学界把目光投入到了编辑审美与美学素养这一话题上，并有多篇文章提出了自己的观点。

　　卢政在《试析编辑的美学素养及美学创造》（编辑之友，2011年第9期）中提到，文字美学是现代文学作品、文字新闻等内容积极追求的一大元素，经过美学修饰后的文字变得更为华丽。编辑的审美素养可以划分为科学素养、艺术素养、哲学素养等，具体而言：（1）科学素养。在科学理论的指导下，编辑对于事物的看法与观念都变得更为客观实际，这可以从正面上实现真理的科学性，让编辑在理解的基础上同其建立审美关系。（2）艺术素养。要求编辑能具备较强的审美能力，对于艺术价值的内涵有所熟悉了解。若编辑的艺术素养缺乏，则其审美情感就会处于"休眠状态"。（3）哲学素养。哲学素养可以引导编辑发挥出较强的鉴别能力，使其审美评价工作达到一个层次。编辑的美学创造则通过编辑文稿的美学创造、封面设计的美学创造、期刊版式设计的美学创造以及期刊目次设计的美学创造等形式所表现。

　　卢焱在《编辑审美及其实现》（郑州大学学报，2011年第6期）中认为，编辑工作的主要目的是从美学原则出发，进行美学价值的发掘和再创造，完成功利任务的审美目的，达到文稿形式美与内容美的完整统一，满足受众的审美需求，实现社会的期望值。编辑只有在编辑实践中自觉地进行理论思考，坚持社会责任感，从众多的稿件中淘汰伪科学和虚假的东西，筛选出具有审美价值的文稿，按照审美规律进行编辑活动，才能制造出具有审美意义和审美价值的文化精品，为受众酝酿出真正精美的精神食粮。

　　面对蓬勃发展的教辅产业和教辅文化，如何编辑一份高质量的教辅类书刊，已成为一名优秀教辅编辑义不容辞的责任与使命。那么，一名优秀的教辅编辑，应当具备哪些基本素养呢？

刘永俊在《浅谈教辅编辑的基本素养》（编辑之友，2011年第3期）中谈到，作为一名优秀的教辅编辑，首先应该具备的素养是有计划性，但经验告诉我们，会做计划往往比认识计划更难以入手。其次，对于教辅编辑来说，掌握要求，规范操作，显得尤为重要。第三，一名优秀的教辅编辑，扮演的角色会很多，除了编辑以外，还要帮助同事排忧解难，与读者沟通心得、交换意见，进行课题研究等等，这就要求编辑具备另外一种基本的素养——善于协调，照顾全局。最后，教育离不开实践，实践离不开学习，任何时候，一名编辑想要从平凡到优秀，在实践中学习，在学习中实践就是一条最快捷的途径。

樊曼莉在《语文教辅图书对编校人员业务素质的特殊要求》（编辑之友，2011年第3期）中谈到，语文教辅图书对编校人员业务素质有特殊的要求，即：第一，具备历史文化知识。文为著史而生，史因文而显义，语文学科所包含的文学属性，注定了它对历史文化常识的要求；第二，广泛了解其他学科知识。编校人员在精熟传统文化的同时，也需要多汲取近现代科学知识的养料；第三，关心时事政治。"文章合为时而著，歌诗合为事而作"，现在的教辅图书，与时事的结合更是越来越紧密，编校人员平日里只要做到"三关心"，与时俱进，就基本可以胜任对教辅中时事错误的纠正工做了；第四，树立全局意识。教辅编校人员需要形成一种职业习惯型记忆，将前后摄取的文本信息进行对比，瞻前顾后，统摄全局，从而发现问题。

（三）数字时代编辑素养的研究

数字技术的日渐成熟、出版内容的迅速集结深化、政府相关法律政策的不断出台，使得出版行业也进入了数字时代。在这样的时代背景下，越来越多的研究者开始将数字时代编辑素养作为自己的研究对象，发表了一批与之相关的学术论文，2011年关于这个话题有近30篇论文对其进行了探讨。

随着网络技术的迅速发展，出版行业正在经历着一场变革。在网络出版环境下，编辑工作如何开展才能适应这一新兴出版模式，是当前出版行业和学术界所关注的话题。王兆国在《网络出版时代编辑需要强化的几种意识》（武汉理工大学学报，2011年第4期）中谈到，传统出版社的编辑要胜任网络出版社的要求，以下几种意识亟须加强：第一，版权意识，其中包括纸质图书的网络版权归属与增强网络出版物的版权保护意识；第二，内容把关意识，这是因为按需印刷使选题数量和种类大幅增加以及复制便捷易催生隐含侵权内容的选题；第三，全程策划意识，网络出版有着全新的出版环境，它使得编辑收集信息、选题策划、作者约稿、编辑加工和校对，以及排版甚至发行等环节，都将在网络上进行，从而使传统出版中编、印、发等流程之间的分工淡化；第四，交互意识，网络出版的传播模式为信息源网络←→出版者←→读者。在这种模式中，信息源、出版者、读者处于平等的位置上，编辑和读者之间可以通过网络进行有效的交流。

同样是在网络环境下，信息的传播与编辑的责任意识则有了更紧密的联系。在网络时代，信息传播的便捷性和广泛性考验着社会的容忍度和民主性，信息的海量性和繁杂性则给社会和民众带来了新的困惑。这一状况的出现，正日渐影响着编辑对自身工作的定位和信心。侯海英在《试论网络时代编辑的社会信息调控职能》（出版发行研究，2011年第9期）中谈到，网络时代大众传媒中的编辑是社会信息调控的重要环节，其职业特点和职能特点，决定了其必须承担起相应的社会责任。编辑作为信息的发布者和发布平台的维护者，应该强化责任意识，起到承担社会信息调控的职责。网络时代的编辑必须加强自身的信息加工职能、舆论引导职能、文化传承职能，才能对调控社会信息发挥作用。

数字时代，人们的阅读方式由"深"变"浅"，这就对数字时代的编辑提出了一个严肃的阅读文化命题。数字化阅读方式也称为"浅阅读"方式，这是对"以内容为核心"的传统图书阅读文化的挑战。张春在《数字时代面向深度阅读的编辑素养探析》（中国出版，2011年1月下）中认为数字时代以浏览式、跳跃式、碎片化为特征的"浅阅读"是对传统阅读方式的挑战，在这种阅读文化的发展趋势下，编辑人员不应将自身简单地定位成一个普通的文化消费者，而应当深知自己在历史文化传承和现代知识创新中的社会责任，在学习与思考的深度、广度方面与时俱进，既注意广泛阅读，扩大视野，又重视主动进行深层次的阅读和理性思考，一以贯之地肩负起创造、传播文化和引领阅读风气的重任。

数字时代，编辑们的工作方式与工作特征也发生了变化，编辑活动较多地借助电子计算机、信息技术完成，对于习惯与学术思想和文字共舞的学术编辑而言，数字时代的冲击带来了明显的压力和挑战，学术编辑职业素养受到严峻考验，职业特征发生变化和提升。刘嘉秀在《数字时代学术期刊编辑的鉴赏与创新》（理论建设，2011年第1期）中讲到，数字时代，学术编辑鉴赏与创新这两个职业特征被赋予新的内涵和特点。从鉴赏的角度来讲：学术编辑鉴赏的偌大数字平台给学术编辑坚持学术阵地带来压力和挑战，这需要学术编辑坚守学术期刊办刊方向、敏锐鉴别和防范学术道德行为不端与学术腐败的出现、做永远的学者，在无穷的变幻中辨别并保持职业发展的正确方向。就创新来谈：学术编辑要遵循学术期刊发展的规律，汲取新的办刊思想和理念，奠定和夯实期刊的学术地位；要思考如何办出刊物的特色、开辟刊物发展的新路径；要为保持学术园地的应有面貌，引导鼓励作者理论联系实际研究问题，并率先垂范，在刊物中倡导和推崇良好的学术风范。

（四）编辑职业道德的研究

有关编辑职业道德的论文在数量上较之2010年基本持平，且均为老鞋走新路，新壶酿老酒，谈的都是学术期刊编辑防范学术不端行为以彰显职业道德的议题，鲜有新颖的观点出现，而陆高峰的《新媒体编辑职业道德的失范与防范》把编辑的职业道德放在了新媒体大环境下进行探讨，意境确为不同。

陆高峰在《新媒体编辑职业道德的失范与防范》（中国出版，2011年1月下）中提到，随着新技术手段和新的网络传播形态的出现，新媒体编辑职业道德失范存在着色情猥亵信息泛滥、低俗炒作现象严重、虚假信息较多、网络著作权侵权现象严重等诸多问题。要抵制这种趋势，新媒体编辑不仅要遵守职业道德的基本原则，更要结合新媒体编辑的工作实际，具体应做到以下几点：第一，诚信，对于新媒体编辑来说，其诚信还包括不以欺骗或者容易引起误解的"巧妙"手法误导受众；第二，公正，确保信息公正，除要求编辑人员在工作中努力消除主观偏见和私人情感与不正当利益诱惑的干扰外，还应该在信息编辑制作中讲究保持公正的技术技巧；第三，廉洁，必须严格要求从业人员在编辑工作中能够廉洁自律、公正无私；第四，敬业，这要求新媒体编辑必须有较强的职业奉献精神与职业忠诚度和使命感。

（五）编辑心理状况研究

2011年，有关编辑心理状况的研究热度下降，论文数量由2010年的20篇左右减至10篇。论点部分延续了2010年的热点议题，但也出现了一些新观点。

编辑工作是一项值得尊重和挚爱的职业，编辑的职业幸福感则体现出编辑心理的满足程度与对编辑职业的依恋程度，编辑的职业幸福感会对编辑工作产生很大的影响。王洪军在《编辑职业幸福感的缺失与构建》（继续研究教育，2011年第6期）中谈到，编辑职业幸福感是指编辑主体在从事自己的编辑职业中基于对幸福的认识和理解，通过自己的努力，其需要得到满足，潜能得到发挥，实现自己的职业理想，实现自身的和谐发展而获得的持续快乐体验。当前，多数编辑在编辑职业中缺乏幸福感。对此应积极应对，构建编辑的幸福感，提升幸福指数。编辑劳动价值与劳动报酬的背离、个人的价值观与角色的价值观的背离、职业理想与职业倦怠的背离是编辑职业幸福感缺失的根本原因。作者还指出构建编辑职业幸福感的路径，即：积极调整心态，爱岗敬业，感受编辑职业内在的尊严与快乐；建立乐观健康的编辑文化；营造宽松和谐的编辑环境。

编辑水平的高低直接决定着出版物质量的高低，而创新能力的高低是决定编辑水平高低的关键性因素。阻碍编辑创新的因素有很多，常勤毅、刘亚敏在《克服妨碍编辑创新的心理因素》（中国出版，2011年8月下）中认为，编辑工作的创新存在多方面的阻力，其中最大的阻力来自编辑自身——编辑身上所存在的妨碍创新的心理因素，这些因素主要有四个方面，即：认知刻板心理、功能固着心理、盲从心理以及自大和优越感。以上妨碍编辑创新的心理因素，严重影响编辑工作的创新程度，使得缺少创新思维与文化创意，并导致编辑的工作质量下降，需设法加以克服或引导到合理的方向，而这关键在于妥善利用求异心理和求同心理，并努力实现两者间的双向通畅。

二、编辑能力和编辑意识的培养探讨

编辑是出版工作的主体，编辑的基本素质不但影响着所编出版物质量的好坏，也影响着出版社的生存与发展。编辑的能力与意识不是与生俱来的而是通过编辑工作的经验逐步积累起来的，这一方面要求编辑人员在实践中不端提升自己的编辑能力，另一方面也要求编辑人员在学习交流中有意识地培养编辑意识。2011年研究者们普遍比较关注编辑能力、意识培养这个话题，有近40篇论文对此进行了分析研究。将这40篇论文简单分类，大体可以分为三部分：一是对编辑能力培养的研究；二是对编辑意识培养的研究；三是对编辑综合素质培养的研究。下面笔者分别就这三个方面的研究成果进行介绍。

（一）编辑能力培养的研究

有关编辑能力培养的研究，2011年的论文讨论的不多而且文章质量不高。但其中徐诗荣的文章重点讨论了编辑应该培养自身优势出版领域的问题，观点较为独特。徐诗荣在《全媒体出版时代编辑的能力的培养》（出版发行研究，2011年第2期）中认为，许多编辑特别是新编辑没有自己的出版方向，缺乏对市场的认知程度与自身知识的掌控力，这无利于形成自己的优势出版领域。编辑应当通过选择和自己专业相关的出版领域或攻读这方面的学位，建立该领域完整的知识体系，不断地寻找和积累这个领域的信息等途径培养自身在该领域的编辑的能力以构建自身的优势出版领域。

（二）编辑意识培养的研究

编辑意识是衡量编辑素质的一个重要标杆，具有良好的编辑意识是成为一名合格编辑的关键，这需要在工作中有意识地加以培养。研究者在2011年更加关注编辑在编辑工作中必备意识的培养，对此问题进行研究的论文约有10篇。

姜红在《试论期刊编辑的责任意识及其培育》（出版广角，2011年10月）中认为，期刊编辑的责任意识是事关期刊质量的大事，责任意识的培育不仅需要编辑自身的努力，更需要期刊编辑部门加强管理，提供制度保障。以编辑自身的培养路径来说，要做到：积极培养自身的职业道德，珍惜和善待自己的工作，兢兢业业，以无愧于编辑这一岗位；在编辑中树立团队意识，促进编辑之间的互动沟通，在编辑工作中，应相互尊重、相互配合，从而形成互动，让工作更加有序。从编辑部门规范管理的角度来讲：一是主办单位监督检查到位，二是编辑部门定期研讨相关情况，三是加强机构建设。

叶利荣在《期刊编辑的法律意识及其培养》（长江大学学报，2011年11月）中谈到，期刊编辑的法律意识是指期刊编辑所具备的法律知识及其对法律的认识和态度，集中反映了期刊编辑对我国有关期刊出版的法律法规的认识、理解和掌握的程度。期刊编辑活动的整个流程受到法律的保护和约束，法律意识在期刊编辑工作中具有举足轻重的地位。因此，培养期刊编辑的法律意识，应加大有关出版的法律法规的培训力度，建立编辑责任追究制度，在期刊编辑各个环节强化编辑的著作权意识。

（三）编辑综合素养培养的研究

编辑的综合素养的培养在2011年也受到了学界的关注，对此进行研究的文章约有20篇。编辑的综合素养不仅包括了能力、意识，还包括了一些其他的素质素养，这些素质素养是评价一名编辑综合编辑力的条件，也影响着编辑工作的完成质量。

祝贞学在《论期刊编辑的和谐素质培养》（成人教育，2011年第11期）中认为和谐编辑部的构建是构建和谐社会的需要，而期刊编辑的和谐素质则是构成和谐编辑部的基础。期刊编辑个体的和谐包括以下五个方面，即：加强政治理论学习、注重法律及时政的学习、注重优良传统文化的学习以培养自身思想的和谐；保持良好的精神状态、多参加各种有益的休闲活动以培养自身精神的和谐；保持精神的和谐、自我调节，不断学习、营造宽松和谐的工作环境和心理氛围以培养自身心理的和谐；掌握扎实的编辑出版专业知识、了解相关学科的专业知识以培养自身知识的和谐；保持乐观的心态、保证充足的休息、坚持适量的运动、注意均衡的营养以培养自身身体的和谐。

刘浩芳、陈树勇在《科学技术期刊编辑专业素养的作用及其提高措施》（编辑学报，2011年第4期）中认为，作为高层次的学术期刊业，其编辑工作自然是"谈笑有鸿儒，往来无白丁"。无疑，编辑要想变成"鸿儒"，则要通过积极学习专业知识、有计划地参加相关专业的国内外学术会议、参加科研工作并积极撰写科研论文、广泛阅读国外的专业文献等方式培养自身的学术修养，才会使自己更加能够胜任工作，能够让作者的才华发挥得淋漓尽致。

闫生金在《理论期刊编辑基本职业素养的提高及强化探析》（理论导刊，2011年8月）中提到，理论期刊编辑只有具备并不断提高和强化扎实的政治思想素质和较强的政治敏感性、锐意创新的思维能力、专博结合的学者化和知识素养以及无私奉献的职业品德和坚持原则的优良品质等基本职业素养，才能确保所从事的理论期刊高质量地科学健康发展。而提高和强化理论期刊编辑基本职业素养，作者认为主要应该做好以下几个方面的工作：第一，加强教育，不断提高理论期刊编辑的政治素质；第二，刻苦修炼，不断提高理论期刊编辑的业务素质；第三，加强管理，建立健全规章制度以提高理论期刊编辑的职业素养；第四，与时俱进，不断培养和加强理论期刊编辑的现代化信息意识和能力。

三、名家编辑出版思想研究

2011年有30余篇论文对名家的编辑出版思想进行了挖掘、整理与分析，在编辑出版环境与今大不相同的那个年代，老一辈编辑家、出版家在长期的工作中对编辑、出版工作诸多问题作过很多精辟、深刻的论述，形成了丰富的理论，这些思想至今仍具有现实指导意义，并为后世积累了可资借鉴的宝贵经验。

杨爱林在《刘半农的编辑思想及其现实意义》（编辑之友，2011年第10期）中写到，察古可以知今，鉴人可以益己，通过了解刘半农的"注重脚踏实地""提倡使用白话文以及标准的标点符号""蕴含语言学的自觉意识""力推汉语现代化"以及"倡导朴实自然的风格"等编辑思想的精华，我们可以发掘出刘半农的编辑思想的重要现实意义，具体表现为：第一，注重脚踏实地，克服当今一些编辑轻视琐事、忽视细节、好高骛远的浮躁作风；第二，纠正当今一些作者、编辑喜好冷僻词汇、专业术语而忽视通俗，使人看不懂、难以运用的不良倾向；第三，对于网络语言、中西夹杂词、民谣俗语，刘半农给出的处理启示是不加拒绝、积极引导、适时纳入课堂教学、正规汉语词典；第四，刘半农注意培养写作创新精神，指出写作注意事项，归纳了写作"文病"，这对于克服写作和编辑中的用语毛病、篇章弊端都提供了借鉴的范例。

陈未鹏在《梁启超的编辑修养思想及当代意义》（福州大学学报，2011年第1期）中写到，梁启超认为编辑应当有高尚的道德修养，即应当以国民公益为根本宗旨，拥有独立自主的人格，以读者为本位，并发挥为民向导、时代喉舌的作用。在业务修养上，梁启超认为编辑的思想要"新而正"，知识储备要丰富，文字表达要平易畅达，笔锋常带感情，对办刊规律要有深刻的认识等。梁启超对编辑修养的认识与论述，对当代编辑有启迪意义。

张文明在《邹韬奋的图书报刊发行思想探析》（新闻界，2011年第3期）中写到，邹韬奋有着丰富的图书报刊发行实践经验，对图书报刊发行工作提出了自己的真知灼见，即：第一，注意图书报刊发行工作的根本问题和面向问题，邹韬奋于此明确指出内容是图书报刊发行工作的根本，图书报刊的内容不行，无论在宣传推广上怎样下功夫都是没用的，读者也不会理会；第二，建立多种发行渠道，包括预订渠道、邮购渠道、门市部的零售和批发渠道与开设分支店；第三，注重宣传和推广，主要方式有撰拟和登刊各种宣传广告、制作和散发其他形式的宣传品、创造多种形式的随机推广法。

何大吉在《林语堂〈开明英文文法〉编辑思想浅析》（编辑之友，2011年第9期）中写到，林语堂主编的《开明英文文法》被认为是"中国学术界对英文研究的一个莫大的贡献"，林氏的《开明英文文法》体现了不同一般的编辑思想和学术视野，对我们现在的英语语法书的编辑出版，乃至英语教学法有着重要的启示，即：第一，注重意义，走出完全以市场经济利益为导向的"速成外语"模式的误区，真正从意义出发，从学习者的需求出发，寻求不同语言表达形式及相互关系，以培养学习者英语思维模式为目标。第二，注重中西文化与思维方式的对比，将中西不对等的思维表达习惯以意义功能为单位，进行系统归纳和总结，让学习者能够通过联想思维的方式触类旁通，举一反三。第三，注重文法学习的趣味性，《开明英文文法》并没有机械地划分英语中正确与错误的表达，而是从说话者欲表达的意念入手，从学习者的认知视角出发，探寻可能出现的不同表现方式，并逐一分析其功能与不同。

朱鸿军、李滨在《试析朱光潜的文艺编辑思想》（中国出版，2011年2月下）中写到，以推动新文艺发展为目标，朱光潜的文艺编辑思想强调培养读者纯正的文艺趣味，在刊物的内容安排上强调理论与创作并重，在期刊来稿的选取上，强调兼容并包，鼓励文学创作的多样化发展。他从文艺发展的内在规律和中国的文艺现状出发，对文艺编辑工作做深刻阐述。借助文艺编辑工作，坚定一贯地推动新文艺的发展和繁荣，是其文艺编辑思想的一条突出线索。朱光潜的这种文艺编辑思想，在当时也许有远离现实之嫌，但他的文艺编辑思想的认识和借鉴价值，在当今文艺编辑实践中也许更加显著。

四、有关编辑出版人研究的探讨

2011年度的论文除了对上文已经提到过的问题较为关注外，还集中讨论了"编辑主体论""编辑学者化"以及"编辑地位与作用"这三方面的问题。

（一）编辑主体论研究

编辑的主体问题，是编辑学理论研究，包括编辑学学科建设中的一个重要课题。近年来，关于编辑主体问题的研究有很多论述，不仅包含了对编辑主体的界定，对编辑主体的知识、素质、能力等方面的研究，还对编辑在编辑活动各个环节的主体地位进行了分析。

编辑主体是编辑学的关键范畴，很早就有专家学者提出这一概念并将其较为系统的思考，其基本取向一致，认为编辑主体既包括从事编辑活动的人，也包括编辑组织特别是编辑部，而关于这个从事编辑活动的"人"究竟是什么人，就有不同的认识。周国清在《编辑主体蠡测》（中南林业科技大学学报，2011年第4期）中指出，从社会普遍性的高度审视，编辑主体即为最一般意义上的、具有共性特征和普遍概括性的编辑集合体。能以此抽象出各类媒体中从事各种编辑活动的人的本质特征，从而提升出具有普遍指导意义的编辑主体属性与编辑活动原理。基于此，作者以为编辑主体论至少应该把握以下三个方面，即：第一，编辑主体论不是编辑个体论，也就是说不能把编辑主体等同于编辑个体。第二，编辑主体论不是编辑群体论，认为编辑主体包括编辑组织和编辑者两个范畴。第三，编辑主体论也不是编辑"本体论"。

长期以来，在编辑活动中往往只注重编辑主体的作用和编辑主体性的发挥，有意无意淡化甚至忽视作者和读者在编辑活动中应有的地位和作用。黑晓佛在《"主体间性"视阈中的编辑主体及其关系》（编辑之友，2011年第9期）中认为，编辑不是编辑活动中的唯一主体，其所发挥的作用也不是孤立的，而是与作者、读者的主体作用紧密联系在一起。编辑活动中主体间性的提出正是基于在编辑过程中，对作者、编辑、读者多重主体因素的综合考虑。从主体性向主体间性的转变就是从"自我"到"他者"、从独白到对话、从单一性到间性、从一种主体向开放的互动的平等的对话或交往理论的转变。编辑活动中的作者、编辑、读者均是编辑活动的主体，他们在平等互动的前提下发挥各自的主体性，并由此实现主体间的和谐共在。这使编辑活动"从主体性走向主体间性"成为必然。

（二）编辑学者化研究

近年来关于编辑学者化这个论题的争论愈演愈烈，有人反对编辑学者化的提法，认为编辑学者化容易导致编辑人员编辑意识的削弱，不利于巩固编辑队伍，编辑与学者各有各的专业领域，编辑以学者化为追求，则会产生本末倒置的后果。也有人认为编辑学者化实质上就是编辑专业知识和理论素养的升华，当然，编辑工作与学者工作毕竟不完全相同，大体而言，编辑的修养趋向于博杂，而学者的修养侧重精深，编辑较之于学者，更应有跨学科多领域的视野。编辑学者化并不能涵盖编辑修养的所有方面，但编辑学者化，是编辑修养中重要的内容。本年度的研究论文延续了这个话题的热议，下面几位学者的论点较有代表性。

游俊、胡小洋在《"编辑学者化"的实质及现实可行性分析》（中国科技期刊研究，2011年第3期）中通过考证"编辑学者化"的问题提出及发展态势，论证编辑开展学术研究的必要性及重要性。在分析"编辑学者化"论争的焦点和内涵特质基础上，归纳总结出"编辑学者化"的实质是提倡编辑开展学术研究，并以实际例证探讨编辑开展学术研究的现实可行性。针对从事自然科学研究的编辑开展学术研究比较困难这一重大现实问题，探讨如何在现有的出版机制下，充分利用有限的精力高效开展学术研究，提出了四方面建议：从自己的实际出发，扬长避短；在相关专业或交叉学科从事总体宏观驾驭的研究；从事科学信息的分析研究；从事始于问题的学术研究。

蒋宇在《"编辑学者化"论争与"学者型编辑"的构建》（宁夏大学学报，2011年第6期）中谈到，"编辑学者化"在出版界讨论了很多年，是学术期刊面临的永久性课题。随着时代和科技的进步、稿件评审环节的要求、学术期刊发展的专业化取向要求编辑开展科研工作，而且学术期刊编辑队伍的现状也有利于编辑开展科研工作。"学者型编辑"，首先的定位是编辑，要求强化编辑职业意识，鼓励学术期刊编辑热爱出版事业，其次要加强学习进修，努力提高学术水平。"学者型编辑"是时代发展和客观现实的需要，也是编辑自身价值体现与实现的需要。

（三）编辑地位与作用研究

很多人在质疑出版社工作是否应该"以编辑为中心"，他们大都认为在计划经济年代，许多出版社实行"以销定产"，这无疑是弱化了编辑在出版流程中的作用。2011年这个问题受到了研究者们的关注，有约20篇论文对此进行了分析。

李景瑞在《编辑应该是出版流程的中心》（编辑学刊，2011年第5期）中谈到，编辑应该是出版流程的中心，因为编辑是书的第一责任人，要承担这本书在争取实现社会和经济双效益过程中的最终责任；编辑就是一项出版工程的设计师，再好的书稿，若不是编辑去发现、去组织、去投入，是难以成书的；编辑在与作者读者通联，与媒体打交道，处理经济法律事务，参与文化公益事业等方面，都代表着出版社的形象，其对出版社软实力升降的影响也不言而喻。

编辑除了在出版全流程中担任着"设计师"的角色外，在单独的出版环节中也是不可或缺的。周璇、周海忠在《浅议编辑在书籍装帧中的角色定位》（编辑学刊，2011年第3期）中写到，吕敬人这样定义美编的角色："美编其实就是在读者和作者之间架一座桥，是媒人，让书和读者去恋爱"。作者认为，美编可以写一本书的设计理念、成败得失、完工后的心得感悟，也可以启发读者如何赏析自己设计的书。文字编辑则完全可以从"媒人"的角度来评论美编与作者的"恋爱成果"，既有鲜活的过程故事，又能结合自己对内容的理解和把握，做出比较客观的评价。作为编辑必须要做的图书宣传工作，评品书籍装帧的事情实际上也是为下一场轰轰烈烈的恋爱——书和读者的恋爱推波助澜。

小 结

纵观2011年我国对编辑出版人的研究，论文的数量较多、质量也较高，研究的主题呈现出多元化。将这些研究成果按照研究主题进行分类，可分为如下几类：一是编辑素质的探讨；二是编辑能力、意识培养的探讨；三是名家编辑出版思想的研究；四是有关编辑出版人其他研究的探讨。从研究领域上看，2011年的研究侧重点较明显，编辑素质的研究可谓是占据了"半壁江山"，而其他领域的研究成果分布相对平均，各占到论文总量的10%～14%。

通过文献阅读与分析我们发现，2011年论文数量虽然较多，但部分论文的研究内容过于空泛，并无值得借鉴的新观点。在研究编辑素质素养的论文中，部分论文提出的观点大体相同，借鉴痕迹明显；在探讨例如"编辑学者化"等一些开放性论题时，论点相对集中，没有体现出敢于执己之言的勇气；一些热点论题，如"大编辑"理念、编辑职业道德的研究等、编辑出版人能力培养，跟风、扎堆现象严重，大多属于应景之作。

尽管存在上述问题，但瑕不掩瑜，2011年那些经过深入思考、观点独特的论文佳作，丰富了编辑出版人研究的内涵和外延，可为编辑工作者的自省与对编辑出版人的培养提供很好的参考借鉴，也可为今后的工作与研究提供一定的参考。

撰稿：周 葛 （北京印刷学院）

主要参考文献：

[1] 黑晓拂. "主体间性"视阈中的编辑主体及其关系. 编辑之友，2011 (9)

[2] 周国清. 编辑主体蠡测. 中南林业科技大学学报，2011 (4)

[3] 刘英. 编辑主体在热点出版中的创造性作用. 中国编辑，2011 (3)

[4] 张文明. 邹韬奋的图书报刊发行思想探析. 新闻界，2011 (3)

[5] 朱家梅. 胡乔木出版思想论述. 中国出版，2011 (3下)

[6] 李景瑞. 编辑应该是出版流程的中心. 编辑学刊，2011 (5)

[7] 王宇君. 当亚马逊绕过出版社，编辑不会失业. 出版参考，2011 (11上)

[8] 周璇，周海忠. 浅议编辑在书籍装帧中的角色定位. 编辑学刊，2011 (3)

[9] 刘浩芳，陈树勇. 科学技术期刊编辑专业素养的作用及其提高措施. 编辑学报，2011 (4)

[10] 闫生金. 理论期刊编辑基本职业素养的提高及强化探析. 理论导刊，2011 (8)

[11] 祝贞学. 论期刊编辑的和谐素质培养. 成人教育，2011 (11)

[12] 陈未鹏. 梁启超的编辑修养思想及当代意义. 福州大学学报, 2011 (1)

[13] 何大吉, 林语堂《开明英文文法》编辑思想浅析. 编辑之友, 2011 (9)

[14] 杨爱林. 刘半农的编辑思想及其现实意义. 编辑之友, 2011 (10)

[15] 李天福. 沈从文的报刊编辑理念及当代价值. 新闻界, 2011 (3)

[16] 朱鸿军, 李滨. 试析朱光潜的文艺编辑思想. 中国出版, 2011 (2下)

[17] 游俊, 胡小洋. "编辑学者化"的实质及现实可行性分析. 中国科技期刊研究, 2011 (3)

[18] 蒋宇. "编辑学者化"论争与"学者型编辑"的构建. 宁夏大学学报, 2011 (6)

[19] 徐盼. "大出版"时代期待"大编辑". 中国编辑, 2011 (1)

[20] 杨光. 编辑的阅读与三种能力. 出版发行研究, 2011 (4)

[21] 李军领. 编辑力"五力模型"试探. 编辑之友, 2011 (4)

[22] 卢焱. 编辑审美及其实现. 郑州大学学报, 2011 (6)

[23] 王洪军. 编辑职业幸福感的缺失与构建. 继续教育研究, 2011 (6)

[24] 张文宇, 麦林. 编者与译者之间的灰色地带. 编辑之友, 2011 (7)

[25] 原媛, 李宗. 科技期刊编辑的人文素质探析. 编辑学报, 2011 (2)

[26] 常勤毅, 刘亚敏. 克服妨碍编辑创新的心理因素. 中国出版, 2011 (8下)

[27] 陈希学. 论编辑的学习力及其培养. 中国出版, 2011 (12上)

[28] 鞠佳. 期刊编辑策划能力的形成和培养. 科技与出版, 2011 (10)

[29] 汪俪. 浅说编辑的绿色出版意识. 科技与出版, 2011 (8)

[30] 刘永俊. 浅谈教辅编辑的基本素养. 编辑之友, 2011 (3)

[31] 韩江雪. 浅析"大编辑"理念下编辑的素质要求及责任. 编辑之友, 2011 (9)

[32] 周山丹. 全媒体出版语境下图书编辑的理念创新与角色转换. 编辑之友, 2011 (6)

[33] 卢政. 试析编辑的美学素养及美学创造. 编辑之友, 2011 (9)

[34] 侯耀东. 数字出版新时代下人才建设的几点建议. 出版发行研究, 2011 (1)

[35] 李仲先, 梁雁. 数字化出版对高校学报及编辑意识的影响. 四川理工学院学报, 2011 (3)

图书出版研究综述　　陈　程

　　2011年，图书出版研究在2010年的基础上进一步深入。本年度发表的有关图书出版研究方面的论文数量在230篇左右。新出版的图书出版研究专著有2011年1月中国传媒大学出版社出版的《畅销书理论与实践》、2011年1月中国书籍出版社出版的《图书出版产业评价体系》、2011年1月北京体育大学出版社出版的《中国体育图书出版研究》等。此外还有一些与图书出版有关的研究生学位论文，对图书出版研究起到了很大的推动作用。图书出版研究成果的发表阵地以专业期刊和高校学报为主。专业期刊中，图书出版研究方面的文章登载量较多的是《编辑之友》《中国出版》《出版广角》《出版发行研究》以及《现代出版》等。从研究内容来看，多是针对某一类型图书出版进行研究，例如华南理工大学杨蔚的《关于中国少儿出版创新发展的几点思考》、福建省地图出版社朱艳霞的《浅析市场竞争条件下的地图出版》、新疆人民出版社罗卫华的《连环画出版：喜忧参半》等。值得一提的是，有4篇论文都是针对漫画出版进行分析和解读。笔者选取比较有代表性的论文作为本综述的文本对象，经过对这些文本的检索、阅读、分析及总结可知，2011年图书出版研究集中在各类型图书出版、畅销书出版、图书设计与印制、传统出版业创新、民营出版、图书出版"走出去"等几个方面。本综述从这些方面对2011年图书出版研究情况进行盘点和总结。

一、各类型图书出版研究

（一）少儿图书出版研究

　　近年来，我国少儿图书出版发展迅速。据统计，全国近600家出版社，只剩不到三十家尚未涉及少儿读物的出版发行。当今的中国少儿出版，已经不再是传统意义上的专业出版，更不是"小儿科"出版，而是一个竞争激烈的大出版。中国的童书出版格局已经日渐成熟，并且形成了一套独特的出版体系。

　　随着童书出版市场的日益繁荣，学术界对童书出版的研究也更加深入。研究者主要关注以下几个问题：童书出版与儿童阅读环境、中国少儿出版产业链的瓶颈与对策、中国少儿科普图书的出版现状及思考、中国少儿出版创新发展的几点思考、中国少儿素质教育图书市场分析、西方儿童文学意义的转变对童书出版的启示等。

　　2011年的少儿图书出版在持续攀登高峰的过程中，呈现出一些新的发展趋势和特点。时至今日，以杨红樱、郑渊洁和伍美珍为代表的畅销现象持久不衰，引发了一轮又一轮原创儿童文学繁荣的热潮。投身于儿童文学创作的作家越来越多，作者队伍也越来越大。目前的中国出版界形成了专业少儿社的中国专业少儿出版联盟和非少儿类出版单位的中国童书联盟两个少儿出版平台。少儿出版市场群雄逐鹿，浙江少年儿童出版社和明天出版社等凭借着多年经营起来的品牌，在市场上占据了较大的份额，产生了很大的社会影响。在激烈的市场竞争面前，其他少儿出版社也在不断革新，这无形中提升了中国童书出版的整体水平。

然而在这繁荣景象的背后，也暴露出当前少儿出版的一些缺陷。许多研究者开始关注在少儿图书出版强劲搏动中隐藏着的以下几个令人忧心的问题。杨小彤在《中国童书出版战国时代之乱象风云》（出版广角，2011年第2期）中指出，目前少儿出版存在的几个问题主要是：缺少原创经典儿童文学作品、片面追求码洋带来的出版品质简单化、童书市场良莠不齐，出版资源有待进一步整合。张平和罗子欣在《当前少儿科普图书出版现状及思考》（编辑之友，2011年第6期）中也指出：作为少儿出版的重要分支，当前少儿科普图书也存在着缺乏原创性、作品同质化、良性互动不足、缺乏科学精神的铸就、缺乏趣味性、营销模式不强、农村图书领域开发不够等一系列问题。

针对上述问题，华东师范大学的王春鸣在《童书出版与儿童阅读环境》（编辑学刊，2011年第3期）中指出，系列化、批量化、工业化生产的盛行使得童书市场呈现了一个热闹非凡却令人忧心的儿童阅读环境。而要改变儿童阅读环境，就要从以下几个方面着手：理解和呵护儿童，坚持正确的儿童观，坚持"儿童本位"而非"成人本位""教育本位"、关爱所有儿童，制作和读者定位不能太中产阶级化、提倡从文学阅读进化到文化阅读、优化童书分类等。关注童书质量，关注儿童阅读环境仍是研究者关心的主要问题。

值得注意的是，数字出版大潮的推进和传统出版的转型升级推动了童书的全媒体出版。河北唐山学院的袁丽娜的《童书出版数字化运营探析》（出版参考，2011年第10期）认为：一方面，纸质图书内容是童书出版的核心；另一方面，多样化媒体平台推动了童书数字化运营的开展。通过借助应用程序实现纸质童书与电子童书的对接、利用虚拟网络社区促成儿童社区服务、发展童书的线下收费业务等方式，基于互联网以及多样化媒体平台的童书数字化运营已逐渐成为童书出版界关注的重点。

（二）高校教材出版研究

有统计指出，我国有上千家出版社和文化公司在涉足教辅图书的出版发行，各家出版单位教辅图书的选题品种和发行数量也都远远超过教材，可见教辅图书市场颇具规模。但是目前，教辅图书粗制滥造、差错满篇、逻辑混乱的问题十分严重。具体表现为差错较多、把关不严，盲目跟风、缺乏创新，重复出版、粗制滥造等几个方面。人民教育出版社白成友的《从准入制度入手，克服教辅图书出版乱象》（出版发行研究，2011年第6期）从建立规范准入制度的角度对教辅图书的出版提出了几点建议，包括建立作者资格备案制度、建立编辑准入制度、建立出版单位准入制度，教辅图书目录制度、"黑名单"制度、退出制度等，以提高教辅图书质量，促进教辅图书市场的繁荣和发展。而江西省新闻出版局的欧阳志荣在《关于提高当前教辅图书质量的几点思考》（出版广角，2011年第1期）中则指出了当前教辅图书所出现问题的三个原因：一是急功近利思想严重，片面追求短期效益；二是研发力量不足，专业编辑人员缺乏；三是法规观念淡薄，质量保障体制缺失。并提出提高教辅图书质量的相应对策：要有高度的责任和质量意识、坚持质量优先，建立保障机制、建立品牌战略，着眼创新发展、尊重出版规律，落实三审三校、培养作者队伍，提高策划和编辑水平。

随着数字信息时代的来临，教育出版数字化显得越来越重要。而目前国内的教育出版正处于向数字化转型的关键时期，如何发挥自身在数字时代的优势，克服种种困难，走上健康的数字化发展之路，成为这类出版社需要解决的重要问题之一，也是决定出版社今后生死存亡的关键。广东教育出版社的王亮在《数字时代国内教育出版的困境》（出版广角，2011年第3期）中指出，近两年来，国内教育出版数字化发展得如火如荼，高教社、安徽教育集团、凤凰集团等教育出版商纷纷通过合作进行内容资源平台整合和学习终端建设。然而喧嚣热闹的数字化发展形势背后，我国教育出版还存在着诸多缺陷：投入资金不足、盈利模式模糊、数字出版模式创新不足。针对这些问题，文章主要提出以下几点对策：教育类出版社要明确自身定位、提升个性化服务、加强行业联合，同时需要政府部门的相关配合。

随着移动计算技术的进步，移动学习的发展方兴未艾。这种全新的学习方式也对作为主要学习资源的教育出版物提出了新的更高的要求，甚至可能使教育出版发生革命性的变化。因此，陕西师范大学的王勇安和贺宝勋在《论移动定制教育出版模式的构建》（出版发行研究，2011年第5期）中指出，建构满足移动学习需求的出版模式，应当引起教育出版业界的高度重视。结合移动学习时代教育出版面临的挑战，文章主要从强化数字化沟通、数字化内容管理和大规模定制个性化服务的功能出发，提出以营销服务、数字资源管理和数字内容生产三大系统为核心的移动定制教育出版模式，以此赋予教育出版物以移动和定制的特性。

（三）科技图书出版研究

科普图书出版在我国占有十分特殊的地位。高质量、优秀的科普图书对于推进科普工作和科技事业发展、提高民众科学素养、提升劳动力素质、促进社会文明有着重要作用。另外，科普图书出版作为一项具体的科普工作，也是科教兴国战略的任务之一。然而，在出版业转型这一特殊时期，由于更多出版企业将会转向出版易操作的"热销图书"，加上市场发育不完善，以及当前"快餐化"和"功利性"民众阅读取向的影响和知识产权保护的不完善，科普图书出版将面临诸多挑战。北京科学技术出版社的白林在《出版业转型背景下的科普图书出版策略》（科技与出版，2011年第9期）中认为，目前出版业的整体转型对科普图书出版带来的冲击不容忽视，应当采取多项措施积极应对。第一要进行出版企业的管理创新，第二要走专业化科普创新之路，第三要建立内容产业的理念，第四要注重利用国际资源，第五要实行市场化的经营策略，第六要充分利用外部资源和国家政策支持，以促进科普图书的出版繁荣。

近年来，在我国科技出版界存在两种不正常的现象，引人深思。一是许多科技出版社一拥而上，大量出版生活类图书或热门专业图书，如服装、烹调、教辅、英语、管理或计算机类图书，却将国家赋予的专业科技图书出版工作的重任置于次要地位，甚至完全放弃；二是有些科技出版社多年来仍局限于自己原有的单一出版专业，不思进取，不敢拓展新的出版方向。武汉大学的胡忭强在《试论科技出版社图书出版的专业化与多元化》（科技与出版，2011年第4期）中认为，以上两种现象都是因为出版社没有正确处理好出版方向的专业化与多元化的关系。将专业化与多元化有机地结合起来，才是当今科技出版社的发展之路。而怎样发展出版的多元化，拓展新的出版方向，使出版社拥有优良的图书结构并形成高效的发展势态，是许多科技出版社面临的重大课题。作者认为，出版社在图书出版多元化的拓展上可以从以下几个方面来考虑：第一，结合自身的专业，开拓相近或交叉专业的图书出版。第二，寻找科技或社会领域新的发展热点，开拓全新的出版方向。第三，挖掘出版市场的薄弱环节，果断切入，大胆发展。

（四）古籍出版研究

2011年《编辑之友》杂志第1期以专题的形式，对上一年度古籍出版情况进行了概括总结。文章指出，2010年古籍图书的出版与往年相比，既有相同点又有不同点。相同的地方是：2010年的古籍出版仍可分为当代新编纂的古籍文献、校点与注释的古籍文献、编目和辑校的古籍文献、线状和影印的古籍文献四大类。不同的地方，如2010年新编辑的个人全集《王国维全集》（全20册）、《顾颉刚全集》（62册）、《陈垣全集》（23册）等，均具有极高的史料价值和学术价值。此种全集的出版，不仅极大地满足了读者的求知欲，也为研究者提供了第一手的宝贵资料，成为2010年古籍出版的亮点之一。

中华书局的李岩在《中国古籍出版数字化展望》一文中指出，随着时代的进步，古籍整理出版借助网络数字技术的平台得以更迅捷的发展，为人类文明成果的集结与分析研究提供了更新颖的视角、更广阔的领域和无以超越的可能。首先，古籍数字化是延续文化传统的重要手段；其次，古籍数字化是嘉惠学术文化界的重大工程。因此，古籍数字化势在必行。而未来古籍数字化的重点发展方向是：古文字知识库与数字化平台建设（中华字库工程为主体）、历史地理信息系统的综合开发与推广使用、古代文本文献的自动标点以及语义分析、人工翻译等智能功能的完善，及构建一个集平面图像、三维动画、立体声响、虚拟现实等多媒体技术手段，穿越今古时空的历史人物交往对话的文化休闲平台。

另外，根据我国古籍数字化的现状和存在的重复建设、标准不统一、内容割裂、资源庞杂等隐忧，作者提出了构建暂名为"中国国家历史文献资源库"的基于信息技术高速发展下的海量存储的云端资源库，以集存中华五六千年历史文献的建议。作者认为，这是抢救和保护中华传统文化的重要手段，是最大规模的文化整理和传承的宏大工程。它不仅是对国民进行传统文化教育的工具，也是向世界展示中国传统文化博大精深的途径。其内容是集聚中国历代文献的资源总集，不仅有我们习见的版刻图书，亦应该涵盖甲骨文、金文、简帛、碑刻等各种载体和类型的存世文献。

此外，四川大学出版社的汪萍和陈克坚在《古籍书品牌建立的三个核心要素》（出版发行研究，2011年第10期）中以川大社古籍书品牌建立的举措为例，指出通过挖掘高校学术资源、培养专业过硬的编校人员队伍、长远规划选题、多方筹集资金、拓宽销售渠道等措施，不断提高图书质量，以使图书品牌更长久。

（五）文学图书出版研究

文学类图书以其文学性和文艺性为广大读者所喜爱。文学图书出版一直是图书出版中的重要部分，对于文学图书出版的研究也日益深入。

随着文学图书的"走出去"，研究者开始更加关注文学翻译出版中的问题。

淮北师范大学的魏泓在《文学翻译出版市场化中的问题及对策》（中国出版，2011年第8期）中指出，伴随着出版业的改革发展大势，翻译出版的市场化进程也在逐步提速。然而在文学翻译出版的市场化过程中也出现了一些问题。主要表现为：受经济利益的驱动，同一作品不同出版社扎堆出版以及多人多版本翻译的状况，成为普遍现象；文学翻译中，不译、误译、漏译的情况也司空见惯。与此同时，出版社一味追求市场效益，只出版一些所谓的畅销书，而忽视出版精品书或短期收效微薄的书，拒绝对真正的经典作品的译介。面对这些问题，翻译出版应该进行相应的调控，制定和完善一系列的规范。翻译出版需要制定相应的规范，不同的译本需要相应的界定。同时，文学翻译的接受性、市场化要有一定的限度与规范。译者和编者一定要紧抓翻译质量，拒绝哗众取宠的低劣之作。这样，翻译出版业才会沿着健康发展的轨道更加欣欣向荣。

此外，文学作品的出版和影视合流也成为近年来研究者关注的问题。南京财经大学周根红的《出版转型与新世纪文学生态》（中国出版，2011年第11期）认为，随着文学出版的影视化转型，文学创作表现出浓烈的类型化、潮流化倾向。借助影视的影响力并通过市场化的文学策划，新世纪的文学创作成为介于出版、影视等媒体和公众之间的一种交往性资源。出版和影视逐渐合流，以影视为代表的大众传媒把文学出版纳入一个强大的文化工业体系之中，形成了"影视-出版"产业链。这种现象表明商业因素已经成为文学市场的重要考量因素。

（六）其他类型图书出版研究

此外，本年度还有对于民文图书、健康养生类图书、中学生名著读物、法律类图书、动漫图书、台湾简体书以及社会保障类图书等的研究。如中国检察出版社的庞建兵在《法律出版业的困境与出路》（中国出版，2011年第5期）中指出，法律出版业面临的困境主要是：市场占有率低、市场竞争力弱、经营风险加大、出版资源争夺激烈，选题同质化严重、图书原创不足、行政依存度高、经营模式单一、专业出版人才流失、经营实力不强，资产构成简单等九大问题。另外，民文出版也是我国出版业的重要组成部分。伊犁人民出版社的韩新帮在《促进民文图书出版之我见》（编辑之友，2011年第10期）中认为，要促进民文出版的发展，首先要整合资源，做好规划。其次要切实帮扶，为其创造发展条件，具体包括：加大引领力度，实行民文图书出版直补，扩大"农家书屋"民文图书配书量，协助打造新型出版平台，从而着力解决好民文图书出版业动力不足与可持续发展问题。于翠玲的《中学生名著读物的出版偏向——兼论从媒介素养角度引导中学生阅读名著》（编辑之友，2011年第4期）认为，由于名著的出版与接受是一个历时性的传播过程，对名著的选择和阅读就需要一定的知识储备和媒介素养。在当今比较浮躁的媒体文化氛围中，"名著"和"国学"都不免被当作出版社推销书籍产品的标签。因此，不仅要引导学生阅读经典名著，而且要提高学生对出版物的辨析能力。书籍的出版者和编辑者有必要从媒介素养和社会责任的角度，思考如何为青少年提供优秀的中外名著和经典读物。

二、传统出版的转型研究

在数字出版日益盛行的今天，传统出版转型改革势在必行。2011年对于传统出版转型的研究主要集中在：对于网络小说进入纸质实体书出版市场的研究、传统出版的自我救赎、如何加快传统出版与数字出版的融合发展、纸质终端与数字终端的比较化生存、数字环境下出版物的发展趋势、传统出版的商业模式创新研究、以教育出版和专业出版为例看传统出版改革与数字出版转型、数字时代出版社兼营作家经纪业务的新商业模式探讨等。

在2011年5月28日的第21届全国图书交易博览会中国出版（版权）发展论坛上，国家新闻出版总署署长柳斌杰做了关于加快传统出版与数字出版的融合发展的演讲。他指出，当今世界，发达国家在依托高新技术推动出版传媒深入发展中，都高度重视数字出版产业，加速推动传统出版与数字出版的深度融合，加速推动多种传播载体的整合，相继产生了新媒体、新业态，数字化生产方式、传播方式和消费方式渐成主流。而面对西方发达国家对战略性新兴出版业态的高度重视和在数字出版领域展开的激烈竞争，如何进一步推动我国传统出版与数字出版的融合发展，推动行业技术素质的提高，是当前摆在我们面前的一项重大而紧迫的课题。近几年来，我国传统出版与数字出版的融合不断加深，模式不断创新，产业链条不断延展，管理体制和管理方式不断变革，呈现出良好的发展态势。然而，传统出版与数字出版在融合发展过程中也存在着发展模式不清晰、传统出版企业数字化发展速度迟缓、利益分配机制有待完善、产业标准亟待统一、数字版权保护还不到位等方面的问题，这在一定程度上为新闻出版产业的快速健康可持续发展带来了新的挑战。要解决目前传统出版与数字出版融合过程中的种种问题，就要积极推动发展方式的根本转变，从以下几个方面尽快推动传统出版与数字出版的深度融合与互动发展：一是要大力推动传统出版业升级转型；二是要加快数字内容资源的深度整合；三是要加强技术公司与出版机构的深度合作；四是要加快数字出版重大工程建设；五是要加快新闻出版产业基地建设；六是要推动公共文化服务体系建设；七是要加大引导和政策扶持力度；从而开创传统出版与数字出版深度融合发展的新局面，实现中国新闻出版业的大跨越。

杭州师范大学钱江学院的吴心怡在《互倚互扶共存共荣——我国网络小说进入实体书出版市场的研究》（中国出版，2011年1月）中指出，随着网络小说的升温，网络小说纸质实体书的出版也进入了爆发式增长时期。这一现象值得出版业界认真研究。作者认为，造成这一现象的原因主要有：网络小说以在虚拟网络世界内发表作品的高自由度和低廉成本满足了新人写手的愿望；作者在功利心的驱使下都希望自己的网络小说能变为纸质实体书；网络小说成为出版社资源开发的一座富矿；再加上读者的购买需求，使得文学网站和传统的出版业界之间形成了一种互倚互扶共存共荣的兴盛局面。但同时也应该看到，这一模式要想获得长远发展，就要不断变革创新，给网络文学和传统出版行业不断带来新的变化。

三、民营出版研究

民营出版研究一直是出版研究中的重要部分。本年度对于民营出版研究的论文不是很多，研究内容主要集中在国有出版与民营出版的合作，我国民营出版的症结及改革建议，中小型大学出版社的民营合作等。

湖南师范大学的易图强在《我国民营出版的贡献、症结与改革建言》（河南大学学报社会科学版，2011年3月）中认为，改革开放至今，民营出版在我国出版业的发展中发挥着不可替代的作用，做出了比较大的贡献。在利用新技术、探索新媒体出版方面，民营资本敢为人先，民营文化公司、工作室开创了我国出版业的畅销书时代，而民营文化公司、工作室与国有出版社的合作既使自己获利，也让国有出版社颇为受益。但民营出版至今仍是一个模糊的概念，一方面，它作为国有资本以外的一种社会资本介入出版早已是客观事实；另一方面，国家又明确规定，不允许非国有资本办出版社，民营资本不得进入出版。由于没有得到法律和政策的承认，尽管从事出版活动的民营文化公司、工作室遍及全国各地，而且对我国的出版业做出了比较大的贡献，但是至今没有哪一家是有名分的。民营出版从业人员处境尴尬。作者认为，首先，向民营资本开放出版权是消除民营出版没有名分所致危害的治本之法；其次，向民营资本开放出版权应该有步骤、有限制，不宜操之过急。另外，我国目前开放民营出版的政策环境日趋良好。因此，被动开放不如主动开放，出版向民营资本适度开放是迟早的事情，现在开放正当其时。只有国家在不远的将来放开出版市场，降低出版的准入门槛，使民营图书工作室与出版社的竞争建立在充分公平的基础上，才能达到对我国出版业的最好保护。

近一两年来，民营出版公司作为"新兴出版生产力"已得到政策的认可。民营出版犹如注射了一支强心剂，异常活跃起来；各出版社也纷纷向民营书业抛出橄榄枝，各种形式的图书公司、办事处闻风而起，在各地安营扎寨。出版业又迎来了一场新的变局，在这场变革中，中小型大学出版社是如何应对的呢？重庆大学出版社的皮胜和柏子康在《中小型大学出版社民营合作探析》（科技与出版，2011年第9期）中提到，比较双方优势，中小型大学社牵手民营图书公司，取长补短、互利共赢是二者的共同诉求。而从实践经验来看，目前中小出版社与民营出版合作的方式主要有以下三种：一是资本合作，即成立合资公司，开发大众出版，打造精品图书；二是产品合作，通过项目制，开发区域教材出版；三是进行渠道合作，通过搭建推广平台，实现渠道的延伸。为此，出版社要解放思想，与时俱进，适应市场的发展变化，同时警惕出版社的空壳化和创新能力的丧失，不断探索，确保合作的稳定性及长期性。

四、图书设计印制与定价研究

本年度对于图书设计印制的研究，主要集中在版式设计在杂志风格中的运用、印刷品中的设计美学、低碳经济时代出版物包装的设计等几个方面。

从艺术设计角度来看，印刷品多以书籍、商品包装、海报传单等为主，为此人们习惯地把印刷与平面设计紧紧地联系在一起。但其实印刷品设计是工业设计的一种。印刷品之美不但具有"平面"中的画面艺术之美，更具有物质形态的设计之美。朱伟斌在《设计美学视角下的印刷品之美》中，站在设计美学的视角以科学的理论解释印刷品之美。作者认为，在设计美学视角下，印刷品之美体现为产品的质感之美、技术之美和功能之美。虽然在目前，电子书的出现与发展深刻地影响和改变着人们的阅读习惯，纸质印刷品传统意义的知识储存功能被弱化，但纸质印刷品因为其材料的质感之美、技术之美以及多层次的功能之美具有不可替代的魅力。印刷品在传播知识的同时也将美带给读者，印刷品之美作为印刷文化的一部分内容必将继续感动读者。

目前，发展低碳经济、向低碳经济转型已成为共识。在这种形势下，出版物包装设计需要在满足功能性和艺术性等基本需求的同时，走低碳化设计之路，以此推动出版产业向低碳产业转型，实现经济、生态和社会效益的统一。而传统产业要迈向低碳产业要从产品的设计开始。华东交通大学的王东在《试析低碳经济时代出版物包装的设计》（中国出版，2011年8月）中对低碳设计理念及其指导下的出版物包装设计进行了分析，提出出版物包装设计应从选择低碳包装材料、采用适宜的包装结构和色彩、制定科学合理的环保措施等方面着手，减少产品包装的碳排放量对大气环境的破坏，实现经济社会发展与生态环境保护的双赢。

五、图书"走出去"研究

随着我国新闻出版体制改革的逐步深入，出版行业面临的发展环境也在不断变化。无论是中央大型出版传媒集团的打造，还是中央各部门各单位出版社转企改制的完成，新闻出版企业上市及"走出去"已成为众多出版单位未来重要的发展战略。引进世界范围的优秀图书，把国外最优秀的文化和最先进的科学技术介绍给国内读者，对丰富我国图书市场品种，提升我国图书市场的国际魅力，具有重要的文化意义和现实意义。钟敏在《中国图书市场近三年引进版图书表现分析》（出版广角，2011年第9期）中，对"全国图书零售观测系统"收集的全国主要图书市场的主要零售门市的逐月零售数据进行了分析，并总结出2008年以来，引进版图书进入畅销榜的比例略有下降；引进版新书与本土原创作品的市场反应日趋同步；美国和英国依旧是我国引进版畅销图书的主要来源国。而从畅销书引进类型上看，少儿、文学、社科和语言类畅销书仍然是国内出版社颇为关注的引进类型。另外，在2011年上半年的虚构和非虚构类前100名畅销书中，均有23种引进版图书入榜，并分别为各自榜单贡献了21.16%和22.31%的码洋。少儿类则是引进版畅销书比例最高的类别，100本此类畅销书中有30本引进版作品，为榜单贡献了三成以上的码洋。

王艾在《海峡两岸出版合作模式探讨》（中国出版，2011年1月）一文中，在分析大陆与台湾版权、实体销售等合作的基础上，提出了合作购买国际版权、扩展版贸对象的拓宽版权贸易思维，两岸联动策划选题，共建简繁体出版物销售渠道，开展战略合作等四种出版合作模式。以使两岸的出版企业通过紧密合作取得双赢的局面，共同做大两岸的出版市场，让中华文化得以发扬。

近年来，随着我国越来越多地融入国际社会，外版图书工作显得日益重要，许多出版社都把它当作发展的"重头戏"来抓，在这方面纷纷加大了投入力度。与本版图书相比，外版图书有其特殊之处。率琦的《浅谈外版图书工作的特殊性》（编辑之友，2011年第7期）一文以中国建筑工业出版社为例，具体分析了这些特殊性。作者认为，外版图书工作的特殊性主要表现在以下几个方面：一是交往对象与本版图书不同。外版图书工作的交往对象是国外出版商、国外作者和代理商。二是图书挑选方面与本版图书不同。外版图书要避免"水土不服"现象的发生。三是洽谈签约与本版图书不同，外版图书洽谈、签约、履约的整个过程更趋复杂。四是选择与协调方面。译者与本版图书不同，外版图书还涉及译者。五是编辑加工方面与本版图书不同。六是出版方面，很多外商都对图书的开本、用纸、图片质量以及封面、封底和版权页等内容和格式有着具体而严格的要求。七是营销宣传方面。在开展营销宣传活动时，不妨借助外商和国外作者的力量。

六、立体出版物研究

值得注意的是，和去年相比，2011年的出版界出现了对立体出版物的研究。

出版物在不断地变化与发展历程中被挖掘出各种艺术创作方式和更多的附加价值，立体出版物就是其中的典型。立体出版物由彼此连贯且多层面、多角度的三维造型构建而成，打破纯美术绘画的透视空间和构图形式，以实体占有并限定空间的新设计理念解构图形与情节内容的组合方式，塑造了从二维平面到三维空间，甚至语音、气味等多平台跨媒体结合的印刷出版模式，是整合了平版印刷术、机械装置、存贮卡和袖珍扬声器等因素，结合纸张工程学、机械力学等技术多平台跨媒体结合的印刷出版物。

中国矿业大学的洪缨和李朱在《中国立体出版物的发展研究及其前景展望》

（出版广角，2011年第8期）中指出，从第一本立体书诞生到现在历经数百年，其内容、形式以及应用范围不断扩展，在国外尤其欧美国家受到充分重视。中国立体出版物的发展起步比较晚，目前还没有形成完善的设计机制以及经营策略，但因其应用族群和可选题材的广泛性以及形式与功能的完美统一，在未来我国的出版业应当有广阔的发展空间。

小 结

从整体来看，2011年的图书出版研究成果丰富，在数量和质量上都在2010年的基础上有了很大提高。这对于推动图书出版的深入研究，促进出版业的发展提供了很好的理论基础。很多论文的研究角度颇为新颖，如《系统论视域下的童书出版与阅读疗法——基于出版为主体的观照》从阅读治疗这一角度阐释童书出版的意义，这种创新精神值得研究者学习。要鼓励具有不同学科背景的研究者参与图书出版研究，确保图书出版研究视角的广泛性。

当然，纵观本年度的图书出版研究，还有一些不足和需要改进之处。笔者认为主要有以下几点：

一是缺乏对于第一手资料的收集和分析。研究过程中要尽可能多地利用第一手资料，以确保研究成果的真实性。要灵活运用各种研究方法，如定性研究、定量研究、比较研究、个案研究等，以确保研究方法和研究成果的多样性。

二是研究重点的失衡。本年度对于文学出版以及畅销书等重要问题的研究不够。我们注意到，文学出版作为出版类型中的重要部分，对其的研究论文不仅数量少，而且缺乏新意。本年度对于畅销书的研究只有《从新世纪商战小说的畅销看商业时代的图书出版》等寥寥几篇论文，而且论述都不够深入。这一点需要引起研究者的注意。同时，研究领域还需要进一步拓宽。

三是一些研究的深度不够，流于肤浅，缺乏创新。大多数论文采用了较为宏观的视角，解决措施较为空泛，缺乏真正深刻的分析和思考。这不利于图书出版研究的进一步深入。研究者不仅要看到现象，更要透过现象看本质，努力提升研究质量，要本着对学术研究严肃负责的态度，进行深入的思考和理论提升。这样才能更好地推动图书出版研究的进展和为出版业的发展提供强大的理论支撑。

在出版数字化和传统出版积极转型的背景下，需要研究者加强对图书出版研究的更多实践研究。我们相信，随着研究的进一步深入，随着图书出版工作的不断完善，2012年的图书出版将迎来更多更好的研究成果。

撰稿：陈 程（北京印刷学院）

主要参考文献:

[1] 杨小彤. 中国童书出版"战国时代"之乱象风云. 出版广角, 2011 (2)

[2] 王春鸣. 童书出版与儿童阅读环境. 编辑学刊, 2011 (3)

[3] 罗子欣. 当前少儿科普图书出版现状及思考. 编辑之友, 2011 (6)

[4] 曹书杰, 李岩. 2010年古籍出版情况研究报告. 编辑之友, 2011 (1)

[5] 李岩. 中国古籍出版数字化展望. 中国新闻出版报, 2011 (6)

[6] 白林. 出版业转型背景下的科普图书出版策略. 科技与出版, 2011 (9)

[7] 胡忭强. 试论科技出版社图书出版的专业化与多元化. 科技与出版, 2011 (4)

[8] 于翠玲. 中学生名著读物的出版偏向: 兼论从媒介素养角度引导中学生阅读名著. 编辑之友, 2011 (4)

[9] 庞建兵. 法律出版业的困境与出路. 中国出版, 2011 (10)

[10] 韩新帮. 促进民文图书出版之我见. 编辑之友, 2011 (10)

[11] 朱艳霞. 浅析市场竞争条件下的地图出版. 中国出版, 2011 (1)

[12] 王勇安, 贺宝勋. 论移动定制教育出版模式的建构. 出版发行研究, 2011 (5)

[13] 欧阳志荣. 关于提高当前教辅图书质量的几点思考. 出版广角, 2011 (1)

[14] 李蔚. 教学辅导书要严把质量关. 中国出版, 2011 (7)

[15] 白成友. 从准入制度入手, 克服教辅图书出版乱象. 出版发行研究, 2011 (6)

[16] 王亮. 数字时代国内教育出版的困境与出路. 出版广角, 2011 (3)

[17] 欧阳志荣. 坚守与突围: 略论媒介融合时代传统图书的出版. 江西社会科学, 2011 (1)

[18] 吴心怡. 互倚互扶, 共存共荣: 我国网络小说进入纸质实体书出版市场的研究. 中国出版, 2011 (1)

[19] 魏泓. 文学翻译出版市场化中的问题及对策. 中国出版, 2011 (16)

[20] 柳斌杰. 加快传统出版与数字出版的融合发展. 中国出版, 2011 (11)

[21] 莫凡. 纸质终端与数字终端的比较化生存. 出版科学, 2011 (2)

[22] 李迎辉. 移动阅读, 传统出版业的新挑战. 中国出版, 2011 (15)

[23] 孙春亮. 传统出版改革与数字出版转型: 以教育出版、专业出版为例. 出版参考, 2011 (12)

[24] 洪缨, 李朱. 中国立体出版物的发展研究及其前景展望. 出版广角, 2011 (8)

[25] 《编辑之友》编辑部. 合作, 互利, 共赢: 探索国有与民营未来出版之路径. 编辑之友, 2011 (5)

[26] 易图强. 我国民营出版的贡献、症结与改革建言. 河南大学学报社科版，2011（2）

[27] 皮胜，柏子康. 中小型大学出版社民营合作探析. 科技与出版，2011（9）

[28] 俄立谦. 版式设计在杂志风格中的作用. 山东工艺美术学院学报，2011（3）

[29] 王东. 试析低碳经济时代出版物包装的设计. 中国出版，2011（16）

[30] 朱伟斌. 设计美学视角下的印刷品之美. 中国出版，2011（16）

[31] 王艾. 海峡两岸出版合作模式探讨. 中国出版，2011（2）

[32] 钟敏. 中国图书市场近三年引进版图书表现分析. 出版广角，2011（9）

[33] 周根红. 出版转型与新世纪文学生态. 中国出版，2011（11）

[34] 汪萍，陈克坚. 古籍书品牌建立的三个核心要素. 出版发行研究，2011（10）

[35] 袁丽娜. 童书出版数字化运营探析. 出版参考，2011（10）

报刊出版研究综述　　　王上嘉

2011年，关于报刊出版的研究十分活跃，保持着研究成果数量大、内容广的特点，出版报刊方面著作37本，发表学术论文970余篇，并举办了23场有关报刊出版的研讨会。

本年度报刊出版的研究领域十分广泛，这是因为不论是就当前中国传媒体制改革的纵深突破，或是就新时期中国媒介理论研究的深度拓展而言，报刊研究都有其自身的理论价值和现实意义。此外，对报刊个案与类群、报刊机构与产业、报刊人与报刊史等开展的多维视角的研究也都是值得关注的领域，在这些方面，2011年的研究都有一定的成果出现。

通过对论文内容进行甄别、整理，本课题总结出了论文集中研究的几个方面，选取有代表性的论文作为理论支撑，进行综述分析。对2011年报刊出版研究进行分析，旨在找出关于报刊研究的研究范围、研究重点、薄弱环节，并通过对报刊的研究方向进行归类整理、分析，得出结论和启示。

一、报刊发展趋势研究

《编辑出版学研究进展（第二卷）·2010年度报告》中总结出我国报刊业在近年呈现出体制机制改革提速、行业刊群初现、数字浪潮汹涌澎湃、"走出去"步伐加快四大亮点和未来发展趋势。2010年的研究中有大量是围绕这四大趋势展开。2011年的研究沿袭了这一特点，且在四个趋势的研究上都有新的亮点出现。

（一）报刊体制改革研究

2011年，以新闻出版业改革为标志的新一轮文化出版体制改革正紧锣密鼓展开，如何抓住改革机遇，转换机制，灵活运用市场资源和行业资源，采取适合市场经济要求的管理模式和经营理念，已成为期刊发展不得不回答的重要问题。

2011年的相关研究，大部分针对的是非时政期刊的改革，有很大一批论文集中讨论了改革的现状和难点，为改革指出方向、提供对策，其中尹农在《从期刊30强看我国杂志产业发展》（现代传播，2011年第10期）中规划了"十二五"时期我国杂志产业的发展路径，指出，"十二五"时期，我国期刊产业将进入全面转型升级阶段，在这个时期，我国杂志产业的发展应该从观念上、行动中把杂志当产业来经营；优化生产关系，进行企业化运营；扩大规模，促进期刊集团化发展；扩大市场份额，打好广告争夺战多方面着手进行改革。

此外，张民巍的《行业期刊改革路径分析》、姚伟的《从期刊社改革看科技期刊的发展路径》、潘云涛的《转型期我国科技期刊的发展路径》、《西藏研究》课题组的《文化体制改革背景下的西藏期刊发展研究》等都从不同角度分析了期刊改革的路径问题。

2011年7月，非时政类报刊出版单位的体制改革"路线图"和"时间表"发布。在非时政类报刊中，学术期刊是高端的精神文化产品，读者面狭，发行量小，社会效益大而直接经济效益低，具有特殊性，相关改革措施也尚未明晰。由于这一特殊性，很多研究都围绕着学术期刊的改制展开。张治国在《论学术期刊转企改制的难点与出路设计》（出版发行研究，2011年第11期）中提出，在学术期刊转企改制时，要借鉴发达国家的经验，通过组建期刊群整合现有办刊资源，国家按刊号分类给予财政补贴，扶助学术期刊走上集约化经营之路。梁小建在《学术期刊转型的趋势与方向》（出版发行研究，2011年第11期）中提出，在社会转型、学术转型趋势的推动下，学术期刊的市场化转型不可避免。目前部分学术期刊市场化畸形发展，即着重经营作者市场，而不是主要经营读者市场，市场观念亟须转型。应推动学术期刊的市场观念转变、产品转型和结构转型。

近些年来，关于高校学报改革的呼声越来越高，从新闻管理部门到教育主管部门到主编、编辑都在思考和探索学报的改革问题。占我国期刊总数1/4的高校学报如何以积极的姿态应对新的挑战，顺利完成改革是很多研究人员共同关心的话题。

2011年4月，《光明日报》发起了关于高校学报走向的广泛大讨论。2011年第4期的《清华大学学报(哲学社会科学版)》就刊登了几位学报界的资深专家对于学报改革的争鸣论文，就学报的改革问题进行了激烈的争论。尹玉吉在其题为《论中国大学学报现状与改革切入点》（清华大学学报：哲社版，2011年第4期）的论文中提出，我国的大学学报业绩辉煌；应该科学认识大学学报的使命；我国大学综合性学报的存在是合理的，有其存在必然性；应尊重学报发展规律，所谓"全、散、小、弱"，有其客观必然性；与世界水平和发达国家比较，我国的学术期刊不是多了，而是严重匮乏。我国大学学报的出路应该从攸关质量的审稿入手，进行改革。朱剑随即撰写《也谈社科学报的现状与改革切入点：答尹玉吉先生》（清华大学学报：哲社版，2011年第4期），对尹玉吉的几个观点提出相反意见，认为改革的目标应该设定在科学合理的高校社科期刊体系的建立上，这才是问题的关键。至于什么样的手段最合适，则应该放在这个目标下来考量，而"高校系列专业期刊"的创办正是学报同仁为合理的高校社科期刊体系的建立进行的有益探索。

相关研究表明，高校学报要走出困境不仅涉及学报出版单位自身改革的问题，还牵涉到期刊管理制度、期刊评价机制和地方高校管理机制等多方面的改革问题。研究者们从多个层面和角度对学报的改革和创新问题做了研究，并提出了很多的建议和设想。冯民在《推进高校学报改革，首推应为联合办刊》（中国科技期刊研究，2011年第5期）中认为，为适应"十二五"期间期刊改革步伐的加快，对大多数高校学报而言，高校联合办刊当是最稳妥、最有成效的选择。探讨了高校联合办刊的办刊原则、办刊途径和推进举措。彭桃英、熊水斌、骆超在《高校学术期刊管理机制与运营机制改革探讨》（中国科技期刊研究，2011年第2期）中提出高校期刊改革分步进行的设想：将高校学术期刊分类为综合性学报和专业性期刊，将综合性学报和市场生存能力暂时较弱的专业性期刊划为高校重点扶持的公益性期刊，基本维持现有体制；将一些市场生存能力较强的期刊，划为经营性期刊，进行市场化运作。

在众多研究者从事改革策略研究的同时，小部分研究者也在进行着基础性的理论界定和文献综述。如隅人的《科技期刊的转企改制》（中国科技期刊研究，2011年第2期）对企业、转企、改制等一系列基本概念进行了深入探讨，并结合中国出版业和科技期刊的实际情况，做了适当的背景分析和政策解读，以铺垫即将开展的期刊业深化改革。隅人的另外一篇文章《科技期刊改革发展的历史节点和时代背景》（中国科技期刊研究，2011年第1期）梳理了科技期刊改革发展的历程并对时代背景及相关知识进行了总结归纳。

（二）期刊集群现象、集团化研究

期刊的集群式发展成为期刊业未来发展的新趋势。刊群的优势显而易见，如资源共享优势、品牌优势、孵化新刊的优势、竞争优势、成本优势等，单刊不能做的事情，依靠刊群的力量就能实现。刊群在"十二五"期间必将迎来新的发展。这样的情况下，期刊集群现象、集团化研究就有了极强的现实意义。

1. 期刊集群现象研究

与2010年发表的论文相比，2011年度发表的直接介绍期刊集群现象和经验的论文并不多，但也取得了一定的成果。

钱锋的《论基于战略联盟的中国高校医学期刊集群化发展》（编辑学报，2011年第6期）通过分析当前高校医学期刊面临的困境以及高校医学期刊联盟与子期刊之间的关联性，并借鉴国内外期刊集群发展的成功经验，认为期刊集群化是中国高校医学期刊发展的现实需要，而基于战略联盟的集群化发展则是中国高校医学期刊的最佳选择。陈新贵、杜晓宁、刘冬等人在其题为《材料类期刊集群网络出版平台：材料期刊网的建设与实践》（中国科技期刊研究，2011年第4期）的论文中全面分析了建设材料期刊网的意义和可行性，并详细介绍了材料期刊网的功能设置与实现过程。指出材料期刊网是一个向材料研究领域的科技工作者提供服务的材料科学类期刊集群的网络出版平台，是一个多功能、提供个性化服务的平台。

和2010年的情况不同，2011年专门撰写论文研究期刊集群的人并不多，但大多研究者在进行期刊改革路径分析、发展趋势预测等研究时，都会大力讨论期刊集群。例如，张治国在《论学术期刊转企改制的难点与出路设计》（出版发行研究，2011年第11期）就提出，为了达到规模化、集团化、集约化、专业化、国际化、经营化的目标，可设想从以下方案中考虑：以省域为单位组建学术期刊群；以著名高等学校或研究院所为背景组建学术期刊群；以现有的大型出版集团为背景组建学术期刊群。

2. 期刊集团化研究

从单刊到多刊，从刊社到集团，从手工作坊到集约化经营，这是期刊产业化发展的必由之路。张黎敏、夏一鸣在《期刊集团的共生、战略聚类与治理原则》（中国出版，2011年第2期）中提出，期刊的聚集能给不同种类的刊物带来共生效应。由于发展阶段以及市场竞争环境的不同，我国期刊集团现在分别处于四个不同的象限。而打造核心竞争力、流程再造、跨媒体发展、创建企业文化，则是期刊集团从共生达到共治的必由之路。

2011年，报刊集团化的研究重点落在了学报集团化上。我国期刊的准入和退出机制只在一两个省份进行试点，出版行政管理部门虽提出但并未颁布科学公正的学术期刊评价标准或评价体系，但高校学报的专业化、集团化的步子必须迈出。高校学报专业化、集团化问题得到了教育和出版行政主管部门以及研究者的进一步重视。

张贤明在《迈出高校学报专业化、集团化步伐》（中国新闻出版报，2011年2月17日）中提出，学报集团相对独立于各所高校，各学报集团牵头单位成立集团总部，对本区域的其他师范院校的学报的基本定位、发展规划、体制机制、质量标准、队伍建设等做出明确要求。这样一来，同类院校横向联合组建了学报集团，并在此旗帜下，把分散的办刊力量联合起来，进而整合、配置、优化各院校的出版资源，实现专业化分工与合作，减少重复办刊。这样的思路落实到具体的高校学报上来，可根据各自的特色专栏改办专业性期刊。王海峰的《高校学报集团化与区域化发展论辩》（编辑之友，2011年第2期）指出，2010年《编辑之友》发表的一篇题为《高校学报集团化之构想》论文，从学报集团化发展的"必要性""可行性"与"网络化运作"三个方面，论证了高校学报"集团化"发展之构想，但这个构想无疑是大胆的，却不可行。王海峰从两个方面，分别谈了高校学报集团化发展之不可行和高校学报区域化发展之可能。此外，还有几篇论文研究了高职学报集团化办刊模式等问题。

（三）报刊出版数字化研究

中国期刊业的数字革新，经过近10年的探索和积淀，已经取得了一定的成绩。石峰在《中国期刊数字化的现状和未来》（编辑之友，2011年第2期）概括中国期刊数字化发展呈现新的发展趋势，主要体现在：内容服务互动化趋势；数字媒体移动化趋势；赢利模式多元化趋势等方面。但不可否认的是，国内真正能够实现数字化、从数字化中获得收益的期刊寥寥无几，数字化成为一座困扰中国期刊人的迷宫。观念的落后、对技术的陌生、经费的困扰、分散的出版单位等都影响了中国期刊数字化的进程。如何顺利推进报刊出版数字化成为报刊出版研究的重点。

1. 数字出版背景下，传统期刊的发展问题研究

报刊业的"数字化"建设，早已成为进入新媒体时代后，传统媒体单位的共同选择，并得到新闻出版总署的大力指导与支持。数字出版背景下，传统期刊要如何发展已经是一个陈旧的话题了，大多数研究者认为传统期刊处于弱势地位，应积极寻求改变，并针对问题提出了数字化策略。但也有部分研究者指出，我们需看到传统期刊具有影响大、出版资源丰富等优势，传统期刊为应对生存危机必须变短板为长板，打造出自身的特色，变单纯地编辑期刊为经营期刊，向市场求生存要发展。

林芎的《数字化转型时期纸质期刊生存空间的思考》（出版发行研究，2011年第6期）从经济学的成本、市场份额角度，从哲学的心理学、美学、伦理学角度考量纸质期刊，再综合起来，从宏观层面立体审视其出版学意义的生存空间与媒体优势，得出传统纸质期刊在数字化转型时期具有较为稳定和广阔的发展前景的结论。高莉丽在《数字化科技期刊的发展现状及与传统科技期刊的互补性分析》（科技管理研究，2011年第17期）中对传统科技期刊与数字化科技期刊进行比较，对各自的优劣性进行了分析，提出为达到优势互补，传统科技期刊要积极主动利用数字化技术，融入数字化时代中，利用数字化技术去实现从传统向现代的飞跃与转变，从而全面提高科技期刊的质量。

尹农在《数字化时代传统杂志业的升级创新：台湾地区杂志业为例》（南京政治学院学报，2011第6期）中介绍了台湾地区传统杂志业在数字化背景下升级创新的经验和做法，总结出台湾传统杂志业升级对大陆出版业的几点借鉴启示，分别为：把杂志产业作为文化创意产业发展的一部分纳入城市化建设发展体系；把杂志产业发展放置在有利于蓬勃壮大的国家产业发展计划中；致力于杂志产业的结构优化，促进产业升级与转型；致力于杂志出版人才培养，提升杂志业的附加值，有效地服务于杂志业的国际化发展。

2. 期刊优先数字出版研究

现有的数字出版模式大多仅限于出版纸质印刷的期刊，还算不上真正意义上的数字出版，而优先数字出版则向这种转型迈出了至关重要的一步。我国期刊实行优先数字出版势在必行，这使得优先数字出版成为很多研究者关注的热点。

段麦英、崔萍在《我国期刊实行优先数字出版之我见》（晋图学刊，2011年第2期）中针对我国期刊出版的现状，提出几条优先数字出版的建议：建议有关部门取消页码固定制，赋予期刊编辑自主调整页码的权力，这样做有利于优先数字出版的实行；建议取消页码转接，这可为优先数字出版与印刷版的一一对应提供先决条件；期刊编辑要认真负责，争取高水平的作者群，获取好的稿源。毕淑娟、肖素红、黄春晓等人的《网络预发布对提高论文时效性的重要意义：以<金属学报>为例》（中国科技期刊研究，2011年第2期）提出，通过电子平台设定"最新录用"栏目来实施网络预发布，发表周期可由传统纸质期刊的7.57个月缩短到网络预发布的2.44个月。网络预发布能极大地提高了论文的时效性，并在尽可能短的时间内为科技成果的广泛传播提供了平台。

此外，陈海燕、卢有泉的《优先数字出版：学术期刊面临的新浪潮》，汪新红的《优先数字出版是提高学术期刊出版速度的一种新模式》等论文对优先数字出版的定义、意义以及要求进行了阐释。

优先数字出版对我国学术期刊来说是一场深刻的变革和挑战，它具有时效性强、可扩大稿源、提高影响因子等特点，但对我国期刊目前的状况而言，也有其局限性。这一新的出版模式还需要研究者更为深入的研究和探讨。

3. 报刊全媒体出版研究

全媒体出版的出现，标志着出版业正发生着新的变革，必定对未来产生深远影响。作为一种新的信息传播模型，它正在逐步改变着传统的纸质报刊出版业。

2011年的研究中，有3篇论文是围绕已经具备实现全媒体出版的运营基础的中华医学会系列杂志展开。卢全、游苏宁、干岭等人的《中华医学会系列杂志实现全媒体出版的SWOT分析》（编辑学报，2011年第2期）通过SWOT分析法，总结了中华医学会系列杂志实现全媒体出版的优势、劣势、机会和威胁。江琪琪、游苏宁在《以中华医学会系列杂志为例探讨我国科技期刊实行全媒体出版的可行性》（中国科技期刊研究，2011年第5期）中论述了我国科技期刊面对着怎样的全媒体出版市场前景，对我国科技期刊进行全媒体出版的可行性进行了深入的分析。韩锟、黄翊彬、孙静的《中华医学会系列杂志实现全媒体出版可行性的初步调研》（出版发行研究，2011年第4期）通过文献分析法，对全媒体出版的相关资料进行了归纳分析，指出中华医学会杂志社可借鉴爱思维尔出版集团的经营模式，开拓适合国内市场、符合自身条件的全媒体出版发展模式。

InDesign依靠其独特的功能与优势逐渐被大家所熟知、使用、研究。汤超、胡冰、杨蕾在《InDesign在期刊跨媒体出版中的应用实践》（中国科技期刊研究，2011年第2期）中指出，在出版行业多媒体平台的经营趋势下，InDesign的跨媒体结合和交互功能将迎来更大的发展空间。论文简要分析了InDesign的几项重要排版功能及跨媒体支持方面的解决方案，介绍了作者利用Adobe InDesign进行跨媒体出版的实践过程，对其中的一些关键技术进行了讨论。

在"现实与前瞻：党报全媒体之路——'人民共和国党报论坛'第七届（2010）年会"上，众多与会人员围绕"媒体变革和党报转型"发表了自己的意见。借用中国新闻出版研究院院长郝振省的点评：本届论坛的演讲是沉甸甸的，收获颇丰。研讨对于全媒体的传播方式既有肯定，也有质疑，弘扬了好的学风。有技术问题，更涉及了内容问题，体现了深度。

中国传媒大学校长苏志武提出，报刊出版、通讯社、广播、电视、电影、网络、音视频、移动电话等现有的全部媒体已相互融通，构成了全方位、立体化、跨域界、无间隔的全新传播格局。北京市互联网宣传管理办公室常务副主任佟力强对顺应"媒介融合"、促进舆论融合，营造健康、向上、和谐的舆论氛围提出三点建议：主动顺应"媒介融合"的趋势和要求，积极抢占信息传播的制高点和主阵地；不断丰富"媒介融合"的内容和形式，有效增强媒体的吸引力和影响力；切实加强政策引导和媒体管理，努力营造良好的"媒介融合"发展秩序。中国传媒大学教授王武录说，党报中的先行者有的提出"传统媒体与新兴媒体并举，官方声音与民间舆论呼应"；有的适应报网融合趋势，转变媒体运行机制；有的实行全媒体采编流程再造，筹建本报团报系资源共享的全媒体信息采集、编辑制作、资料储存开发三大系统。有的高校和科研机构也与此相适应，进而开展全媒体教学和全媒体研究。

4. 学术期刊的数字化研究

数字化是现代信息的新浪潮，学术期刊数字化是发展大势。中国期刊协会顾问张伯海表示学术期刊走数字形态出版的道路是最少顾虑也是最少障碍的，但是目前这个认识可能还不够，应该尽快向这个道路上发展。众多研究者围绕学术期刊的数字化的本质、内涵、现状及路径等问题展开研究。

胡政平在《学术期刊数字化的本质及其相关问题》（甘肃社会科学，2011年第5期）中提出，学术期刊的数字化是把作为知识刊载平台的学术期刊与作为科技先导的数字化的结合，是学术期刊知识信息的数字化，是一种先进的文化和本质的变化，以实现学术期刊的编辑出版、发行销售、收藏利用效率的最大化和社会、经济效益的最大化。

2011年的相关研究中，有相当比重的论文涉及了学术期刊的数字化的策略问题。例如，胡政平在另一篇论文《学术期刊数字化的利弊及其改进建议》（出版发行研究，2011年第10期）中，分析了学术期刊数字化的两种主要方式，指出影响学术期刊数字化的诸多问题，并提出改进建议。王华生在《数字网络环境下学术期刊传播方式的变革及因应策略》（河南大学学报：社科版2011年第6期）中指出要真正发挥数字网络传播的优势，促进学术期刊的更大发展，就必须进行编辑观念的网络化转向，真正实现由期刊上网向网络期刊的转化；创办自己的学术期刊网站，建构各种模式的学术期刊网络站群；优化学术评价机制，促进学术创新；加强编辑队伍建设，促进网络学术期刊的健康发展。此外，关于科技期刊的数字化研究也在2011年的相关研究中占有相当的比例。相关的论文有程维红、任胜利、路文如等人的《我国科技期刊由传统出版向数字出版转型的对策建议》、李若溪、游中胜、田海江等人的《数据密集型科学环境中科技期刊的数字化走向》、梁华凝的《科技期刊数字化独家经营之理性审视》等。

2011年报刊数字化研究中依旧有大量文章围绕报刊数字化利弊分析、期刊网络出版的赢利模式研究、网络发行市场环境分析、报刊网络平台及网站建设等问题展开。关于移动终端的研究在2011年也显得很抢眼，相关论文有晋雅芬的《移动终端，能否救赎期刊业》、彭晓文《中国期刊在iPad平台发展的思考》，以及罗艺的《国外期刊数字化趋势：移动改变未来》等。

（四）期刊"走出去"、国际化研究

新闻出版业"十二五"规划中提出，积极利用国际国内两个市场、两种资源，大力推动新闻出版业"走出去"。期刊"走出去"是国家软实力的一个重要组成部分。期刊作为一种文化商品，有自己的运营规则、"语法结构"、赢利模式，如何"走出去"值得进一步探索。

1. 国际合作模式研究

期刊业中外交流、合作办刊，由来已久。国外先进的办刊理念对中国期刊业的影响深远，国际合作模式也日趋多元。对众多模式进行梳理和分析，有助于我国期刊更好地寻求国际合作，更好地"走出去"。

马建华、沈华、刘培一的《我国科技期刊国际合作基本模式探析》（中国科技期刊研究，2011年第6期）对开展国际合作的中国科学院系统和高教系统等部门科技期刊国际合作基本模式做了全面研究。研究得出中外期刊合作在不同历

史阶段有着不同的模式，在当今数字出版时代，合作的主要方式是加入国际知名网络平台，利用其国际化市场运营能力和网络传播能力提升中国期刊的国际影响力。三人在《中国科学院科技期刊国际合作调查与思考》（中国科技期刊研究，2011年第6期）中，还通过对中国科学院59种国际合作期刊及相关国外合作出版机构的问卷调查、实地访谈和专家座谈，了解中国科学院科技期刊的国际合作目的、合作方选择原则和合作内容，分析合作效果及存在问题，提出科技期刊国际合作进一步发展的思考。

2. "走出去""国际化"实践探索研究

期刊如何走出去、如何实现国际化，是期刊"走出去"和"国际化"研究的落脚点，所以针对"如何实现"的研究占到了期刊"走出去"和"国际化"研究的绝大多数。

部分研究者以某一类期刊的国际化为切入点，集中探讨了某一类期刊在国际化过程中的可行方式及模式。例如，金生、游苏宁、任红等人在《探索医学期刊的国际化之路》（中国科技期刊研究，2011年第6期）中提出，经过10年的实践，我国医学科技期刊正阔步迈入国际化之路，具体经验包括：加强集团化建设，增强科技期刊自身的竞争力和影响力是基础；数字化建设和推进立足本土的国际化战略是行之有效的重要手段；加强国际合作是我国科技期刊实现国际化的重要推进器；加强国际化建设仍是我国科技期刊今后不断探索的重要主题。方福前在《我国人文社科期刊怎样和国际接轨》（中国社会科学报，2011年7月16日）中提出，近几年我国人文社会科学期刊正在寻求和国际接轨，希望进入诸如SSCI检索系统。中国人文社会科学期刊与国际接轨不仅仅是形式规范上的，内容上更应该既达到国际水平，又体现中国自己的风格和立场。没有"独立"、没有中国特色的接轨只能是"全盘西化"，这种接轨和国际化是没有前途的。类似论文还有李涛的《中国教育国际化战略中的教育学术期刊国际化发展》和陈柏福的《中国英文版科技期刊的出路：走向国际化》等。

此外，大部分研究者采取了个案研究的方法来介绍期刊的国际化实践。2011年的研究中，被介绍的期刊有《材料科学技术（英文版）》《电子科技学刊（英文版）》《浙江大学学报（英文版）》《分子细胞生物学报（英文版）》Frontiers系列期刊等。

"走出去"对中国期刊来说，仍然有很大难度。但是再难，我们还要坚持。期刊的"走出去"能否有大的成果，形成大的气候，仍然要看我们的文化竞争力、期刊人和研究者的智慧和创新精神。

二、期刊类群研究

在2011年的研究中，期刊类群研究和2010年一样，依旧占有超过一半的比例，在统计的学术论文中，学术期刊、科技期刊、高校学报依旧是论文数量排前三位的类群。此外，文学期刊、女性/男性期刊、医学期刊、党刊等类群的期刊研究成为2011年研究的亮点。

（一）学术期刊出版研究

在学术期刊方面，防治学术失范、做好期刊评介、认清且实践好学术期刊的功能和学术责任依旧是"如何办好学术期刊"研究中最为主要的三个方面。其中孙强《复杂性时代与中国学术期刊的文化观照》（中国出版，2011年第24期）指出，中国当下的学术生态失衡的问题引起了全社会的批评，作为承载"积累成果、传承文明、创新学术、繁荣文化"历史重任的学术期刊要有勇气去面对应负的责任。在整个文化系统中，学术期刊文化是一种相对独立而且比较特别的文化形态，对其本体、发生发展、结构、价值的研究是期刊人应该涉及的，这对于处在风口浪尖上的学术期刊养成文化自觉、坚守文化信念至关重要。

为了更好地促进学术期刊的发展，在2011年的"两会"上，李东东等提案设立国家重点学术期刊工程，得到其他20名委员的联名响应，呼吁通过实施国家重点学术期刊建设工程，加大政策引导和经费资助。

关于学术期刊的研究，2011年的研究除了上述3点外加学术期刊的数字化外，版权问题算是另外一个热点话题。相关论文有苏雪梅的《论学术期刊对著作权的遵守与维护》、赖方忠的《学术期刊引文行为的版权保护及措施》、王岩云的《学术期刊出版中的多重版权法律关系研究》等。

在期刊数字化版权热烈讨论的情况下，有相当一部分的研究者将研究视域放到学术期刊上是不无道理的。关注学术期刊数字化版权，一是为了保护作者的著作权，鼓励作者进行学术创作的积极性；二是为了使最新的信息得到一个合理合法的共享和传播空间。张惠在《学术期刊数字化面临的著作权侵权风险及其规避》（出版发行研究，2011年第12期）中提出，作者、期刊社、数据库三方在增强著作权保护意识的同时，应当明确约定的合同，通过著作权集体管理组织获得数字化授权，在数据库数字化过程中注意保护期刊的版权信息和单篇作品的完整性，同时采取有力的技术防范措施等保护作者和期刊社，进而保护数据库的合法权益。

（二）科技期刊出版研究

关于科技期刊出版的研究，在延续了2010年科技期刊困境及对策研究、科技期刊经营模式研究、科技期刊改制问题研究三大热点主题之外，还呈现出了新的研究特点。

在后金融危机时期，国外期刊凭借其集团优势和品牌优势，强势进入中国市场，加剧了国内出版业的竞争。国内科技期刊如何进一步发展壮大，成为研究者认真思考的问题。张洪成的《新时期科技期刊创新发展的探索实践》（编辑学报，2011年第3期）探讨在市场经济条件下，尤其是后金融危机时期期刊的策划、调整，技术类科技期刊转型为综合指导类期刊的做法、经验，以及期刊社走多种经营、国际化发展路子的探索与实践。李若溪、游中胜、田海江在《数据密集型科学环境中科技期刊的数字化走向》（编辑学报，2011年第6期）中提出，新的科学研究范式对数据的需求是跨学科、跨地域、跨类型的数据大融合，科技期刊的应对策略是尽快实现全面数字化、全面开放，推进文献数据的结构化，逐步实现与其他数据基础设施和各种类型科学数据的融合。

此外，科技期刊核心竞争力的研究是当前摆在期刊界的一项重要课题。在全球化与数字化浪潮来临的挑战中，中国科技期刊面临着发展的诸多挑战，自主创新、选择定位和寻求生存空间，是中国科技期刊不得不面临的问题。南阳师范学院学报编辑部赵茜在这一方面做出了巨大的努力，在2011年发表的相关论文就有《科技期刊核心竞争力研究综述与分析》、《提升科技期刊核心竞争力的几点思考》和《基于读者价值的科技期刊核心竞争力的识别》，出版著作《中国科技期刊核心竞争力研究》。杨瑞、袁泽轶、李晓光等人的《海洋科技期刊作者群分析及核心竞争力探寻》和陈翔的《科技期刊构建核心竞争力中作者队伍的组建原则与措施》，通过不同的研究方法和角度总结了科技期刊核心竞争力建设与作者工作的关系。目前，我国科技期刊业已越来越清醒地意识到核心竞争力的重要性，也吸引着越来越多的学者投入到核心竞争力研究当中。科技期刊核心竞争力的研究必将对科技期刊的发展起到推动作用。

（三）高校学报出版研究

关于高校学报出版研究，高职院校主办学报出版，学报与学术、学科建设关系，学报的社会职责和功能这三个方向依旧是研究的热点问题，除此之外，2011年，关于高校学报出版研究的亮点还有如下几个方面。

2011年全国两会召开前夕，新闻出版总署发起了一场学术期刊的整顿行动，以这次整顿行动为起点，关于学术期刊乱象治理的理论探讨与争鸣如雨后春笋般全面展开。刘英的《学术期刊乱象治理的瓶颈及对策》（科技与出版，2011年第8期）从体制、读者以及国际影响等几个方面总结了学术期刊乱象治理的瓶颈，并在此基础上提出了关于学术期刊乱象治理的几点具体对策。钦建军、井建斌的《论学术期刊的困境与出路》（天津行政学院学报，2011年第3期）指出，学术期刊面临的困境主要是来自于所谓"核心期刊"及其行政化学术评价的困扰、学术权力腐败对学术期刊正常运作和发展的侵蚀，以及学术期刊利益化运作的弊端。学术期刊摆脱当前的发展困境，必须从这三个方面进行系统研究，对其消极影响进行综合治理，在此基础上推进体制和制度创新。

此外，关于高校学报区域化发展以及地方高校学报出版的研究也是2011年相关研究的重点。王海峰在《高校学报集团化与区域化发展论辩》（编辑之友，2011年第2期）中论证了校学报区域化发展之可能性，指出学报发展现状已露地域化之萌芽；学报区域化发展可实现"施受"双赢；学报区域化发展可优化社会生产结构，减少学术资源浪费。吴庆丰的《地方高校社科学报区域性发展策略》（广西社会科学，2011年第8期）提出，地方高校社科学报在打造"名刊"、"名栏"品牌中，应有自己的区域性发展策略：依托区域优势，从服务地方优势、历史文化优势、相对学科优势等方面去求得自身之异，从而扬长避短，形成自己的学术特色；发掘独特资源。

在地方高校学报出版方面，研究者们从多个角度出发，为地方高校学报"把脉"、提供发展建议，分别讨论了地方高校学报稿源不足的制度原因、编辑选题策划本领、报刊体制改革的地方高校学报发展、理科学报的编辑加工、特色栏目建设以及地方特色文化与地方高校学报发展的契合等问题。

（四）文学期刊出版研究

文学期刊，作为文化的一种特殊载体，承载着弘扬精神与文化的使命，随着社会的进步和变迁，文学期刊受到多元文化、现代传媒、高科技阅读手段、浮躁的意识形态以及经济体制转轨引起的思想波动等多种因素的强有力的冲击。新形势下，文学期刊如何发展，成为许多出版人以及作家、学者一直在探索的问题。

贾秀莉的《文学期刊生存发展之路探析》和王静的《浅析文学期刊的现状及应对措施》都在分析文学期刊面临的新情况和困难的基础上，提出了应对措施。

少数民族期刊拥有自己的特殊性，它不仅承载着传播少数民族文化的重要功能，而且成为国家主流话语的一个表意空间。李翠芳在《少数民族文学期刊的多元文化处境》（中国出版，2011年第15期）中提出，少数民族期刊几乎不太可能实现彻底的市场化操作，它们更加需要政府政策和财政的支持。我们有必要，把代表民族文学水平的少数民族文学期刊列入文化公益事业的范围；从保障少数民族文学的安全高度，来看待加大投入的重要意义，使少数民族文学期刊得到国家财政更大程度的投入。

当今文坛，传统文学杂志日渐衰落萎缩，而新兴的青春文学杂志异军突起。针对青春文艺期刊的研究可以推广其成功经验，发现不足，促进其更好的发展。

这方面的研究有魏晓虹的《论青春文学杂志的出版策略及发展前景》、王嵘的《经典的青春，青春的经典：青春文艺期刊的"围城"》、沈利娜的《青春文学何时转身高雅》、岳雯的《新的文学法则的生成：青春文学杂志书的运行态势与作家形象建构》等。

刘增杰的《中国现代文学期刊研究的综合考察》（河北学刊，2011年第6期）总结了中国现代文学期刊的研究经验，特别是总结近三十年来的研究经验，对促进中国现代文学研究学术质量的整体性提升有一定帮助。而进一步提高期刊研究的理论自觉，拓展研究的广度与深度，则是中国现代文学期刊研究所面临的迫切任务。文学期刊无法回避竞争日趋剧烈的现状，要寻求发展就必须在日新月异的改革之中不断探寻自身的生存方式、发展方式。可以预见，为了更好地促进文学期刊市场的繁荣，针对文学期刊出版的研究将会更加深入。

（五）女性/男性期刊出版

女性期刊如何真正展现女性的社会角色，充当起反映真实女性的重任；女性在女性期刊中的角色定位等问题成为女性期刊发展和研究急需解决的问题。

杨曙的《当代女性期刊在男权语境下的困境与出路》（出版发行研究，2011年第6期）指出，由于男权社会传统观念的束缚与延续，不少女性期刊中的女性形象实际是为取悦男性的，女性期刊中隐蔽着男权的意识形态与畸形的贞操观，女性期刊应该极大地表现对社群生活的参与，培育新时代女性应该有的风范，并打破城乡二元对立的观念，增加农村女性期刊的出版和发行。

作为青年女性娱乐生活的一个部分，女性时尚杂志因其消费主义倾向而颇受诟病。边晓璇的《女性时尚杂志对青年女性消费心理与行为的影响：一项以问卷调查为主体的实证研究》（东南传播，2011年第6期）对青年女性在阅读女性时尚杂志后的消费心理和行为进行了问卷调查，以实证研究的角度分析和探究青年女性的消费态度。方平的《中国女性期刊发展纵览》（新闻界，2011年第4期）以文献资料法为研究方法，对中国女性期刊百年历程进行总结，将百年发展划分为三个历史阶段，分别定义为萌芽期、起步期、飞跃期三阶段加以阐述，试图梳理中国女性期刊发展脉络。

我国男性期刊已经发展了十几年，随着男性"时尚工业"的逐步成形和男性关怀意识的强化，这类期刊呈现出强劲的发展势头，与业界发展不相称的是，目前学术界的研究广度和深度还不能令人满意。

陈宁的《中国男性期刊研究中的五个问题》（出版发行研究，2011年第2期）通过对近年来相关研究成果的分析，总结男性期刊研究中存在五个问题：概念研究中缺乏有效的差异化优势、研究者的性别意识滞后于业界的发展、受众研究中以主观想象代替了科学的社会调查、对策研究中专业针对性不强、学术规范亟待严谨。这些问题正制约着男性期刊研究向纵深发展。谭琼在《中国男性杂志的文化解读》（编辑之友，2011年第12期）中得出结论，当前中国男性杂志的发展是不充分的，也是不完善的，中国男性杂志要取得好的发展契机，应处理好中国传统文化与现代文化二元对立、男性杂志的消费性和文化性的二元对立以及中国本土文化与外来文化的二元对立关系。文化解读中的几组矛盾对立，一方面体现了中国男性杂志文化发展和文化选择的丰富性，但更多体现了中国男性杂志面临的文化困境和文化责任。

三、期刊编辑工作研究

关于期刊编辑工作的研究，和2010年一样，同样是多在期刊类群研究的基础上完成。这是因为不同类群期刊，都具有各自的行业背景知识和编辑特点，将它们分开研究能更好地掌握各自规律。

在2011年的研究中，上至整体流程管理，下到具体的工作细节都有一定数量的论文出现。由于编辑素养问题，《进展》中有专门的综述进行分析，在此不再赘述。

（一）期刊编委工作研究

编委会是期刊编辑出版工作的学术指导机构，既是期刊学术导向的指引者，又是期刊编辑部开展业务工作的领导者，应对期刊编辑出版起指导、监督和咨询作用。但在实际运作过程中，常存在编辑部对编委的作用重视程度不够、编委权责利不够清晰、部分编委主动性和积极性不高等问题。如何更好地促进编委会发挥作用，完成编委职能成为很多研究者的课题。

王亚秋、陈峰、王家暖等人的《强化编委职能，实现科技期刊可持续发展》（编辑学报，2011年第3期）提出可以通过加强沟通、增加编委初审环节、实行专业编委会终审制，以及建立编委推荐制这几种途径强化编委职能。并给出实例加以说明。期刊编辑部应采取多种措施充分调动编委的积极性，从而确保期刊的质量并实现可持续发展。林松清、张海峰的《发挥科技期刊编委的作用与相应对策》（编辑学报，2011年第5期）以《岩石力学与工程学报》为例，阐述编委在组稿、约稿、审稿、质量把关及编委点评等方面所发挥的关键性作用，并结合工作实际提出相应的对策。陈蒙腰在《论高校文科学报编委会的作用》（漳州师范学院学报，2011年第1期）中指出，重视处理好编委会和编辑部之间的关系，正确理解二者之间的关系，对办好学报、提高刊物质量，会产生积极的作用。实践证明，编委会作用发挥得好坏直接影响期刊的质量（特别是学术质量）和知名度。因此，重视和发挥编委会作用的问题将被越来越多的期刊工作者所关注，编委会工作的常态化、机制运作等问题将成为期刊研究的一个深入点。

（二）新条件下期刊编辑工作新特点研究

2011年的研究中，出现部分研究者以期刊数字化和体制改革为背景研究编辑工作的新特点。编辑工作新特点的研究对于期刊编辑工作的顺利开展有着极具时代感的指导意义。

随着网络技术的发展和应用，网络技术也给期刊编辑工作带来了巨大变革，它改革了期刊的编辑、印刷和出版的传统模式，对编辑业务工作带来深刻的影响，它不仅给期刊发展带来了机遇，也对期刊编辑工作带来了挑战，对编辑业务能力提出了新要求。吉家友在《网络时代对期刊编辑工作的挑战及应对策略》（平顶山学院学报，2011年第4期）中提出，网络时代期刊编辑组稿、约稿和作者投稿的方式发生了改变，信息报道方式发生了改变，编辑流程的改变和审稿机制的改变，还有信息的编排方法、信息内容的表达方式和语言的运用等都发生了变化。为了适应这一变革，编辑只有通过不断学习，狠下功夫，提高自身素质，同时不断提高刊物质量，办出刊物特色，才能把期刊办好办强，成为优秀期刊，甚至品牌期刊。兰桂杰在《论期刊编辑工作的现代化》（东北财经大学学报，2011年第2期）中提出，期刊编辑工作的现代化不仅仅是引进计算机系统，做到编辑手段的现代化，编辑工作现代化的实质是期刊系统的现代化，它是由诸多要素构成的，而编辑主体意识的进化是其中最重要的因素。总结现代期刊编辑工作的新特点为：综合化、数字化、应用化、未来化、规范化、大容量。

市场化运作机制给期刊的生存带来了新挑战，同时也给期刊的发展带来新机遇。要求得生存与发展，就要重新审视编辑工作，认清形势，积极应对，提升自身的竞争能力。因此，对编辑工作的再认识显得尤为重要。刘淑华在《转企改制后科技期刊编辑工作的新特点》（编辑之友，2011年第2期）中探讨了转企改制后编辑工作的五个新特点，指出转企改制后编辑工作的新变化、新特点，强化了编辑的主体意识和经营意识，扩展了编辑业务能力的结构维度。

（三）期刊编辑具体工作问题研究

1. 期刊选题策划研究

选题策划是编辑工作的基础环节，作为期刊生产的基础和起点，对于期刊的最终品质和影响力有着重要影响。

编辑的选题策划能力是编辑的基本能力，直接影响着刊物的质量，在激烈的市场竞争中，它已经成为期刊的核心竞争力，所以很多研究者都致力于如何提高选题策划能力的研究。例如，张籐卿的《例谈期刊编辑策划选题能力》（出版发行研究，2011年第12期）就从编辑要具备获取信息的能力、提炼创新的能力、发散思维的能力三个方面，阐述了提高编辑选题策划能力的途径。

在期刊编辑的策划工作中，栏目策划是提高期刊质量、彰显期刊特色的重要环节。关于期刊栏目策划的论文多以某一期刊的特色栏目为研究对象，介绍策划经验，总结出普适规律。

新时期的期刊，面临多元化的市场竞争。要想在竞争中获得一席之地，就必须突出核心竞争力。专题策划作为期刊核心竞争力的重要表现，在激烈的市场竞争中担负的角色越来越重要。李军领的《现代期刊专题策划多元主体模式初探》（编辑之友，2011年第9期）就提出，在网络时代背景下，要有效提升期刊专题策划的水平和有效性，必须改变过去专题策划编者的一元主体模式，建立编者、读者、作者共同参与专题策划的多元主体模式。

此外，2011年的期刊选题策划研究还包括标题策划、选题策划中的信息整合、选题策划本领拓展等多个方面。

2. 期刊组稿、退稿研究

和2010年情况一致，在期刊编辑的环节中，关于组稿、退稿的研究是相对较少的。在组稿方面，涉及了学术期刊编辑选稿的科学化理路、科技期刊约稿中的问题和应对措施、学术期刊手机短信约稿的特点与路径选择、科技期刊编辑如何抓住科技新闻热点快速组织优秀稿件等为数不多的研究。

在退稿方面，涉及终审会退稿原因分析、学术期刊编辑的拒绝工作、科技稿件退修研究的回顾与评析等方面。

3. 期刊审稿研究

关于期刊审稿工作的研究，在2010年各个期刊编辑的环节研究中数量最多。与2010年期刊审稿研究相同的地方有很多，如我国期刊的审稿工作中，初审和外审环节一直受到人们的重视，针对这一领域论文也相对较多。有关如何做好初审工作，以及如何选择审稿专家已有较多研究，在本年度的相关研究中，关于审稿专家队伍、专家库建设和维护的论文更是成果颇丰，而对于外审后的终审定稿环节较少有人关注。

审稿是编辑工作的重心，也是传统"编辑六艺"中关键的一环，它起承转合的枢纽位置更是决定着后续编辑加工的成效。信息爆炸和学术泛化对学术期刊审稿提出了高效低耗的要求，责任编辑是第一审稿人，是审稿工作的关键和核心。邵凯云在《高效低耗审稿视阈下的责编角色》（中国出版，2011年第20期）就提出，职业身份决定了责任编辑在审稿中"三剂"合一的角色定位——催化剂、清洁剂、增效剂。未来审稿竞争的焦点是责编人才的竞争，时代呼唤高效低耗审稿视阈下"三剂"合一的优秀责编。

目前我国期刊在审稿过程中存在简化审稿环节、审稿人职责不清、没有量化的审稿标准等问题，这些都使审稿工作没有发挥应有的作用，这就需要审稿机制的规范化。张秀红的《高校文科学报审稿机制规范化探析》和杜燕军的《基于PaaS的高校学术期刊协同审稿机制研究》（编辑学报，2011年第2期）就做了这方面的研究。此外，苗凌、刘杨、赵大良的《学术期刊传统审稿机制与网络化审稿机制的比较分析》在讨论期刊出版质量控制的基础上，针对国外正在兴起的基于Web的期刊质量控制的新机制，分析并讨论传统评审机制和网络化同行评审机制的区别，给出了二者的工作流程（见图1、图2），对这2种评审机制的优缺点进行比较，总结出网络化评审软件系统的功能结构，并对今后网络化评审机制的发展做了预测。

2011年关于期刊审稿的研究还讨论了审稿与期刊质量的关系、学术论文审稿意见书V1.0软件的研发、学术刊物审稿公平感与投稿意愿关系、审稿的思维定式、审稿能力的培养和提高等多个问题。

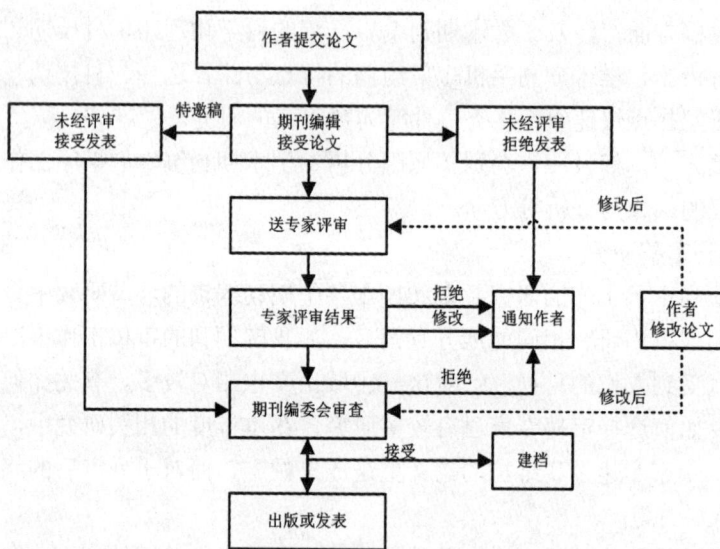

图1　传统同行评审流程

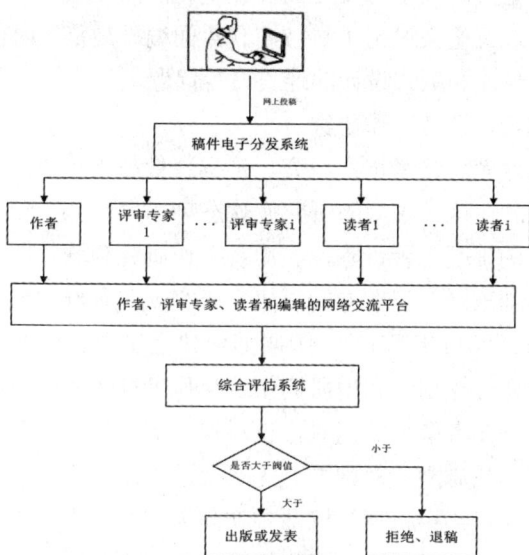

图2 网络同行评审流程

4. 期刊编校工作研究

关于编校工作的研究，在2010年各个期刊编辑的环节研究中占有相当的比例，是仅次于审稿之后，总量占据第二位的研究对象。这其中关于编辑加工的稿件又占绝大多数。这些研究大多关于编辑加工中的实践操作问题，例如论文标题、摘要、引文、表格等的加工，学术要求、编排规范的遵守、字词的规范使用等。除此之外，关于编校工作的研究还有一些其他的研究成果。

具体如，彭春芳的《期刊的编校策略》（编辑之友，2011年第4期）结合工作实践，提出要切实有效地提高期刊的编校质量，在期刊编校时还应该从形式和内容两个方面分步进行。孙丽莉在《科技期刊编辑在作者清样校对环节的作为》（编辑学报，2011年第4期）中总结出，在作者清样校对环节上，科技期刊编辑应充当监督并指导作者校对清样的角色，完成几项具体的工作。

5. 期刊版式装帧设计工作研究

与2010年相比，期刊版式装帧设计工作研究在2011年数量上有了极明显的增长。过去千篇一律、注重说教、强调合理性的版式设计，正被一种新文化、新思维、新感受、新情趣、新艺术的设计理念所取代。期刊的版式装帧设计在市场竞争中如何发挥效益，以怎样的形式、特点体现自己成为众多研究者关注的领域。

2011年发表的论文中，有论文介绍了科技、医学等类型期刊的封面设计实践和具体要求，还有论文涉及了封面互文性、期刊的图文版式设计、封面的设计理念等问题。此外，还有论文讨论了科技期刊封面编排规范、时尚期刊封面的文化和商业诉求、期刊封面和版式设计的连贯性等问题。

（四）编辑作者、读者工作研究

2011年的编辑作者、读者工作研究，论文数量都比较少，尤其是读者工作研究，这显示出研究者在这一领域的研究疲软态势。

读者工作研究的确是乏善可陈，在读者工作研究领域，期刊作者群的研究成为相对亮点。例如刘玉姝、王东方的《建立研究生作者群与科技期刊双赢关系的举措》（编辑学报，2011年第6期）阐明如何建立研究生作者群与科技期刊的双赢关系，讨论如何充分挖掘、利用研究生这个作者群体的潜力和学术创新能力，在培养出一支优秀的作者队伍的同时，也对科技期刊学术质量的提高和影响力的扩大起到促进作用。胡志刚、刘则渊、王贤文的《期刊作者群的新陈代谢规律研究》（情报学报，2011年第11期）以两种期刊为例，分析了期刊作者群的新陈代谢现象及其规律，并尝试说明这一新陈代谢现象的机理和意义。

四、期刊出版经营管理研究

随着市场经济的不断发展，中国期刊已经实现了由"卖方市场"向"买方市场"的巨大转变，经营管理在期刊的运营中所起的作用越来越大，涉及的面越来越宽。怎样做好期刊社的经营管理也成为众多研究者研究的重点问题，其研究视野十分广泛，包含了新媒体语境中杂志经营的突围之道、三网融合语境下期刊业经营三大整合策略、MPA给我国期刊管理带来的启示、全国学会科技期刊出版管理体制等众多问题。

（一）期刊经营模式研究

经营管理模式是我国报刊出版业能否在多元传播格局中实现跨越式发展的重要制约因素，在报刊出版业面临深入改革和结构性调整的现实下，相当一批报社、刊社和报刊集团顺应历史潮流、勇于探索创新、取得了骄人的业绩。他们在获取骄人业绩的同时，创造了很多颇有价值和开拓意义的经营管理模式。

方理华、徐欢、乔亚的《独立主编：细分化的学术期刊出版模式》（中国出版，2011年第22期）详细阐述了独立主编出版模式，比较完整地说明了该模式下的期刊创办过程，提出了需要注意的问题和要点。在介绍其对中国综合性学术期刊启示性的同时，也揭示了该模式存在的局限性。

王鹏飞的《当前出版界"作家办刊"模式的兴起》（中国出版，2011年第4期）指出，在图书市场化的推动、作家个体意识的兴起和出版样态的多元化的推动下，"作家办刊"模式兴起，它的意义在于：复活一种出版机制；促进新营销模式的诞生；推动出版改制。

此外，相关的论文还涉及高校学报与产学研结合的发展模式探讨、科技期刊编营分离经营模式的实践、探索科技期刊的专业培训之路、科技期刊经营的新模式：主办媒体见面会、医学期刊携手基层医院，探索互利共赢的发展模式等。

另一方面，也有论文指出，高校学报综合性的办刊模式遭遇了市场经济和我国高等教育体制改革的双重冲击，在发展中遇到了不少困难。赵晓兰在《高校学报的办刊模式评析》（中国出版，2011年第5期）中提出，从高校学报整体发展来看，专业化改革仍然停留在理论探讨上，可行性措施与实践运作甚少，尽管已经出现几种专业化模式，但都存在各种各样的问题，至今没有一个切实可行的模式出现，综合性仍是高校学报的主要特色。

（二）期刊组织建设研究

一个良好运行的组织是团队发展的保证，一个优秀的报刊组织则是报刊优质出版的前提。为了促进优秀报刊组织的建设，一大部分研究者进行了相应研究。

例如，刘淑华在《建立科学的内部管理制度，实行人本化管理》（编辑学报，2011年第4期）里提出，为进一步提高期刊的质量和办刊水平，《华南理工大学学报（自然科学版）》编辑部树立人本管理理念，以提高编辑素质为切入点，加强内部管理，建章立制，重点建立并完善了质量管理制度岗位责任制和绩效考核制度，取得了一定成效。

胡虹、余毅的《高校学报的人本属性和组织管理》（四川理工学院学报：社会科学版，2011年第1期）立足于切斯特·巴纳德的组织理论，阐述以人为本的组织管理思想和人的全面发展的内涵，结合高校学报的组织结构及功能定位，分析高校学报组织中的个人和团体的人本属性，讨论管理者和被管理者的共同属性，提出高校学报在体制和机制上的组织管理创新思路，推动构建高校学报以人为本的管理机制，以实现高校学报的科学发展。

陈峰、王亚秋、徐若冰在《期刊社的学习型组织建设构想》（编辑学报，2011年第1期）中围绕"六个强调"进行期刊社学习型组织的改革与实践，通过建立有效的信息反馈、组织反思、成员共享系统，使学习型组织建有所用，并将其贯穿于日常工作中，从而全面提高编辑人员的综合能力和整体水平，走内涵式发展之路，促进期刊社和谐发展。

五、报刊出版个案与对比研究及国外期刊出版研究

（一）报刊出版对比与个案研究

报刊出版研究中，个案研究的方法运作得十分普遍，大部分论文都找取了特定的研究对象，总结出一般的发展规律。与此相较，对比研究的方法就用得相对较少。通过对不同国家、不同地区、不同性质报刊的了解、比较，可以更快地发现问题，提供改进借鉴。越来越多的人认识到了报刊对比研究的重要性，在2011年的研究中，对比研究的方法已经被一部分研究者采用。

中外期刊的对比一直受到行业的重视，在2011年的相关研究中，这一方面取得一定突破。研究成果中，除了类似周舟的《学术期刊网络出版国内外研究综述与思考》以及贾佳、潘云涛的《期刊强国各学科顶尖学术期刊的分布情况研究》这种具体类群期刊的比较外，部分成果是具体期刊细节工作的比较。例如王兰英、王连柱、雍文明等人的《基于语料库的中美医学期刊英文标题文本对比研究》和史利红、董瑾的《中外计算机类期刊英文摘要的结构对比分析》等。在中外对比研究中，关于中美对比的研究最多，涉及教育期刊与学术发展的历史考察、期刊品牌营销的差异化策略等问题。

但总体而言，中外期刊比较研究尚未形成气候，中国研究者对海外期刊的研究较多地集中在介绍海外期刊的办刊方式或者运作理念上，多为现象描述，少见系统深入的、实质性的比较研究。吴赟在《中国期刊媒介研究的学术脉络与拓展进路》（河南大学学报：社科版，2011年第2期）中就明确表示，比较视野中的期刊研究应当在高度、广度和深度上下功夫，深度阐释和理论辨析需加强。具体来说，一些比较研究论文偏重于对国外期刊个体、现象和机构的介绍、描述，缺乏深入的实质性的对比分析；一些论文则停留在材料的堆砌和"河对江、红对绿"之类的简单对比层面，缺乏必要的理论和方法支撑。科学的研究方法和规则的缺失，会使收集材料的过程和研究结论都有屈从成见的痕迹，那么，比较研究的价值有多大也就存在疑问了。

除了中外对比外，国内期刊的比较分析也有一定的数量，例如我国自引率不同的科技期刊文献计量学特征的对照研究，学术期刊传统审稿机制与网络化审稿机制的比较分析等。但这部分论文无论在数量还是质量上都需提高。

（二）国外期刊出版研究

国外期刊出版的成功经验能为我们的发展提供参考，其存在的不足更能为我们的发展提供警醒。

具体来说，卢虎、章莉的《欧美学术期刊定价战略研究》（中国出版，2011年第23期）指出，美国、英国、德国、荷兰等国学术期刊出版者根据自身特

点和市场营销状况，制定和实施与自身战略目标相适应的定价战略，通过制定价格、修订价格、变更价格，依靠现有的资源水平获得更多的利润（赢利）或实现自己社会公益的目标（非盈利），其经验值得我们学习。刘强的《日本杂志业发展模式研究》（中国出版，2011年第24期）指出，日本杂志业根据读者需求设计了价格策略和销售渠道的差异化，保证了杂志业市场的长期繁荣和稳定，这也构成了日本杂志产业的鲜明特点。但是，日本杂志业中积累的一些问题，如寄销制影响了市场的进一步发展。日本杂志业的经验教训对于正在走向产业化的中国杂志业不无裨益。

此外，国外期刊出版研究还涉及国外医学期刊经营中的服务理念、韩国"同人杂志"的发展与流变、国际科技期刊的新闻政策及引入我国的必要性、国际科技出版集团商业模式对我国科技期刊发展的启示、国际学术期刊的商业化发展与市场推广等问题。

六、报刊研究的特点和不足

（一）报刊研究呈现的特点

1. 2010年报刊研究特点继续保持

《编辑出版学研究进展（第二卷）·2010年度报告》总结出报刊研究特点为传统议题论述集中的情况下出现新现象、重视期刊品牌、质量研究、引入其他学科、理论进行出版研究这三点。

"重视期刊品牌、质量研究"方面，和2010相比，名刊建设、精品期刊建设成为2011年研究的重点之一。"引入其他学科、理论进行出版研究"方面，来自文学、历史学、社会学、传播学、新闻学、出版学、信息管理学等学科领域的研究者从不同的视角对报刊出版进行了研究。在引入的学科和理论中，出现频率最多的依旧是传播学和生态学。在2011年的研究中统计学、社会学、协同理论等学科和理论被引入报刊出版研究。

2. 大批论文在数据统计的基础上完成

本年度的论文有很大一批都是在数据统计的基础上完成的，这一方面体现了报刊出版研究方法的拓展，另一方面也体现了研究者脚踏实地做学问的态度。

2011年发表的在数据统计的基础上完成约有25篇，涉及由万方数据看河北省高校社科期刊现状、体育类学术期刊的文献计量研究、河南省105种科技期刊编校质量审读差错分析、SCI收录期刊发表的论文数据看SCI对我国科技期刊的影响、科技期刊影响力数据稳定性的数学描述等多个领域。

3．相对集中的研究领域，体现出研究好态势

报刊出版的各个研究领域均有一定数量的成果出现，但绝对数量的论文集中在报刊类群与个案研究、报刊编辑工作研究这两个领域。

集中在"类群与个案研究"领域，说明报刊业是多种形式、多种类别的报刊族群和个体的集合，不同的报刊族群和个体之间有许多共性，但其特殊性也是比较突出的，因此，对报刊进行分类研究和个案分析便成为研究报刊生态、审视报刊现象的基本程序和重要方法。

集中在"编辑工作"领域从侧面说明，对报刊编辑活动进行探讨的论文中，除少部分由高校师生和专业研究机构的人士撰写外，更多论文是出自身处实践一线的报刊编辑人员之手，这是报刊编辑群体的主体意识与专业理念的彰显，而这一点正契合了报刊编辑研究从属的编辑学研究在中国兴起、发展的部分动因。

（二）报刊研究存在的不足

1．2010年报刊研究不足依旧存在

论文内容同质化严重，存在一稿多投情况；著作出版虽数量增加但质量有待提高；论文研究结构上存在不足。这些问题在《编辑出版学研究进展（第二卷）·2010年度报告》中已经做了总结，且2011年情况类似，在此不再赘述。

2．期刊研究碎片化

我国的期刊研究一直处于相对薄弱的状态，不仅数量上远逊于对其他媒体的研究，研究视角比较狭窄单调，更没有出现过系统、专门的理论研究。陈冠兰在《期刊研究的碎片化》（中国出版，2011年第4期）就指出，我国的非学术类期刊研究呈现零碎、片断、不成系统的"碎片化"特点，大多数着眼于期刊的编辑业务、经营管理等应用层面，或停留在对某一份或某一类期刊的个案或类别研究，缺乏宏观、整体的理论研究，未能体现期刊与社会政治经济文化系统的互动，对期刊的传播价值与社会影响等未予以足够重视。

3．报刊出版史研究仍是报刊出版研究领域的一个薄弱环节

2011年，关于报刊出版史研究的论文较少，成果多体现在专业图书出版领域，共有18本图书出版。除去研究传教士中文报刊史、近代报刊与政治关系、中国红色报刊图史的几本图书外，其余基本都是以某一种特定报刊为研究对象。

统观近几年的报刊出版史研究，可以看出，除全景式的通史类著作和对期刊类群进行历史研究的著作较少外，目前不足还在于，研究思路较为单一，研究涉及面较窄，大多数处在期刊通史类著作的撰述、期刊类群和个案的专题历史研究、期刊媒介组织和期刊品牌发展史研究等多个方面，有待取得更大突破。

4. 大批理论参照系与研究方法缺失

目前我国的报刊研究虽有部分研究者开始注意到理论参照系与研究方法的重要性，但仍较为普遍地存在理论参照系与研究方法缺失的问题，这一问题尤其突出地体现在相关的研究论文上。2002年以来中国每年公开出版的报刊出版研究方面的文章都在1000篇左右，但不少论及期刊的文章缺乏方法意识和理论深度。

5. 新兴热点问题研究关照不够

本年度，报刊出版研究领域针对热点问题的研究明显处于疲软态势，研究者对于热点问题的关注明显不够。

例如，关于绿色出版、云出版、微博等热点问题的研究仅有刘英的《绿色出版行动带给期刊行业的思考》，杜燕军、贾伟峰的《基于"云计算"环境的学术期刊编辑工作探讨》，钟细军、厉亚的《云计算与期刊云：科技期刊未来的新平台》，董宝君的《微博时代期刊的生存之道》，郑妍、周琳达、沈阳的《中国消费类期刊的微博营销研究》，王亚新、史春薇、仲崇民等人的《在数字化条件下微博对科技期刊的影响》等有限的几篇文章。

对这些新兴热点问题关照不够，一方面说明研究者对于行业新发展的研究可能还处于观察阶段，另一方面则是从侧面反映报刊出版研究主题存在老化、固化现象。

小 结

2011年，我国报刊出版研究继续呈现出积极活跃的态势，在几个方面保持着良好态势：期刊类群研究取得了大量研究成果；研究方法和研究思路逐渐走向成熟；重视趋势研究，区域化、品牌化、厚刊化、多版化、产业化、网络化、集团化、国际化等行业发展趋势研究成为研究重点。

通过分析可以发现，我国目前的报刊研究有浓重的实务化取向，越来越多的人开始重视实务研究，但也暴露出理论研究和期刊与数字技术研究是薄弱环节的不足。另外，还有很多研究的遗漏环节和薄弱环节有待于在未来的研究中填补。

中国报刊产业有着极大的发展潜力，报刊研究者有望在已有成绩的基础上取得更大的突破，推出更多有分量的学术成果。

撰稿：王上嘉（北京印刷学院）

主要参考文献：

[1] 尹农．从期刊30强看我国杂志产业发展．现代传播，2011（10）

[2] 张治国．论学术期刊转企改制的难点与出路设计．出版发行研究，2011（11）

[3] 梁小建．学术期刊转型的趋势与方向．出版发行研究，2011（11）

[4] 尹玉吉．论中国大学学报现状与改革切入点．清华大学学报：哲社版，2011（4）

[5] 朱剑．也谈社科学报的现状与改革切入点：答尹玉吉先生．清华大学学报，2011（4）

[6] 冯民，王士忠，张士莹．推进高校学报改革，首推应为联合办刊．中国科技期刊研究，2011（5）

[7] 彭桃英，熊水斌，骆超．高校学术期刊管理机制与运营机制改革探讨．中国科技期刊研究，2011（2）

[8] 隅人．科技期刊的转企改制．中国科技期刊研究，2011（2）

[9] 隅人．科技期刊改革发展的历史节点和时代背景．中国科技期刊研究，2011（1）

[10] 陈新贵，杜晓宁，刘冬等．材料类期刊集群网络出版平台：材料期刊网的建设与实践．中国科技期刊研究，2011（4）

[11] 张治国．论学术期刊转企改制的难点与出路设计．出版发行研究，2011（11）

[12] 张黎敏，夏一鸣．期刊集团的共生、战略聚类与治理原则．中国出版．2011（1B）

[13] 张贤明．迈出高校学报专业化、集团化步伐．中国新闻出版报，2011．2.17

[14] 王海峰．高校学报集团化与区域化发展论辩．编辑之友，2011（2）

[15] 林芗，梁新潮．数字化转型时期纸质期刊生存空间的思考．出版发行研究，2011（6）

[16] 高莉丽．数字化科技期刊的发展现状及与传统科技期刊的互补性分析．科技管理研究，2011（17）

[17] 尹农．数字化时代传统杂志业的升级创新：台湾地区杂志业为例．南京政治学院学报，2011（6）

[18] 段麦英，崔萍．我国期刊实行优先数字出版之我见．晋图学刊，2011（2）

[19] 毕淑娟，肖素红，黄春晓等．网络预发布对提高论文时效性的重要意义：以《金属学报》为例．中国科技期刊研究，2011（2）

[20] 卢全，游苏宁，干岭等．中华医学会系列杂志实现全媒体出版的SWOT分析．编辑学报，2011（2）

[21] 江琪琪，游苏宁．以中华医学会系列杂志为例探讨我国科技期刊实行全媒体出版的可行性．中国科技期刊研究，2011（5）

[22] 韩锟，黄翊彬，孙静. 中华医学会系列杂志实现全媒体出版可行性的初步调研. 出版发行研究，2011（4）

[23] 汤超，胡冰，杨蕾. In Design在期刊跨媒体出版中的应用实践. 中国科技期刊研究，2011（2）

[24] 中国传媒大学党报党刊研究中心课题组. 现实与前瞻：党报全媒体之路——"人民共和国党报论坛"第七届（2010）年会综述. 现代传播，2011（2）

[25] 胡政平. 学术期刊数字化的本质及其相关问题. 甘肃社会科学，2011（5）

[26] 胡政平. 学术期刊数字化的利弊及其改进建议. 出版发行研究，2011（10）

[27] 王华生. 数字网络环境下学术期刊传播方式的变革及因应策略. 河南大学学报：社科版，2011（6）

[28] 马建华，沈华，刘培一. 我国科技期刊国际合作基本模式探. 中国科技期刊研究，2011（6）

[29] 沈华，刘培一，马建华. 中国科学院科技期刊国际合作调查与思考. 中国科技期刊研究，2011（6）

[30] 金生，游苏宁，任红等. 探索医学期刊的国际化之路. 中国科技期刊研究，2011（6）

[31] 方福前. 我国人文社科期刊怎样和国际接轨. 中国社会科学报，2011.7.26

[32] 孙强. 复杂性时代与中国学术期刊的文化观照. 中国出版，2011（12B）

[33] 张惠. 学术期刊数字化面临的著作权侵权风险及其规避. 出版发行研究，2011（12）

[34] 张洪成. 新时期科技期刊创新发展的探索实践. 编辑学报，2011（2）

[35] 李若溪，游中胜，田海江等. 数据密集型科学环境中科技期刊的数字化走向. 编辑学报，2011（6）

[36] 刘英. 学术期刊乱象治理的瓶颈及对策. 科技与出版，2011（8）

[37] 钦建军，井建斌. 论学术期刊的困境与出路. 天津行政学院学报，2011（3）

[38] 王海峰. 高校学报集团化与区域化发展论辩. 编辑之友，2011（2）

[39] 吴庆丰. 地方高校社科学报区域性发展策略. 广西社会科学，2011（8）

[40] 李翠芳. 少数民族文学期刊的多元文化处境. 中国出版，2011（8A）

[41] 刘增杰. 中国现代文学期刊研究的综合考察. 河北学刊，2011（6）

[42] 杨曙. 当代女性期刊在男权语境下的困境与出路. 出版发行研究，2011（6）

[43] 边晓璇. 女性时尚杂志对青年女性消费心理与行为的影响：一项以问卷调查为主体的实证研究. 东南传播，2011（7）

[44] 方平. 中国女性期刊发展纵览. 新闻界, 2011 (4)

[45] 陈宁. 中国男性期刊研究中的五个问题. 出版发行研究, 2011 (2)

[46] 谭琼. 中国男性杂志的文化解读. 编辑之友, 2011 (12)

[47] 王亚秋, 陈峰, 王家暖等. 强化编委职能, 实现科技期刊可持续发展. 编辑学报, 2011 (3)

[48] 林松清, 张海峰. 发挥科技期刊编委的作用与相应对策. 编辑学报, 2011 (5)

[49] 陈蒙腰. 高校文科学报编委会的作用. 漳州师范学院学报, 2011 (1)

[50] 吉家友. 网络时代对期刊编辑工作的挑战及应对策略. 平顶山学院学报, 2011 (4)

[51] 兰桂杰. 论期刊编辑工作的现代化. 东北财经大学学报, 2011 (3)

[52] 刘淑华. 转企改制后科技期刊编辑工作的新特点. 编辑之友, 2011 (8)

[53] 张籐卿. 例谈期刊编辑策划选题能力. 出版发行研究, 2011 (12)

[54] 李军领. 现代期刊专题策划多元主体模式初探. 编辑之友, 2011 (9)

[55] 邵凯云. 高效低耗审稿视阈下的责编角色. 中国出版, 2011 (10B)

[56] 苗凌, 刘杨, 赵大良. 学术期刊传统审稿机制与网络化审稿机制的比较分析. 编辑学报, 2011 (2)

[57] 彭春芳. 期刊的编校策略. 编辑之友, 2011 (4)

[58] 孙丽莉. 科技期刊编辑在作者清样校对环节的作为. 编辑学报, 2011 (4)

[59] 刘玉姝, 王东方. 建立研究生作者群与科技期刊双赢关系的举措. 编辑学报, 2011 (6)

[60] 胡志刚, 刘则渊, 王贤文. 期刊作者群的新陈代谢规律研究. 情报学报, 2011 (11)

[61] 方理华, 徐欢, 乔亚. 独立主编: 细分化的学术期刊出版模式. 中国出版, 2011 (11B)

[62] 王鹏飞. 当前出版界"作家办刊"模式的兴起. 中国出版, 2011 (2B)

[63] 赵晓兰. 高校学报的办刊模式评析. 中国出版, 2011 (4A)

[64] 刘淑华. 建立科学的内部管理制度, 实行人本化管理. 编辑学报, 2011 (4)

[65] 胡虹, 余毅. 高校学报的人本属性和组织管理. 四川理工学院学报: 社会科学版, 2011 (1)

[66] 陈峰, 王亚秋, 徐若冰. 期刊社的学习型组织建设构想. 编辑学报, 2011 (2)

[67] 吴赟. 中国期刊媒介研究的学术脉络与拓展进路. 河南大学学报: 社科版, 2011 (2)

[68] 卢虎, 章莉. 欧美学术期刊定价战略研究. 中国出版, 2011 (12A)

[69] 刘强. 日本杂志业发展模式研究. 中国出版, 2011 (12B)

数字出版和新媒体出版研究综述　　　张　茂

2011年，数字出版和新媒体出版的发展势头依然强劲。出版界在忧虑其对传统出版业的挑战和冲击时，也期待着它促进出版业的转型升级，带来新的经济增长点。在这种矛盾的心态下，出版研究者看待数字出版和新媒体出版的角度，关注的焦点和难点都不尽相同。但有些共识已经达成，最突出的一点是：数字出版和新媒体出版的发展趋势不可逆转，其面临的问题也不能回避。如何立足实际，面对新形势、新任务有效地破解难题，突破数字出版和新媒体出版的发展瓶颈，成为大多数出版学者和从业者进行研究的初衷和立足点。

2011年，围绕数字出版和新媒体出版，共有17次学术会议召开。新出版的以数字出版和新媒体出版为研究对象的学术专著有6本。此外，还有一大批学术论文、调研报告、硕博论文等发表。

本综述主要围绕2011年在国内正式发表的以数字出版和新媒体出版为研究对象的300多篇重要学术论文展开，并在此基础上参考了部分相关的硕博论文和专业学术会议成果，分八部分撰写而成。

一、数字出版发展研究

数字出版早已不是一个新生的事物，人们对它的认识也在逐步深入。2011年，对于数字出版发展的研究，主要围绕两个基本方向展开：一是总结发展经验，探寻数字出版的现存问题、发展模式和本质；二是展望发展趋势，规划数字出版的未来方向和发展路径。较有代表性的观点有：

祝兴平在《我国数字出版跨越式发展的瓶颈与短板》（中国出版，2011年第2期下）一文中指出，在数字出版迅速崛起的同时，也遭遇了诸多瓶颈和短板，包括产业链条尚未形成、行业标准滞后、版权困局亟待破解、警惕终端阅读器泡沫、商业模式仍不成熟、自主研发能力不足、人才培养严重脱节、法规监管仍需加强、产业联盟还很脆弱，这些问题阻碍了产业的健康发展，必须引起业界和国家主管部门的高度重视、认真应对和有效解决。

方卿在《资源、技术与共享：数字出版的三种基本模式》（出版科学，2011年第1期）中认为，经过数十年的探索，数字出版已形成了三种基本的成功模式，分别是基于内容资源的模式、基于数字技术的模式和基于开放共享理念的模式。其中，基于内容资源的模式主要包括高端内容资源、原创内容资源和集成内容资源三种实现形式，基于数字技术的模式主要包括阅读终端技术、出版平台技术和数字权利管理技术三种实现形式，基于开放共享理念的模式包括开放存取仓储和开放存取期刊两种实现形式。

陈邦武在《略论数字出版的"中心论"——对数字出版本质的再探讨》（出版发行研究，2011年第10期）一文中认为，就数字出版的本质而言，各种形式的"中心论"已然成为当前的主流观点：一是从"技术中心"到"内容中心"再到"读者中心"；二是传统出版单位应该成为数字出版的主导者；三是数字出版产业链的各个环节应该各司其职，以形成自己的核心竞争力，而不应上下游扩张与通吃。然而，作者也认为各种形式的数字出版"中心论"无视数字出版企业之间的诸多差异与数字出版产业的发展环境而对它们采取同一中心、同一标准加以衡量与研判，简化了企业之间的竞争合作模式，限制了数字出版的发展活力，在当前同质化竞争还比较严重的数字出版发展生态环境下，只有摒弃各种形式的"中心论"才能真正解放思想，从而激活数字出版企业不竭的创新动力与丰富多样的发展模式。

王雪莲、王桢磊在《关于提升我国数字出版产业实力的思考》（中国出版，2011年第3期下）一文中认为，当前我国数字出版存在的主要问题有：数字出版缺乏统一标准和格式、版权保护力度不够、有效的赢利模式尚未建立；并提出了又好又快发展数字出版产业的策略：打破行业壁垒、加快管理制度的创新，加大版权保护力度、建立版权交易综合服务平台，探索有效的赢利模式。

陈邦武在《数字出版产业的范围经济实现路径》（编辑之友，2011年第9期）中认为，数字出版较之于传统出版，其竞争优势不在于规模经济而在于范围经济，要想实现范围经济，就要遵循以下路径：以出版流程整合与内容整合的互动，实现范围经济；以读者需求的个性化与社会化的统一，实现范围经济；以产业整合与分工的协调，实现范围经济。

二、数字出版商业模式与盈利模式研究

多数研究者认为，商业模式与盈利模式的不确定已经成为我国数字出版进一步发展的瓶颈。正因为认识到这一点，有关商业模式与盈利模式的研究一直是一个热点研究问题。然而，到目前为止仍没有一种被业界和研究者普遍认可和接受的结论，我国数字出版的商业模式与盈利模式仍在探索过程之中。有借鉴意义的观点有：

金雪涛、唐娟在《数字出版产业价值链与商业模式探究》（中国出版，2011年第2期上）中认为，数字出版的发展使传统的受众创造型双边市场演变为单

边、双边和多边三种不同类型的市场，基于此三种市场的企业商业模式也不尽相同，具体为单边市场模式：消费者直接对内容付费，其实现形式主要包括电子书模式、数据库模式、在线教育模式、按需出版模式四种；双边市场模式：免费（低价）内容+广告盈利模式；多边市场模式：整合营销平台。

肖叶飞、王业明在《数字出版的商业模式与产业链重构》（编辑之友，2011年第7期）中指出，目前，数字出版已形成了以读者为中心，基于内容阅读、在线广告、出版服务、网络营销等增值服务的多种商业模式：网络营销模式、在线广告模式、订阅模式、按需印刷（POD）模式、补贴数字出版商模式、免费经销商模式、自我出版模式、开放存取模式、按次付费模式、在线教育模式。

邓敦夏在《传统出版企业数字出版商业模式探讨》（中国出版，2011年第12期下）一文中根据国内外在数字出版盈利模式创新方面的实践，认为传统出版企业在谋划数字出版时可以采取以下商业模式：版权保护+合作分利模式、跨媒体越域+组合经营模式、技术创新+增值服务模式、读者购买+数据库模式。

齐学进在《在数字产品的深度开发中构建盈利模式》（出版发行研究，2011年第9期）中立足自己的工作实践，从理论与实践结合的角度，提出数字产品的丰富性、多样性、灵活性、变化性特点，本身就使得数字出版在盈利实现方式上具有丰富性、多样性、灵活性、变化性；我们真正缺少的是能持续盈利的数字产品，而不是缺少盈利模式。作者就数字出版盈利模式总结了五个方面的路径：换装型盈利——数字产品的有形化转化、打包型盈利——B2B的线下打包销售、数据库型盈利——潜心打造数据库、定制型盈利——根据客户需求个性化定制、服务型盈利——为读者提供深度服务。

三、传统出版向数字出版转型研究

一直以来，传统出版向数字出版转型的研究，可以粗略地分为两个类别：一是研究"为什么转"，二是研究"怎么转"。随着数字化转型成为出版界的共识，越来越多的研究者将关注的重点放到了"怎么转"上，包括转型中存在的问题及应该采取的策略路径等。对于"为什么转"的研究也由原来大部分论文立足于传统出版的危机过渡到立足于数字出版的技术特点等，显现了传统出版界对数字出版认识的不断深化及其转型意愿从被动到主动的变迁。

施高翔在《传统出版社在数字出版中的困境及解决方案探索》（科技与出版，2011年第7期）一文中认为，传统出版社在数字出版中主要存在六方面的问题：一是数字出版的定义问题；二是传统出版社在数字出版中的核心地位问题；三是数字作品的版权保护问题；四是数字作品资源不足的问题；五是人才问题；

六是数字出版的赢利模式问题。作者针对这些问题提出四个解决办法：一是充分用好内容资源；二是改变出版观念；三是探索赢利模式；四是抓好人力资源。

李芳在《布鲁姆伯瑞出版社的数字出版策略及其启示》（出版发行研究，2011年第7期）中，分析了英国独立出版商布鲁姆伯瑞出版社在发展数字出版的过程中，制定和实施的四大策略：以平台积聚内容资源策略、以数据库实施内容策略、以新技术激活学术书市场策略、以软件实现内容增值策略。从布鲁姆伯瑞出版社的这四大策略中，我国出版社可以从中获得三大启示：内容及对内容的专业加工是传统出版商进入数字出版之本，新技术是重构和提升传统出版、扩大和增加传统读物价值之力，商业模式是决胜数字出版之道。

李华在《跨媒体出版是一种策略》（编辑学刊，2011年第1期）中，将传统出版社数字化转型分为三类，即：运作平台与阅读器、远程小型数据库、授权内容给现有平台。

赵晓丽在《从数字技术的特质优势看传统出版向数字出版转型乃大势所趋》（编辑之友，2011年第10期）一文中对数字技术做了分析，认为其特质及优势一是数字技术的成熟和发展，消弭了媒介形态的物理差异，加速了出版资源的整合；二是数字新媒体技术的发展，改变着人们的阅读习惯；三是网络技术使用户生成内容（UGC）成为可能，UGC模式使数字出版更胜一筹；四是数字技术使长尾理论更好地发挥效用；五是网络技术的强销售模式刺激传统出版进军数字出版领域；六是数字技术推动绿色出版，提出应大力提倡绿色出版。作者认为，从以上数字技术的自身特质及优势，可以看到数字出版的潜力和出版社的未来发展方向所在，出版社从传统出版向数字出版转型是大势所趋，势在必行。

四、音像电子出版研究

在数字技术突飞猛进的背景下，曾经的技术领先者音像电子出版业的没落已经成为一个不争的事实。正因为没落，也因为必须生存下去，音像电子出版部门的转型相对于其他部门更为迫切，也更需要研究者去关注和出谋划策。然而，音像电子出版研究的状况始终不容乐观。2011年，关于音像电子出版研究有价值的观点有：

刘云波在《左手内容，右手服务——中小型教育类电子音像出版社数字化之路》（编辑学刊，2011年第4期）一文中，归纳了立足中小型教育类电子音像出版单位的特点，认为：中小型的规模决定了这类电子音像出版社难以打造一个大型的融资平台；教育类出版的特点，决定了有利有弊，在利的方面，内容的特殊性，国家相关的保护政策，使得它们有条件把握内容资源的控制权，然而，中小型教育类出版社受制于其实力和规模，在选题的创新和资源占有上往往相对处于劣势；在电子音像方面，电子音像类出版社没有文字版权。据此，作者认为此类出版单位的优劣势有：在技术方面，难以找到适合的融资渠道，惯性思维和长期的依赖使得其数字出版的理念和意识较为薄弱，在技术上投入不足，其人才方面虽具有一定的技术储备，但并不能满足数字出版的需要；在内容方面，内容的特殊性以及国家的政策保护使得他们具有把控内容控制权的潜力，但内容创新不足使得他们在内容资源的掌控上存在劣势；在服务方面，读者对象的稳定以及先天的信息素养，使得他们有条件在服务方面找到更大的发展空间，然而，要形成规模化、系统化的服务，资金和人力的保障是必需的，因此中小型电子音像出版社在服务上要想发展壮大还需魄力和勇气。据此，作者提出了中小型教育类电子音像出版单位数字出版转型的建议，即要强化数字出版的理念和意识，增强决策能力；要增强内容的创新能力；以服务为出发点，逐步切入数字出版。

五、网络出版与网络编辑研究

2011年，对于网络出版和网络编辑的研究，呈现出多元化和多向度的特点。研究者关注的焦点有网络出版物的质量、价值，网络出版的日常监管以及网络编辑的素质提升等。

王勇安、佑新学在《关于建构网络出版质量保证体系的思考》（中国出版，2011年第3期上）中从网络出版的基本模式出发，分析了网络出版模式和影响网络出版的质量因素，确定了资源选择、过程规范、系统管理、活动评价、资质认证、社会认同的网络出版质量保证的六大要素，并提出了"标准规范、管理评价、双重认证"的网络出版质量保证体系的理论模型。

汪新红、彭绍明在《互联网出版物的形态和价值》（编辑学报，2011年第2期）一文中，将互联网出版物的形态概括为优先数字出版物、集成型网络全文数据库出版物、专题知识数据库出版物，认为其价值主要有五个方面：权威性检索服务、增值性知识服务、互动评价服务、知识网络、多种媒体融合。

卢大振在《加强网络出版监管的六点建议》（出版参考，2011年第18期）一文中认为，目前网络出版监管主要存在三方面问题：一是网络出版法规滞后，准入机制不健全；二是网络环境下的著作权保护措施落实不到位；三是监管技术手段还无法跟上网络出版新业务、新模式的发展速度。为做好网络出版监管，应重点抓好六个方面：一是完善网络出版管理法规体系，由被动监管向主动监管转变；二是建设网络版权监管系统和版权公共服务平台，形成数字版权保护壁垒；三是加强联防协作机制，由分散监管向统一监管转变；四是用主流文化占领网络阅读主阵地，由终端监管向源头治理转变；五是加快技术研发，通过技术手段提高监管效率；六是加大查处力度，推动全社会参与监督。

王兆国在《网络出版时代编辑需要强化的几种意识》（武汉理工大学学报：社会科学版，2011年第4期）中，概述了网络出版时代编辑应该具备的几种意识：版权意识，具体应做到明确纸质图书的网络版权归属、增强网络出版物的版权保护意识；内容把关意识；全程策划意识；交互意识。

六、手机出版研究

作为一种新兴的出版方式，手机出版受到很多研究者的关注。找出其发展的瓶颈和问题，提出相应的对策与措施是2011年手机出版研究的热点。在研究的过程中，3G技术作为一个重要的因素，被引入很多研究者的思考过程中。此外，对手机出版中编辑策划意识的探讨，也是研究的一个亮点。

戴世富在《手机出版的发展瓶颈与对策研究》（中国出版，2011年第6期下）一文中，认为我国手机出版存在的发展瓶颈主要有：内容同质化严重，缺乏创新性；赢利模式还不够清晰，产业链不完整；版权保护体制不健全；行业标准不统一。并提出了相应的对策：提高手机出版内容生产的原创性和针对性；实施手机出版赢利模式的差异化和多元化；实现手机出版数字版权的法规化；统一手机出版的行业标准。

田振霞在《我国手机出版发展面临的问题及解决方案》（编辑之友，2011年第2期）一文中，将手机出版放置在3G技术大规模应用的背景下，认为尽管我国的手机用户已超过7亿，手机出版又保持着较快的增长速度，但3G市场的不成熟导致其不可能培养出稳定的消费者。参照日韩等成熟的3G运营模式，作者提出六条解决方案：获得政策和法律的支持——解决手机出版合法地位的问题；设立监管机构，保证手机出版顺利进行——解决监督问题；确定目标读者，制订行业标准——解决行业标准问题；完善的著作权保护与加密手段——解决著作权问题；完善产业链——合理分配产业收益；丰富内容——满足读者个性化需求。

牛丽红在《3G网络下我国手机出版整合的思考》（编辑之友，2011年第9期）一文中指出，手机出版整合了媒介的特质、媒介技术的结晶、媒介内容的精髓及媒介营销的内涵。在3G时代，随着数字技术的进一步发展，以往所有传媒形态的界限终将打破，手机出版将整合所有的媒介形态、内容、功能等，手机最终会成为集电话、电脑、电视机于一体的"综合信息服务终端"。

王威在《手机出版中编辑的策划意识》（中国出版，2011年第9期下）中提出，目前手机出版急需编辑策划，其理由有：手机出版的内容来源日益多元；当下手机出版内容大多是传统出版物的转引或者是网站内容的缩减化处理，这种"搬运工"式的粗陋编辑不能体现手机出版的独到之处，将直接导致手机出版魅力和吸引力不足，用户黏性势必下降；手机出版的竞争迟早会来。作者认为，在手机出版活动中，编辑应具有策划意识，同时要变单一媒体策划为全媒体策划、变周期策划为全时策划、变单一策划为复合策划。手机出版编辑策划的着力点主要包括：一是受众本位，充分考虑受众需求；二是扶持作者，充分激发作者潜力；三是手机特质，充分理解手机媒体特征；四是强化互动，做好全方位策划。

七、电子书出版研究

随着电子书出版的迅速发展，研究者对其认识也在不断深化。如何加快电子书产业的发展，成为很多研究者关注的主要问题。立足于此，有的研究者从宏观角度出发，找寻电子书产业发展中存在的问题，提出相应的对策，设想有利于其发展的政策环境；有的研究者着眼于电子书产业发展过程中的具体问题，如标准化建设、商业模式构建、平台建设等。

赵培云在《持续发展电子书产业的制约因素及其应对策略》（图书馆理论与实践，2011年第10期）中认为，目前制约中国电子书产业持续发展的制约因素有：缺乏相应的运行规则和法律制度；市场竞争无序；技术标准难于统一；资源浪费严重；出版社定位不明；内容资源不足且难以整合；电子书产品还不是普通消费者心目中的预期；运作模式存在冲突；产业链条无法延伸；缺乏成功的商业模式。作者指出，要想促进电子书产业的发展，应该要做到：构建公平的市场竞争环境；创新监管模式；制订行业统一标准；加强数字版权保护法律法规建设；在新产业链中寻找新位置；构建有效的生态环境；建立产业联盟；建设全国性的内容平台；实行高端介入下的专业化实体运作；打造自己独特的商业模式；引进培养数字出版技术管理人才；挖掘核心竞争力。

崔景华、李浩研在《发展电子书产业的公共激励政策分析》（出版发行研究，2011年第3期）中认为，我国电子书产业的发展目前存在三个问题：电子书消费市场规模小，缺乏政府的有效培育和支持；图书电子化进程需进一步加快；科技投入不足。在分析了国外电子书产业的政策制定后，作者就我国发展电子书产业的公共激励政策提出建议：建立健全与电子书出版相关的法律体系；加大财政投入，支持电子书专项研发工作；实施税收优惠措施，促进电子书产业发展；加大金融部门扶持电子书产业的力度；加强行政力度，确实有效保护电子书版权；规范电子书出版标准和格式。

王芳在《电子书标准化建设的目的、现状与对策探讨》（情报科学，2011年第6期）中阐释了电子书标准化建设的目的，即：扩大电子书用户市场；保护电子书的产业链；创造自主性知识产权；提高生产商的竞争力。作者认为，我国电子书标准化的工作，应该积极发挥政府的主导作用；处理好引进和自建的关系；对标准要实施有效的保护；走联合共赢的发展道路。

胡诗瑶在《国产电子书内容平台建设调查分析》（出版发行研究，2011年第1期）中，以抽取的现有国产电子书为样本，在与国外成功的电子书内容平台进行对比的基础上，提出我国电子书内容平台面临的主要问题有：一是电子书产业积极建设内容平台仍占少数；二是电子书内容平台建设中内容资源成发展瓶颈；三是电子书内容平台的开放程度有限；四是电子书内容平台版权机制仍需完善。要解决这些问题，就必须建立一套符合国内电子书产业行情的内容平台模式；加大国内电子书内容平台的内容资源建设；大力推动国内电子书内容平台的开放性进程；完善内容平台版权机制。

刘灿姣、姚娟在《中美电子书商业模式比较研究》（中国出版，2011年第6期上）中指出，我国电子书商业模式存在三大问题：一是战略定位不清晰，产品和服务同质化严重；二是重技术轻内容；三是赢利模式不明朗。作者建议，改进电子书商业模式，可以从以下几点入手：以用户需求为起点，明确企业的战略定位；加强产业链的精诚合作，实现与合作伙伴的共赢；加大内容资源投资，打造数字出版内容品牌；探索多元收入方式，培养数字出版人才。

八、数字出版和新媒体出版版权研究

2011年，对数字出版和新媒体出版版权的研究，有了一些新变化：一是版权保护研究的立足点不再局限于国家层面、从法律角度阐释，而是就出版者应尽的义务做了说明。二是对版权的研究由聚焦于"保护"发展到关注"获利"，创新版权利用的方式。

何剑秋在《数字出版与版权保护——关于"合理注意义务"》（编辑之友，2011年第2期）一文中，就"合理注意义务"做了阐释。作者认为，出版人的"合理注意义务"就是出版者对其出版作品的著作权归属、状态和对方签约人的主体资格、权限以及作品内容合法性的"审查"。具体包括：对著作权归属、状态和对方签约人的主体资格、权限的审核；对作品内容合法性的审核——是否侵犯他人的著作权；是否侵犯他人合法权益；对是否违反我国宪法、法律、法规的审核，主要审查作品中是否含有《出版管理条例》第26及27条所禁止的内容。

魏彬在《我国数字出版业知识产权证券化交易探析》（编辑之友，2011年第5期）一文中认为，数字出版业知识产权证券化交易的意义主要有：一是数字出版业知识产权证券化交易，有助于推动我国文化领域的整体创新；二是知识产权证券化交易，有助于强化传统出版企业从事数字出版业经营的实力；三是知识产权证券化交易有助于数字出版领域民营中小企业的发展。但同时，作者也认为我国数字出版业知识产权证券化交易面临着一定的困难：不同地区资本市场发展的水平不齐制约了数字出版知识产权证券化活动的开展；核心制度构建的不完善性；传统出版企业对数字出版知识产权掌握不够。要推动我国数字出版业知识产权证券化交易的发展，应该做到：传统出版企业加强对传统出版物数字出版版权的获取和应用；进一步完善涉及数字出版业知识产权证券化交易的核心制度；推动合格市场交易主体的发展。

小　结

与数字出版及新媒体出版的飞速发展相呼应，相关的研究工作也在不断展开。相对于前两年，2011年的数字出版和新媒体出版研究呈现出三个特点：

一是研究对象及研究问题的日趋多元化。随着数字技术应用范围的不断扩大，出版业的数字化转型日趋全面和多元。技术的无限可能衍化出许多新生的产品及创新的应用方式，既带给出版业大量机遇，同时也带来大量问题。研究者立足实际变迁，关注、研究的对象、问题也随之多元化。

二是研究角度逐步走向微观。数字出版及新媒体出版刚刚兴起时，对其发展情况进行整体把握和宏观探讨，是大部分论文的研究方式和行文要点。2011年，更多的论文采用了微观切入，抓住具体问题进行研究的方式，体现了对数字出版和新媒体出版认识的不断深化。

三是利用国外先进经验的日益"本土化"。数字技术发轫于欧美等发达国家，我国数字技术的发展在很大程度上借鉴了国外的先进经验，相关的论文不在少数。以往，这种借鉴主要采用了直接引用、介绍的方式，很多论文都是直接翻译国外的文章，对比我国的国情，有时候多少有些"水土不服"。2011年，研究者在借鉴国外数字出版及新媒体出版发展时，能够更多地考虑到我国的情况，并设法将国外的经验"本土化"。

总体而言，我国数字出版和新媒体出版研究行进在良性发展的轨道上，相关论文的数量不断增多，质量不断提高。但同时，还是存在着一些问题。一是有些概念依然不清。尤其是对"数字出版"这一概念的外延、内涵还没达成共识。二是当前的研究以媒介载体为标志，划分为手机出版研究、网络出版研究、电子书出版研究等。这符合实际情况，带给研究以方便，但也容易带来忽视跨媒体、全媒体研究的缺陷，这种划分方式暂时无须改变，但对多种媒体出版的整合研究却需要强化。三是研究对象的选择上，依然追逐产业热点。尽管从某种角度看，这属于正常现象。但同时，这也会造成研究内容的同质化，抄袭、借鉴的论文居多，真知灼见少，人云亦云多。

撰稿：张　茂（山西出版传媒集团）

主要参考文献

[1] 祝兴平. 我国数字出版跨越式发展的瓶颈与短板. 中国出版，2011（2下）

[2] 方卿. 资源、技术与共享：数字出版的三种基本模式. 出版科学，2011（1）

[3] 陈邦武. 略论数字出版的"中心论"——对数字出版本质的再探讨. 出版发行研究，2011（10）

[4] 王雪莲，王桢磊. 关于提升我国数字出版产业实力的思考. 中国出版，2011（3下）

[5] 陈邦武. 数字出版产业的范围经济实现路径. 编辑之友，2011（9）

[6] 金雪涛，唐娟. 数字出版产业价值链与商业模式探究. 中国出版，2011（3）

[7] 肖叶飞，王业明. 数字出版的商业模式与产业链重构. 编辑之友，2011（7）

[8] 邓敦夏. 传统出版企业数字出版商业模式探讨. 中国出版，2011（12下）

[9] 齐学进. 在数字产品的深度开发中构建赢利模式. 出版发行研究，2011（9）

[10] 施高翔. 传统出版社在数字出版中的困境及解决方案探索. 科技与出版，2011.（7）

[11] 李芳. 布鲁姆伯瑞出版社的数字出版策略及其启示. 出版发行研究，2011（7）

[12] 李华. 跨媒体出版是一种策略. 编辑学刊，2011（1）

[13] 赵晓丽. 从数字技术的特质优势看传统出版向数字出版转型乃大势所趋. 编辑之友，2011（10）

[14] 刘云波. 左手内容，右手服务——中小型教育类电子音像出版社数字化之路. 编辑学刊，2011（4）

[15] 王勇安，佑新学. 关于建构网络出版质量保证体系的思考. 中国出版，2011（3上）

[16] 汪新红，彭绍明. 互联网出版物的形态和价值. 编辑学报，2011（1）

[17] 卢大振. 加强网络出版监管的六点建议. 出版参考，2011（6下）

[18] 王兆国. 网络出版时代编辑需要强化的几种意识. 武汉理工大学学报：社会科学版，2011（4）

[19] 戴世富. 手机出版的发展瓶颈与对策研究. 中国出版，2011（6下）

[20] 田振霞. 我国手机出版发展面临的问题及解决方案. 编辑之友，2011（2）

[21] 牛丽红. 3G网络下我国手机出版整合的思考. 编辑之友, 2011 (9)

[22] 王威. 手机出版中编辑的策划意识. 中国出版, 2011 (9下)

[23] 赵培云. 持续发展电子书产业的制约因素及其应对策略. 图书馆理论与实践, 2011 (10)

[24] 崔景华, 李浩研. 发展电子书产业的公共激励政策分析. 出版发行研究, 2011 (3)

[25] 王芳. 电子书标准化建设的目的、现状与对策探讨. 情报科学, 2011 (6)

[26] 胡诗瑶. 国产电子书内容平台建设调查分析. 出版发行研究, 2011 (1)

[27] 刘灿姣, 姚娟. 中美电子书商业模式比较研究. 中国出版, 2011 (6上)

[28] 何剑秋. 数字出版与版权保护——关于"合理注意义务". 编辑之友, 2011 (2)

[29] 魏彬. 我国数字出版业知识产权证券化交易探析. 编辑之友, 2011 (5)

出版物发行与营销研究综述　　郝玉敏　刘吉波

2011年是我国"十二五"规划的开端之年，本年度，政府出台了一系列推动文化体制改革、振兴民族出版文化的政策和法规，包括《新闻出版业"十二五"时期发展规划》、《中央关于推动文化大发展大繁荣若干重大问题的决定》、《出版物市场管理规定》、《新闻出版总署"十二五"时期（2011～2015年）国家重点图书、音像、电子出版物出版规划》等重要文件，修改后的《出版管理条例》、《音像制品管理条例》也由国务院陆续颁布，在以上政策的推动下，我国社会政治、经济、科技及文化环境有了很大程度的改善，我国出版企业的经营主体地位也进一步加强，出版改革实践取得重大进展，也推动了出版物市场研究的进一步深入。

回顾我国过去一年出版业的发展，出版物发行与营销实践的发展颇不平静：由于近年来销售业绩持续下滑，房租、水电等费用又急剧上涨，知名连锁书店光合作用正式宣布破产倒闭，随之而来的是不少民营书店纷纷关张的消息；然而正值我国实体书店"暗无天日"的时段，新加坡PAGEONE书店却在勇敢地进军大陆市场。2010年4月，PAGEONE北京国贸店正式开张营业，这是PAGEONE继杭州店之后，在大陆开办的第二家店面。PAGEONE集团总裁Marktan表示，他并不担心网络书店的冲击，PAGEONE计划两年内在北京至少开设4家店。尽管PAGEONE采用差异化的竞争策略，并且目前效果的确卓著，我国出版界学术专家却并不看好。学者们认为，随着经销外版图书的场所越来越多，价格竞争日渐白热化，PAGEONE的前途并非想象中的光明。

实体书店发展遭遇寒冬，网上书店发展却正是"风生水起"，并且面对实体书店这个"古老"的对手时，网上书店更显得咄咄逼人。2011年5月，京东商城打出了"全部少儿图书4折封顶"的促销广告，尽管中国少年儿童新闻出版总社、接力出版社等24家国内知名少儿出版社联合发表声明，谴责京东商城进行不正当竞争，严重侵犯相关出版者和经营者的合法权益，京东却完全无视24家少儿社要求其停止违法低价促销的强烈呼声，依然我行我素，最终此事不了了之。

2011年出版发行业内算得上是"热闹"至极，学界学术探讨的脚步也可谓紧锣密鼓。相比较于2010年，2011年全年的学术成果在数量上有了明显增长。"编辑出版学研究进展报告课题组"本次文献检索范围包括国内近20种编辑出版学相关期刊、10余种编辑出版学相关报纸或版面、几十种编辑出版学相关大学学报等纸媒资源，以及中国知网"中国重要会议论文全文数据库"、万方"中国学术会议论文全文数据库"、中国知网"中国博士学位论文全文数据库"、"中国优秀硕士学位论文全文数据库"，万方"中国学位论文全文数据库"等数字资源库。根据检索结果，本年度以"出版物发行与营销"为主题的相关学术报刊载文总共约180篇，出版学术专著9部（见表1）。此外还包括调研报告数十部、硕博论文约40篇（见表2），另外与出版物发行营销相关的学术会议达数十场，并形成专业会议论文集数十部。

　　笔者通过阅读分析其中有代表性的专著和学术论文，总结归纳出本文的六大部分：出版物营销理论研究、出版物营销行为研究、发行实务研究、发行集团管理与人才培养研究、出版物物流配送研究以及报刊营销与发行研究。在以上六部分中，通过对最具代表性的观点进行综述，笔者争取找出最具代表性、独特性、创新性的观点供读者参考，帮助读者对看似"鱼龙混杂"的出版发行市场有更准确的认识，对百家争鸣的学术探讨有清晰的把握。

表1　2011年出版的出版物发行营销著作

书　名	作者／编者	出版社	出版时间
晚清官书局述论稿	邓文锋	中国书籍出版社	2011.7
图书发行文集	翁耀明	华中师范大学出版社	2011.4
做书店（增订版）：转型期中国书业的终端记录	徐冲	广西师范大学出版社	2011.4
期刊营销管理新探	黄桂坚	广西人民出版社	2011.7
出版产业链研究	方卿	高等教育出版社	2011.4
我国图书出版产业的市场竞争与创新战略	王勇	经济科学出版社	2011.3
业余书店	邱小石，阮丛	中央编译出版社	2011.11
独立书店，你好！	薛原，西海固	金城出版社	2011.7
在书店	杨华	山东美术出版社	2011.2
出版物物流管理概论	朱诠	中国书籍出版社	2011.2
中国图书定价制度研究	陈昕	三联书店	2011.4
出版管理学（21世纪编辑出版学系列教材）	于春迟，谢文辉	中国人民大学出版社	2011.6
图书出版业（第二版）（新概念出版论丛）	（美）格雷科 著，周丽锦，褚悦闻 译	清华大学出版社	2011.3
突围：音像图书连锁经营战略	刘邦雅	汕头大学出版社	2011.2

书　名	作者/编者	出版社	出版时间
出版散论	张宏	安徽大学出版社	2011.10
现代出版管理新论	韩果，杨丽贤，胡羽	四川大学出版社	2011.6

表2　2011年硕博论文与出版发行营销相关题目

题　名	作　者	文献来源	发表时间	学　位
编辑出版学创新性人才培养的课程体系设计研究	丁林	安徽大学	2011年	硕士
改革开放以来中国政府对民营书业的规制研究	陈真	安徽大学	2011年	硕士
手机阅读分析系统应用展现层的设计与实现	吴波	北京邮电大学	2011年	硕士
数字图书馆行业营销策略研究	宫润龙	北京邮电大学	2011年	硕士
1999-2010年中国内地民营书业研究	李增彩	河北大学	2011年	硕士
解放前商务印书馆的经营与管理研究	焦翠兰	河北大学	2011年	硕士
河南日报（农村版）特色研究	衡林	河南大学	2011年	硕士
"两型社会"背景下长沙创意产业发展探讨	钟旭	湖南师范大学	2011年	硕士
基于"项目活动"的中小学信息技术教材设计	陈集炎	湖南师范大学	2011年	硕士
教辅图书出版的现状和未来走向预测	陈银霞	湖南师范大学	2011年	硕士
沈知方的出版理念及其践履	周李	湖南师范大学	2011年	硕士
新世纪以来文学类畅销书研究	毛蓉蓉	华东师范大学	2011年	硕士
出版企业ERP系统实施	陈中岳	华南理工大学	2011年	硕士
中国纺织出版社降低图书库存项目优化方案设计及评价	董超	吉林大学	2011年	硕士
时代夹缝的书香	李亚洲	山东大学	2011年	硕士
晋版"三农"图书的出版现状及对策研究	落志芳	山西大学	2011年	硕士
民国时期阎锡山统治区的山西图书出版研究	张苏梅	山西大学	2011年	硕士

题　名	作　者	文献来源	发表时间	学　位
我国数字出版机构与传统出版机构博弈分析	张军娜	陕西师范大学	2011 年	硕士
国内数字出版所处困境及发展途径研究	张彦华	重庆大学	2011 年	硕士
《光明》杂志研究	何建立	河北大学	2011 年	硕士
环保书出版研究	张毓	河北大学	2011 年	硕士
三联书店"双效"图书的出版风格及成因探析	李文浩	河北大学	2011 年	硕士
张静庐出版思想研究	齐晓艳	河北大学	2011 年	硕士
从儿童绘画特质看儿童读物插画的设计要素	吴璐	湖南师范大学	2011 年	硕士
网上书店的设计和实现	陆雅婷	华东师范大学	2011 年	硕士
图书综合管理系统	王宇	吉林大学	2011 年	硕士
网上书店系统设计与实现	关键	吉林大学	2011 年	硕士
图书馆检索系统中图书推荐技术的研究	涂能彬	暨南大学	2011 年	硕士
基于网络分销平台的中小型出版社多渠道协同分销模式研究	王攀科	兰州大学	2011 年	硕士
吉林出版集团外语教育出版公司营销策略研究	付卫艳	吉林大学	2011 年	硕士
民国时期张家口地区蒙古族出版机构研究	斯琴青和勒	内蒙古大学	2011 年	硕士
中小学教辅图书的网络出版研究	张悦悦	陕西师范大学	2011 年	硕士
专业出版社数字出版发展策略研究	辛文婷	西北大学	2011 年	硕士
我国养生类图书乱象的成因及消解策略研究	李遄	西南大学	2011 年	硕士
论新媒体时代我国图书出版业的发展策略	韩玉红	郑州大学	2011 年	硕士
网络技术在出版中的应用研究	于京华	重庆大学	2011 年	硕士

一、出版物营销理论研究

根据课题组文献检索情况，2011年，关于出版物营销理论研究的报刊载文约17篇，硕博论文则数量很少。该部分学术成果分为宏观理论探讨和中观策略探寻两大部分，其中一个研究成果就是学者们正在不断地把其他学科，如市场营销学的先进营销理念引入出版领域，并结合出版业实际情况灵活地加以运用，例如精益营销理念、品牌的自传播营销、跨界营销以及读者信任管理等等。

（一）"精准营销"升华为"精益营销"

"精准营销"的理念在市场营销业内已经颇为流行，并且其精髓含义迅速被其他行业吸取，出版行业的"精准营销"起步何方呢？研究者李国红在《在出版业中引入精益营销理念》（出版参考，2011年6月下旬）一文中提出了把"精益营销"引入图书营销领域的观点，在笔者看来，精益营销的提法更具创新意义，它相对于"精准营销"更加侧重于"益"，而"益"既强调高效、又强调成本的节约，而这一点对于"烧不起钱"的出版业颇为实用。

在此文中作者提出，精益营销理念是消除浪费、贴近顾客和持续改进，其主要思想是企业具有战略性营销思维，基于企业价值链对营销资源进行有效的整合、集约与经营，摒弃追求短期销量增长的营销模式，采用营销的集约化成长模式，追求市场份额规模、质量和企业效益的同步增长，打造企业长期的战略性赢利基础。作者不仅提出了新颖的概念，同时还提出了把精益营销引入图书营销行业的具体步骤：第一，根据读者需求和定位，出版精良的图书；第二，根据市场情况，精确产品定价；第三，根据产品特色，精心确定销售渠道；第四，把重要资源投入到主要客户身上；第五，做好库存管理工作，合理控制库存；第六，以客户为中心细分市场，将终端市场做实、做细、做到位；第七，建立有效绩效考核体系，明确目标。

（二）出版物营销产品、渠道双跨界

想要实现"精益营销"，营销产品及营销渠道的创新是必不可少的。张龙在《跨界营销：图书出版营销的新思路之一》（出版发行研究，2011年第9期）一文中提出了"图书营销的渠道跨界"，观点独特，令笔者耳目一新。他提出，在竞争日益激烈的图书市场，图书出版单位在图书的营销推广工作中也应积极拓展思路，寻求与不同品牌或渠道的合作途径，通过跨界营销实现读者对图书品牌在认知上的立体感和纵深感，从而实现营销目标。

通常我们说到出版物的跨界营销就往往想到产品的跨界，然而在《跨界营销：图书出版营销的新思路之一》中作者指出，跨界方式不仅包括产品跨界，还包括产品销售渠道跨界，并进行了举例说明。产品跨界是跨界营销的基本形式，指的是通过更丰富的产品形式为图书提供尽可能多地展示途径，从而使读者能够通过不同的传播介质全方位了解图书内容或信息，继而达到营销目的。与产品跨界以产品为中心相比，渠道跨界的核心是合作品牌基本渠道的共享。图书营销的渠道跨界在渠道选择上则突破了传统的营销思维模式，使图书营销渠道的选择更

加多样化，同时针对性也更强。最后作者指出，图书的跨界营销需要注意三个问题：第一，寻求跨界品牌合作的对等；第二，寻求跨界品牌体验的互补；第三，寻求跨界品牌效应的叠加。

（三）"自传播时代"品牌营销需要更给力

除对其他领域新颖的营销观念的借鉴，研究者们也并没有放过对出版大环境及传播时代变革的关注。学者们认为，在新媒体迅速发展的今天，出版物的发行营销更要注重技巧与效率，尤其是出版品牌的建立与推广更应该和整个媒体时代的特征相联系。在整个社会的信息传播结构发生了巨大变化的今天，原来那种"王婆卖瓜、自卖自夸"式的广告传播已经很难获得受众的认可，电视购物广告那种一唱一和的推广方式以及门户网站自动弹出的广告越来越让消费者感到厌烦。那么，出版物应该如何做有效的宣传呢？

王秀昕在《自传播时代的品牌营销管理之道》（中国出版，2011年12月下）中为生存在自传播时代的出版企业进行品牌营销管理指明了一条道路。在分析了自媒体时代特征的基础之上，作者提出了以下几个品牌管理策略：一是在保证品牌质量的基础上，率先获得该领域里的意见领袖或者最具影响力的权威人士的认可，通过口碑传播扩大品牌影响力；二是企业要善于控制核心定位，维护品牌基调的持续性和一致性。在自传播时代，企业品牌营销管理需要做的就是维持品牌基调的一致性，让用户参与到品牌创意中，让企业品牌营销管理策略由企业的"我"向受众的"我们"转变，才能顺应自传播时代的发展；三是利用好自媒体平台（微博、博客、社区网站等），通过因势利导地推广企业的理念与品牌形象，从而使企业形象逐步深入到消费者内心；四是企业要做好及时监控，积极快速处理公关危机，及时疏导负面信息，从而引导公众舆论，树立有责任感的企业形象。最后作者指出，自传播时代的信息自发传播是一把双刃剑，只有当传播的信息达到高度饱和时，信息传播才会冷却、停滞，而在企业品牌营销过程中，难免会出现脱离品牌营销目标或者有关企业的负面信息，作为企业要在品牌营销过程中，做好实时监控，以便随时调整策划方案，防止品牌营销走向对企业不利的一面，另外在危机面前，企业上层领导也要做好危机公关，采取有效措施及时疏导负面信息，是建立和维护公众对于企业信任的关键。

通过对今年文献资料的总览，笔者发现，王秀昕的观点中有两点颇具代表性。第一，找准意见领袖并得到其认可。意见领袖的作用不可估量，在本年度的论文成果中，凡是探讨有关新媒体时代营销策略的文章几乎都谈到了这一点，如黎海英在《谈多媒介融合下书刊"病毒营销"实施要素》（出版发行研究，2011年第3期）中强调意见领袖是"病毒按钮"的最佳操手；张彦在《浅析出版社微博营销的几种模式》（科技与出版，2011年第7期）中指出利用事件营销、名人效应和人物打造是现阶段最为成熟的微博营销方式；莫梅锋、魏霞、王旖旎在《粉丝助力：出版社微博营销成可能》（编辑之友，2011年第9期）也提到了借明星效应造势，出版人齐上阵，利用粉丝群做宣传的营销策略。第二，保持品牌基调的一致性。从广告学领域的CIS理论看，品牌基调的一致性就是指出版企业视觉、行为、理念的一致性。在笔者看来，图书产品的视觉形象的一致包括图书产品的设计、颜色、装帧等的一致，在这方面做得比较好的如湛庐图书的"小红帽"书系、读客图书公司的熊猫形象以及三联书店图书的文艺范儿等等；行为的一致性指的是出版企业参与社会活动的类型必须与其自身品牌定位相适应。比如明天少儿出版社向城市外来务工子女学校赠书等公益活动就很好地结合了明天社本身的定位"给明天一份希望"；理念的一致性既包括企业文化与品牌的协调，也包括公司内部人员行为理念的统一性。身为企业的一部分，员工必须把企业文化铭记于心，任何场合代表公司形象的言行必须与品牌定位保持一致，员工本身往往就是企业的活广告。

（四）找准营销驱动点，读者"信任管理"提上日程

笔者认为读者"信任管理"的提法具有非常大的意义。就拿目前图书发行业的混乱局面来说，以当当网、京东商城、苏宁易购为代表的网络书店纷纷争抢客户资源，抛开网络书店本身的技巧不说，身为读者的我们为什么总是那么轻易地被"抢来抢去"？关键原因就在于我们只是以价格为转移并且对以上网络书店的信任程度呈现等同化，我们往往感觉大部分书店都一样，在哪里选择并无大的不同。相反，有些读者只去某一个实体书店，他们信任那里能带给他们对书的敬畏、对文化的赞叹，于是他们绝不会被疯狂的打折促销吸引。在2011年出版的《业余书店》中笔者了解到，知名文化地标读易洞书店是不接受网购的顾客的，他们却自有自的客户，并且长久不衰。

信任程度的等同化以及转移成本的低廉是导致出版发行业乱象的两大杀手。如要从根本上整治这种乱象，读者的信任管理是一条必经之道。王鹏涛在《出版物营销新法则：读者信任管理》（中国出版，2011年4月下）一文中提出，目前，我国出版企业处于重要的转型期，改革的速度和力度前所未有，数字化、集团化、国际化、跨媒体等问题复杂交错且无从回避，因此，必须寻找一个能够撬动整个出版企业系统的战略杠杆。本文的探讨启示我们，可以从读者角度出发，以赢得读者信任为驱动，整体性地解决上述问题。从绩效管理的角度分析，以读者信任程度的高低为基准体系可以有效衡量上述问题是否得到了解决。总而言之，读者信任管理在读者日益强势的前提下，对解决出版企业遇到一系列复杂问

题都具有重要的参考价值。作者最后提出了读者信任管理实施过程中存在的问题及解决办法，值得业内探讨并深入研究。

二、出版物营销行为研究

经课题组文献检索，2010年度具体探讨出版物营销行为的报刊载文达63篇，学术专著5本，硕博论文约有7篇。其中学者们研究的热点包括图书定价策略、图书的网络营销策略以及各类细分出版物的具体营销策略等。

（一）《中国图书定价制度研究》出版引发图书定价问题大探讨

提及图书的价格问题，过去的一年中只能吸引研究者眼光的当属几大电商之间的价格战了。随着当当网以及京东商城之间的价格战愈演愈烈，图书销售价格问题正在给出版业带来前所未有的危机，学者们认为，其恶性竞争的程度已经威胁到了出版业生态链条的健康发展。

上海世纪出版集团总裁陈昕在《中国图书定价制度研究》（三联书店，2011年4月）中分析了我国图书定价的现状与问题："我们认同在中国出版业处于向市场转型的阶段，产业链建设还不尽完善，现有图书市场秩序失范的情况下，中国图书定价方式要以固定价格体系为主的基本思路。"

张敏、周正兵在《再议净价图书制度——兼论以书价破题促改革的合法性问题》（编辑之友，2011年第7期）中旗帜鲜明地对陈昕的观点表示认同，并且后者通过回顾英国净价图书制度史上的一段故案，认为或许从当年的法律争论中能够获得对我们有益的启示，能帮我们更客观地分析和解决当下的图书价格问题。通过对陈昕观点的分析与论证，作者认为，在我国当前情况下，就图书固定价格行为的合法性问题予以论证，以促进出版业的从业者以及管理部门重新审视图书定价问题，并进行新一轮书价改革势在必行。此外，正如德国、法国、意大利等11个欧盟国家采取图书转售价格维持制度，作者认为，在我国图书行业价格战之风甚嚣尘上的今日，考虑实施转售价格维持恰当其时，因为这个政策不仅对推动图书销售的价格竞争转向服务竞争大有裨益，且对建立规范的图书市场体系以及促进我国出版产业的健康发展，都有重要的意义。

由于图书是为数不多的将定价直接标于产品之上且不可更改的商品之一，对于图书定价问题的研究也就存在这样一种呼声：根据各类图书需求价格弹性不同，我国出版业应施行"差别定价"策略。田杨在《需求价格弹性视角下的图书差异化定价策略》（中国出版，2011年8月上）一文中提到，在出版业较发达的一些国家，各种类图书的出版结构较均衡，我国这种以教育类图书销售额占主导的出版结构对出版业的发展很不利。因此作者认为，"差别定价"策略是根据各类图书需求价格弹性不同施行的。其主要原因有三：第一，在图书定价过程中，除了成本这个重要因素，需求价格弹性因素和市场同类产品的竞争情况也不容忽视。第二，着重开发品牌书，深度挖掘并整合资源，树立个性和特色。对需求价格弹性较大的图书，需要靠降价来促销。第三，理性消费是当今消费者购书的特点，根据图书的内容价值及质量进行差异化定价，运用分段定价方式，有助于降低该定价区域内非必须用书类别图书的需求价格弹性。根据不同种类图书的需求价格弹性进行差异化定价，将会使图书市场更加理性地发展，更会实现读者及出版商两者之间的"双赢"。

同"差别定价"的建议相仿，"灵活定价"的策略也深为研究者推崇，但后者强调的是出版社必须由"被动接受"转为"主动引导"。长期以来，我国书籍的售价一直处在较为"自由"的状态，由于出版市场竞争的激烈，造成了书店之间混乱的折扣战，甚至回过头影响了出版社的定价机制，最后只能被迫用高定价、低折扣的方式，以应对市场竞争。研究者认为这是图书定价制度处于探索期的典型表现。丁希如在《图书定价制度比较研究》（中国出版，2011年2月上）一文中借鉴实行两种不同价格制度的地区的经验，即实行转售价格维持的日本以及实行自由价格制度的中国台湾地区，加以对照比较，讨论两种制度各自的优劣、对出版业的影响，最后总结出几点具体的经验：第一，.中国大陆和小区域的台湾不同，和生活水平相当一致的日本也不同，城乡的差距的确会造成价格接受能力不同，若能灵活采取自由定价的方式，有助于解决此问题，也能让各地有平等接受文化的机会。第二，在自由售价时代，零售价格由书店决定，出版社只能被动响应，成为折扣战中的牺牲者。但从台湾地区的经验中可以知道，书籍价格的确是一项营销利器，出版社若能积极掌握主控权，在策划一套细致严密的营销活动的基础上，配合选书、贩卖方式、宣传、包装等整体方案，折扣或低价将能发挥最大的功能，使得出版社扩大市场占有率、提升知名度、增加收益等。同样是降价出售，主动与被动之间的差异如此巨大，值得出版营销人员深思。

（二）图书网络营销策略研究

1. 网络口碑营销策略既要找对"人"，又要找对"事"

社会进入了Web2.0时代，互联网的飞速发展，促使很多便于人与人之间进行沟通交流的社会媒介诞生。传统媒介的受众只是被动地接受信息，而现代信息社会媒介的使用者却都是主动地参与其中，更愿意积极表达并与人分享。李玲、谢慧铃在《Web2.0环境下社会媒介推动口碑传播营销策略初探》（出版发行研究，2011年第12期）一文中提出，以互联网为代表的现代信息社会媒介使口碑营销传播焕发新生，也越来越为社会重视。作者在分析了口碑传播的特性（时效性、普遍性、主动性、不可控性）的基础上，提出了社会信息媒介推动下的口碑营销传播策略，包括：应该为口碑营销传播建立起一个有效的两级传播机制；充分利用明星对大众注意力"呼风唤雨"的宣传效应；寻找合适的意见领袖等三个方面。此观点与上文提到的"自传播时代"品牌营销需要更给力有异曲同工之妙。

新媒体时代的图书营销要想找人就走"搞定意见领袖"的路线，如果想"找事"就走"引燃引爆点"的策略。田海、明魏彬在《出版企业社会化网络平台营销研究》（出版科学，2011年第4期）一文中提出，出版企业社会化网络平台营销的价值包括从专业人员营销到读者营销的转变、营销信息传播的全覆盖、营销效果的精确化等三个方面。社会化网络平台营销是一种典型的整合营销行为，它在发挥企业主动性的前提下，通过社会化网络平台充分调动受众的参与意识，并通过这些受众的活动积极传播企业或相关产品的品牌信息，研究和应用这一营销模式，将有助于推动数字出版环境下出版企业经营活动的开展。从分析现阶段出版企业社会化网络平台营销活动的特点入手，探讨此类营销活动中存在的问题和不足，从完善管理机制、整合话语权资源和依靠引爆点策略三个方面提出相关建议，并着重强调了引爆点的策略。

2. 微博营销要靠"微"和"博"制胜

说到社会化网络平台，就不得不提到微博。自2009年8月新浪网首先在中国推出微博以来，至今已有数千万人在使用微博。至2011年4月，新浪微博排行榜分类中，与出版相关的媒体排行榜上，名列第一的"头条新闻"的粉丝数已经超过了200万人。许多出版社和出版人也纷纷开设了微博账户，开始"织围脖"。那么，出版行业该怎么通过微博来进行相关的营销、宣传呢？

莫梅锋、魏霞、王旖旎在《粉丝助力：出版社微博营销成可能》（编辑之友，2011年第9期）一文中认为，微博最重要的是一个互动平台，在与潜在客户的互动过程中交流信息，挖掘顾客的内在需求，提升品牌价值，最终指向经济效益。然而，对于大多数出版社来说，微博140个字的约束，限制了以内容为王的新书介绍。且微博的私人性质导致以官方身份亮相的出版社被关注度不够，转发率不高。因而，微博只是成了出版社简单的书讯发布平台。针对这种现象，作者以人民文学出版社成功运用为案例，分析出以下几点经验：（1）平民化语言直击人心；（2）内容为王，新书信息抓人眼球；（3）事件营销，借用热点激发情感共鸣；（4）以互动换人气，以关怀换人心，通过一些游戏、幽默图片等调动粉丝热情，加强与粉丝的互动；（5）借明星效应造势；（6）出版人齐上阵，利用粉丝群做宣传。

同时学者张彦在《浅析出版社微博营销的几种模式》（科技与出版，2011年第7期）一文中总结了出版社微博营销的几种模式：（1）构建出版社微博平台，组织活动，发表书讯；（2）出版人（编辑）个人微博，利用粉丝群做宣传；（3）利用作者的知名度作图书宣传。作者分析，事件营销、名人效应和人物打造是现阶段最为成熟的微博营销方式，因为对于出版社而言，只凭简单的只言片语，很难使读者对某一本或某几本书形成深刻印象，只有出版社以微博作为平台，通过举办活动（事件营销）与读者进行经常性的互动，团结读者，树立出版社口碑，扩大影响力，方能收到一定效果；或者利用名人效应进行出版社品牌推广，使读者从对博主的关注发展到对出版社的关注。

黎海英在《谈多媒介融合下书刊"病毒营销"实施要素》（出版发行研究，2011年第3期）一文中提出了"病毒营销"在图书营销方面的独到看法。作者认为书刊"病毒营销"几大实施要素分别是："内容"是书刊"病毒营销"的核心"病原体"；赠阅、折扣、随书赠礼是最直接的"病毒按钮"；娱乐、参与是最隐蔽的"病毒按钮"；意见领袖是"病毒按钮"的最佳操手；更新策略是"病毒"传播不歇的推力。同时，作者提醒，要警惕书刊"病毒营销"中的负面效应——坏消息比好消息传得更快更远、警惕网络的负面商业操控。

刘学明、刘程程在《微博时代的图书营销》（出版科学，2011年第5期）一文中提到，微博的品牌建设与维护应该看到，微博有着强大的信息资源优势，但也并非有微博就有有效的营销活动。所谓冰冻三尺非一日之寒，微博营销这种新型营销活动，同样需要在出版社品牌营销上花相当的时间、精力。如何才能使出版社显出自己的与众不同？首先，进行实体品牌硬实力的展示；其次，进行文化软实力的渗透；第三，塑造广博路线与细节特色。

3. 团购兴盛，出版业跃跃欲试

刘燕军在《网络团购：图书营销新模式》（出版参考，2011年9月上）一文中提出，借助互联网新兴的营销模式和销售方式，借鉴传统商品在网上销售的经验，来拓展传统图书业务的发行，势在必行。作者认为，合理利用网络团购平台，宣传、推广、销售图书，必将成为出版社自身发行销售业务增长的最大看点，至少有以下几点好处：第一，出版社利用少量的图书投入市场进行低价团购活动，吸引读者进行购买以及阅读，达到宣传、造势的效果；第二，对于新书推广而言，团购活动能够以最快速度将图书推向读者市场，使出版社和读者直接连接起来，类似于一种直销模式。这对获取图书市场情报，进行读者调查和反馈，对新书后续推广有指导作用；第三，团购能将其他销售渠道退回，但又具有使用价值和市场价值的库存品种、滞销品种进行消化，这是减少出版损失，快速回收投入成本的不错方法；第四，通过团购，让利于读者，扩大图书和出版社的知名度，是一种新的宣传方式；第五，图书团购是一种新的网络销售渠道，直接面向读者，有利于牵制已有的大型网店的垄断地位。同时，作者也表示了对于团购图书的担忧：因成本质量参差不齐、引发新一轮的价格战。尽管图书在网络团购上还有很多困难有待解决，但是笔者依然对此十分看好。网络团购这一新事物，它既是营销宣传方式，也是发行销售手段，合理运用，必定能给出版机构带来可观的经济效益和社会效益，成为新的业务增长点。

然而，并不是所有学者都看好一些新兴的图书网络营销方式。接力出版社的常晓武在《网络时代图书营销的挑战、机遇与趋势》（出版参考，2011年8月上）中总结网络时代书业营销三大趋势时，明确地指出了，图书在网络营销上再次呈现出营销手段低端化趋势。其代表首先是当初当当网、卓越网的网络比价系统带来的恶性折扣竞争，以及继而由于京东商城低于图书生产成本的4折销售引发的卓越网、当当网的相继跟进，恶意的折扣战成了网络营销中的主要手段。作者指出，这样低端营销手段，在伤害自己的同时，也伤害了整个出版产业链，扰乱了正常的市场折扣体系，损害了出版社、地面店、网络书店的共同利益。作者进一步深入分析，由于网络书店往往具有雄厚的资本背景，且其经营产品丰富，图书的利润损失能够从其他产品利润中得到补偿，这一特殊性使其对折扣战打得起、扛得住，却唯独损害了图书行业产业链等其他合法经营者的利益。最后作者发出警告，这一手段因其操作的简便性、收效的快速性而被越来越多的网络书店所采用，这种趋势如果不及时被制止，将危及整个出版行业的运行秩序。

（三）各类细分出版物营销策略研究

1. 新规难治教辅出版发行乱象，教辅发行应更重策略

针对当前中小学教辅材料品种多、质量差等现象，2011年8月新闻出版总署下发《关于进一步加强中小学教辅材料出版发行管理的通知》，从出版、发行、印刷复制、质量、价格、市场等方面明确了规范管理要求。《通知》的出台引发了学界研究者们的大规模、深层次探讨。

中国新闻出版研究院民营书业资深研究专家鲍红在《关于教辅出版发行的几点思考》（中国民营书业，2011年第9期）中梳理了从新中国成立以来我国的教材教辅出版政策，作者认为，教辅出版实质也是一场利益之争，即部分新课标教材出版单位希望获取教辅利润，与原来教辅作为公共领域形成的市场格局发生矛盾。文章最后，就国家最近的教材教辅新规，作者总结业内的几点重要争议。

第一，教材与教辅的版权关系如何界定？我国教材多年国定制，后虽实施新课标，但仍限于只有国有出版社才有出版权，而且竞争并不充分。政府资源是否应当全部转化为企业资源？作者认为，维权至少应该建立在现行法规与司法解释

的基础上，不应维权过度。

第二，向配套教辅收取高额版税是否合理？除了人教社自己的份额大，且较少做教辅，可以说自己不侵犯别人的版权之外，其余做教辅的出版社和民营教辅公司都是有"侵权"的。但人教社目前主要打击零售市场份额较大的民营公司，而未对出版社实施打击。而且，人教社向授权的国有出版社收取2%-3%的版税，或只象征性地收几万元；而对民营公司在收取百万元的补偿金后，新合作的图书仍要交10%的版税，差异悬殊。作者原创作品的版税一般是8%左右，教材只是汇编作品，配套教辅也有独立的策划和创意，这么高的版税是否合理？

第三，授权是否有利于整治教辅乱象？作者指出，教辅维权的理由之一是教辅太多太滥，欲借维权整治乱象。维权是否真能整顿市场？作者分析，目前，教辅有两大销售渠道，一是系统征订渠道，二是市场零售渠道。系统征订分为两大部分，一是省市教育部门或新华书店的目录征订，二是直销人员或当地书店通过学校或班级的统一征订。前者可以称"大征订"，动辄一省或一个地区，可以达到几千万甚至上亿元的销售码洋。后者可称"小征订"，主要集中在一个学校或班级，销售码洋从几百到上万元不等。市场零售是将图书通过书店展架摆放，由读者自由购买。它们的印张定价偏低，发货折扣也比较稳定。很明显，市场零售教辅是市场经济中的自然选择，可以优胜劣汰，乱象并不明显。真正的乱象，存在于各级的系统征订中。但是，"大征订"都具规模，教材社不好打击；"小征订"多是当地书店或直销员，实力较小，很难打击到。目前收到传票和律师函的，多是零售市场有品牌的大公司，而大公司是市场中相对规范和稳定的部分，应该不是亟须加强管理的部分。

国家对教材教辅出版口的收紧，在一定程度上促进了业内人士对教材教辅发行营销策略的创新。姚成龙在《教师教育图书有效营销五项策略浅谈》（出版发行研究，2011年第7期）一文中提出了传媒立体营销，教师教育图书的宣传推广一定要选择合适的媒体。首先由于面向教师这个群体，其媒体选择首先要考虑的是教育类专业媒体，如《中国教育报》《中国教师报》《教育研究》等报刊及中国教育电视台和其他电视台的教育栏目等；其次要选择那些思想文化类的媒体，如《读书》杂志等。运用网络营销策略，也是开辟图书市场的一个行之有效的办法。教师教育图书出版社根据自己的经济实力，采取三种手段进行网络营销：一是通过ISP（网络接入服务商）和ICP（网络信息服务商）代理；二是自建网站或联办网站；三是与网上书店保持业务联系，通过网上书店宣传并销售出版物。

提到教育图书的网络销售，事情却不是那么容易。《刚性需求带动教辅网络销售》（中国新闻出版报，2011年2月18日）一文指出教辅网售相对其他类别的图书而言，面临一些特殊的阻力，而这些阻力在2009年之前尚无破解之机。

第一重阻力是配送速度。教辅因其使用与教学进度存在对应性，对到货时间要求更高。网上书店至今也只是在少数大中城市能提供次日送达，至于同步教辅的主要销售基地县级中学，往往需要3—4天才能送到，而在2009年之前，这一时长更是7天以上。相比价格的折让，大部分消费者更重视及时到书。所以，在校边店、新华书店等卖场购买的习惯一时难以改变。阻力之二是利益冲突。教辅图书的购买决策者和使用者分离，其间"灰色地带"存在根深蒂固的利益链，而网上销售价格透明、没有回扣，使批发商、零售商、直销员、学校教师等中间环节不能适应。教辅分销推崇强调区域独家、保障中间利益的"封闭销售"，这与网上零售是格格不入的。阻力之三是认识不足。教辅策划出版系统相对封闭，生产者大多来自学校教师，对网络平台的作用认识不足，或重视不够，加之网上书店也缺乏熟悉教辅行业规则情况之人，致使双方沟通不畅，不乏彼此误解，甚至互有成见，延迟了合作的正常开展。作者认为，以上三方面阻力分别涉及消费者、中间商和出版者，如同"三座大山"压在教辅网售身上，使其举步维艰。然而所幸的是，近几年形势发生一些变化，对"三座大山"产生有力撬动，教辅网售方借机有所发展。文章最后，作者指出，网络日趋普及、零售占比增加、书商布局电子商务三点变化改善网售现状，作者保守估计，2011年通过网络渠道销售的教辅将占到教辅零售整体的5%，2012年这一比例有望达到10%。这种变化给教辅出版商带来新渠道的销售增长，给消费者带来实惠和便利。

除去销售渠道的创新，教材教辅销售人员的综合素质提升也引起了研究者的重视。孙璐在《试论院校代表工作的"去出版社化"》（编辑之友，2011年第12期）中首次提出院校代表"去出版社化"这样一条建议，意在抛砖引玉，以期将我国的院校代表制度更加完善，使其更有利于各家出版社的业务发展和我国教育出版事业的发展。作者指出，院校代表的"去出版社化"就是出版社放弃对院校代表的直接管理，而让院校代表成为一种社会化的职业，成立院校代表管理公司，实施对院校代表的监督管理、培训提高和与出版社的对接工作。她认为，院校代表社会化，有以下几点好处：实现院校代表属地化管理、减少对教师时间的占用、教学服务工作可以做得更细更准确、院校代表能够更加专业、降低出版社的管理费用。但作者表示了几点担忧：倘若成立了院校代表管理公司，如何实现赢利？院校代表公司如何与出版社对接？院校代表的工作业绩怎样考核？如何防止公司和院校代表为了私利，不公允地向客户推荐产品？这些问题，仍然需要研究。但作者相信，随着教材市场的竞争日趋激烈，如何利用好院校代表这一营销利器，是每个出版社都在考虑的问题，这还需教育出版业同仁们一道寻求答案。

2. 搭载新媒体快车，学术专著营销应更重针对性

孙庆华在《浅论专业图书营销渠道的建设与培育——以人民卫生出版社为例》（出版发行研究，2011年第7期）一文中认为，专业出版社在规划建设营销渠道时，首先要考虑图书产品定位和产品的目标市场在哪里，掌握人们的阅读习惯、购买习惯、购买场所分布等因素，以最便利的方式提供其所需的产品及服务。其二，出版社与营销渠道之间应建立新型的战略合作伙伴关系，这种关系应该是紧密型的合作伙伴关系，而不是松散型的关系，从而通过紧密型的合作伙伴关系控制渠道，更好地让图书营销渠道为我所用。其三，出版社一定要建立与营销渠道之间的沟通机制，包括高层领导之间、业务工作之间、人员感情之间、信息传递之间等人际和业务层面的沟通，以增进信任、扩大合作。第四，专业图书的营销靠的是长期的积累品牌，不可能像社科、科普、小说等畅销书一样短期内红火热销，因此必须重视加强对专业图书最终用户、专业书店、相关学术团体等的直接宣传。

姜伟、苏静在《专业图书网络营销的现状与对策》（出版参考，2011年6月下）一文中指出了专业图书营销的几大问题：营销重视程度不够、营销平台利用率低、人员配备不齐、营销计划性差等。针对以上现状，作者提出了相应的专业图书网络营销的对策。作者认为，随着网上支付和网络配送的日趋完善，网络书店已经成为读者购书的主要渠道，销售能力越来越强。同时作者介绍几点网络书店营销方式应注意的事项：选好时间、只做重点、善于博弈。

田媛在《试论学术专著的出版和营销策略》（编辑之友，2011年第12期）中强调学术著作的营销应该积极开拓多种营销渠道。作者认为，专业出版社在学术专著的营销上应该注意以下几个方面。首先，应充分利用互联网，尽快将新书的资讯散发出去。不仅要在本出版社的网页公布信息，还要针对较为稳定的读者群定期发布消息，如定期给这些读者发电子邮件等，了解其需求，同时做好产品宣传；编辑也可利用博客，对新书进行评价，加强与读者的交流。营销部门也要与网上书店加强联系。其次，出版社可专门开展一些学术性较强的学术沙龙、研讨等活动，不仅能更紧密地联系读者，还可为出版社培养作者队伍。再次，对学术专著在大学周边的书店和专业性的小型书店的上架情况应密切关注，加强与这些书店的合作，这会极大地促进学术专著的销售。另外，与各大学中学图书馆和教材销售部门的合作也应重视，争取培养稳定的客户群体。总之，学术专著的出版有自身的特殊性，相信经过出版社和专业工作者的努力，学术专著的出版前景会越来越好。

3．少儿图书销售应因地制宜、因时制宜

2011年3月16日，由华东六省少儿出版联合体主办、明天出版社承办的"2011年华东少儿出版联合体营销峰会"在济南召开。作为出版业内颇具实力和代表性的专业联合体的一次大型产品展示和市场营销活动，华东六省少儿出版社给与会者提供了一场丰盛的"书宴"之外，还提供了最新的儿童图书信息，由此我们看到了童书市场日益精进的繁荣发展，也由此唤起了我们对童书市场更好前景的向往。

在"十二五"开局之年，少儿出版业能否再次领跑出版业零售市场，发展前景如何？少儿出版业业界对营销创新的重视引起了学界的广泛关注，但是仅就少儿图书的发行营销为主题的论文并不多见，在为数不多的论文中，其中关于少儿图书销售终端技巧的观点引起了笔者注意。高玲在《浅说少儿类图书的品牌设计与营销技巧》（出版发行研究，2011年第8期）中强调，少儿图书销售讲究合理的布局与终端销售技巧。作者认为全国图书市场应划分几个销售策略有所区别的重点区域，少儿图书的销售要在不同的重点区域环节进行有差异性的重点营销。一是把握好地域环节，二是把握好话题环节，三是建立立体化营销网络。除此之外，作者强调，要在有限的空间和诸多卖场特定的限制中寻求到非一般化的、有视觉冲击力的陈列效果以吸引读者的注意，与读者直接接触的售点就显得非常重要：一是产品陈列要细分化；二是重视陈列架上视线高度效果；三是陈列架的延伸；四是注意摆放的顺序；五是展示区多采用活泼色系；六是提倡口语推荐。

4．外语类图书面临严格市场筛选，如何打开销路成难点

如今，中国人学习外语的热情比以往任何时期都要高涨，加上众多出版社积极参与竞争，两方面的因素共同推动了外语类图书市场的繁荣，读者的需求也得到了更多、更好地满足。在读者受惠的同时，外语类图书的出版也不可避免地面临着愈加严格的市场筛选。如何在种类齐全、品种繁多的市场格局下，出好书、出新书，是摆在每一位外语图书编辑面前不可回避的问题。再加上网络及电子、音像出版物的冲击，传统纸质类外语图书市场的前景稍显暗淡。在这样一个大环境中如何打开外语类图书的销路，获得新的增长点，是一个值得推敲和探讨的话题。针对外语类图书发行营销的论文并不多，但观点依然具有典型的代表性。

张琛在《浅谈外语类图书营销战略及实施》（中国出版，2011年7月上）一文中，首先分析了我国外语类图书在选题、价格、渠道、促销、人才、市场监测等方面的营销现状与局限并针对以上问题，作者提出了适合我国国情的外语类图书营销战略：第一，以市场为导向、以销定产的针对性营销战略。包括提高外语类图书产品的针对性、把好质量关，走精品路线、提供量身定做的个性化服务；

第二，积极组建多元销售渠道的营销战略，包括积极尝试网络营销、建立自己的销售网络，培养直销队伍；第三，数字出版战略作为新事物值得推广；第四，品牌营销战略是外语类图书出版单位长久发展的着眼点，要建立读者对外语类图书品牌的忠诚度。第五，外语类图书营销人才培养战略。

作者认为，每一个快速发展的企业必定有着适合自己成长的营销理念，而优秀的营销战略则是企业运作的灵魂，给企业的产品营销制定出明确可行的目标，将企业的人、财、物等资源合理整合，使其围绕着目标发挥最大效用。外语类图书行业在营销策划中的创新是时代发展的要求，是外语类图书出版单位建立、维护品牌，迎接市场挑战的决胜利器，只有组合选择最适合自己的营销战略加以利用，因时因地制宜，才会在经济快速发展的环境下处于不败之地。

5. 外版书现状尴尬，网络销售或成转机

研究者们认为，我国外版书网络营销面临着令人尴尬的问题：营销观念守旧，对于网络资源重视严重不够；网络平台信息庞杂，设备利用率严重低下；网络订购信息残缺，购买差价让人无奈；营销环节各自为政，缺乏有效互动等。针对以上问题，网络销售也许能为外版书的销售带来新的希望。

李慧君在《数字化环境下的外版书网络营销策略》（编辑之友，2011年第12期）一文中对外版书网络营销的策略进行了研究。作者认为，目前出版社拥有众多网络营销平台，如网上书店、专业网站、网络论坛、博客、电子邮件、微博、微信等，但并未对其加以高效率地运用。作者通过对以上多种网络营销平台进行整合研究，得出了作者认为最适合外版书的网络营销策略：网上书店与官方网站充分结合；建立健全读者资源信息库；借助数字技术，推行个性化服务；拓宽营销平台。

笔者认为，上文提到的"拓宽销售平台"更具创新性与可操作性，具体来看，其主要包括：第一，进入3G时代，微博、微信的出现打破了手机和互联网的界限，使出版资源得以共享，丰富了出版模式，拓宽了开发平台。外版书的销售可以对以上新媒体加以灵活运用；第二，建设社区论坛等方式扩宽营销平台。一方面，读者间彼此可以获取更多信息；另一方面，出版社可以直接快速了解关于外版书的优劣之处，为以后的出版工作提供有效信息。第三，创建以读者需求为中心的博客营销环境。

最后，作者指出，图书的营销策略是一项繁杂而连贯的系统工程。在数字化环境下，单纯的传统营销模式已经不能满足外版书的发行需求，网络营销势必将取代传统营销，成为图书最为行之有效的营销模式。作为图书一大门类的外版书，其网络营销策略在大同之下又有其独特之处，在制定营销策略过程中，需注

意版权，编辑翻译等环节对营销策略的影响。因此，我们要做足市场功课，为每一本外版书量身订做出最佳的网络营销策略。

三、出版发行集团管理与人才培养研究

根据课题组文献检索情况，2011年专门以出版发行集团管理与人才培养研究为研究主题的报刊载文不到10篇，但相关研究主题内提到人才培养的论文不计其数，硕博论文数量也不多，约有2篇。经过笔者的阅读与分析，该部分学术成果分为出版发行人才激励机制建设、发行人才培养的可行办法探讨等两个部分。

1. 完善人才激励机制亟须加强激励强度和权威性

饶兴风在《出版社发行人员激励机制探析》（出版发行研究，2011年第11期）中强调，不断完善激励机制的基本条件、建立和完善出版社发行人员激励机制才能真正有效调动发行人员的工作积极性，实现出版社预期的目标。

作者认为，完善出版社发行人员激励机制必须具备以下几个基本条件：首先，明确发行人员的个人需要；其次，制定科学合理的图书发行工作目标；再次建立科学公平的业绩考评和价值分配体系，根据发行人员实际发行工作绩效，及时对激励效果进行检验与评价，并使这种评价与奖励挂钩。最后一点也是完善发行人员激励机制系统模式的关键所在。

继而，作者提出"使发行人员坚信激励机制具有很强的权威性"的观点，这种观点无疑具有经济学、心理学等学科的广泛意义。作者从激励机制的系统角度来做出分析继而认为，可以通过发行人员的受激表现来检验和评价激励执行的效果，以便及时分析发行人员受激后的心理反应和外在表现，据此判断激励执行的效果如何。虽然科学合理的激励机制能使发行人员产生某种预期，但激励机制在使发行人员产生积极预期之前，还必须具备一个条件，即激励机制具有很强的权威性，便使发行人员坚信：如果认真履行，将会获得激励机制规定的奖励或报酬；如果违背，则将受到激励机制规定的惩罚。

目前我国出版社现有激励机制普遍存在一个弱点，这就是激励机制缺乏权威性，它直接导致了激励力度的丧失。全面质量管理专家戴明认为："对于大多数组织而言，15％的绩效问题在于组织中人的因素，85％的绩效问题的根源在于人在工作中所涉及的制度。"很显然，对出版社来说，完善的发行人员激励机制能否被完全执行，是判断和衡量激励机制有效性的必不可少的先决条件。

研究者们除了关注奋战在一线的出版发行人员的激励机制之外，关于发行公司高管薪酬的研究也成为了研究者们关注的一大方面。朱静雯、刘志杰在《出版发行上市公司高管薪酬利润比研究》（出版发行研究，2011年第6期）中以出版

发行上市公司为研究对象，将高管薪酬与净利润比值作为检验指标，通过与文化产业内上市公司以及产业外净利润相似的其他国有上市公司进行对比，说明出版发行上市公司高管薪酬的激励强度，结果发现，无论是与产业内还是与产业外比较，出版发行上市公司高管薪酬利润比水平都明显偏低。从出版发行企业上市公司和行业内外的对比数据来看，出版发行上市公司高管薪酬利润比是偏低的，这就可能存在激励不足的问题，出版发行上市公司应当结合自己的行业特点，综合考虑市场各类因素，提高高管薪酬的激励强度，以激发经营者更大程度的努力。

2. 亲身参与项目或带动人才培养的好办法

纸上得来终觉浅，绝知此事要躬行。出版发行人才的养成不是一个纸上谈兵的过程，而是一个亲身实践、在摸爬滚打中积累经验的过程。2011年研究者们普遍提出培养实战型的图书营销人才的观点，以项目促进人才培养的议题被大家广泛讨论。

张琛在《浅谈外语类图书营销战略及实施》（中国出版，2011年7月上）一文中强调了培养专业发行人才的重要性。作者认为，可以在现有高等院校增设系统的图书市场营销专业，或是对现有的出版、发行专业进行整合，在教材及教学方式上侧重培养实战型的图书营销人才，可以借鉴MBA的教育方式；也可以通过各种短训班、研修班、研讨会的形式，培养各层次的图书营销人才；同时出版发行的管理部门要对营销人才给予高度的重视，并制定相关的激励政策，培养人才、吸纳人才、大胆使用人才，可以通过严格的招募和内外部的培训带出一支专业化、本地化的图书营销队伍。

孙庆华在《浅论专业图书营销渠道的建设与培育——以人民卫生出版社为例》（出版发行研究，2011年第7期）中强调，高素质、复合型营销队伍建设迫在眉睫。人民卫生出版社在培养造就营销人才、加强营销团队建设方面做了大胆尝试，并取得了可喜成绩：一是提出了"全员营销、全程营销"的理念，把图书营销活动贯穿于选题、出版、销售的全过程；二是实行"策划编辑制"，策划编辑侧重于市场调研、搞选题开发，并参与设计、印刷、定价、销售等环节；三是编辑人员与销售人员密切配合，参与走访市场，参加学术会议及时了解前沿信息；四是有计划地安排编辑人员到销售部门工作一至两年，熟悉图书市场，了解发行流程；五是在销售队伍中实行"大区经理、区域经理、业务助理"三级管理，指标到人，责任到人，同时强化市场宣传功能，及时策划图书宣传的方式。

宋友谊在《从大型图书项目的发行工作看青年发行人才的培养》（中国出版，2011年10月上）中为青年发行人才的培养出谋划策。作者认为，出版社给青年发行人员提供机会，让他们参与社重点项目大型文献图书的营销，是培养其岗位成才的一个好办法。包括参与新书发布会，为营销做好准备；探索网络营销等多种营销模式，扩大图书的影响力；凭借熟悉新媒体等优势，青年发行人员可专门开展电子邮件营销、博客营销、微博营销、论坛营销等新型网络营销方式。

朱绍昌在《后改制时代中小出版社图书营销项目制管理探析》（出版发行研究，2011年第8期）一文中从图书营销项目制的含义、实施项目制管理的基本步骤与内容、遵循原则、优势作用等方面做了简单的模型设计，通过具体的案例分析就当下中小出版社图书营销内部机制创新做了一定的探索。作者认为，改制后的中小型出版社在市场运营机制、图书营销机制方面较改制前差别不大。中小出版社（特别是大学出版社）的改革依然不够彻底。比如虚设的董事会与主办主管之间的关系问题、股份制改造中的国有一股独大与多元化问题、中小社先天不足的"大营销"基础与理念问题、图书营销"被动全能式"障碍等，造成了目前中小出版社发展的窘境。中小型出版社要想更好地生存与发展，必须在选题品种、营销服务上走"专、精、特"的发展路子，除了强化选题品种的定位与开发外，营销机制的创新成为了改制背景下中小型出版社提升发展空间的必要选择。"项目制图书营销机制" 管理理念的提出被赋予了一定的现实意义。

四、发行渠道研究

根据课题组文献检索情况，2011年以出版物发行渠道为研究主题的报刊载文约72篇，硕博论文约有20余篇。该部分学术成果分为实体书店发展研究、网络书店发展研究、农村图书发行工作研究以及书展研究等四个部分。

（一）实体书店遭遇寒冬，求变之心大于哀悼之意

正如本文开头提到的，实体书店正在经历寒冬期。据新闻出版总署统计，2005年，全国共有国有书店网点11897处，供销社点3200处，集个体零售点108130处；到2009年，国有书店网点减少为9953处，供销社网点减少为1636处，集个体零售点减少为104269处，三类网点四年就分别下降了16.34%，48.88%和3.57%。第三极书局、风入松书店、上海思考乐书局和席殊书屋遭遇的困境等，让人们不禁发问，实体书店是否真的走上末路？

范新坤在《实体书店倒闭风潮现象背后的潘多拉魔盒》（出版发行研究，2011年第8期）通过实地调研走访部分实体书店后指出，实体书店的倒闭主要在于以下几点：一是"保本微利"的定价原则下出版物价格无法保证企业合理的利润；二是被肆意践踏了的价格造成的利润流失已经威胁到了行业的再生产能力；三是高税负、高房租、高人力成本。阅读方式的改变、网络书店的冲击和市场竞争的优胜劣汰成了实体书店倒闭的替罪羊，实体书店倒闭的根本原因在于我国当

前的文化市场环境下，包括出版物发行行业在内的文化产业发展缺乏贴合实际的、实实在在的产业政策。

李桂君、王楚在《北京市实体书店的分布现状与存在的问题》（出版发行研究，2011年第8期）结合北京市各区实体书店的均衡性分析，并将北京市实体书店分布现状与伦敦、纽约、巴黎、东京等世界城市做了对比。总结归纳了当前北京市实体书店布局存在的问题，主要有：总量不足；布局不合理；实体书店规模偏小；城市扩展区缺少大中型书店。

就目前状况来说，实体书店的发展暂时看不见出路，但是许多有识之士尝试通过各种努力，力图挽救这一文化地标。业界学界基本达成的一个共识，那就是"自救为主，扶持为辅。"

范新坤在《实体书店倒闭风潮现象背后的潘多拉魔盒》（出版发行研究，2011年第8期）认为要改变实体书店的倒闭潮，应做到：适当提高图书价格，规范图书定价方式，严肃价格管理；实行税收减免，给产业一个高远的未来；尽快出台文化产业用地政策，给实体书店一个立足之地。

鲍红在《民营书店：救与自救》（出版广角，2011年12月）中总结了压垮民营书店有三座大山：新华书店、网络书店和特价书店。对于民营书店的救与不救，行业和社会都存在两种不同的声音，作者认为，改善行业生存环境的一个重要问题在于健全行业规则，民营书店要生存，还是得靠转型自救。

关于"自救"一说，大部分研究者都表示赞同。皮雪花在《实体书店的"死"或"生"——从美国博德斯集团和中国台湾诚品书店说起》（出版广角，2011年3月）认为，实体书店的衰落是无法阻挡的趋势，要想改变现状，只能靠自救。首先，实体书店生存必须要克服的劣势有三点：其一是解决购书的便捷性；其二是凸现特色；其三是适应读者的变化。同时，实体书店还应固守自身的优势，主要有五大优势，即品牌优势、专业优势、渠道优势、文化优势、商业优势。另外，未来实体书店的发展目标是力求让读者在书店阅读成为"悦读"，让逛书店成为时尚的生活方式，让读者选书不再困难，用副业贴补主业，先做品牌后谈赢利。

面对实体书店的市场份额快速向网络书店转移的事实，杨玉兰在《实体书店创新经营的实践》（中国民营书业，2011年10月）认为，第一，要认清形势，树立大出版理念；第二，参与竞争，树立拓展理念；第三，要培养人才，树立创新理念；第四，协同作战，树立合作理念；五要改变观念，树立特色服务理念。"创新自救"是实体书店的唯一出路，要创新自救就必须实现自上而下的自我转型发展，即思路上的转型和经营方式的转型。

李星星在《实体书店要的是转变不是哀悼》（中国新闻出版报，2011年8月24日第003版）中认为，实体书店的未来，在于细分市场的培育和养成，在于阅读服务的提供和深入在数字化阅读的大潮下，实体书店的主业将不再是图书销售，而将转变为提供一个舒适的阅读环境、营造一种浓厚的阅读氛围。

吴越在《重新认识消费者，构建多维阅读城——试论实体书店商业模式转型》（中国出版，2011年4月下）指出，在面临出版行业转型的关键时刻，树立"顾客价值"导向，真正认识技术力量、商业力量和消费者力量，洞察和预见行业未来，创新实体书店商业模式是关键。围绕"阅读"主题，唱响"范围经济"，通过"卖什么"这一核心问题的解答，来找到实体书店的生存、发展乃至壮大的未来之路。

邹斌在《数字化浪潮下，传统书店的突围之道》（中国民营书业，2011年10月）认为，数字化浪潮下，传统书店的突围之道有：首先，文化立企，做好主业。具体来说，第一，开好大型店，打出体验牌；第二，做足专业店，塑造个性牌；第三，涉足便利店，完善服务牌；第四，发展网络店，叫响便捷牌。其次，以文为媒，多元拓展。具体有：第一，寻找创意，打造品牌；第二，发展第三方物流；再次要借力科技，战略发展。主要有：第一，整合资源，上下拓展，延伸产业链；第二，借势发力，开设店中店，提供数字下载；第三，试水投融资，收购兼并，扩大影响力。

（二）网络书店发展前途光明，但仍旧困难重重

网络书店的兴起改变了传统的售书方式，对出版界的影响深远。当前对网络书店的关注点，主要集中在以下两个方面。

1.网络书店的恶性价格战引发学界观点分歧

价格是网络书店与实体书店相比的优势之一，它能以低折扣甚至超低折扣吸引了大批的读者，但正因如此，国内几家网络书店之间的竞争也日益激烈，价格战也成为常态。一场场接近白热化的"价格战"，引发了人们对超低折扣售书方式的关注和思考。

一方面，部分研究者认为，网上书店之间的价格战是市场竞争的结果，应该交付市场来进行调节，政府不应该强行干预。赵书雷在《关于网络商城价格战的若干思考》（出版广角，2011年8月）中指出，网络商城低价折扣并非造成实体书店和出版单位经营困难的全部原因，甚至并非主要原因。主要原因是阅读需求下降和物业价格上涨，是出版发行秩序多年来因循守旧的结果。网络商城是否形成垄断应交由市场决定，网络商城价格战更应由行业组织来协调，不应由政府强行介入。

也有部分研究者并不这么认为，他们认为行业组织的协调是必需的，但是政府必须也要加强监管来控制网络书店之间的恶性竞争。正如吴彦超、窦林林在《对网络书店超低折扣售书方式的思考》（中国出版，2011年12月）一文中的观点，他们从当前几大网络书店以超低折扣销售图书的现状出发，深入解析网络书店低折扣定价的三大原因：一是网络书店资本实力雄厚；二是网络书店抢占市场策略；三是网络书店具有低成本优势。他们建议规范网络书店销售行为的对策建议主要有四点：健全法律法规，切实保障消费者权益；加强政府监管，维护网络书店竞争秩序；充分发挥行业协会的职能，促进健康发展；创新营销模式，选择正确的竞争策略。

有少数研究者透过价格战这一表面现象，透视了整个出版发行业界存在的一大"毒瘤"——发行渠道拥有者占有绝对发言权，出版社有时不得不无节制地退让。肖璇在《瞧，这懦弱的价格战——来自图书价格战背后的思考和探讨》（出版广角，2011年12月）的观点发人深省，作者一针见血地指出，价格战其实不是简单的网络书店之间的硝烟，其背后所折射出来的，归根结底无非就是出版社作为供应商的身份下对于渠道的不知所措和卑微退让。因为作者认为，价格战的重点并不是比拼价格，而是试图用价格杠杆来撬动店内销售的同时用相对较小的代价打击竞争对手；其次，价格战的目的除了打击对手之外，也是为自己的卖场赢得更多的人气和销售量。作者的这一观点在上文提到的《网络时代图书营销的挑战、机遇与趋势》（出版参考，2011年8月上）一文中也能得到印证：由于网络书店往往具有雄厚的资本背景，且其经营产品丰富，图书的利润损失能够从其他产品利润中得到补偿，这一特殊性使其对折扣战打得起、扛得住，却唯独损害了图书行业产业链等其他合法经营者的利益。这种趋势如果不及时被制止，将危及整个出版行业的运行秩序。

至于恶性价格战将对出版行业有哪些具体危害？杨军、房慧在《网络书店价格战对出版业的影响》（科技与出版2011年第12期）中进行了总结：第一，缺乏生态平衡的思想意识，使其发展后劲不足，结果造成"双输"；第二，缺乏长远目标的思想意识，将对作者的创作积极性产生影响；第三，缺乏良好自律的思想意识，将使实体书店受到严重打击；第四，缺乏整体协作的思想意识，使出版社的价格体系受到威胁；第五，缺乏理性的市场思想意识，图书市场发展秩序被扰乱；第六，缺乏真正维护读者的思想意识，读者的利益最终将受到损失；第七，缺乏合理价值体系的思想意识，使出版业价值链和诚信受到破坏。

2.不同性质的网络书店的营销模式呈现多样化特征

网络书店的经营模式比较直观，定位不同的网络书店，其经营理念和经营模式也大为不同。张美娟、徐新在《网络书店盈利模式评析》（出版科学，2011年第5期）解析盈利模式的理论认识的基础上，将目前网络书店的盈利模式分为基于产品销售的盈利模式、基于服务销售的盈利模式、基于信息交付的盈利模式三类，并运用国内外比较典型的案例进行具体阐释和分析，以期对网络书店盈利模式的选择和创新有所裨益。

陈红莲在《当当图书整合营销传播策略研究》（编辑之友，2011年第5期）总结了当当网四大成功营销策略，主要有：一是给顾客方便就是给自己利润；二是更低成本更低价格，追求消费者回头率；三是传播一致口号，塑造品牌形象；四是口碑营销与关系营销有机结合。

王彩红在《孔夫子旧书网经营模式分析》（编辑之友，2011年第8期）分析了孔夫子旧书网的六大经营模式：一是信息量大、成本低，服务快捷；二是书品种类繁多，资源具有稀缺性；三是信誉第一，价格透明；四是客户群明确；五是只做平台，不做具体交易；六是举行各种古旧书活动。从而使孔夫子旧书网以五年时间的便发展成为全球最大的中文旧书网上交易平台。

蔡雨坤在《图书网络独家销售如何成为网上书店发展的"金矿"——从渠道、传播、产品三方面谈图书网络独家销售》（编辑之友，2011年第1期）认为，图书网络独家销售，是网上书店和出版商对独家销售热潮的一种尝试，一种新的动作手段。图书独家销售的基本要求有两点：一是书好，有市场，有畅销的潜质；二是必须有能够宣传的点。即便如此，图书网络独家销售仅适合条件限制严格的少部分图书。只有能够达到双赢，才是图书网络独家销售的充分条件。

（三）农村图书发行工作应该更加注重广泛性、实用性、适宜性

农村图书市场自有其独特的运作特性，如果不了解我国不同地区农民的阅读需求和实际，拿在城市做发行的那一套方法未必适合农村的文化土壤。研究者们认为，面对新的环境，必须要有适合农民特征的销售策略和办法。

王竑在《农村图书发行工作现状及思考》（中国出版，2011年1月）认为，长期以来，农村图书市场始终未能得到应有的培育和开发，农村图书消费虽然增长较快，但农村读者购书始终处于低水平。如何扩大农村市场，在调研的基础上，作者提出了为"三农"服务开辟农村图书市场的"一体两翼"、"三转移"、"四个结合"和"五联动"的流动、管理和营销机制。

韩德琴在《创新农村发行网点建设新途径——以河南省农村图书发行网点建设为例》（出版发行研究，2011年第11期）指出了新华书店系统部分农村网点的不良状况：农村网点数量总体偏少，农村网点效益低下、经营困难，农村网点建设趋于停滞萎缩。作者指出，造成这种局面的主要原因是资金投入不足，地方

拆迁改造、网点损失很多，非法竞争猖獗、经营环境恶劣，经济基础薄弱、消费能力不足，农村地域广阔、销售成本增加等。至于如何创新农村发行网点建设，作者指出，首先积极建立店校联办俱乐部，延伸新华书店的功能；其次率先启动"新农村书屋"建设，丰富农村发行网点建设形式；最后，大胆实施农村网点混业经营，努力谋求网点经营效益全面增长。

韩德勤的文章主要论述了以新华书店为依托的农村发行网点建设办法，发行业内人士张吉响在《农村图书发行突破症结走出困境的思考——一位民营书店经营者来自农村第一线的报告》（中国出版，2011年5月）一文中却提出了另外角度的看法。他认为，虽然农村图书市场是一个巨大的蓝海市场，但是图书购买力却比较弱。农村"买书难、借书难、看书难"的症结，也是当前农村图书发行的难点和重点。为此，政府、出版企业、国有书店分别要做到以下几点：职能部门要实行问责制，切实负起责任，为农村图书发行保驾护航，健全文化市场的长效监管机制；出版部门要把农村出版发行当作事业来做；国有书店要放下架子，投身市场，适时求变，适应市场潮流；要重视农村民营书店的建设和发展；管好图书批发企业。

（四）书展秉承文化传播重任，成为对外文化交流的重要窗口

书展不仅是一个版权交易的展示场所，也同时承担着文化交流的重要任务。随着我国书展规模和影响力的不断扩大，国内出版企业对于国内外书展的重视程度提升，研究者们对于书展的研究，也成为本年度的热点话题。

黄尚恩在《我们需要什么样的书展》（文艺报，2011年08月24日）将书展分成展销型、订货型和版权交易型三类。他认为对不同诉求的人来说，对书展的要求也不一样，因此，针对不同类型的书展，也应提出不同的评价标准。

刘筱燕在《从文化信息传播角度探讨BIBF的文化定位》（出版广角，2011年第9期）认为，北京国际书展作为亚洲最大的国际书展，更多要考虑的是如何透过城市文化来传达中国对国际的文化沟通，在完成出版"走出去"的任务之后，还应当提高北京城市文化对活动的影响，并赋予BIBF更多、更高的国际文化传播的含义。

河北大学的金强在《融通发行理念，律动文化脉搏——2011北京图书订货会的几点观察思考》（出版发行研究，2011年第4期）通过对2011北京图书订货会的实际考察，总结了作为"出版行业的风向标"之称的北京图书订货会，所显示出来的四大特点：参展投入显强弱展商数量差异大；参展单位多元化民营书业很给力；广告元素丰富化展场布置创意多；联体参展成重点，数字展区是亮点。同时他也提醒到，图书订货会仍存在不少问题，例如很多数字产品展示项目散布于各自出版单位的传统出版区，导致消解了传播强势，继而使数字展区的吸引力尚有欠缺等，希望能在下一次订货会上得到完善。

五、出版物物流配送研究

根据课题组文献检索情况，2011年，以出版物的物流配送为主题的报刊载文约有20余篇，专著有2部，学位论文数十篇，专业会议有2次。通过对以上文献的阅读分析，笔者将该部分学术成果分为图书流通领域问题及对策研究、图书库存与退货问题研究、数字出版物分销渠道研究三个部分，分别摘取其中最具代表性的观点进行综述。

（一）图书流通领域问题及对策研究

我国出版产业正处在体制转型阶段，出版发行行业相继完成了转企改制，并真正地实行市场化运作，图书流通渠道由过去单一的国有流通渠道（新华书店）逐渐向国有、民营、外资多渠道转化，图书流通市场逐渐呈现多元化格局。伊静波《出版流通领域"国进民退"和"国退民进"现象探析》（现代出版，2011年4月）认为，在改革开放三十年中，随着政策和市场环境的变化，先后出现了"民进国退"和"国进民退"两个主体角色互换的过程和现象。它不仅与我国经济发展息息相关，而且也反映了近三十年来新闻出版管理部门和出版从业人员对出版产业的探索过程。作者认为无论"国退民进"还是"国进民退"都是出版产业发展的规律，是两个市场主体不断自我认识和改造的过程。

研究者同时指出，在图书流通体制转型过程中，仍然问题重重。主要集中在物流管理、资源整合、体制改革等几个方面。刘妮的《书业分销物流存在的问题与对策分析》（编辑之友，2011年第7期）认为，当前书业分销物流存在的问题有四类：一个是出版企业分销物流供应链消耗了出版、发行环节的过多成本；第二是信息技术运用较差，质检制度不健全，标准化程度不高；第三是产业链各层级各自为政，具有现代化功能的图书物流系统难以形成；第四是物流信息孤岛现象十分严重，影响整体产业集约化升级。

关于出版发行行业的资源整合及体制改革，研究者们也普遍认为困难很大。马军的《如何整合出版发行行业的物流资源》（出版参考，2011年6月下）认为，现有出版物流体系中还存在着物流设施重复性建设且利用率低、缺乏大型的物流中心进行统一物流调配、出版业物流系统建设布局缺乏整体规划、信息化及标准化水平低等问题。陈建中的《进一步加快我国图书流通体制改革》（中国出版，2011年4月上）通过对我国图书流通模式与流通渠道现状分析，指出了我国图书流通体制转型过程中存在的问题，即图书流通主体地位不明晰、市场集中度低、市场行为存在无序竞争，交易秩序混乱、市场需求信息渠道不畅，存在买难卖难现象、流通体制与经营业态面临由传统向现代转型等难题。

图书的发行环节关系出版社的命脉，如何破解出版物物流配送难题、做大做强图书的发行流通工作，是目前亟待解决的难题，为此，不少学者建言献策。

为了解出版社目前的物流现状及物流服务需求，王海云、付海燕在《北京地区出版社物流现状调查与分析》（北京印刷学院学报，2011年6月第3期）中对北京地区30多家出版社进行了问卷调查，通过对出版社物流部门设置、所采用的物流模式、物流费用、对物流企业提供的物流服务的满意度、物流委托意愿、物流信息管理等方面的调查发现，出版社在物流方面存在着诸多难题，近几年出版社发展速度快，但物流服务没有跟上。同时，作者在调查中发现，出版社一致表示愿意将物流业务交给专业的第三方物流公司，而这对当前正在发展中的物流中心是一个契机。上文提到的《如何整合出版发行行业的物流资源》（出版参考，2011年6月下）一文也就如何整合出版发行行业的物流资源给出了三种整合模式——客户资源整合、能力资源整合和信息资源整合，并通过要素之间的协调和配合，实现物流系统要素之间的联系，达到物流整体化目的的过程。

刘妮在《书业分销物流存在的问题与对策分析》（编辑之友，2011年第7期）中提出的对策有：树立现代物流理念，建设信息化物流体系实现效益最大化；建立图书产业链物流系统的无缝连接，增强服务化理念；大力发展第三方物流，引入市场机制促进产业分工精细化；培养适应现代企业发展需求的综合性物流领域人才。

张天明的《现代出版业物流体系建设的思考》（出版参考，2011年12月上）认为，构建现代出版物流体系的目标模式是，在全国组建起若干个以国有大型"中盘"企业和大型零售企业为龙头、具有核心竞争能力和竞争优势、辐射力强、跨地区经营的发行集团，区域性或全国性的连锁经营集团；组建若干个集代理、采购、仓储、配送、结算等功能于一体的出版物批发交易中心和物流配送中心；建立起我国现代出版物流通体系的骨干工程，形成布局合理、运行有序、管理规范、保障有力、覆盖全国的现代营销网络体系。在具体实施过程中，可分三个阶段。第一阶段是信息系统标准化；第二阶段是区域内信息资源和物流资源的整合；第三阶段是全国范围内大型物流中心之间的联合。

张钰良的《分析民营图书销售渠道》（中国民营书业，2011年9月）认为，为了继续发挥民营图书销售渠道的优势，要做到以下几点：民营图书经销商，应适度控制发展规模，从大而全转变为相对少而精的代理模式；增强对下线客户以及读者的基础性服务与增值服务；同一地区的不同民营图书经销商可以尝试联合经营，优势互补；尝试与大型出版商进行整合，通过被收购等方式成为大型出版商的一部分；开辟自己的网络销售渠道；呼吁上游出版商对民营图书销售渠道进行适当保护等措施。他认为，只有多渠道并行才能更好地发展图书产业，而传统渠道与数字出版渠道相互配合才是未来图书出版发展的必经之路。

（二）图书库存与退货问题研究

库存与退货问题始终是出版社的难题，当前，图书市场的一个普遍现象是选题雷同现象严重、书刊编校质量不高、发货不畅、销售缓慢、回款艰难以及退货率居高不下等。李智慧在《基于2005—2009年图书生产、销售、库存数据的比较分析》（编辑之友，2010年第10期）通过对2005—2009年图书生产、销售、库存数据的比较分析，得出了三大结论——首先，图书生产品种扩张而印数下降，图书出版行业的产值增长主要依靠品种扩张和定价水平的拉升；其次，图书销售徘徊不前甚至出现负增长；再次，图书库存总量巨大而且积压严重，进一步加剧了出版单位资金链断裂的风险，并对整个出版业的运营构成一定威胁，书业由"书荒"走向"书殇"。

如何才能减少图书库存总量呢？刘明哲在《有效避免或减少库存积压的三条举措》（出版发行研究，2011年第5期）认为，造成库存积压的深层次原因有：选题策划缺少调研，宣传营销不到位；市场预测不准确，首印量过大，盲目重印；书店业务员对初版书市场预测不准确，大量进货大批退货。而有效避免或减少积压的办法，一是治理，二是防预，即选题精耕细作，宣传营销先行；各部门通力协作，确定合理首印，重印数量；掌握即时信息，加速图书周转频次。

针对如何减少退货的策略，不少研究者也提出了自己的看法。石虹、胡仲清在《扩大销售与减少退货策略探析》（出版发行研究，2011年第6期）结合人民军医出版社的发行工作实际状况，分别从扩大销售的途径和减少退货的措施两个方面，提出了适应图书市场需求的具体措施。郑小强在《图书市场闭环供应链及控制策略》（编辑之友，2011年第1期）认为，我国出版业图书退货制的长期存在以及图书可回收再利用的特点，使得图书市场闭环供应链模式成为可能，将其用于分析图书分销市场体系，解决我国出版业退货问题具有一定的理论及现实意义。所谓图书市场闭环供应链控制策略主要有：需求计划更新策略；契约批量订购/退货策略；退货价格浮动策略；供应链协调策略。

（三）数字出版物分销渠道研究

数字出版发展的速度之快和规模之大，已成为出版界不可回避的事实。数字出版业的发展催生了数字出版物市场，如何建立并完善数字出版物的分销渠道，也成为业界及学界必须认真探讨的课题。

廉同辉、袁勤俭在《数字出版物分销渠道研究》（中国出版，2011年9月上）中提出，国内对待数字出版的态度依然不够热情，业界、学界对数字出版物分销渠道尚未给予足够重视，以数字出版物为代表的数字产品的分销渠道的理论研究明显滞后于数字产品的营销实践。目前数字出版物的分销渠道存在的问题：一是投资分散，渠道缺乏整合；二是阅读格式标准不统一；三是非法渠道猖獗，侵权现象严重；四是分销渠道的基础设施相对落后。在此基础上作者结合数字出版物本身的特点提出了分析渠道优化的六大对策。

朱虹、段维的《浅论数字出版物分销渠道的构建与联动举措》（出版发行研究，2011年第5期）认为，数字出版物分销渠道有可以实现真正的扁平化、虚拟环境下的零库存和及时性的资金流转等特点，可以通过构建综合型大众性销售平台，单一型小众化销售平台，专业型个性化销售平台以及联合型行业性销售平台和出版单位网站销售平台等，形成完善的分销网络。另外，纸质图书分销渠道与数字产品分销渠道将在相当长的时期内共存，因此纸质图书与数字产品分销渠道的联动也是搭建数字出版物分销渠道的重要举措。

顾明良、张宏在《一个数字发行系统的设计》（出版广角，2011年1月）中提出了一个开放的数字发行信息交换规范的设计，并以此为标准提出了一个涵盖数字发行、发行计费以及发行统计的发行系统设计。该系统的设计充分借鉴了传统出版物发行的经验，同时引入了许多数字发行的特点。其创新点在于：第一，技术解决方案的出发角度是发行商而不是出版商；第二，迄今未有此类相关数字化发行技术的研究与应用的报道；第三，技术的关键性在于解决数字化发行商业化运作的可能性。

方颖芝的《专业出版社自办数字发行的转型升级探讨》（编辑之友，2011年第11期）认为，发行的数字化是传统出版社数字化转型过程中需要解决的核心问题之一，作者就专业出版社自办数字发行平台的可行性问题和发行模式做了深入思考。

六、报刊发行与营销研究

随着出版体制改革的逐步深入，我国越来越多的杂志社、报社成为独立的市场主体，实施自负盈亏的经营，想要在"断奶"后更好地生存，就必须下功夫做好营销与发行这样一个现实课题，对众多杂志社、报社而言，如何进一步转变经营理念，遵从市场营销学的思路来科学组织生产传播产品，还需要在实践中不断探索。根据课题组文献检索情况，2011年，以报刊发行与营销为主题的报刊载文有9篇，专著有2部，学位论文不足十篇。通过对以上文献的阅读分析，笔者发现该部分学术成果可分为我国报刊发行体制历史研究、数字环境下报刊发行的对策研究等几个部分。本课题有专文对报刊出版工作进行综述，在此笔者仅对以"报刊发行与行销工作"为主题的文章观点进行综述。

武志勇在《中国报刊发行体制变迁的历史轨迹与基本规律》（现代传播，2011年第1期）中梳理了中国报刊发行体制变迁的历史轨迹，并总结出了中国报刊发行体制变迁的基本规律。作者将中国报刊发行体制分成五种：宋代至清末传统报刊封建主义君主专断型发行体制，清末近代报刊封建主义法治型发行体制，民国时期资本主义法治型报刊发行体制，新中国成立至"文革"结束社会主义计划型报刊发行体制以及改革开放以来的社会主义初级法治型报刊发行体制。由于历史条件的特殊，台湾、香港和澳门报刊发行体制与发行业态的变迁走的是与内地不同的路径。统治阶层对于主流话语权的管控、政治制度和政治路线强制报刊发行体制变迁并决定发行体制样态是中国报刊发行体制变迁的基本规律。

张文明在《邹韬奋的图书报刊发行思想探析》（新闻界，2011年第3期）一文。作者在文章中回顾和总结了邹韬奋的图书报刊发行实践历史，并认真总结了邹韬奋先生对图书报刊发行工作提出了自己的真知灼见：注意图书报刊发行工作的根本问题和面向问题、建立多种发行渠道、注重宣传和推广。作者提到生活书店除了广告宣传的形式外，还创造了一些灵活多样的随机推广法：这些推广法归纳起来主要有：（1）跟踪连续推广法。生活书店因为出版进步刊物，往往被国民党政府查禁。但一种刊物被查禁后，马上把新出版刊物的创刊号寄给前一种刊物的原订户征求续订。这种办法是为了适应当时恶劣的政治和出版环境而创造的。（2）滚雪球推广法。典型的如请一些老订户把自己10位亲友的姓名地址提供给书店，书店寄赠刊物一期给这些亲友试阅，并附去订单，这样也增加了一部分订户。（3）图书报刊连锁推广法。生活书店既出报刊，也出图书，读者如多订报刊，则赠送与报刊相关的一些图书。（4）"创造需求"推广法。生活书店充分发掘读者潜在的需求为现实需求，书店采取多种渠道联系读者、组织读者以促进读书运动，读者读书活动增加了，所需求的图书报刊自然会增加。其中一些营销手段在今天看来仍然可行，值得业内借鉴。

一方面，研究者回顾历史的发展，希望从中得到可贵的经验。另一方面，研究者着眼于数字时代发展的大背景，为报刊业的发展出谋划策。朱晓云在《数字期刊网络营销研究》（编辑之友，2011年第9期）一文中深度分析了数字期刊采用网络营销的优势，并提出了网络环境下数字期刊营销的4C策略，其观点令人耳目一新：以消费者（Consumer）需求为中心的产品策略、以消费者意愿支付成本（Cost）为基础的价格策略、以提高消费者便利性（Convenience）为导向的渠道策略、建立与消费者之间有效的沟通（Communication）渠道策略，同时作者提出了4C战略实施的具体要求。

七、年度研究热点与存在问题

（一）研究热点

1. 价格混战引爆学界热点，价格体制改革呼声高

文章开头提到，2011年4月京东商城遭遇24家少儿社发表声明公开谴责其进行不正当竞争的事件只是图书价格混战的冰山一角，实体书店与网上书店、网上书店与网上书店之间都伴随着复杂的竞争关系，图书价格之战引发了业内人士的持续关注和深度研究。

本年度4月，上海世纪出版集团总裁陈昕先生专著《中国图书定价制度研究》的出版可谓业内的一件大事，薄薄的一本书，加上典雅、朴素、亲切的装帧，整体上透着一种淡雅的庄重。此书虽薄，但在业内引起了巨大的反响。在作者搜集到的2011年度关于图书定价方面的文章无一不直接或间接地提到本书出版的重要意义。最具代表性的是毛志辉的《图书定价与出版业诸问题——读陈昕著〈中国图书定价制度研究〉有感》（编辑之友，2011年第9期）以及张敏、周正兵的《再议净价图书制度——兼论以书价破题促改革的合法性问题》（编辑之友，2011年第7期）两篇文章。本书在缜密地分析我国图书定价的现状与问题之后，旗帜鲜明地提出了"我们认同在中国出版业处于向市场转型的阶段，产业链建设还不尽完善，现有图书市场秩序失范的情况下，中国图书定价方式要以固定价格体系为主的基本思路"的观点，对此，出版界前辈宋木文深表赞同，他认为"陈昕建议规范图书定价方式，建立有利于提高图书质量和出版发行两环节合理分担风险的运行机制，进行新一轮的书价改革，当属当前应兴应革之事"。

2. 实体书店纷纷倒闭，网络书店发展暗藏危机

继2009年从第三极书局、成都经典书城等倒下后的余波，2011年知名连锁书店光合作用、被誉为"北京三大民营书店"之一的地标书店风入松、经营16年之久的广州第一家三联书店也纷纷结业倒闭，实体书店的"批量死亡"已经成了不争的事实。

龚军辉在《战国时代，我们怎么做营销？——2010年图书营销启示录》（出版广角，2011年1月）中对实体书店的纷纷倒闭、网络书店的蓬勃发展表示了自己的担忧。当当网的网络售书一枝独秀也给出版社、出版商出了难题：不响应当当网的无限制退货、优先供货、账款付还时间长等要求，则图书的销售会大打折扣，但若无限度地支持与退让，则会促使供应商的地位再度下降，生产、销售、

服务都会受制于人，为以后的发展埋下众多荆棘。难题的无法破解，已经让很多的有识之士为图书销售前景暗暗担心。

3.新媒体发展势不可挡，图书"微营销"成热点议题

自2009年起，中国门户网站新浪、搜狐、腾讯等陆续推出"微博"，用更快捷的方式记录和改变着网络信息。微博，是一种微型博客，将博客（blog）形式简化，以140个字的内容更新信息，发布到网上，实现信息的分享。在图书出版行业，纸质传媒受到网络冲击，同时也被这种简易的"微博"影响，迎来发展机遇。以微博为切入点的营销活动，比以往的报纸、电视、电台等有着更为明显的优势，带领的不仅仅是图书营销的潮流，更是一种强大的趋势，有可能成为未来图书营销的革命性动力。

本年度学者研究更关注的是如何将微博的新特性很好地利用起来，进行图书的宣传活动。在网络时代，虽然利用微博进行图书营销刚刚起步，但已有经典案例，如《我们台湾这些年》和《蔡康永的说话之道》。刘学明、刘程程在《微博时代的图书营销》（出版科学，2011年第5期）一文中的观点颇具代表性。他们认为，根据微博发布的形式不同，微博类型有三种：原创类、转发类、话题类。若要在微博建立一个有效的图书营销推广活动，必须从这三点着手。在出版传媒领域，营销角色有五大类别，出版方、作者、业内人士、读者、普通受众。从这五大类角色入手，可以大致看到微博营销针对一本新书所做的活动。这个观点比较全面可行，很好地分链条地把各个营销环节串联起来，值得业内探讨、尝试。

（二）存在问题

1.研究主题扎堆，观点多重复缺争鸣

如果说本年度研究热点突出的话，那么热点突出的同时也在一定程度上反映了研究主题过于集中的事实。尤其对于新兴事物，研究者们总是倾向于盲目跟风，其观点多有低水平重复之嫌。经过课题组的严格筛选，在本年度直接涉及微博营销内容的文章仍有约30篇，比例占到总文献数量的六分之一。而其中具有创新性观点的文章不多。一部分文章甚至呈现"新题目、老内容"等新瓶装旧酒的现象，可谓出版资源的严重浪费。

2.研究视野较窄，与国内外现状结合少

国内文化、科技、政策环境变化对我国出版物发行营销工作产生很大的影响，本年度文献材料中相对缺乏对我国环境变化给出版发行工作带来影响的考察，缺乏对世界范围内的政治、经济、文化的变化给我国出版业带来的影响考察。根据课题组检索情况，目前对相关问题的深入分析并不多，部分观点仅散见于其他主题的相关研究中。

3. 历史研究偏多，研究缺乏时代意义

部分研究者仿佛总是偏爱历史的重温，尤其在本文的第六部分报刊发行与营销研究，探讨历史的论文成果几乎是现实问题研究的两倍。很难见到关于数字环境下报刊发行创新策略方面的高质量文章。除此之外，几乎在课题组各个课题的文献资料中都有部分学术成果纯粹为了回顾历史而做文章。如果说关于某项政策的历史沿革回顾或者规律总结，历史研究必不可少。在笔者承担的"出版物发行与营销"方面的课题中也不乏这样的纯粹历史研究。笔者认为，出版营销策略的探讨必须和目前的时代背景、新技术发展状况相适应，而不顾现实社会发展的新挑战、新背景，过度地重温历史，研究再细致也是出版资源的一种浪费。

4. 研究结构陈旧，论述呈"程式化"倾向

笔者在阅读分析本年度论文成果时发现，有些文章的论述结构往往给人似曾相识的感觉，找到看过的文章比较，仔细分析发现并不一样，但是也只是换个角度、换种说法而已，并无多大创新性可言。总的来看，最受研究者们"欢迎"的论述结构有以下两种：现状问题——形成原因——宏观对策研究以及现状问题——国外经验——对我国的启示。另外，纯粹的就事论事的文章也不少见，在笔者看来，只对某一出版现象进行表面的描述，没有总结规律性的文章，缺乏研究价值。

5. 学术规范欠缺，一稿多投现象多有出现

根据"编辑出版学研究进展课题组"的文献检索情况来看，一稿多投现象仍然存在，作者往往稍加改动再次投向其他媒体，其所做的改动和"创新"有时就会显得十分牵强。例如一篇论文首次发表的题目是《论图书的网略营销策略》，同一作者的另一篇文章《论专业类图书的网络营销策略》赫然刊登在其他报刊上。如果说研究对象的更新也是一种创新，那么文章中必须有针对该类型图书的个性分析与针对性的策略才算得上的创新的完整，但是笔者发现，类似这种文章往往显得分析牵强、生拉硬拽，所谓换汤不换药，希望这种变相的一稿多投现象能够越来越少，真正地实现学术创新，而不是"人造"创新。

结　语

作为新世纪第二个十年的开启之年，也作为我国"十二五规划"的开端之年，2011年我国出版发行业也步入一个新的历程。回顾过去的一年，重大事件及热点事件突出，学界研究者也报以相当大的热情，学术论文、专著成果丰硕。虽然也有部分不足，但总的成绩可谓丰硕。随着出版体制改革的不断深入，改革对出版发行业带来的影响会日渐显著，希望今后的研究中，专家学者们能更敏锐地

捕捉新的研究点，开辟新的研究思路，不断为业界提供、推出具有实用性、创新性的营销策略，切实为我国出版发行业带来持久的动力。用理论支撑实践，让实践之路走得更远、更宽。

撰　稿：郝玉敏（中国新闻出版研究院）

刘吉波（北京印刷学院）

主要参考文献:

[1] 李国红. 在出版业中引入精益营销理念. 出版参考，2011（6下）

[2] 张龙. 跨界营销：图书出版营销的新思路之一. 出版发行研究，2011（9）

[3] 王秀昕. 自传播时代的品牌营销管理之道. 中国出版，2011（12下）

[4] 黎海英. 谈多媒介融合下书刊"病毒营销"实施要素. 出版发行研究，2011（3）

[5] 张彦. 浅析出版社微博营销的几种模式. 科技与出版，2011（7）

[6] 莫梅锋，魏霞，王旖旎. 粉丝助力:出版社微博营销成可能. 编辑之友，2011（9）

[7] 邱小石，阮丛. 业余书店. 中央编译出版社，2011（11）

[8] 王鹏涛. 出版物营销新法则：读者信任管理. 中国出版，2011（4下）

[9] 陈昕. 中国图书定价制度研究. 三联书店，2011（4）

[10] 张敏，周正兵. 再议净价图书制度——兼论以书价破题促改革的合法性问题. 编辑之友，2011（7）

[11] 田杨. 需求价格弹性视角下的图书差异化定价策略. 中国出版，2011（8上）

[12] 丁希如. 图书定价制度比较研究. 中国出版，2011（2上）

[13] 李琤，谢慧铃. Web2.0环境下社会媒介推动口碑传播营销策略初探. 出版发行研究，2011（12）

[14] 田海，明魏彬. 出版企业社会化网络平台营销研究. 出版科学，2011（4）

[15] 刘学明，刘程程. 微博时代的图书营销. 出版科学，2011（5）

[16] 刘燕军. 网络团购：图书营销新模式. 出版参考，2011（9上）

[17] 常晓武. 网络时代图书营销的挑战、机遇与趋势. 出版参考，2011（8上）

[18] 孙璐. 试论院校代表工作的"去出版社化". 编辑之友，2011（12）

[19] 孙庆华. 浅论专业图书营销渠道的建设与培育——以人民卫生出版社为例. 出版发行研究，2011（7）

[20] 姜伟，苏静. 专业图书网络营销的现状与对策. 出版参考，2011（6下）

[21] 田媛. 试论学术专著的出版和营销策略. 编辑之友，2011（12）

[22] 高玲. 浅说少儿类图书的品牌设计与营销技巧. 出版发行研究，2011（8）

[23] 张琛. 浅谈外语类图书营销战略及实施. 中国出版，2011（7上）

[24] 李慧君. 数字化环境下的外版书网络营销策略. 编辑之友，2011（12）

[25] 饶兴风. 出版社发行人员激励机制探析. 出版发行研究，2011（11）

[26] 朱静雯，刘志杰. 出版发行上市公司高管薪酬利润比研究. 出版发行研究，2011（6）

[27] 张琛. 浅谈外语类图书营销战略及实施. 中国出版，2011（7上）

[28] 宋友谊. 从大型图书项目的发行工作看青年发行人才的培养. 中国出版，2011（10上）

[29] 朱绍昌. 后改制时代中小出版社图书营销项目制管理探析. 出版发行研究，2011（8）

[30] 范新坤. 实体书店倒闭风潮现象背后的潘多拉魔盒. 出版发行研究，2011（8）

[31] 李桂君，王楚. 北京市实体书店的分布现状与存在的问题. 出版发行研究，2011（8）

[32] 鲍红. 民营书店：救与自救. 出版广角，2011（12）

[33] 皮雪花. 实体书店的"死"或"生"——从美国博德斯集团和中国台湾诚品书店说起. 出版广角，2011（3）

[34] 杨玉兰. 实体书店创新经营的实践. 中国民营书业，2011（10）

[35] 李星星. 实体书店要的是转变不是哀悼. 中国新闻出版报，2011年8月24日

[36] 吴越. 重新认识消费者 构建多维阅读城——试论实体书店商业模式转型. 中国出版，2011（4下）

[37] 邹斌. 数字化浪潮下，传统书店的突围之道. 中国民营书业，2011（10）

[38] 赵书雷. 关于网络商城价格战的若干思考. 出版广角，2011（8）

[39] 吴彦超，窦林林. 对网络书店超低折扣售书方式的思考. 中国出版，2011（12）

[40] 肖璇. 瞧，这懦弱的价格战——来自图书价格战背后的思考和探讨. 出版广角，2011（12）

[41] 杨军，房慧. 网络书店价格战对出版业的影响. 科技与出版，2011（12）

[42] 张美娟，徐新. 网络书店赢利模式评析. 出版科学，2011（5）

[43] 陈红莲. 当当图书整合营销传播策略研究. 编辑之友，2011（5）

[44] 王彩红. 孔夫子旧书网经营模式分析. 编辑之友，2011（8）

[45] 蔡雨坤. 图书网络独家销售如何成为网上书店发展的"金矿"——从渠道、传播、产品三方面谈图书网络独家销售. 编辑之友，2011（1）

[46] 王竑. 农村图书发行工作现状及思考. 中国出版, 2011 (1)

[47] 韩德琴. 创新农村发行网点建设新途径——以河南省农村图书发行网点建设为例. 出版发行研究, 2011 (11)

[48] 张吉响. 农村图书发行突破症结走出困境的思考——一位民营书店经营者来自农村第一线的报告. 中国出版, 2011 (5)

[49] 黄尚恩. 我们需要什么样的书展. 文艺报, 2011年08月24日

[50] 刘筱燕. 在从文化信息传播角度探讨BIBF的文化定位. 出版广角, 2011 (9)

[51] 金强. 融通发行理念 律动文化脉搏——2011北京图书订货会的几点观察思考. 出版发行研究, 2011 (4)

[52] 伊静波. 出版流通领域"国进民退"和"国退民进"现象探析. 现代出版, 2011 (4)

[53] 刘妮. 书业分销物流存在的问题与对策分析. 编辑之友, 2011 (7)

[54] 马军. 如何整合出版发行行业的物流资源. 出版参考, 2011 (6下)

[55] 陈建中. 进一步加快我国图书流通体制改革. 中国出版, 2011 (4上)

[56] 王海云, 付海燕. 北京地区出版社物流现状调查与分析. 北京印刷学院学报, 2011 (6)

[57] 张天明. 现代出版业物流体系建设的思考. 出版参考, 2011 (12上)

[58] 张钰良. 分析民营图书销售渠道. 中国民营书业, 2011 (9)

[59] 李智慧. 基于2005—2009年图书生产、销售、库存数据的比较分析. 编辑之友, 2010 (10)

[60] 刘明哲. 有效避免或减少库存积压的三条举措. 出版发行研究, 2011 (5)

[61] 石虹, 胡仲清. 扩大销售与减少退货策略探析. 出版发行研究, 2011 (6)

[62] 郑小强. 图书市场闭环供应链及控制策略. 编辑之友, 2011 (1)

[63] 廉同辉, 袁勤俭. 数字出版物分销渠道研究. 中国出版, 2011 (9上)

[64] 朱虹, 段维. 浅论数字出版物分销渠道的构建与联动举措. 出版发行研究, 2011 (5)

[65] 顾明良, 张宏. 一个数字发行系统的设计. 出版广角, 2011 (1)

[66] 方颖芝. 专业出版社自办数字发行的转型升级探讨. 编辑之友, 2011 (11)

[67] 武志勇. 中国报刊发行体制变迁的历史轨迹与基本规律. 现代传播, 2011 (1)

[68] 张文明. 邹韬奋的图书报刊发行思想探析. 新闻界, 2011 (3)

[69] 朱晓云. 数字期刊网络营销研究. 编辑之友, 2011 (9)

[70] 毛志辉. 图书定价与出版业诸问题——读陈昕著<中国图书定价制度研究>有感. 编辑之友, 2011 (9)

[71] 张敏，周正兵. 再议净价图书制度——兼论以书价破题促改革的合法性问题. 编辑之友，2011（7）

[72] 龚军辉. 战国时代，我们怎么做营销? ——2010年图书营销启示录. 出版广角，2011（1）

[73] 刘学明，刘程程. 微博时代的图书营销. 出版科学，2011（5）.

版权贸易与出版"走出去"研究综述 　　张　丽

　　本文作者通过对 2011 年度公开发表于报刊及中国知网、万方数据等全文数据库进行检索（检索项——篇名／关键词／摘要，检索词——出版"走出去"和"版权贸易"），得到相关研究论文 64 篇。通过对这些篇章进行深入解读，作者梳理出具有代表性的研究观点和研究热点，期望对出版业界学界有所帮助。考虑到虽然"版权贸易"是"出版'走出去'"的一个重要方面，且近几年出版"走出去"的研究文献数量也逐年上升，成为研究的热点，但在早期的研究文献中，多数研究者习惯将"版权贸易"作为独立的问题进行分析，故本文还是把"版权贸易"单列出来，分成"版权贸易"与"出版走出去"两部分进行分别论述，这样在文章中可能存在文献的引用及研究内容的部分交叉。

　　2011 年对于出版界来说是个不平凡的一年。2011 年是中国的"第十二个五年规划"开局年，新闻出版系统第一次有了"走出去"五年规划，出版"走出去"的战略高度又有了提升，《规划》从定性和定量两个角度提出了"走出去"的具体目标、重点任务和政策举措。

　　2011 年是个继往开来的一年。从 2002 年的"中国图书'走出去'工程"始，到 2011 年中国出版"走出去"整十年。经过十年的发展，出版业出现了辉煌的局面：版权贸易逆差不断缩小，出版输出范围逐步扩大，输出品种增多、质量逐步提高，中国出版从当初的单一版贸模式到现在出版企业全球化布局。

　　2011 年出版"走出去"和版权贸易的相关研究也表现了其特殊性：以历史回顾、发展成效、经验总结为多。

　　第一，这一年在出版界关于出版业"走出去"的工作经验总结、"走出去"的专题研讨会较多。2011 年 12 月 22 日下午，新闻出版总署在京召开了全国新闻出版"走出去"工作会议，全面总结"十一五"时期新闻出版业"走出去"工作取得的经验，研究部署新形势下如何推动新闻出版业"走出去"工作。新闻出版总署署长、国家版权局局长柳斌杰出席会议并作重要讲话《大力提升我国新闻出版业的国际竞争力》；2011 年 4 月 7 日召开的"中国图书对外推广计划"工作小组第七次会议，新闻出版总署副署长邬书林做了题为《总结经验　深化认识 努力提高中国出版"走出去"的水平》的报告；2011 年 7 月 22 日由北京外国语大学中国海外汉学研究中心、中国文化海外传播动态数据库联合主办召开了"中国出版'走出去'"研讨会；2011 年 8 月北京图书博览会召开在即，《编辑之友》杂志社组织了相关人士就"中国儿童文学图书走出去的现状、障碍和解决之道"进行了畅谈。

第二，这一年里关于出版"走出去"的理论和实践总结性的研究文献也较多，如范军的《我国新闻出版"走出去"的理论与实践（上、下）》；张洪波的《立体化多样化趋势呈现——2010年中国出版"走出去"分析报告》；新闻出版研究院的杨明刚总结了2011年出版"走出去"工作的特点与趋势《2011年出版"走出去"特点与趋势》。

一、版权贸易研究的新进展

版权贸易是出版研究领域最早涉及有关中国出版"走出去"的话题。2002年的"输出版、引进版优秀图书评选"是一个标志性的活动，至今已有十年的发展，版权贸易研究已经从当初的关注出版物版权的引进转变为注重出版物版权的输出。版权贸易活动也发生了显著变化，"输出版权的图书质量越来越高，内容越来越多元，输出的区域也是在国际政治、文化版图上重要的国家和地区"。

通过对2011年的文献梳理，我们看到研究者对版权贸易的研究主要焦点除了一部分常态的研究主题外，一些研究者把目光对准出版业版权贸易的新问题，提出了自己的看法。

（一）版权贸易逆差的原因

此问题过去一直是版权贸易研究的热点，"出版界重视程度不够、版权贸易人才匮乏，我国版权输出的种类单一，输出的地域与国家受到了文化的限制"等，过去一直是研究者的共同话题。但在2011年的研究中，作者们更多的结合版权贸易的实践分析版权贸易逆差的原因。乔丽从国家经济实力、"走出去"的动力、管理体制和人才缺口等方面进行了剖析；张洪波、李旦认为版权贸易的渠道建设重视程度不够；浙江少儿出版社的孙建江提出"这涉及综合国力、强势文化及出版社自身实力等等因素的制约"。

（二）版权代理问题

版权代理问题一直是困扰版权贸易的大问题，在新的内、外环境下，版权代理的问题被更多的研究者所重新重视。汤逸玮认为版权经理人在推动中国书籍"走出去"和版权保护方面起到重要的作用，她引用了美国Paper Republic总经理埃里克·亚伯拉罕森的一段话"因为中国和世界出版在法律、行业规范方面都存在差异，版权经理人熟悉两方的相关内容，能够更好地帮助出版社保护好自己的版权，更有效地进入世界市场"来证明其观点。

现阶段，我国版权代理面临着许多问题与挑战。李旦、丁培卫、童眼、姜旭、姜汉忠等对我国版权代理面临的问题做了深入分析，总的来说他们的代表性观点有如下几个方面：（1）版权代理公司偏向代理外文图书；（2）版权保护内容不断扩展，版权代理运作难度加大；（3）版权市场运作能力和信用缺失，制约着版权代理的发展；（4）我国现有出版管理体制，阻碍着版权代理机构的健康发展；（5）版权代理人才严重缺乏，不能满足庞大的市场需求。针对存在的问题与挑战，他们提出了如下对策：（1）加大力度拓宽海外版权代理网络，为长期、高效、低成本地版权输出打下基础；（2）通过立法和技术革新加强版权保护；（3）完善版权代理管理制度，调整版权代理结构布局；（4）实行版权代理人市场准入制度，加快信用体系建设；（5）培养优秀的、专业的版权经理人，为中国出版"走出去"铺路搭桥。

中国文字著作权协会常务副总干事张洪波提出"各部门专项文化奖励基金现在仅仅针对文化企业，但是很多'走出去'项目由中介服务机构、社会团体代理完成，国家仅仅针对出版企业进行奖励，但很多'走出去'项目，离开这些中介机构和社团是根本无法成功的。扶持计划或项目的实施，应该将中介服务机构、社会团体纳入政府扶持政策之中。"这一观点值得政府部门在制定相关政策时加以考虑。

（三）版权贸易实务

优秀出版物的版权引进与输出，是出版社可持续发展的强有力支撑，要做好版权贸易工作，除了要树立和强化国际出版意识，制定科学合理的版权贸易整体规划，还需在版权贸易工作实践中讲究一些原则与技巧。韦丽华归纳了版权贸易谈判用"材料表达真诚""适当妥协，实现双赢"等八大规则。彭江杰也根据自身经验总结了在版权贸易工作中应具备的技巧，主要侧重四个方面，即"以我为主"原则，理解力与判断力，执行力与灵活性，坚韧度与协调性。

值得一提的是，在2011年的版权贸易研究文献中，李宏葵把研究焦点对准在期刊研究上，针对境内外期刊版权合作模式进行了分析。他认为境内外期刊的合作模式已经发生了变化，"境内外期刊版权合作双方最初只是期刊版权的授权使用，由于授权中涉及品牌的树立和维护以及出版经营方式等问题，境外资本在授权版权合作之外，也开始介入经营、广告等实际操作"即"境内外期版权合作模式演变出业务合作模式、合作出版模式和合作经营模式等"。

（四）版权输出渠道

出版"走出去"不是一朝一夕的事，版权贸易也不能做成"一锤买卖"，版权输出也需要长期经营，这些观点在出版业的实践中，已经越来越被更多的业界人士所认同。李旦就明确提出出版社要重视版权输出中的渠道建设，"版权也要像书一样卖"。

版权输出的渠道，出版业最为熟悉的还是借用各类书展这一平台。新闻出版总署副署长邬书林在"中国图书对外推广计划"工作小组第七次会议的报告中也强调"国际书展是版权贸易的重要平台，参展水平的高低是一个国家出版实力的重要体现"。此外，更有研究者从微观层面探讨版权贸易的平台建设。如李小杰、孙建军提出了"版权贸易商务平台的功能设计"，孙建军通过引入基于Agent的电子商务框架，解析了版权贸易电子商务平台的总体功能及网站系统流程设计，并在此基础上利用MICK资源运营模式提出了版权贸易电子商务平台的运营策略。

（五）数字版权问题

在数字化、网络化的今天，无论是国内还是国外，传统出版业正在经历着如何适应数字化、如何向数字化转型的棘手难题。数字出版物的出版和"走出去"、数字版权的贸易问题，成为2011年出版"走出去"的研究热点，数字出版产品版权输出也是"十二五"出版"走出去"规划中提出的重点任务之一，是未来版权输出新的增长点。

数字技术的开拓是出版社版权合作和贸易的重大课题和新的增长点，但目前还存在许多法律上、经营上的难点，数字版权的保护问题成为亟待解决的问题。对此研究者从不同角度进行了分析，给出了一些有价值的建议。韩卫东认为出版社应"完善数字版权的法律文本，尽量开发出版社自有知识产权的产品，努力掌握获取数字版权的主动权"。丁培卫认为数字时代通过立法和技术革新加强版权保护，"国家在技术革新上要继续前进，如数据加密技术、数字水印技术及网上银行支付的信用保护技术等的改进和完善，加强数字版权管理，切实保护内容资源的权益。""国家要通过加入国际组织、缔结国际条约等形式与其他国家在版权保护领域开展交流与合作，积极保护版权的跨国交易"。

当全球正在逐步认识数字出版的同时，移动出版进入我们的视野，触摸时代的到来，颠覆了传统出版的模式。白冰和林玉蝶及时地捕捉到这一信息。他们在《触摸时代的版权输出》一文中引用了大量的数据，认为现在是触摸时代，触摸时代不仅意味着产品载体的变化，更意味着版权输出的模式、环节、方式、盈利模式有了新挑战。

二、出版"走出去"研究的焦点

中国出版"走出去"早已从单一版权贸易模式发展到企业全球化布局的新局面：从实物产品输出、版权贸易、合作出版、资本输出与运营等都逐渐呈现出立体化、多样化趋势。学界对出版"走出去"的研究更加全面深入。在2011年的中国出版"走出去"的研究文献中也出现了许多新的观点和研究视角,但主要集中在出版企业和出版物"走出去"两个方面,另外"走出去"的平台建设也是研究者关注焦点。

(一)出版企业"走出去"的研究

过去中国出版业属国家垄断行业,相应的一些工作难免带上国家、政府的烙印,如国家制定了出版"走出去"的战略,给予一定的政策等方面的支持,动员号召出版企业走向国际市场等。而如今随着出版体制的改革,尤其是出版单位转企的实施,出版企业靠国家生存的时代已经结束,出版企业必须自己寻找到发展的空间。无论是在国内还是国外,越来越多的出版企业对"走出去"的态度由过去的"被动"变为现在的"主动",越来越多的出版企业在寻求"两个市场",既关注国内市场格局,又参与国际市场竞争。何明星认为"总体上看,中国出版'走出去'已经跨越了国家号召、行业推动的第一个阶段,步入了企业自觉地尝试'走出去',并积极探索'走出去'的内容与形式、方法与手段的第二个阶段"。但他也认为"在运行过程,依然存在着政府与企业之间责任不清、主次不分、甚至一方越俎代庖等问题"。

1. 大型出版企业的"走出去"

从2003年中国出版"走出去"战略的实施起,出版企业在国家的大力支持下,经过近十年的发展,出现了一些较有实力的出版集团,他们也是中国出版业"走出去"的主力军。中国新闻出版企业市场主体作用越来越大,它们不仅创造"走出去"的产品,而且寻求国外发展空间,直接在海外布点,投资、合资、合作,甚至并购国外出版公司,如中国出版集团、中国国际出版集团、安徽出版集团、浙江出版联合集团、上海世纪出版集团、江苏凤凰出版集团等。他们"走出去"的举措、经验和成效在2011年的出版"走出去"的研究文献中多有提及,如俞慧洵介绍了凤凰集团通过体制再造、资本运作、对外扩张,形成了出版、发行、印务、供应、金融、地产六大产业板块的新发展格局,在跨地区、跨所有制、跨媒体、跨国界发展上不断取得新突破,努力打造成为全国文化产业重要的战略投资者的经验,如"铺设海外成品销售渠道,以品牌书展带动文化和产品走出去"等成功经验可以为其他的出版企业创造品牌指明方向。

在北京外国语大学中国海外汉学研究中心主办的"中国出版'走出去'学术研讨会"上,来自出版企业("走出去"经验较丰富)的专家认为"中国出版'走出去'现在的天地越来越宽,'走出去'成效显著,处于'走出去'格局多样的局面",但专家们也同时看到,中国出版"走出去"还存在着许多问题:人才的问题、政策的问题、企业的问题、本土化的问题、网络平台的问题、营销网的问题、数字出版的问题、立体化产品的问题，并强调了提高能力、多措并举、多元合作是出版尽快"走出去"的途径。

2. 中小企业的"走出去"

在我国出版企业中，中小出版企业存在数量多、规模小、实力弱等特点。在当下转企的大环境下，中小企业的生存危机比以往更加强烈，"走出去"的愿望也更加迫切。陈玉国、杨曦认为"资金匮乏，融资困难、国际化经营的经验和能力不足，人才匮乏；政策支持边缘化，竞争处于不利状态"。这些都是中小企业走出去面临的问题，"积极参加国际书展、借船出海、积极寻求国际合作、由点到面"是中小出版社应该遵循的"走出去"的策略。尤建忠则认为，"走出去"并不适合所有的出版企业，尤其是一些中小出版社，他认为不是所有图书类别我们都能有所作为，"到海外建立分社，也要有针对性，如科技类出版社、地图类出版社"。

3. 民营书业的"走出去"

近几年民营企业在编辑出版这个舞台上充分展示了自身力量，尤其是在图书出版策划、畅销书的打造方面拥有一定的优势。近几年国家对民营出版的政策也有所放宽，一些民营企业对外出版也做得很有成效，但民营出版企业"走出去"的成效还远远不够，主要表现在政策的支持力度和民营书业自身对"走出去"的认识态度。北京新华先锋出版科技有限公司总裁王笑东认为对于民营企业的"走出去"，政府的态度虽是积极鼓励的，但并没有给民营企业太多的政策支持。

随着"十二五"的到来，这种局面会发生改变。新闻出版总署署长柳斌杰在全国新闻出版"走出去"工作会议上的讲话中就多次提到"引导各种所有民营企业制企业有序到境外投资合作，提高国际化经营水平，防范和化解境外投资风险"，"要实施多元并举，鼓励出版集团、专业出版社、数字出版企业和民营企业挖掘自身独特优势，拓展不同领域的国际市场"。原新闻出版总署署长于友先对民营企业"走出去"给出自己的建议，"民营书业要充分利用国家对民营书业的政策优势，抓住'走出去'发展的有利时机，不断丰富发展自身实力优势，选择有利地势'走出去'"，"民营书业利用优秀出版人才策划优质作品之优势，与业内出版人团结合作，取长补短，共同发展，壮大力量'走出去'"。

4. 报刊出版业的国际化

通过对以往的文献进行梳理，我们可以发现研究者对报刊业"走出去"的关注度比书业的低，过去的研究文献中鲜有提及。但在2011年的研究文章中，研究者对报刊业"走出去"产生了研究兴趣，研究内容主要围绕两个方面：一是期刊的国际化的问题；二是期刊社的合作出版问题。

当下期刊国际化更多的是表现在中国大陆期刊（尤以学报），以英文的方式出版，希望与世界接轨，赢得在世界学术的地位。为此，《浙江大学学报（英文版）》执行总编张月红提出了学术期刊（英文版）的国际化发展思路，"学报要发展必须接轨国际，打破原有大综合的办刊格局，采用国际学术期刊的通用出版规则，走专业化之路"、"用严格的国际同行评审体制征服学术界与期刊界"、"恪守学术诚信，抵制学术不端，获得国际性影响"。但在期刊界也存在着不同的观点。赵文义、张积玉面对当下中国学术期刊国际化更多趋向出版英文学术期刊和向国际检索标准靠拢的现象提出了不同见解，认为这种做法"已经、正在或将要损害中国国家利益"，二位研究者分析了学术期刊国际化出版，中国国家利益被忽略的原因，探寻国家利益视域下学术期刊国际化出版的内在逻辑，提出"中国学术期刊应该采用中文出版""在稿源方面，首先要努力争取国际上的优质稿源，其次要限制中国稿源的外流，尤其是要严格限制在政府财政资金资助的科研项目基础上产生的科研论文等优质稿源的外流"等保护策略。

刁孝华对我国报刊业如何提高自己"走出去"能力，给出相应的对策，"我国报刊业散、小，而金融业一直在寻找文化产业，尤其是在新闻出版业中的机会"报刊业可以借力金融业进行融资，尤其是非时政类报刊的改革可以寻求金融资本的资金支持，抱团出海——"由以往的传媒业向金融业进行借贷变成金融业主动投资""金融业市场运营经验与传媒业的嫁接，又有利于资源的优化配置和整合，促进传媒业的多元化发展，最终形成具有竞争力的传媒集团"，最终达到双方合作"抱团出海"的目的。

（二）出版物"走出去"研究

传统出版物产品实体"走出去"是中国出版"走出去"最早的一种形式，也是以往的研究热点，其后合作出版成为关注的中心，但在2011年的文献中，数字出版产品"走出去"成为研究的新焦点。

1. 传统出版物"走出去"

对出版物实物"走出去"的研究，主要还是集中在儿童文学、语言类、中医药、动漫等几个具有"走出去"优势的常见的品种。

《编辑之友》杂志社特约记者朱璐组织业内人士侯明亮、谭旭东、李爽、杨鹏、汪晓军就"中国儿童文学图书'走出去'的现状、障碍和解决之道"进行了探讨。各位专家总的观点是"随着中国经济的蓬勃发展，文化'走出去'的步伐也在不断地加快，中国儿童文学图书的'走出去'也必将得益于此，但还须清醒地意识到，政策和资金上对于'走出去'的扶持，很大程度上都只能是技术或手段上的扶持，真正意义上决定'走出去'的关健因素取决于内容，因此，对于中国儿童文学图书的'走出去',出版社和儿童文学作家既要将其作为一项产业来制定长远发展的要求和目标,更要将其视作为自身义不容辞的历史使命。"

中国传媒大学电视与新闻学院的彭芳群分析了我国动漫出版"走出去"的发展瓶颈,提出"立足本土文化,积极吸收其他文化,融合、整合'再出口',挖掘中国传统动漫精华,注重原创内容建设和品牌建设,推出符合不同年龄层次文化需求的动漫产品,拓展动漫出版的服务功能,除了娱乐目的之外,科普出版和教辅出版等,都可以动漫的形式来生动表达"。

韩天霖经过多年的实践观察和思考,对过去十年"外语类出版物的对外合作的特征"进行了精辟的总结,"中外出版社的合作关系——从寻寻觅觅到知己知彼;内容再创造——从小心翼翼到勇于创新;外方经营战略——从一拥而入到各有特色;国内出版社对外合作重点——从谈判桌回到市场开拓;合作内容形式——从平面走向立体;合作走向——从单向输入转为双向交流"。"对外合作形势始终在动态发展,对版权贸易人员的素质与能力要求在不断提高,对出版社经营运作能力的要求也在不断提高"。

在研究者的研究中虽然也提到制约各类图书"走出去"的问题,但在本年度的研究文献中,出版物如何"走出去"的建设性的建议要胜于出版物走出去不利因素的分析。对于出版物"走出去"应该是既注重"量"更要注重"质",已经成为研究者们的共识。黄庆提出了提升出版物出口的"质"和"量"的路径"借助跨国出版集团的渠道传播自己的出版作品、借助数字化技术缩短传播周期、进行文化产业资本运作、倡导'内容为王',加入'中国元素'、给予政策层面积极扶持、加强出版专业高端人才培养"等。沈承玲、刘水通过对国内外中医图书的研究,指出在国际化程度上该类出版物考虑比较欠缺的四个主要问题,并提出了六条具体的编辑出版对策,为中医对外出版提供了新思路、新方法。任火用了一个时尚的词"范",表达了具有什么样内涵的文化产品才应该"走出去"——"对人的尊重、对真的崇尚、超世俗的力量、对雅的追求、具有普世价值"的那些能够代表中国的文化精神、文化价值的文化产品"走出去"。

2.数字出版产品"走出去"

包括期刊数据库、电子书和网络文学在内的数字出版产品当下已成为新的出版力量,在人民教育出版社2010年85个版权输出项目中,与数字化相关的就有82项,2010年期刊数据库的海外付费下载收入近千万美元,电子书海外销售收入超过5000万元人民币,数字出版产品出口势头强劲,"走出去"发展前景广阔。

数字出版平台建设和数字产品研发是数字出版"走出去"研究的两大热点,传统出版物的数字版权也是近两年版权贸易的新发展点。

对此，张洪波提到"近年来很多国外出版商在采购中国图书海外版权的同时，都要求授权数字版权，试图抢占数字内容资源"。故如何开发数字产品成为出版企业当务之急。整合数字出版资源，以图文、音频、视频等形式对出版内容进行全方位、深层次的开发，不断创新数字出版产品"走出去"的方式与途径，成为业界首选。王艾在《用"数字化"杠杆撬动汉语学习国际市场》一文中提出"数字阅读、数字学习已经成为全球的趋势""具有绝对资源优势的汉语类学习产品的'走出去'会在数字时代催生出汉语学习产品新模式——赏读型、功能型、工具型和增值型四大门类"。"在产品载体上——从最普遍的音频图书扩展至1.0版的初级数字图书、2.0版的交互式数字图书、3.0版的富媒体融合型即时互动数字图书、短信服务型教学产品等等"。加快数字出版平台建设，探索开发网络销售、在线培训、在线翻译等数字出版形式，积极与国外平台制造商、软件供应商和网络服务商合作，加大向国外著名大学、图书馆、医院、公司等机构的数字产品版权输出力度，成为全新的出版"走出去"模式。

我国政府对数字出版给予高度的重视，强调要加大对数字出版重点企业和产业基地"走出去"的扶持力度，重点支持电子书、数据库、网络游戏等数字出版产品进入国际市场，探索一条适合中国数字出版国际化发展的道路。

（三）出版物"走出去"平台建设

研究者对出版"走出去"的研究，无论是从版权贸易、实物产品、数字出版产品、出版品牌还是出版资本，有一个越来越被关注的问题就是"平台建设"。除了我们前边分析的"版权贸易平台"外，"平台"还包括产品内容发布展示平台、数字出版产品平台以及国际营销网络平台等，它不仅包括可具体操作的网络平台，如在我们前面已经提到过的李小杰、孙建军的"版权贸易商务平台"，还包括各种有形和无形的"平台"，如书展、营销渠道等。俞慧洵从五个方面提出要营造有吸引力的运作平台，包括"一是可由行业协会牵头，建立面向海外的信息平台；二是在国家性'中国图书对外推广计划'和'经典中国国际出版工程'基础上形成外向型出版平台；三是推进成品出口，使中国文化产品进入西方主流销售渠道的实物贸易平台。四是帮助出版社参加国际图书展销会，建立长期稳定的文化展示平台。五是根据出版发展的数字化网络化趋势，不断构建出版'走出去'的创新平台"。

不仅企业如此，国家对于"平台"的建设也应给予高度的重视。在新闻出版总署出台的"十二五"规划中，政府提出"建设利用好'走出去'平台"的一些措施，"要充分发挥会展平台作用，努力打造北京国际图书博览会、法兰克福国际书展、伦敦书展等具有重要影响力的国际出版、版权交易平台"、"探索以新疆、西藏、广西、云南、内蒙古和吉林等边疆省（区）为中心、建设辐射周边国家的新闻出版国际合作交易平台"、"以信息共享、互联互通为重点，构建翻译人才库、版权交易信息库、重点项目库、中外作家库，搭建多语种的国家级走出去信息服务平台"。

总 结

通过对2011年"版权贸易"和出版"走出去"文献分析，我们归纳出这一年的研究有如下的特点：

第一，关于"版权贸易"的研究文献在数量上处于减少趋势。在研究内容上，由重视个案研究到需求普遍规律；在研究的关注点上，由版权引进转而版权的输出。摆脱了以往的个案的实践经验的介绍，版权交易的渠道、平台的建设问题、输出的版权增值及可持续发展问题都呈现在研究内容中。

第二，无论业界还是学界对"走出去"的意义、作用、必要性与可行性等都有了一个清晰的认识，故这方面的研究篇幅明显变少，尤其是"中国出版'走出去'的制约因素"不再成为重点关注的话题，研究者们更多的是为解决这个问题提出自己的"途径和办法"，有些非常具体，如周凯就中国图书对外翻译易出现的问题提出了六个方面的对策，具体到"书名应如何翻译"这样的具体问题，"国家可以成立对外图书翻译审核小组，并且特别就书名进行官方统一规定。对于西方已有的翻译版本进行删选，选出恰当的名字作为官方翻译，避免一书多名的现象"有利于图书的"走出去"。

第三，关于国外出版"走出去"成功经验的研究还是非常少，在2011年中主要有娄孝钦的《日本图书出版"走出去"资助基金分析》和崔斌箴的《日本政府扶持漫画出版"走出去"力度不减》两篇文章。

第四，在十几年的版权贸易及出版"走出去"的实践、理论研究中，涌现出一些有实践经验的专家型研究者，如北京语言大学出版社的李松，他以亲历的"走出去"工作实践和体会，研究出版企业如何才能更好地"走出去"。2011年他在《出版发行研究》上，发表了《中国出版"走出去"的几个误区》的文章，从八个方面阐述了在出版"走出去"工作中存在的误区，以及这些误区产生的根源和转变的策略，如"误区二：海外分支机构的设立是'走出去'工作的根本保障"，剖析了什么样的出版单位适合建立海外分支机构，强调要"冷静对待'海外设点热'"。提出"决定'走出去'工作成败的关键，已经不是语言这个'瓶颈'了。在现阶段，不正确的'走出去'工作思维逻辑和思考方式，才是真正的'瓶颈'"这些观点确为那些为了赶上"走出去"热潮而"走出去"的做法敲了个警钟。

总之，在2011年的研究中，关于中国出版"走出去"的研究可谓全面开花，既有对2011年以前的梳理，又有针对2011年的总结；既有理论的总结也有实践经验的汇总，还有个案的分析；从图书的实体进出口到期刊的合作出版以及数字出版物的版权问题、出版业实体的境外发展（资本实体加快全球布局）、海外主流营销渠道的建设、中国出版国际化等等，研究者进行了多元化、多角度、多层面的研究。但在这些文章中能够深入分析的还比较欠缺，有时还存在一些研究的空白，如 "来料加工"相关问题的研究。虽然"印刷加工"等相关出版物制造业在我国出版"走出去"占有着不可小觑的地位，新闻出版总署副署长邬书林在其报告中强调"中国已经形成的印刷外贸加工优势是与中国出版业产业链密切相关的'硬实力'，能够把业务延伸至海外的，首先是那些并没有脱离出版集团的印刷业务板块"，但如何充分利用这样的优势，还没有引起出版界和出版研究学界的关注。

现在的中国出版业正在加快与世界出版领域的融合，正如牛津布鲁克斯大学国际出版中心教授艾德里安•布洛克在2011年8月28日中英出版论坛上的报告"外国出版商对中国出版社的疑虑在渐渐减少，中国出版社对外国作品的甄别力在逐渐增强。"不仅如此，我们可以预见在不久的将来，中国的出版业一定会与世界其他出版强国同步，部分领域必将处于领先地位。

编撰：张　丽 （北京印刷学院）

主要参考文献：

[1] 王化冰. 出版业输出引进这十年. 出版参考，2011．9 下旬刊（8）

[2] 乔丽. 发展中国新闻出版业国际文化贸易的思考. 出版广角，2011．8（30）

[3] 张洪波. 立体化多样化趋势呈现——2010 年中国出版"走出去"分析报告. 中国新闻出版报，2011．8．31（05）

[4] 李旦. 版权也要像书一样卖——浅谈出版社版权输出中的渠道建设. 出版参考，2011．9 下旬刊（38）

[5] 孙建江. 出版社版权贸易战略实施及其思考：以浙江少儿出版社的实践为例. 中国版权，2001．1（42）

[6] 汤遒玮. 数字时代"走出去"路在脚下. 出版商务周报（成都），2011．5．15（15）

[7] 丁培卫. 新时期中国图书版权代理现状及对策研究. 山东社会科学，2011．4（39）

[8] 童眼. 中国儿童文学"走出去"之路. 出版广角, 2011. 6 (32)

[9] 李松. 中国出版"走出去"的几个误区. 出版发行研究, 2011. 1

[10] 姜旭. 版权经理人如何牵线搭桥版权贸易. 中国知识产权报, 2011. 7. 1 (10)

[11] 姜汉忠. 产业呼吁改革——图书版权代理亟待解决的问题. 出版广角, 2011. 3 (24)

[12] 周凯. 中国图书对外翻译易出现的问题及对策. 出版广角, 2011. 4

[13] 韦丽华. 版权贸易谈判的八个规则与技巧. 出版广角, 2011. 9 (35)

[14] 彭江杰. 做好规划, 重视技巧——版权贸易工作浅谈. 科技与出版, 2011. 9

[15] 李宏葵. 境内外期刊版权合作模式分析. 出版发行研究, 2011. 10

[16] 王艾. 用"数字化"杠杆撬动汉语学习国际市场. 出版广角, 2011. 8 (34)

[17] 邬书林. 总结经验 深化认识 努力提高中国出版"走出去"的水平. 中国出版, 2011. 6 上 (19)

[18] 李小杰, 孙建军. 版权贸易电子商务平台功能设计与实现. 科技与出版, 2011. 5 (15)

[19] 孙建军. 版权贸易电子商务平台的构建与运营. 科技与出版, 2011. 10 (60)

[20] 韩卫东. 充分认识版权贸易的产业价值大力提高国际版权合作水平——上海译文出版社开展国际版权合作的实践和思考. 出版广角, 2011. 9 (27)

[21] 王艾. 用"数字化"杠杆撬动汉语学习国际市场. 出版广角, 2011. 8 (34)

[22] 白冰, 林玉蝶. 触摸时代的版权输出. 中国出版, 2011, 8 上 (43)

[23] 何明星. 全球格局下出版"走出去"定位再考察. 中国图书商报, 2011. 8. 30 (14)

[24] 俞慧洵. 试析江苏出版产业"走出去"路径和方法. 淮阴师范学院学报. 哲学社会科学版, 2011 (6)

[25] 王坤宁. 中国出版"走出去": 合作更深内容更广形式更多. 中国新闻出版报, 2011. 8. 8

[26] 陈玉国, 杨曦. 中小出版企业"走出去"的困境与路径选择. 科技与出版, 2011 (12)

[27] 尤建忠. 如何突破出版社海外分社的发展困境. 中国出版, 2011. 1 上 (30)

[28] 鞠宏磊, 李琼. "走出去"的创新与忧虑: 专访北京新华先锋出版科技有限公司总裁王笑东. 文化产业导刊 (京), 2011. 7 (14)

[29] 柳斌杰. 大力提升我国新闻出版业的国际竞争力. 中国新闻出版报, 2011-12-23

[30] 于友先. 民营书业"走出去"的优势. 文化产业导刊 (京), 2011. 7 (18)

[31] 张月红. 让中国期刊自信地走向世界——《浙江大学学报 (英文版)》的办刊思路与实践. 传媒, 2011. 10

[32] 赵文义, 张积玉. 国家利益视域下学术期刊的国际化出版. 思想战线, 2011. 4 (93)

[33] 刁孝华. 抱团出海: 报刊业与金融业双赢谋略. 传媒, 2011. 10 (35)

[34] 朱璐. 中国儿童文学图书"走出去"的现状、障碍和解决之道. 编辑之友, 2011. 8 (006)

[35] 韩天霖, 钱明丹, 梁泉胜. 浅析外语类出版物对外合作的新特征, 2011. 1 上 (49)

[36] 彭芳群. 我国动漫出版"走出去"的战略分析. 中国出版, 2011. 2 下 (63)

[37] 黄庆. 文化软实力竞争下的出版物出口策略. 编辑之友, 2011. 4 (35)

[38] 沈承玲, 刘水. 中医对外出版的现状、问题与对策——兼谈人民卫生出版社的国际化方略. 出版发行研究, 2011. 2 (45)

[39] 任火. "走出去"——出版强国的标志. 编辑之友, 2011. 5 (17)

出版物宣传评介与国民阅读研究综述　　李新祥

在我国既有的编辑出版学学术话语系统中，出版物宣传评介与国民阅读这两个概念似乎都没有明确化和科学化。相对而言，出版物宣传评介作为出版活动的一个环节，在出版业界和学界异议不多，而将国民阅读纳入编辑出版学的范畴估计会有不同的看法。不过，这两个概念所涉与编辑出版活动之间的勾连关系是客观存在的。研究这种勾连关系是编辑出版学研究的重要内容。本文意在描述国内学界在2011年对出版物宣传评介与国民阅读问题的研究进展。当然出版物宣传评介和国民阅读问题存在繁杂性和多学科性，本文的学科坐标是编辑出版学。

一、出版物宣传评介研究

人类的出版物宣传评介活动伴随着出版活动的发展不断进步，同样的，人们对出版物宣传评介的研究也日趋深入。2011年，这一研究领域的进展可以概括为以下几个方面。

（一）出版物宣传评介工作的经验总结

雷群明结合学林出版社的实践经验，对图书宣传做了四方面的总结：采取多种形式富有创意的新书发布或签售会；约请权威人士或有关名人写书评或发表谈话；鼓励编辑宣传本社的图书；充分利用媒体。南长森、张向阳通过调研展示了当前常用的图书腰封宣传话语方式，分析了图书宣传话语方式从内容提要到腰封炫示嬗变的特征和原因，为图书生产和宣传推广工作提供借鉴。马克思主义图书包含了马克思主义基本原理和马克思主义中国化的最新成果。推动马克思主义图书大众化是推动马克思主义大众化的有力武器，是指导中国特色社会主义实践发展的有效工具，有利于促进基层马克思主义者成长。张纯、张志万通过研究马克思主义图书出版发行现状，解析马克思主义图书大众化面临的问题，有针对性地从形式、内容和出版宣传等方面探寻解决路径。在表现形式上：一是倡导新鲜活泼的文风，二是丰富图书刊物种类，三是突出民族特色；在内容创作上：要密切联系实际，要反映并服务；在营销宣传上：一是降低图书定价，二是加大宣传力度，三是加大关注基层马克思主义者的力度。选择恰当的媒体，投入合适的成本，在合适的时间、地点针对特定的人群投放适量的图书广告，需要分析比较各种媒体的特点，从而正确地选择媒体进行图书广告宣传。金强研究了制约图书广告宣传媒体选择的因素以及图书广告宣传的媒体选择策略。李缙云在探讨图书宣传的意义和原则的基础上，重点介绍了主题展板、读者交流等几种图书宣传推介方法。《花田半亩》发行一年多时间，销售26万册，网上读者留言十多万条，并获得良好社会效益，这一成绩的取得离不开多角度、多媒体、多阶段的立体宣传；梳理图书的不同宣传点，制定不同策划方案；利用各种媒体，覆盖不同受众，实现大众媒体告知和渠道告知；在不同阶段分别抓住或制造各种宣传点在不同媒体上对特定人群作相应宣传。同时，通过网络打通与读者互动的直接渠道，将最新资讯第一时间告知读者，并根据读者的回馈信息及时制定和调整图书的营销方案，从而实现畅销与长销的双重目的。李丹阳以《花田半亩》为例探讨了图书的立体宣传。

（二）出版物宣传评介如何适应新媒体发展环境

齐蔚霞关注Web2.0时代新媒体广告价值及在图书宣传领域的应用，她认为，web2.0时代媒体的发展使广告在传播理念、方式、特质方面和传统广告有质的区别，新媒体广告呈现出信息传播、信息增值和信息开发三大价值，以豆瓣网为例分析了这几大价值在图书宣传领域的运用，并结合对图书产品特性等的研究，认为新媒体广告特别适合图书市场的宣传销售，出版社应该加强在这一方面的拓展。郭宏对图书营销如何借力网络宣传做了讨论，主要涉及博客或者微博、网络书店、名牌大学的BBS或者著名中学的贴吧三种网络渠道。此外，冯京瑶探讨了基于微博的图书宣传。

（三）书评研究

北京师范大学孙冠楠同学的硕士学位论文，题为《泛阅读化时代图书评论类媒体研究》，对图书评论类媒体做了系统研究。从《读书》到《中国书评》，新世纪以来书评刊物学术化越来越明确，对此一直异议不断，甚至遭到读者的公开抵制，曾经围绕书评形成的思想共同体已然分化破裂。反思书评的存在，寻找书评存在的理由及其存在的独立品格，孙曙认为书评应该采取思想的立场，将批判性作为自己的根基。学术书评是学术共同体交流思想、形成共识、积累知识的重要手段。西方学术界非常重视学术书评，在写作套路上也形成了一定规范，对学术繁荣起到了积极作用；在我国，学术书评仍然处在摸索阶段，写作规范亟待建立。徐芳以英文出版学术期刊《出版研究季刊》2005～2009年五年间刊登的57篇学术书评为研究对象，分析西方学术书评的结构模式，并从内容角度对书评进行更细致描述，期望以此构造书评的写作范式，提出了加速我国学术书评发展的两项基本举措。王明慧研究了名人书序，他认为名人书序因为名人效应致使其广告效用日益凸显，序文内容本身包含着广告，无论是评品图书、赞美作者还是指摘瑕疵，名人本身就是一则广告。图书出版时请名人作序成为图书策划、销售的重要环节，读者的慕名心理更使名人作序蔚然成风，但图书自身的内容特点才是决定其是否畅销的关键因素。

（四）出版物宣传评介与图书馆工作的关联研究

为了提高图书馆藏书的利用率，发挥馆藏图书的效用，图书宣传是一项不可缺少的工作。胡苏撰文简要阐述了图书宣传理论和图书馆心理学理论的概念，对目前图书宣传的现状和问题进行了分析，以安徽理工大学图书馆为例，在了解读者阅读心理类型的情况下，研究了吸引读者、晕轮效应和从众心理三个方面的理论，指出心理学理论对图书宣传的意义重大，要想做好图书宣传工作，就必须很好地了解心理学理论，运用这些理论不断改进读者服务工作。

二、儿童阅读研究

儿童阅读历来为阅读研究的重要板块，2011年在编辑出版学的视野中，对儿童阅读的研究集中于分级阅读、科学阅读、阅读疗法、阅读环境等问题。

（一）儿童分级阅读研究

儿童分级阅读是起源于发达国家的一种少年儿童阅读模式，它产生于对少年儿童生理特征和心理特征的科学分析。应用在出版界，就是通过科学划分、设计儿童阅读计划，给不同年级的学生制定相应的阅读书目，方便家长和少年儿童系统性、科学性、有针对性地选购图书。对于我国近年来发展起来的以出版社为主发起的儿童图书分级阅读，我国儿童读者的家长、各业专家和媒体记者褒贬不一。一时，儿童图书分级阅读成了出版业、教育界和社会的热门话题。

北京少儿出版社高级策划编辑安武林提出，我们单纯地讲阅读，或者单纯地讲文学阅读，实际上是把阅读简单化的一种粗暴的行为。而分级，不过是把一块面包切分成无数个小块而已，没有实质性的变化。相反，它却是对人的尊严的一种践踏……寻找、鉴别、选择，是任何一个阅读者的基本权利，如果剥夺孩子们这种权利，那等于是犯罪。魏玉山提出儿童阅读推广具有战略意义，多种形式的儿童阅读项目有助于儿童阅读推广，同时要辩证地看待儿童分级阅读标准。陈苗苗认为分级阅读模式作为国际儿童阅读的一个趋势和重要坐标，对少儿出版具有重要意义，既是现实的蓝海，也是未来可持续发展的新生长点。但分级阅读不应该成为牟利缝隙。首先，出版者不能对分级阅读急于求成。其次，出版者要将儿童媒介环境纳入分级阅读的影响因素。另外，出版商进行分级阅读也要考虑作者的意见，不要超越分级阅读的自然属性。尤建忠对儿童分级阅读的研究情况进行了综述，内容包括儿童图书分级阅读的目的、儿童图书分级阅读推广与实施的相关涉及方、我国儿童图书分级阅读的发展历程、我国实施儿童图书分级阅读中存在的问题，在此基础上就我国儿童图书分级阅读的发展做出预测。

　　王泉根呼吁理性看待新世纪的分级阅读，他认为分级阅读虽是较迟出现的理念与方法，但其对儿童阅读以及少儿出版的影响却十分深广。他提出分级阅读的核心和难点是"选书目"，具体地说涉及三个方面：一是选什么？二是怎么选？三是由谁来选？"选什么？"是分级阅读的理念，分级阅读工作者应当站在尊重、保护儿童应有的生存、发展的权利的立场，站在儿童本位的立场，从儿童精神生命健康成长出发，真心实意地为儿童服务。"怎么选？"是分级阅读的方法。分级阅读工作者必须具备儿童心理、儿童教育、儿童文学、儿童语言、儿童出版以至儿童文化的相关知识结构，必须熟悉和了解当前中外儿童文学、儿童读物的出版现状与基本书目，必须懂得如何按照不同年龄阶段少年儿童的阅读心理、接受能力，为他们选择、配置相应的书目。"由谁来选？"这实际上涉及分级阅读的公信力、权威性与专业性。分级阅读工作者必须具有相应的资质，除具有相关儿童心理、儿童教育、儿童文学、儿童出版等的专业知识外，还必须具有社会责任性与文化担当意识，具有高雅的文学修养与尽可能多的知识储备，具有公正心与服务精神。他们是儿童阅读的"点灯人"而不是"点钱人"，是儿童精神成人的引领者而不是糊弄者。

（二）儿童科学阅读研究

　　人们越来越注重对儿童科学素养的培养，希望儿童通过科学阅读，开阔视野，掌握更多的在课堂上没有学到的知识。科学阅读本应承载着如此强大的教育功能，但作为其载体的科普读物，从目前的状况来看，并不令人满意。马明辉从科学教育的视角研究了我国的儿童科学阅读，认为我国当前科普读物存在宽泛但并不综合、与生活实际和科学家的工作联系得不够紧密等问题。他说，当前的科普读物，没有把科学放到社会的大环境中，没有把科学放到历史的长河中，没有围绕科学的一个"点"交织成各学科的一个"网"。针对以上问题的解决策略包括：围绕一个核心概念组织架构；编写团队多元化；以分级阅读为契机，与科学教材紧密结合。海飞针对中国少儿出版和农村儿童阅读的现状，提出中国农村儿童阅读推广的对策：增加"农家书屋"中儿童图书的比例；建立"中国中小学生基础阅读书目"，由政府采购，赠送给全国每一个农村儿童；发动全社会，发动城市家庭，发动城市儿童通过国家民政救灾渠道，向农村及农村儿童捐赠图书。

（三）儿童阅读疗法研究

　　余皓明运用系统论的理论及方法对童书出版和阅读疗法的关系做了研究。她首先介绍了国内外儿童阅读疗法及其研究概况，然后对以出版为核心的阅读疗法展开研究。她提出在阅读疗法系统中，出版者要发挥自己的社会功能，主要是做好六方面的工作：编制阅疗书目；开发阅疗产品；译介国外有关阅读疗法理论与实务的研究成果，引进出版国外具有阅疗价值的童书及相关产品；学校、图书馆、家庭等阅疗系统各要素加强合作；创建阅读疗法网站或博客；组织读书会。

（四）儿童阅读环境研究

西南大学图书馆学专业硕士研究生姚海燕撰写了题为《重庆市城乡儿童阅读环境比较研究》的硕士学位论文，该文通过问卷调查法、访谈法、比较法等研究方法进行了实证研究，分别系统地比较了主城区、一般区县、库区小学五年级儿童的阅读环境，力求能够全面了解和掌握重庆市城乡儿童的阅读环境差距。在实证研究的基础上，针对城乡儿童的具体阅读环境差距，从学校图书馆和公共图书馆的角度，提出了缩短城乡儿童家庭阅读环境、学校阅读环境和社会阅读环境差距的改善措施。王春鸣探讨了当下我国儿童阅读环境，呼吁出版机构要正视自己作为传统媒体的独特职责和本身所具有的优势，打造健康美好的儿童阅读环境。

三、国民阅读状况调查研究

通过调查分析国民阅读的基本状况及其发展趋势，在国外已成为惯例，在我国也已经成为政府行为。与此同时，一些学者也开展了与阅读有关的调查研究。

（一）第八次国民阅读调查

由中国新闻出版研究院组织实施的全国国民阅读调查项目，到2011年为止已经持续开展了八次。第八次全国国民阅读调查从2010年9月开始全面启动，共执行样本城市51个，覆盖了我国29个省、市、自治区和直辖市。其成果在2011年公布，第八次国民阅读调查得出了十个结论：（1）我国18～70周岁国民对阅读作用的认知程度较高，国民综合阅读率达77.1%，传统纸质媒介阅读率稳健增长，数字阅读接触率强劲增长；（2）我国18～70周岁国民对图书、报纸、期刊的阅读量较 2009 年均有增加，电子书阅读量超过6亿本；（3）我国18～70周岁国民人均每天接触报纸和图书的时长有所增加，期刊接触时长有所减少，人均每天上网时长和手机阅读时长有大幅增加；（4）我国网民中六成以上在上网时从事与阅读相关的活动；（5）我国18～70周岁国民对图书和期刊的价格承受能力均有增加，16.4%的读者阅读电子书后还会购买该书的纸质版本；（6）手机报和手机小说是我国国民手机阅读的主要内容，农民更爱手机阅读；（7）电子阅读器阅读群体人均每天电子阅读器上阅读时长在40分钟以上；（8）我国18-70 周岁国民接近六成认为自己的阅读数量较少，同时有六成以上国民希望当地有关部门举办阅读活动；（9）我国18～70周岁国民版权认知度为75.0%，盗版出版物购买率为15.9%；（10）0～17周岁未成年人图书阅读率为 82.7%，未成年人年均图书阅读量超过了成年人。

同时，第八次全国国民阅读调查成果公布0～17周岁未成年人研究结论：（1）9～17周岁未成年人的期刊阅读率57.7%，14～17周岁未成年人的报纸阅读量为月均3.41期。（2）我国9～17周岁未成年人上网率为53.6%，超过了18～70周岁国民上网率49.9%。（3）我国9～17周岁未成年人动漫接触率为84.7%。（4）0～17周岁儿童家长平均每年带孩子逛书店2.69次，在有陪读习惯的家庭中，家长平均每天花费22.78分钟陪孩子读书。

由郝振省、陈威主编的《中国阅读：全民阅读蓝皮书》2011年出版第二卷，由中国书籍出版社和海天出版社联合出版。本书分为主报告、领导专论、专题报告、阅读调查、年度观察、数字阅读、阅读思考、阅读研究、阅读案例、海外阅读及附录十一部分，既有对不同阅读群体、不同阅读介质阅读状况的深入调查和案例剖析，也有对出版数字化时代推进全民阅读工程的研究和思考。

（二）其他有关阅读问题的调查研究

有几篇硕士学位论文也用了调查方法对阅读问题做了研究。包括张映芳著《广东药学院图书馆阅读文化案例研究》，郭艳彤著《天津市大学生网络阅读行为实证研究》，云南大学情报学专业肖娟同学撰写的《移动网络时代大学生电子阅读行为研究——以云南省五所高校大学生的调研为基础》等。其中，肖娟的文章在分析目前移动阅读产业的发展现状和前景的基础上，通过文献研究和实际调研，分析了大学生移动电子阅读的使用现状以及潜在的需求，提出高校图书馆应针对大学生的移动阅读需求，开拓图书馆的工作内涵，提升图书馆服务的品质，提高图书馆资源的利用效率，以使高校图书馆成为移动网络环境下全方位满足大学生的阅读需求、激发大学生的阅读兴趣、培育书香校园的中坚力量。

刘晨以上海理工大学为例，对大学生的电子阅读市场做了调查研究。研究发现，当今大学生群体对于电子图书的态度基本是积极正面的，他们愿意并且也正在慢慢接受这样一种新兴的阅读方式，越来越多的同学正在使用电子设备进行阅读。但是大学生们对于电子阅读器的了解仅仅停留于表层，并没有真正了解它与传统纸质媒介相比的优势所在，部分同学仅仅是喜欢它的时尚与方便，并将其视为一种潮流趋势而加以推崇阅读动机表现出浅层的消费心理期待，阅读侧重消遣娱乐，涉猎浏览，大多数使用电子设备阅读的为休闲类书籍，用来帮助检索与专业知识摄取的还非常之少。文章还针对大学生、教育机构和电子书经销商不同的主体提出了一些建议。

为了更好地了解高职卫生院校学生的阅读活动和阅读倾向，同时也为了改进和完善图书馆的各方面工作，充分发挥图书馆的职能作用，田种芳调查了高职卫生院校学生的阅读取向，根据读者的阅读行为表现分析成因，并提出相应对策。

四、数字化阅读趋势的影响研究

网络资讯、数字技术的迅猛发展，使传统的阅读方式发生了极大的改变，也引发了全社会的关注和思考。2011年，这一研究主题继续得到重视。

（一）数字化阅读趋势利大于弊

网络数字化阅读给国民的阅读活动带来的影响是福是祸？如何看待"阅读率"、"浅阅读"等问题？赵哲认为阅读在革命中，"阅读革命"将带来阅读的普及时代，意味着摆脱浅俗走向完善的理想追求，意味着图书馆人肩负使命任重道远，意味着超越阅读自身的文化大发展。韩立红认为阅读革命包括阅读载体更新、阅读习惯改变、阅读内容拓展等内涵，其积极意义表现为阅读功能的进一步拓展，阅读已不再是一种单纯的咬文嚼字意义上的阅读，也不再仅仅限于一种知识的学习和汲取，而是远远超出了以往对文字和文本的读取与思考，逐渐成为一种交流方式、交往方式、工作方式、休闲方式、生活方式，甚至成为一种新的生存方式。与此同时，阅读革命也对人们的价值观念和传统知识生产部门产生前所未有的冲击。

（二）数字化阅读趋势是一把双刃剑

邓香莲在梳理阅读概念和概述中国阅读史的基础上，对新媒体环境对阅读的影响做了研究。她说，客观地说，对于人类的阅读，新媒体环境是一把双刃剑，它的影响体现在以下几个方面：（1）新媒体与传统媒体的融合，使得阅读文本泛化；（2）基于新媒体的开放式信息存取，使得浅阅读逐渐成为大众阅读的主流；（3）新媒体建构的虚拟世界，极大地满足了人们阅读休闲化的信息需求；（4）经济、技术的发展和媒体的移动化，使得阅读移动化；（5）新媒体技术的支撑，使得阅读过程互动化；（6）新媒体环境下，人们阅读需求的个性化特征更加显著。

辽宁大学新闻学刘艳妮同学撰写了题为《数字化阅读对传统阅读的影响研究》的硕士学位论文，文章在梳理阅读含义、阅读媒介嬗变轨迹和界定数字化阅读的内涵的基础上，对比分析了两种阅读方式的差异，探讨数字化阅读对传统阅读的影响，并对传统阅读的未来发展做了展望。南京艺术学院广播电视艺术学专业朱俊融同学撰写了题为《新媒体时代受众阅读习惯研究》的硕士学位论文，认为受众在新媒体时代阅读习惯会发生网络在线阅读、快餐式阅读、碎片式阅读、多元化阅读等方面的变化。

随着电子阅读器在全球的推广和普及，电子书不断彰显其在成本及信息易得性方面的优势，传统图书出版业则日渐式微。传统图书是否会成为传媒业的"恐龙"？董璐依据麦克卢汉的"媒介即信息"的论点，认为电子书和纸质书由于其媒介特性的不同而分化出不同的特点和功能，前者提供的是动态的、不断与外界交互的信息；后者是静态的、引发内向传播的内容。因此，顺应媒介发展历史规律，以深入思考、启迪心智为功能的纸质图书需要找到自己独特的位置，从而继续发展它的不可替代性。

传播和阅读体验条件的发展变化，必将从根本上改变我们的出版传播方式和阅读学习方式，这是一场历史性的深刻变革。沈水荣认为阅读新变革的表现就是知识点阅读、融合式阅读、互动式阅读和无缝隙阅读四种阅读方式的兴起。所谓知识点阅读，就是从"一本一篇"的阅读发展到对按一定主题排列展现的知识点进行阅读。所谓融合式阅读，就是从单一文字信息的阅读发展到以文字信息为基础的多种形态信息相融合的阅读体验。所谓互动式阅读，就是从个体阅读发展到人与人之间在交流互动中阅读。所谓无缝隙阅读，是指从特定场合条件下的阅读发展到随时随地进行阅读。

手机出版成为近年来发展最快的数字出版分支，手机阅读也成为信息时代日益重要的阅读方式。宋占茹对手机出版的兴起及发展给予简要阐述，并重点分析了手机出版对现代阅读的诸多影响，进而对手机出版的发展提出建议。

邓莉通过对近几年我国社会公众的出版物消费与阅读状况及特点的概括，分析了新型传播媒介的出现以至兴盛对我国社会公众阅读的深刻影响，表现为：阅读率与阅读量呈逐年增长的态势；以新媒体面貌出现的数字化阅读方式正在被大众接受，与传统阅读方式形成互补；阅读推动活动对国民阅读产生积极影响；社会文化基础设施凸显薄弱。

当下已进入以"网络"为标志的"泛阅读"时代，电子阅读有迅速超过纸媒阅读之势。宋新军认为，全球化的背景下，有人惊呼"文学的死亡"，这似乎有一定的合理性，然而，电子阅读因种种原因，还难以取代纸媒阅读；电子阅读虽然可以造成文学的边缘化，但是，文学精神赋予人们的深阅读、深思考，毕竟成为人类超越"物化"社会的最后慰安。

基于Web2.0发展的聚合阅读技术已经成型并且在国外广泛利用，但目前在国内还未大范围开展。张璐运用媒介环境学相关理论，通过介绍这一新技术的特点、使用方法、适用范围，分析技术变革为社会、个人带来的变化，从技术作为人体功能性延伸，技术本身所承载的信息，新技术带来受众角色转变以及新的政治隔离出现等方面论述聚合技术的影响。同时，就技术标准、版权、媒体变革等方面，论述了这一技术需要解决的问题。

（三）批判"浅阅读"

刘昕亭认为，"浅阅读"时代的真正可怕之处，并非在于一批质量不高的图书频频出现，也不是深度阅读几成绝响，而是我们日益接受乃至默认眼下现实的犬儒态度，拒绝去思考乃至实现一个更好明天的立场。

陈晓阳对后图书时代及其文化特征做了解读。他认为德里达"书的解构"论断并不意味着图书真正地被解构和消灭，而是图书的后现代转型的理论基础。在经历了前图书时代、古典图书时代和现代图书时代之后，后图书时代正在到来。在后图书时代，书的存在形式日趋多样化，图书内容被"误读"、戏仿和颠覆，功能呈现出"超阅读"的多元化趋势，阅读方式也表现为"误读"、浅阅读、碎片阅读、互动阅读、视觉阅读等多种样态。

五、促进国民阅读的对策研究

改善和促进国民阅读是国民阅读研究的基本落脚点。2011年，这方面的研究成果颇为丰富。可以概括为以下几个方面。

（一）国民阅读的重要性研究

李东东提出应该将全民阅读提升为民族文化复兴战略工程。她说，一本好书可以影响人的一生，而国民的阅读水平，则直接关系着一个国家的命运和未来。中国人热爱阅读，与我们拥有世界上最久远的出版文明、最发达的图书文化密切相关。深入开展全民阅读活动，是建设新闻出版强国的重要途径之一，也是实现中华民族伟大复兴的基础。因此，应齐心协力，将全民阅读提升为中华民族实现文化复兴的战略工程。

（二）图书馆如何促进国民阅读研究

图书馆是开展全民阅读最活跃的场所之一，开展全民阅读，努力提高国民的素质，是增强国家竞争力的重要手段，在构建和谐社会中发挥着重要的作用。龙梅宁在《倡导全民阅读，构建和谐社会》一文中，针对我国国民阅读现状进行分析，提出建设性意见及相应的对策，从而更好地推进公共图书馆事业发展，促进全民阅读，推动和谐社会建设进程。

陈瑶从国民阅读的数字化趋势探讨了图书馆数字化建设的问题，他指出随着国民阅读习惯的改变和数字化的普及，数字化阅读必将成为国民阅读的重要方式和贯穿于社会生活中的重要内容，这对于图书馆数字化建设来说既是一个机遇也是一个挑战。因此，认真分析当今社会国民阅读数字化趋势和图书馆数字化建设存在的不足，并找出发展的对策，已成为图书馆可持续发展的关键。

赵秀敏、高洁提出公共图书馆促进国民阅读的六个对策：加强数字资源建设以适应环境变化，缩小城乡阅读差距，引导读者正确阅读，加强文献信息的完备性建设，为弱势群体提供阅读服务，着重引导儿童阅读。

林少芳则概括了三个方面：广泛宣传阅读的重要性，引导国民充分利用图书馆；遵循"读者至上"的宗旨，为公众提供优质服务；建立协作网络，扩大服务网点；深入基础，着力培养少年儿童良好的阅读习惯与阅读兴趣；体现人文关怀，满足弱势群体的阅读需求。

张杏、王迎红分析了我国国民图书阅读率增长缓慢的原因，提出了图书馆在推动全民阅读过程中对读者阅读进行深度指导的一些方法。

（三）阅读推广项目运作策略研究

云南大学图书馆学专业冯留燕同学撰写了题为《全民阅读推广活动中的阅读推广项目运作策略研究》的硕士学位论文，文章在考察国内外的全民阅读推广活动的理念、方式及成功案例的基础上，针对我国全民阅读推广现状，以项目管理理论为基础，研究阅读推广项目的设计与实施方法，探讨阅读推广项目的策划及运作流程，系统地总结基于项目实施的环境、主体和对象分析的项目运作策略，分析研究全民阅读活动中，不同的推广主体的角色、推广对象的特点，针对不同推广主体、推广对象提出具体的实施策略，研究可行性方案，并在此基础上讨论项目实施中各部分、各类资源的整合运作，以实施全民阅读推广项目的立体化操作，实现推广效果的最优化和最大化。

李保东提出全民阅读是构建新闻出版强国的基础和平台，他以珠三角地区为研究视角，通过问卷调查、专家访谈等研究方法，探讨全民阅读与新闻出版强国建设的内在联系与规律，旨在从深化全民阅读的角度为建设新闻出版强国提出六个方面的对策：（1）设立国家读书节，将全民阅读作为国家战略；（2）打造精品，以精品读物引领社会阅读；（3）加大公共财政投入力度，发挥图书馆全民阅读阵地作用；（4）关注数字阅读，不断创新阅读方式；（5）关注弱势群体，不断扩大阅读覆盖面；（6）创新阅读机制，调动社会力量推广阅读。

宫丽颖以世界出版大国之一日本为例，探析其推广国民阅读的方式方法，力图对推进我国全民阅读活动有切实可行的借鉴与启示。

（四）数字阅读对策研究

刘元荣、王凤英编著的《网络文献阅读研究》由吉林大学出版社出版，该书内容包括：网络文献阅读的历史与现状、网络阅读、网络文献阅读同传统文献阅读的区别与比较、网络文献阅读的特点与方法、怎样在网上阅读文艺作品、怎样在网上阅读时事新闻等。

李迎辉的《移动阅读，传统出版业的新挑战》分析了Kindle、盛大文学、中国移动较为成熟的移动阅读模式，总结了这几种商业模式的成功原因：要么是"内容平台+终端"，要么是"内容平台+网络运营"。而它们得以占据优先位置，都离不开海量资源和认知度高的内容平台、具有保障的技术力量、大量稳定的用户群、超强的整合能力，而这些恰恰都是传统出版业天然欠缺的。该文进而讨论了传统出版业应对移动阅读的发展思路及赢利模式，根本出路是成为具有独特价值的内容提供商，对那些有条件的出版社则可以考虑转型为具有主导权的移动出版商。

移动数字阅读是一种创新的阅读形式，以电子阅读器手机为代表的不同终端需凭借各自的优势走差异化竞争之路，才能在数字出版领域占据一席之地。张炯认为，电子阅读器应走专业化之路，手机阅读要走大众化之路，其他终端则走个性化之路。

随着我国3G网络建设的快速展开，成功实现3G应用的迫切性日益显现。王立鸥认为，移动阅读作为在国外十分成功的一种无线应用，在被中国的移动运营商移植到国内时，因为中国特殊的国情会有着不同的市场前景。除了开发基于专用阅读器的移动阅读服务之外，还要拓展使用各种已有手机终端的移动阅读才能够使移动阅读业务成熟发展。

唐佳希在分析移动互联新媒体阅读特点的基础上，阐述了移动互联环境下媒体编辑应关注的几个问题：针对阅读终端进行版面和内容的重新设计；根据主流终端和自身内容风格不断优化阅读应用；由编辑主导阅读应用开发，实现数字阅读的人性化。

安徽大学新闻学专业江叶婵同学撰写了题为《手机阅读内容研究》的硕士学位论文，文章试图以保罗·莱文森的手机媒介学说为理论基础，对中国手机阅读进行内容研究。

华中科技大学物流工程专业潘文娜同学撰写了题为《手机阅读现状分析与用户接受行为研究》的硕士学位论文，文章通过对武汉多所不同层次的学校的学生进行实际的问卷调查分析，然后根据国际上比较通用的TAM理论模型，结合手机阅读的实际情况，提出了一种新的模型。通过实证分析方法，运用SPSS和PLS两个统计分析软件，对测量模型进行了信度和效度分析，检验了模型假设的正确性和适用性。研究结果表明，对于移动手机阅读采纳业务的研究，文章所提出的模型对用户的实际使用行为具有良好的解释能力。这些将有助于运营商通过对影响用户采纳因素如：社会影响、使用情景、感知有用性等决定性因素进行分析，从而帮助运营商推广手机阅读业务，使手机阅读产业更加蓬勃的发展。

北京邮电大学管理科学与工程专业苏帆帆同学撰写的硕士学位论文，题为《移动阅读业务持续使用行为影响因素研究》，文章通过问卷调查等方法收集到318份有效问卷，经过实证分析，探讨了包括感知有用性、感知娱乐性、感知形象提升、感知费用水平、感知易用性、感知风险、满意度、态度、自我效能、主观规范及用户持续使用意愿之间的相互影响关系。实证结果表明，本研究提出的移动阅读业务的持续使用模型能够有效地解释用户对于移动阅读业务的持续使用意愿。其中，满意度、感知有用性和自我效能是影响用户持续使用行为的三个最重要的影响变量，感知娱乐性、主观规范、感知形象提升、感知易用性和感知费用水平对于用户持续使用意愿的形成具重要作用。

中央美术学院设计艺术学专业包莹莹同学的硕士学位论文，题为《阅读的革命——电子书阅读体验的创新性研究》，以Ipad版电子书为例，通过对电子书发展历程的梳理，研究和探寻非线性信息传播与电子书设计、体验之间的相互联系，从而对电子书设计的目标和原则进行总结和归纳。

（五）改进阅读内容和阅读机制研究

洪缨、李朱认为出版物这一重要媒介记录、保存和传播信息，信息以文字形态被承印，认知个体通过视觉系统接收并推测文字内容的表达意图，从而获取信息，而认知个体对信息的接受能力和程度取决于信息的可读性与易读性。他们提出文字形态、围合文字的空间以及认知个体之间的相互作用，共同影响了信息的可读性与易读性，从而决定了信息接收的量与质。

何山石以钱钟书《谈艺录》《管锥编》为例，考察了学术著作长效阅读价值的生成因素，认为真正有生命力的长效阅读机制的形成，只能由学术创作主体、编辑、出版社三极共同作用来完成，这种阅读机制是这三极各自的良性发展和相互之间的良性互动而带来的最优资源配置。

新生代农民工在城市化进程中出现的问题成为社会关注热点。有针对性的公益出版刊物获得了很大发展，但出版和传播机制仍未健全。朱韬慧、王炎龙提出，在媒体融合趋势下，应调动各方力量，积极打造新媒体传播平台，建立针对新生代农民工群体的公益出版体系。

张曼玲提出提高国民阅读兴趣是传统出版的不竭之源。应发挥各界合力，营造书香社会。政府应成为营造书香社会的总发起人、组织者、资源提供者。教育机构应该成为实施者、组织者和改进者。社会层面对于阅读推广的关注，可以渗透到从个人到家庭，从社区到企业，从社会团体到公共图书馆，从出版社到传媒等所有社会大系统中的每一个子系统、每一个单元。作为与阅读活动有着千丝万缕联系的出版业，应该成为阅读推广活动的支持者、内容提供者和推广服务者。

面对日益成熟的女性图书消费群体和巨大的市场空间，近百家传统出版机构纷纷涉足女性图书市场，"悦读纪"、"花间坊"、"蝴蝶季"等多个专业女性阅读品牌迅速崛起，一时间形成风生水起、竞争激烈的局面。孙黎探析了我国女性阅读品牌的可持续发展之路，提出四方面的策略：内容定位方面应强调差异化与专业意识；品牌塑造要以人为本并强化品牌识别度；商业逻辑方面要更新营销管理理念，加快数字化进程；身份建构方面应构建负责任的女性阅读文化品牌。

（六）中学生阅读对策研究

初中生正处于阅读的黄金期，但其阅读的取向和质量都存在着一些问题。学生阅读能力的提高仅靠课堂学习是达不到的，需要在课外进行大量的阅读实践。这种课外阅读实践的引领者，除了教师，便是教辅期刊编辑。张劲认为教辅期刊编辑应该树立正确的关于阅读的编辑理念，并密切关注课改进程、做阅读的示范者和指导者、为初中生制定科学的阅读计划、为初中生提供鲜活的阅读资源，以引导初中生进行科学合理的阅读。于翠玲对中学生名著读物的出版偏向展开讨论，并从媒介素养角度引导中学生阅读名著做了探讨。

（七）编辑阅读对策研究

2011年第4期的《出版发行研究》，策划了一个专题：作为阅读产品生产者的编辑与阅读的关系。飞速发展的信息时代，阅读如何助推编辑的职业生涯；编辑应当追求怎样的读书境界；图书生产者与其产品又有着怎样的阅读关系，如何调整和提升这种关系；一个精品频出的出版社有着怎样的读书氛围，又培育了怎样的阅读文化。

杨光的《编辑的阅读与三种能力》提出，编辑是精神文化产品的生产者、组织者、传播者，编辑工作对编辑自身素质的要求非常高。一个好的编辑，其素养表现在多方面，如编辑的策划能力、编辑的案头加工能力、编辑的市场营销能力等，是这些能力的综合体现。而编辑素养的形成与他的阅读经历密不可分。

黄耀红的《编辑的主体彰显与文化自觉》指出，编辑作为文化角色，其职业定位即文化的选择、传承、重构与创造。编辑读书除了修身养性的个体意义外，更重要的是，它从根本上凸显出编辑的主体力量与编辑的文化自觉。

（八）农家书屋建设对策研究

"农家书屋"的建设和发展较大程度地缓解了农民买书难、借书难、看书难问题，但还有较大的改进和发展空间。罗彩红著硕士学位论文《基于农民阅读需求的西部地区农家书屋建设研究——以甘肃省农家书屋建设为例》，对西部地区农家书屋建设做了系统研究。何明丽、杨军提出建立以县（市）级图书馆为依托，以乡村学校图书室为网点的"农家书屋"新服务模式，更加适合我国农村当前实际情况，特别适合在西部和一些边远地区的农村推广。

郭斌结合我国"农家书屋"建设的现状，分析了存在的问题，提出四条对策：加大资金支持，完善配套设施；整合利用资源，提高服务效能；提高管理水平，发挥最大效益；引入市场机制，实现持续发展。

杨智慧概括了国内有关农家书屋建设的主要模式，总结了国外农村图书馆和公共文化产品提供的发展实践，提出农家书屋建设模式选择的依据和发展建议，强调要制订长远规划、建立长效运行机制、保证常规预算投入。

小 结

总体而言，编辑出版学视角中的出版物宣传评介和国民阅读研究在2011年还是取得的不少成果，尤其是儿童分级阅读、编辑阅读、数字阅读等。但研究方法比较单一、研究主题交叉融合较少、研究视野不够开阔等不足依然存在，追求多种方法的综合、实现团队整合、研究视角实现创新依然是我们的追求。

撰稿：李新祥（浙江传媒学院）

主要参考文献：

[1] 雷群明. 重视图书宣传的智慧含量——学林社的宣传策略. 编辑学刊，2011（6）

[2] 南长森，张向阳. 从内容提要到腰封炫示：图书宣传话语方式嬗变的启示. 中国编辑，2011（5）

[3] 张纯，张志万. 推动马克思主义图书大众化的若干思考. 出版发行研究，2011（5）

[4] 金强. 图书广告宣传中的媒体选择刍议. 现代出版，2011（5）

[5] 李缙云. 浅谈如何做好图书宣传工作. 科技情报开发与经济，2011（17）

[6] 李丹阳. 好书可遇也可求——以《花田半亩》立体宣传个案为例. 出版发行研究，2011（10）

[7] 齐蔚霞. Web2.0时代新媒体广告价值及在图书宣传领域的应用分析——以豆瓣网为例. 出版发行研究，2011（9）

[8] 郭宏. 图书营销如何借力网络宣传. 出版参考，2011（10）

[9] 冯京瑶. 基于微博的图书宣传. 出版参考，2011（8）

[10] 孙曙. 新世纪书评刊物消长沉浮管窥. 出版广角，2011（6）

[11] 徐芳. 西方出版期刊学术书评写作范式初探——以《出版研究季刊》为例. 杭州电子科技大学学报（社会科学版），2011（2）

[12] 王明慧. 名人书序与广告. 出版发行研究，2011（10）

[13] 胡苏. 心理学理论在图书宣传工作中的运用. 科技情报开发与经济，2011（28）

[14] 安武林. 不合时宜的分级阅读. 出版广角，2011（6）

[15] 魏玉山. 儿童读物分级与阅读推广. 出版广角, 2011（6）

[16] 陈苗苗. 需要唤醒的儿童市场——分级阅读对少儿出版的作用及影响. 出版广角, 2011（6）

[17] 尤建忠. 新世纪中国儿童分级阅读的发展现状与前景. 出版广角, 2011（6）

[18] 王泉根. 理性看待新世纪的分级阅读. 出版广角, 2011（6）

[19] 马明辉. 我国科普读物教育功能的缺失及解决策略——科学教育视阈下的科学阅读

[20] 海飞. 让农村儿童与城市儿童，站在同一阅读起跑线上——我国少儿出版与农村儿童阅读现状分析及发展对策研究. 中国出版, 2011（12）

[21] 余皓明. 系统论视域下的童书出版与阅读疗法——基于出版为主体的观照. 编辑之友, 2011（4）

[22] 王春鸣. 童书出版与儿童阅读环境. 编辑学刊, 2011（3）

[23] 刘晨. 信息时代的阅读风暴：当代大学生电子阅读市场调查. 东南传播, 2011（10）

[24] 田种芳. 高职卫生院校学生阅读行为分析及对策. 青海师范大学学报（哲学社会科学版）, 2011（5）

[25] 赵哲. 对国民阅读问题的时代性思考. 理论学刊, 2011（8）

[26] 韩立红. 阅读革命带来的利好与冲击. 领导之友, 2011（4）

[27] 邓香莲. 解析新媒体环境对阅读的影响. 编辑之友, 2011（5）

[28] 董璐. 电子书促使传统纸书回归静态深阅读. 国际关系学院学报, 2011（6）

[29] 沈水荣. 新媒体新技术下的阅读新变革. 出版参考, 2011（9）

[30] 宋占茹. 手机出版对现代阅读的影响. 现代出版, 2011（12）

[31] 邓莉. 新传媒时代国民的出版物消费与阅读. 青海师范大学学报（哲学社会科学版）, 2011（4）

[32] 宋新军. 刍论"网络时代"的阅读革命. 理论导刊, 2011（1）

[33] 张璐. 聚合技术发展与阅读革命——以 RSS 技术为例. 新闻天地, 2011（4）

[34] 刘昕亭. 浅阅读：书展时代的读书生活. 中国图书评论, 2011（12）

[35] 陈晓阳. 后图书时代及其文化特征的解读. 出版发行研究, 2011（6）

[36] 李东东. 将全民阅读提升为民族文化复兴战略工程. 现代出版, 2011（3）

[37] 龙梅宁. 倡导全民阅读，构建和谐社会. 青海师范大学学报（哲学社会科学版）, 2011（11）

[38] 陈瑶. 从国民阅读的数字化趋势谈图书馆数字化建设. 福建图书馆理论与实践, 2011（1）

[39] 赵秀敏, 高洁. 公共图书馆促进国民阅读的对策探讨. 科技情报开发与经济, 2011（21）

[40] 林少芳. 公共图书馆提高国民阅读率的对策. 图书馆界, 2011 (5)

[41] 张杏, 王迎红. 论图书馆推动全民阅读之阅读深度指导——从"第七次全国国民阅读调查"成果说起, 长沙民政职业技术学院学报, 2011 (1)

[42] 李保东. 以深化全民阅读力促新闻出版强国建设——基于珠三角地区的视角. 中国出版, 2011 (2)

[43] 宫丽颖. 以日本为例探析如何推广国民阅读. 中国出版, 2011 (1)

[44] 李迎辉. 移动阅读, 传统出版业的新挑战. 中国出版, 2011 (8)

[45] 张炯. 移动数字阅读的差异化竞争之路. 新闻爱好者, 2011 (8)

[46] 王立鸥. 国内移动运营商营销移动阅读业务的思考. 北京工商大学学报(社会科学版), 2011 (1)

[47] 唐佳希. 移动互联新媒体的阅读特点以及编辑应关注的几个问题. 中国编辑, 2011 (2)

[48] 洪缨, 李朱. 印刷出版物文字信息传递的可读性与易读性研究. 现代传播, 2011 (9)

[49] 何山石. 《学术著作长效阅读价值生成因素考察——以钱钟书《谈艺录》、《管锥编》为例》. 出版发行研究, 2011 (7)

[50] 朱韬慧, 王炎龙. 新生代农民工公益出版物现状及平台构建. 新闻界, 2011 (6)

[51] 张曼玲. 提高国民阅读兴趣是传统出版的不竭之源. 北京印刷学院学报, 2011 (1)

[52] 孙黎. 探析我国女性阅读品牌的可持续发展之路. 中国出版, 2011 (11)

[53] 张劲. 教辅期刊如何引领初中生阅读. 湖北第二师范学院学报, 2011 (11)

[54] 于翠玲. 中学生名著读物的出版偏向——简论从媒介素养角度引导中学生阅读名著. 编辑之友, 2011 (4)

[55] 杨光. 编辑的阅读与三种能力. 出版发行研究, 2011 (4)

[56] 何明丽, 杨军. 对农家书屋服务模式的探索与思考. 经营与管理, 2011 (6)

[57] 郭斌. 浅议"农家书屋"的管理发展模式创新. 现代出版, 2011 (5)

[58] 杨智慧. 农家书屋建设模式选择和发展对策探讨. 中国出版, 2011 (2)

出版历史与文化研究综述   隗静秋

2011 年出版史与文化研究综述主要是根据《全国报刊索引》《出版业（人大复印报刊资料）》《新华文摘》《新华月报》《中国社会科学文摘》等检索性期刊中相关论文，以及各大学学报的论文进行评述。

本研究综述将从纵横两方面进行评述。纵向方面以时间为序，分为古代出版史、近代出版史、现当代出版史，横向方面分为报刊史、编辑史、书史、印刷装帧史、版权史、出版机构与出版人物、出版文化等。

一、断代出版史研究

（一）古代出版史研究

2011 年古代出版史研究集中于两方面，一是考据分析某一时期某一地区的某一种刻书业的发展态势，一是从社会大背景出发，探讨出版与社会文化，特别是出版与文学、教育的关系，这也是出版文化史得到学界认可和关注的表现。

先看第一个方面。

徐艳、刘大明的《试论宋代文人图书出版的原因及意义》（编辑之友，2011年第3期），针对在中国文化史上独领风骚的宋代文化事业，特别是图书出版兴盛的原因及意义进行了探讨。文章认为，文人出版是图书出版业的主力军，这其中既包括朝廷文人士大夫和地方官员，也包括民间文人出版，究其原因，一方面是宋朝重文政策为图书出版营造了宽松的政治环境，另一方面是活字印刷术的发明和造纸术的改进改变了图书出版的传播效率和传播途径，此外，图书市场的兴起与当时商品经济的繁盛关系密切。文人出版对于文献资料传承、编辑思想提炼、学术文化繁荣等都有重大意义。遗憾的是，文章中"文人群体出版的原因"应该为"文人群体出版兴盛的原因"。另外，文人群体该如何界定？如果真如作者所言文人"本文特指参与出版行列的文士、官员及儒商等"，那么除了这些之外，参与到出版行业中的人恐怕所剩无几了吧。

刘畅的《从〈歧路灯〉的传播接受看明清中原出版业的发展》（河南理工大学学报，2011年第2期），针对《歧路灯》传播接受情况来考量清代中原地区出版业发展状况。不论从文化价值、教育意义还是从史学地位来看，《歧路灯》无疑是一本非常重要的著作，但是从其早期传播与接受情况来看，虽然抄本数量多、传播时间长，但是传播范围有限，广泛的读者群体难以形成。作者认为，这与明清时期经济落后与物质匮乏、人们受教育程度低、"理学"社会意识形态浓厚等关系巨大。

孙文杰的《试论清代书业中心分布的地理特征》（中国出版，2011年第14期），针对清代前期和晚期的政治、文化、经济、地理因素对书业中心分布的影响，通过分析两个时期书业中心的变迁，认为这两个时期的书业中心所在地，当地的经济基础都十分雄厚，地方文化氛围浓郁，出版业发达，交通地理位置也十分优越便利，书业中心的分布具有明显的地理特征。

再看第二个方面。

杨轶男的《清代运河城市聊城的坊刻出版业》（出版发行研究，2011年第12期）针对大运河的贯通而产生市民文化与聊城坊刻出版业的互动关系进行了探讨。文章通过考察明清京杭大运河疏浚后，聊城坊刻出版业与当地市民文化的互动，来分析出版业与社会文化的关系，一方面，随着运河疏通，城市发展，市民社会就逐步形成，人们在物质上得到满足以后，开始向文化上寻求滋养，市民文化开始走向勃兴，面向市民的通俗文学大行其道也就不足为奇，另一方面，书坊为了盈利，不论是原书翻刻、选本刊刻等，都极力迎合时人的审美趣味，推动了市民文化的进一步发展。作者认为，聊城坊刻出版业是随着聊城商业社会的发展而兴盛起来的，具备了资本主义萌芽的性质，呈现出鲜明的商业化产业化特征。

鲁玉玲的《出版业催生下的明代拟话本繁荣》（编辑之友，2011年第3期）从市民社会发展的角度来探讨分析出版业对于拟话本繁荣的重要贡献。明中期后，随着商品经济的发展，社会风尚和价值观念开始发生变化，文化消费旨趣趋向消遣娱乐性、实用性和通俗化，敏感的文学创作者当然很快认识到这一变化，篇幅短小、故事情节曲折离奇的拟话本得到市民的喜爱，由于当时印刷技术的发展，书坊大量出现，并且书坊主与文学创作者密切合作，这一切推动了当时拟话本的繁荣。

汪超的《明代娱乐书刊与词的民间传播》（图书与情报，2011年第4期）以明代休闲读物之一的娱乐书刊与词传播的关系为研究对象，这种书刊的读者群体是当时有闲有钱的商人，作者认为，虽然书刊的选编者将读者对象圈定为"士人君子"，实际上指向的是商人，这样做的目的是迎合向往经营生活的普通读者的阅读期待。娱乐书刊中的词虽然数量不多，但对于词学的普及和影响却意义重大，从正面来看，它扩大了词的传播面，保存了文献资料，同时也普及了词学知识，但是由于明人对词学认识存在误区，诸如混淆诗词界限，忽略词体的文体特征，由此带来了一些负面影响。

张雨晗的《浅谈科举制度对中国古代出版业的影响》（中国出版，2011年第16期），针对科举制度强大的社会功能对中国古代出版业发展与变革产生的影响进行了分析和探讨。科举制度不仅是天下寒士改变自身命运的重要通道，而且也是推广普及儒家文化的重要手段，不论是自下而上从底层寒士转变为国家官员甚至是政要，还是自上而下推广儒家文化灌输强化封建意识形态，图书编辑出版业在这个过程中都起到了巨大的作用。科举制度的形成，为官方对图书进行修撰、校勘、刻印提供了强大的政治保证，不但有相应的修书机构，同样有通畅的发行渠道，并且丰富了图书的内容和品种，同时也提高了普通大众读者的文化水平。只是作者谈到"科举制度与雕版印刷技术的产生息息相关"对"印刷技术的演变与推广"产生影响，还有待商榷。我们知道，雕版印刷术的发明与佛教关系密切，而正是因为科举取士，图书品种较少而数量巨大，活字印刷术没有得以推广和应用。

张昆的《多视角观照出版史：〈晚明商业出版〉序》（出版发行研究，2011年第10期），为出版史研究如何取得突破性进展指点迷津，提出出版史研究一方面要注重资料积累和整理，做好田野调查和探访，一方面要注重研究视角的转换和理论方法的创新，作者认为要立体展现多维出版历史，必须实现三个方面的转换，即从出版史到出版传播史的转换，从出版史到出版经济史的转换，从出版史到出版文化史的转换。从出版史到出版传播史的转换，是指以传播学的视角关照出版史，探究这一传播方式的内在规律，从而推动出版史这一传统学科领域焕发新的生机和活力。从出版史到出版经济史的转换，是指以经济学的视角关照出版史，从产业的角度对出版史进行新的探究。从出版史到出版文化史的转换，是指以文化学的视角关照出版史，包括文化的生产、批评、消费及文化的层间互动与文化转移。

（二）近代出版史研究

2011年近代出版史研究主要围绕西方传教士在华出版活动及对中国近代出版变革影响、中国近代出版业变革探析及其影响等方面展开。

高奋的《辛亥革命前国内重要翻译机构的出版活动与西学的传播》（中国出版，2011年第19期），通过梳理辛亥革命前重要翻译出版机构和出版发行的大量西方社会科学著作，来说明此时的翻译出版活动在传播西方新思想、新知识的同时，为辛亥革命提供了重要的思想武器，其与西学东渐时期的翻译活动有着完全不同的特征。作者认为，辛亥革命时期的翻译出版机构，在选题上充分满足社会的需求，在图书的选择、翻译上具有充分的自主性和灵活性，在经营上注重销售点的扩展延伸，而且此时的翻译人员既有旧学功底，又有新学基础，具有高度的敬业精神和良好的专业知识，保证了翻译出版的质量。

冉彬的《西学东渐与上海现代出版业的兴起》（出版发行研究，2011年第

12期），针对西学东渐与上海现代出版业兴起关系进行了探讨，认为西方传教士为了在中国宣传西方宗教，开始创办一系列的教会出版机构，希冀通过文字出版的方式来扩大宗教社会影响。这些西方传教士和西方商人在上海建立的出版机构和从事的出版活动，刺激了上海现代出版业的兴起。上海近代出版业兴起主要表现在商务印书馆等书局以市场经济为运行准则，稿酬及版税制度和上海书业行业组织的诞生，这些标志性事件都打上了西方出版机构在华出版活动中重视商业利益、遵守市场规则的烙印。

陈钢的《晚清出版与制度化儒家的解体》（中国出版，2011年第8期），将视角从出版投向了印刷，正是因为传播技术的革命，报刊的机器化生产得以实现，复制方便、发行快捷、成本不断降低，面向普通大众而不是精英阶层的大众传播开始形成，加之科举制度的废止改变了士子们的生存哲学，文学创作活动不再是立言而是围绕着印刷机"为稻粱谋"，一批新式读者应运而生。儒家典籍在这一过程中受到强烈冲击，逐渐被载有新思想、新理念的新式书报刊所取代，依靠儒家典籍和科举取士而推广儒家文化的封建意识形态不断被解构直至瓦解。

王伟《我国近代编辑出版人的职业生涯与社会价值》（编辑之友，2011年第6期），认为近代百年中国社会发生了巨大而深刻的变化，在这一特定条件下，出版机构大量兴起，近代出版机构吸引和培育了大批出版业精英，形成了近代出版史上特殊的编辑出版人群体，这个特殊群体包括传教机构的学徒、旧式文人、教师，大学生和归国留学生，他们有着共同的理想和职业认同感，即通过出版业"对社会人生尽一种道义"，他们以实现国家独立富强为己任，以启蒙挽救天下苍生为诉求，他们的职能是中介性的，更多的是为图书出版提供服务。正是有了上述了职业理念和职业诉求，近代编辑出版人在推动政治运动，推动出版行业发展，引导和培育国民阅读，创办新式教育等方面都做出了卓越贡献。

（三）现当代出版史研究

关于这一时期的出版史研究，主要表现在三个方面，一是从出版业在抗日战争、解放战争中的地位和作用展开论述，这其中既有针对某一时期某一地区的出版业的宏观阐述，如《解放战争时期书刊报的出版与利用》《浙江出版业在抗战中的地位和作用》，也有针对某一种类型出版物或某一种期刊的微观剖析。二是关于某一时期出版业的体制、制度也成为研究者关注的对象，如《从解放前的中华书局看上海现代出版企业制度》《试论延安时期中国共产党的出版体制》《"十七年"文艺期刊管理体制的生成与变革》等。三是梳理某一时期出版业发展脉络，如《简论1927—1937年北平学术书刊出版及其特点》《伟大的历程辉煌的成就——我党出版事业90年回顾》等。

张彩霞、吴燕的《从解放前的中华书局看上海现代出版企业制度》（编辑之友，2011年第6期），通过分析中华书局从合伙制向股份制企业转变的过程分析上海现代出版业企业制度的转变，文章以翔实的数据和鲜明的对比，说明出版企业在发展到一定程度时，"业主制""合伙制"等旧有的出版制度已经不能适应现代出版业的发展，甚至阻碍其进一步发展壮大，改革也就势在必行。

符静的《沦陷时期上海的出版业与历史研究》（首都师范大学学报：社会科学版，2011年第3期），针对沦陷时期上海出版业的两个巨大变化，以翔实的数据对比分析了沦陷时期的上海出版业史地类书籍以及相关报刊的出版发行情况：史学论著出版规模的迅速缩减和期刊杂志出版的畸形繁荣。至于其背后的原因，作者认为，一是日军侵华导致老牌出版社纷纷将出版中心转移到内地，"致使上海的历史专著出版失去了平台"，二是图书馆受损，藏书量锐减，"长篇历史专著的写作失去了基础"，三是史学论文和历史随笔篇幅短小精悍、易写易懂，成为各派势力表达自己思想观点的宣传武器。在作者看来，出版业的变化直接影响了沦陷时期上海的历史研究成果在书写表达上的特点，史学研究与社会发展密切相关，不可能游离于现实生活之外。

范军的《中国出版史研究综述（2006—2010）的五个维度》（济南大学学报：社会科学版，2011年第3期），通过对台港澳地区、内部出版物、社会科学研究基金、博士学位论文、重要学术会议等五个方面对2006—2010年的出版史研究成果进行综述。台港澳方面，优秀研究成果数量不少，只是海峡两岸四地还要进一步加强交流与合作。内部出版物方面主要是政府机构与事业单位编印的仅限内部流通的书刊，刊物方面有《出版博物馆》《张元济研究》等，图书方面主要是对老一辈出版家与知名出版机构的追忆，还有一些史料整理和志书编撰等。中国出版史方面的社科基金项目有30多项已于近五年结题，正在进行的社科基金项目有40余项。作者认为，两个方面的特点值得关注，一个是文学与出版的关系得到高度关注，一个是少数民族地区的出版史开始兴起。在博士学位论文方面，选题多样，视野开阔，方法新颖，展现中国出版史研究的后继有人和前景光明。重要学术会议方面，高质量的出版史会议多有举行，这其中既有对出版史的探讨，又有以出版史为中心探讨文化传播的议题。该文章有一瑕疵，作者有几处提到张元济，笔误为"江苏海盐"，其实海盐在浙江省而不是江苏省。

赵亮的《新中国成立前后中国共产党出版工作述论》（中国出版，2011年第13期），论述了中共中央在新中国成立前后针对图书出版业中的一些问题制定的相应的政策措施。关于新华书店，新中国成立前夕，中共中央指出要统一全国的新华书店，要将其建设成为"一个效力宏大的宣传教育工具"，新中国成立后，中共中央直接领导和部署新华书店的各项出版业务，以原新华书店为主的公营出版事业成为此时党的重要宣教工具。关于旧有出版事业，新中国成立前夕，中共中央严格区分对待，允许旧有私营出版事业继续存在和经营，新中国成立后，中共中央大力调整出版业界的公司关系，将私营出版业建设成为党领导下的新民主主义出版事业的重要组成部分。

程美华的《改革开放以来中国图书出版历史分期探讨》（编辑学刊，2011年第5期），针对改革开放以来中国图书出版历史分期问题的研究，认为图书出版的目的在于阅读，所以图书出版的分期应当以国民阅读状况而不是社会历史发展背景和出版生产力特征为标准。基于这种标准，作者将改革开放以来中国图书出版发展史分为四个阶段，1978—1989年为第一阶段，该阶段图书出版的发展得以恢复，并一直处于上升时期。1989—1994年为第二阶段，该阶段国家对图书出版进行了大范围的压缩整顿，图书出版整体处于下降或徘徊状态。1994—2000年为第三阶段，该阶段既重视规模和数量，也重视质量，图书出版大致处于上升期，但是出版生产力受到体制的束缚。2000年至今为第四阶段，该阶段图书出版多元化发展，改革进程加快，结构重组、体制转换成为出版业的主题。

二、专题出版史研究

从横向来看，2011年专题出版史的研究，属报刊史尤为突出，无论数量还是质量，较于图书史、印刷装帧史、版权史等其他方向都所获甚多，这一方面与文化研究的兴起有关，另一方面与报刊史得到了其他学科领域研究者的关注有关。

（一）报刊史研究

《东方杂志》《新青年》《妇女杂志》《中国青年》等知名刊物依然是可以发掘的富矿。围绕着这些知名刊物，研究视角多样，涵盖了杂志编辑理念和策略、杂志的传播内容和影响、杂志的语言词汇分析等等，研究成果突出，特别是在杂志对社会影响方面收获颇丰，研究群体众多，不仅仅有新闻传播学的学者积极参与，更有其他学科、领域的研究人员介入。

以《东方杂志》为例，有从思想文化传播的角度切入的，如杨霞、李东霞的《〈东方杂志〉传播马克思主义的特点及影响》，邱凌云的《〈东方杂志〉对近代体育的传播》，有从现代汉语词汇学的角度切入的，如《〈东方杂志〉的词汇语料学价值》，有从杂志的办刊策略和编辑理念切入的，如钟晨音的《抗战时期商务印书馆被毁后的办刊策略——以〈东方杂志〉复刊为视角》，张鸿声、章炜的《关于杂志编辑理念的论争——以〈新潮〉和〈东方杂志〉为例》，李云豪、王艳萍的《〈东方杂志〉风格的变化探析》，有从考证角度切入的，如《〈东方杂志〉早期编辑者考辨》。

对于《新青年》《妇女杂志》《中国青年》的研究同样如此，而这其中，对于杂志的社会影响和杂志的编辑理念是众多研究者首选的切入视角。

对于报刊史的研究，有两个特征值得我们尤为关注。一是众多研究者不再仅仅满足于杂志的编辑理念和编辑策略，而是往外拓展延伸，从文化史、思想史的角度切入，期望从报刊这一反映时代风云变幻的忠实记录者中挖掘出报刊对于社会各个方面的影响，如《公共空间的性别构建——以20世纪20年代天津〈女星〉为中心的探讨》《清末收回路权运动中民族主义话语的报刊建构——以〈申报〉为中心的探讨》等。一个是研究对象范围有所拓展，不再仅仅局限于文史方面的报刊，而涉及体育、数学、科技、农林等其他领域的刊物，这一方面要求研究者对这一领域相对熟悉，另一方面由于研究者数量较少，也就更容易出成果，这方面的研究成果如《〈博物学会杂志〉与其生物学知识传播》《〈科学趣味〉与中国近代科学传播》《民国期刊〈体育季刊〉研究》等。

《点石斋画报》是中国第一部极具影响力的时事风俗画报，它以图文并茂的手法描绘了晚清社会生活的方方面面。苏全有、岳晓杰的《对〈点石斋画报〉研究的回顾与反思》（重庆交通大学学报：社会科学版，2011年第3期）对该画报的研究进行了梳理和反思。作者认为，近30年来，学术界对《点石斋画报》的研究取得了显著成就，主要表现在两个方面，一是对画报本身的研究，如对画报的资料整理研究、办刊宗旨及经营理念研究、内容形式和艺术价值的解读、对画师吴友如的研究、停刊时间研究等，一是从多元化视角对画报进行了深入发掘，如对画报中蕴含的传统因素的研究，对外国形象的研究，对地域性特征的研究，从新闻史、艺术史、美术史、社会史、医学史等视角切入的研究。近30年的研究逐渐由浅入深，取得了长足发展，形势喜人。但是依然存在严重的问题与不足，主要表现在资料整理方面先入为主意识过强，研究内容方面，研究状况不平衡，存在众多研究盲点，研究方法单一、理论运用较少、跨学科研究不足，学科间的连接不够紧密，这与研究者素质有一定的关系。

作为20世纪40年代初由南来文艺青年在香港创办的一份小型文艺半月刊，《文艺青年》对香港文学青年的培养起过一定作用，具有一定的文学史地位。侯桂新的《南来与本土：简论香港〈文艺青年〉（1940－1941）》（重庆工商大学学报：社会科学版，2011第5期）通过文本细读，认为该刊物在办刊过程中，坚持做成文艺战线的尖兵，做成文艺青年学习及战斗的园地，团结广大的文艺青年群，正是这三点目标的追求和实现，使该刊在香港文学的发展历程中做出了自身贡献。

（二）编辑史研究

相对于报刊史研究的丰硕成果与范围拓展，编辑史的研究则依然以编辑出版家的编辑思想和编辑理念为重。

古代编辑史方面，探讨较多的如孔子、萧统、刘知几、陈起、毛晋等我们耳熟能详的编辑出版家。

刘阳海的《孔子"述而不作"的思想渊源和编辑技巧》（编辑之友，2011年第1期），针对孔子"述而不作"的思想渊源进行了探讨，并分析了其编辑图书的编辑技巧。文章认为，孔子是为了实现自己政治理想而进行典籍的整理，目的是为了让自己的学说得到更多人的支持，这也就决定了孔子在编辑过程中不可能"述而不作"。作者认为，"述而不作"既是孔子整理文献的核心思想，更是编辑图书的高超技巧，并从三个方面分析了孔子的编辑技巧。文章得出结论："立说兴教"的政治意图决定了孔子对周代文化典籍"述而不作"更多是一种"托古改制"式的编辑技巧，因而往往是"述而又作"。

晋海学的《由"孔子是否编辑家"论争引发的思考》（中国编辑，2011年第1期），通过梳理学界针对"孔子是否编辑家"的论争，探讨了编辑学的内涵和外延，指出了论争中存在的一些失误，作者希望编辑史的研究能将研究者的思想和详细、认真的考据有机结合起来，在两者之间找到一个平衡点，只有这样，"研究者的思想才能在与客观史料不断地碰撞中萃取出历史真实"。

李德峰的《明唐顺之〈左编〉"经世"编纂特点探析》（内蒙古大学学报：哲学社会科学版，2011年第4期），以《左编》的编纂特征为切入点进行研究。文章避开唐顺之的文学成就，而是通过分析《左编》经世编纂动机和各"门"记述起始时间、历史人物的分类与评价标准以及体裁的选择等方面，认为《左编》体现出强烈的经世主旨。

近现代编辑史方面，除了一般综合性论述编辑家的编辑思想和编辑理念外，更多的是结合人物在某一时期编辑某一刊物（图书）的具体编辑策略和办刊方针来深入发掘人物的编辑思想与编辑理念。贾临清的《周恩来编辑〈赤光〉的特点和意义》、刘杨的《蔡元培〈北京大学月刊〉编辑思想探析》、黄艳林的《抗战时期黎烈文的期刊编辑思想》、何大吉的《林语堂〈开明英文文法〉编辑思想浅析》都是通过分析人物的编辑某一刊物（图书）或者在某一时期的编辑活动来分析人物的编辑思想，从而更利于进行细致的文本分析和时代解读，对于深入编辑史的研究大有裨益。

胡乔木是新中国出版事业的重要领导人之一，他在长期的指导工作中对出版工作诸多问题做过很多深刻、精辟的论述，形成了一套丰富的理论和思想观点。

朱家梅的《胡乔木出版思想述论》（中国出版，2011年第6期），针对胡乔木的出版理论和出版思想做了全面系统的梳理和阐述。关于出版工作的地位和性质，胡乔木认为出版工作是"传播真理、促进国家进步的工作"、是"一项政治性极强的宣传工作"、是"思想斗争最重要的武器"。关于出版工作的基本原则，胡乔木认为应该坚守"党领导出版工作的原则"、"服务人民群众原则"、"科学规范原则"。关于出版工作的任务，胡乔木认为是有两个方面，一是要"出版质量高的图书，最大限度地满足人们的文化生活需求"，一是要"宣传马克思主义"。另外，关于图书编辑、印制、发行，胡乔木同样有着很多见解独到、论述精辟的观点。作者认为，胡乔木既对出版的性质、原则、任务等宏观方面进行了理论阐述，又对图书编辑、注释、校对、发行等微观方面提出了具体见解。胡乔木的出版思想有几个突出特征，一是坚持坚定的整治原则，二是体现严谨的科学态度，三是强调为人民服务，四是具有很强的针对性和实践性。

宋庆龄不仅是一位杰出的政治活动家，还是一位优秀的国际宣传家、报刊活动家、编辑家。冯田芳的《宋庆龄的报刊活动及编辑思想》（北京印刷学院学报，2011年第5期）针对宋庆龄的报刊编辑活动进行了全面梳理，总结了宋庆龄的报刊编辑思想，认为其编辑思想根源在于一方面深受当时动荡、变革的中国社会的影响，一方面受到东西方文化的影响，所以宋庆龄执着于对信仰的追求，同时传播民主和和平思想。其编辑思想核心是坚持实事求是的作风，用事实说话，为真理效劳，其编辑思想的表现是旗帜鲜明和立场坚定，而创新意识和慈善精神为其形成鲜明的编辑思想形成了进一步的推力。作者最后从坚守办刊理念和价值追求、坚持真实报道、富有创新意识、高度社会责任感等四个方面总结了宋庆龄编辑思想和报刊编辑活动对编辑工作的启示。

（三）书史研究

春秋以前学在官府，所有书籍都是官府典籍，清以来学者称之为"官书"。在书籍史上，从原始书籍到汉代以前是漫长的官书时期。刘光裕《简论官书三特征——不准公众传播、作者不署名、书无定本》（济南大学学报：社会科学版，2011年第3期），针对官书的三个重要特征进行了详细阐述和深入探究，作者认为官书中不存在著作权问题，社会上不可能产生汉代以来才有的那种伪作观念。不准公众传播与作者不署名后，致使个人著作很难留存后世。无名氏集体著作经过历代修订与整合，到最后公之于世时，也必将成为文献学家所说的"不是一人一时之作"。这些对官书具有全面而深刻的影响，一定程度决定官书具有与汉以后书籍迥然不同的存在形态与演变规律。

王海刚《明清图书牌记及其广告特色》（中国出版，2011年第5期），针对牌记的式样、位置、数量、广告特色进行了探讨，作者认为明代书商为了实现宣传图书、促进销售这一目的，利用牌记大做文章，形成鲜明的广告特色，其方法独特，手段灵活，充分反映出明代书业广告之繁荣。当然，牌记只是图书广告的一个方面，其他有待后人进一步考证。

周树立《从西方译著出版发行看近代中日两国差异》（中国出版，2011年第6期），针对近代中日两国出版文化差异探讨出版阅读文化对国力的影响。文章从近代中日两国遭受同样西方外来文化的冲击却有着迥异的认识入手，通过翻译出版的西方著作书目来对比中日两国在认知新文明上的态度与速度：作者认为在"师夷长技以制夷"的"自强"运动期间，江南制造局翻译出版的西学书籍很少人问津，同期日本有关西洋文化的一部畅销书出版后却能销几十万册。作者最后得出结论，认为民众阅览、求知的量与质影响国力的升与降："自然好的图书其影响力将伴随众多读者的阅览而强化，社会发展的关注度亦因众多读书人而提升，当倡导社会变革的方向原因被大量有识之士认同时，所遇阻力自然就少。知识改变着国家民族的命运，得以彰显。"

田建平、田彬蔚的《中国书籍史研究批评——基于西方书籍史研究之比较视角》（济南大学学报：社会科学版，2011年第5期），针对我国书籍史与西方书籍史多个层面的比较研究，指出我国书籍史研究尚存在明显的文化差异与诸种不足，主要表现在：（1）学术视野相对狭窄，视角单一；（2）宏观研究与微观研究的结合不足，不尽合理；（3）历时性研究多，共时性研究少；（4）研究方法单一，基本上沿用传统的治史方法；（5）文本单一，语言与写作策略单一；（6）基本上是单纯的定性研究，缺乏定量研究；（7）对书籍史的科学与文化生态缺乏研究；（8）基本上局限于静态研究，受制于静止的文献与史料，呈现为传统的史料爬梳、罗列与静态分析、总结，因袭考据；（9）书籍生产与经营研究十分"薄弱"；（10）对书籍科技史的研究，或对科技书籍史的研究，基本上尚属"空白"；（11）对书籍史研究的"客体"缺乏明确的界定。而西方在这些方面的研究值得我国书籍史研究进行文化、方法与认识论意义上的比较与借鉴。作者认为，充分借鉴西方书籍史研究的理论、方法与成就，以求能够进一步拓宽书籍史研究的学术视野，丰富书籍史研究的内容，使各科书籍所蕴含的形式意义与内在意义在社会学、经济学、人类学、科学、文化与美学诸多方面得到历史性的揭示、再现与还原，并且能够尝试运用诸如史性和诗性相结合的叙事性文本语言予以表达。

（四）印刷装帧史研究

田建平的《宋代书籍设计、插图及美学特征》（济南大学学报：社会科学版，2011年第5期），针对宋代书籍制度进行了深入探究。作者认为，宋代雕版书籍的设计大多体现出朴实而经典的显著特色，这为书籍广泛传播奠定了基础，使其真正成为了一种空间意义上的大众媒介。从形制上来看，宋版书籍的基本形制体现了简约实用的特色，设计与结构上以线性为主，没有多余的装饰，对版面空间的利用达到了最大化的程度，一切以文字内容为主，没有冗余的文字干扰形式语言。宋代书籍插图已经得到普遍应用，这使得宋版书籍图文并茂，不仅书籍内容更加完整，意义更加丰富，而且书籍的视觉效果和阅读效果也更加理想，书籍文本知识和意义的传播也由此变得更加生动、直观、多彩。此外，宋版书籍字体丰富，姿态万端，这是宋版书最显著的美学特征。作者最后总结到：宋代书籍之美，乃在于其书籍内在的宋代文化精神之美。

张炜《新文化史视阈中的印刷术——以彼得·伯克相关研究为中心的考察》（山西师大学报：社会科学版），2011年第6期），从新文化史学家彼得·伯克关于近代早期欧洲史的研究入手，以新的视角深入阐释了印刷媒介的生产传播与近代早期欧洲文艺复兴、大众文化、公共领域、知识爆发、民族语言标准化及国王形象的塑造之间的关系，作者认为他的研究旨在调和技术决定论与唯意志论，呈现出印刷媒介与其所处社会环境之间关系的历史面向，这种研究路径是其新文化史研究的一大特色，继承了年鉴学派的学术传统，也为后继的新文化史家从事印刷文化的研究提供了立足依据和逻辑起点。他依据自身的史学实践，力图与其他社会科学学科进行对话，对很多社会科学理论提出了修正意见变迁大有裨益。

李文涛在《雕版印刷术萌芽于南朝探微》（中国出版，2011年第4期），针对雕版印刷萌芽时间进行了研究，作者认为由于技术的发展和市场的需要，雕版印刷术在南齐时期已经萌芽，梁朝得到一定发展，可以出版一些要求较低的产品。到了唐朝中后期，雕版印刷术成熟，印刷出版成为出版市场的主流。这一研究发现将中国雕版印刷的时间又向前推进了一步。

（五）版权史研究

余晓宏的《明清时期出版行业的出版权益保护》（编辑之友，2011年第3期），针对明清时期出版行业的权益保护兴起的背景、保护举措、局限性进行了深入剖析。从兴起背景来看，主要是因为到了明清时期，出版业已经得到了迅猛发展，书籍内容丰富、全面，市民阶层的形成对图书的需求量增大，坊刻开始大量涌现。从保护举措来看，主要有以书坊名称为书坊、刻印业主肖像、制作专用商标等。同时，作者认为这一时期出版行业出版权益保护也存在一定的局限性，如缺少对著作人的保护、没有形成完备的著作权法律、没有明确的惩罚措施等。

袁琳在《宋代图书刻印与版权保护价值观念考》（编辑之友，2011年第3

期），针对宋代官刻与私刻版权保护的价值追求进行详细阐述，作者认为官刻的首要追求是政治利益，其出发点是维护其统治，商业考量只是附属目的，官刻的政治属性掩盖了经济属性，"版权保护"只能是一种奢望。私刻的首要目的是为了传承文化，存在着诸如信而好古、名在利先、见利思义、义在利先等特点，信而好古的思想导致宋代私刻在刊刻古人的作品时，不仅没有任何剽窃意识，而且认为自己是在传承古代优秀文化，是一种高尚的作为。

张天星的《晚清报刊摘录转载的实践与中国现代版权制度的建立》（南京理工大学学报：社会科学版，2011年第1期）针对摘录转载文字对作家以及出版人利益的侵害，以摘录转载的实践为视角来钩沉晚清报刊摘录转载如何被规范化以及在现代版权制度建立中所起的具体作用。作者认为中国古代版权保护多是坊贾或政府发起，他们保护自己的出版权或垄断权，而不是作家著作权。在中国近现代版权制度建立的过程中，西方版权观念的输入起着重要作用，但晚清报刊编辑实践也起过不小的作用，晚清报刊编辑们或引入西方版权知识、办报经验，或纠正偏颇、建立行业规则，或申明存案、争取法规保护。

三、出版机构与出版人物研究
（一）出版机构研究

2011年出版机构的研究主要集中于研究近现代出版机构的发展历程，通过分析知名出版机构的发展历程来探寻出版业未来发展之道。

樊希安在《从红色出版中心到学术文化出版重镇：党领导下的三联书店革命出版历史回顾》（中国出版，2011年第13期），针对在长期的革命出版实践中，三联书店始终坚持服务大局，实现了成功转型的历史事件进行回顾。文章通过回顾在党领导下三联书店革命、战斗的历史以及三联书店在追求真理、传播马克思主义方面做出的贡献，肯定了三联书店在历史上曾经作为一家坚定的、进步的、革命的出版机构，为党的进步出版事业，为开启民智、播撒光明所付出的努力。

秦艳华的《理想出版的困境——以未名社的成立与经营实践为例》（新文学史料，2011年第3期），针对未名社成立与经营中所带来的利益与存在的缺陷，将视角投向了中小出版机构。文章先是肯定了未名社出版了大量新文学创作和翻译作品，为推动中国新文学发展做出了积极贡献，但也指出同人结社存在的缺陷、出版选题的小众化以及过分讲究装帧艺术等原因最终导致未名社以失败告终。作者试图通过分析以未名社为代表的理想出版中所存在的问题为当前出版机构提供借鉴经验。

李东华的《论传统文化企业的企业文化建设与品牌塑造——以新华书店为

例》（学术探索，2011年第4期），针对观念层、制度层、行为层、物质层四个层次解析了新华书店的企业文化，通过分析新华书店的文化建设与品牌形象塑造，指出企业精神和企业形象对企业发展的重要作用。

教科书出版一直是学者们的关注点之一，著名的商务印书馆、中华书局都是以出版教科书起家的。张沛在《开明书店教科书出版探析》（福建师大福清分校学报，2011年第3期）中针对开明书店教科书出版的价值进行分析。文中结合大量史料，从民国时期教科书出版的竞争背景、开明书店的教育出版理念及教科书作者和内容三方面对开明书店教科书的出版进行分析，认为开明书店的教科书既是编辑出版者文化启蒙教育理念的集中体现，同时又是他们实现自己文化启蒙教育理念的工具。

商务印书馆是中国近现代重要的出版机构，有许多值得让后人学习和借鉴的地方。2011年学者们对商务印书馆的研究依旧热情不减。陈爱平的《商务印书馆与社会主义思想传播》（湖北行政学院学报，2011年第3期），针对商务印书馆自1897年建馆到1949年间出版传播的社会主义图书刊物进行考察，指出商务印书馆在传播社会主义学说的时候，虽然有诸多的约束，但还是出版过多种有影响的社会主义著作，对社会主义思想在中国的传播起到了独一无二的作用。

除了对近现代出版机构的研究，2011年对明清时期出版机构涉足翻译领域的研究也有了进一步探索。赵少峰在《略论江南制造局翻译馆的西史译介活动》（历史档案，2011年第四期），针对江南制造局翻译馆西史翻译介绍活动，论述了江南制造局翻译馆译介史志类图书的动因、内容和影响，肯定了翻译馆的西史译介活动给当时的思想界带去启发，以及为中国知识分了主动去翻译国内所需知识提供借鉴的作用。

（二）出版人物研究

出版人物作为出版活动中的不可或缺的组成部分，近年来对其研究越来越多，学者们通过研究出版人的出版活动，分析出版人的出版思想，为当前的出版活动提供经验借鉴。2011年对出版人物的研究在出版人物的实践活动、编辑思想方面有了更深入的探讨。

周渡、张向风在《周瘦鹃在〈上海画报〉中的编辑实践》（编辑之友，2011年第6期），针对周瘦鹃编辑实践成果进行研究，文中统计了周瘦鹃从1920年至1940年参与编辑的各类报刊，从周瘦鹃在《上海画报》的编辑出版经历和成果来论述周瘦鹃的编辑出版特色、编辑理念。作者指出，周瘦鹃凭着基于正确预见的创新、高效出色的时尚叙事、服务作者和读者的编者观，成为了中国现代编辑史上著名的编辑家之一。

　　张文明在《邹韬奋的图书报刊发行思想探析》（新闻界，2011年第3期）一文中针对邹韬奋的图书报刊发行思想，指出了邹韬奋在图书报刊发行、宣传推广和广告德性上的真知灼见：做好图书报刊的发行工作，最根本的还是要丰富图书报刊的内容，提升图书报刊的质量，要建立多种发行渠道，要注重宣传和广告德性的价值实现。

　　侯秀菊的《赵家璧的出版理念》（中国出版，2011年第12期）对著名编辑出版家赵家璧在我国近现代文学史上颇有影响力的系列作品特别是《中国新文学大系》的探究，从出版创新、出版品牌、出版营销、出版文化几个方面系统分析了赵家璧的出版理念，肯定了赵家璧作为一个有责任感的出版者，在坚持出版的文化传承功能，使出版引导人们精神追求、满足人们需要上所做的贡献。

　　除了探讨前人的出版活动和思想，部分学者还自行总结了出版人的经验。傅伟中的《一个出版人的十大必修课》（出版广角，2011年第7期），针对如何成为一个合格的出版人进行了论述，提出了出版人需要修习的十大必修课。作者指出出版人的职业特点，天然决定了他不仅是一个文化人，需要有坚守书香、传承文化的信念理想，而且也应该是一个职业经理人，需要有运筹资源、博弈市场的能力本领。

　　对出版人物的研究还有吴永贵的《非常时期的书生报国——黎烈文和他创办的永安改进出版社》、马庆的《再论史量才的"史家办报"思想》、庄艺真的《徐伯昕的期刊广告经营策略研究——以＜生活＞周刊广告经营为例》等。

　　对出版人物的研究中不仅包括探究出版人物编辑出版活动和思想，还包括对出版人物编辑活动和思想对社会影响的研究。

　　冯文敏在《中共早期领导人的新闻编辑活动对中国革命的影响》（编辑之友，2011年第12期），针对中共早期领导人的新闻编辑活动的原因以及影响进行了深入探究。文中从知识分子在黑暗的迷茫与困惑中寻求出路、印刷技术的发达、出版事业的繁盛等社会背景入手，分析了中共早期领导人从事新闻编辑活动的原因，肯定了早期领导人的新闻编辑活动对中国革命的深远影响。

　　韩立华、张利洁的《胡愈之策划出版三农图书对今天的启示》（出版发行研究，2011年第10期），针对胡愈之在三农图书策划出版方面的做法进行了梳理，探讨了其对当前新农村文化建设大背景下三农出版的启示，希冀在经济社会快速发展的今天，三农图书出版能够既服务好新农村文化建设，又为自己开辟出发展的空间。

四、出版文化研究

关于出版文化的研究，历来是学者们非常重视的研究题材。2011年对出版文化的研究较往年更加丰富。

随着社会的发展，出版业迎接着一波又一波的机遇与挑战。陈晓阳在《后图书时代及其文化特征的解读》（出版发行研究，2011年第6期）中，针对后图书时代图书的文化特征和阅读特征进行解读。文中指出后图书时代正在到来，进入后图书时代，无论是传统图书还是电子图书，都表现出了诸多独有的特征，这些特征跟当代社会的变化紧密相关。在后图书时代，书的存在形式日趋多样化，图书内容被"误读"、戏仿和颠覆。功能呈现出"超阅读"的多元化趋势，阅读方式也表现为"误读"、浅阅读、碎片阅读、互动阅读、视觉阅读等多种样态。

在全球经济逐渐一体化的大背景下，当今中国社会日渐深入社会转型的过程，中国传统文化的自身发展与传播面临着诸多问题，这引起了人们对出版文化的再思考。吕棣在《中国传统文化走向世界与编辑的文化使命和责任》（宁夏大学学报：人文社会科学版，2011年第5期），分析了中国传统文化走向世界进程中所面临的困境和蕴含着的前所未有的重大历史契机。文章指出作为跨世纪的中国编辑、跨世纪的出版人，在21世纪，应该掌握传统文化中的精髓，传承和传播优秀的传统文化，与此同时还要学会鉴别、摒弃传统文化中的糟粕。

姜华在《出版市场化与文化复兴》（编辑学刊，2011年第5期），指出自20世纪90年代以来，伴随市场经济的逐步发展，我国出版业开始从文化事业恢复向产业发展转化。市场化进程的加速和出版产业化导向的改革和改制进一步促成知识生产及出版业的整合与分红。作者认为，产业化是世界出版业发展的必然趋势，如果导向正确运营得当，文化发展得到足够重视，伴随着产业规模的不断壮大，有利于将中国建设成为新闻出版强国，一个文化复兴的时代或许即将到来。

隋少杰的《书籍传播与知识权力化》（同济大学学报：社会科学版，2011年第1期），针对书籍的流传与读者大众的兴起、"公共领域"的形成与"知识分子"的诞生、书籍传播与知识的权力化、"读写文化"与"主体性"的生成这四个方面进行论述，作者试图在西方文化史语境中探讨书籍对促成"印刷文化景观"的重大作用，以及它在人类读写行为的基础上促成个人主体意识、理性形而上学观念以及"现代性"文化建制的深刻影响。

不同的城市有着属于自己的独特文化，出版文化也不例外。张鸿声在《现代书刊中的上海城市形象讨论与传布》（现代传播：中国传媒大学学报，2011年第5期），针对上海在书刊中的形象展开分析，文中以纵向描述为线，以对书刊中重要的上海城市形象讨论的考察为点，描述"上海"形象如何经由报纸、书刊推广成全国性的普遍化的上海城市知识，乃至一部近代以来中国国家的意识形态和寓言，以期大致构成对上海城市形象的整体性认知。

在媒介与性别建构的研究上，侯杰、李钊在《媒体·视觉·性别——以清末民初天津画报女性生活为中心的考察》（南开学报：哲学社会科学版，2011年第2期），通过研究现存的清末民初天津画报史料，指出历史和历史制造者之间的关系并非单纯的被发现和发现的关系，还隐含着被构建和构建的关系。作者认为，在借助画报媒体考察清末民初中国历史的时候，适当地加入社会性别分析的视角，有助于展示宏大叙事下被忽略的历史图景。

马庆在《20世纪二三十年代上海女性时尚的建构与传播——以〈今代妇女〉为例》（编辑之友，2011年第11期），针对上海作为时尚都市对报刊发行所起的催化作用进行了探讨，文中指出在20世纪二三十年代，报刊对时尚起着重要的吸纳、催化、扩散和传播的作用，作为一份真正意义上的"献给现代女性的杂志"，《今代妇女》在当时构建了上海作为"时尚之都"的形象，并利用媒体传播的特有优势引导女性调整消费意识。作者对《今代妇女》在中国画报出版史上留下了不可磨灭的印记给予了肯定。

还有一些研究从媒介与社会关系来看待出版文化的重要性，姜红的《"想象中国"何以可能——晚清报刊与民族主义的兴起》（安徽大学学报：哲学社会科学版，2011年第1期），针对民族主义与晚清报刊的关系进行了探讨。晚清时期，新知识群体的崛起，现代印刷业的进步，报刊语言和文体的成型，都为民族主义的产生提供了现实的可能性。晚清报刊不仅为民族主义的产生提供现实基础和观念前提，更为"想象中国"进行舆论造势，成为民族主义思潮勃兴的引擎和载体。

小　结

2011年的出版历史与文化研究成果丰硕，特别是众多学者从传播的视角、文化的视角来探讨、分析、阐释出版在知识传播、形象构建、社会发展乃至国家进步等方面的巨大影响力，这不仅是出版历史与文化研究取得突破性进展的表现和例证，更是出版业在社会发展等各个方面的威力体现。另外，其他学科领域的众多学者参与到出版历史与文化的研究中来，对于丰富和拓展出版文化研究同样是大有裨益。

撰稿：隗静秋（浙江万里学院）

主要参考文献：

[1] 徐艳，刘大明．试论宋代文人出版图书的原因及意义．编辑之友，2011（3）

[2] 刘畅．从《歧路灯》的传播接受看明清中原地区出版业的发展．河南理工大学学报(社会科学版)，2011（2）

[3] 孙文杰．试论清代书业中心分布的地理特征．中国出版，2011（14）

[4] 杨轶男．清代运河城市聊城的坊刻出版业．出版发行研究，2011（12）

[5] 鲁玉玲．出版业催生下的明代拟话本繁荣．编辑之友，2011（3）

[6] 汪超．明代娱乐书刊与词的民间传播．图书与情报，2011（4）

[7] 张雨晗．浅谈科举制度对中国古代出版业的影响．中国出版，2011（16）

[8] 张昆．多视角观照出版史：《晚明商业出版》序．出版发行研究，2011（10）

[9] 高奋．辛亥革命前国内重要翻译机构的出版活动与西学的传播．中国出版，2011（19）

[10] 冉彬．西学东渐与上海现代出版业的兴起．出版发行研究，2011（12）

[11] 陈钢．晚清出版与制度化儒家的解体．中国出版，2011（8）

[12] 王伟．我国近代编辑出版人的职业生涯与社会价值．编辑之友，2011（6）

[13] 张彩霞，吴燕．从解放前的中华书局看上海现代出版企业制度．编辑之友，2011（6）

[14] 符静．沦陷时期上海的出版业与历史研究．首都师范大学学报（社会科学版），2011（3）

[15] 范军．中国出版史研究综述(2006～2010)的五个维度．济南大学学报（社会科学版），2011（3）

[16] 赵亮．新中国成立前后中国共产党出版工作述论．中国出版，2011（13）

[17] 程美华．改革开放以来中国图书出版历史分期探讨．编辑学刊，2011（5）

[18] 岳远尊．《东方杂志》传播马克思主义的特点及影响．党的文献，2011（3）

[19] 邱凌云．《东方杂志》对近代体育的传播．成都体育学院学报，2011（5）

[20] 杨霞，李东霞．《东方杂志》的词汇语料学价值．河北大学学报（哲学社会科学版），2011（2）

[21] 钟晨音．抗战时期商务印书馆被毁后的办刊策略——以《东方杂志》复刊为视角．南华大学学报（社会科学版），2011（2）

[22] 李云豪，王艳萍．《东方杂志》风格的变化探析．中国出版，2011（10）

[23] 张鸿声，章炜．关于杂志编辑理念的论争——以《新潮》和《东方杂志》为例．中国出版，2011（8）

[24] 苏全有，岳晓杰. 对《点石斋画报》研究的回顾与反思. 重庆交通大学学报（社会科学版），2011（3）

[25] 侯桂新. 南来与本土——简论香港《文艺青年》(1940—1941). 重庆工商大学学报(社会科学版)，2011（5）

[26] 刘阳海. 孔子"述而不作"的思想渊源和编辑技巧. 编辑之友，2011（1）

[27] 晋海学. 由"孔子是否编辑家"的论争引发的思考. 中国编辑，2011（1）

[28] 李德锋. 明唐顺之《左编》"经世"编纂特点探析. 内蒙古大学学报（哲学社会科学版），2011（4）

[29] 朱家梅. 胡乔木出版思想述论. 中国出版，2011（6）

[30] 冯田芳. 宋庆龄的报刊活动及编辑思想. 北京印刷学院学报，2011（5）

[31] 刘光裕. 简论官书三特征——不准公众传播、作者不署名、书无定本. 济南大学学报（社会科学版），2011（3）

[32] 王海刚. 明代图书牌记及其广告特色. 中国出版，2011（5）

[33] 周树立. 从西方译著出版发行看近代中日两国差异. 中国出版，2011（6）

[34] 田建平，田彬蔚. 中国书籍史研究批评——基于西方书籍史研究之比较视角. 济南大学学报（社会科学版），2011（5）

[35] 张炜. 新文化史视阈中的印刷术——以彼得·伯克相关研究为中心的考察. 山西师大学报（社会科学版），2011（6）

[36] 李文涛. 雕版印刷术萌芽于南朝探微. 中国出版，2011（4）

[37] 余晓宏. 明清时期出版行业的出版权益保护. 编辑之友，2011（3）

[38] 袁琳. 宋代图书刻印与版权保护价值观念考. 出版发行研究. 编辑之友，2011（3）

[39] 张天星. 晚清报刊摘录转载的实践与中国现代版权制度的建立. 南京理工大学学报（社会科学版），2011（1）

[40] 樊希安. 从红色出版中心到学术文化出版重镇——党领导下的三联书店革命出版历史回顾. 中国出版，2011（13）

[41] 秦艳华. 理想出版的困境——以未名社的成立与经营实践为例. 新文学史料，2011（3）

[42] 李东华. 论传统文化企业的企业文化建设与品牌塑造——以新华书店为例. 学术探索，2011（4）

[43] 张沛. 开明书店教科书出版探析. 福建师大福清分校学报，2011（3）

[44] 陈爱平. 商务印书馆与社会主义思想传播. 湖北行政学院学报，2011（3）

[45] 赵少峰. 略论江南制造局翻译馆的西史译介活动. 历史档案, 2011 (4)

[46] 周渡, 张向凤. 周瘦鹃在《上海画报》中的编辑实践. 编辑之友, 2011 (6)

[47] 张文明. 邹韬奋的图书报刊发行思想探析. 新闻界, 2011 (3)

[48] 侯秀菊. 赵家璧的出版理念. 中国出版, 2011 (12)

[49] 傅伟中. 一个出版人的十大必修课. 出版广角, 2011 (7)

[50] 冯文敏. 中共早期领导人的新闻编辑活动对中国革命的影响. 编辑之友, 2011 (12)

[51] 韩立华, 张利洁. 胡愈之策划出版三农图书对今天的启示. 出版发行研究, 2011 (10)

[52] 陈晓阳. 后图书时代及其文化特征的解读. 出版发行研究, 2011 (6)

[53] 吕棣. 中国传统文化走向世界与编辑的文化使命和责任. 宁夏大学学报（人文社会科学版）, 2011 (5)

[54] 姜华. 出版市场化与文化复兴. 编辑学刊, 2011 (5)

[55] 隋少杰. 书籍传播与知识权力化. 同济大学学报（社会科学版）, 2011 (1)

[56] 张鸿声. 现代书刊中的上海城市形象讨论与传布. 现代传播（中国传媒大学学报）, 2011 (5)

[57] 侯杰, 李钊. 媒体·视觉·性别——以清末民初天津画报女性生活为中心的考察. 南开学报（哲学社会科学版）, 2011 (2)

[58] 马庆. 20 世纪二三十年代上海女性时尚的建构与传播——以《今代妇女》为例. 编辑之友, 2011 (11)

[59] 姜红. "想象中国"何以可能——晚清报刊与民族主义的兴起. 安徽大学学报（哲学社会科学版）, 2011 (1)

国外出版研究综述　　徐丽丽

2011 年，国外出版研究成果的载体主要是期刊专业论文和研究生学位论文。通过先期的文献检索和侦测，共获得大约 90 篇探讨国外出版的文献，其中专业学术期刊扮演了重要的媒介传播角色。本文主要结合 2011 年我国研究者对国外出版研究的总体发展情况，以本年度发表的专业论文为样本，对国外出版研究情况进行盘点和分析。往年对国外出版的研究往往主题十分广泛，但是深度不够。2011 年，对国外出版研究的主题突出体现在数字出版、期刊出版、出版经营与管理、著作权及版权问题、出版产业研究、出版史探究等五个方面，此五个主题不仅论文数量多，且不乏探讨十分深入、成果十分突出的文献。

一、数字出版研究成果丰硕

在风起云涌的数字出版大势下，2011 年是值得中国数字出版人铭记的一年。作为"十二五"规划开局之年，曾经风光无限的电子书阅读器开始沉寂，平板电脑取代其成为最受欢迎的数字阅读终端。作为文化强国的起步之年，传统出版社开始觉醒，数字出版的主角不再是缺乏内容的技术公司，而是拥有海量内容且注重数字化转型的各地出版传媒集团。作为数字阅读跨越发展之年，政府部门给予了数字出版最大力度的扶持，国家级数字出版基地拔地而起，优秀数字出版产品不断涌现，成为数字时代最活跃的身影。

在 2011 年，国内的出版业者也在时刻关注国际数字出版的动向，研究者多从中外数字出版对比、国外数字出版领先者的研究入手，以期获得某些可借鉴的经验或思路。布鲁姆伯瑞出版社是英国主营大众读物的出版商，它立足现实，着眼未来，走出了一条独具特色的数字出版发展之路，颇有启发价值，湖南少年儿童出版社的李芳对布鲁姆伯瑞的数字出版策略进行了研究。在《布鲁姆伯瑞出版社的数字出版策略及其启示》（出版发行研究，2011 年第 7 期）一文中，李芳指出，布鲁姆伯瑞出版社在发展其数字出版中，制定并实施了四大策略：以平台积聚内容资策略、以数据库实施内容策略、以新技术激活学术书市场策略、以软件实现内容增值策略。我国出版社可以从这四大策略中获得三大启示：内容及对内容的专业加工是传统出版商进入数字出版之本，新技术是重构和提升传统出版、扩大和增加传统读物价值之力，商业模式是决胜数字出版之道。

辞书编纂指导是联系辞书学理论研究和辞书编纂实践的重要纽带。数字化对辞书编纂的各个方面均带来了革命性的影响，辞书编纂指导研究也需进行相应调整。张相明在《数字化时代国外辞书编纂指导研究探微》（出版发行研究，2011年第11期）一文中，选取了两部专著和两部论文集，探讨辞书编纂指导发展脉络，指出国外辞书编纂在语料搜集、工具开发、载体呈现等方面呈现了鲜明的数字化特征。张相明认为，数字化成为20世纪末辞书编纂出版的最主要特征，数字辞书正以超乎想象的速度侵袭着传统辞书的领地，国内辞书编纂出版界应直面数字化浪潮，丰富和延伸辞书编纂指导研究。

2010年10月19日至20日，武汉大学与美国佩斯大学共同举办了第三届数字时代出版产业发展与人才培养国际学术研讨会。谷歌图书版权登记处的迈克尔·希利以《混乱时代里的永恒：美国数字出版和书籍销售的近期发展趋势》（出版科学，2011年第1期）为题发表了演讲。演讲中说，数字技术扰乱了图书出版的各个方面。40多年前这种影响就已开始，但最近几年随着电子阅读器的出现互联网的普及，它对大众出版的影响愈趋强烈。技术已经导致图书出版商的部分传统功能被其他领域的个人和组织取代。这种现象引起了出版商对价值链有何独特贡献的激烈讨论。出版商的传统角色和职责正在发生改变，未来这种变化将更加明显。德国埃朗根—纽伦堡大学图书研究中心的乌苏拉·劳滕堡则以《德国电子书与电子书阅读器的现状及未来发展》（出版科学，2011年第1期）为题，概述了德国电子图书市场的现状，重点论述德国电子阅读设备的传播和电子图书的市场容量。他指出，电子图书和电子阅读器市场的最重要驱动力是吸引人并负担得起的终端设备（电子书阅读器和平板电脑），并且大范围的大众选题和畅销书都通过电子书出版，读者通过电子书能获得附加内容及不断更新的信息；而市场壁垒主要有阅读器过于昂贵、数字版权管理十分严格以及阅读器操作太复杂、电子书价格过高等。乌苏拉·劳滕堡对电子图书和阅读器市场发展进行预测认为，在德国，电子书将被接纳成为精装本和平装本以外的图书新形式，但与国际增长率相比，其市场份额将增长缓慢。

在欣欣向荣的电子书市场上，商业模式一直困扰我国电子书发展。刘灿姣、姚娟对中美具有代表性的电子书商业模式进行了比较研究。在《中美电子书商业模式比较研究》（中国出版，2011年6A期）一文中，作者指出，我国电子书商业模式存在以下问题：（1）战略定位不清晰，产品和服务同质化严重；（2）重技术轻内容；（3）赢利模式不明朗。与美国比较，我国数字出版企业的内容成本和硬件成本都居高不下，在内容成本的投入远低于在技术和硬件设备上的投入；大多数数字出版企业收入主要来源于产品销售，收入方式比较单一；由于缺乏合理的利益分配方式，产业链上利益各方竞合度小。鉴于此，作者针对改进我国电子书商业模式提出了几点建议：（1）以用户需求为起点，明确企业的战略定位；（2）加强产业链的精诚合作，实现与合作伙伴的共赢；（3）加大内容资源投资，打造数字出版内容品牌；（4）探索多远收入方式，培养数字出版人才。

南京大学出版社的田雁在《中日电子书籍市场比较》（科技与出版，2011年第5期）中对中日电子书籍的市场规模、市场构成、营运方式、市场前景等方面进行了比较。田雁在文中说，就电子书籍的市场规模而言，日本的电子书籍产业的赢利能力以及产业的可持续发展的能力要高于中国，而中国的电子书籍品种则远远超过日本。日本的出版社在法律的保护下成了电子书籍市场的自然参与者，而对中国的出版社来说，由于网络盗版以及盛大模式的存在，想要在电子书籍市场上存活下来，可能需要付出比日本的出版社更多的努力。

美国是全球数字出版的领航者和新阅读的风向标，其数字出版创新不断，"粗剪"模式就是其众多表现形式之一。秦宗财、黄海月的文章《欧莱利"粗剪"出版及其启示》（现代出版，2011年第5期）以欧莱利出版公司为例，分析了"粗剪"模式对我国数字出版的启示。文章指出，欧莱利"粗剪"出版作为一种编校交互、个性化服务的新型的出版模式，具有更好地满足读者阅读需求，便于提升图书和企业的品牌影响力，更准确把握市场需求等优点。这种出版模式给我国数字化出版提供了诸多启示：第一，对读者免费——间接赢利是王道；第二，数字出版使出版业更具服务行业特性，需更多推行个性化服务；第三，培养专业化、技术化的数字出版团队；第四，运用高科技手段做好图书版权的保护。

二、期刊研究亮点频现、重点突出

对期刊的研究是今年国外出版研究中的亮点，出现了多篇有内容、有深度的论文。其中，在所有的期刊分类中，科技期刊成为研究重点；而作为科技期刊比较发达的国家，美国也成为我们研究和探讨最多的国家。

目前，美国有学术性科技期刊约4500种，还有数量相当的非学术性科技期刊。美国的科技期刊不仅拥有广大的科技工作者群体，还有很多读者也订阅科技期刊。沈紫坪在《美国科技期刊成功的原因及启示》（出版科学，2011年第1期）一文中分析了美国科技期刊取得成功的原因，比如高度的读者意识、重视读者需求，组织管理系统化，编辑人员保证科技期刊质量，办刊经费来源多样化等等。我国要实现科技期刊出版与世界接轨，必须借鉴国际科技期刊的发展经验，加强读者意识的培养，提高管理的规范化水平，提高科技期刊编辑的素质并提高科技期刊的产业化水平。

长期以来，我们着重对学术期刊质量和社会效益的探讨，忽略了对其经济效益的研究。而在西方发达国家，学术期刊的社会效益与经济效益并不矛盾。卢虎

《欧美商业出版社高价学术期刊研究》（出版发行研究，2011 年第 5 期）一文，对美国、英国、德国、荷兰 4 国 5 家商业出版社的 8 种高价学术期刊进行了深入研究。文章指出，8 种高价学术期刊都是英语期刊，已实现国际化、数字化生存，其国际化体现在作者、读者和审稿专家都面向全球，数字化体现在除了出版公司自己的数据库外，在全球多个著名的大型数据库上也都可以方便地检索到每本期刊，每篇文章都可以单独下载、按篇收费。此外，8 种高价期刊还有共同的特点：质优价高、多元化的定价方式、灵活的出版形式、逐渐上涨的价格。从欧美高价学术期刊的成功经验中我们可以得到特别的启示："价廉物美"是学术期刊的追求之一，而不是"唯一"；要实现"优质优价"的目标，关键在于准确的市场定位、严格的质量保证体系和科学合理的定价。

在国际出版理念、出版形态与规模、营销方式已发生根本性变化的态势下，我国科技期刊发展尚处于初级阶段。刘冰、游苏宁的《国际科技出版集团商业模式对我国科技期刊发展的启示》（中国科技期刊研究，2011 年第 4 期）一文分析了较为成熟的、在一定程度上反映国际期刊产业发展规律的国际科技期刊集团的商业模式。国际科技出版集团通过资本并购实现规模化及多元化发展、打造数字化信息服务平台并持续创新、全球性网络化销售、建立战略投资体系等发展路径打造了扩张型商业模式，形成了运营集群化、质量精品化、手段信息化、市场细分化、竞争全球化的期刊群和产业链。国际科技期刊出版集团基于数字化的全球化发展实践已经带给中国出版业丰富而有益的启示，研究国际同行的做法并走出具有中国特色的科技期刊发展道路，中国科技期刊出版人应当为繁荣学术、传播知识、促进出版业的健康发展担负起应尽的义务和职责。

开放存取出版已成为期刊出版的重要趋势，而在其发展过程中保持资金链条的畅通，对期刊的可持续发展至关重要。葛建平、杨冬、徐晓、孔琪颖、蔡斐的《国外开放存取期刊的赢利模式探析》（编辑学报，2011 年第 2 期）在考察国外典型的开放存取实践的基础之上，介绍了国外开放存取期刊的各种赢利模式，总结了这些模式的经验及其对国内 OA 期刊的启示。文章指出，国内期刊可以借鉴的主要有以下几点：多管齐下，完善资金渠道；注重品牌，增强营销意识；立足用户，提升服务质量。随着 OA 实践的发展，国内的出版机构也将逐步建立起日趋完善的资金渠道和赢利模式，不断开创 OA 可持续发展的新局面。

三、出版经营与管理仍旧是研究热点

传媒、市场、科技是当今世界三大强势元素，建设新闻出版强国，图书出版业必须有强大的传媒支撑。国外的出版事业与我国的出版事业虽然在所有制、产

业性质、发展规模、市场主体、管理体制等方面有很多差异，但共性更多。国外传媒集团并购经营出版企业所获得的明显效益，为我国出版业发展提供了可供借鉴的经验。梁小建、于春生的文章《国外传媒集团的并购经营及对我国出版业的启示》（中国出版，2011 年 1B 期）强调，在建设新闻出版强国的过程中，我国出版业要借助业外资本，特别是传媒业资本实现做大做强；出版业要借助传媒集团的跨国发展，占领国际图书市场。传媒集团要对内部资源进行良好的整合，实现传媒业与出版业的协同作用；传媒业要从战略上认清出版业的地位和作用，扶持出版业发展。

网络出版物的缴送与长期保存是文化遗产保护的重要组成部分，政策保障是网络出版物缴送工作顺利实施的关键。王秀香、李丹在《国外网络出版物缴送政策对我国相关立法工作的启示》（国家图书馆学刊，2011 年第 4 期）一文中解读了国外网络出版物缴送立法，并在此基础上深入分析网络出版物缴送过程中的缴送范围、缴送方式、缴送时间、缴送格式、限制利用、缴送费用等实施细则，建议我国尽快将网络出版物纳入法定缴送范围，明确界定网络出版物的缴送范围及缴送主体，制定网络出版物缴送工作实施细则。作者也提出，我国网络出版物在出版制作、发布利用、权益分配和监督管理等方面都存在特殊性，在学习借鉴国外先进经验的同时，还必须要结合我国的具体实际，因地制宜，因时制宜，以确保相关法律的制定符合实践需求，并保障制度的操作实施符合成本效益最优。

今天的出版物不仅仅包括被数字化了的纸媒体，比如书籍和杂志，而且还包括所谓的原生数字化出版物。在原生数字化出版物当中开始出现越来越多的未经过编辑程序的作品，即网民直接"上传"的内容。这种不同以往的流通途径，引发了一系列的出版法规问题。顾宁《日本原生数字化时代的出版规约》（日本研究，2010 年第 4 期）一文关注到了这个问题，指出来自外部的法规与来自内部的自主规约将是规范网络市场的重要手段。顾宁对日本众多原生数字化出版物进行了分析，发现手机小说网站为了管理网民上传的作品采取"自我分级制"，取得了较好的效果。"信息商材"作为一种新生的网络广告信息产品存在着夸大失实的部分，如何加强对"信息商材"的规制成为一项新课题。移动通信业界建立了自主规约联盟，以"自我分级制"为代表的自主规约将为传统文化市场带来革命。反观我国的网络文学与出版事业，同样存在着类似日本的问题。对当下的网络文学网站来说，像日本"魔法岛屿"施行的"自我分级制"那样的自主规制系统未尝不是一个值得借鉴的做法。

励德·爱思唯尔（Reed Elsevier）集团是一家旨在为专业终端客户提供优质、灵活的信息解决方案的出版公司和信息供应商。刘益、马长云的文章《励德·爱思唯尔集团的经营概况分析》（科技与出版，2011 年第 2 期）介绍了励德·爱思唯尔集团的总体概况和股权结构，梳理了其发展与成长历程，并对其旗下的四个子公司和业务构成和经营情况进行了分析。总的来说，励德·爱思唯尔出版集团是对几个特定利基市场包括：科学和医药、法律、风险管理和商业提供跨媒体、多角度的信息及相关服务。其业务组合方式为："出版物 + 在线信息服务 + 会展"的模式，并努力成为这几个信息市场的领导者，公司通过不断地扩张而发展壮大，其市场的扩张紧密围绕着无形资产资源——也就是其核心业务进行的。在 20 世纪末的国外数字化出版转型大潮中，励德·爱思唯尔出版集团完成了向以网络化传播的数字内容服务商的转型。其悠久的历史与在内容资源上的深厚积累以及集团的规模化使其在其相应的专业领域占绝对的优势。

四、数字时代的版权研究成为潮流

2011年8月，《十二国著作权法》由清华大学出版社出版。它由国内一批优秀的知识产权法学者翻译完成，包括美国、德国、英国、法国、意大利、俄罗斯、日本、巴西、韩国、埃及、南非、印度十二个国家的著作权（版权）法。上述十二个国家对著作权进行刑法保护，各国因政治、经济、文化以及历史传统等存在不同，因此立法模式等诸多方面存在着较大的差异。李文彬在《从〈十二国著作权法〉的翻译出版谈各国著作权的刑法保护》（科技与出版，2011年第12期）一文中指出，各国著作权刑法保护有相同之处：（1）著作权刑法保护立法日趋加强；（2）侵犯著作权犯罪的刑罚日趋加重。在立法模式上，世界各国存在三种不同的模式：（1）著作权法模式，在著作权法律中设置侵犯著作权犯罪的刑事责任条款，如英国、意大利、日本等多数国家；（2）专门法模式，制定专门的法律来规定侵犯著作权犯罪与其他侵犯知识产权。例如，《法国知识产权法典》规定了侵犯著作权犯罪和其他侵犯知识产权犯罪的刑事责任条款；（3）刑法典模式。在刑法典中对侵犯著作权犯罪进行集中规定。中国大陆即采用这种模式。三种立法模式各有利弊。针对正在进行的著作权法修订工作，李文彬建议，在刑法典中，采取空白罪状方式对侵犯著作权犯罪做出原则规定；在现行的著作权法中，规定可操作的刑事责任条纹，实现罪刑法定原则的要求。

美国出版业在世界出版业的地位举重若轻，但它也曾经历目前发展中国家普遍面临的版权贸易入超和盗版的问题。回顾和总结美国出版业的发展演变，对目前中国版权业的发展有很好的借鉴作用。游翔在《美国出版业发展演变及其启示》（出版发行研究，2011 年第 12 期）一文中指出，美国出版业的发展演变，历经了起步、盗版和法律规范三个阶段。在发展演变中，针对出版业很多方面的问题，美国结合本国实际实施了相应对策：（1）版权保护应以促进科学与技术的进步为宗旨；（2）营造出版环境应以促进出版企业自身发展为目的；（3）出版企业运作应以市场为导向。我们从美国出版业的发展演变中得出，出版产业政策的调整应该随着出版业发展的不同阶段采取不同的政策，目的是使国家利益最大化。

我国出版企业普遍缺乏版权业务的战略化管理意识，因而在国内很难找到比较成熟的版权战略管理模式。基于国内出版界版权战略管理实践现状和出版学界理论研究现实，王志刚在《欧美出版企业版权战略管理对我国出版企业的启示》（中州大学学报，2011年第5期）一文分析了国外发达国家出版企业的版权管理情况，总结其相关经验，以期为提升我国出版企业版权战略管理能力提供参考。具体而言有几个方面：（1）我国出版企业应推动出版行业协会对政府提出更多的政策诉求；（2）我国出版企业应建构科学的版权管理支持体系，如建立专业版权管理部门，构建鲜明的版权文化，构建版权管理信息平台；（3）我国出版企业应提升版权战略管理的实施效率，如注重版权获取的全面性、注重版权开发的多元性、注重版权保护的严谨性等。

加拿大版权法自从生效实施以来就处在不断的改革发展之中。在数字时代之前，加拿大版权法改革的力度小、时间跨度大，并且是以保护版权人的权利为中心。张明锋、宋伟的文章《数字时代加拿大版权法的改革探析》（科技与出版，2011年第5期）一文，对数字时代加拿大版权法改革的历程、改革的内容进行了探析，并对其作出了评价。文章指出，在数字时代背景下，加拿大版权法的改革力度空前，改革的次数越来越密集，改革方向转变成版权人与使用人权利的平衡发展。2010年6月，加拿大政府提出的版权法改革法案C-32，对加拿大现行版权法进行了彻底的改革以适应飞速发展的科学技术、加快知识产品的传播和繁荣文化事业。此次加拿大版权法律改革具有司法判例的指导，并且紧跟时代发展、注重调查研究和民意咨询，改革内容十分全面。

五、产业研究不乏有分量的研究成果

自20世纪80年代互联网技术逐渐普及以来，特别是数字技术在传媒领域广泛应用以后，全球出版业正在经历着产业升级引发的变革。其中欧美发达国家中的一些出版企业在出版产业结构、出版业经营方式、新兴出版物形态、现代出版赢利模式等方面发生了重大改变。陶丹、赵树旺的《欧美出版业产业升级模式研究》（郑州轻工业学院学报，2011年第1期）一文结合当今欧美出版业实现产业升级的基本模式，以期为正在经历着产业结构调整与产业升级的中国出版业提供参考。文章指出，数字化时代欧美出版业的产业升级有三种模式：依托高新技术拓宽出版业的经营领域，实现跨行业经营；利用数字技术发展复合出版物，带动出版产业成功升级；传统出版产业与新兴媒体兼并重组，革新和增加出版业务。我国出版业经过集团化发展后虽在规模上有了较大的提升，但在整体上仍处于刚刚起步的状态。借鉴欧美出版业的产业升级模式，加快出版业间的购并联合、提高产业整合度、尽快完善出版集团运行机制、提高出版业内容生产的核心竞争力，应是中国出版业产业升级的途径。

在全球出版业整体萎缩的大背景下，日本出版业自20世纪末开始，遭遇了长达十几年的萧条。日本号称世界出版大国，它的经验与教训值得关注。王会、刘斌的《日本出版市场萎缩原因及应对举措》（日本问题研究，2011年第3期）对日本出版业市场萎缩的原因及其应对措施进行了认真探析，以期为我国发展中的出版市场带来一些警示和启迪。文章指出，日本作为出版业大国，其市场萎缩的原因也有自己的特点：（1）"极度商品化"条件下原创活力的缺失；（2）出版业内部结构性失衡；（3）网络时代带来的冲击。尽管日本出版业持续疲软，危机重重，但是日本出版界针对市场萎缩提出了几项有效地应对的措施：（1）寻求向电子出版业的转变；（2）依托动漫产业链条式运营模式；（3）实行"走出去"战略。日本出版业市场萎缩的原因及其应对措施，值得我国出版业借鉴和参考。同样是关注日本出版业，刘咏华的《日本中小型出版社顽强突围的经验及其启示》（现代出版，2011年第5期）一文更关注微观层面，中小出版社面对持续的萧条所采取的应对策略。日本中小出版社的脱困策略包括依靠"协作出版"赢得喘息时间、从降低新书品种抓起，减少退货、在传统出版的基础上，探索新的出版形式、围绕"大教育"做综合文章等等。我国的中小型出版社至少可以在以下几个方面引以为鉴：第一，坚守自己的出版方向，不轻易调整；第二，在适应出版新技术、发展电子出版物方面，我国的中小出版社要有更为积极的姿态；第三，围绕出版方向，向周边扩展业务；第四，探索一条作者资助出版的新模式；第五，加强社店联合，建议磋商机制，共同抵御风险。

王秋林《学术出版小生境战略创新及运用》（中国出版，2011年5B期）一文，以英国Emerald出版社为例，综合运用生态学和经济学原理，对学术出版小生境战略创新——小生境市场、小生境产品、小生境定价、网络外部性做了理论探讨，并对其进行了实证性研究。小生境学术出版市场是这样一种市场：一是生态位聚焦于具有特定职业背景和学术细分领域的特殊人群的专业信息需求；二是读者的高偏好性和高收入性，这部分人群对某一学术出版产品独特的内容、形式和服务有较高的依赖，并愿意为这种独特的偏好支付较高的价格；三是非竞争性，读者偏好的强烈异质性，能赋予在位学术出版社和现有学术出版产品一定时期内的市场垄断地位。英国 Emerald 出版社在捋清小生境学术市场，并进行产品的独特定位方面，可以说是卓有成效。该社出版的 200 种学术期刊中，管理学期刊超过 175 种，占世界该类期刊总数的 12% 以上，这些高度细分的主题性期刊，在兼顾学术性的同时，强化实用性特征，在相关领域的影响因子逐步上升，声誉和品牌效应逐渐显现，网络外部性带来的小定位、大市场特征也越发明显。

德国贝塔斯曼集团是世界第四大传媒集团，业务涵盖媒介内容制作、印刷服务以及媒介产品客户直销三个领域。陈乐音《贝塔斯曼集团价值链分析》（出版科学，2011 年第 4 期）一文运用价值链分析的方法，从价值链静态构成、产业内容拓展和地理空间拓展三个维度，对贝塔斯曼集团在发展过程中价值链演进的规律及特点进行了探讨。文章指出，在传媒集团的构建过程中，通过对集团内部以及不同媒介产品之间基本价值链的有效整合，可以使各项价值活动形成紧密的联系并产生协同效应，从而建立起传媒集团的竞争优势。贝塔斯曼集团通过经营内容横向扩展、坚持核心业务基础上的多元化扩张，并运用新技术实现产业结构升级，同时依据全球经济整体形势及集团运营状况用本土化战略进行地域扩展，形成内容、渠道、直销三位一体的价值链。作为当今世界规模最大、国际化程度最高的综合性传媒集团之一，贝塔斯曼集团在价值链经营方面的经验值得我们学习和借鉴。

六、对苏俄出版史的研究成为一时热点

2011 年是苏联解体二十周年。本年度，对前苏联的出版史，尤其是苏俄的书刊检查制度的研究和反思成为一时热点。刘方敏的《俄共（布）领导下的苏俄早期书刊检查工作》（西伯利亚研究，2011 年第 38 期）一文明确指出，1917 年俄国的二月革命和十月革命，虽然终止了封建专制制度，但书刊检查制度却并未废止。在特殊的历史条件下，这一制度在苏共最高机构的直接干预和领导下很快得到重建，甚至走向了极端。列宁代表苏维埃政府签署的第一个《关于出版的法令》承诺，查禁取缔一些刊物是临时性的紧急措施，在"新秩序巩固"后，将"恢复出版自由"，但这一许诺却并未得以实现。在后来的社会主义进程中，他的继任者更是把列宁在夺取政权前和夺取政权之初的某些观点和实践绝对化、模式化，使之成为苏联乃至整个社会主义大家庭的新闻制度，形成了一种很不利于表现社会主义优越性的极权制新闻传播模式。

勃列日涅夫时期，苏联在意识形态上强化了对书刊出版和言论的控制，其体现一方面是苏联并没有改变书刊保密局在国家的作用与地位，并且将国家安全委员会设定为管理书刊检查制度的机关；另一方面无论是什么人，一旦被认为在意

识形态上有悖于当局，其书籍或者言论就要遭到禁止。李淑华的《勃列日涅夫时期书刊检查制度探究》（俄罗斯学刊，2011年第5期）一文对这一时期的书刊检查制度研究后指出，这一时期的书刊检查制度与当时的大局势基本符合，仍然比较严厉，任何试图在没有前苏联作协、苏联书刊保密局以及国家安全委员会参与下进行的出版活动都是不可能成功的。勃列日涅夫时期的书刊检查从范围来讲与之前的相差不大，但由于长时间的积淀，以及政府对意识形态的严厉控制，不断引起来自各个方面的反抗。勃列日涅夫时期，对"持不同政见者"实施严厉的检查是苏联政府在书刊检查制度方面的一项重要工作。他们出版的书籍、杂志、他们的手稿与私人通信等都成了书刊检查机关关注的重点。这一时期书刊检查机关对违背相关原则的人的惩罚手段虽然不及斯大林时期严厉，但也同样骇人听闻，且更加隐蔽，精神上的折磨与驱逐出境成了惩罚的主要方式。

七、相关国家的出版历史研究

女性杂志的诞生和发展，是日本社会近代化进程中的一个重要议题。明治时期是日本女性杂志的发端期，女性杂志在这一时期的日本女子教育中起着十分重要的作用，特别是在职业女性的养成方面，成为日本女性进入社会的主要途径。在这个意义上，关于明治时期女性杂志的考察，实际上也是近代日本女性生存状态的一种转型研究。宫玉《明治时期日本女性杂志考略》（外国问题研究，2011年第1期）一文通过明治时期日本女性杂志的创刊及编辑意图、内容信息、读者构成等方面的考察，意在对这一时期女性杂志的发展变化有一个较为全面的了解，并努力勾勒出近代日本女性生存状态的大体轮廓。据统计，明治时期共创刊女性杂志182本，成为日本女性走向现代的重要温床。无数的女性是读者女性期刊，由明治进入大正、昭和社会的。明治时代的女性杂志自身及其背后的故事，为我们展现了明治时代激荡的社会变革，特别是明治时期女性的生活、理想和追求。

英国是研究新闻出版自由历史最丰富、最完整的案例。到19世纪，随着君主立宪制度在英国的稳固，民主法治和言论出版自由得到确立，以至于英国已被马克思夫人燕妮赞誉为出版自由的"圣地"。但是历史拒绝遗忘。中山大学传播与设计学院教授展江的《英国早期出版专制和清教徒的抗争》（南京社会科学，2011年第7期）探究了16世纪和17世纪的清教徒在争取出版自由的早期抗争中一段出版专制和反专制的斗争史。英国的专制统治者曾经设计出很多有效的钳制言论和出版自由的花招和机制。经过包括清教徒在内的无数仁人志士的几百年努力，这些出版自由的拦路虎历经多年被逐一搬移。美国学者弗雷德里克·S·西伯特就此指出：表达意见的自由是在所有压制或控制办法难以奏效之后才被承认的；讨论自由作为一种最终性方法，不是基于健全的理智，而是因为别无选择。

美国历史短暂，但其图书出版的发展历程却令人惊奇。陈明瑶的《美国图书出版业的发展轨迹》（中国出版，2011年3B期）一文综述了美国图书出版业的发展轨迹，并据其现状探索其未来发展动向。文中指出，美国出版业的规范运作与高速发展呈现三大特点：一是社会与经济运行的法制化；二是信息技术管理的超前化；三是行业市场规范的合理化。我国在建立自身统一开放、竞争有序的出版市场过程中，必须重点把握并加以解决的关键性问题包括宏观调控管理、法律政策支持、市场监督管理、政府推动与行业协调、信息技术平台建设问题等。作者指出，如果我们能结合我国的实际认真地进行比较、研究与分析，在与国际接轨的同时又保持自身规范有序，我们一定能少走弯路，不断思考、创新、变革，最终实现发展，赶超先进。

小 结

本年度对国外出版的研究主题比较集中，研究者能够从我国出版的现状出发，选取国外出版值得借鉴和学习的长处和经验、优势进行探析，学习其赢利模式、运营方式、经营理念、发展思路，从不同的切入角度、不一样的视角对国外出版给予关注，以期为我国出版业的改革和发展提供思路。同时，一些研究者站在国际化的高度，比较中外出版的不同，吸收借鉴国外出版业的高明之处，为国内工作者和研究者地打开了一扇向外看的窗户。还有一些论文从实际出发，分析国外，对全方位认识和把握国外出版现状大有裨益。

撰稿：徐丽丽（中国纺织出版社）

主要参考文献：

[1] 李芳. 布鲁姆伯瑞出版社的数字出版策略及其启示. 出版发行研究，2011（7）

[2] 张相明. 数字化时代国外辞书编纂指导研究探微. 出版发行研究，2011（11）

[3] [美]迈克尔·希利著，黄俊译. 混乱时代里的永恒：美国数字出版和书籍销售的近期发展趋势. 出版科学，2011（1）

[4] [德]乌苏拉·劳滕堡著；邹莉译. 德国电子书与电子书阅读器的现状及未来发展. 出版科学，2011（1）

[5] 刘灿姣. 中美电子书商业模式比较研究. 中国出版，2011（6A）

[6] 田雁. 中日电子书籍市场比较. 科技与出版, 2011 (10)

[7] 秦宗财, 黄海月. 欧莱利"粗剪"出版及其启示. 现代出版, 2011 (5)

[8] 沈紫坪. 美国科技期刊成功的原因及启示. 出版科学, 2011 (1)

[9] 卢虎. 欧美商业出版社高价学术期刊研究. 出版发行研究, 2011 (5)

[10] 刘冰, 游苏宁. 国际科技出版集团商业模式对我国科技期刊发展的启示. 中国科技期刊研究, 2011 (4)

[11] 梁小建, 于春生. 国外传媒集团的并购经营及对我国出版业的启示. 中国出版, 2011 (1B)

[12] 王秀香, 李丹. 国外网络出版物缴送政策对我国相关立法工作的启示. 国家图书馆学刊 (京), 2011 (4)

[13] 顾宁. 日本原生数字化时代的出版规约. 日本研究, 2010 (4)

[14] 刘益, 马长云. 励德·爱斯唯尔集团的经营概况分析. 科技与出版, 2011 (2)

[15] 李文彬. 从《十二国著作权法》的翻译出版谈各国著作权的刑法保护. 科技与出版, 2011 (12)

[16] 游翔. 美国出版业发展演变及其启示. 出版发行研究, 2011 (12)

[17] 王志刚. 欧美出版企业版权战略管理对我国出版企业的启示. 中州大学学报, 2011 (5)

[18] 张明锋, 宋伟. 数字时代加拿大版权法的改革探析. 科技与出版, 2011 (5)

[19] 陶丹, 赵树旺. 欧美出版业产业升级模式研究. 郑州轻工业学院学报, 2011 (1)

[20] 王会, 刘斌. 日本出版市场萎缩原因及应对举措. 日本问题研究, 2011 (3)

[21] 王秋林. 学术出版小生境战略创新及运用: 以英国Emerald出版社为例. 中国出版, 2011 (5B)

[22] 陈乐音. 贝塔斯曼集团价值链分析. 出版科学, 2011 (4)

[23] 刘方敏. 俄共(布)领导下的苏俄早期书刊检查工作. 西伯利亚研究, 2011, 38 (2)

[24] 李淑华. 勃列日涅夫时期书刊检查制度探究. 俄罗斯学刊, 2011 (5)

[25] 宫玉. 明治时期日本女性杂志考略. 外国问题研究, 2011 (1)

[26] 展江. 英国早期出版专制和清教徒的抗争. 南京社会科学, 2011 (7)

[27] 陈明瑶. 美国图书出版业的发展轨迹. 中国出版, 2011 (3B)

[28] 葛建平, 杨冬, 徐晓, 孔琪颖, 蔡斐. 国外开放存取期刊的赢利模式探析. 编辑学报, 2011 (02)

[29] 刘咏华. 日本中小型出版社顽强突围的经验及其启示. 现代出版, 2011 (05)

ADVANCES OF RESEARCH ON EDITING AND PUBLISHING SCIENCE

深 度 分 析

2011年度专业图书出版情况分析   李雪峰

通过对 2011 年出版的编辑出版类专业图书进行多途径检索，得知本年度我国大陆地区共出版编辑出版类图书 224 部。本文在以此为基础数据的基础上，展开讨论，从图书性质、出版机构、核心作者等方面，对这些图书的相关数据进行统计分析，并和 2010 年加以比较，从而总结 2011 年度编辑出版类专业图书出版的最新情况，指出其存在的不足等。

一、专业图书出版的总体情况

较之2010年，2011年编辑出版类专业图书在数量方面上涨趋势较为明显，增加83种，增幅达58.9%。从图书主题来看，这224种专业图书中，理论研究类图书28种，约占总数的12.5%；行业实践类图书27种，约占总数的12.1%；书籍设计类图书21种，约占总数的9.4%，出版历史类图书41种，约占总数的18.3%；文化阅读类图书36种，约占总数的16.1%；报告文集类图书36种，约占总数的16.1%；专业译作类图书14种，约占总数的6.3%；资料工具类图书21种，约占总数的9.4%。

从图书性质来看，出版历史类图书所占比重最大；文化阅读类和报告文集类图书其次；理论研究类、行业实践类、书籍设计类、资料工具类图书都是二十多种，数量相差不大，居第三阶梯；只有专业译作类图书数量在二十种以下。具体情况如图1所示。

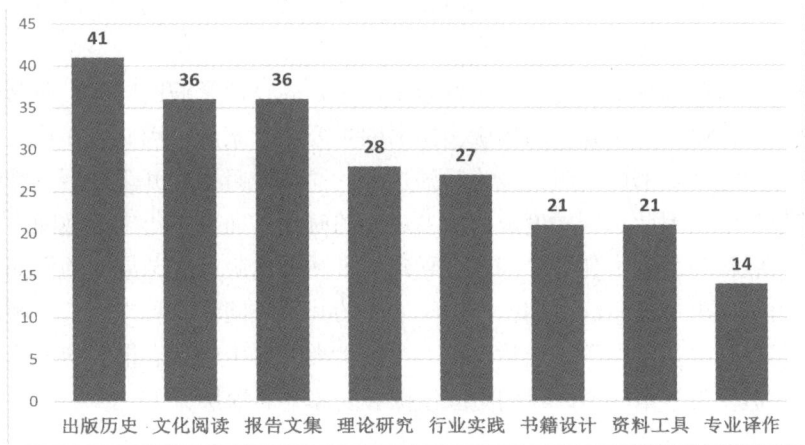

图1   2011年编辑出版类图书性质统计分类

在图书出版时间上，1月份和8月份是2011年专业图书出版数量的高峰期，相反，2月份出书最少。从年初到年末，趋势与去年一致，大致经历了一个"先下降，后上升，再下降"的走势。具体情况如图2所示。

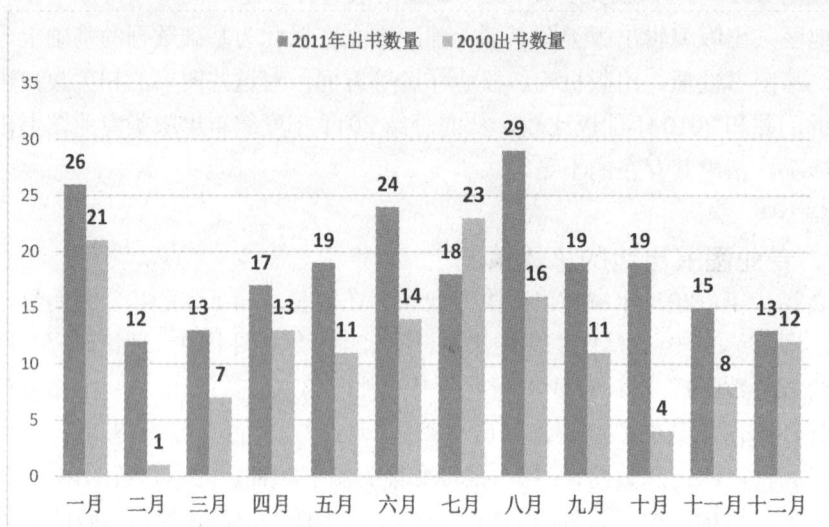

图2　2011年编辑出版类专业图书出版时间统计

经统计，2011年第一季度出书51种，第二季度60种，第三季度66种，第四季度47种。2010年一至四季度出书数量则分别为29种、38种、50种和24种。由此看出，第三季度是一年中出书最多的时期，其次是第二季度，第一季度再次之，而第四季度则是出书最少的时期。

这并不是偶然现象，每年的七八月份，正是高校放暑假的时间。而高校的教师队伍、研究团队等正是编辑出版类图书的重要作者来源，因此，在这一集中时间段内完成专业图书的出版，成为最佳选择；而从九月中旬开学之后，教师学者忙于其他事情，因此第四季度成为出书最少的时期；而到了年末，教师为了评定职称、出版社为了完成任务等因素会导致一批图书出版；春节期间的假期致使二月份成为每年出书最少的时期；而一年之中的其余时间没有特殊因素，所以每月出版新书种类也基本持平。当然，图书出版种类的多少仍具有很大的不确定性和随机性，但作为学术研究，我们更应该探寻表象下的深层原因。

二、专业图书出版的类型分析

编辑出版历来可看作一个整体，编辑理论和其流程往往包括在概述或指南性著作中，这些著作一般还涉及出版基本理论、编辑出版史、出版管理、出版流程、业务计划、新技术应用以及趋势预测等，所以要绝对地从内容上将它们区分开来是不可能的。本文对224种专业图书略作分类，相比2010年所划分的理论研究、业务实践、历史文化、专业译作、资料工具五类，2011年的划分更加细化，分为理论研究、行业实践、书籍设计、出版历史、文化阅读、报告文集、专业译作和资料工具八个类别。即便如此，要制定一个标准来严格区分各种图书之间的不同是有难度的。因此，笔者仅仅是根据需要作出了一些统计，分别加以简述。

（一）理论研究类

2011年出版的224种编辑出版类专业图书中，有28种属于理论研究类专著。相比2010年，数量增加了5种，而所占比重却下降3.8%。这一方面说明2011年新书总量有了较大提升，另一方面也说明作者的研究范围更加广泛，更多地分散于不同种类图书。

在这28种理论研究著作中，研究各类图书出版或相关工作的图书达14种之多，占了一半。这些书涉及外语类、工具书、体育类等各种不同种类图书，如吴文峰的《中国体育图书出版研究》，孙玉的《外语出版编辑散论》等，作者从其各自特点出发，在理论层面进行分析研究；理论研究类专著的另一个特点是关注产业发展，有8种书的内容是关于我国出版产业发展或出版管理层面的，这几种书从出版社管理、图书定价制度、产业链等不同角度出发，关注出版产业在新时代背景下的发展状况；此外，关注数字出版和期刊出版的理论研究类图书则相对较少，各为三种。

这些数据说明，在理论研究方面，作者更多地关注于各类图书的出版情况和出版产业的发展，而对其他诸如期刊出版或数字出版等实践性较强的前沿领域，关注度则稍显薄弱。

（二）行业实践类

相比理论研究类图书，行业实践类图书在数量上持平，为27种。其中关于出版产业研究和编辑实务类的图书最多，各为7种；关于数字出版的图书数量其次，为6种；关于期刊研究的图书为4种；其余3种为考试用书，所占比重最小。

从中不难看出，在行业实践类图书中，研究出版产业、编辑实务工作以及数字出版方面的图书很多，三者占了27种图书之中的20种，比例达到74.1%。所涉及内容较为全面，但也较为集中。相比去年，在涉及数字出版类的图书数量有了小幅度增加。而期刊类与教材类图书较少，二者总数仅为7种，今后应适当增加对这两方面主题内容的研究力度。

本年度出版的行业实践类图书中，徐小杰的《图书出版产业评价体系》、白贵等主编的《报纸编辑精品导读》、刘伯根的《出版集团战略投资论》等图书质量较高，或具有独立的观点，或涵盖较为全面的知识体系，值得一读。此外，宁夏人民教育出版社出版的黄占宝主编的《千疮百孔的嫁衣：〈嫁衣余香录：编辑文化学研究〉学术指误》，从编辑的角度指出许多学术错误，对于遏制学术浮躁、学术腐败现象有积极作用。书中所指出的问题也正是出版人应注意的问题。

（三）书籍设计类

2011年出版的编辑出版类图书中，书籍设计类图书为21种，占比9.4%。此类书籍内容主题较为单一，除了赵健的《范式革命：中国现代书籍设计的发端》之外，其余20种图书全部是关于版式设计或版面设计的，只有少数涉及色彩搭配或专业软件等内容。其中，仅图书名为《版式设计》的图书就有10种，几乎占此类图书总数的一半。而仅华中科技大学出版社就出版了3本名为《版式设计》的图书，同质化现象十分严重。

可以说，书籍设计类图书更多地体现在实训层面，具有较高的实践指导意义，对于出版从业人员或相关专业学生都具有较强的可操作性。然而，总体来看，此类图书数量过多，内容重复，虽然各自侧重点并不完全相同，但书中所涉及内容不外乎从版式要素和艺术设计方面考虑。如此众多纷乱而又主题相同的图书，一方面给消费者提供了更多的购买选择，然而另一方面却也带来了如何选择的困扰。从学术层面来说，如此众多主题重复的书籍，也体现出作者在撰写书稿时视野过于狭窄，没有很好地体现出个人对这一领域的独立思考。这是今后应当值得注意的问题。

其中，赵健的《范式革命：中国现代书籍设计的发端》和SUN I视觉设计编著的《版式设计原理》有借鉴价值。前者从理论层面对中国书籍设计的发端做了详细的分析研究，后者可作为编辑出版学专业学生的参考读物去学习，具有较高的实践指导性。

（四）出版历史类

2011年的图书分类中，将去年的历史文化类拆分为出版历史类和文化阅读类，更加细化，也更便于科学统计。

2011年出版的各类图书中，出版历史类图书数量最多，共41种，占比达18.3%。其中研究近代出版的图书最多，共18种，占43.9%；其次，关于书报史的图书为11种，占26.8%；以近代期刊为对象进行分析的有9种，占21.9%；此外，有两种图书是图史，有1种图书是介绍中国历史上竹简出版的相关知识。

出版历史一直是众多学者所偏好的研究对象。2010年这一题材的图书占比为33.3%，居各类之首；2011年此类图书虽占比下降，为18.3%，但仍高于其他类图书；而以近代期刊为研究对象的图书也达到了9种。出现这种现象，是由我国出版历史所决定的。在我国出版史上，近代是出版事业较为发达的时期。这一时期，受西方影响，无论图书还是期刊，都出现了大规模增长，也涌现出了许多著名编辑或出版家，可以说是我国近代出版事业的萌发期，以此为研究对象的图书就必然增加。

以书报史为题材的图书在此类中位居第二，占比26.8%，这部分图书内容较为丰富，涉及了不同时期、不同地域、不同种类的题材内容。

除去上述题材，还有两种是图史，一种是介绍竹简这种出版物形态的图书。相比之下，二者数量明显减少。而图史是出版史中重要的一部分内容，但由于编写的困难程度较大，所以每年这方面的图书相对较少，应该加强重视程度。

（五）文化阅读类

此类图书36种，占比为16.1%。多为作者的个人所想所写，并不突出理论性，学术价值也不是很高。主要包括作者从事出版行业工作的个人感悟、回忆录、书评等内容，体现了出版人的人文情怀。

此类图书中真正有学术价值的书并不多见。其中，香港城市大学中国文化中心和出版博物馆合编的《出版文化的新世界：香港与上海》一书，内容出自海内外名家之手，从不同侧面观察及思考出版业的变化与中西文化交流的关系，具有较高的阅读价值。

（六）报告文集类

与文化阅读类图书数量相同，2011年出版的编辑出版类图书中，报告文集类图书共有36种，占比16.1%。其中，报告类图书仅有4种，占比为11.1%。文集类图书共有32种，占比达88.9%，二者在数量对比上形成鲜明反差。

报告类的四种图书皆为年度报告，分别是对我国出版业、书业、数字出版产业以及科技期刊四个层面的解析把握；而在32种文集类图书中，作者的个人文集共有10种，占比为31.3%，其余22种图书是将不同作者成果汇集成书，占比为68.7%。

文集类图书的相对繁荣，既体现出编者对既有成果的重视，也在一定程度上反映出创新意识的缺失；而报告类图书的缺乏，则一方面说明我国对出版工作汇总的重视程度尚显单薄，在宏观把握方面力度不够。另一方面也体现出，由于此类图书的卖点不是很多，很难取得良好的经济效益，因此从编写者到出版者都不愿进行相关研究工作，这一点值得学界深思。

（七）专业译作类

2011年出版的编辑出版类图书中，外文译著共有14种，约占224种新书的

6.3%，是占比最小的一类图书。其中翻译自美国的图书有10种，译自日本的3种，翻译自荷兰和英国的各为1种。在14种译作中，有5种是"写书之书"，即以图书为主题，诸如关于图书介绍、收藏或阅读之类；有4种是关于版式设计的内容；其余5种各不相同，或关于出版业，或以作者个人的出版经历为主题，或介绍科学出版的写作规范和格式标准等。

可以说，在专业译作方面，本年度新书乏善可陈。首先，从译作国家来看，仅有4个国家的图书被引进国内，并且，在14种译作中，有10种翻译自美国，占比达71.4%。其他出版业较为发达的欧美国家，仅英国和荷兰有新书被引进。而从邻国日本引进的图书也不过2种。这在一定程度上体现出美国的文化输出成效，也启示我们，出版人要着眼长远，提升出版物质量。其次，从翻译作品的内容来看，虽然涉及面较为宽广，但也出现了相对集中的现象，"写书之书"和以版面版式设计类为主题的图书过多。尤其是版式设计类图书，仅国内就有大批同类图书出版，再加上外来译作，更有跟风之嫌。

（八）资料工具类

2011年，被归入资料工具类的专业图书有21种，占到总数的9.4%。与去年相比，数量增长了5种，比例却下降了2%。

从整体情况来看，此类图书数量分布较为合理。21种资料工具书中，侧重资料类的有14种，占比66.7%。其中，画册画报占据其中6席，收录出版专著的综录类有4种，出版大事记图书有2种，期刊指南与出版统计资料汇编各1种；侧重工具类图书的有7种，其中以校对和编辑实务为对象的图书有4种，年鉴类图书有2种，其余1种为考试大纲。

在2011年出版的资料工具类图书中，李新祥的《中国出版学研究综录：1949～2009》收录了出版学研究著录6779种，内容涵盖面广，实用性较强，是从事出版研究、教育和学习的必备工具书。此外，邱均平等编著的《中国学术期刊评价研究报告：RCCSE权威期刊、核心期刊排行榜与指南(2011～2012)》，新闻出版总署出版产业发展司编的《2011中国新闻出版统计资料汇编》等图书都具有较高的学术参考价值。

三、专业图书的出版机构分析

总体而言，2011年出版专业图书的出版机构分布较为分散。全国共有22个省、市、自治区出版了专业图书，其中17个地区有至少两家出版机构出版新书。本年度的224种专业图书出版自118家出版机构。见表1。

表1　出版专业图书的出版社地域分布情况及出版种数

出版社所在省份	出版数量（种）	出版社数量（家）
北京市	123	54
上海市	23	12
浙江省	11	4
湖北省	11	7
甘肃省	7	2
广东省	6	5
四川省	5	4
广西壮族自治区	5	3
天津市	4	2
河南省	4	2
重庆市	3	1
宁夏回族自治区	3	2
安徽省	3	3
新疆维吾尔族自治区	2	3
陕西省	2	2
山东省	2	2
辽宁省	2	2
江苏省	2	2
福建省	2	2
山西省	1	1
江西省	1	1
吉林省	1	1
湖南省	1	1
合计	224	118

　　笔者在对相关数据整理分析之后认为，本年度专业图书的出版机构分布大致呈现如下特点。

（一）北京地区一家独大

　　2011年全国出版各类专业图书合计224种，而北京独占其中123种，占比达54.9%；而其余分布在全国21个省市自治区的出版机构所出版的专业图书总和仅为101种，占比为45.1%；从出版机构数量来看，在118家出版机构中，北京占54家，占比为45.8%，其他各地出版机构总和为64家，占比54.2%。无论从图书出版数量还是出版机构数量来看，北京都占一半左右，体现出强大的出版优势。经济与文化的发达，众多出版机构的设立，各类研究基地的分布，大量出版人才的聚集等，都成为这一现象产生的原因。

（二）中央出版社和地方出版社所出专业新书总体持平

　　118家出版机构中，有44家是中央出版社，出版了224种专业图书中的111

种；其余 73 家地方出版社出版图书 113 种。虽然出版机构的数量有所差距，但仅从出版图书的数量来看，二者几乎持平。这说明，在专业著作出版方面，二者难有优劣之分，作者学术水平的高低才是决定出版物质量的关键因素。

（三）少数出版物由两家出版社合作完成

本年度另一个特点是，在 224 种专业图书中，有 3 种图书由两家出版社联合出版。这 3 种书分别是：由新疆美术摄影出版社和新疆电子音像出版社联合出版的《天山南北飘书香》，由印刷工业出版社和北京希望电子出版社联合出版的《专业色彩搭配手册——版式设计》，以及由中国书籍出版社和海天出版社联合出版的《中国阅读——全民阅读蓝皮书(第二卷)》。

由多家出版社合作出书的情况并不多见，但这种做法启发我们，在无法独立出版一本书时，可以寻求其他出版机构的合作。在出版社转企改革基本完成之后，出版人更应明白一个道理，市场经济有竞争，然而合作才是赢利的王道。

（四）多产出版社数量呈上升趋势

45 家出版机构出版至少 2 种书，其中 25 家至少出版 3 种。中国书籍出版社在这之中以 12 种高居首位，成为出版专业图书最多的出版机构。见表 2。

表 2　2011 年出版专业类图书多产出版社出版图书数量统计

出版社	出书数量	出版社	出书数量
中国书籍出版社	12	中国标准出版社	4
上海辞书出版社	7	生活·读书·新知三联书店	4
人民出版社	6	金城出版社	4
社会科学文献出版社	6	人民美术出版社	3
浙江大学出版社	6	上海人民出版社	3
商务印书馆	6	上海远东出版社	3
中国人民大学出版社	5	广西师范大学出版社	3
中国社会科学出版社	5	天津古籍出版社	3
甘肃教育出版社	5	华中科技大学出版社	3
科学出版社	5	学习出版社	3
人民邮电出版社	4	重庆大学出版社	3
中央编译出版社	4	浙江古籍出版社	3
中国传媒大学出版社	4		

此外，还有 20 家出版社出版了 2 种专业图书。碍于篇幅，不一一列举。

（五）大学出版社仍是编辑出版类专业图书的主要来源

本年度，有28家大学出版社出版编辑出版学专业图书，占所有118家出版社的23.7%，28家大学出版社累计出书51种，占224种新书的22.8%。较之去年，在出版机构数量上增加6家，在出版专业图书数量上增加11种。

在大学出版社出版图书的种类方面，与去年主要出版教材、学术专著和文化类图书不同，今年的图书出版类型更为均衡。除这三种图书之外，实务类（尤其是书籍设计类）、工具书、数字出版类等都有所涉及。

综合来看，2010年有编辑出版类新书面世而2011年没有的出版社有10家，相反，2010年没有编辑出版类新书而2011年有的出版社有16家。除此之外，12家大学出版社在2010年和2011年都有编辑出版类新书问世，这12家出版社构成了专业图书生产的主要力量。具体分布情况见表3。

表3 2010年与2011年出版编辑出版类新书的大学出版社

出版社	出版社所在省份	2011年出书数量	2010年出书数量	两年合计
中国人民大学出版社	北京	5	4	9
浙江大学出版社	浙江	6	2	8
中国传媒大学出版社	北京	4	3	7
北京大学出版社	北京	2	4	6
武汉大学出版社	湖北	2	2	4
华中师范大学出版社	湖北	1	3	4
华中科技大学出版社	湖北	3	1	4
广西师范大学出版社	广西	3	1	4
上海交通大学出版社	上海	1	2	3
河南大学出版社	河南	2	1	3
复旦大学出版社	上海	1	2	3
汕头大学出版社	广东	1	1	2

从表3统计得出，北京地区大学出版社两年共出版专业图书种类最多，22种；湖北地区大学出版社两年出版12种，位居第二；浙江8种；上海6种；广西、河南、广东分别出版4种、3种、2种。由此，在编辑出版专业图书出版方面，单从大学出版社来看，北京最为强势，湖北、浙江、上海处于第二阶梯，广西、河南、广东等次之。而全国其他地区的大学出版社在编辑出版类专业图书出版方面显得较为薄弱，缺乏一定的连续性。

四、专业图书多产作者及著述方式简析

本年度出版的224种新书中，除译作和以组织单位为出版者的图书之外，有170种图书由个人或多人合作完成，著述方式也不尽相同，主要有著、合著、主编、合编等几种方式。在这170种图书中，有13位作者至少出版了两种新书。值得注意的一点是，与去年相比，在图书主题方面，有关数字出版的图书受重视程度明显上升。在这13位多产作者中，有5位作者关注数字出版，同时有5种新书的主题与数字出版相关。具体情况见表4。

表4　多产作者出书明细及著述方式

作者	出书数量	书目明细	著述方式
陈丹	4	数字出版人才培养研究	合著
		数字出版产业发展研究	合著
		数字先锋	合编
		出版教育与研究：探索与发展	合编
郝振省	3	中国阅读——全民阅读蓝皮书（第二卷）	合编
		中国出版业发展报告 2010～2011	主编
		中国数字出版产业年度报告 2009～2010	主编
周利成	3	中国老画报：北京老画报	编
		中国老画报：上海老画报	编
		中国老画报：天津老画报	编
周蔚华	2	普通编辑学	主编
		数字传播与出版转型	合著
耿相新	2	中国简帛书籍史	著
		书界无疆	著
郭凤岭	2	编书记	编
		译书记	编
黄孝章	2	数字出版人才培养研究	合著
		数字出版产业发展研究	合著
沈昌文	2	编书记	合著
		任时光匆匆流去	著
汪耀华	2	书景	编
		上海书业名录（1906～2010）	编
西海固	2	独立书店，你好！	合编
		书店之美（第2季）	合著
张文红	2	畅销书理论与实践	著
		出版教育与研究：探索与发展	合编

作者	出书数量	书目明细	著述方式
张旭东	2	回顾·探索·研究：甘肃新闻出版六十周年暨改革开放三十周年出版科学研讨会论文集	主编
		我与甘肃出版——纪念甘肃新闻出版六十周年征文	主编
张志林	2	数字出版人才培养研究	合著
		数字出版产业发展研究	合著

由表格统计得出，13位多产作者共出版新书24种（合作完成不重复计数），在著作形式方面，其中以著作形式完成的有8种，占三分之一，而其余16种新书以编或合编的形式完成；在作者人数方面，有10种书是作者独立完成，14种合作完成，合作完成的要比独立完成的多16%。而另一方面，在除译作和由组织机构出版的170种图书中，由作者独立完成的有127种，合作完成的仅为43种，前者比后者多86种。

这说明，一方面，合作越来越成为图书出版的一种形式。无论合著或合编，在个人无法完成的情况下，合作既可以取长补短，发挥最大优势，也可以在限定时间内以较高质量完成图书出版。而另一方面也说明，在多产作者中，由于要完成不止一种图书的出版，因此限于精力、时间等方面的因素，独立完成多种书的出版难度较大，合作成为了一种被动选择。所以，为保证图书质量，编辑在审阅多产作者成果时，应付出更大努力。

小　结

在搜集本年度所出新书时，笔者力求做全。然而，毕竟时间精力有限，加之出版行业有提前或滞后出书等情况，所以难免有所遗漏。再者，在图书性质方面，很难有一个严格的区分标准，所以在进行图书分类时，也难免会有不同看法，希望指正。

通过对2011年编辑出版类专业图书进行统计，并与去年相关数据进行对比分析，笔者认为，这种做法至少有三方面意义。首先，通过对相关数据的整理，可以准确揭示专业图书的发展现状，诸如图书出版的数量、种类、地区、作者来源等具体信息。作为出版人，首先应当对自身所学专业有深入了解，对专业图书能够准确把握，这样才能在专业领域长远发展。其次，通过对往年相关数据的对比，可以逐渐探寻专业图书出版的历史轨迹，并把握其未来发展趋势。在编辑出版类图书出版的具体情况方面，由于缺少对近些年相关数据的搜集整理，因此探寻这方面的历史轨迹很有必要。通过对一段时期内专业图书出版情况的分析，可以大致预测其未来的发展趋势，既有利于学术的发展，也可以指导出版机构采取必要措施来降低风险，获取利益。不仅如此，更重要的是，在统计分析的过程之中，会发现在专业图书出版领域存在许多问题。针对问题提出对策，指导学术图书的出版更加健康合理地发展。

通过对2011年编辑出版类专业图书进行统计分析，笔者认为，本年度专业图书无论在数量还是在质量上都较去年有所提升，图书种类也更为丰富。然而，从实际情况来看，去年所存在的一些问题，今年仍未得到很好的解决。简单来说，出版机构分布过于集中，内容主题相对滞后，前沿性不够，都是未得到很好解决的问题。这些问题由于去年已指出，今年不再赘述。此外，今年还有一个比较明显的问题，即书籍设计类图书过多，尤其是关于版式设计方面的图书，相同题材、相同内容甚至连书名都相同。这是今年编辑出版类图书最大的一个弊端，无疑会遭人诟病。也希望今后出版社在出版专业类图书时，事先做好市场调查，避免扎堆式的跟风出版。

撰稿：李雪峰（北京印刷学院）

2011年度专业期刊载文主题分析　　王上嘉

一、期刊年度刊载专业论文总体情况

（一）论文的选择标准

笔者在收集论文之时，为了做到统计全面，将编辑出版学专业期刊的上位期刊也纳入了甄选范围，最后共有28种期刊刊载的论文进入研究范围。考虑到研究的学术规范和论文特性，本文还对统计分析的论文制订了较为严格的筛选标准，主要包括：为保证内容的专业性，只统计分析专业期刊中刊载的编辑出版类论文；为保证论文的学术性，只统计分析学术性论文，剔除新闻、通讯、会议纪要、人物采访、征稿启事等文章；为保证论文的研究深度和论述充分，只统计分析2500字以上的专业论文。最后，统计出28种期刊发表的3493篇专业论文，详见表1所示。

表1　2011年度期刊刊载专业论文主题分类统计

排序	期刊	论文数	排序	期刊	论文数
1	《中国出版》	520	15	《传媒观察》	48
2	《编辑之友》	486	16	《出版史料》	44
3	《科技与出版》	363	16	《传媒》	44
4	《出版发行研究》	290	18	《今传媒》	36
5	《中国科技期刊研究》	267	19	《辞书研究》	22
6	·《编辑学报》	264	20	《出版人》	21
7	《出版参考》	170	21	《中国图书评论》	20
8	《出版广角》	161	22	《图书与情报》	14
9	《出版科学》	151	23	《出版视野》	10
10	《中国编辑》	134	24	《新闻与传播》	9
11	《编辑学刊》	111	25	《桌面出版与设计》	6
12	《现代出版》	110	26	《电子知识产权》	6
13	《新疆新闻出版》	98	26	《网络传播》	5
14	《中国版权》	81	28	《当代传播》	2

注：所列期刊顺序按刊载符合统计要求论文数量多少排列

除上述28种期刊外，本文还对大学学报进行了全面侦测，最后共统计到40所大学学报的149篇专业论文，其中发文数量前三的是北京印刷学院学报、中国传媒大学学报《现代传播》、河南大学学报。

综上，本课题共统计了3642篇编辑出版学专业论文。

（二）期刊发表的专业论文分类统计

在统计前，笔者学习了2011年出版业相关新闻和政策，并通过论文的检索和研读，对2011年专业论文主题有一个大致了解。在此基础上，笔者对筛选出来的3642篇论文进行了初步分类，熟悉论文主题的大致分布情况，对于比较有特色的主题进行标记，以便实际分类时予以特别关注。笔者拟出年度主题分类表，其中共有35个大主题，最后将符合统计要求的论文全部纳入表中，如表2所示。

表2　2011年度期刊刊载专业论文主题分类统计

单位：篇

体制改革	97		股改上市	14
			出版集团化	48
			转企改制	9
出版文化、大环境、文化产业研究	99			
出版强国	32			
公共服务、书屋建设、东风工程	59			
出版"走出去"	56			
"十二五"规划	16			
出版法规、政策	35			
出版营销	108			
出版市场	51			
绿色出版、低碳出版	7			
出版可持续发展	9			
编辑工作	526	选题、组稿、退改	98	编辑实务	363
		编辑、校对、审稿	160		
		版式装帧设计、排版	80		
		作者工作	18		
		编辑素养、编辑责任		121
印刷工作	20			
发行工作	132		渠道策略	24
			实体书店	42
			网络发行	35
数字出版	486			
全媒体出版、媒介融合	68			

版权	301			
出版教育、人才培养	50			
国外出版	83		美国	35
			日本	17
			英国	8
出版史研究	157	国外	3	历史人物	68
				版本研究	7
		国内	134	出版机构	14
				出版物研究	28
				大环境研究、文化现象	22
出版工作者	93			
出版组织和管理	106			
读者研究	20			
民营书业	33			
畅销书	18			
传播理论	37			
对外合作	46			
专业图书评论	30			
国民阅读	27			
编辑出版学理论	85			
各类型出版	649		科技	146
			教材、教辅	137
			学术	77
			学报	73
			医学	49
			文学	38
			工具书	22
			专业出版	18
			健康、养生	18
			少儿、动漫	17
			"三农"	9
			文体	5
			古籍	3
书刊广告	28			
出版经验介绍	263			
网络化、网站与平台建设	95			
港澳台出版	25			

二、专业期刊载文的主题量化分析

(一)论文主题的整体分类统计

在大文化、大媒体、大编辑的背景下,在我国数字出版的快速发展、出版单位转企改制完成后的新发展、"文化大发展大繁荣"的提出、新闻出版强国建设的扎实推进等因素的共同作用下,我国出版业发生了巨大的变化。与此相呼应,这些变化都直接或间接地反映到编辑出版类专业论文的主题之中。

经过汇总,笔者统计出拟定的 35 个年度主题各自拥有的论文数量,其结果如表 3 所示。

表3 期刊刊载专业论文各主题数量汇总

排序	论文主题	数量(篇)	排序	论文主题	数量(篇)
1	各类型出版	649	19	出版市场	51
2	编辑工作	526	20	出版教育、人才培养	50
3	数字出版	486	21	对外合作	46
4	版权	301	22	传播理论	37
5	出版经验介绍	263	23	出版法规、政策	35
6	出版史研究	157	24	民营书业	33
7	发行工作	132	25	出版强国	32
8	出版营销	108	26	专业图书评论	30
9	出版组织和管理	106	27	书刊广告	28
10	出版文化、大环境、文化产业研究	99	28	国民阅读	27
11	体制改革	97	29	港澳台出版	25
12	网络化、网站与平台建设	95	30	读者研究	20
13	出版工作者	93	31	畅销书	18
14	编辑出版学理论	85	32	印刷工作	20
15	国外出版	83	33	"十二五"规划	16
16	全媒体出版、媒介融合	68	34	出版可持续发展	9
17	公共服务、书屋建设、东风工程	59	35	绿色出版、低碳出版	8
18	出版"走出去"	56			

（二）重要论文主题的量化分析

在论文数量排名第一的"各类型出版"类中，科技出版、教材与教辅出版、学术出版、学报出版类论文数量，排在前4位。

近年来，教材改革以及国家高度重视教育等政策利好，越来越多的出版社将目光放在了教材出版方面，2011年，研究教材与教辅出版的论文较之于2010年，有了很大的增长，达到了137篇，排在了第二位。随着国家在"三农"方面扶持力度的加大以及"农家书屋"工程的推进，各出版社也纷纷加大了对"三农"图书的出版力度，于此发展相适应，2011年中共有9篇论文以此为研究主题。

各类型出版研究中，包括研究工具书出版论文22篇，讨论医学出版论文49篇。关于学术出版，一年中发表了77篇论文；少儿、动漫出版的论文有17篇，文学出版的论文有38篇。重要主题发表论文的数量分布情况，如图1所示。

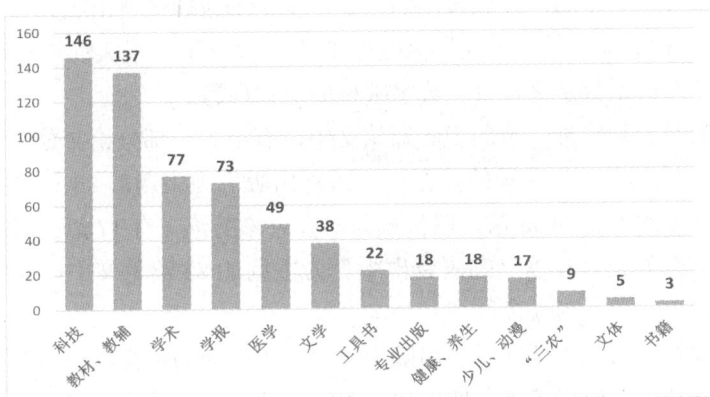

图1　重要主题发表论文的数量分布情况

在论文数量排名第二位的"编辑工作"类中，涉及编辑实务的论文有363篇，有关编辑素养、编辑责任的论文有121篇。其中，以编辑实务为主题的论文中，选题、组稿、退改，编辑、校对、审稿，版式装帧设计、排版是论文数量最多的三大类。其具体分布情况如图2所示。

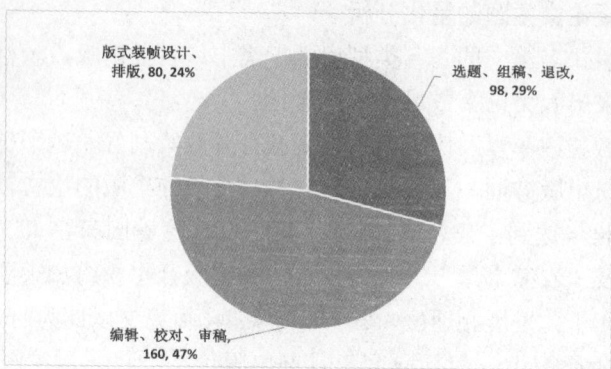

版式装帧设计、排版，80, 24%

选题、组稿、退改，98, 29%

编辑、校对、审稿，160, 47%

图2　位列"编辑实务"前三位的论文数量和所占比例

"数字出版"一直是近年专业论文的热点主题，但2011年486篇的数量，表现出来研究者对于这一领域极高的热情。电子书包、微博出版、云出版等成为新兴热点。2011年，以"版权"为主题的论文数量也有很大的增长，且大多数的论文都是在讨论数字化背景下数字版权的保护问题。

"出版组织和管理"类的106篇论文中，有很大一部分论文是以出版社品牌建设、出版质量保证为主题的。在以"国外出版"为主题的83篇论文中，以美国为研究对象的论文有35篇，以日本为研究对象的论文有17篇，以英国为研究对象的论文有8篇。在以"港澳台出版"为主题的25篇论文中，其中研究台湾地区出版的论文占了绝大多数。

本年度还发表了157篇以"出版史研究"为主题的论文，但只有3篇研究国外出版史。其中，研究民国时期出版、明清时期出版的论文最多。此外，关于出版人物研究论文68篇，版本研究论文7篇，出版机构研究论18篇，且多是研究商务印书馆发展史，历史出版物研究论文41篇，讨论出版历史大环境和文化现象的论文有28篇。

在97篇关于体制改革的论文中，谈论出版集团化的论文有48篇，数量最多。其次是以"改股上市"为主题的论文，随着出版体制改革的完成，以"转企改制"为主题的论文数量明显减少，只有9篇，但有13篇是以"后转企改制"为主题的。

（三）论文主题分类的整体统计归并

将35个年度论文主题进一步合并同类项，可以得出2011年度编辑出版类专业期刊载文的10个论文主题大方向。结合论文数量及主题重要性，笔者对这10个大主题方向进行了排序，其结果如表4所示。

表4 专业论文主题方向及包含的主题内容

主题方向	内容
出版生产研究、生产管理	各类型出版研究，成本控制、质量管理、品牌建设等方面的研究。
新型出版方式研究	数字出版、按需印刷、开放式存取等。
市场环境、国家方针	出版大环境研究，例如后改革时代、出版竞争、政府行为、出版"走出去"、出版强国、农家书屋等方面的研究。
出版主体、出版对象研究	出版单位、出版机构和出版物经验介绍，民营出版等。
营销、发行研究	渠道管理、营销策略、书刊广告、市场分析等。
出版企业改革转制研究	集团化、融资上市、转企改制等方面的研究。
国外出版、港澳台地区出版	国外及港澳台地区的出版业、出版物、出版史等研究。
编辑出版学研究	编辑学与出版学的学科理论建设、国内外编辑出版学研究成果、编辑与出版学教育和人才培养等方面的研究。
读者分析、受众需求研究	读者类型、需求类型的细分、阅读方式的改变等方面的研究。
交叉学科研究	出版学与传播学、图书馆学、新闻学的共同研究，尤其是新环境下出版物新兴传播作用的研究。

三、期刊刊载专业论文的年度主题归纳

（一）期刊刊载专业论文主题反映的行业工作研究热点

1. 版权保护问题

随着文化创意产业在国内的极速发展，人们对版权保护的认识越来越全面，关于版权保护的论文也明显增多。2011年，共有301篇论文以"版权"为主题，因为业界普遍认识到，与版权保护得好的国家相比，我国尚不够主动从容。对此，我们必须大力加强知识产权法制建设、管理体制建设和队伍建设，把握国际版权发展的新动向、新态势，积极主动地参与国际版权规则的讨论与制定，发挥我国作为经济大国、文化大国的应有作用。

关于版权保护的论文中，又以数字版权保护为重中之重，这是因为目前我国的数字出版环境混乱，盗版产品充斥市场。

2. 后改制时代的发展

2011年是新闻出版体制改革巩固提高、深入推进的关键一年。为此，新闻出版总署提出2011年新闻出版体制改革十项工作要点，它们涉及非时政类报刊

出版单位体制改革、党报党刊发行体制改革、出版传媒企业集团化建设和上市融资、公益性新闻出版单位的改革等方面。这些也是 2011 年专业论文的重要研究主题。

随着改制基本完成，中国的出版业进入了后改制时代，出版社间的竞争日益激烈，寻找合适自己的发展战略成为各个出版社的工作主题。在研究后改制时代发展的论文，多以"中小型出版社"为切入点，为中小型出版社的发展提出建议。这因为单体中小出版社面对在资金、技术、管理、人才等方面都有明显优势的大出版社、地方出版集团及数字出版的冲击和挤压，步履维艰。提出中小出版社应当时刻居安思危，依靠专业特色创品牌，依靠品牌求生存求发展，特色和品牌是中小出版社发展的根本。

随着出版社转企改制工作的完成，研究人员更加注重对出版市场的分析。本年度关于这方面的研究有51篇论文。在这一市场中，竞争手段和方法也日益多元，且朝着品牌营销的方向发展。传统的图书营销注重面上的推广，如通过作者签名售书、名人作序和权威评论等方式扩大图书的销量并累积品牌效应，而有现在的出版营销向着更为广阔的方向发展，2011年发表的108篇关于"出版营销"的论文中，有10篇关于"微博营销"，还有部分涉及全媒体出版立体化营销、公益营销、团购营销等。

3. 新闻出版强国与"走出去"战略

在所统计的论文中，以"出版强国"为主题的论文有32篇，讨论出版"走出去"的论文有56篇。

党的十七届六中全会，再一次吹响了推动社会主义文化大发展大繁荣的时代号角，这促使我国向新闻出版强国迈进。围绕"出版强国"问题刊发论文，是从业者的一种责任和觉悟，其论文主题涉及建设新闻出版强国的方针策略、出版强国与人才培养、走低碳出版强国之路、辞书出版强国建设、加快少数民族新闻出版事业和发展夯实新闻出版强国基础等。

新闻出版强国的建设，需要积极落实出版走出去。如何能够"走出去"，并能更长远地"走下去"，对于中国的新闻出版业来说，是一个长期命题。

4. 促进出版产业发展

关于出版产业发展的研究一直是编辑出版学专业论文的重要主题之一，这是从相对宏观的层面对出版行业进行研究。2011年的论文主题，很好地契合了新闻出版总署为推进新闻出版产业发展，提出的2011年十项工作要点，它们分别是：发布和实施《新闻出版业"十二五"时期发展规划》；抓好重点项目的论证、评审和落实；加快培养产业增长极，抓好产业集群建设；推动出版物流通体系建设；进一步完善产业发展的政策体系；开展新闻出版企业无形资产评估工作；引导和规范非国有资本参与发展新闻出版产业；规范市场秩序，为新闻出版业发展营造良好环境；推动新闻出版业创新能力建设；推动统计工作科学化、常态化。

5. 数字出版

在所统计的论文中，有486篇论文以"数字出版"为主题。其中，具体讨论手机出版、电子出版、网络出版的论文明显比2010年少，但是以数字出版为大背景进行的研究增多。

2011年，很多传统出版社纷纷试水数字出版，所以有大量论文都涉及传统出版向数字出版转型问题，数量达到30余篇。为更好地应对数字出版，对于内容生产的研究显得格外重要。媒介融合背景下内容生产主要面临四大变革：内容生产的全媒体化、内容呈现的多终端化、内容产品的社区化和内容生产主体的多元化，这四个方面也成为了以"内容生产和管理"为主题的论文的主要研究方向。

近年，有21家企业获得由新闻出版总署核发的电子书出版、电子书复制、电子书总发行和电子书进口等4类资质，电子书产业链的各个环节显现出有序发展的态势，因此很多讨论电子阅读器的赢利模式、电子书产业发展的论文也应运而生。此外，还有95篇以"网络化、网站建设、数字平台"为主题的论文，涵盖的内容十分丰富，包括网站建设的必要性、网站新技术的运用、网站的版权意识、数字平台搭建等。

（二）期刊刊载专业论文主题反映的学科建设研究重点

1. 编辑出版学理论研究

目前我国的编辑学研究，在宏观方面，诸如它的定义、学科性质、学科体系及其范畴、研究对象及其内容、学科分类等，均存在着激烈的争论和明显的分歧。2011年发表的论文中，这些激烈的争论和明显的分歧也正在逐步深入。

本年度发表的编辑出版学理论研究论文有85篇，主要包括编辑学与出版学的理论建设、编辑出版学与出版产业关系、编辑出版学学科属性及学科体系建设、编辑出版学专业教育、数字化时代编辑出版学关注的新问题等方面内容。

2. 数字出版环境下的应用人才培养

在所统计的论文中，有50篇论文以"出版教育、人才培养"为主题。其中，数字出版人才的培养是讨论的重点。数字出版领域的快速发展形成了巨大的人才缺口，其中数字出版高级管理人才、高级营销人才、高级策划人才及数字出版编辑人才等尤其缺乏。如何为中国数字出版培养高素质、跨学科的复合型人才，已成为我国出版教育迫切需要研究和解决的新课题。

（三）期刊载文主题反映的专业研究新趋势

1. 出版大环境研究反映出的发展趋势

在统计的论文中，以"出版大环境、出版文化背景、文化产业研究"为主题的论文有 96 篇，主要集中在出版数字化、文化产业发展这两个分主题上。

出版数字化的发展，促进了数字版权、微博出版、开放式存取、云出版等，这些主题的论文都是在数字化背景下进行的研究，也表明出版数字化已经是出版业的必然趋势。2011 年，十七届六中全会审议通过了《中共中央关于深化文化体制改革、推动社会主义文化大发展大繁荣若干重大问题的决定》，这对出版业来说具有重要意义。围绕这些利好政策，许多论文以文化产业发展为主题，有的还重点讨论了出版与和谐文化建设、出版产业的可持续发展、出版的社会文化责任等问题。

2. 公共服务、低碳出版成为持续性趋势

在所统计的论文中，有59篇论文以"公共服务、书屋建设、东风工程"为主题。与2010年的论文相比，这些论文依旧绝大多数是论述农家书屋建设和东方工程开展情况，对于社区书屋、职工书屋、民工书屋等提及较少。

在环保和可持续发展深入人心的今天，出版社也应加强绿色出版意识，把可持续发展的理念贯穿到出版活动的各个环节。在低碳经济的背景下，"低碳出版"也成为势在必行的课题。所以本年度共有8篇论文以"绿色出版、低碳出版"为主题。此外，还有9篇论文是关于"出版可持续发展"的。

3. 出版产业链的再整合成为新趋势

在统计的论文中，有一批论文涉及出版产业链的整合问题，其中提到最多的就是数字出版产业链上的实力派开始加大相关领域资源的整合力度，关于这方面的论文共有 23 篇。

出版产业链中的通信运营商、硬件生产商、内容提供商，2011 年均加快了整合速度，有效整合各自资源，力促占据有利位置。关于这方面的论文主要论述了出版单位如何着力整合相关子领域内容资源和渠道资源，强化在该领域的领先优势，探索新型赢利模式；如何开发产品形态，从单一的电子书、期刊数据库开始向多领域全媒体转化；如何拓宽业务模式，从单纯的数字图书馆、期刊数据库等向提供整合、检索、应用及通道服务的方向发展。

4. 数字出版主流趋势之下的新发展

数字出版成为了我国出版业的主流趋势已经是不争的事实。在 2010 年发表的关于"数字出版"的专业论文中，讨论网络游戏、网络广告和手机出版、动漫出版成为最新鲜、最有年度意义的话题，虽然论文数量不是特别多，但是普遍性研究已经起步。

在2011年发表的468篇以"数字出版"为主题的专业论文中，同样呈现出了很多新的发展。例如：数字出版"平台热"、多家公司试水电子书包、移动阅读井喷致使三大通讯运营商全部涉足手机阅读产业等。

在数字出版新的发展中，"云出版"算是2011年最为显著的特点之一，共有18篇论文涉及这一主题。云计算席卷IT界，对于互联网时代的数字出版来说，进入云出版时代是大势所趋。随着云计算的提出和应用技术的快速推广，手机出版、动漫游戏、网络出版等一批以新技术为核心动力和支撑的数字出版企业开始积极地引进和利用，并将其作为自身数字出版发展的推进器。

四、期刊刊载专业论文主题的特点

（一）研究主题分布范围广

和2010年相比，2011年期刊刊载的专业论文主题依旧保持了分布广泛的特点。论文主题依旧主要围绕出版生产研究、生产管理，新型出版方式研究，市场环境、国家方针，出版主体、出版对象研究，营销、发行研究，出版企业改革转制研究，国外出版、港澳台地区出版，编辑出版学研究，读者分析、受众需求研究，交叉学科研究这10个大方向展开，且每个方向都有一定数量的论文分布量。

经过统计分析，拟定的35个年度主题中每个主题都有一定数量的论文刊出，且除去例如"绿色出版、低碳出版"、"出版可持续发展"等几个特色主题外，其他主题数量都比较可观。

（二）结合特定背景进行分析

2011年期刊刊载专业论文主题的一大特点，是很多研究都结合一个特定的背景进行分析。

在该年度的论文中，"数字出版"以及"数字化"成为了最大研究背景，很多论文都是在数字出版的前提下进行的特定研究。例如以版权保护、专业人才培养、编辑素质要求、发行营销、排版印刷工作等为主题的论文，很多都是在数字化、网络化的大背景下所做的特定研究。

另外，后改制时代也成为了另外一个特定的研究背景，很多研究人员在充分考虑出版体制改革完成的基础上，对出版业该如何发展做出具体研究。

（三）交叉学科的借鉴

2011年的出版学研究，和2010年一样，有部分学者开始注重借鉴传播学、文化学、历史学等其他学科的理论资源对编辑出版现象进行分析，这不仅拓宽了研究视野，也使问题的研讨更加深入，有学者对出版史学、编辑修辞学等比较新的理论进行了研究。此外，还值得指出的是，很多研究者开始运用其他学科的研究方法为出版行业把脉，2011 年就有 4 篇论文用 SWOT 分析方法，对出版环境进行了分析。

（四）用数据进行特点总结

在统计的 3716 篇论文中，有 62 篇论文是关于 2010 年各类出版现状的统计总结，其他研究论文中也有很多关于数据统计的。用数据进行特点总结，就具有了先天的话语优势，在此基础上得出的结论，无论这一结论是预设的还是推导而来的，都比纯粹的定性研究更有说服力。

撰稿：王上嘉（北京印刷学院）

2011 年度专业报纸载文主题分析　　　陈　程

专业报纸是研究者对于该专业领域内近期所关注问题的思考和探索，不仅是研究者展示研究成果的平台，也是研究者进行学术交流的重要途径。编辑出版学专业报纸载文的年度发表情况，可在一定程度上反映本年度编辑出版学的研究趋势、研究热点及研究进展。通过对 2011 年度编辑出版学专业报纸刊载专业文章的核心作者和地域分布等的统计分析，有助于我们了解本年度专业报纸所发表文章的研究重点，分析这些文章中所反映出的编辑出版学研究中的问题，进而管中窥豹，了解本专业的年度研究热点和行业关注焦点，力图为研究者提供一定参考。

一、专业报纸年度载文概况

（一）专业报纸的筛选标准

本文针对目前国内主要的几种编辑出版学专业报纸进行了侦测和统计。由于《中国新闻出版报》和《中国图书商报》是编辑出版学方面较为权威的报纸，所载文章在业内较有说服力，对这两份报纸的重点分析能够使我们更全面、更及时地了解业内的最新动态，把握行业发展趋势，因此本文主要选取这两份报纸进行数据分析。另外，《中华读书报》作为一种以倡导正确的读书理念、发布前沿的图书信息、交流健康的阅读体验为基本宗旨的报纸，深受知识界和众多读书人的关注和欢迎，其所刊载的有关编辑出版学专业的文章也虽然不多，但仍有一定的影响力。故此，本文在重点分析《中国新闻出版报》和《中国图书商报》的基础上，又增加了对于《中华读书报》的分析。同时，本文还对《人民日报》和《光明日报》两大综合性权威报纸的理论版进行了较为全面的检索，力求使数据分析更为完整，更有参考价值。

为保证所分析文章的学术价值和专业性，确保论文的研究深度，参照 2010 年专业报纸载文分析的筛选标准，本年度的专业报纸载文分析依旧只选取字数在 2500 字以上的编辑出版学专业论文，并剔除新闻、通讯、会议纪要、人物采访、征稿启事等专业性不强的部分。

（二）专业报纸所载论文的数量统计

本文通过对《中国新闻出版报》、《中国图书商报》、《中华读书报》、《出版商务周报》、《人民日报》、《光明日报》、《南国书业报》、《上海新书报》、《文汇读书周报》这 9 种报纸 2011 年度载文进行搜集整理和严格筛选，最后收集到符合统计要求的论文数量如下：专业文章共 146 篇，其中《中国新闻出版报》

载文符合要求的有82篇，《中国图书商报》有32篇，《中华读书报》有13篇，《光明日报》有9篇，《人民日报》有11篇。这五种报纸所发表的有效论文的数量及其比例关系，如图1所示。

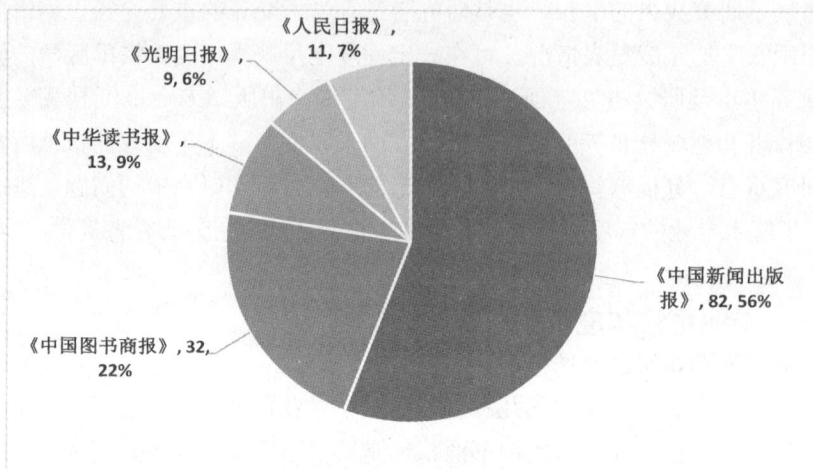

图1　5种符合要求的报纸载文数量及比例

（三）　专业报纸所载论文的分类统计

笔者通过对2011年度报纸载文的检索、阅读分析后，参考2010年度专业报纸载文的分类统计，并结合《中图法》"G23 出版业"的九大类目专业分类，将检索到的146篇编辑出版类专业文章进行了初步分类，并对一些包含专业文章较多的重要主题进行了进一步细分，拟定出"2011年度专业报纸载文主题分类统计表"（详见表1）。

表1　2011年度专业报纸载文主题分类统计

单位：篇

出版营销		2	
出版体制改革		6	
出版业、出版市场	21	出版业现状	8
		出版趋势	5
		出版市场	3
		数字化转型	5

出版运营与管理	5	出版机构管理	1
		出版创新	4
版权贸易		4	
图书评论		1	
数字出版	23	数字出版与传统出版	3
		数字出版前景	7
		数字出版现状	12
		中外数字出版对比	1
新媒体、跨媒体、全媒体出版	10	全媒体研究	6
		互联网出版	2
		手机出版	1
		微博出版	1
电子书、电子阅读器		4	
出版教育、出版人才培养		1	
编辑与编辑工作	10	编辑加工	2
		选题策划	6
		编辑素质	2
文化产业		7	
各类型出版	25	科技	4
		古籍	5
		体育	1
		音乐	1
		美术	1
		文学	1
		教材	8
		少儿	3
		其他	1
书刊装帧与设计		12	
出版人		7	
国际出版	8	国际出版现状	1
		国际出版趋势	2
		出版"走出去"	5
出版理论		2	

二、专业期刊载文的主题量化分析

（一）论文主题的整体分类统计

笔者分别统计了所拟定的各个专业主题下的文章数量，并按照专业文章数量由多到少的顺序进行排序，其具体结果如表2所示。这些专业报纸载文主题的集中度，反映出在我国数字出版的蓬勃发展、新闻出版业"十二五"规划的提出、《出版管理条例》的修改，以及国家大力发展文化产业，推动文化大发展、大繁荣的一系列措施出台等因素的共同作用下，出版业发生了一系列巨大变化。

表2　专业报纸刊载各类主题文章的数量汇总

排序	文章主题	数量（篇）	排序	文章主题	数量（篇）
1	各类型出版	25	10	出版体制改革	6
2	数字出版	23	11	出版运营与管理	5
3	出版业 出版市场	21	12	版权贸易	4
4	书刊装帧与设计	12	13	电子书、电子阅读器	4
5	编辑与编辑工作	10	14	出版营销	2
6	新媒体、跨媒体、全媒体出版	10	15	出版理论	2
7	国际出版	8	16	图书评论	1
8	出版人	7	17	出版教育、出版人才培养	1
9	文化产业	7	–	–	–

（二）重要论文主题的量化分析

通过对表1的分析可知，在论文数量排名第一的"各类型出版"类中，论文数量排在前4位的分别是教材教辅出版、古籍出版、科技出版、少儿出版类论文。

作为出版行业的重要领域之一，教育类图书占据了半壁江山。而在数字化背景下，教育出版的数字化升级迫在眉睫。如何把教育类图书与数字出版的优势有机结合，成为摆在教育出版工作者面前急需解决的问题。本年度有关教育出版的论文共有8篇，是各类型出版中论文数量最多的部分。另外，随着近年来"国学热"的持续和传统文化热潮的兴起，古籍出版一直为研究者所关注，本年度共有关于古籍出版的论文5篇。各类型出版中，还包括关于科技出版的论文4篇、少儿出版的论文3篇，以及体育、音乐等方面的论文。重要主题发表论文的数量分布情况，如图2所示。

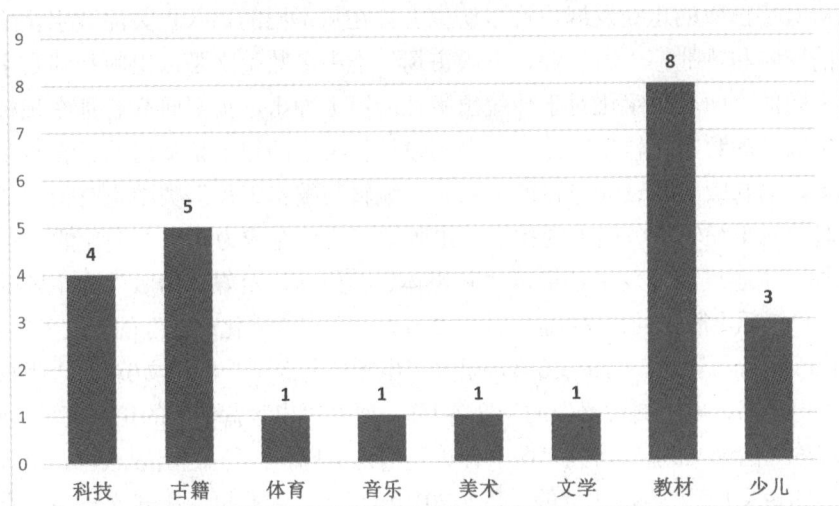

图 2 "各类型出版"主题下的论文数量和所占比例

在论文数量排名第二位的"数字出版"类中，数量最多的是涉及数字出版现状的论文，共有 23 篇。涉及数字出版与传统出版关系的论文有 3 篇，有关数字出版前景的论文有 7 篇，有关数字出版现状的论文有 12 篇，有关中外数字出版对比的有 1 篇。其具体分布情况如图 3 所示。

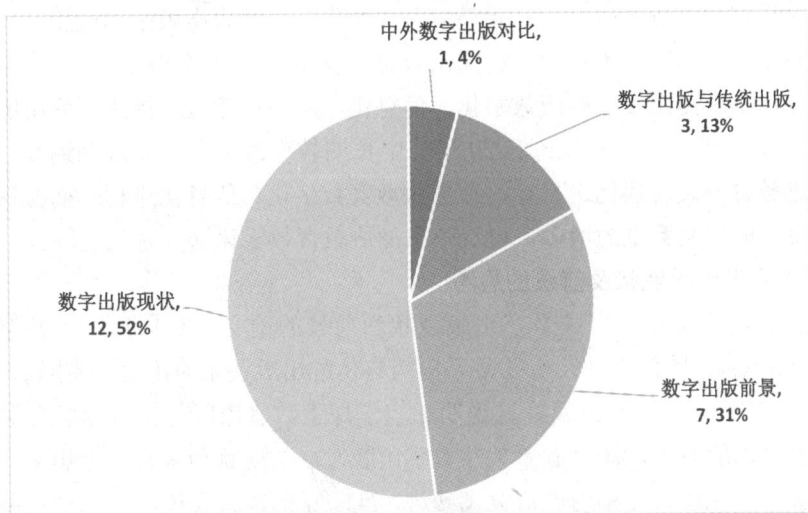

图 3 "数字出版"主题下的论文数量和所占比例

面对数字出版的迅猛发展，许多研究者都在从不同的切入点关注数字化给出版带来的影响和挑战。"出版业、出版市场"类中多数论文是以出版社的数字化转型为主题的。面对数字化对于传统出版社的巨大冲击，很多研究者都在积极探索传统出版社的数字化转型之路。"书刊设计"类中的很多论文讨论了在数字出版背景下，书刊版式和设计思路的创新。"编辑与编辑工作"类中也有论文提出了数字时代对于编辑业务能力的挑战。出版数字化日益成为研究者关注的焦点。

此外，本年度还发表了10篇以"新媒体、跨媒体、全媒体出版"为主题的论文，研究"国际出版"的论文8篇，研究"出版人"和"文化产业"的论文各7篇，研究"出版运营与管理"的论文5篇，研究"出版体制改革"的论文6篇，"版权贸易"和"电子书、电子阅读器"的论文各4篇，研究"出版营销"的论文2篇，研究"出版理论"的论文2篇，研究"图书评论"的论文1篇，研究"出版教育、出版人才培养"的论文1篇。值得注意的是，与2010年相比，专业报纸所载文章中，有关畅销书和国民阅读的论文有所减少，而有关出版人和出版理论的论文有所增加。

三、专业报纸年度载文的重要主题分析

（一）数字化出版仍然是研究者关注的热点

1. 教育出版的数字化升级

在所统计的有关各类型出版的论文中，有关教育出版数字化的论文共占教育出版类论文的28%，比探讨教育出版中其他问题的论文数量都要高，这说明随着出版数字化进程的推进，研究者开始逐渐关注数字化在教育出版中的应用，思考教育出版数字化的出路。本年度，新闻出版总署发布了《新闻出版业"十二五"发展规划》，明确提出要"顺应数字化、信息化、网络化趋势，推进新闻出版业转型和升级"；《国家（2010～2020年）中长期教育改革和发展规划纲要》也提出了推进教育手段现代化之目标，即加快教育数字化、信息化进程。而探讨教育出版数字化的论文数量的增多，也反映出加快教育数字化这一时代主题。

2. 对于数字出版现状及前景的思考

在所统计的论文中，有关数字出版现状和前景的论文共有19篇，占数字出版主题论文的83%，除此之外，有关数字出版与传统出版关系的论文仅有3篇，有关中外数字出版对比的论文1篇。这说明相较于探索数字出版与传统出版的关系以及中外数字出版对比，研究者更关注数字出版发展的现状和未来。近年来，我国数字出版产业在短短几年内产值突飞猛进，实现了跨越式发展，年均增长率超过55%，大大高于其他行业增长率。然而目前仍存在制约数字出版产业发展的瓶颈。要正确处理好这些问题，就需要对数字出版的现状有清醒地认识，把握数字

出版发展的潮流和走向。值得一提的是，本年度有两篇文章都提到了对于"云出版"的探索。一篇是发表于《中国图书商报》2011年8月30日第003版的，同方股份有限公司副总裁、中国学术期刊电子杂志社社长王明亮的《云出版架构下的自主出版业态及其赢利模式》，另一篇是发表于《中国图书商报》2011年6月21日第X02版的记者李鹏所写的《谁能撬开"云出版"大门》，前者探讨了造成集成数字出版业态盈利规模不大的原因，并阐述了"中国知网"所提出的与出版机构合作数字出版的新理念、新机制和新的赢利模式，后者报道了方正电子、同方知网在云出版方面的大胆尝试。随着技术的不断完善和理念的不断创新，基于"云出版"框架的数字出版模式将会更加完善。

3. 数字化背景对于编辑素质的新要求

面对数字出版产业与传统出版产业的融合趋势，图书编辑要做好应对数字时代的准备，与时俱进，强化自身业务素质，以适应新技术新媒体对图书出版行业的冲击和影响。新世界出版社有限责任公司社科事业部主任罗平峰发表于中国新闻出版报2011年4月28日第007版的《数字时代对编辑业务能力的挑战》一文就数字化背景下如何提高编辑素质进行了探讨。随着数字化的日益深入，此类论文对于实现编辑角色的转换，促进传统出版转型具有重要的意义。

4. 电子书、电子阅读器研究

2010年我们度过了电子书行业飞速发展的一年，2011我们迎接了电子书市场质的飞跃的一年。2011年，随着针对智能手机和平板电脑开发的电子书阅读器的推出和发展，电子书销量大大提升。亚马逊在本年度宣布一直以礼品方式销售的电子书，其销量首次超越其美国书店的图书销量，电子书阅读器市场取得了前所未有的成功。电子书的迅速发展正在逐渐改变着人们的阅读方式和阅读习惯。本年度有4篇专业文章探讨电子书产业发展、电子杂志、平板杂志等问题，也反映出电子阅读的迅速发展这一时代特征。

5. 新媒体、多媒体、全媒体出版研究载文较多

随着数字化进程的推进，新出版技术的不断完善，传统出版正在面对新媒体、新业态的巨大冲击和影响。中国出版即将迎来全媒体出版时代。在研究新媒体的10篇专业文章中，研究手机出版的有1篇，研究新媒体环境下的报刊出版的6篇。另外，还有2篇研究互联网出版。互联网出版是研究者一直关注的问题。值得注意的是，研究书业微博营销的论文有1篇。随着微博影响力的日益增强，将书业营销工作嫁接在微博平台上，成为书业营销模式的重要途径之一。

（二）出版业与出版市场成为研究的重中之重

研究出版业与出版市场的专业文章数量在所统计的所有文章数量中占第三位，共有21篇。在这21篇专业文章中，研究出版业现状的有8篇，研究出版业发展趋势的有5篇，研究出版市场的有3篇，研究传统出版数字化转型的有5篇。

在经济全球化和出版数字化的推动下，我国图书出版业得到了更为迅速地发展。图书出版业在国民经济中的比重逐年上升，图书在国民日常生活中已成为不可缺少的精神需求。这就要求我们不断解放思想、开拓进取，打破旧有的出版体制机制，不断促进结构调整，进行资源整合，实现传统出版的改革，尽快适应图书市场变化的大趋势，在认识和尊重图书市场规律的基础上，加快我国出版业的发展。因此，探讨出版业发展方式和出版市场结构优化成为本年度研究的重点。

出版数字化一直是研究者关注的重中之重。面对全世界出版产业调整发展的新态势，面对西方发达国家对战略性新兴出版业态的高度重视和在数字出版领域展开的激烈竞争，如何实现传统出版业的数字化转型，以适应出版数字化的需求，推动出版产业的进一步发展，是摆在每一位出版人面前的亟待解决的重要问题。在研究出版业与出版市场的21篇专业文章中，研究传统出版数字化转型的文章共有5篇，占出版业与出版市场研究文章数量的24%。在这5篇文章中，有探讨如何加快传统出版与数字出版的融合发展的，有研究传统书业数字出版的障碍和突破的，有提倡以数字资产管理助推出版转型的，有提倡以数字战略带动出版转型的。这些文章大多结合国家"十二五"规划的背景，探讨传统出版数字化实践中遇到的问题及其解决方法。

另外，随着十七届六中全会的召开以及国家对于文化产业的大力扶持，文化产业将迎来大繁荣大发展的时期。产业规模的扩大和居民文化消费水平的提高，将会增加出版业和出版企业的市场机会。2011年度关于出版市场的论文共有3篇，他们从塑造出版社强势品牌、打造出版战略投资者等角度思考出版社应如何迎接市场化和数字化的挑战。

（三）书刊装帧与设计受到持续关注

相比于2010年，本年度有关书刊装帧与设计的论文所占比例有所增加，共有专业文章12篇，占各主题文章数量排名的第四位。除了之前一直受关注的关于版式设计、装帧形象、报纸、期刊、画册等整体设计的文章外，研究者开始逐渐关注数字化时代的书刊设计。如李健在《中国新闻出版报》2011年12月16日第4版中发表的文章《数字化时代的期刊设计与美术编辑》，就从这一角度进行了探析。随着计算机技术、互联网技术的高速发展，人类进入了一个全新的"数字化时代"，人们的工作、生活、思想观念和交往方式发生了重大变化。在融入了数字化时代独特的魅力和视觉效果之后，传统的书刊设计也将发生重大而深刻的变化。因而，美术编辑如何正确合理运用专业的计算机软件，更好地从包罗万象的互联网中吸取精华，提高素质，以使书刊设计提高一个新的台阶，是值得研究者探讨的问题。

四、专业报纸载文主题的年度特点

（一）结合行业及社会发展背景

2011年的报纸载文带有明显的年度特色。随着《中共中央关于深化文化体制改革、推动社会主义文化大发展大繁荣若干重大问题的决定》以及国家"十二五"规划的出台，经历了转企改制的中国出版业不断调整产业结构，努力实现产业持续发展和不断满足人民群众文化需求的目标。许多文章对于国家大力发展文化产业的政策和出版企业的应对策略均有较为深入的研究。在本年度的许多论文中，可以发现"十二五"规划、主题出版、数字出版、教辅教材、六中全会等关键词贯穿始终。这些关键词，反映了本年度报纸载文对于行业热点的准确把握。中国出版业的大发展和大变革，在本年度的专业文章中得到了充分体现。

（二）研究主题广泛，研究视角拓展

2011年专业报纸载文主题较为广泛，主要围绕各类型出版、数字出版、出版业与出版市场、书刊装帧与设计、编辑与编辑工作、新媒体、跨媒体及全媒体出版、出版人、国际出版、文化产业、出版运营与管理、版权贸易、出版体制改革、电子书及电子阅读器、出版营销、图书评论、出版理论、出版教育与出版人才培养等17个主题进行研究和探讨。研究者从不同的切入角度和视角对这些主题进行了多方面的思考，研究视角更为开阔为出版业发展提供了理论支撑。

（三）关注传统主题的基础上出现新的研究主题

2011年度，对于研究者持续关注的诸如出版体制改革、版权贸易、各类型出版等主题的研究进一步深入，研究角度进一步拓展。此外，由于出版技术的进步和出版体制改革的日益深入，在出版数字化的大背景下，出版领域出现了新的研究主题。例如数字化背景对编辑素质提出的新要求、数字化时代的期刊设计等。此外，随着微博等社会化媒体的兴起，研究者开始思考如何以新媒体为突破口，更好地进行书业营销等。这些新的研究主题一方面体现了研究者理论水平和研究水平的提高，另一方面也反映了我国出版业的日渐成熟。

小 结

通过统计分析2011年度专业报纸所载论文，笔者明确指出了本年度专业报纸载文的重点主题及研究热点。根据上述数据及分析，不难看出本年度专业报纸所论文存在的如下几点问题。

第一，所载论文数量过少，缺乏深度分析。

与2010年度相比，本年度的专业报纸载文数量较少，难以为出版实践提供有效的理论指导。编辑出版类报纸作为了解行业动态的重要窗口和反映出版行业走向的重要形式，理应刊发更多、更专业、理论性和指导性更强的专业文章。但从本年度专业报纸刊发论文数据来看，论文数量过少是一个不容忽视的问题。研究成果较为单薄，研究结论难免存在一定的片面性，不利于对出版业的全面了解。

第二，研究方法较为单一。

本年度的报纸载文主要采用定性分析的方法，缺乏有说服力的调查数据。通过对2011年度专业报纸载文的统计分析，可以发现，大多数专业文章只是泛泛而谈，缺乏足够的行业数据支撑，结论的随意性较为明显。这种现象应当引起论文作者和报纸编辑的重视。作为编辑出版学专业研究的重要阵地，专业报纸应当把定性研究与定量研究相结合，把数据和分析相结合，确保研究方法和研究成果的多样性，力图使研究更有成效。

第三，基础理论研究较少。

出版的基础理论研究是研究出版领域其他问题的基础。只注重出版实践而忽略对于出版基础理论的探讨，研究就显得苍白而缺乏说服力。本年度的报纸载文中，关于出版基础理论研究的文章仅有两篇。由此可以看出，目前的报纸载文存在的一个重要问题就是，专业基础研究较少，以应用研究为主题的论文太多。论文数量与论文质量难以成正比。研究成果不仅应具有实用性，还要有理论价值。否则，失去了研究的严肃性，研究显得更为浮躁，不利于研究的推进。应当以出版理论研究为基础，以出版实践为导向，进行深入思考和理论提升，理论联系实际，一步步地推进研究进展，为我国出版业的发展提供更好的参考与借鉴。

撰稿：陈　程（北京印刷学院）

2011年度专业论文发表情况分析　　王上嘉

专业论文是研究者近期所关注和研究成果的快速体现，也是通过专业报刊在研究者之间进行学术交流的重要手段。一个学科专业论文的年度发表情况，可以直接反映该学科在这一个时间段里的科研能力、学术水平、研究趋势已经存在的问题。

本文首先对2011年度发表的编辑出版学专业论文进行了较为系统的搜集整理和统计分析，在此基础上，对不同论文的发表载体进行分析比较，确定出2011年编辑出版学专业论文发表的核心作者和地域分布，以期将本年度编辑出版学研究论文的整体情况完整、清晰地展现出来，供有关研究者参考指正。

一、2011年度专业论文的总体发表情况
（一）刊载专业论文的对象筛选
1. 专业期刊的选定

《中文核心期刊要目总览》（2011年版）中的"G23出版事业类核心期刊表"提供了12种期刊，它们分别是：《编辑学报》《中国科技期刊研究》《编辑之友》《出版发行研究》《中国出版》《编辑学刊》《出版科学》《中国编辑》《科技与出版》《出版广角》《读书》《现代出版》。其中《读书》定位为"以书为中心的思想文化评论刊物"，刊载文章也是尽力体现当代中国知识人的所思所感，展现他们的知性与感性生活，努力提供为他们所需要的信息，满足他们多方面的文化需求，故不属于纯粹的编辑出版学专业期刊，所以本课题不将其作为研究对象。此外，本文还将研究《中国图书评论》《出版人》《新疆新闻出版》《出版参考》《出版与印刷》《出版史料》《出版视野》《辞书研究》这8种期刊。

2. 报纸的选定

本文在重点监测《中国新闻出版报》和《中国图书商报》的基础上，又增加了对于《中华读书报》的检索。同时，本文还对《人民日报》和《光明日报》两大综合性权威报纸的理论版进行了较为全面的检索，力求使数据分析更为完整，更有参考价值。

3. 大学学报的选定

北京印刷学院王彦祥副教授在2009年曾对全国开设编辑出版学本科专业的院校进行过调查统计，得出的结论也较为权威。本文以王彦祥副教授的研究

成果为切入点，在对63所开设编辑出版学本科专业的院校的学报进行收集整理的基础上进行数据分析。因为全国高校众多，某些院校的学报虽然偶尔也发表编辑出版学的相关论文，可是不具有连续性，故不纳入研究范围之内。

（二）年度专业论文发表的数量统计

本文对编辑出版学专业论文进行统计之前，考虑到研究的学术规范和论文特性，本文还对统计分析的论文制订了较为严格的筛选标准（参见《2011年度期刊刊载编辑出版学专业论文主题分析》提法）。

经过搜集整理，本课题组最后收集统计到符合统计要求的论文数量如下：发表在专业期刊上的论文有3343篇、发表在报纸上的论文有126篇、发表在各大院校学报上的论文有150篇，合计3619篇。发表在期刊、报纸和大学学报上的编辑出版学有效论文比例见图1。

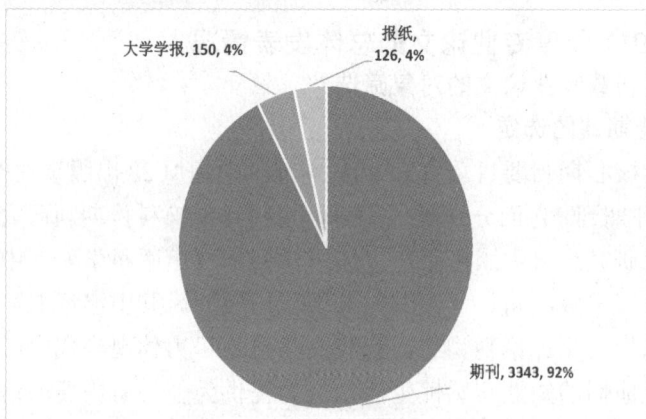

图1　发表在期刊、报纸和大学学报上的编辑出版学有效论文比例

由图1我们可以看出，2011年我国编辑出版学专业论文主要发表在期刊上，发表在报纸和大学学报上的论文数量相对较少。

二、年度专业论文发表的载体分析

（一）专业期刊发表的论文分析

1. 专业期刊发表论文的数量统计

本文调查的19种期刊在2011年共发表了7051篇文章，根据制定的筛选标准，我们最后得到符合统计要求的论文总数是3343篇，占本年度发表文章总数的47.41%。

本文调查统计的 19 种期刊，在 2011 年刊载符合统计要求的论文最多的是《中国出版》，一共刊载了 520 篇论文。《出版人》和《中国图书评论》发表的符合统计要求的论文是最少的，分别为 21 篇和 20 篇。表 1 为 19 种专业期刊刊载有效论文总数的排序。

表 1 专业期刊发表论文情况统计表

刊　名	出版周期	2011 年期数	刊载文章总数（篇）	符合要求论文数（篇）	有效率（%）
《中国出版》	半月刊	24	733	520	70.94
《编辑之友》	月　刊	13	633	486	76.78
《科技与出版》	月　刊	12	474	363	76.58
《出版发行研究》	月　刊	12	365	290	79.45
《中国科技期刊研究》	双月刊	6	308	267	86.69
《编辑学报》	双月刊	7	330	264	80.00
《出版参考》	半月刊	23	1233	170	13.79
《出版广角》	月　刊	12	451	161	35.69
《出版科学》	双月刊	6	178	151	84.83
《中国编辑》	双月刊	6	169	134	79.29
《编辑学刊》	双月刊	6	165	111	67.27
《现代出版》	双月刊	6	152	110	72.36
《新疆新闻出版》	双月刊	6	278	98	35.25
《中国版权》	双月刊	6	130	81	62.31
《出版史料》	季　刊	4	155	44	28.38
《出版视野》	双月刊	6	198	30	15.15
《辞书研究》	双月刊	6	157	22	14.01
《出版人》	月　刊	12	540	21	3.89
《中国图书评论》	月　刊	12	402	20	4.98
总　计		185	7051	3343	47.41

由于每种专业期刊出版周期不同，单从期刊刊载论文总数上进行比较，会存在一定偏颇。本课题还对平均每期有效论文数进行了比较，这样就会对每种期刊的载文特点有一个更加全面的了解。专业期刊平均每期刊载有效论文数排序表，如表 2 所示。

表2　专业期刊平均每期刊载有效论文数量排序表

排序	刊　名	平均每期有效论文数	排序	刊　名	平均每期有效论文数
1	《中国科技期刊研究》	44.50	11	《新疆新闻出版》	16.33
2	《编辑之友》	37.38	12	《中国版权》	13.50
3	《编辑学报》	37.71	13	《出版广角》	13.42
4	《科技与出版》	30.25	14	《出版史料》	11.00
5	《出版发行研究》	24.17	15	《出版参考》	7.39
6	《出版科学》	25.16	16	《出版视野》	5.00
7	《中国编辑》	22.33	17	《辞书研究》	3.67
8	《中国出版》	21.67	18	《出版人》	1.75
9	《编辑学刊》	18.50	19	《中国图书评论》	1.66
10	《现代出版》	18.33	–	–	–

2. 各专业期刊发表论文的质量分析

多年来，"复印报刊资料"已成为评价人文社会科学期刊和论文的学术影响的一个重要指标，越来越多的学报、社会科学综合期刊、专业期刊和科研管理部门在评价期刊和学术论文时以"复印报刊资料"转载量作为重要参数。

本文在分析各期刊论文发表质量的时候采用的是以书报资料中心"复印报刊资料"中针对出版行业的《出版业》杂志的转载量作为评价标准之一。由于《出版业》转载具有一定的时滞性，本文统计了《出版业》2011 第 4 期至 2012 第 5 期的内容，找出 19 种专业期刊 2011 年发表的论文在《出版业》正文中的被摘情况，经过统计和排序，得到具体的结果见表3。

表3　2011 年专业期刊在《出版业》正文文摘中的被摘率统计表

排序	刊　名	被摘篇数	所占比例（%）	排序	刊　名	被摘篇数	所占比例（%）
1	《中国出版》	26	16.89	7	《科技与出版》	7	4.55
2	《出版发行研究》	19	12.34	8	《中国科技期刊研究》	4	2.60
3	《出版科学》	11	7.14	9	《编辑学刊》	3	1.95
4	《编辑之友》	10	6.49	10	《中国编辑》	3	1.95
5	《出版广角》	9	5.84	11	《编辑学报》	2	1.30
6	《现代出版》	8	5.19	12	《出版参考》	2	1.30

注：所占比例指被摘篇数在《出版业》摘登总数中的比例

2011年专业期刊发表的论文，《出版业》全文共摘登了154篇。经过统计，在被调查的19种专业期刊中，有12种专业期刊登载的论文被《出版业》全文摘登，共计104篇。

《中国出版》《出版发行研究》和《出版科学》位列被摘率排行榜前三名。其中，《中国出版》全年被摘登了26篇论文，占《出版业》全年摘登论文的16.89%；《出版发行研究》全年被摘论文19篇，占《出版业》全年摘登论文的12.34%；《出版科学》全年被摘登论文11篇，占《出版业》全部摘登论文的7.14%。

此外，本课题又对19种专业期刊2011年发表的专业论文在《出版业》文后索引中的被摘率状况进行了统计，具体的统计结见表4。

表4　2011年专业期刊在《出版业》文后索引中被引率排序表

排序	刊　名	被引数量	所占比例（%）	排序	刊　名	被引数量	所占比例（%）
1	《中国出版》	117	12.51	9	《编辑学报》	28	3.00
2	《出版参考》	80	8.56	10	《中国科技期刊研究》	24	2.57
3	《编辑之友》	80	8.56	11	《中国编辑》	20	2.14
4	《出版发行研究》	76	8.13	12	《编辑学刊》	17	1.81
5	《出版广角》	65	6.95	13	《中国版权》	16	1.71
6	《科技与出版》	64	6.84	14	《出版人》	9	0.96
7	《出版科学》	42	4.49	15	《中国图书评论》	4	0.43
8	《现代出版》	42	4.49	16	《辞书研究》	1	0.11

注：所占比例指被摘篇数在《出版业》文后索引总数中的比例

通过统计，《出版业》文后索引部分共收录专业期刊2011年发表的论文935条论文索引条目，19种专业期刊中有16种专业期刊登载的论文进入此部分索引，共计685条，占全部索引条目总数的73.26%。这在一定程度上说明，16种专业期刊在出版行业里面有着重要的传播作用。

统计《出版业》的文后索引部分，《中国出版》《出版参考》和《编辑之友》的被引率排在16种专业期刊的前三名。《中国出版》发表的论文被《出版业》索引117条，占《出版业》全部文后索引条目总数的12.51%。《出版参考》和《编辑之友》发表的论文被《出版业》索引80条，占《出版业》全部文后索引条目总数的8.56%。

通过上述统计数据可以看出，无论是在《出版业》的正文文摘还是文后索引，《中国出版》《编辑之友》和《出版发行研究》均排入前 4 名。这在一定程度说明，《中国出版》《出版发行研究》和《编辑之友》在检索领域有着良好的数据表现，由此在业内人士眼中其刊载的论文具有一定的权威性，其论文质量也有一定的保证。

（二）报纸发表的编辑出版学专业论文分析

1. 报纸发表有效论文总数统计

由于报纸载文庞杂的特点，因此本文就不对报纸的发表文章总数进行对比分析，只分析报纸发表文章中符合本课题组筛选标准的专业论文（参见《2011年度专业报纸载文主题分析》提法）。本文通过对《中国新闻出版报》《中国图书商报》《中华读书报》《出版商务周报》《人民日报》《光明日报》《南国书业报》《上海新书报》《文汇读书周报》9 份报纸的监测，最后仅在 3 份报纸上检索到符合要求的专业论文 126 篇，其中《中国新闻出版报》载文符合要求的有 82 篇，《中国图书商报》载文符合要求的有 32 篇，《中华读书报》载文符合要求的有 13 篇。具体情况见图 2。

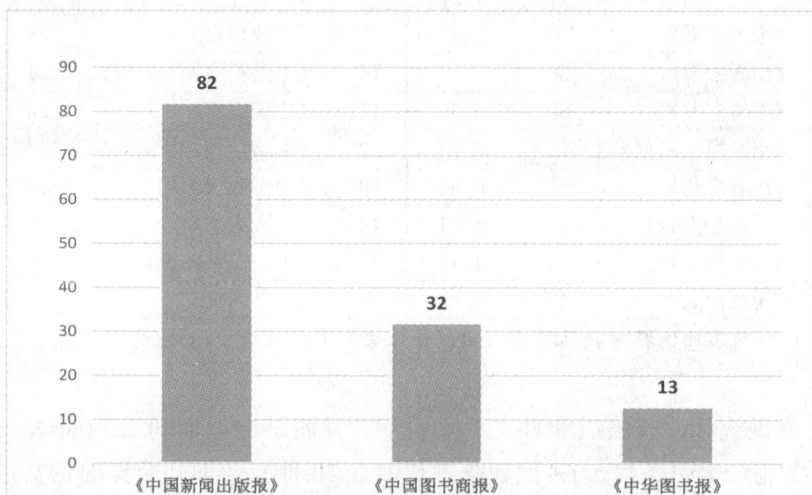

图 2　3 份报纸发表的有效论文总数示意图

3 份报纸中，《中国新闻出版报》发表的有效专业论文数量最多，占报纸发表有效论文总数的 65.08%，其次的《中国图书商报》占 25.40%。

2. 各报纸论文发表质量分析

检索到专业论文 3 份报纸中，《中国新闻出版报》有 2 篇论文被《出版业》全文收录，有 5 篇论文被《出版业》的文后索引收录；《中华读书报》有 1 篇被收录进去。

（三）大学学报发表的编辑出版学专业论文分析

1. 大学学报发表有效论文的数量统计

2011年度发表在各大院校学报上的专业论文共有150篇。其中，本年度发表2篇（含2篇）以上专业论文的大学学报情况，如表5所示。

表5 大学学报发表论文数量统计表

单位：篇

学报名称	数量	学报名称	数量
北京印刷学院学报	22	武汉大学学报（哲学社会科学版）	3
中国传媒大学学报（《现代传播》）	14	浙江大学学报（人文社会科学版）	3
河南大学学报（社会科学版）	13	浙江万里学院学报	3
广西民族大学学报（哲学社会科学版）	10	南京大学学报	3
浙江传媒学院学报	7	湖北第二师范学院学报	2
安徽大学学报	6	华南师范大学学报（社会科学版）	2
广西师范大学学报（哲学社会科学版）	5	吉林师范大学学报	2
武汉理工大学学报（社会科学版）	5	南开大学学报	2
内蒙古民族大学学报	4	内蒙古大学学报	2
青海师范大学学报（哲学社会科学版）	4	青岛科技大学学报（社会科学版）	2
漳州师范学院学报（哲学社会科学版）	4	山西师范大学报（社会科学版）	2
河北大学学报	3	陕西师范大学学报（哲学社会科学版）	2
吉林工程技术师范学院学报	3	汕头大学学报（人文社会科学版）	2
辽宁大学学报	3	西安欧亚学院学报	2
求是学刊	3	湘潭大学学报（哲学社会科学版）	2

2. 大学学报发表专业论文质量统计

2011年发表在大学学报上的编辑出版学专业论文共被《出版业》全文转载23篇，被本文确定为研究对象的学报一共被转载11篇。其中《河南大学学报：社会科学版》被转载4篇，《南京大学学报：哲学·人文科学·社会科学》被转载2篇，《现代传播》《陕西师大学学报》《浙江传媒学院学报》《上海师范大学学报：哲学社会科学版》《北京印刷学院学报》各有1篇论文被《出版业》转载。

除此之外，《济南大学学报：社会科学版》有3篇论文被《出版业》全文转载，《清华大学学报：哲学社会科学版》也有2篇，济南大学、清华大学作为没有编辑出版学本科专业的院校，其学报的强势发展给拥有编辑出版学本科专业高校学报的发展带来强大冲击。

《北京印刷学院学报》和《中国传媒大学学报》作为发表专业论文最多的两份学报，都仅有一篇论文被《出版业》全文转载，看来在数量占优的前提下，论文质量也需要进一步提升。

三、年度专业论文核心作者分析

《编辑出版学研究进展（第二卷）·2010年度报告》中，年度专业论文核心作者的确定方法，是考核作者的发文数量。总结发现，单一维度的考核方法难以准确描述事实情况，一稿多投，刊载载体学术分量不一等情况都会对圈定结果造成影响。本年度，笔者将《出版业》全文转载的2011年发表的154篇论文作为研究对象，鉴于《出版业》的学术水准，我们有理由把这些论文的作者定为基准对象，因为至少他们在2011年专业研究中有所建树，发表了对专业发展有一定指导意义的论文。在此基础上，再对154篇论文的作者进行考核，形成分层抽样，圈定核心作者。对154篇论文作者的考核办法为：所在单位是否贴近本专业，有常态研究的可能；2011年度发表过其他专业论文。

（一）核心作者的统计与确定

统计《出版业》全文转载的154篇论文的作者情况，可发现，有8篇论文由团体机构撰写，有34篇论文为合作成果，有112篇论文为独立完成。

8篇由团体机构撰写的论文中，新闻出版总署发表4篇，中国新闻出版研究院发表3篇，中国编辑学会教育专业委员会与中国编辑杂志社合作完成一篇。这几个机构无疑都是编辑出版学研究的重镇，是当之无愧的核心"作者"。

除机构结构撰写的论文，其余论文由179位国内作者，3位外国作者完成。在179位国内作者中，有几位作者2篇及2篇以上的论文被《出版业》全文转载，我们可以将其视为黄金核心作者，具体见表6。

表6　2011年《出版业》全文转发两篇及以上论文作者统计表

姓　名	作者单位	发表论文数（篇）
柳斌杰	新闻出版总署	3
周正兵	中央财经大学出版经济研究中心	3
张积玉	陕西师范大学文学院	2
施宏俊	上海世纪出版集团	2
王志刚	河南大学新闻与传播学院	2
缪宏才	上海社会科学院出版社	2
李建伟	河南大学新闻与传播学院	2

姓　名	作者单位	发表论文数（篇）
李桂君	中央财经大学管理科学与工程学院	2
方　卿	武汉大学信息管理学院	2
袁培国	南京大学图书馆情报咨询部	2
陈　昕	上海世纪出版集团	2

对圈定的179位国内作者中进行考核，首先查看其所在单位是否贴近本专业，再查看2011年度该作者是否发表过其他专业论文，最终得到92位2011年度专业论文核心作者，具体见表7。

表7　2011年度专业论文发表核心作者统计表

姓　名	作者单位	姓　名	作者单位
安　岩	河北经贸大学	王东海	鲁东大学文学院
包韫慧	北京印刷学院	王丽英	鲁东大学文学院
曾一果	苏州大学凤凰传媒学院	王　梦	河北大学
曾元祥	武汉大学信息管理学院	王鹏涛	南京大学信息管理系
陈敬良	上海理工大学	王彦祥	北京印刷学院
陈丽菲	上海师范大学	王志刚	河南大学新闻与传播学院
陈　鹏	南开大学传播学系	邬书林	新闻出版总署
陈　昕	上海世纪出版集团	吴尚之	新闻出版总署出版管理司
崔　颖	华中科技大学新闻与信息传播学院	武夷山	中国科学技术信息研究所情报方法研究中心
邓香莲	华东师范大学传播学院	徐　新	武汉大学信息管理学院
丁苗苗	浙江大学传媒与国际文化学院	阎现章	河南大学新闻与传播学院
杜恩龙	河北大学新闻传播学院	阎晓宏	新闻出版总署
方　卿	武汉大学信息管理学院	杨　帆	华中科技大学新闻与信息传播学院
冯京瑶	群众出版社	杨　军	西北工业大学出版社
冯晓青	中国政法大学	杨　军	陕西师范大学新闻出版科学研究所
海　飞	中国版协少儿读物工作委员会	杨庆国	上海理工大学管理学院
胡英奎	重庆大学期刊社	杨　蔚	华南理工大学新闻与传播学院
胡政平	甘肃省社会科学院杂志社	姚　娟	湘潭大学公共管理学院
黄　健	上海中医药大学出版社	姚永春	武汉大学信息管理学院
姬建敏	河南大学传媒研究所	叶继元	南京大学信息管理系

姓　名	作者单位	姓　名	作者单位
金雪涛	中国传媒大学媒体管理学院	尹玉吉	山东理工大学
鞠宏磊	中国政法大学新闻与传播学院	尹章池	武汉理工大学文法学院
柳斌杰	新闻出版总署	尤建忠	浙江工商大学人文学院
李桂君	中央财经大学管理科学与工程学院	游苏宁	中华医学会杂志社
李建伟	河南大学新闻与传播学院	游中胜	重庆师范大学
李若溪	重庆师范大学学报编辑出版中心	于友先	新闻出版总署
梁小建	南开大学文学院传播学系	俞立平	宁波大学商学院
刘　冰	中华医学会杂志社	袁培国	南京大学图书馆
刘　科	北京师范大学刑事法律科学研究院	袁曦临	东南大学图书馆
刘筱燕	中国人民大学新闻学院	张鸿声	中国传媒大学文学院
刘　益	北京印刷学院	张积玉	陕西师范大学文学院
刘　英	湛江师范学院人文学院	张吉响	辛集市科技书店
马建华	中国科学院国家科学图书馆	张美娟	武汉大学信息管理学院
缪宏才	上海社会科学院出版社	张旻浩	中国科学院上海技术物理研究所联合编辑部
欧阳明	华中科技大学新闻与信息传播学院	张天星	台州学院中文系
潘云涛	中国科学技术信息研究所情报方法研究中心	张新华	北京印刷学院
彭希珺	中国科学院国家科学图书馆	章　炜	中国传媒大学文学院
戚　馨	武汉大学信息管理学院	赵文义	陕西师范大学文学院
齐　峰	山西出版传媒集团	周根红	南京财经大学新闻学院
钱建立	电子设计工程杂志社	周国清	湖南师范大学新闻与传播学院
钱俊龙	中国科学院自然科学期刊编辑研究会	周慧芳	盐城师范学院图书馆
屈明颖	中国新闻出版研究院	周利荣	陕西师范大学新闻与传播学院
任　火	河北理工大学学报编辑部	周正兵	中央财经大学出版经济研究中心
任　翔	创新出版（国际）工作室	朱鸿军	清华大学新闻与传播学院
施宏俊	上海世纪出版集团	祝君波	东方出版中心
王春鸣	华东师范大学传播学院	宗俊峰	清华大学出版社

注：表中的人名按汉语拼音音序排列。

（二）核心作者隶属单位分析

对 92 位核心作者进行分析，我们可以将论文作者分为四大类：第一类是高等院校作者，包括教师和学生；第二类是出版单位的作者，包括出版社、期刊社等出版机构，其中期刊社包括具有法人性质的期刊社和非独立的期刊编辑部（大学学报）；第三类是出版科研单位作者，包括在编辑出版、印刷复制和发行领域进行科学研究的各类科研单位、行业协会；第四类是相关的出版行政管理部门的作者。

在 92 位核心作者当中，人数最多的是高等院校的作者，共有 56 位；其次是出版单位的作者，共计 25 人；再次是相关出版行政管理部门的作者，共计 6 位；最少的是出版科研单位的作者，共计 5 位。四大类作者在核心作者群中所占的比例见图 3。

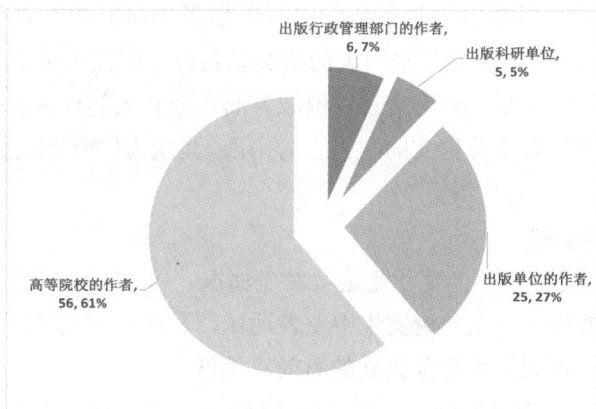

图 3　核心作者隶属机构分布图

作为占有核心作者最多单位的高等院校，也存在比较明显的"核心院校"现象，核心作者较多的院校有：武汉大学、北京印刷学院、陕西师范大学、河南大学、华中科技大学、中国传媒大学等。

占有核心作者前三位的学校分别是：武汉大学，拥有核心作者方卿、曾元祥、戚馨、徐新、姚永春、张美娟；北京印刷学院，拥有核心作者王彦祥、刘益、包韫慧、张新华；陕西师范大学，拥有核心作者张积玉、赵文义、杨军、周利荣。

四、2011 年编辑出版学论文发表地域分析

本文对 3619 篇编辑出版学的有效专业论文归类分析，试图找到 2011 年我国编辑出版学研究的重心和次重心。表 8 反映了 2011 年期刊、报纸、大学学报发

表有效论文数在前5名的省市自治区，其中包括各种载体论文刊发数量、论文总数以及所占年度发表有效论文总数的比例。

表8　排名前5位的省市区发表专业论文汇总表

排名	省份	期刊论文数量（篇）	报纸论文数量（篇）	大学学报论文数量（篇）	论文合计数量（篇）	占论文总数的比例（%）
1	北京	2243	126	36	2405	66.45
2	山西	486	0	2	488	13.48
3	广西	161	0	15	176	4.86
4	湖北	151	0	10	161	4.45
5	上海	133	0	1	134	3.70

由表8我们可以看出，北京是我国编辑出版学研究的绝对重心，2011年北京地区的期刊、报纸、大学学报发表的论文总数占全国发表论文总数的66.45%，呈现出我国编辑出版学专业论文刊发地域方面一地独大的现象。

全国范围内刊发专业论文的次重心为山西，其次为广西、湖北、上海3省（市）。

五、问题小结

通过统计分析2011年度专业论文发表情况，本文探讨了专业论文的发表情况，明确了重要作者情况和论文集中发表地域，发现如下几个问题。

（一）专业期刊发表专业论文的有效率偏低

这其中很大一部分原因是，研究的19种期刊中，部分由于办刊宗旨、刊物性质影响，刊载的文章与我们制定的甄选标准有区别。但是，我们不能忽视的是，很多专业期刊"轻学术、重时效"的趋势明显，大量刊发通讯、报道类文章，另外很多期刊上的论文质量也明显缩水，字数少，有的甚至重复发表。

（二）大学学报载文质量有待提高

大学学报载文质量有待提高。2011年发表在大学学报上的编辑出版学专业论文共被《出版业》转载22篇。转载率虽然高于报纸，但是考虑到大学学报的学术优势，这一表现也是难以让人满意的。纳入本文研究范围的学报仅被全文转发11篇，这反映了本科设有编辑出版学专业院校的学报在载文质量有待提高。

（三）专业报纸发表专业论文数量偏少

专业报纸作为出版周期较短，行业感知比较迅速的一种出版形式，能够及时反映学科现状、预测行业动态，理应由比较大规模的论文出现，但从2011年的数据来看，表现情况不是特别令人满意。

（四）行业作者发表论文数量多，院校作者发表论文质量相对较高

和《编辑出版学研究进展（第二卷）·2010 年度报告》中圈定的年度专业论文核心作者相比，在增加了论文质量考核维度后，本年度核心作者中，高等院校的作者比例明显提高，占据最大比例，这和 2010 年度出版单位作者最多的情况形成区别。这从侧面反映出，行业从业者发表论文多，院校作者发表论文质量高的特点。

撰稿：王上嘉（北京印刷学院）

2011 年度专业学术会议统计分析　　　钱　聪

每一年召开的编辑出版学专业学术会议多达上百次。尤其是在文化大发展大繁荣的背景下，出版已然成为文化传递的重要途径之一，所以编辑出版专业学术会议就成为非常重要的交流方式，为编辑出版学研究者、业内人士提供了一个交流最新思想动态和研究成果的平台。同时编辑出版学学术会议也使得政府管理部门将视角转移到编辑出版方向。在会议中，围绕会议主题，与会人员可以各抒己见，提出不同的观点和想法。参加学术会议是编辑更新专业知识，了解业内动态的最佳时机。专业性学术会议是最新科研成果的汇集地。学术会议上大多数的学术报告内容还未在期刊上发表，是业内人士的最新的创作，所以在学术会议上，编辑人员可以了解到出版编辑业界的最新动态。

一、基本情况概述

2011 年度编辑出版学专业学术会议的相关资料的搜集和整理，延续了上一年的研究方法，一是直接参与其中，亲身记录会议的召开情况，参与会议主题的讨论；二是借助互联网和专业报刊数据，对一些会议的相关情况进行了解。

在参与会议以及搜集编辑出版学专业学术会议数据的过程中共敲定 96 个 2011 年度召开的编辑出版学专业学术会议为统计分析对象。在这些会议当中，国内性质的会议 87 个，国际性质的会议 9 个。国内性质的会议当中，区域性会议，如，第三届南方科技期刊发展论坛，黑龙江地域民族文化图书研讨会等，共计 18 个；全国性会议如第五届中国书业营销创新论坛，第七届海峡两岸华文出版学术研讨会等，共计 78 个。

二、2011 年度专业学术会议相关情况分类统计

（一）2011 年度专业学术会议召开时间统计分析

2011 年度，召开会议最多的月份是 8 月和 11 月，2 月最少，其他各月的会议召开数量都比较平均。具体情况详见表 1。

表 1　2011 年度各月召开专业学术会议数量表

时间（月）	一	二	三	四	五	六	七	八	九	十	十一	十二
会议数量	10	1	5	6	11	9	4	13	9	7	13	8

由数据分析可知，2011年第4季度召开的专业会议最多，为28个；第2、3季度次之，均为26个；第3季度和第4季度召开的会议要比第1季度和第2季度召开的会议多出12个，即2011年下半年召开的会议要多于上半年召开的会议。

（二）2011年度专业学术会议召开地点统计分析

在2011年，召开编辑出版学专业学术会议的地点共涉及40个城市，与上一年相比有所提升，但在国外召开的会议却少之又少，这说明出版专业学术会议在一定程度上还没有完全的走向国际。但却承办了不少国际性质的会议，这说明我们已经引进来，下一步应该尽快"走出去"。不论这些会议是在国内还是国外召开，都体现了编辑出版学专业已经逐步面向国际，在学术交流和学术借鉴方面有更好的发展空间。近几年我国出版界和业界同国外的联系不断加强，这也是中国出版"走出去"的一个重要的体现。2011年度编辑出版学专业学术会议召开地点统计见表2。

表2　2011年度各城市召开专业学术会议数量表

城　　市	所属省份	会议数量	城　　市	所属省份	会议数量
北京市	北京市	32	敦煌市	甘肃省	1
上海市	上海市	5	福州市	福建省	2
杭州市	浙江省	2	高雄市	台湾省	1
武汉市	湖北省	3	广州市	广东省	2
保定市	河北省	1	哈尔滨市	黑龙江省	4
长春市	吉林省	1	呼和浩特市	内蒙古少数民族自治区	1
大连市	辽宁省	1	合肥市	安徽省	2
东莞市	广东省	1	黄山市	安徽省	1
澳　门	澳门特别行政区	1	济南市	山东省	1
南昌市	江西省	3	三亚市	海南省	1
焦作市	河南省	1	深圳市	广东省	2
马鞍山市	安徽省	1	沈阳市	辽宁省	2
南京市	江苏省	3	苏州市	江苏省	2
南宁市	广西壮族自治区	1	太原市	山西省	2
齐齐哈尔市	黑龙江省	1	乌鲁木齐市	新疆维吾尔族自治区	2
青岛市	山东省	1	西安市	陕西省	2

城　市	所属省份	会议数量	城　市	所属省份	会议数量
厦门市	福建省	5	香港	香港特别行政区	1
徐州市	江苏省	1	亚布力镇	黑龙江省	1
延吉市	吉林省	1	扬州市	江苏省	1
镇江市	江苏省	1	重庆市	重庆市	3

注：带有底纹的为省会城市

从地域分布上来看，2011年度编辑出版学专业学术会议在我国40个城市举办，其中16个为省会城市，分布地域十分广泛。然而从各个城市召开的会议数量上来看，分布又是相对集中的。国内城市中，北京召开的会议是最多的，为32个，远远高于排名第二的上海市和厦门市的5个。在国内的40个城市中，有55%的城市仅召开过一次编辑出版学专业学术会议。这从一定程度上说明编辑出版行业研究的集中性，但同时也提醒我们：出版行业应该放开视野，不仅仅集中于出版行业发达的城市，应该让更多的城市得以借由编辑出版学专业学术会议这类平台发展起来。

相对于北京、天津、上海、重庆等直辖市和台湾，余下的国内35个城市中16个是省会城市，在19个召开过会议的省份中，江苏省有5个城市召开过会议，安徽省、广东省、和黑龙江省分别有3个城市召开过会议，吉林省、福建省、辽宁省、山东省都分别有2个城市召开过会议。剩下的10个省份只有在一个城市中召开过1次编辑出版学专业学术会议。对比发现，召开编辑出版学学术会议比较多的省份和城市，都是相对而言经济发展水平比较高的城市，这也说明我们的编辑出版讨论相对集中，并没有大范围地进行全国范围内的推广。

将以上24个省份按地区划分，统计各区域召开会议的数量，分别是：华东地区（包括山东、江苏、安徽、浙江、福建、上海）共召开会议18个；华南地区（包括广东、广西、海南）共召开会议5个；华中地区（包括湖北、湖南、河南、江西）共召开会议3个；华北地区（包括北京、山西）共召开会议33个；西北地区（甘肃）共召开会议1个；西南地区（重庆）共召开会议3个；东北地区（包括辽宁、吉林、黑龙江）共召开会议7个；台港澳地区（包括台湾、澳门、香港）共召开会议3个。各区域召开的会议具体所占比例见图1。

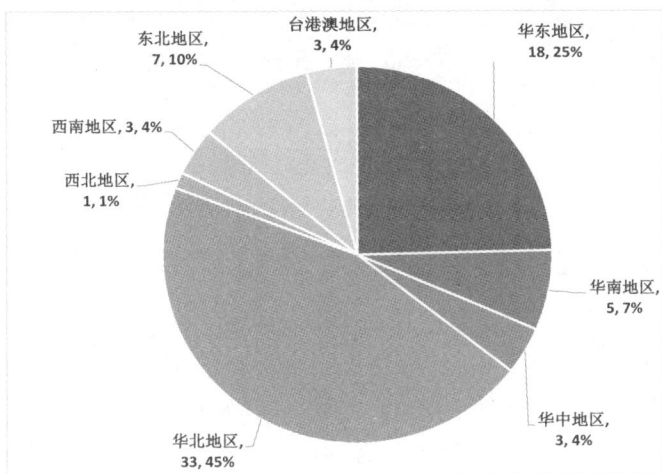

图1　2011年召开专业学术会议地区分布比例图

图1所反映的会议数量的地区分布，契合了各个地区的经济发展程度。同时，召开会议的城市大多是省会城市，也从侧面反映了经济发展不均衡、政策倾斜等问题。会议召开地的选择必定和经济发展成持平的状态，也有很大一部分原因是经济发展发达的地区大多数在文化发展上比较重视。其中以北京为例，华北地区之所以能够占据较高的份额，很大程度上是因为华北地区有北京在，而北京又是国内的政治、经济、文化中心，大多数国家级会议都会选择在北京召开，所以华北地区会议数量一直都处于领先地位，远远高于其他省份召开的会议。

（三）2011年度专业学术会议主题统计分析

每次会议学术会议主办方都会拟定一个大主题，与会人员会根据自身的研究方向进行与大主题相关的小主题探讨，这里的专业会议主题均以大主题为准。

在整理了2011年的专业学术会议的基本数据，对XX个会议主题进行了解以后，加之《中图法》"G23 出版业"的九大类目专业分类，笔者将本年度的专业学术会议依照主题进行了分类统计，拟定了2011年度专业学术会议的主题分类量化表，具体情况如表3所示。

表3　2011年度召开专业学术会议主题分类量化表

排序	主题	数量	排序	主题	数量
1	数字出版	21	9	出版教育、人才培养	2
2	各类型出版	9	10	民营书业	2
3	对外合作	6	10	出版史	2

排序	主题	数量	排序	主题	数量
3	出版业发展	6	10	出版文化、大环境、文化产业研究	2
3	编辑工作	6	13	发行工作	1
6	版权保护、版权贸易	5	13	出版组织与管理	1
7	"走出去"	4	14	图书评论	0
8	出版营销	3	14	出版社网站建设	0

从表中可以看出，同去年有很大的不同，今年的数字出版超越各类型出版，占据第一位，并且在数量上也不像去年相去甚远，2011年度召开专业学术会议主题分类在一定程度上分散开来，从主题上来看，并不像去年那样极度的不平均。

"数字出版"为主题的会议有逐年增多的趋势，2011年已经跃居第一位。数字出版已经成为近些年研究的侧重点。数字出版作为一种行业发展趋势，已经几乎每个编辑出版专业会议都涵盖着数字出版的主题，作为研究热点，2011年度的编辑出版学术会议仍然紧随潮流，很多会议虽然在大主题上没有标明数字出版的字样，但是在小标题和分论坛上，大多都关注数字出版的发展动向。

值得关注的是，2010年出现的图书评论和出版社网站建设两大分类在2011年度的编辑出版专业会议中并没有出现。图书评论主题的减少可能意味着业内人士更注重的是实践操作层面，对于图书评论以及相关的理论层次研究较少。而出版社网站建设类型的会议减少意味着出版社网站已经逐渐形成固定模式，逐渐从幼稚走向成熟。

（四）2011年度专业学术会议主办者统计分析

在了解2011年度编辑出版学专业学术会议主办者的相关情况后，可以将主办者分成五个类别。具体的分类和量化情况见表4。

表4 2011年召开专业学术会议主办者量化统计表

排序	主办者	会议数量
1	行业协会或学会	36
2	合办	22
3	出版单位或企业	13
4	学术或教育机构	11
5	展会组织者	8
6	出版行政管理部门	6

从表中可以看出，行业协会或学会主办的会议和合办的会议总量达到了58个，达到整体数量的60%。

排名第一的"行业协会或学会"一类，具体又可以分成四类。一是中国期刊学会、中国编辑学会、中国出版工作者协会、中国科技期刊编辑学会等这些全国性的出版行业协会或学会，共12个；二是全国性协会或学会的各省分会，如江西省编辑学会等，共8个；三是全国性协会或学会的下属各分会，如中国编辑学会科技读物编辑专业委员会等，共13个；四是其他行业协会或学会下属的分管编辑出版工作的分会，如中华中医药学会编辑出版分会等，共3个。具体比例见图2。

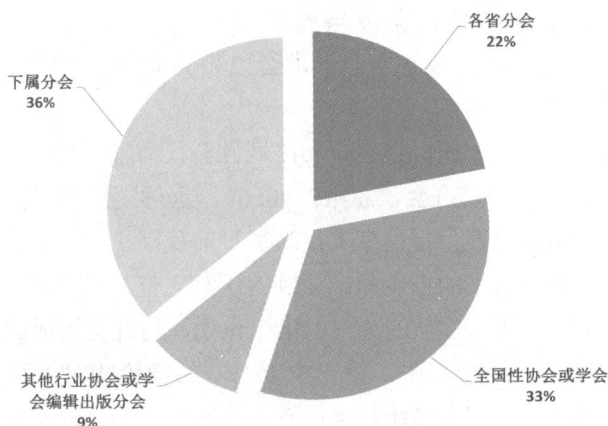

图2 "行业协会或学会"分类比例图

排名第二的为合办会议，具体类别、数量及其比例见表5。

表5 "合办"类专业学术会议分类统计表

排序	主办者类型	会议数量（个）	所占比例（%）
1	行业协会或学会与出版单位或企业合办	6	27
2	不同行业协会或学会合办	4	18
3	行业协会或学会与学术或教育机构合办	3	14
4	不同出版单位或企业合办	2	9
4	不同学术或教育机构合办	2	9
6	不同出版行政管理部门合办	1	5
6	行业协会或学会与出版行政管理部门合办	1	5
6	学术或教育机构出版单位或企业合办	1	5
6	出版行政管理部门与出版单位或企业合办	1	5
6	出版行政管理部门与学术或教育机构合办	1	5

事实上，较多会议以合办的形式召开有一定的必然性。无论会议的主办者是谁，会议"为与会者提供交流和沟通的平台"这样一个重要的目的不会变。合办会议的召开本身就建立在两个不同组织交流和沟通的基础之上，因此更容易达成交流和沟通的目的。

另外，排名第五的"展会组织者"一类，主要是指出版物展览展示活动的组织者，如北京图书订货会组委会等。

三、2011年度专业学术会议特点总结

通过对2011年度编辑出版学专业学术会议相关简介和数据进行统计和分析后，可以看出其具有以下特点。

一是国内性会议为主，国际性会议和区域性会议为辅。在2011年里，国内性的编辑出版学专业学术会议占会议总数的90.6%，远远超过国际性会议和区域性会议的总和。这种情况也在一定程度上反映了目前我国出版学界和业界的关注点更多地放在国内。由于技术的进步和产业链的逐渐完整，编辑出版学界的眼光应立足长远，立足世界，国内性质的会议的集中也说明与外界沟通的欠缺。

二是会议时间相对比较集中。第一季度召开的会议相对于其他三个季度，从数量上看是相对较少的。通过统计可以看出，大部分的会议都集中在下半年召开。下半年召开的会议占所有会议的56%。

三是会议召开地点分布广泛。2011年度编辑出版学学术会议的召开地点涉及的地区和城市较广泛，与上年比较，非直辖市、省会的城市召开编辑出版学学术会议的城市有所增加。

四是会议多在经济、文化发达或发展较快的地点召开。不论是哪类城市，交通情况首先要保证，其次要有充足的接待能力，这些必要的条件不仅仅可以顺利召开学术会议，同时也促进了地区经济的发展。这也是近几年各地争相举办学术会议的重要原因。由于出版业在经济文化发达的地方发展较好，所以大部分的学术会议选择在经济、文化相对发达的地区召开。

五是会议的主题具有鲜明的主题性和针对性。编辑出版学专业学术会议是围绕着一个中心论题进行，并且在会议召开的过程中，大多数会议都是对特定的出版物或是主题进行讨论，具有鲜明的主题性和针对性。

六是会议的主题反映了当前编辑出版学学科发展情况。会议上探讨的不论是"数字出版"还是"出版走出去"都是编辑出版学学科的热点和前沿话题，在召开会议的过程当中，可以窥见编辑出版学学科的前沿发展动向。

七是行业协会或学会是主办会议的主要力量。中国期刊学会、中国编辑学

会、中国出版工作者协会、中国科技期刊编辑学会等以及其下属分会、各省分会的活跃，促进了编辑出版学学术会议的召开。正是由于这些协会或学会通常都针对特定的出版物或出版类型组织下属分会，才使得专门对特定出版物或出版类型进行探讨的会议频频召开。

八是会议渐渐向论坛过渡。相对于会议，论坛对于参与者的身份更加地认同。但还是通过会议的程序进行，既然已经有了这样的转变，也就是人们已经意识到，不能是方桌会议，而应该是圆桌论坛。这样才能真正听到最基层的声音。国内出版精英在一起畅所欲言，发表新锐观点总结经验教训，共谋发展之路。

小　结

通过对2011年度编辑出版学专业学术会议相关简介和数据进行统计和分析，可以发现以下问题。

第一，会议召开的地点相对集中。2011年度会议的召开地点比较集中，主要体现为一个或几个城市召开大量会议，如2011年有32个会议在北京召开。会议召开地点的集中，给很多经济不发达但是文化底蕴浓厚的地区带来了一定的冲击。这种发展的不平衡固然有一定的客观必然性。但事实上，很多经济文化不发达、出版业发展较慢的地区才更需要通过会议的举办，来获取新思想、解决新问题，促进当地编辑出版学研究和出版行业的发展。

第二，会议主题重复，但究其本质，鲜少创新点。会议主题重复固然可以反映学界和业界对某些问题的关注，但也容易形成资源浪费，使得一些会议流于形式，难以解决实际问题。鲜少创新点，使得某些会议主题老生常谈，同时，这也会造成对某些并非热点但很重要的问题的忽略。

第三，促进了会议召开地的地区经济，带来会议经济。编辑出版学专业学术会议的召开，既可以使出版人有自己的平台交流和展示，文化得到传播，这种软展示虽然不是刚性需求，但是会在一定程度上提升专业品牌形象、城市品牌形象等。同时也带动了会议举办地的经济，形成所谓的会展经济，如有利于地区交通、餐饮、住宿以及旅游业等方面的发展。这是所有举办方都喜闻乐见的成果。

撰稿：钱　聪（北京印刷学院）

编辑出版学专业期刊状况调研与特色分析　赵　翾　王彦祥

一、编辑出版类专业期刊概貌

编辑出版学专业期刊为研究出版业发展，促进学术交流，进行出版人才培养提供了一个必要的信息平台。近年来，大陆地区的编辑出版学专业期刊的数量和编辑队伍却呈逐渐萎缩之势，正常出刊的专业期刊开始减少，个别专业期刊已经停刊或者正面临着停刊。本文对此类期刊进行多方面检索后，最终确定了 19 个对象期刊，其涵盖目前大陆地区正常出刊的所有编辑出版学专业期刊，具体情况如表 1 所示。

表 1　大陆地区编辑出版学专业期刊整体信息表

刊　名	创刊年份	出版周期	出版地	主办单位
《编辑学报》	1989 年	双月刊	北京市	中国科学技术期刊编辑学会
《编辑学刊》	1984 年	双月刊	上海市	上海市编辑学会
				上海世纪出版集团
《编辑之友》	1985 年	月刊	太原市	山西出版传媒集团有限责任公司
《出版参考》	1988 年	旬刊	北京市	中国版协国际合作出版工作委员会
				中国新闻出版研究院
《出版发行研究》	1988 年	月刊	北京市	中国新闻出版研究院
《出版广角》	1995 年	月刊	南宁市	广西出版杂志社
《出版科学》	1986 年	双月刊	武汉市	湖北省编辑学会
				武汉大学
《出版人》	2004 年	半月刊	长沙市	中南出版传媒集团股份有限公司
《出版史料》	1982 年	季刊	北京市	开明出版社
《出版视野》	2003 年	双月刊	重庆市	重庆市出版工作者协会
《辞书研究》	1979 年	双月刊	上海市	上海世纪出版股份有限公司
				上海辞书出版社
《科技与出版》	1982 年	月刊	北京市	清华大学出版社有限公司
《现代出版》	1994 年	双月刊	北京市	中国传媒大学出版社
				中国大学出版社协会
				中国传媒大学编辑出版研究中心

刊　名	创刊年份	出版周期	出版地	主办单位
《新疆新闻出版》	2003 年	双月刊	乌鲁木齐	新疆维吾尔自治区书报刊发行中心
《中国版权》	2002 年	双月刊	北京市	中国版权协会
				中国版权保护中心
《中国编辑》	2003 年	双月刊	北京市	中国编辑学会
				高等教育出版社
《中国出版》	1978 年	半月刊	北京市	新闻出版报社
《中国科技期刊研究》	1990 年	双月刊	北京市	中国科学院自然科学期刊编辑研究会
				中国科学院文献情报中心
《中国图书评论》	1987 年	月刊	北京市	中国图书评论学会

注：期刊按刊名的汉语拼音顺序排列。

此外，《读书》《书城》《书屋》同为阅读类期刊，它们以关注和研究读书活动为主体内容，刊载的文章多是书里书外的人与事，已不属于纯粹的编辑出版类专业研究期刊，故不对其进行统计和分析。

二、编辑出版类专业期刊出版状况

（一）出版周期

本次调查的19种专业期刊中，双月刊10种，约占总数的52.63%；月刊5种，约占总数的26.31%；半月刊2种，约占总数的10.53%；季刊和旬刊各1种，各约占总数的5.26%。

《出版参考》虽为旬刊，但其上旬刊与下旬刊为连续刊期，并且在互联网文献检索工具"中国知网"和《维普全文电子期刊》中并未收集到中旬刊，中国国家图书馆也无中旬刊馆藏，故我们将其视为半月刊。

《出版人》虽为半月刊，但其2月、3月、4月、6月、7月、8月、10月、11月、12月的上半月刊与下半月刊均以合刊形式出版，因此2011年全年共出刊15期。作为期刊，这样的出版周期的确不够规范，依照实际出刊情况，将《出版人》归为月刊更为合适。

经过统计可知，11种"G23出版事业类"核心期刊中，双月刊和月刊的出版周期所占比例超过90%，这说明编辑出版类专业期刊与大陆地区其他专业期刊大致相同，均以双月刊和月刊作为出版周期，这也符合绝大多数专业期刊的出版规律。

整体来看，一半以上的编辑出版类专业期刊的出版周期较长（双月刊），而如此长的出版周期，必然导致一些刊物无法做到与时俱进，在刊载具体内容上成为了"后卫队"而不是"先锋连"，即以总结经验得失为主，出版行业发展的战略研究、前瞻性探讨却很少。这些期刊虽密切关注出版行业的新动态，但无奈出版周期长，无法及时为读者提供有效信息和有益的建议。

（二）地域分布

19种专业期刊中，有10种期刊集中在北京出刊，2种期刊在上海出刊；其余各刊分布在大陆地区的其他省市自治区出刊。从中国六大行政区域来看，编辑出版类专业期刊的出版地在六大行政区域均有分布，具体情况见表2所示。

表2　编辑出版类专业期刊出版地一览表

行政区	出版地		刊名
华北地区	北京市		《编辑学报》《出版参考》《出版发行研究》《出版史料》《科技与出版》《现代出版》《中国版权》《中国编辑》《中国出版》《中国科技期刊研究》
	山西省	太原市	《编辑之友》
东北地区	辽宁省	沈阳市	《中国图书评论》
华东地区	上海市		《编辑学刊》《辞书研究》
中南地区	湖北省	武汉市	《出版科学》
	湖南省	长沙市	《出版人》
	广西壮族自治区	南宁市	《出版广角》
西南地区	重庆市		《出版视野》
西北地区	新疆维吾尔自治区	乌鲁木齐	《新疆新闻出版》

注：按中国行政区顺序排列。

11种"G23出版事业类"核心期刊中，《编辑学报》《出版发行研究》《科技与出版》《现代出版》《中国编辑》《中国出版》《中国科技期刊研究》等7种均在北京出版。由此可见，北京无论在专业期刊的出版数量，还是在专业期刊的出版质量上，都远远高于其他省市自治区。

除7种核心期刊外，北京还出版3种一般性专业期刊；上海的专业期刊出版数量为2种，略优于其他省市自治区。其他专业期刊的出版地则均位于省会城市，这也在一定程度上反映出，省会城市作为一个省的政治经济文化中心，也自然成为各省市区出版事业和出版研究的中心地区。

（三）主办单位

19 种专业期刊的主办单位共有 28 家。以中央和地方来划分，其中 16 家归属中央，12 家归属地方。两类主办单位分布比较均衡，其主办期刊的数量也基本相等。

从地域来看，28 家主办单位主要分布在北京和上海两地。首都北京是大陆地区的政治文化中心，同时也是全国出版业最发达的城市，为大陆地区编辑出版领域提供了丰富的研究素材，因此全国性的出版研究组织多集中于北京。

根据各主办单位的共有属性，28 家主办单位可大致划分为社会团体、出版集团、出版科研机构、出版社、高校和各省市自治区新闻出版部门六大类。通过统计得出，28 家主办单位中 11 家为社会团体，主要为中央和各地方编辑出版工作者协会；3 家为出版科研机构，4 家为出版集团，6 家为出版社，还有 1 家高校和 2 家省级新闻出版部门。各类主办单位数量及所占比例情况如图 1 所示。

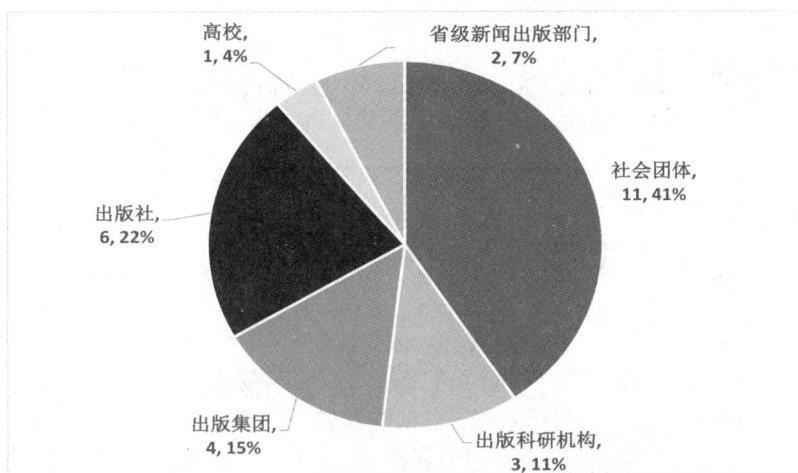

图 1　大陆地区专业期刊各类主办单位所占比例示意图

经统计分析可以看出，目前专业协会或学会等社会团体所主办的编辑出版类专业期刊占主导地位，其次是出版社主办的期刊。专业期刊的主办单位对于专业期刊的创办、出版内容的把关和经营活动的监管等，都承担着重要责任。因此，我们不仅要重视主办单位对所办期刊各方面的监管，为专业期刊指明正确的发展道路和创造良好的发展环境，更要加强对专业期刊主办单位的监管，调整主办单位的布局，真正做到各类主办单位共同发展，以繁荣大陆地区的编辑出版类专业期刊。

三、编辑出版类专业期刊栏目设置分析

（一）栏目设置的基本情况

通过收集 19 种编辑出版类专业期刊的 2011 年各刊目录，并对各期刊目录进行归纳整理，得出了 2011 年 19 种专业期刊栏目设置的基本数据（统计中不包括"消息"、"通讯"等动态类栏目和广告栏目），具体情况见表 3。

表 3　专业期刊栏目设置情况统计表

刊　名	栏目名称	年度栏目数	每期栏目数
《编辑学报》	1. 特稿 2. 理论研究 3. 编辑工程与标准化 4. 改革探索 5. 经营管理 6. 办刊之道 7. 期刊现代化 8. 学术争鸣 9. 人才培养 10. 感悟 11. 期刊评价 12. 他山之石 13. 好书推荐 14. 编辑人物 15. 有问必答 16. 谬误辨析 17. 知识摘编	17	11～14
《编辑学刊》	1. 开卷有议 2. 深度思考 3. 四重奏 4. 传播前沿 5. 年会快报 6. 书人剪影 7. 特别报道 8. 我做编辑 9. 编辑语文 10. 书林短笛 11. 编海拾贝 12. 中外书案 13. 点击装帧 14. 历史回眸 15. 议犹未尽	15	7～11
《编辑之友》	1. 卷首语 2. 特稿 3. 沙龙 4. 专题 5. 出版 6. 人物 7. 传媒 8. 数字 9. 营销 10. 个案 11. 术业 12. 争鸣 13. 学研 14. 释疑 15. 装帧 16. 版权 17. 书道 18. 荐书 19. 书评 20. 品读 21. 史料 22. 域外 23. 演练 24. 杂俎	24	12～15
《出版参考》	1. 行业纵览 2. 产业聚焦 3. 新闻播报 4. 感悟与思考 5. 书情与营销 6. 港澳台之窗 7. 国外出版瞭望	7	7
《出版发行研究》	1. 卷首语 2. 本期专稿 3. 本期关注 4. 改革论坛 5. 建党 90 周年征文选登 6. 理论探索 7. 编辑理论与实践 8. 图书发行研究 9. 书市营销 10. 本期专访 11. 数字出版 12. 出版法苑 13. BIBF 版权贸易之路 14. 出版教育 15. 出版言谈 16. 出版实务 17. 图书评论 18. 装帧研究 19. 校对的学问 20. 期刊研究 21. 环球扫描 22. 书海钩沉	22	12～18
《出版广角》	1. 卷首语 2. 特稿 3. 专题 4. 专栏 5. 新观察 6. 俱乐部 7. 观点 8. 阅读 9. 书架	9	7～9

刊　名	栏目名称	年度栏目数	每期栏目数
《出版科学》	1. 卷首语　2. 专论·特约稿　3. 第三届数字时代出版产业发展与人才培养国际学术研讨会专稿　4. 博士论坛　5. 编辑学·编辑工作　6. 出版学·出版工作　7. 发行学·发行工作　8. 专题报告·影响力分析　9. 多媒体·数字出版　10. 港澳台出版·国外出版　11. 出版史·出版文化　12. 品书录	12	9～10
《出版人》	1. 封面报道　2. 书业年度评选　3. 市场观察　4. 新闻　5. 特别报道　6. 书博会特稿　7. 专访　8. 市场　9. 观点　10. 专版　11. 人物　12. 斯人已逝　13. 海外　14. 文化　15. 阅读与书评　16. 阅读　17. 书评　18. 新书推荐　19. 开卷排行榜　20. 专栏	20	5～12
《出版史料》	1. 往事寻踪　2. 海上书业闻见录　3. 纪念中国共产党成立九十周年　4. 追思著名出版家许力以同志　5. 名家书信　6. 百家书话　7. 湖畔散叶　8. 文化自述　9. 走进序跋　10. 青年文稿　11. 随笔　12. 辛亥文谈　13. 人物写真　14. 书之史　15. 旧闻重刊	15	10～12
《出版视野》	1. 卷首寄语　2. 出版要闻　3. 企业风采　4. 出版扫描　5. 政策法规　6. 出版观察　7. 出版春秋　8. 改革探索　9. 省市动态　10. 书刊点评　11. 校对话题　12. 装帧设计　13. 编辑档案　14. 时尚词典　15. 知识走廊　16. 百花园地　17. 域外传真　18. 出版史话	18	8～12
《辞书研究》	1. 通论　2. 汉语成语辞书研究专辑　3.《新编小学生字典》第4版研究专辑　4.《汉语大字典》修订研究专辑　5. 杂谈　6. 辞书评论　7. 辞海专栏　8. 辞书使用者研究　9. 辞书史与辞书学史　10. 辞书使用研究　11. 专著评介　12. 编写一得　13. 释义探讨	13	5～9
《科技与出版》	1. 特别策划　2. 专稿　3. 经营之道　4. 编辑实务　5. 营销方略　6. 数字无限　7. 研究与教育　8. 声音与资讯	8	5～8
《现代出版》	1. 特稿　2. 理论前沿　3. 经营与管理　4. 出版企业社会责任研究　5. 数字时代　6. 高校教材营销　7. 版权研究　8. 编辑与策划　9. 实践案例　10. 国外出版　11. 名家序跋　12. 学术书评　13. 出版教育研究　14. 出版学研究　15. 书人茶座	15	9～10

刊　名	栏目名称	年度栏目数	每期栏目数
《新疆新闻出版》	1. 业界聚焦 2. 政策导向 3. 本刊特稿 4. 特约专稿 5. 特别关注 6. 本期特稿 7. 新年特稿 8. 特别报道 9. 学习贯彻落实党的十七届六中全会和自治区第八次党代会精神 10. 高端访谈 11. 庆祝中国共产党建党90周年专稿 12. 对口援疆 13. 两个工程 14. 出版走出去 15. 精品打造 16. 业界精英 17. 新闻名记 18. 出版广角 19. 报业观察 20. 期刊纵横 21. 发行市场 22. 印务广场 23. 他山之石 24. 版权管理 25. 动漫广场 26. 扫黄打非 27. 人力资源 28. 内资管理 29. 审读之窗 30. 书艺论坛 31. 网络世界 32. 域外传真 33. 新闻探索 34. 法律法规 35. 数据公告	35	16～20
《中国版权》	1. 卷首语 2. 特稿 3. 专稿 4. 打击侵权假冒专项行动专栏 5. 版权管理 6. 版权年会专栏 7. 2010中国版权年会专栏 8. 2010CPCC中国版权服务年会专栏 9. 热点话题 10. 人物访谈 11. 理论探索 12. 立法建议 13. 行政执法 14. 环球瞭望 15. 法官手记 16. 案例分析 17. 版权贸易 18. 往事追忆 19. 各抒己见 20. 大学生版权征文作品选 21. 产业报告 22. 书评	22	10～13
《中国编辑》	1. 卷首语 2. 编辑观察 3. 人物专访 4. 理论研究 5. 纪念建党90周年专辑 6. 图书 7. 报刊 8. 新媒体 9. 广播影视 10. 人民卫生出版社专栏 11. 质量聚焦 12. 媒体评论 13. 人才培养 14. 编辑学人 15. 编辑春秋 16. 编辑抒怀	16	8～12
《中国出版》	1. 中国出版论坛 2. 世界读书日 3. 高层吹风·出版要闻 4. "2011BIBF"专栏 5. 本刊特稿 6. 探索 7. 行业前沿 8. 中国出版发展论坛 9. "中国出版政府奖"专栏 10. "建设新闻出版强国"专栏 11. "纪念建党90周年"专栏 12. 理论探索 13. "纪念辛亥革命100周年"专栏 14. "推动社会主义文化大发展大繁荣"笔谈 15. 学术园地 16. 改革探索 17. 本期人物 18. 报刊纵横 19. 书业实务 20. "走出去"谈 21. 出版史话 22. 聚焦农家书屋 23. 经营观察 24. 数字时代 25. 出版法苑 26. 调查报告 27. 出版文化 28. 海外视窗 29. 品书录	29	7～14

刊　名	栏目名称	年度栏目数	每期栏目数
《中国科技期刊研究》	1. 专论与综述　2. 管理与改革　3. 研究与报道　4. 分析与评论　5. 知识产权　6. 新技术应用与现代化　7. 办刊之道　8. 论坛与笔会　9. 人才培养　10. 标准化规范　11. 科技写作　12. 编辑技艺　13. 装帧与版式　14. 设计　15. 出版与发行　16. 刊史与人物　17. 海外信息　18. 统计与排序　19. 读者·作者·编者	19	12～16
《中国图书评论》	1. 阅读坐标　2. 社会关注　3. 前沿领域　4. 主题书评　5. 读家有方　6. 学术书评　7. 不如无书　8. 思想文化　9. 新史记　10. 读书一问　11. 书评空间　12. 冷观热评　13. 新书快评	13	5～7

（二）栏目设置的数量分析

2011 年 19 种编辑出版类专业期刊中，共设栏目 332 个，平均每种期刊的年度栏目数量为 17 个，每期栏目设置为 11 个，具体情况见图 2 所示。

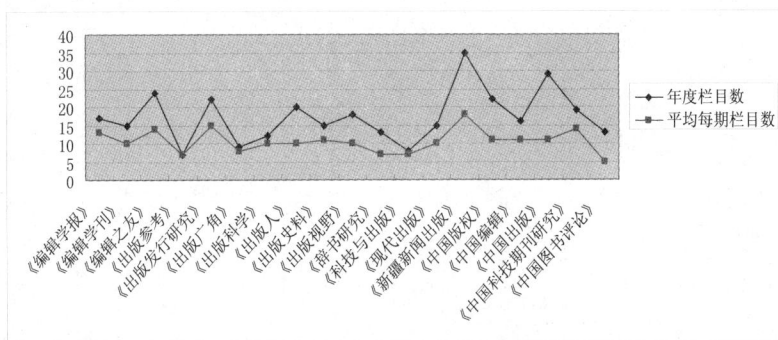

图 2　专业期刊年度栏目数量与每期栏目数量对比图

（三）栏目设置的类型与频率分析

从不同的分析角度，可以将期刊栏目划分成不同的类型。从发文的类型角度出发，可区分为主体栏目和非主体栏目；从栏目设置动机角度出发，可区分为常设栏目和临时栏目；从使用频率角度出发，可划分为低频栏目、中频栏目和高频栏目。但是，从不同角度划分出的栏目类型，不能被完全割裂开来。例如，主体栏目、常设栏目和高频栏目多有重合，而非常设栏目多为低频栏目。

　　为便于统计对比，我们以栏目在全年出现的次数占统计总刊期的百分比为依据，划定出现频率为 1%～33.3% 的为低频栏目，出现频率为 33.4%～66.7% 的为中频栏目，出现频率为 66.8%～100% 的为高频栏目。各专业期刊高、中、低栏目数量及比例关系见表 4 所示。

表 4　专业期刊高、中、低频栏目统计表

刊　名	栏目数量			栏目比例（%）		
	低频	中频	高频	低频	中频	高频
《编辑学报》	3	4	10	17.65	23.53	58.82
《编辑学刊》	2	8	5	13.33	53.33	33.33
《编辑之友》	8	6	10	33.33	25.00	41.67
《出版参考》	—	—	7	—	—	100
《出版发行研究》	5	5	12	22.73	22.73	54.55
《出版广角》	—	1	8		11.11	88.89
《出版科学》	2	3	7	16.67	25.00	58.33
《出版人》	10	3	7	50.00	15.00	35.00
《出版史料》	3	4	8	20.00	26.67	53.33
《出版视野》	8	3	7	44.44	16.67	38.89
《辞书研究》	11	—	5	68.75	—	31.25
《科技与出版》	—	2	6	—	25.00	75.00
《现代出版》	5	2	8	33.33	13.33	53.33
《新疆新闻出版》	14	12	9	40.00	34.29	25.71
《中国版权》	11	7	4	50.00	31.82	18.18
《中国编辑》	5	2	9	31.25	12.50	56.25
《中国出版》上半月	10	3		10	43.48	13.04
《中国出版》下半月	8	5		5	44.44	27.78
《中国科技期刊研究》	4	3	12	21.05	15.79	63.16
《中国图书评论》	7	4	2	53.85	30.77	15.38
总　计	116	77	151	33.72	22.38	43.90

　　注：期刊按刊名的汉语拼音顺序排列；表中"比例"系指各刊各类栏目的出现频率。

　　因《中国出版》的上半月刊和下半月刊各成体系，栏目重复比率不高，故将其上半月刊和下半月刊分开进行统计。

　　从上表中可知，大陆地区编辑出版类专业期刊在栏目类型上以高频栏目居多，约占 43.90%，其次是低频栏目，约占 33.72%，中频栏目最少，仅占 22.38%。具体到各专业期刊，《出版参考》《出版广角》和《科技与出版》的高频栏目出现频率分别为 100%、88.89% 和 75%，位居高频栏目数量前三甲。《辞书研究》则以 68.75% 的低频栏目出现率，位居低频栏目榜首。

栏目是对不同主题内容的概括性归纳，学科有重点与一般之分，期刊的栏目也不例外。因此，不可能所有的栏目每期都必须出现，也不可能所有的栏目都占据同样的篇幅。从审美的角度来说，期刊栏目设置应遵循参差性原则：反映学科重点内容的栏目，占据的篇幅较大，出现的频率较高；而相对不够重要的栏目，其出现频率也可以低一些。高、中、低频栏目各有分布，突出重点栏目，兼顾一般栏目，以"一般"对"重点"做全面烘托，形成网状的阅读面，这样也满足了读者对栏目的审美要求。

在19种编辑出版类专业期刊中，侧重不同研究方向的专业期刊，其高、中、低频栏目的出现频率也不尽相同。例如，侧重研究编辑工作的《编辑学报》《编辑学刊》《编辑之友》和《中国编辑》，高频栏目的出现频率分别为58.82%、33.33%、41.76%和56.25%。其中，《编辑学报》的高频栏目出现频率最高，《编辑学刊》的高频栏目出现频率最低。在此基础上，联系这4种专业期刊的中、低频栏目的出现频率可以看出，《编辑学报》的高、中、低频栏目出现频率呈阶梯状下降趋势；《编辑学刊》的中频栏目出现频率高于高、低频栏目的出现频率，高、中、低频栏目的出现频率整体呈波峰状；《编辑之友》的高、中、低频栏目的出现频率处于均衡状态，《中国编辑》高频栏目的出现频率高于中、低频栏目的出现频率，高、中、低频栏目的出现频率整体呈波谷状。

而侧重研究出版发行工作的《出版发行研究》和《出版广角》，其高频栏目的出现频率分别为54.55%和88.89%。联系这两种专业期刊的中、低频栏目出现频率，这一研究方向的专业期刊基本做到了以一般栏目烘托重点栏目，在满足栏目设置参差性原则的基础上，也满足了读者的审美心理。

此外，一些特色专业期刊的低频栏目出现频率略微偏高，如《辞书研究》的低频栏目的出现频率为68.75%；《中国图书评论》的低频栏目出现频率也达到53.85%。说明这两种专业期刊栏目的稳定性较差，可能会阻碍这两种期刊的进一步发展。

（四）栏目设置的重复情况分析

19种专业期刊中目前存在着一定的栏目设置重复情况。考虑到中、低频栏目多为期刊的非常设栏目，不能充分反映期刊的内容重点，因此，此方面的统计分析仅选取高频栏目作为统计样本。经统计，有14个方面的栏目存在着重复问题，具体情况详见图3所示。

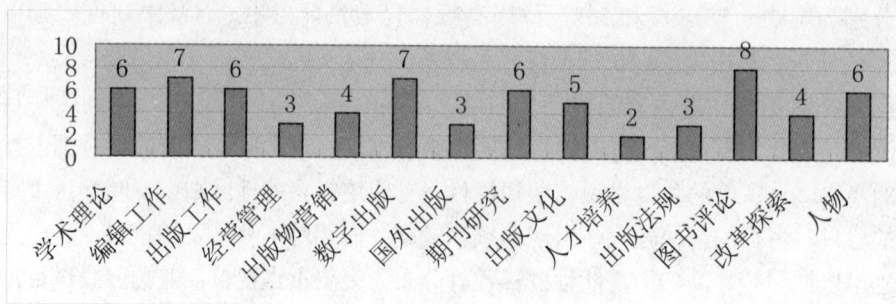

图3　专业期刊高频栏目重复现象统计图

从图中不难看出，图书评论方面的栏目重复次数最高，这在一定程度上反映出当前图书宣传、评论领域的相关研究在编辑出版学研究中占据着重要地位，发文量是比较大的。其次，编辑工作和数字出版方面的栏目重复次数都是7次，这些研究方向是近年来编辑出版学研究领域的重点，在这里也得到了充分体现。

专业期刊在栏目设置上相互之间有一定重复是不可避免的。重复设置某一方面的栏目，可以突出业界关心的热点问题，可以体现业界研究的重点问题，以便于读者了解学科的整体发展状况。但是，专业期刊不能为了突出某一重点而"众刊一面"，否则专业期刊就失去了自身的存在价值。整体而言，大陆地区编辑出版类专业期刊的栏目设置在一定程度上存在重复，但每种期刊仍有自己的栏目特色，并未形成众刊一面的局面。

（五）栏目设置的重点栏目分析

变换一种思路来分析，专业期刊的栏目设置相互重复，也正说明这些栏目是本类期刊讨论或关注的重点问题、热点问题，甚至是难点问题、前沿问题。为此，我们应该辩证地看待编辑出版类专业期刊的栏目重复现象，从中洞察专业期刊的关注点和专业研究发展趋势。基于此，依据2011年19种专业期刊栏目设置的基本数据，我们测算并得出了目前编辑出版类专业期刊的10大重点栏目，详情见下表所示。

表5　2011年编辑出版类专业期刊的10大重点栏目

重点栏目分类	重点栏目名称
出版工作理论	学术理论
出版组织和管理	改革探索
编辑工作	编辑工作
发行工作	出版物营销

重点栏目分类	重点栏目名称
图书宣传、评价	图书评论
各类型出版物编辑出版	数字出版
	出版工作
	期刊研究
出版工作者	人物
世界各国出版事业·中国	出版文化

注1：重点栏目依照《中图法》G23 出版事业类进行分类。
注2：重点栏目按照栏目重复次数排序，重复次数相同的栏目按照汉语拼音排序。

运用《中图法》对上面所列出的 10 大重点栏目进行分类，可以看出 10 大重点栏目的研究方向主要集中在"出版工作理论"、"出版组织和管理"、"编辑工作"、"发行工作"、"图书宣传与评价"、"各类型出版物编辑出版"、"出版工作者和世界各国出版事业·中国"等这几个方面。这些研究方面历来是编辑出版学领域研究的大方向，也是论文刊发的内容重点和数量高点。由此可以看出，专业期刊的重点栏目能在一定程度上反映出编辑出版学专业的研究主导方向，还可以反映出该专业的研究热点。

四、编辑出版类专业期刊的学术声誉测评

（一）专业期刊论文刊发情况统计

专业期刊的学术声誉在很大程度上是由所发表的专业论文质量决定的，也就是说，专业期刊发表论文的专业质量，决定了刊物自身的学术水平处于哪一个层次，及其影响范围。基于上述观点，我们对编辑出版专业期刊2010年和2011年所刊载的、2500字以上的学术论文进行统计，以期从一个侧面揭示专业期刊的学术声誉现状。通过相关的数据统计，2010年18种专业期刊（未能对《中国版权》进行统计）共发表符合要求的论文总数是3151篇，2011年19种专业期刊共发表符合要求的论文总数是3513篇。综合两年的数据，2010年～2011年各期刊刊载有效论文数量的综合排名见表6和表7。

表6　2010 年各专业期刊刊载有效论文数量及排序表

排名	刊 名	有效论文数量	排名	刊 名	有效论文数量
1	《编辑之友》	496	10	《新疆新闻出版》	131
2	《中国出版》	462	11	《中国图书评论》	129
3	《出版发行研究》	275	12	《编辑学刊》	121

排名	刊　名	有效论文数量	排名	刊　名	有效论文数量
4	《中国科技期刊研究》	238	13	《辞书研究》	109
5	《出版广角》	224	14	《出版参考》	108
6	《科技与出版》	217	15	《出版史料》	61
7	《编辑学报》	200	16	《出版视野》	49
8	《出版科学》	141	17	《现代出版》	37
9	《中国编辑》	135	18	《出版人》	19

表7　2011年各专业期刊刊载有效论文数量及排序表

排名	刊　名	有效论文数量	排名	刊　名	有效论文数量
1	《中国出版》	520	11	《编辑学刊》	111
2	《编辑之友》	486	12	《现代出版》	110
3	《科技与出版》	323	13	《新疆新闻出版》	98
4	《出版发行研究》	290	14	《中国版权》	81
5	《中国科技期刊研究》	267	15	《出版史料》	44
6	《编辑学报》	264	16	《出版视野》	30
7	《出版参考》	170	17	《辞书研究》	22
8	《出版广角》	161	18	《出版人》	21
9	《出版科学》	151	19	《中国图书评论》	20
10	《中国编辑》	134			

　　从以上二表可以看出，2010年各专业期刊中发表符合要求论文总数排在前三位的是《编辑之友》《中国出版》和《出版发行研究》；2011年各专业期刊中发表符合要求论文总数排在前三位的是《中国出版》《编辑之友》和《科技与出版》。《编辑之友》和《中国出版》连续两年都进入了发表符合要求论文总数的前三位，可见这两种专业期刊在编辑出版专业研究领域有着很高的认可度。

（二）专业期刊总被引频次和影响因子统计

　　为进一步研究编辑出版类专业期刊的专业声誉状况，我们对2009年和2010年的19种专业期刊总被引频次和影响因子进行了统计分析。通过查询《2010年版中国期刊引证报告（扩刊版）》和《2011年版中国期刊引证报告（扩刊版）》，得到部分专业期刊两年的总被引频次和影响因子数据，具体情况见下表8。

表8 2009年和2010年专业期刊总被引频次和影响因子统计表

刊 名	2009 年		2010 年	
	总被引频次	影响因子	总被引频次	影响因子
《编辑学报》	2319	1.439	2329	1.368
《编辑学刊》	278	0.216	220	0.180
《编辑之友》	552	0.405	629	0.216
《出版参考》	—	—	234	0.080
《出版发行研究》	496	0.311	616	0.364
《出版广角》	—	—	188	—
《出版科学》	301	0.409	361	0.399
《出版人》	—	—	—	—
《出版史料》	—	—	—	—
《出版视野》	—	—	—	—
《辞书研究》	334	0.132	358	0.116
《科技与出版》	420	0.329	477	0.416
《现代出版》	—	—	—	—
《新疆新闻出版》	—	—	—	—
《中国版权》	89	0.121	46	0.078
《中国编辑》	163	0.312	252	0.218
《中国出版》	387	0.222	516	0.296
《中国科技期刊研究》	1524	0.793	1600	0.896
《中国图书评论》	213	0.187	227	0.132

注：期刊按刊名的汉语拼音顺序排列

影响因子是期刊评估、核心期刊评定及SCI、EI等检索工具选刊的重要参数，它作为一个计量指标，使期刊学术质量评价的模糊性变得可以用量化的方法得以清晰，因而深受文献检索机构、科学评价机构以及期刊管理部门的青睐。

从上表中可以窥见，2009年影响因子排在前三位的专业期刊是《编辑学报》《中国科技期刊研究》和《出版科学》，2010年影响因子排在前三位的专业期刊是《编辑学报》《中国科技期刊研究》和《科技与出版》。因为影响因子数值越大，期刊的影响力也越大，学术水平也就越高，《编辑学报》和《中国科技期刊研究》连续两年都进入了影响因子数据排名的前三位，相较于其他专业期刊而言，《编辑学报》和《中国科技期刊研究》的专业影响力肯定是相对较大，学术水平也相对较高。

总被引频次是指该期刊所登载的全部论文在统计之年被引用的总次数。这个评价指标可以显示该期刊被使用和受重视的程度，以及在科学交流中的作用，由此弥补因期刊载文量过多而导致的影响因子过低的问题。我们对2009年和2010年编辑出版类专业期刊的总被引频次进行排序后得知，2009年和2010年总被引频次排在前三位的专业期刊都是《编辑学报》《中国科技期刊研究》和《编辑之友》。因为期刊被引用的频次高，则说明该刊的利用价值高，同时也体现出学术水平高，所以相较于其他编辑出版类专业期刊而言，这三种期刊所反映出的学术水平是高高在上的。

（三）专业期刊被摘率分析

为进一步测评编辑出版类期刊的专业声誉，我们还对 19 种专业期刊在大陆地区权威文摘类期刊《人大复印报刊资料·出版业》和权威索引类期刊《全国报刊索引》中的被摘引情况进行了统计与分析。

作为衡量专业期刊质量水平指标之一的被摘率，是指一种期刊被权威性文摘类期刊全文文摘的情况，它能在一定程度上反映被全文文摘论文的高质量和典型性，也能反映期刊的专业声誉状况。

经过统计，2010 年《人大复印报刊资料·出版业》共摘登了 183 篇编辑出版类专业论文，有 14 种专业期刊刊载的论文被《人大复印报刊资料·出版业》全文摘登。2011 年《人大复印报刊资料·出版业》共摘登了 162 篇编辑出版类专业论文，有 15 种专业期刊刊载的论文被《人大复印报刊资料·出版业》全文摘登。在此基础上，我们对 2010 年和 2011 年专业期刊刊载论文在《人大复印报刊资料·出版业》中的被摘率进行了分期刊的统计汇总，得到表9、表 10 和具体数据。

表9　2010 年《人大复印报刊资料·出版业》专业论文被摘率排序表

排序	刊　名	被摘篇数	被摘率（%）	排序	刊　名	被摘篇数	被摘率（%）
1	《出版发行研究》	31	16.94	8	《出版参考》	4	2.19
2	《中国出版》	30	16.39	9	《出版人》	3	1.64
3	《编辑之友》	19	10.38	10	《中国版权》	3	1.64
4	《出版广角》	14	7.65	11	《中国编辑》	2	1.09
5	《中国科技期刊研究》	14	7.65	12	《编辑学报》	1	0.55
6	《出版科学》	9	4.92	13	《编辑学刊》	1	0.55
7	《科技与出版》	6	3.28	14	《中国图书评论》	1	0.55

表10　2011年《人大复印报刊资料·出版业》专业论文被摘率排序表

排序	刊　名	被摘篇数	被摘率（%）	排序	刊　名	被摘篇数	被摘率（%）
1	《中国出版》	22	19.82	9	《编辑学刊》	5	4.50
2	《出版发行研究》	18	16.22	10	《科技与出版》	5	4.50
3	《编辑之友》	12	10.81	11	《中国版权》	4	3.60
4	《出版科学》	11	9.91	12	《编辑学报》	3	2.70
5	《出版广角》	9	8.11	13	《出版参考》	2	1.80
6	《现代出版》	6	5.41	14	《出版人》	1	0.90
7	《中国编辑》	6	5.41	15	《中国图书评论》	1	0.90
8	《中国科技期刊研究》	6	5.41				

从二表中可以看出，《出版发行研究》《中国出版》和《编辑之友》位列2010年全文文摘被摘率排行榜的前三名；《中国出版》《出版发行研究》和《编辑之友》位列2011年全文文摘被摘率排行榜的前三名。《中国出版》《出版发行研究》和《编辑之友》连续两年都进入了《人大复印报刊资料·出版业》被摘率排行榜的前三位，相较于其他专业期刊，其刊载论文被《人大复印报刊资料·出版业》摘登的篇数多，被摘比率也高，这从一个侧面表明，此三种专业期刊在编辑出版研究领域的认可度较高，专业声誉也较好。

（四）专业期刊被引率分析

作为大陆地区最权威的索引类期刊《全国报刊索引》，其2010年的"G23出版事业"类共列出2591篇论文索引条目，19种编辑出版学专业期刊中有10种期刊发表的1715篇论文被收入此部分，共计1715条，约占索引条目总数的66.19%。2011年，《全国报刊索引》"G23　出版事业"类共列出2311篇论文索引条目，19种编辑出版学专业期刊中有9种期刊发表的1418篇论文被收入此部分，共计1418条，约占此索引条目总数的61.36%。各专业期刊在《全国报刊索引》中的具体被引率数据与比例关系详见下表11和表12。

表11　2010年《全国报刊索引》中专业论文被引率排序表

排序	刊　名	被引数量	被引率（%）	排序	刊　名	被引数量	被引率（%）
1	《编辑之友》	384	14.82	6	《中国科技期刊研究》	200	7.72
2	《中国出版》	329	12.70	7	《编辑学刊》	88	3.40
3	《科技与出版》	238	9.19	8	《中国图书评论》	43	1.66
4	《出版发行研究》	225	8.68	9	《辞书研究》	4	0.15
5	《编辑学报》	202	7.80	10	《中国版权》	2	0.08

表12　2011 年《全国报刊索引》中专业论文被引率排序表

排序	刊　名	被引数量	被引率（%）	排序	刊　名	被引数量	被引率（%）
1	《编辑之友》	319	13.80	6	《编辑学刊》	95	4.11
2	《中国出版》	310	13.41	7	《科技与出版》	37	1.60
3	《出版发行研究》	221	9.56	8	《中国图书评论》	19	0.82
4	《中国科技期刊研究》	211	9.13	9	《中国版权》	3	0.13
5	《编辑学报》	204	8.83				

　　通过以上两表可知，《编辑之友》《中国出版》和《科技与出版》在 2010 年《全国报刊索引》中分列 19 种专业期刊被引率的前三名。2011 年以上三种期刊在《全国报刊索引》中分列 19 种专业期刊被引率的前三甲。

　　《编辑之友》和《中国出版》连续两年都进入了《全国报刊索引》被引率排行榜的前三位，相较于其他专业期刊，其发表论文被《全国报刊索引》索引的数量最多，说明这两种期刊所刊发的论文在业内研究者眼中具有权威性和典型性，也说明此两种专业期刊在编辑出版领域内具有相对较高的专业声誉。

　　此外，我们又对 2010 年和 2011 年专业期刊所发表论文在《人大复印报刊资料·出版业》文后索引中的被引率情况进行了统计。其中，2010 年《人大复印报刊资料·出版业》的文后索引部分共列出 1754 条论文索引条目，19 种专业期刊中有 14 种专业期刊登载的论文进入此部分索引，共计 1217 条，占全部索引条目总数的 69.38%。2011 年《人大复印报刊资料·出版业》的文后索引部分共列出 1131 条论文索引条目，有 16 种专业期刊登载的论文进入此部分索引，共计 806 条，占全部索引条目总数的 71.26%。这在一定程度上说明，19 种专业期刊在出版领域有着重要的传播作用。具体到各专业期刊，其在《人大复印报刊资料·出版业》中的被引率数据详见表 13 和表 14。

表13　2010 年《全国报刊索引》中专业论文被引率排序表

排序	刊　名	被引数量	被引率（%）	排序	刊　名	被引数量	被引率（%）
1	《中国出版》	176	10.03	8	《出版广角》	82	4.68
2	《编辑之友》	171	9.75	9	《出版科学》	68	3.88
3	《出版发行研究》	156	8.89	10	《中国编辑》	43	2.456
4	《出版参考》	124	7.07	11	《编辑学刊》	33	1.88
5	《科技与出版》	120	6.84	12	《出版人》	32	1.82
6	《中国科技期刊研究》	86	4.90	13	《中国版权》	25	1.48
7	《编辑学报》	83	4.73	14	《中国图书评论》	17	0.97

表 14　2011 年《全国报刊索引》中专业论文被引率排序表

排序	刊　名	被引数量	被引率(%)	排序	刊　名	被引数量	被引率(%)
1	《中国出版》	144	12.73%	9	《中国科技期刊研究》	34	3.01
2	《出版参考》	97	8.58	10	《现代出版》	29	2.56
3	《编辑之友》	96	8.49	11	《中国编辑》	28	2.48
4	《出版发行研究》	87	7.69	12	《编辑学刊》	24	2.12
5	《科技与出版》	72	6.37	13	《中国版权》	20	1.77
6	《出版广角》	69	6.10	14	《出版人》	14	1.24
7	《出版科学》	53	4.69	15	《中国图书评论》	4	0.35
8	《编辑学报》	34	3.01	16	《辞书研究》	1	0.09

通过这些统计数据可知，《中国出版》《编辑之友》和《出版发行研究》的 2010 年被引率位列专业期刊的前三位；2011 年被引率排在前三名的是《中国出版》《出版参考》和《编辑之友》。《中国出版》和《编辑之友》连续两年都进入了《人大复印报刊资料·出版业》文后索引部分的被引率排行榜前三位，相较于其他专业期刊，这两种专业期刊所刊发的论文在编辑出版领域内具有较高的认可度，也进一步证明此两种专业期刊在编辑出版领域内具有良好的专业声誉。

（五）专业期刊的学术声誉评定

评价一本专业期刊的专业声誉，要综合考虑该期刊发表论文的情况、期刊总被引频次和影响因子、期刊论文被摘率和被引率等各方面因素。通过对近三年不同方面数据进行统计汇总发现，各种编辑出版类专业期刊的专业声誉状况也是各不相同。

2009 年从专业期刊的影响因子和总被引频次两个方面考虑，《编辑学报》位居两项指标的榜首。2010 年从专业期刊的载文状况、影响因子和总被引频次以及被《人大复印报刊资料·出版业》《全国报刊索引》的被摘引情况五个方面来考虑，《出版发行研究》各项指标都比较靠前。2011 年从专业期刊的载文量和被《人大复印报刊资料·出版业》《全国报刊索引》的被摘引情况三个方面考虑，《中国出版》和《编辑之友》各项指标均排在前列。但是，我们不能单凭某一方面数据来判定各专业期刊的专业声誉状况，不能以偏概全，要全面综合考虑各方面的因素，才能得出客观全面的期刊专业声誉评价。

我们对 2010 年和 2011 年两年的专业期刊刊载有效论文的数量进行二次统计，得到 2010 年~2011 年专业期刊刊载有效论文的综合排序表，具体数据详见下表。

表 15   2010 年～2011 年专业期刊刊载有效论文综合排序表

排名	刊名	有效论文总数	排名	刊名	有效论文总数
1	《中国出版》	982	10	《中国编辑》	269
2	《编辑之友》	981	11	《编辑学刊》	232
3	《科技与出版》	580	12	《新疆新闻出版》	229
4	《出版发行研究》	565	13	《中国图书评论》	149
5	《中国科技期刊研究》	505	14	《现代出版》	147
6	《编辑学报》	464	15	《辞书研究》	131
7	《出版广角》	385	16	《出版史料》	105
8	《出版科学》	292	17	《出版视野》	79
9	《出版参考》	278	18	《出版人》	40

同样，我们对 2009 年～2010 年专业期刊总被引频次、影响因子数据进行综合统计，得出了各个专业期刊的排名情况。然后，依照这几项排序将专业期刊的专业声誉评定范围缩小至位列前茅的《编辑学报》《编辑之友》《出版发行研究》《出版科学》《科技与出版》《中国出版》和《中国科技期刊研究》这 7 种专业期刊上。

表 16   2010 年～2011 年专业期刊总被引频次综合排序表

排名	刊名	总被引频次
1	《编辑学报》	4648
2	《中国科技期刊研究》	3124
3	《编辑之友》	1181
4	《出版发行研究》	1112
5	《中国出版》	903
6	《科技与出版》	897
7	《辞书研究》	692
8	《出版科学》	662
9	《编辑学刊》	498
10	《中国图书评论》	440
11	《中国编辑》	415
12	《中国版权》	135

表17　2010年～2011年专业期刊影响因子综合排序表

排　名	刊　名	影响因子平均值（%）
1	《编辑学报》	1.4035
2	《中国科技期刊研究》	0.8445
3	《出版科学》	0.404
4	《科技与出版》	0.3725
5	《出版发行研究》	0.3375
6	《编辑之友》	0.3105
7	《中国编辑》	0.265
8	《中国出版》	0.259
9	《编辑学刊》	0.198
10	《中国图书评论》	0.1595
11	《辞书研究》	0.124
12	《中国版权》	0.0995

　　再进一步进行数据归纳统计，我们对2010年和2011年各专业期刊在《人大复印报刊资料·出版业》正文文摘中的被摘率、在《全国报刊索引》和《人大复印报刊资料·出版业》文后索引中的被引率情况进行二次综合统计，得到以下三个综合排序表格。

表18　2010年～2011年《人大复印报刊资料·出版业》
正文文摘被摘率综合排序表

排　名	刊　名	被摘篇数	被摘率平均值（%）
1	《中国出版》	52	20.88
2	《出版发行研究》	49	19.68
3	《编辑之友》	31	12.45
4	《出版广角》	23	9.24
5	《出版科学》	20	8.03
6	《中国科技期刊研究》	20	8.03
7	《科技与出版》	11	4.42
8	《中国编辑》	8	3.21
9	《中国版权》	7	2.81
10	《编辑学刊》	6	2.41
11	《出版参考》	6	2.41
12	《现代出版》	6	2.41
13	《编辑学报》	4	1.61
14	《出版人》	4	1.61
15	《中国图书评论》	2	0.80

表19　2010年～2011年《人大复印报刊资料·出版业》
文后索引被引率综合排序表

排　名	刊　名	被引数量	被引率平均值（%）
1	《中国出版》	320	11.09
2	《编辑之友》	267	9.25
3	《出版发行研究》	243	8.42
4	《出版参考》	222	7.69
5	《科技与出版》	193	6.69
6	《出版广角》	151	5.23
7	《出版科学》	121	4.19
8	《中国科技期刊研究》	120	4.16
9	《编辑学报》	117	4.05
10	《中国编辑》	71	2.46
11	《编辑学刊》	58	2.01
12	《出版人》	46	1.59
13	《中国版权》	46	1.59
14	《现代出版》	29	1.00
15	《中国图书评论》	21	0.73
16	《辞书研究》	1	0.03
17	《中国出版》	320	11.09

表20　2010年～2011年《全国报刊索引》被引率综合排序表

排　名	刊　名	被引数量	被引率平均值（%）
1	《编辑之友》	703	14.34
2	《中国出版》	639	13.04
3	《出版发行研究》	446	9.10
4	《中国科技期刊研究》	411	8.38
5	《编辑学报》	406	8.28
6	《科技与出版》	275	5.61
7	《编辑学刊》	183	3.73
8	《中国图书评论》	62	1.26
9	《中国版权》	5	0.10
10	《辞书研究》	4	0.08

通过以上三个表格中的被摘率、被引率数据排名，进一步筛选和评定编辑出版类专业期刊，其范围缩小至《编辑之友》《出版发行研究》《科技与出版》《中国出版》和《中国科技期刊研究》这5种专业期刊上。

影响因子的大小与刊载论文数量有关，而总被引频次可以在一定程度上弥补由于刊载论文数量过大而导致影响因子过低的问题，因而对专业期刊的专业声誉进行综合评定最先需要对专业期刊的论文刊载数量、影响因子大小和总被引频次进行统计和排序。综合这三方面因素可以得出，《编辑之友》两年共刊载有效论文981篇，刊载有效论文的数量较多，因而影响因子数值较低，但两年总被引频次高达4846次，故从这三方面的因素来看，《编辑之友》的专业声誉状况位列全部19种编辑出版类专业期刊的第一名。以此类推，《出版发行研究》《中国出版》《中国科技期刊研究》《科技与出版》的专业声誉状况，分别位列专业期刊的第二至第五位。

我们根据专业期刊在大陆地区权威文摘类期刊《人大复印报刊资料·出版业》和权威索引类期刊《全国报刊索引》中的被摘率和被引率进行统计测算，修正了位列前五位的专业期刊排名次序，得出了最后的编辑出版类期刊专业声誉前五名的排序表。

表21 编辑出版类期刊学术声誉前五位排序表

排序	刊 名	刊载有效论文数	总被引频次	影响因子	《出版业》正文文摘的被摘率（%）	《出版业》后文索引的被引率（%）	《全国报刊索引》的被引率（%）
1	《编辑之友》	981	4846	0.3105	12.45	8.49	13.79
2	《中国出版》	982	903	0.259	20.88	12.73	13.40
3	《出版发行研究》	565	1112	0.3375	19.68	7.69	9.50
4	《中国科技期刊研究》	505	3124	0.8445	8.03	3.01	9.15
5	《科技与出版》	580	897	0.3725	4.42	6.37	1.60

五、专业期刊调研与分析后的思考和总结

通过对编辑出版学专业期刊的出版状况进行调研与分析，我们充分认识到大陆地区编辑出版学专业期刊对于出版行业发展、出版科学研究、编辑出版学学科建设等方面都有着举足轻重的作用，也得出了以下四点体会。

第一，专业期刊出版周期与专业研究、行业发展的关系。为了促进专业期刊

的发展，每本专业期刊在创办之初，对于期刊办刊宗旨、读者对象、市场定位都有明确的目标，在实现这个目标的过程中，不仅需要对专业期刊所刊载的论文主题进行选择，还需要依靠专业期刊的出版周期来辅助实现。出版周期在一定程度上反映了专业期刊的信息传播速度，决定了专业期刊能否对行业新动态和研究新进展做出反应后及时传达给读者。因此，每一种专业期刊不仅需要根据自身定位打造期刊的办刊特色，还需要依据自身条件确定出版周期，力争周期越短越好，以便给予读者及时有效的信息指导。

第二，地区专业研究氛围与期刊地域分布的关系。专业期刊的发展水平与其出版地的专业发展状况存在着辩证关系，出版地的专业发展状况、专业研究水平等，决定了当地专业期刊的发展规模和水平。而专业期刊的发展水平也在一定程度上反映了期刊出版地的专业发展状况和研究水平。通过分析编辑出版学专业期刊的出版状况，我们不仅需要认识到当前此类专业期刊的发展状况，还应透过期刊的发展状况，看到各地区出版专业发展状况的差异性，从而对症下药，努力促进出版专业的大发展大繁荣，同时兼顾专业研究的地域均衡性和地区间的协调性。

第三，期刊栏目设置与专业期刊出版特色的关系。专业期刊创办初期，需要通过宏观层次的策划来确定期刊的性质、宗旨、内容定位、读者对象、风格特点等，然后再通过栏目设计等中观层次的策划，使专业期刊的宗旨任务等具体化、栏目化。在统计分析编辑出版学专业期刊的过程中不难发现，有些栏目设置存在重复现象，这一方面说明出版行业对某些现象、某些话题的大力关注、集体观照，另一方面也需要谨防跟风研究、人云亦云等现象的形成。要实现专业期刊的科学定位，打造期刊的办刊特色，树立期刊品牌，就要在栏目设置上多下功夫。不是每一个出版行业热点都需要设置栏目来给予长期关注，而是需要从自身期刊的定位出发，来寻找和确定自己的期刊特色栏目，进而形成专业期刊的出版特色。

第四，专业期刊声誉评价标准与期刊学术声誉测评的关系。对于专业期刊的评价，不能只是针对某一项评价指标的讨论，而要综合考虑能够影响其学术声誉的方方面面因素，并对其进行全面的统计分析和认定。通过统计数据再细致分析每一个要素，进而得出专业期刊的学术水平程度以及专业声望认知程度。另一方面，这些专业期刊评介指标和统计数据是动态浮动的，而非一成不变的。专业期刊要保持其较高的学术声誉，就必须不断关注行业发展，追踪专业研究热点和重点，求访和刊登优秀的专业论文，这样才能在激烈的期刊竞争中立于不败之地。

通过统计和分析编辑出版学专业期刊，我们发现此类专业期刊的出版状况也存在着一些问题。譬如，出版周期过长，双月刊普遍存在，甚至还有季刊，使信息传播的"先锋连"变成了"后卫队"。为此，就如何促进编辑出版学专业期刊的发展，最后提出以下三点建议。

一是明确专业定位，加强期刊特色化建设。编辑出版工作与研究是一个庞大的系统工程，涉及的环节很多。每本专业期刊不可能对每个环节都关注到，这就要求专业期刊在明确刊物专业定位的情况下，打造自己独特的办刊特色，形成自身发展的绝对优势。

二是缩短出版周期，加快信息传播速度。缩短期刊出版周期，能够将最新的研究成果或行业信息及时地传递给读者，有利于编辑出版学专业期刊做好出版行业的"传声器"和"晴雨表"，也利于专业期刊吸引更多的读者。期刊的编辑出版单位应从机制体制上进行改革，提高工作效率，引进先进的编辑加工技术，以快、准、灵的出版效率，缩短出版周期，以赢得作者和读者，推动编辑出版学专业期刊的大发展大繁荣。

三是打造特色栏目，形成期刊的刊文强势。特色是期刊的生命，栏目是期刊的窗口；特色栏目可以在塑造期刊整体形象的基础上强化期刊的个性，并体现期刊的办刊宗旨和特色。特色栏目一旦形成，专业论文作者和读者、业界管理者和学术研究单位就会另眼看待、高度关注，甚至出现"马太效应"。为此，编辑出版学专业期刊要打开眼界，向其他专业领域的优秀期刊学习，尽快形成自己的特色栏目，成为优秀论文的制造园地和读者关注的焦点。

撰稿：赵　翾　王彦祥（北京印刷学院）

新著评介

编辑出版学理论著作

《普通编辑学》评介

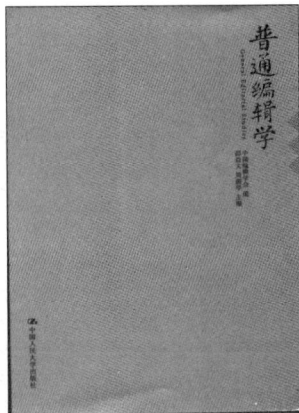

邵益文、周蔚华主编，中国人民大学出版社2011年9月出版发行；全书27.2万字，16开，287页。

本书是中国编辑学会组织编写的我国第一部以《普通编辑学》命名的专著。全书共分十章。第一章导论，介绍编辑学的创立、形成与发展，分析编辑学的研究对象、学科体系，编辑学与出版学、新闻学的关系，以及编辑学的国际考察，重点阐释了普通编辑学的兴起、理论框架、研究方法等。第二章介绍编辑活动的发展历程，叙述古代编辑活动的产生及古代编辑史的基本特点，近现代编辑活动到图书出版活动，当代编辑活动和新媒体发展与编辑活动的发展趋势，中国编辑史的宏观视角与编辑学研究。第三章阐释不同的编辑活动中存在的普遍本质、一般特征和原则。第四章论述编辑活动的功能，归纳出发现和选择功能、优化传播功能、创意和实现文化价值功能、舆论引导与文化教育功能、文化存储和文化创新功能。其中"创意和实现文化价值功能"，力图解答困扰人们的所谓博客传播、个人出版现象。第五章论述编辑活动的主要矛盾和基本规律。第六章研究编辑活动的主体，提出该主体由编辑个人和编辑组织构成，在编辑实践活动中起核心作用，并对编辑风格有直接影响。第七章论述编辑活动的客体，分为直接客体——作品，作为作品源泉的编辑活动客体——作者，作为服务对象的编辑活动客体——受众，且提出受众服务是编辑活动的核心原则。第八章阐释所有媒体编辑活动的一般过程，包括信息采集与整理，选题，审鉴，编辑加工，编辑产品的形式、宣传与评价。第九章论述编辑活动与质量，阐释了编辑对媒介产品质量的意义、内涵，编辑质量理念与质量意识，编辑过程的质量管理。第十章论证编辑活动与市场，分析了媒介产品属性，媒介市场特点，以及二者的关系，提出建立要有利于市场竞争的编辑体制和运行机制。

本书主要特点是：第一，理论总结与创新。从引文和参考文献看，本书系统归纳和吸收了我国编辑学界近30年的研究成果，研究视角广阔。根据媒介发展的最新进展和发展趋势，对涉及编辑活动的一般理论和规律进行了归纳、总结，梳理并构建了编辑学的概念体系，论述了编辑活动的本质、特征、原则、功能、主客体、一般过程等重要问题，并对编辑与质量、编辑与市场等进行了理论阐释和分析，为建立一门能够涵盖编辑活动一般规律的普通编辑学做出理论奠基。

第二，体系完整，结构紧密。以往的相关研究，囿于研究视野、研究理念及研究经历，或脱离编辑工作实际而抽象空泛，或过于纠结实际工作细节，缺失理论总结，而使编辑无学的观点在出版业界有一定的认同。本书系统吸收和归纳我国编辑学界研究成果，从知识构成的角度，重新阐释编辑学的学科体系，包括编辑理论、编辑实务和编辑史三个部分。编辑实务是编辑理论的实践形式和具体表现；编辑史既表现编辑理论的历史实践形式，又表现编辑理论在每一历史阶段的发展过程和成果；编辑实务和编辑史是血肉，编辑理论是灵魂。三种知识互相联系，互相渗透，不能互相取代且有机结合，才能构建完整的编辑学学科体系。本书在内容构建中充分体现了对编辑学学科体系的认知，体现了编辑学实用性和综合性的基本特点，既有自己完整的研究体系，又去除了空泛化。

第三，体现大出版、大编辑观。2008年4月，由中国编辑学会等单位主办的首届中国编辑高层论坛的主题是"大文化·大媒体·大编辑"。自此中国编辑学会通过学会活动、年会征文等，不断倡导在全球化视野下，以文化大繁荣和大发展为目标，以多层次、跨时空、宽视野的大文化，以多形式、跨行业、全视角的大媒体，去实践和研究编辑工作。作为中国编辑学会主持编辑的本书，更是从始至终彰显大出版、大编辑的理念，首先是在编辑学概念体系的构建和概念的诠释上体现大出版、大编辑的理念，如将出版物称作媒介产品，并从大出版的角度系统阐释媒介产品及其质量。其次在全书结构设计，研究对象选择与论证，社会效益与经济效益的全面客观分析上，无一不体现大出版、大编辑的理论视角。

第四，体现了学以致道，学以致用的学术追求。近年的学术研究存在两个误区：一是功利化的学以致用观，导致学术研究急功近利，很多研究只停留在技术层面，缺少前瞻性思维；一是片面强调研究学理与研究范式，脱离实际，闭门造车。本书在构建学术体系以及学术观点阐释诸方面，在对编辑主体、编辑客体以及编辑活动一般过程的研究等各个方面，结合作者的编辑工作体验和感悟，关照改革开放以来编辑出版业的新变化，把握编辑学科自身作为应用科学的特点，既有形而上的学理探索，又有源于编辑实践并指导实践的经验总结，彰显了以探求真理为目的的务实精神，其学以致道、学以致用的追求值得学界和业界推崇。

如果说本书有欠缺之处，那就是因为多人著述容易出现的问题——行文表述和观点有不统一之处。如在编辑活动全过程的表述与"编辑过程"的阐释上，相互之间的表述有出入；个别概念的界定与阐释不够明确，对艺术或审美标准的阐释不够客观全面。

撰稿：朱　宇

《编辑学原理》评介

吴平、芦珊珊编著，武汉大学出版社 2011 年 6 月出版发行，全书 22.5 万字，16 开，200 页；是普通高等教育"十一五"国家规划教材，高等学校出版科学专业系列教材之一。

本书吸收了国内外的编辑学研究成果，结合作者在多年编辑学教学工作中的体会撰著而成。全书共分 7 章，分别是编辑理论概述、编辑活动、编辑人员、编辑过程（上、中、下）、编辑思想。在"编辑理论概述"一章，作者提出"编辑"概念是编辑活动发展过程中理论形成的基础，编辑的著作行为与传播行为是协调统一的，传播行为始终支配决定着编辑的著作行为。广义的编辑是指为了社会文化生产所进行的一系列整理、加工、积累、传播的文化创造活动；狭义的编辑是指在出版过程中所从事的对原稿或者原始材料整理、加工等系列化工作。作者认为，将精神的、意识的思想凝聚于文字符号的再创造智力活动是编辑的本质属性。前后从出版物、出版部门、社会文化发展、社会精神文明建设、文化生产和文化接受以及教育与科学各方面阐释编辑价值，分析编辑的目的。从编辑学研究历程、研究任务、系统结构、研究方法等方面，梳理编辑学的研究与思考。

在"编辑活动"章，作者从梳理编辑活动的发展进程，到分析编辑活动的性质、基本要素、规律，阐释了编辑工作的基本原则及工作规范。在"编辑人员"章，作者提出编辑人员是出版企业赢得社会效益和经济效益的前提；通过分析编辑人员的构成，重点比较了责任编辑与策划编辑的工作内容与职责，论述了编辑团队建设的作用，提出编辑人员的职业意识应包括责任意识、中介意识、服务意识和市场意识。编辑人员的基本素质包括语言文字修养、人际交往能力、主动持续的学习能力。作者还从市场经济、国际化环境以及网络环境三方面，阐释了编辑的角色定位及对编辑人员的要求。"编辑过程（上、中、下）"三章中，作者分别阐释了选题和组稿的工作内容和工作原则，介绍了审稿和编辑加工的意义、内容原则、具体方法，以及校对、装帧设计、营销宣传的意义和方法。在"编辑思想"章，作者提出编辑思想的价值取向应注重编辑活动内容和形式的创新，不以名家而以质量决定稿件取舍标准、制定并坚守出版理念、热情诚挚的读者服务精神。

正如"序言"及"前言"所述，本书是曾于2005年出版的《编辑本论》的

修订版，在主动适应时代对编辑人员的要求，面向高等教育出版科学专业学生方面，在行文的通俗及可读性方面做了努力。全书内容框架体系体现了作者对编辑学理论的思考，既涉及"术"的层面，也有"学""理"层面的思考与阐释，尤其对"编辑思想"、编辑加工中的"思维活动"等有一定深度的分析。

　　本书存在的问题也有典型性，一是"序言"中说本书"把教材当专著来写"，这会带来教材体例和易读性问题；二是缺乏全媒体观念，当前数字技术的发展，出版业日新月异的变化是显而易见的，出版已进入多种媒体服务受众的时代，学界和业界一直关注并提倡大出版、大编辑以及大媒体的观念，而本书从研究视角到关注点，以及所举案例还都仅仅是图书。三是教材中讲授的部分编辑理论与实践，不符合编辑实际或与政策相悖，如混淆审稿与编辑加工的工作职责；在编辑过程部分对编辑活动始于哪个环节的分析，显现出对编辑活动理解的泛化；提出校对方法包括对校、理校、点校、折校、他校、通读等，而实际上点校、折校只是对校中的一种方法；把装帧设计置于校对环节之后，且认为美术编辑只负责封面设计，等等。四是教材内容陈旧，从参考文献看，近90%的参考文献发表于2000年前后，还有一些是20世纪80年代的著作。尤其是在"编辑过程"的"校对"一节中，仍然使用1992年的《图书质量管理规定》，而新闻出版总署已于2005年3月1日起实施新的《图书质量管理规定》。总之，书中引用的观点、材料的陈旧，自然也就缺乏现实的指导意义，甚至会对读者产生误导。

撰稿：朱　宇

《报纸编辑精品导读》评介

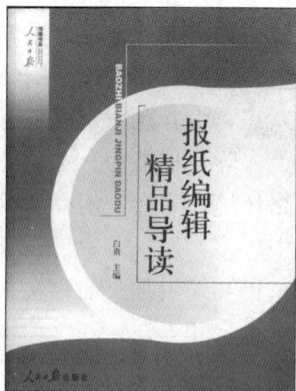

　　白贵主编，人民日报出版社2011年5月出版发行，全书30万字，16开，共386页。

　　本书的每一部分均以多篇优秀作品为例，首先对作者和编辑的背景进行简介，随后从报纸编辑的专业角度对作品进行评析。对作品的评析主要以新闻题材、新闻价值、新闻来源、写作技巧等几个方面为标准，以期达到对作品进行综合、全面的介绍和评论。鉴于不同类别的新闻作品有不同的编辑特点，本书以新闻编辑的对象为划分标准，将内容划分为消息、评论、通讯、系列报道、摄影、标题、版面等几个部分，这不仅符合新闻作品的类型标准和分类规律，也使得本书脉络清晰，结构完整，阅读起来省时节力。

因本书的主要读者对象是高校编辑课程教师，以及高校新闻和出版专业的学生，所以在内容编排上呈现出许多教材的特点。每一部分的结构均为作品阅读、作者简介、编辑背景、作品评析，与教材的编辑结构相似，遵循着提出问题、解决问题的思路。对作者的简介可以增加读者的专业知识，扩大他们对行业内优秀人才的了解；对编辑背景的介绍可使读者切身感受到作品诞生的过程，体会到一篇优秀作品的来之不易。评析部分主要介绍编辑对作品做了哪些编辑工作，对哪些部分进行了修改，对哪些重点部分进行了强调，以及运用了哪些编辑手法，进行了哪些创新。在评析新闻作品的同时，还对编者加工稿件的过程进行分析，提炼编者所总结出的宝贵经验。其中，评析还包括了针对每种新闻作品所应具备的编辑技巧，以及在编辑此类作品时应该注意的相关事项，有益于读者在阅读的同时进行知识补充与积累，提高自己的专业素养。

本书在新闻作品的选取上比较用心，按照所分类别选取了若干篇具有代表性的优秀作品。这些作品大部分是历届中国新闻奖获奖作品，在一定程度上可以称之为我国新闻界最高水平的作品。这些作品有的与重大事件有关，有的反映了时代特色，还有的则具有一定的号召意义，此外它们还有一个共同点，即对新闻作品的编辑工作具有十分重要的借鉴性，同时，编者对作品的评析能够使读者更详细地了解新闻编辑工作的各个环节和流程。

本书主要特色就是结合新闻作品产生的过程，对作品的编辑进行评析。对于每一篇作品，首先介绍它的编辑背景，然后在评析时也对稿件产生的过程进行简述，这有利于读者了解作品完成的全过程，加深对作品的认识程度，也可使读者了解到许多行业内的信息。对作品的评析方法多样，有对作品的总结评价，也有对编辑步骤的回顾，还有对编辑方法的理论介绍，既能增加读者的理论知识，还能教授编辑实践的方法。另外，第五编对新闻摄影作品的评析，符合当前新闻编辑的趋势，在视觉化、图片化信息日益盛行的时代，新闻摄影在新闻稿件中的作用越来越明显，对其编辑工作的介绍也显得更为必要。

本书的不足之处在于，对新闻编辑理论和实际方法的介绍较为零散，若从教材的角度来讲，知识点的凌乱会给学生的学习带来一定的困难，难以对知识点进行全面的把握。由于本书为"精品导读"，并且内容的表现方法是对优秀新闻作品进行评析，而并不是一本专门介绍新闻编辑知识或者方法的学术著作，因此上述缺点也显得无可厚非。故此网友"东岳小南"这样评价："严重推荐编辑读读，不过这个适合于正统的编辑，而且例子不算很新鲜，有些甚至比较老，但还是可以学到很多东西。"这可以算作对本书中肯的评价。

撰稿：李彦强

《中国出版学研究综录》评介

李新祥编撰，中国书籍出版社2011年1月出版发行；全书近95万字，共325页。

本书系浙江省重点学科——新闻学（广播电视新闻学）研究成果之一，收录中国1949年至2009年两岸三地正式出版的出版研究书录6779种。所收录的出版学研究著作以学科性质为分类依据，分为三个大类，即基础出版学与出版理论研究、历史出版学与出版史研究、应用出版学与出版应用研究。其中，"历史出版学与出版史研究"部分中，分综合出版与专题出版史类综录、图书出版史类综录、杂志出版史类综录、报纸出版史类综录、音像电子网络出版史类综录等六个小类。"应用出版学与出版应用研究"部分中，分出版综合应用与专题应用类综录、图书出版应用类综录、杂志出版应用类综录、报纸出版应用类综录、音像与电子出版应用类综录、网络与手机出版应用类综录五个子目。本书内容涵盖多种媒介形态，涉及出版的各个流程，内容翔实可靠，是一本不可多得的提供出版研究文献资料的综录专著。本书具有以下三个特点。

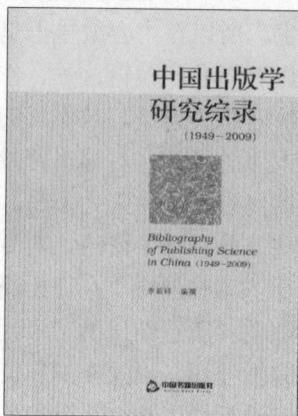

第一，选目博而专精。本书收集近五十年来大中华地区出版的出版研究类图书，同时也收录了20世纪初的部分作品，书录范围囊括学术专著、教材、通俗读物、年鉴、工具书等五个大类。所收书属于广义出版研究类图书范畴，包揽了出版学编读评论各个环节，以及与出版相关的人物机构收藏目录等，同时在收书范围上兼容公开出版物与非公开出版物。而在处理多版本书目与多期、连续出版物时，则尽可能列单一条目集中介绍，同时备注版本沿革与内容作者的异同，从而避免了书录类著作内容杂乱的情况。

第二，著录编排有序。首先，本书正文采用分类体系排列，以书名拼音降序为排列依据，每一词条分为著录项目与内容简介两大部分。以正文第70页1502词条《假面文学作品》为例，除书录应有的书名、作者、年代、出版机构（"德米特里著，傅仲译，沈阳，辽宁教育出版社，2005）之外，还简要说明本书内容的核心点，使读者一目了然（本书揭开了欧洲五百多年图书出版中存在的假面……并使读者了解其掩饰的原因和目的）。其次，本书依据版权页和书名页，理清出版者和多著者情况下的编著关系。最后，为方便读者检索，正文前列出总目、简目与细目，采用通用的顺序号排序。

第三，成书意义重大。《中国现代编辑学辞典》"序言"中曾这样阐述出版学："出版学是研究出版工作及其发展规律的科学。出版工作包括编辑出版、印刷、发行以及出版物资供应、出版管理等各项工作，出版学就是在对这些工作进行综合研究的基础上建立起来的。"本书作者在"编者后记"中也提到，读研期间目录学课程的学习，促使他下定决心为出版学这门学科完成一份应有的书录，理清这门学科的基础，以便于出版学同仁进一步的探索和研究。也正是本书作者和书目内录诸出版学书目的作者们一同筚路蓝缕，我国的出版研究事业才得以脚踏实地迈步向前，这也是本书的意义所在。

此书对于国内出版学界和业界而言，集中展示和梳理了本专业的研究成果，有利于进一步增强出版学科的自觉性和自信心，对其他学科也能起到展现出版学研究进展，促进多学科共同进步的效用，更能向读者表明出版研究作为独立的学科，已经在社会科学研究上占有重要地位，也是进行其他研究不可忽视的一方敲门砖。

撰稿：隗静秋（浙江万里学院）

《出版管理学》评介

于春迟，谢文辉著，系"21世纪编辑出版学系列教材"之一，中国人民大学出版社2011年6月出版发行，全书41.4万字，共404页。

本书是作者对我国出版业发展新环境全面考察的结果，共分十一章：第一章：出版战略管理，第二章：出版组织管理，第三章：出版社的品牌经营管理，第四章：出版企业核心竞争力管理与构建，第五章：出版业的人力资源管理，第六章：出版企业的文化建设，第七章：出版企业财务管理，第八章：出版企业成本管理，第九章：出版供应链管理，第十章：信息化与出版管理创新，第十一章：出版企业的资本运营。书后另有后记，题为《出版产业生态圈的变化与走向》。

本书对出版的全流程做了详尽解释，涵盖"编、印、发"各个环节，并以宏观、微观两个层面作为划分标准，全书内容可分为两个部分。

第一部分，从宏观层面对出版企业的总体发展状况展开论述，包括了前四章内容。首先，战略问题是出版企业发展的全局性、方向性的问题，也是出版企业发展必须首先明确的问题。作者通过对国内外出版环境的分析，为我国出版企业指出了三种发展模式。同时指出，出版企业发展要紧跟数字化浪潮，探索数字出版路径。其次，组织管理是出版企业获得良好发展的坚实基础，出版业目前正处于转型和改制的阵痛之中，长期以来推行的U型组织形式的弊病日渐突出，日益成为制约出版企业进一步发展的瓶颈。作者认为，矩形阵组织结构是与我国出版企业最相适应的组织形式。再次，有效的品牌经营管理是出版企业发展的重要保障。品牌经营包括品牌建立、品牌传播、品牌更新、品牌延伸及品牌保护等几个方面，出版企业管理离不开以上几方面的严格把关。最后，核心竞争力建设是出版企业的根本所在。出版企业的核心竞争力有别于其他行业，它不仅体现在具体出版物上，也体现在社会文化环境的影响上。能够积极有效地引导社会舆论，维护健康的社会文化环境，是出版企业的真正价值所在，在这方面出版管理者的组织和协调能力显得更为重要。

在第二部分中，从微观的角度出发，对具体经营管理环节分别做论述，包括后七章，大致有以下观点：第一，出版行业的特殊性对管理层提出了更高要求，即需要管理者们制定出更为科学的激励机制；第二，出版企业文化建设势在必行，包括物质文化建设、行为文化建设、制度文化建设以及精神文化建设四个方面；第三，出版企业财务管理至关重要，必须得到充分重视，出版企业必须加强财务信息化管理；第四，出版企业的成本管理意识必须加强，需要推进成本管理新思路，即战略成本管理，用良好的资金运营为企业发展保驾护航；第五，在新的市场和技术环境下，单一的"线性"分销模式已不符合出版企业发展需要，亟须建立整体的出版物供应链体系，完善图书营销渠道；第六，出版企业信息化不仅是信息技术的改革，也是对企业管理和组织管理的创新；第七，针对出版企业纷纷组建出版集团，进而上市融资的现象，提出作者自己的见解。

总体来看，本书作为编辑出版学系列教材之一，呈现出以下四个特点。

第一，准确运用现代企业管理的基本原理，并紧密结合出版业发展的实际。出版企业与一般企业在核心竞争力管理、人力资源管理、成本管理等方面有所不同，但在战略管理、组织管理、品牌经营管理等方面，以及部分微观领域如财务管理、信息化管理、资本运营等方面，都有着共通之处。本书很多内容参考了现代企业管理相关知识，系统阐释出版企业管理体系，既有普适性，又有行业性和针对性。

第二，结构设计合理，内容深入浅出，适合高校学生的学习要求。本书按照出版社经营活动的相关领域设计内容框架，每章均包含内容提要、理论概述、现状与问题分析、改进措施、思考题五个部分。此结构体例一方面较好地体现了该教材的编辑宗旨，另一方面也为学生自学提供了便利。

第三，全文均以出版业最新实例为证，论据充足，案例鲜活。每一部分内容都建立在国内外出版界相关事实的基础之上，例如作者对商务印书馆、中国出版集团以及美国《国家地理》杂志发展状况的分析，均采用了鲜活的实例给读者提供理论突破口。全书集理论探讨和实证分析于一体，体现了编辑出版学专业教育紧跟当前出版业实际发展的现实要求。

第四，作者为出版行业从业者，其行业背景增强了本书内容的权威性和可读性。作者于春迟曾任外研社社长，现为中国教育出版传媒股份有限公司副总经理；谢文辉现任外研社副社长。两位出版业精英多年来在出版实践活动中得到的宝贵经验，运用于本书撰写，对出版企业的发展具有较好的指导意义。

撰稿：郝玉敏（中国新闻出版研究院）

《数字传播与出版转型》评介

周蔚华等著，北京大学出版社2011年9月出版发行，全书31.6万字，共292页。本书为未名社科·传播学论丛书之一。

作者从技术进步与出版发展的互动角度入手，系统研究了数字传播与出版转型之间的关系，着重讨论了数字传播给图书、期刊、报纸等不同媒体，以及媒介产品的策划、编辑、印制、营销等不同阶段带来的影响，提出了应对数字传播变革以及出版转型的相应对策。

全书分为八章，涵盖技术进步与出版发展、数字传播与阅读方式的变化、数字传播与传统出版物、数字出版与出版流程、数字传播与出版管理、数字出版与赢利模式、数字传播与著作权保护等几方面的内容。最有新意的是，本书专门针对北京市数字出版业的现状、问题和对策进行了研究和探讨。

本书主要研究的问题和领域包括：技术与出版的互动研究，主要从科学发展史的角度考察技术变化对出版的影响；人们阅读方式的变化对出版转型的影响；数字传播对不同出版媒介以及出版各个流程的影响，考察在数字传播条件下这些出版媒介以及出版流程的不同阶段产生了哪些新的变化；考察数字转型中困扰出版业的三个最主要问题——管理、盈利模式以及版权保护在数字传播条件下所发生的变化，存在的问题以及解决问题的对策和建议。对北京市数字传播的现状、问题以及对策进行综合考察分析，为发展首都北京的数字传播、促进出版转型提供决策参考。简要分析管理体制问题、运营体制问题、领导体制问题、产业集中度问题、运营模式问题、版权保护利用问题等六大制约我国数字出版发展的因

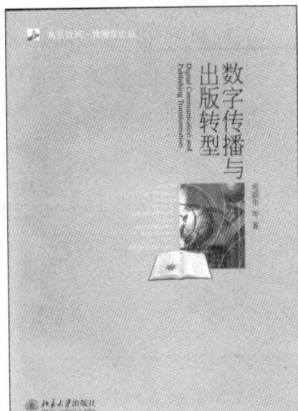

素，并提出对这些问题的解决办法。

当前出现的信息化、网络化、全球化的发展趋势，一方面给出版业带来了难得的发展机遇，另一方面也给出版产业带来了前所未有的挑战，即来自数字传播的挑战。本书客观地分析了数字传播对传统出版形态的影响，探讨了数字出版与传统出版的关系，找出了它们各自不同的传播模式和运营模式。此外，作者深入细致地分析了在出版转型中，人们最为困惑的三大问题——新背景下的出版赢利模式、新环境下的出版管理，以及新趋势下的版权保护，并结合一些案例进行了阐释。

作者指出，在数字传播条件下，出版行业对技术、人才标准的要求有所提高，数字出版是一个资本、资源、人才高度密集型产业，出版转型需要适应数字媒体的要求。同时要深化体制改革，适应新型出版生产力发展的需要，发挥政府的宏观调控职能，为出版产业发展营造良好环境。

本书的创新之处在于，结合传播技术变化的特点和人们阅读方式的变化，系统探讨数字传播条件下不同出版媒体以及出版各个环节的变化发展规律和特点，包括对不同出版物的选题策划、编辑流程、市场营销和物流、出版宏观和微观管理等环节所带来的影响，客观分析了出版转型所面临的问题和挑战，找出阻碍其发展的制约因素和解决问题的办法，故此为相关部门的管理者和出版社的发展提供了有益的借鉴。

撰稿：钱　聪

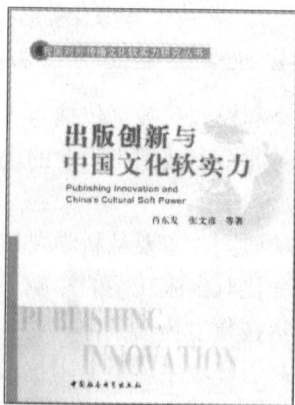

《出版创新与中国文化软实力》评介

肖东发、张文彦等著，系"我国对外传播文化软实力研究丛书"之一，中国社会科学出版社2011年5月出版发行，全书31.5万字，共272页。

本书从出版创新的视角出发，探讨了出版业在面对提升国家文化软实力这个光荣使命时所必须进行的思考和选择。具体而言，作者从我国出版产业的现状入手，评估了目前我国出版文化软实力的基本状况，从全球出版结构的角度，指出了中国出版软实力的不足，分析出我国出版集团竞争力远低于国外出版集团的原因，在此基础上提出以出版创新提升文化软实力的建议。

本书正文共分四篇，每篇下面都设有若干章节，具体安排如下。

第一篇：我国文化软实力与出版研究综述，下设三章，分别是：文化软实力的概念和内涵分析，我国文化软实力发展的问题分析，以出版创新提升我国文化软实力的必要性及其意义。

第二篇：我国出版业发挥文化软实力的现状分析，包括我国出版产业的现状分析，我国出版文化软实力的现状评估，从全球出版结构看中国出版软实力的不足。

第三篇：以出版创新提升文化软实力，包括出版创新的内容与特征，加快出版制度的创新，以出版集团的创新领军提升文化软实力，以出版产品的创新承载中国优秀文化，以对外出版内容与渠道的创新提升我国文化软实力，以技术创新带动出版文化软实力的可持续发展，出版创新体系中民营书业对文化软实力的作用和意义。

第四篇：他山之石——借鉴国外出版创新提升文化软实力的经验，包括英国出版创新与文化软实力、美国出版创新与文化软实力、日本出版创新与文化软实力，借鉴与创新等。

此外，本书结语《产业为体，文化为魂，共建出版强国》，对各章节的内容进行了提炼和升华，为加强我国出版文化软实力提出了五点具体的建议。

本书的编写始终围绕"我国对外传播与文化软实力"课题下设立的"出版创新与中国文化软实力"这一子课题，旨在对该课题中的问题进行探讨和解答。如何统筹兼顾出版改革与创新；如何改革出版业的出版产业链和生产流通方式，把文化积累与服务大众结合起来；如何满足人民群众不断增长的文化需求，积极引导健康向上的文化消费，大力推进出版"走出去"、增强国家文化软实力，这些都是本书重点关注和解决的问题。在当前信息化技术不断发展，出版技术和出版物形态迅速更新换代，我国综合国力迅速增长，我国文化不断走向世界的时代背景下，对这些问题的解答无疑具有很强的现实意义，也体现了本书的价值。

参照本书的框架结构，可以看出作者的研究和写作思路，即在认清现实的基础上，从问题入手，围绕各个问题提出针对性的解决策略。这一思路体现了作者务实的态度，且对于解决现实问题无疑是必要的。这样的思路也保证了作者提出的各项策略具有较强的针对性，能够直接运用到实际工作中，避免"假、大、空"情况的出现。作者还指出我国出版软实力现存的问题：从销售收入看，我国出版业尚未出现"世界级"、"亚洲级"出版强社；从出版产品格局看，我国出版社全球竞争能力不足；从产业集中度看，我国出版业远低于发达国家出版业；从出版集团化看，我国出版资本的国际化程度不高。由此，作者提出提升出版文化软实力的几点建议：加快出版制度的创新，出版集团加强创新以成为文化软实力的领军者，以出版产品的创新承载中国优秀文化，以对外出版内容与渠道的创新提升我国文化软实力,以技术创新带动出版文化软实力的可持续性发展,借鉴国外通过出版创新提升文化软实力的经验。

除了现实意义外,本书也具有一定的学术价值。作为文化的基础产业和主要传播行业,出版业既担负着生产内容的职责,也担负着传播内容与文化的职责。在以往的编辑出版学研究中,如何生产内容受到了很多研究者的关注,而针对如何传播内容与文化的研究则相对较少。本书围绕"如何提升我国文化软实力"这一问题,以跨文化传播的视角对出版业的内容和文化传播进行系统研究,故具有一定的启发性和参考价值。

简而言之,理论与实际同时兼顾,是本书的一大特点,而这得益于作者理论研究与实证分析相结合的研究方法。同时,作者采用了定量与定性相结合、国内研究与国外研究相比较的方法,这对提升本书的理论高度,拓宽研究视野具有积极作用。作者运用大量的统计图表,使得本书的内容表现方式更为多样和丰富,增强了本书的资料性和可读性,方便读者阅读和理解。

撰稿:张　茂(山西出版集团)

《数字出版人才培养研究》评介

张志林、陈丹、黄孝章著,商务印书馆国际有限公司2011年8月出版发行,全书29万字,298页。

当前数字出版已成为出版业发展的趋势,数字出版人才短缺是个不争的事实,高等院校必将担负起数字出版专业人才培养的重任。北京印刷学院是出版专业教育、出版学科建设大军中的一支重要力量。本书作者既是数字出版研究的重要参与者,又是数字出版专业教育的研究者和亲历亲为者,他们在创办该校数字出版专业和加强学科建设中,摸索出了"合作"与"创新"的办学模式,即上联政府部门、下联出版印刷企业,获取广泛的社会资源支持,数字出版研究与教学并举,借鉴"双元制"、"能力本位"等教育模式,在教学内容上实施"三增三减"、教学方法上将最新科研成果及时转化为教育资源,以"实用本位"思想组织课程,以"行动导向"法设计教学活动等一套完整地培养数字出版人才的模式。书中所述就是作者在数字出版教学和科研方面进行探索的经验与总结。

本书资料翔实,论述结构严谨,思路清晰。全书的逻辑思维为:从"产业观察"角度对"人才适应性"状况进行分析,找到数字出版人才应该具备的"知能构成"，继而用北京印刷学院的实例来说明该院是如何按照业界需求培养数字出版人才的，最后提出"如何培养和管理数字出版人才的设想"。

全书分为六个部分，共十三章。第一部分为前言，独立成章。主要介绍本书的研究背景、研究内容、研究意义以及全书的研究结构。第二部分为数字出版产业发展观察，下设三章，这部分是分析出版业在数字环境下的新变化，通过大量文献对数字出版产业及内容产业等相关的业态发展进行梳理，从而透彻分析数字出版等产业对人才的需求状况。第三部分共四章，为国内外数字出版人才培养适应性梳理与评析，意在探讨当前数字出版人才的培养状况，以及是否与出版业的需求相匹配。第四部分着重地探讨数字出版人才知识能力结构，这是高校在培养数字出版人才时急需解决的问题，此部分包含三章。第五部分以北京印刷学院为例，阐述了高校如何培养数字出版人才。最后一部分从政产学研四个方面，提出加强数字出版人才培养及管理的设想。

本书从理论阐述和实践探索两个方面，对数字出版人才培养进行了较为系统的论述。具体内容不局限于"站在教育的角度说教育"，而是从教育的源头——培养满足社会需求人才的大背景和大环境来分析"数字出版人才的培养"问题，从根源上探讨解决问题的方法。本书能够站在全球视野下分析国内外数字出版人才培养的状况，并且在数字出版人才的培养方面阐述了如何构建多层次数字出版人才培养模式，以及出版企业、政府和科研单位应该如何培养、培训和管理数字出版人才，有理论有实证，有横向有纵向，视野宽阔，内容丰富。基于北京印刷学院的教学实践，对数字出版人才培养的思考和实践进行了完整表达，把办学经验和盘托出，对数字出版教育者、管理者、研究者都有良好的参考借鉴作用。

撰稿：张　丽　王若玢

《数字出版概论》评介

陈生明编著，系"现代远程教育系列教材"之一，2011年4月由南京大学出版社出版发行，全书35万字，284页。

本书以数字出版项目的实践为基础，将数字出版的理论与实践相结合，建立数字出版实训平台，对数字出版的属性、运营、实践、趋势及人才培养等方面进行了深入思考。

全书分为十章，第一章：数字出版阅读方式，主要从屏幕阅读的普及性，网络阅读的交互性，数字阅读的商业性三方面进行阐释。结合国内目前普遍使用的数字产品和网络著名事件，深入浅出地阐述数字出版对于传统阅读方式的变革。

第二章：数字出版形态升级，以数字出版的发展进程为线索，分别介绍电子出版1.0、网络出版2.0和复合出版3.0这三种出版形态，采用大量数据，展现数字出版形态的革新历程。第三章：数字出版属性特征，首先介绍数字出版的概念范畴，之后介绍数字出版的三个主要特征：内容的数字化、传播的网络化、服务的个性化，分别比较了数字媒体和书刊、音像、软件的异同，在比较中使数字出版的概念更加明晰。第四章：电子出版物编制创作，从技术操作的角度介绍电子出版物的出版流程及制作与检测。本章作为指导出版物创作的实训部分，理论性显得过强了些，若能增加一些具体实训案例，效果可能更好。第五章：网络出版策划运营，侧重介绍网站策划与网页制作的方法。先是介绍网站策划与定位，然后阐述网站栏目的分类、特点、功能及策划，最后从网页的编辑与制作角度指导具体的网页制作。

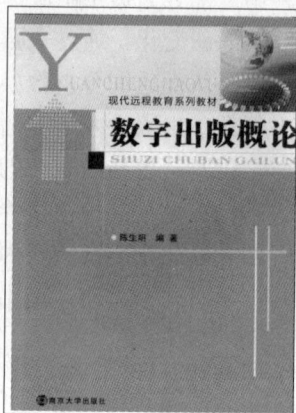

第六章：数字媒体设计方法，从设计和美学角度介绍人机界面的设计要求及网页的审美方法。第七章：游戏动漫网络广告，选取数字游戏和动漫这两个较为成熟的领域进行研究，分别针对数字游戏和数字动漫的产业特点和出版运营模式，介绍网络广告的类型及移动媒体广告的优势和营运模式。第八章：网络出版企业实践，通过大量实例和表格阐述图书网络出版、报刊网络出版及数字媒体市场的运营模式。第九章对数字出版产业趋势进行展望，介绍数字出版的运营模式，对数字出版管理措施做出总结梳理，分析数字出版的文化环境，指出要采取网络立法、业界自律和技术制约等措施，来净化数字出版的文化环境，进而推动数字出版产业的发展。第十章阐述数字出版人才培养的要求及方法，从学科建设的角度出发，指出对新媒体编辑的职业要求，高校应把理论与实践有机结合在一起，以培养复合型人才为目标，完善学科体系建设。

本着融合创新的态度，本书"集百家之言而融会贯通，传学术精华而直抒己见"，通过借鉴数字出版领域的诸多观点，深入浅出地研究数字出版中的重要内容，以较为精准的表述和多样的形式，阐释数字出版中的重要概念，力图为数字出版产业的发展和出版人才的培养提供理论支撑和实践示范。归纳起来，本书主要有三个特点：

第一，理论结合实践。本书不仅从理论视角对数字出版中的概念进行阐述，还结合作者多年来数字出版的实践经验进行具体分析。书中采用大量具体案例，既充实了内容，也使行文显得生动。

第二，组织形式创新。书后附赠光盘和可链接的相关网络信息，真正把多媒体表现和阅读方式应用到书中，使文字叙述、影像和网络资料巧妙地融合在一起，做到图文声像并茂。网友 we108 就说："内容涉及数字出版各方面，书后所附 DVD 光盘内容极丰富，可以作为 PPT 素材及学生自修参考材料。"

第三，体例完整，条理清晰。全书围绕数字出版，从理论阐述到实践展示，从概念明确到实训操作，行文紧凑，层层深入，环环相扣，严谨而又不失生动。本书重点明确，条理清晰，在重点研究数字出版基本问题的同时，还对涉及的内容提供参考资料和链接指导，对于技术层面上的内容尽量启发读者自行操练，在每章之后还设有思考题和练习题，可成为具有学习指导功能的数字出版教材。

撰稿：陈　程

编辑出版学实务著作

《千疮百孔的嫁衣》评介

黄占宝主编，黄河出版传媒集团、宁夏人民教育出版社 2011 年 5 月出版发行。全书 187 页，25 万字。

这是一本看似很不起眼的图书：平淡无奇的小 32 开窄型开本，封面上没有采用流行的 UV、起凸等工艺，版式设计也没有什么特色可言，印刷质量很一般……可就是这样一本书，让笔者苦寻了一年多时间。

笔者是从研究生们网络搜索和汇集编辑出版专业图书时，知道这样一本书的。因为要进行《编辑出版学研究进展》的研究和编写工作，也为"校对实务"的专业教学积累素材，自然想尽快得到此书并拜读之。可寻遍京城各家书店，也搜索了各大网络书店，都没有此书销售。2012 年 5 月底，笔者到银川参加第 22 届全国图书博览会，特意跑到黄河出版传媒集团的展台询问这本书有没有？结果倒是弄得几个发行人员丈二和尚摸不着头脑，告曰：根本没听说出版过这本书。无奈，笔者自己苦苦搜寻了每一个书架，的确没有。也是无巧不成书，在书博会上遇到了一个内蒙古的朋友，提起此事，她说认识该社的编辑。最后，2012 年年底，笔者终于得到了这本书，正可谓好书难寻啊。

尚未翻开此书，映入眼帘的却是封底的四行字：端正科学研究态度，摈弃学术失范行为，坚守学术理想，维护学术尊严。这一下子使人感觉到了一种沉重。果不其然，在"前言"中我们首先读到了这样的文字：……近期出版的《嫁衣余香录——编辑文化学研究》（甘肃人民出版社，2010 年 12 月出版），亦是概念不清、体系凌乱，文体不一，语言文字基本功差，字词句错误令人触目惊心。这些作为

"宁夏社会科学院文库"的学术著作使得学术研究的纯净、崇高和神圣被一步步瓦解……我们本着严肃认真的态度组织相关领域的专家,对《嫁衣余香录——编辑文化学研究》进行阅评、勘误,实事求是、公正客观地提出修改意见,使之保持在正常的批评研讨和学术争鸣范围内。

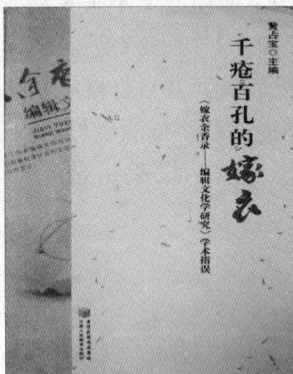

这是编者自己撰写的"前言",索性再看看编者的"后记"又说了些什么。"后记"的第一段是:对出版物进行指误,是新闻出版管理工作者的责任,或者说是我们的天职。看来问题不仅严重,而且要上升高度的。笔者在"后记"中还找到了本书出版的缘由和目的……针对事关编辑荣誉与尊严的《嫁衣余香录——编辑文化学研究》的出版,我们不得不再次站出来,维护学术尊严的底线。我们不能容忍粗制滥造者将千疮百孔的"麻袋片"当作"嫁衣",不能容忍如此粗劣的作品误导后辈编辑。

其实,本书正文倒不复杂,就是4篇很有务实和批判精神的学术指误文章,分别由李凝祥、马东震、海生、闵生裕撰写。各文对那本书展开了有根有据、翔实具体的学术指误。学术指误的对象则是薛正昌记述个人编辑工作中的体会、感受,兼有研究编辑文化学学科理论的文章,共37篇近20万字。指误者认为,作者的许多概念与提法缺乏学术研究的科学性和严密性,尤其是对全书的重要论题——编辑文化学研究,缺乏深入思考和认真梳理,致使错漏百出,令人遗憾。

本书对学术指误对象提出的结论是:文不对题,副书名"编辑文化学研究"与书中内容堪称名不副实;作者认为的"折射着编辑文化学研究的时代变迁"一说,提法荒谬;结构安排无序,论述笔墨分散;概念与提法缺乏科学性严密性,论证缺乏内在的逻辑联系;病句太多,有损编辑出版声誉。

本书指误的具体文章包括:《信息与编辑过程论》《责任编辑思想素质与编辑原创》《原创性与21世纪中国出版》《加入WTO后的编辑角色与编辑出版》《中国出版业世界化与编辑职业道德》《从宏观的视角提高图书质量》《论编辑原创》《中华文化走向世界的时代富蕴》《民族地区院校学报应办出地方特色和民族特色》《论师范高等专科学校文科学报建设》《责任编辑及其署名规范》《高校文科学报审稿质量与"三审制"》《高校文科学报封面装帧与设计》《高校文科学报与区域文化研究》《21世纪中国人文社会科学学报与国际接轨》《论高校学报校对工作》《中国高校学报20年》《文化传承与文化"走出去"战略:编辑的使命》《面向国际精办期刊》《学报编辑学研究走势》《美国编辑人的启示——〈编辑人的世界〉读后》《春华秋实廿二载 翰墨乐章香域外——写在〈固原

师专学报>出刊100期之际》《西海固的出版业》《编辑驿站与永久怀念》《回眸逝去的日子》《永远的怀念——写在<宁夏师范学院学报>更名之际》《好书：体现着多重价值——从"读一本好书"有奖征文看编辑选题》《法国代尔集团的编辑理念与文化传播》《嘉惠学林的新平台——写在<西夏研究>创刊之际》。

假若读者读到此处，一定生发了很大的好奇，怎么那本书的每一篇文章、每一页文字都有问题呢？而作者薛正昌可是宁夏社会科学院研究员、《宁夏社会科学》《西夏研究》的主编呀，况且还做了多年的编辑业务工作。至少，通过上面罗列的文章标题，那本书的副书名"编辑文化学研究"，肯定令我们大大质疑了。如果你热爱编辑出版工作，并想从中探寻错误根源，汲取相关教训，还是自己去读读那本书为好。

这不禁使我们联想到主编者黄占宝于5个月后，作为副主编出版的另一本书《指瑕集：宁夏图书编校质量检查结果汇编》，内容也是指误为主，背后却透着求真务实，维护学术尊严的一贯作风。

写到此，笔者感念我们每年都要编写出版的年度性《编辑出版学研究进展》，从第一卷开始就决意秉持科学、务实、冷静的风格，甚至对编辑出版研究领域的不良现象和浮躁风气，也据实进行过批评。阅读并学习了此书，使我们更加钦佩主编者和4位撰稿者的科学态度和铮铮正气，钦佩他们坚守学术理想，对伪学术出版愤然疾呼之勇气！向作者致敬，向这本《千疮百孔的嫁衣》学习！

撰稿：王彦祥

《图书出版产业评价体系》评介

徐小傑著，系"新闻出版优秀博士论文文库"系列丛书之一，中国书籍出版社2011年1月出版发行，全书18万字，共213页。

本书试图从系统构成的角度，通过对图书出版物、图书出版单位和图书出版产业在内的三个主体市场的运行状态，以及隐藏在运行状态背后的影响因素的解释性描述，构建出一套全面的评价体系，以弥补当前图书出版单位和图书出版产业评价体系研究的不足。

全书由五章构成。第一章：绪论。阐述研究背景与研究思路、研究现状与研究意义、研究方法及研究框架。作者认为，本书对图书出版产业评价体系研究具有实际指导意义；其次，在对当前图书出版产业评价体系研究成果述评的基础上，分析了可借鉴的标准、方法和不足之处；最后，对马克思主义价值论以及品牌价值评估等相关领域的研究现状做出简要评述。

第二章：图书出版物的评价。阐述了构建既能反映图书出版物的同一性特征，又能反映其多样化和差异化特征的评价指标的依据。一方面，图书具有既是知识产品、精神产品，又是商品的同一性特征，图书出版物的质量标准问题必须成为图书出版物评价体系的核心内容。另一方面，图书又具有多样化和差异化特征，对图书出版物的考察不能仅依靠描述其市场表现结果的指标如发行量，还必须从影响其多样化和差异化特征的要素入手，如影响消费者购买行为等因素上，进行指标的构建。通过以上描述，作者提出了新的图书出版物评价指标体系。

第三章：图书出版单位的评价。重点在于如何构建图书出版单位的经济效益构成指标、无形资产评估指标以及社会责任构成指标。作者指出在以往的图书出版单位评价体系中存在两个误区：首先，从对图书出版单位性质的历史考察中指出，对不同性质的图书出版单位要实行不同的评价标准，不能把两者一概而论，对图书出版单位的评价主要是指针对经营性图书出版单位的评价。其次，对图书出版单位经济效益进行分析时指出，由于社会效益与经济效益本身并不直接构成一对矛盾，因此以往将图书出版物的质量标准列入图书出版单位的社会效益评价指标中是不全面的。作者引入"企业社会责任"概念，使上面的问题得以解决。

第四章：图书出版产业的评价。主要包括对图书出版产业规模现状、市场需求、市场供给的评价，以及图书出版产业评价指标体系等。研究重点在于如何构建既能反映图书出版市场发展规模现状，又能反映影响其未来发展需求因素和供给因素的评价指标体系。目前图书出版产业在整体传媒产业中所占比重下降的原因，在于市场需求结构的变动。图书出版产业想要获得未来持续发展的动力，就必须进行技术上和内容上的创新。不能只从图书出版产业自身产值规模变动的角度来衡量其对国民经济的贡献，图书出版产业的贡献不单单表现在其产值规模上，还体现在其对社会政治、文化以及人民生活的各个方面，单看产值规模，就会陷入一种片面的认识误区。

第五章：结语——兼议图书出版产业评价体系的内在逻辑。对构成图书出版产业评价体系的内在逻辑，以及本书的贡献和不足做出概括性总结。通读全书，其显著特点有以下三点。

第一，辩证分析历史沿革，致力解决现实问题。作者致力于在研究现实问题的同时，尽量做到对历史原因及存在背景进行剖析，强调现实与历史的沿袭性、逻辑性，并不是简单地就事论事。在剖析历史问题时，尽力做到从当前的现实状况出发，注重从现实的角度来认识历史的成因。比如，在对"两个效益"提法的历史考察中，指出我们存在认识的偏差，对图书出版单位性质的认识也存在偏差，而这种偏差又反过来影响我们对"两个效益"提法的认识。这既反映了作者深厚的专业知识积累，又反映了其严谨的治学态度。

第二，采用系统论研究方法，层次分明，逻辑清晰。作者把图书出版产业当作一个整体系统来对待，分别从其构成要素——图书出版物、图书出版单位和图书出版产业自身，以及其外在影响因素——市场、技术、政策和媒介因素等四个方面，构建了一套对图书出版产业的全面评价体系。全书结构清晰、逻辑严谨，兼备宏观关照和微观深入的研究视角。

第三，研究视角独特，创新成果丰硕。首先，在深入剖析图书出版物的同一特性以及多样化和差异化特征、图书出版单位的经济效益含义、无形资产构成以及社会责任的主要内容、图书出版产业的市场规模，以及影响其市场需求和供给能力等各要素的基础上，拓展了当前对于图书出版产业研究的新视角。其次，从既能反映图书出版产业及其微观经济主体在量上的扩张的角度，又能反映影响图书出版产业及其微观经济主体发展的角度，构建了一套完整的、具有实际操作意义的图书出版产业评价体系标准和方法，为决策者更加有针对性地制定图书出版产业发展政策，提供理论上的支持。

撰稿：郝玉敏（中国新闻出版研究院）

《出版产业链研究》评介

方卿等著，系教育部人文社会科学重点研究基地重大项目研究成果，高等教育出版社2011年4月出版发行；全书30万字，共252页。

全书共分十章。第一章对文化产业与出版业进行总体性概述，对文化产业与出版业的内涵、外延及具体的分类进行详细的阐释和界定，以明确本书所要研究的大背景。第二章探讨出版产业链基本理论，主要包括对出版产业链的概述，即对出版产业链的内涵进行界定，对出版产业链的基本属性与类别归属进行必要的分析，并对出版产业链的价值特征及其价值增值属性进行重点探讨。第三章为出版产业链建设与管理，研究的重点在于对产业链理论应用范畴的建设与管理，其中出版产业链建设大致包括产业链的纵向延伸与横向拓展两方面内容。第四章为出版工作室发展研究，在结合大量案例的基础上，重点阐述分析出版工作室发展的产业链意义。第五章为出版产业链横向拓展：版权贸易与培训，对图书版权的海外拓展，即对近年来中国出版业"走出去"的基本情况进行简要回顾，并对《狼图腾》图书版权的转让，以及《富爸爸 穷爸爸》和"财商"培训等案例进

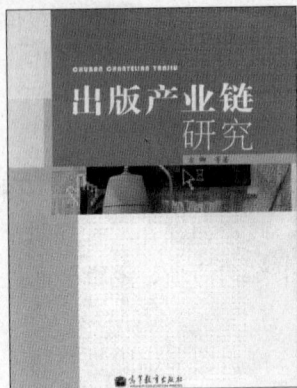

行具体分析。第六章为出版产业链向下延伸：大型图书零售企业建设，重点针对大型图书零售企业建设的三个方面，即大型图书零售企业的功能，大型图书零售企业的客户关系，大型图书零售企业的管理模式，分别予以阐述并辅以相关实例。第七章为外商的出版产业链策略研究和探讨，对格劳·希尔的出版产业链建设进行细致分析，对外商投资我国出版业的产业链战略进行简要分析。第八章为我国数字出版业及其研究进展，对电子书、数字期刊、手机出版、按需出版、数字版权保护等数字出版领域的实践情况及其研究进展，进行较为简要的回顾。第九章为我国出版产业链的现状，从出版产业链纵向格局，出版产业链向上、向下延伸现状，出版产业链横向拓展现状，出版产业链国际延伸现状等诸多方向和视角，对我国出版产业链的现状进行简要分析。第十章为我国出版产业链建设的思路，简要分析我国出版产业链建设的基本目标，然后系统论述了我国出版产业链建设的具体对策。

把产业链作为研究主题的图书并不鲜见，且出版业引进产业链理论也有一段时间了，到目前为止，能够系统、详尽地阐述和研究出版产业链这一专题的著作却仍不多见，由此可见，本书具有一定的探索和创新意义。

本书作为教育部人文社会科学重点研究基地重大项目研究成果，在对出版产业链的概念、属性、价值特征与类别归属等基本理论问题进行系统分析的基础上，着重探讨了出版产业链的延伸与拓展等出版产业链建设与管理方面的核心问题，在大量个案研究与实证分析的基础上，提出了进一步加强我国出版产业链建设与管理的思路与对策，并采用总体分析和分类分析相结合、计量检验和案例分析相结合等方法，进一步完善相关的研究，观点明确，论证充分，值得借鉴。

由于出版产业链研究是一个需要持续挖掘的课题，本书所做的研究仍不够深入且缺乏相关实践的佐证，很多问题还有待继续探讨。此外，本书虽然理论性较强，信息量大，但内容略显冗杂，阅读起来较吃力，有待修订再版时予以改进。

撰稿：樊　鑫

《我国图书出版产业的市场竞争与创新战略》评介

王勇著，经济科学出版社2011年3月出版发行，全书共21万字，248页。

全书共八章，分别为绪论，图书出版产业市场结构、创新与绩效的相关理论综述，图书出版产业及其创新的特点分析，我国图书出版产业的发展现状分析，宏观图书出版产业市场结构、创新与绩效的实证分析，微观图书出版社市场竞争、创新和绩效的结构方程模型构建及探索性因子分析，微观图书出版社市场竞争、创新与绩效的验证性因子分析和最终模型拟合，研究总结及相关建议。

本书对我国图书出版产业的竞争与创新战略的背景进行了分析与研究，再结合图书出版产业的特点，分别从宏观出版层面和微观出版社层面，对图书出版产业的市场结构、创新和绩效之间的关系展开实证研究，重点分析新图书开发和新技术应用在图书出版产业竞争和绩效中的作用。

在宏观出版产业市场结构、创新与绩效的实证分析中，作者从以下几个方面展开论述：第一，从我国图书出版产业市场集中度的时间演变、市场绩效的时间演变、新图书开发的时间演变、新技术应用的时间演变等方面进行统计分析；第二，从市场集中度与绩效的相关性、市场集中度与绩效的时间序列模型，分析我国图书出版产业市场结构与绩效的时间序列模型；第三，分析我国图书出版产业市场结构与新图书开发的时间序列模型；第四，从市场结构与图书生产制作新技术应用回归模型、市场结构与图书发行销售新技术应用回归模型两个方面，对我国图书出版产业市场结构与新技术应用的时间序列模型进行分析；第五，从新图书开发和新技术应用对图书销售的影响、对图书销售利润的影响、对图书销售利润率的影响等三个方面，对我国图书出版产业新图书开发与新技术应用对绩效的影响进行分析，最后总结了分析的结论。

在微观图书出版社市场竞争、创新与绩效的验证性因子分析和最终模型拟合中，首先，对测量指标的信度进行分析，其次，对宏观（图书出版产业市场竞争状况、产业制度环境、产业需求特征）和微观（图书出版社资源状况、市场导向、新图书开发、新技术应用、新图书市场推广、社会效益）验证性因子进行分析，再拟合修订概念模型与最终模型的确立，并对我国图书出版产业竞争、创新与绩效类变量之间的影响关系进行分析，然后对结构方程模型进行实证分析总结。最后，进一步利用微观分析结论，对宏观产业现象进行理论解释，并对我国政府和各类出版社提出了政策建议。

研究企业战略的人比较多，研究出版的相关著作亦是如此，但着眼于图书出版产业的市场竞争与创新战略研究还是相当少的。在出版产业改制浪潮中，出版市场竞争越来越激烈，在这种条件下，出版产业需要制定长期发展的战略目标，制定新的市场竞争与创新战略，以适应出版产业未来发展的需要。本书在这方面

的研究中取得了一定的成绩，为研究图书出版产业的市场竞争与创新战略提供了有力的理论支撑和参考借鉴。

撰稿：刘吉波

《新闻出版行业ISO质量管理体系操作指南》评介

林清发、刘航主编，时代出版传媒股份有限公司、安徽科学技术出版社2011年1月出版发行；本书26万字，共264页。

本书出版的目的是为了使新闻出版单位在市场发展过程中掌握质量管理、质量认证方面的知识，促进和提高整个新闻出版行业的质量管理水平，以及为获得质量管理体系认证资质提供帮助。本书从质量管理体系的概念着手，通过对基本概念、ISO9000族标准与体系建立的实际操作、体系审核以及体系建立与信息化等方面内容的全面介绍。期望帮助新闻出版单位理解、掌握相关内容以及质量管理体系的实际操作方法，提高工作效率和质量。

全书分为标准理解篇和体系操作篇两部分。标准理解篇分为ISO9000标准：八项质量管理原则，ISO9001标准：总体要求，ISO9001标准：管理职责，ISO9001标准：资源管理，ISO9001标准：产品实现，ISO9001标准：测量、分析和改进，ISO9001标准：新闻出版行业理解等七章。体系操作篇包括质量管理体系建立的准备工作、流程梳理和文件编写、文件批准和体系运行、质量管理体系内部审核、质量管理体系认证、ISO9001与ERP等六章。

为便于读者理解相关概念，本书的绪论部分对ISO9000族标准的概念进行了详细介绍，还对其文件结构、核心标准、特点，以及在我国的转换及对应关系进行详细介绍。另外，对质量体系认证制度的由来，认证与标准的关系、类型、意义等进行介绍。还对新闻出版行业质量管理的进程与认证工作的意义进行论述，进一步阐明编写本书的实际意义与重要性。

第一部分"标准理解篇"中，对ISO9000标准与ISO9001标准进行了深度剖析，指出ISO9000是质量管理体系的基础，ISO9001标准也是质量管理体系的重要依据。首先对ISO9000的八项质量管理原则进行介绍，包含质量管理的精髓，也是其理论基础，对于新闻出版单位的管理者建立、实施、改变本单位的质量管理体系具有重要的借鉴意义。本书用六章篇幅对ISO9001标准的各个方面进行解读，对标准规定逐条进行叙述，并专门进行详细介绍与解读，有助于新闻出版单位管理人员的学习与理解。

第二部分"体系操作篇"，主要对质量管理体系的各环节进行介绍，对新闻

出版单位按照ISO9001标准建立质量管理体系的各个阶段进行梳理，实践性强，对具体单位具有直接的借鉴意义。本部分在内容讲解有上有条理，论述也详细，例如在质量管理体系内部审核一章中，不仅对内部审核的基本概念、基本要求和特点、策划与准备进行讲解，还对现场时间的实施、内部审核报告、纠正措施与跟踪验证这些细节进行归纳论述，使读者可以清晰地理解质量管理体系内部审核的流程和注意事项。

作为一本指南性专业著作，本书具有十分重要的参考意义，尤其是第一部分"标准理解篇"中，使用较大篇幅对其进行详细解读，对每个概念都有论述，有利于读者对知识点的理解与吸收，从而迅速将其转化为实际操作能力。另外，在体系操作篇中，作者对每个操作步骤都有细致介绍，各个过程也有具体的建议，对大小事项都提出了有针对性的步骤解读以及注意事项，这些都可使出版单位的管理人员从中获得较好的指导。

撰稿：李彦强

《中国体育图书出版研究》评介

吴文峰著，北京体育大学出版社2011年1月出版发行，全书17万字，149页。

本书的撰写思路是以科技和经济发展规律为依托，以体育图书出版事业的宏观和微观层面为研究对象，以出版学、传播学、管理学、信息学、哲学等相关学科的理论研究成果为支撑，以马克思主义唯物辩证法为方法论，对我国在体育图书出版中存在的最典型、最突出的问题进行深入浅出的研究和探讨。其中，作者针对如何使体育图书的出版活动更好地促进我国体育和新闻出版事业发展这一问题，重点展开了较为全面、客观的分析。

本书以体育图书出版结构和选题策划为核心展开叙述，正文部分由六章构成，分别是：体育图书出版的相关概念、新中国体育图书出版事业发展的历史演进、中国体育图书出版概述、体育图书出版结构优化研究、体育图书出版选题研究、中国体育图书出版发展趋势研究。

第一章：体育图书出版的相关概念。本章下设两节内容，首先从宏观角度阐释了体育图书、体育图书出版、出版结构、出版选题及选题重复、体育"专业"出版社与"非体育专业"出版社等相关基础概念。其次，简单介绍了体育图书出版的舆论引导功能、机制和特质。

第二章：新中国体育图书出版事业发展的历史演进。按照历史发展顺序展开论述，同时运用了大量数据和图表。下设两节内容：首先回顾自1949年新中国成立到1976年"文革"结束这27年间，我国体育图书出版事业发展的曲折历程。其次，对其在1978年改革开放以来30年的发展概况、历程和特点进行系统梳理。

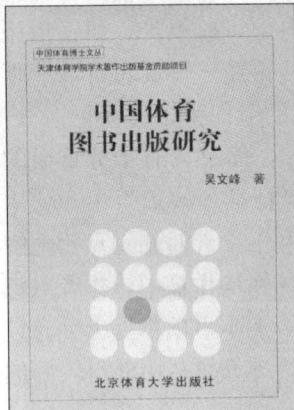

第三章：中国体育图书出版概述。从国内、国外两个不同的地域和视角，对体育图书的出版进行分析和研究。下设三节内容：从出版物品种数量、出版结构和出版社等方面，对目前的体育图书出版状况进行总体概述。深入出版市场进行调研，利用第一手资料，对中国体育图书市场的发行、替代品等现状进行分析和研究。从版权输出的角度出发，对中国体育图书在国际图书市场上所面临的机遇和挑战，进行正反两方面的辩证分析。

第四章：体育图书出版结构优化研究。主要探讨12个类目的体育图书在其总体出版结构中的比例，这是本书重点论述的一个核心问题。下设两节内容，运用模糊聚类分析法，对影响我国体育图书出版结构的因素集进行精准地分析、计算，并得出相关数据和结论。详细论述结构优化的基本含义、原则、指标和模式，进一步体现出版结构调整和优化对体育图书发展的重要性。

第五章：体育图书出版选题研究。这是本书论述的另一个核心问题，也是当前我国体育图书出版所面临的一个难点和挑战。下设两节内容，概述选题策划在体育图书出版工作中的重要地位，以及体育图书选题策划的基本含义和功能。重点阐述如何开发相关的选题资源，具体从选题资源的类型、衡量指标和开发渠道等角度进行论述，详略得当，主次分明。

第六章：中国体育图书出版发展趋势研究。依据前五章的研究结果和现实情况，对我国体育图书出版的发展前景做出预测。下设两节内容，总结概括我国体育图书出版发行系统的特点，出版发行的模式，以及在此基础上的发展趋势。分别论述中国当代文化、当代主流文化、精英文化和大众文化等多种文化大环境，对体育图书出版事业不同程度的影响，进一步揭示社会文化的发展对体育图书出版的价值导向作用。

迄今为止，特定研究体育图书这一领域的著作为数很少，本书的问世填补了相关领域的研究空白。同时，本书也是一本具有很强针对性和现实意义的研究型专著，作者在大量调研的基础上，掌握了翔实可靠的数据和资料，并善加利用形式多样的分析法，旁征博引，有理有据，巧妙布局，为读者和相关领域的研究人员开启了一个全新的探索视角，也为我国体育图书出版提供了一定的理论借鉴。

撰稿：李　婷

《中国图书定价制度研究》评介

陈昕著，生活·读书·新知三联书店2011年4月出版发行；全书7.7万字，大32开，共156页。

本书着力于从图书定价制度入手，运用经济学理论及研究方法，对图书定价问题进行多方面、多层次的解析，在我国图书定价制度研究方面，具有里程碑式的意义。

全书体例结构分为上篇、下篇及附录部分。上篇主题为"图书定价的经济学分析"，包括第一章：图书商品的经济属性分析，第二章：对图书垄断性的再考察，第三章：图书定价的微观经济学分析，第四章：图书定价的不同模式：欧美国家的经验。上篇部分的独特之处在于，使用经济学分析方法研究问题，思路明晰，言简意赅。作者以图书商品经济属性作为切入点，明确指出图书是低价格弹性和高收入弹性的商品，同时图书作为内容为王的信息产品，具有较强的垄断性以及较强的外部性；通过经济学理论和模型分析，得出"三级价格歧视和跨期价格递减是图书市场的基本定价机制"的结论。本部分结尾介绍了欧美国家两种不同的图书定价体系。上篇所做的分析和介绍，具有高度的理论概括性及实践应用性，可使读者对国内外图书定价现状有清晰的认识。

下篇主题为"如何看待中国图书价格不断走高的事实"，包括第一章：中国图书定价制度和价格水平演化的历史进程——实证分析，第二章：如何看待图书价格不断走高的事实——产业外视角，第三章：如何看待中国图书价格走高的事实——产业内视角。本部分内容史论结合，即把图书定价制度的研究历史与经济学理论结合起来，对中国图书定价制度的历史演变进行梳理和总结。文中把我国图书定价制度的演进历程分为四个阶段：自我定价时期、价格管制时期、计划与市场过渡时期、市场化时期。作者通过对图书价格和CPI、人均可支配收入以及需求之间的实证分析，指出图书价格的上涨幅度远高于同期的CPI上涨幅度。关于书价攀升的根源问题，作者分别以产业外视角和产业内视角做出解析，并为图书定价制度的下一步发展提出七点可行性建议，涵盖宏观及微观等方面，可谓见解独到，入木三分。

附录部分是作者20世纪90年代发表的两篇研究我国图书定价制度改革的文

章，主题为"中国图书价格监管：从严禁趋向宽松"。其一为《成本与定价方式对小印数图书市场成长的影响》，认为中国图书的印数越小，利润下降就越快。1万册以内印数的图书完全不能赢利，同时图书的定价是按"保本微利"的原则，由于出版和发行部门忽视市场实际需求，这种定价方式极不利于小印数图书市场的发展。这一观点一语击中当前大部分小众图书出版商的软肋，可促使其改进定价策略甚至经营策略，也促使出版管理部门对于小众图书出版商采取更有效的管理方式。其二为《图书价格监管：从分类管制转向最高限价管制》，提出了"取消图书价格管制对小印数图书市场极为重要"的观点，对于读者、出版商及出版管理部门大有裨益。

图书定价问题一直是困扰出版界的老大难问题，作为研究图书定价制度的阶段性成果，本书意义非凡。总体来看，本书有三处特征最为明显。

第一，分析研究鞭辟入里，批评建议诚实有效。作者既为出版理论研究的资深学者，又是业内知名出版人，双重身份为其研究提供了便利条件。本书既有经济理论的深入，又有充足论据的支撑，可谓是图书定价研究的一道亮丽风景。通读全书令人印象最为深刻的是，作者指出"中国图书价格是虚高，而不是实高"，出版业的行政性壁垒是其根源之一，应当放宽出版业进入和退出壁垒，让民营、外资等有条件地进入出版业。这些批评是诚实的，建议是中肯的，它来源于充分的调查和数据分析，也来源于作者对中国出版业的深入思考。

第二，行文思路缜密，治学态度严谨。全书7万多字，参考文献40余篇，语言凝练，层次分明，定稿前先后对全文进行六次修改。这足以表明作者的治学态度，也说明作者是在认真思考我国出版业现实问题的基础上，对我国当前图书价格偏高的问题，给予了全面而系统的解答。

第三，思路开阔，具有国际视野。图书定价在世界上有两种体系，即固定价格体系和自由价格体系，作者不惜笔墨对这两种截然不同的定价体系进行剖析。由于我国实行转售价格维持制（固定价格体系），因此书中重点分析了固定价格体系，指出其可能存在的三个弊端，这对于我国出版业发展来说有着一定的借鉴意义。

撰稿：郝玉敏（中国新闻出版研究院）

《出版物物流管理概论》评介

朱诠著，中国书籍出版社2011年2月出版发行，全书15.8万字，226页。

本书是编辑出版学高等教育专业教材，它的出版填补了国内出版物物流管理方面的高校专业教材空白。内容是作者以近年在中国传媒大学编辑出版学专业授课教案为基础编写而成，因而能更好地贴近目标读者（高等院校相关专业学生）的需求。

从作者来看，朱诠是中国新闻出版研究院出版业标准化研究室主任、出版物格式标准分技术委员会秘书处办公室主任，多年从事出版物及出版业标准化的研究，对这些问题有独到的见解。他还是全国物流标准技术及出版物发行标准化技术专家，所以书中很多定义都参考了物流术语国家标准，涉及的许多概念、知识的描述等，也都具有相对的权威性。

从内容上看，本书由浅入深，借鉴和吸收了国际上出版物物流管理研究的最新成果，紧密结合国内出版物物流管理的实际情况，重点介绍出版物物流的基本概念与类型划分、出版物物流管理职能，以及出版物物流标准化等专业基础知识。全书共分十四章，总体上可归为三个主题。

第一，通过前三章总体介绍出版物物流知识，包括出版物物流的概念、职能、类型，出版物物流管理的形成、发展和目标，出版物物流系统。第二，是出版物物流的实操部分，重点讲授出版物的包装、装卸搬运、运输、仓储保管，出版物的流通加工及出版物配送和配送中心的知识，由中间六章组成。第三，多个角度阐述出版物物流管理，分为出版物物流管理组织，出版物物流成本管理、质量管理、信息管理及出版供应链管理，由最后五章组成。作者还对出版物物流管理活动所涉及的主要问题，安排专门的章节进行叙述，并按照出版物在市场流通过程中的顺序进行编排。

从形式结构上看，本书结构严谨，层次清楚，章节分明。每章正文前设有应掌握的知识和技能的"关键点"，文后有提升能力的"思考题"，符合一般高等学校教材的编写结构。书中采用了大量的图表配合正文，尤其是一些结构图，直观、形象、简洁地对正文进行了补充说明。例如作者把"出版物装卸搬运"这一看似很简单的知识点，能够从"出版物装卸搬运的概念、作用、组成、目的、质量、特点、分类、方法、原则、合理化及常用机械等"多个方面，逐步地把枯燥的理论用浅显易懂的语言描述出来，遇有理解起来困难的地方，还运用图表加以说明，如"出版物装卸搬运常用机械"就用了4幅图，这种直观的描述起到了很好的效果。

出版此书的目的是切实提高读者的出版物物流管理实践能力，正如汝宜红在"序言"中所述："本书可以使读者在准确认知出版物物流基本原理和掌握基本分析方法的基础上，从出版物物流系统乃至社会物流大系统的整体角度，深层次地思考出版物物流的现代化管理，从出版物产业链的角度，系统地考虑出版物物流资源整合、出版物物流运作效率提高与出版物物流成本降低等问题，使物流真正成为出版产业获取'第三利润源'的新方法和新途径。"

本书虽然优点很多，但也存在一些不足，如描述通用物流的内容较多，针对出版物物流的内容显得过少。此外，如果能在书中附上一些出版物物流的案例进行综合分析，相信无论从内容到形式都将是本书显得更加丰富。

撰稿：张　丽

《范式革命——中国现代书籍设计的发端（1862～1937）》评介

赵健著，2011年10月人民美术出版社出版发行，全书20万字，共232页。

本书是作者在其博士学位论文《中国现代书籍设计范式的发端及其成因（1862～1937）》基础上，多次修改而成。作者长期从事艺术设计实践及教学工作，写作此书时采用了文献分析法、对比归纳法与事物考证法等方法，结合设计艺术学和设计实践美学，考量了中国书籍设计在新体系中的转化形态，较为深入、系统地揭示了中国早期现代书籍设计的特征、发展过程与历史意义，并探讨了中国现代书籍设计的核心价值与发展的内在动力。

19世纪中晚期到20世纪早期，书籍设计理念发生了巨大变迁。中国传统书籍逐渐衰微，以西方现代工业生产技术与材料为基础的现代书籍日益兴起，虽然其年代跨度并不十分长远，却是中国现代书籍设计的发轫时期。借助美国科学史家、科学哲学家托马斯·库恩的范式概念以及范式转移理论，作者对19世纪中晚期到20世纪早期中国书籍的设计范式进行了深刻思考，旨在追寻书籍形式变化的原因，并根据变化的结果，寻找变化的必然性。

全书包括引论、正文、余论、参考文献、图片索引以及后记个部分。正文部分为四章：第一章主要阐述范式理论的基本架构，以及范式理论由科学哲学波及整个人文学科领域的历程，论述在中国书籍设计研究引入范式理论的必要性；第二章主要分析以线装书为代表的中国传统书籍范式，及其在历史变局中显现的重重危机；第三章重点论述新文化语境下兴起的平装书，及其所折射的范式转移；

第四章指出在新旧范式的转化过程中，西方现代工业社会的设计文化植入了中国传统手工业文化系统，并系统分析了中国现代书籍设计早期范式的基质、范例、价值观与装帧事业的共同体，指出这对于中国传统书籍范式是一个巨大的挑战。

作者在开篇提到："作为一名设计师，我感到中国书籍设计的起源问题无法回避。"由于晚清及民国时期中国社会正值新旧交替的变更之际，其现代范式尚处发轫阶段，因此，作者按照中国现代书籍诞生所遵循的某种范式转移的轨迹，运用范式理论并结合设计艺术学原理，分析了中国现代书籍设计的发生、发展，探索其形式背后的实质与过程中所形成的经验。之后，作者以线装书这种中国传统书籍的经典范式逐渐被西方"洋装书"替代入手，概括传统书籍范式日渐衰微的六点表现，指出线装书的危机根源并非表面的"线装"技术和形态问题，而是源自中国传统书籍范式本身。

线装书在与"洋装书"的直接对话中逐渐处于下风，"洋装书"代表的正是一种传统书籍向现代书籍转化形式的前奏。在此基础上，作者论述了平装书的现代特征，指出平装书是一条解决书籍范式危机的现实途径。在从事中国现代书籍生产的群体中，包括了出版业中的印制技术人员、新型知识分子及艺术家这三个层面的实践主体，他们以现代书籍出版事业为中心，共同促成了中国书籍设计的范式转移，这也对中国当代书籍设计有启发意义。

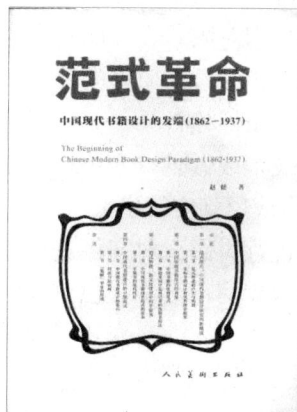

探索中国现代书籍设计的开端，就必定会涉及书籍设计的各个要素。作者使用各种史料图片计222幅，以图举例论证，书中插图多为古籍或珍贵资料图片，在为文字内容做出有力支撑的同时，也增强了全书的可读性，同时其收藏价值也在一定程度上得到提升。

诚如作者在后记中所说："从历史发展的角度，从社会存在的大背景中思考书籍存在的价值及其成因，摆脱单纯的工业社会中形成的功能主义思维惯性，有助于形成书籍设计的宏观思维，而不易被局部的技术、风格等因素所局限。我们不仅要从微观考察设计对象的各个部分，更需要从'范式'的维度把握与书籍设计相关的多个层面。"所以，无论从书籍设计本身，还是从科学发展角度来看，范式的转移才是发展的内在动力。这一观点不仅对出版人或有志于从事出版的专业学生来讲均具有指导作用，对于其他相关领域的研究者和学习者，也有较好的启发意义。

撰稿：李雪峰

《版式设计原理》评介

Sun I视觉设计编著，科学出版社2011年8月出版发行，全书54.8万字，共209页。

版式设计是相对独立的一种设计形式，同时也是信息传达的重要手段，它实现了技术与艺术的高度统一，对人们的视觉和心理都能够产生积极作用。然而，人们对版式设计多为感性认识，并没有上升到理性高度。版式设计由什么要素构成？其基本原理是什么？有哪些运用准则？如何将其原理运用到实际工作中去？这一系列问题都亟待解决。本书很好地回答了这些问题，其目的就是传授专业的版式编排技巧，教会学习者如何最大限度地利用相关技术获得最完美的版面效果。

全书共分八章。第一章介绍版式设计的基本概念，从版式设计概念、主要功能及流程入手，帮助读者了解版式设计的基础知识。第二章和第三章主要介绍版式设计中不可缺少的构成元素，包括点、线、面的构成，以及色彩和网格在版式设计中的应用。第四章主要讲解版式设计的基本原则，从主题、形式与内容、整体布局等方面，阐释版式设计基本原则及应用。第五章介绍版式设计的视觉流程，包括如何使版面更好地传递信息。第六章和第七章分别对版式设计的两个方面——图片设计和文字设计进行讲解，通过对图片和文字相关设计原理的分析，帮助读者熟练地掌握字体和图片常用的编排方法，以达到个性化效果。第八章从不同版面的构成形式和设计形式的美学原理入手，对版式构成做重点介绍，以使读者掌握版式设计的精髓，从而将版式设计的原理更好地应用到实践中去。

从编排形式上看，本书图文并茂，并列举大量案例进行讲解。对案例进行专业的版式分析，有利于提高读者的审美水平，同时增强内容的可读性，也可取得更好的阅读效果。在内容组织方面，八章内容循序渐进，由浅入深，介绍了版式设计的基本概念、构成要素、视觉流程、图片文字在版式设计中的应用，以及各种版式的不同设计形式等，内容丰富，结构清晰，全面概括了版式设计方面的知识。书中对每个知识点都进行细致讲解，将理论性、知识性和实用性充分融合在一起，使版式设计的理论精髓阐述得清晰明确，具有很强的指导性。

本书的一个特点是，在对每一个基本原理做出讲解之后，都专门设有一个小节，对所讲解的原理进行实际演练。不仅如此，在每章的最后，还设有对经典案例的解析，在应用案例分析中，除了根据每种版式理论精选出多幅有代表意义的图例外，还提供了与图例相对应的版式参考、缩略图解析、设计鉴赏分析等，以期将版式理论全方面地传授给读者，增强读者对基本原理的感性认识，帮助他们更加快速有效地将版式编排技巧与实际应用紧密联系起来，从而熟悉版式设计理论在实际操作中的应用技巧，这些都反映出本书良好的实践价值。

作为艺术设计类参考教材，本书具有较高的理论水平和实践价值。然而美中不足的是，作为出版从业人员的自学参考书，本书的内容支撑显得较为单薄，更多的是从艺术角度去评析和讲解，而忽略了书刊版式设计的特殊性。书中所插图片也多为艺术性高于实用性的图片，在讲解每个知识点时，图片也是仅仅反映这一个点的内容，而并非从书刊版式设计的角度出发，将艺术性与实用性综合考虑，致使本书虽然图文并茂，但更多的是从赏析的角度去选择图片。因此，对于专业出版人员来说，本书较难做到将版式编排技巧与实际操作直接联系起来。

撰稿：李雪峰

出版历史研究著作

《中国简帛书籍史》评介

耿相新著，生活·读书·新知三联书店2011年6月出版发行，全书498页，40万字，平装16开。

拿到这部专著，读者肯定会被其古朴、典雅的装帧设计所吸引。版式上没有过多的修饰，书眉、页码朴素规范，正文文字间空较大，显得疏朗得体，周空留白较多，更显简洁大方。装帧上用纸考究，独具匠心，封面上方竖排的书名，特别突出了一个硕大的"史"字，书名下方则是特殊工艺压制凹进的简帛图案，再加上内带纹理的牛皮纸做装帧用纸，突出了本书的文化底蕴和历史厚重感。

书前勒口处有简短的一句话：此书为国内第一部从出版人的视角来结撰的独立的中国书籍史。不明就里的人估计弄不清楚此句话的含义，而作为撰著者的相识者，笔者深知其研究之艰，成就之高。

著者使用出土文物实证和当时文献互证的研究方法，尽可能地还原了简帛书籍——中国最早的书籍形态，先民原创性思想的载体——精神生产、物质生产、传播以及阅读的整个过程，揭示出书籍的遗传基因。此段"内容简介"想必也出自作者之手，没有浮夸之言，却尽显学术之气。

说此书是"国内第一部从出版人的视角来结撰的独立的中国书籍史"，就不得不去了解一下"出版人"耿相新先生。作为出版人，作者生于中原大地的河南滑县，研习历史学出身；年序不及五旬，却银发披肩，有狂放不羁之型，恰恰吻合了其身份和性格。曾任大象出版社社长、总编辑，《寻根》杂志主编、编审，现为中原大地传媒股份有限公司（河南出版集团）总编辑。在出版实践方面，经验丰富；案牍劳形之余，醉心于出版史、书籍史、出版理论等研究，且颇有心得，成就斐然，著有《忽必烈汗》《随书而动》《书界无疆》《怀念微笑》等。因其策划、主编的图书期刊多次获得中国图书奖、国家期刊奖、全国古籍优秀图书奖等，遂荣膺首届中国出版政府奖优秀出版人物奖、第五届全国百佳出版工作者、全国宣传文化系统"四个一批"人才称号。

我们再探究这"独立的中国书籍史"。著者在正文前的《从作者到读者——代序》中写道："……我所理解的书籍史，它的研究对象及范围应当是用不同文字复制于不同载体上的供阅读、传播之用的信息、知识、思想文本的——也就是关于书的——全部活动，既包括文字形态的变迁，又包括复制工具、技术手段以及物质载体，还包括文本的编校活动、传播方式以及商业行为；同时，它还应当关注书本身的外在形式与内在表现方式以及内容类别；但最重要的是书籍史要叩问书从哪里来到哪里去，也就是要将作者群体与读者群体纳入研究范围，围绕书籍本身的其他活动，说到底全部是在作者与读者之间架起的一座桥梁。"

通览全书，正文涵盖了12部分内容，即绪论：书籍的起源，第一章：简帛书籍的外观形制，第二章：简帛书籍的书写与缮写，第三章：简帛书籍的内部结构，第四章：简帛书籍的著作形式，第五章：简帛书籍的内容分类，第六章：简帛书籍时期的作者群体，第七章：简帛书籍的编校方法，第八章：简帛书籍的传播方式，第九章：简帛书籍的阅读群体，第十章：国家对简帛书籍的管理，结语：简帛书籍的文化影响力。正像《代序》中所言，作者与阅读群体、内部结构与著作形式以及书籍的文化影响力，多是以往的中国书籍史不关注或不甚关注的话题。研究方法上，著者坦诚"是要以出土实物与传世文献互证，而对传世文献的选择，则严格以同时代文献论证同时代的史实"。这便是著者所奉行的、与以往书籍史研究所不同的研究方法与写作方法。以上种种，就构成了"出版人视角结撰的独立的中国书籍史"。

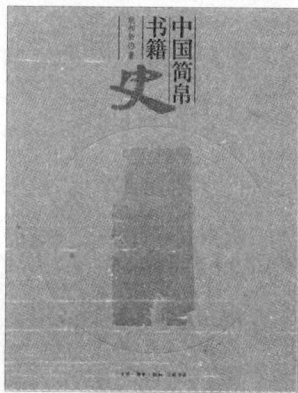

值得一提的是，作为严肃的学术专著，本书卷首列有19幅黑白或彩色的甲骨、竹简、缣帛、简册工具等图版照片，几乎每页都有的大量页下注供读者参考。另外，书后附有近300种"参考文献"，编制了30多页的"索引"等辅文资料，这在时下学风浮躁的学术界、出版界来说，实在难能而可贵。

耿相新先生在《后记》中感悟自己——"我已为书而生，并终将为书而死”，所以才能积三年时光潜心撰著本书，可谓用功之深，用力之巨，用法之精！也正如网络上的评论者SUN橙橙所言：考证严谨，又不枯燥，适合专门研究者。更有网友为之感叹：看看这种书籍吧，文化的传承着实不易！

撰稿：王彦祥

《十六～十九世纪中国出版研究》评介

章宏伟著，上海人民出版社2011年1月出版发行；全书共58.7万字，550页。

本书是一部研究明清时期藏本与刊刻出版的学术专著，其成果在中国出版史及版本刊刻研究领域具有重要意义。内容除了对明清时期的出版情况进行详细介绍，还对《嘉兴藏》、著名藏书家及出版家毛晋、满文出版及海关造册处出版活动等，做了系统而深入的研究。

本书内容可分为四大部分。第一部分是“明代出版的新认识”，以《明代杭州私人出版的地位》开篇，提出了“对明代杭州私人出版的地位需要重新认识”的新观点；接着又从各个方面论述了明代社会的出版状况。第二部分则着重论述明代继《初刻南藏》、《永乐南藏》、《永乐北藏》三部官版大藏经之后，开雕的一部私版大藏经——《嘉兴藏》情况。第三部分是清代满文出版研究；第四部分则研究分析了扬州诗局刊刻《全唐诗》、马国翰与《玉函山房辑轶书》和海关造册处与中国近代出版等个案。

书中关于明清出版历史的研究遍及各个方面。其中对明代出版历史的研究涵盖明代私人出版的地位，明代科举、党争与出版业的关系，胡正言十竹斋的版画艺术，以及毛晋刻书活动等方面。但作者还是有所侧重，主要研究了明代的大藏经刊刻，原因之一是当时大藏经刊刻较为盛行，另外很多大藏经刊刻规模都很大，刊刻、校对、印刷大藏经是一项艰巨的任务，对出版技术以及出版人员的要求很高，故此对明代大藏经刊刻的研究，能够比较真实、全面地反映当时的出版水平。

关于清代满文出版的研究也是一个很有特色的部分。清代出版史研究大多关注于汉文出版，但对于满文出版，却还没有一部专著对其进行研究。本书以较大的篇幅，对从满文创制到满文出版的滥觞，清代前期的满文教育与满文出版，以及《清文翻译全藏经》书名、修书机构、翻译刊刻时间等几个方面进行了详细论述。其中既有全面性概述，也有个案性分析，汇集在一起则对清代满文出版历史做了一次系统化的梳理和论述，丰富了清代满文出版历史的研究内涵。

本书各章节之下，均为作者所写论文之汇集。因其致力于明清时期出版历

405

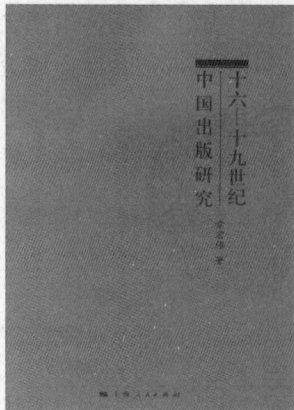

史研究，致本书内容比较翔实且有一定深度。研究坚持使用第一手资料，注重文物与文献资料的结合，充分利用故宫现有的文献资料，自己考证，自己得出结论，因此都是实学之体现。对中国印刷史发展进程中的若干重大问题进行阐述，利用的材料较为丰富且珍贵，并对出版史的相关问题提出了新见解，对中国印刷出版史的研究具有较好的借鉴意义。

各篇文章都大量引用古代文献资料，语言风格也很有内涵，这些都使得本书具有古典韵味，读来有畅游出版历史的厚重感觉。书中所引用的资料一方面使得内容真实可信，另一方面也说明作者为写作进行了大量的研究分析，每一个描述和结论都是在分析很多研究史料后所得出的，进一步提高了本书的学术价值。另外，书中还有很多文献摘录，便于读者理解作者所做的研究分析，也可为相关方面的研究提供参考。

我国古代的印刷出版业成熟于五代、推广于两宋而鼎盛于明清，明清时期的刻书数量远远超过宋代，刻本的普及也大概始于明代，并且明清时期在校书、刻印、发行诸方面，都取得了超越前代的成就。作者研究明清出版历史已有数十年，且以个案研究而闻名，特别是对《方册藏》的研究为海内外所关注。本书将作者自己的明清出版历史研究所得结集出版，有助于推动古代出版历史的整体研究，尤其是明清时期的出版历史研究。

撰稿：樊 鑫

《明清江南城市商业出版与文化传播》评介

刘天振著，中国社会科学出版社2011年5月出版发行；全书总共22.8万字，240页。

本书在借鉴前人研究思想和理论精髓的基础上，另辟蹊径，选取明清江南出版业开发的三种新型读物——戏曲选本、杂志雏形和商业用书作为研究对象，对其成书方式、选材性质、编排体例、传播机制和受众群体等进行深入研究，并通过个案研究法加以分析论述，以此向读者全面展示明清时期江南城市商业出版的全貌。

全书正文由四部分构成。第一篇：明清江南城市商业出版发展的背景因素。以九节的篇幅，分别从历史、商品经济、藏书数量、教育普及程度、官方政策、印刷技术、印刷字体和工艺交流等角度，较为全面地总结了促使明清时期江南城市出版业兴旺发达的动力和因素。作者引经据典，凡出自名家之言、名著之论无不妥善处之，力图在字里行间传递给读者措辞严谨、层次分明、文白搭配、深入浅出之感。

第二篇：明清江南曲本刊行及知识传播。分为九节，主要介绍明清时期戏曲选本的编刊状况，传播形式和内容特点。其一，作者将南京、苏州、杭州、吴兴、嘉兴和绍兴等几个主要江南城市曲选的编刊状况一一罗列出来，特别指出"南京可以说是全中国历史上刊印戏曲书籍量最大、拥有刻曲书坊数最多的地方"。其二，认为江南戏曲选本的主要功能是"为观众（读者）阅读和欣赏，或者清唱"，而非仅仅是供艺人演出使用的唱本。其三，总结归纳了明清江南曲选的选录标准，即"黜淫秽，求雅正"、"时曲、戏曲并重"和"尊南调卑北曲"，在总体上遵循"重南轻北"的原则，主要是为了迎合江南人的审美心理和志趣。其四，江南曲选刊本作为刻书坊的产物，多少会带有一些商业文化的色彩，具体表现为"曲摘其新，期于共赏"、"加点板、标声调、分宫商"、"增配插图"等，皆为江南书业市场竞争激烈，各书坊为求生存纷纷运用手段提升产品吸引力所致。其五，明清戏曲选本不仅是一种艺术形式，更是民间知识体系的一个重要组成部分，因此它必然具有传播思想文化，普及知识的作用。一个戏曲选本由多个要件构成，每个构成要件在传播知识方面所起的作用也不尽相同。

第三篇：明清江南杂志雏形编刊与新兴娱乐方式构建。分为八节，分别从性质、兴起背景、编纂体例、商业文化表征、传播内容、地域特色及历史意义等几个方面，对明清时期江南杂志雏形进行考证和研究。其中，以第七节"万历中期至明末建阳刊杂志型读物的地域特色"，最能体现作者的思维力度和考证功底，作者集中笔墨，对极具代表性的《新刻云窗汇爽万锦情林》六卷、《新刻增补燕居笔记》和《增补批点图像燕居笔记》的版本状况进行多方探讨，并在此基础上总结分析这一时期杂志型读物在题材取向上的转变以及原因，体现了作者较强的钻研精神和专业水平。

第四篇：明清江南商书出版与商业伦理传播。分为七节，提出明清时代的商书可分为三类：一是专为士商旅行而撰的交通指南；二是交通路线与商业知识合刊；三是比较纯粹的商业知识汇编书。这种分类角度说明明清时代的商书已形成了一种相对独立的传播机制，并具备了较强的出版意义和学术意义。在编写体例上，作者选取"商书中的交通地理"作为研究的切入点，以《事林广记》、《士商类要》、《一统路

程图记》一类以记录路引、路程图等地理信息为主的商书为个案，进行类比和辨析，从而提炼出明清商书在编写体例上的九个特色。最后，将明清商书所传递的思想内容进行归纳分类，即忧国忧民、民间生活伦理、历史知识，这三种传播内容从不同侧面展现出明清时代商书出版种类之丰富，内涵覆盖之广博，文化价值之宝贵。

本书以一个比较新颖的写作视角，在明清出版这块被诸多前辈开拓过的研究领域里独自绽放出一朵"奇葩"。作为一本具有考据性质的出版史专著，作者在有限的篇幅里，对明清时期江南城市商业出版活动进行了相对客观与科学的考证研究，包括对大量古籍和文献的检索与摘录，为读者勾勒出一幅明清时代出版业繁荣发展的全景图。

但纵观全书仍存有一些问题，如各章节标题明显偏长，不够精简凝练，不太符合图书目录的特点；某些篇章在布局上稍显混乱，各级标题间的内在联系也不够密切，容易让人产生断续感；在编校上出现了几处明显错误。虽然不是致命硬伤，但作为一部学术类专著，理应杜绝此类错误的出现。

撰稿：李　婷

《晚明商业出版》评介

郭孟良著，中国书籍出版社2011年1月出版，全书共21.5万字，16开，共248页。

本书是"新闻出版优秀博士论文文库"系列著作之一，以晚明时期的商业出版为主要研究对象。通过对此转型期的商业出版状况进行研究、分析，既可以对古代出版进行回顾，又可以对近代出版发展的原因进行初步探讨，还可以进一步探讨这一时期对中国出版史的重要意义。

本书分为七个部分。第一部分为绪论，首先对商业出版的概念进行论述，称商业出版为商业性出版或赢利性出版，大体相当于当今出版体制改革中与公益性出版相对应的经营性出版。商业出版的出现是传统出版史上的第一次里程碑式的飞跃，标志着真正意义上的出版业形成。然后，对本书选题的意义、晚明商业出版研究的历史与现状、研究的内容与方法进行叙述。这不仅对晚明商业出版的基本情况及研究进展进行了介绍，而且对本书的内容与构架、研究方法进行概括与总结。

第二部分主要论述职业出版传播者的成长，首先对"书客"、书坊的概念和发展历程进行论述，随后对几个个案分别分析，介绍了出版家兼作家模式、编辑家兼作家模式、策划与批评家模式等几个职业出版传播者的模式。第三部分主要通过对小说、戏曲等消闲娱乐类图书的出版个案，以及制艺、民间日用类书、商书等实用类图书的出版个案分析，来论述出版的大众化与功利化取向。第四部分对书籍形态与传播要素进行介绍，同时对装帧技术、插图、广告等也有论述。第五部分主要对出版地理进行分析，对贸易方式进行考察，还通过"书船"的个案分析，介绍了当时的流通网络。第六部分论述阅读群体的新建构，分为图书的知识接受与经济承载、阅读群体的新建构、读者的反馈等几个方面。第七部分对出版传播与晚明社会进行了概括总结。

通览全书，可以总结其主要有以下几个特点：

第一，主要概念界定清晰。从绪论部分就对书中所涉及的各个概念进行界定，从贯穿全书的出版、商业出版的概念，到各章节的关键概念，如第二部分的"书客"、"书客"群体、作者、刊工等概念，作者都进行了详细论述。这反映出作者治学的严谨，也可看出为编著此书作者进行了大量的文献检索，其努力和付出有助于读者对相关内容的学习和理解。

第二，研究个案丰富。本书对每一个主要内容的研究，都运用了大量的个案分析，可以看出作者对晚明商业出版研究领域的熟悉程度。大量的个案分析使全书内容翔实，结构丰满，更具有可读性，避免了一般学术著作的枯燥。

第三，对广告应用与传播功能，以及阅读群体的新建构研究较为新颖。作者对晚明时期商业出版中广告的运用及其传播功能进行了专门论述，对该时期广告的传播解读，以指向性和渲染效果作为切入点，针对性强。第六部分运用金字塔原理，对晚明时期"国民阅读"状况进行论述的角度也较为新颖，有助于研究分析这一时期的文化意识形态和社会公众的信息接受趋势。

全书结构完整、逻辑性强，各部分之间关系紧密，但对晚明时期商业出版发展历程的介绍，以及对该时期商业出版各方面的论述都较为概略，这也与硕博论文的特点不无关系。作者若能在修订时对内容进行补充和完善，可使本书的权威性和学术价值进一步提高。

撰稿：李彦强

《清代两湖地区的出版业》评介

江凌著，系"中国当代学术探索文库"丛书之一，中国书籍出版社2011年7

月出版发行；全书40万字，16开，共422页。

除绪论和结论外，全书分为十章内容。作者从文化地理学的角度入手，运用社会史的研究方法，论述清代两湖地区出版业的历史地理基础与文化区位、社会文化环境、文化土壤与出版内容要素。从官刻、私刻、坊刻三个向度探讨其出版群体特征、文化功能和社会作用。分专题和个案探讨清代两湖地区书院刻书业的概况、内容特点和文化功能，以及清代两湖地区的舆地学发展与舆图出版；太平天国农民政权在两湖地区的出版活动及其对两湖地区的社会影响和社会作用；近代西方传教士在两湖地区的出版机构、出版活动及其兴盛原因和社会作用等。

本书脱胎于作者身潜书卷、伏案三四载完成的30余万字的博士论文。国内关于区域出版史的研究方兴未艾，且主要集中于北京、上海、福建、浙江、江苏、安徽等地区。至于两湖地区的出版文化史研究，目前尚属空白，论述多零星分散于个别出版史材料之中，故此本书的出版丰富了区域出版文化史的研究内容，总结出清代两湖地区出版的一些基本特征及其文化价值，促进了两湖地区社会文化史的研究，探索了清代两湖地区的出版家群体的出版活动，为培养和造就出版人才群体提供了历史借鉴。

本书采用个案分析和专题考察的方式，点面结合，通过对清代两湖地区出版业基本文献的梳理与分析，剖析两湖地区出版家群体的个性及其刊刻业绩，并分书院刊刻、舆图出版、太平天国军和西方传教士在两湖地区的出版活动等几个专题详加探讨，力图使两湖地区的出版文化史丰富化、立体化，为当今两湖地区出版业的发展提供历史借鉴。本书的主要特点表现在如下两大方面：

其一，研究方法多元化。作者首先从历史地理学的角度入手，对清代两湖地区的出版业进行探讨。如运用文化地理学的研究方法，探讨清代两湖地区出版文化活动的文化生态环境等。其次，运用历史文献分析法，对清代两湖地区出版物的出版机构、刊刻品种、出版活动等进行定性、定量分析和文献梳理。此外，还运用社会史的研究方法，分析两湖地区出版业的官刻、私刻、坊刻的社会群体与两湖地区近代文化发展、近代化进程之间的互动关系，以把出版文化活动放到更广阔的社会空间进行立体关照，开拓研究视野和研究路径。最后，本书还运用个案分析和专题考察方法，点面结合地进行中观研究和围观考察。

其二，研究视角丰富化。作者首先站在文化史的角度，把清代两湖地区出版史放在文化场域中进行综合考察。前几章大篇幅论述清代的文化政策与时代背

景，两湖地区的社会文化环境、文化特征、文化性格与出版文化资源，及其物质基础和技术条件，为清代两湖地区出版业的发展繁荣勾勒出历史时态的文化画卷。然后，站在社会史的角度，考察清代两湖地区出版家群体的文化贡献和出版业的社会作用。最后，站在文献学的角度，考订史料，史论结合，论从史出，有理有据。通观本书，行文中不仅从明清的正史、实录和清代两湖地区的地方志中辑录原始的出版资料，加以分析和考订，还利用家谱、文集、案牍、野史、笔记、日记，以及有关古籍释例、目录等原始文献，弥补正史之缺失，使之相互之间互为佐证，为两湖地区出版文化活动的研究提供文献支撑。

正如方汉奇先生在"序言"中所说，本书的不足之处在于，史料过于丰赡，致使一些观点埋没于大量的史料当中，似有史料有余，理论不足之嫌。但从中又可看到作者忠于文献史料、求真务实的严谨治学精神。

撰稿：王上嘉

《晚清官书局述论稿》评介

邓文锋著，中国书籍出版社2011年7月出版发行；全书27.3万字，16开，共277页。

晚清官书局之大量出现，是近代中国出版史上的一个重要现象。自曾国藩首设金陵书局以来，各省即纷纷效仿。晚清官书局的出现，不仅揭开了近代图书出版业的序幕，而且还和外国出版机构、民间出版机构鼎足而三，共同推动了中国出版业由传统向近代的转型。长期以来，学界对官书局这一出版机构的研究却远远不够，多数出版史著作或对此视而不见，只字不提；或寥寥数笔，一带而过；或以偏概全，盲下结论。晚清官书局还有一系列问题亟待梳理，学界至今尚无明确答案。因此，作者通过深入研究，尽可能地做到从多角度恢复晚清官书局在历史上的真实面目，显得尤为重要。

本书系晚清官书局全面研究的结果，全书分为五章。第一章为近代图书出版特征，主要介绍近代图书出版事业主题，出版机构的构建情况，机械印刷技术运用情况，以及图书出版结构变化和近代出版法令制定情况等。第二章为官书局之缘起，从太平天国文化政策及战乱影响，清代官方刻书的传统，对西学东渐之回应，自行设局到奉旨设局这四个方面进行分析。第三章为林林总总的官书局，这章重点介绍了官书局的地域分布特点，书局与书院之关系，书局章程及人员构成，书局编校人员，书局经费之来源，以及曾国藩与金陵书局，张之洞与广雅书局等。第四章为官书局业务研究，主要从慎选底本，精审校勘，印刷技术之改进，局书的销售与发行等方面介绍了官书局的业务情况。此外，还介绍了张文虎与金陵书局《史记》，俞樾与浙局《二十二子》，并总结出晚清官书局的刻书特点。第五章为官书局的历史地位和作用，重点分析了官书局衰落的原因，论述了官书局的历史地位和作用。

为了力求恢复晚清官书局的历史原貌，本书在资料收集上可谓下足工夫，即使遇到极小的问题，也努力通过搜求直接资料或间接材料，进行考证和分析，以期从中探求合乎逻辑的实证性解释。所以，本书在研究过程中，体现出以下两个特点：

其一，于具体中见整体，于微观中见宏观。从数量上来看，晚清官书局共计40余所，各局情况不一，作者通过具体分析各个书局的情况，综而合之，从整体上对晚清官书局有一个准确地把握。同时，晚清官书局出现于近代社会，将其放

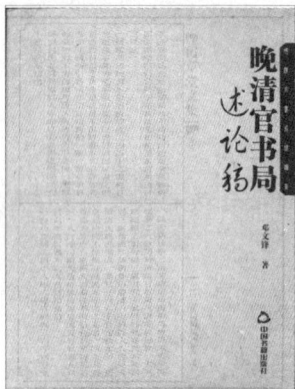

置在此时代背景下，能深刻理解官书局的某些现象、事件和问题。如在论及官书局衰落原因时，既考虑其自身的局限性，又要考虑此种衰落同整个清王朝封建制度的衰落，是密切联系在一起的。

其二，以系统论方法，分析晚清官书局的结构和功能。一方面，同当时地方各省的众多局所一样，官书局首先是作为一个官书机构而存在的，通过分析其经费来源、人员构成、业务管理、图书销售等方面的情况，进而考察其整体的运作模式。另一方面，在晚清官书局的业务研究中，将涉及许多相关领域的专业知识，如编辑史、印刷史、发行史、藏书史、版本学、校勘学、文献学等综合运用，以助于全面分析晚清官书局的刻书特点，使问题的研究更加深入和透彻。

本书研究晚清官书局，不仅仅停留在还原那个真实的、客观的、本来的历史事物，更重要的是，作者试图通过对官书局的研究，探讨出版特点，总结出版规律，为当代中国的出版业提供经验和借鉴，进而从整体上预知更多未来发展趋势。但在结构上却存在一定的缺陷，主要体现在第一章近世图书出版特征切入点太大，铺陈过度，有刻意提升内容高度之嫌。

本书不仅对研究中国出版史、中国图书史有重要参考价值，就是对喜欢藏书的读者也有不可多得的指导、备查价值。譬如本书第三章附录的《金陵书局刻书目录》、《广雅丛书》目录，第四章附录的金陵书局《史记》各参校本、浙江书局《二十二子》选用的底本，各项相加多达近三百种，这对于读者鉴别局本图书，一可以摸清底数，二可以按图索骥，其参考价值不言自明。

撰稿：王上嘉

《中国近代出版史稿》评介

　　王建明、王晓霞等著，南开大学出版社2011年2月出版发行；全书37.2万字，共357页。

　　本书分九章，第一章：中国古代出版业的发展，第二章：两次鸦片战争期间的出版活动，第三章：洋务运动时期的出版活动，第四章：清末的出版活动，第五章：北洋政府时期的出版业，第六章：国民政府初期出版业的发展，第七章：抗战时期的出版活动，第八章：抗战胜利后的出版活动，第九章：近代出版文化人研究。以上可以看出，作者将近代出版史分为七个阶段，在此基础上，对各历史阶段出版活动的政治、经济、文化背景，出版机构的创办与发展，出版机构的内部管理制度及运营方式与活动，出版新技术的引进与运用，重要编译活动等，进行了全面翔实的介绍。

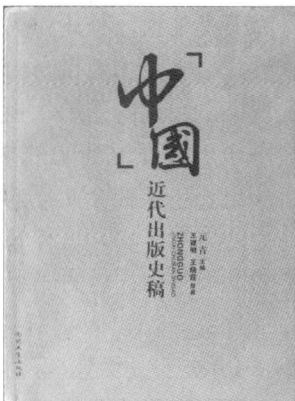

　　对于如何把握中国近代出版历史的研究对象的问题，本书给出了一个答案："中国近代出版史是研究中国近代出版发展及其客观规律的科学，其主要研究对象或内容应包括：不同历史阶段出版活动的经济、政治、文化背景，出版机构的创办与发展，出版机构的内部管理制度及运营方式与活动，出版新技术的引进与运用，重要的编辑（译）出版活动，丰富多彩的出版物，出版活动及出版物传播的效益与影响，著名出版人的出版思想与实践，出版管理及法律法规，出版行业商会等等。"

　　作为一部出版史研究专著，本书兼顾出版学与历史学两大学科的基本研究规律。作者认为，出版活动有其自身的发展脉络和规律，不能按照社会历史变迁机械地进行历史分期。但出版学的近代化步伐与中国近代化过程同步，这种同轴运转不可剥离的规律，促使作为本书阐述研究成果的起步工作——历史分期，应当同时考虑到出版工作的特殊性与共同性。因此，全书以发展程度为依据，分为目录所述的七个历史阶段，考虑到历史分期又不拘泥于历史分期，较好地体现出中国近代出版史不同阶段的特征。这样做的意图就是给读者营造"大整体和小个体共存"的出版史观，展现出版业在不同历史阶段的特点和阶段性的演变规律，也充分体现出版业与社会发展互为影响的特点。

　　本书以时间为主轴线，属于近代通史性著述，结合我国出版史研究的学科传统和出版史的整体特点，展现和总结中国出版业在不同历史阶段的发展特点，做出较为特殊的叙述调整。以第八章"抗战胜利后的出版业"的第二节"三联书店的成立"为例，作者以生活书店、读书出版社、新知书店、三联书店的成立四节作为分类依据，分述作为三联书店前身的三家机构的创办过程、经手人、机构运营形式、出版物数量与内容分类，最后汇总为本节主题。这样既表述了出版机构宏观上所起到的作用，也表述出其微观上的具体运行规律，从而达到资料全面，却不至于条理混乱的效果，较为清晰地勾勒出中国近代出版发行业诸方面的脉络，也表述了社会文化的发展在不断地改变出版业产业形态，并为其提供机遇与动力的客观事实。这样写作可以促使读者了解一个基本事实：出版是社会发展进步的助推器，社会的变革又会深刻地影响出版业的发展。

作为一部出版史著作，本书在专题性研究方面略有瑕疵，如学术史、教育史、文化史、思想史等角度尚需深入研究。瑕不掩瑜，本书为中国近代出版史研究打下了良好的基础，是供致力于出版史研究的学术同仁参考的一部优秀专著。

撰稿：隗静秋（浙江万里学院）

《出版文化的新世界：香港与上海》评介

香港城市大学中国文化中心与出版博物馆联合编著，2011年2月由上海人民出版社出版发行；全书34万字，大16开，340页。

本书是香港城市大学中国文化中心与出版博物馆联合举办的出版史国际学术会议的成果结集，收入的成果大都出自邹振环、川边雄大等海内外名家之手。本书以第二届出版史国际学术会议的议题为名，重点阐述了上海与香港的出版事业，以具体的出版实例，展示了东西方文化在近代接触、碰撞时，传播新知的物质基础如何发生变化，出版印刷的运作结构与模式如何发展，新式报刊如何改变人们的认识与知识结构，新知的传播如何影响社会阶层的变动等方面的内容，从而以一个新视角来探视中国近代文化变迁的各个方面。

全书分为四部分，从不同角度观察及思考出版业的变化与中西文化交流的关系，描绘"出版文化的新世界"形成方式与过程。

第一部分的主题是西学东渐与中国出版，包括土山湾印书馆与上海印刷出版文化的发展，菲律宾早期的中文刻本再研究——以《新刊格物穷理便览》为中心，中西文化交流与中国文字编排方式的变迁，海关造册处与中国近代出版，邵洵美、项美丽与《天下》等五篇文章。重点探讨中国近代对外文化交流与近代出版发展的关系，从不同侧面反映近代西学东渐对于中国近代出版的形成和发展所产生的重要意义及深远影响。

第二部分的主题是沪港出版交流，包括从澳门、香港到上海——19世纪中叶西方活字印刷技术在中国的传播，松本白华在香港和上海的经历，郑振铎与香港出版文化，25年前在香港举办的上海书展等四篇文章。第一篇文章通过介绍活字印刷术从澳门、香港传入宁波、上海的过程，使读者对新式印刷术的早期传播有所了解；第二、三篇文章研究著名出版人物的经历，力图以点带面地展示香港与内地出版文化的特点，以及香港与内地文化交流的意义。第四篇文章通过对1984年6月在香港举办"上海书展"的流程以及一些细节的梳理，为解读改革开放初期的上海出版界，回顾中国出版曾经走过的道路产生启迪。

第三部分的主题是图书出版与文化互动，包括香港英华书院出版物在上海和日本——以《遐迩贯珍》《智环启蒙》为中心，书籍之路回流：近代中国刊刻的日本汉籍，雕镂天花乱坠的世界——由一本貌似无聊的小书来看清末旧式雕版印刷等三篇文章。该部分依然从出版与文化的关系着手，介绍内地与香港、中国与日本的出版互动所带来的文化互动，反映出书籍在文化交流中的重大作用，启发读者对文明史观以及文化交流模式的思考。

第四部分的主题是出版与语言接触，包括见闻、谈资与讽刺诗——中国洋泾浜英语在18至20世纪初西方出版物中的流传，粤词官音——卫三畏《英华韵府历阶》的过渡性质，新词新概念的吸收和对应——日本对自然科学词汇的吸收等三篇文章。该部分通过对出版物中的语言传播历程及影响研究，探索出版与语言变迁之间的深层联系，探讨语言在出版中的演变脉络，以及出版过程对于文本建构与传递的意义和影响。

周振鹤先生为本书作跋，内容即他在学术会议上所做的发言——《我所认知的出版史研究》。该文阐述了出版的传统定义，介绍出版认识史，由出版引起的其他专门史以及与出版有关的其他方面知识，并指出"要造就真正高水平的中国出版通史或全史，就要求全体研究者从基础研究做起。"书末为王京芳撰写的圆桌会议纪要及会议综述。

全书以香港与上海的出版交流为主要研究对象，深入探讨了出版与文化之间的关系，从新的视角审视出版与中国近代文化变迁，为出版史研究打开了一个新的突破口，对于出版史及出版文化研究具有参考意义。

撰稿：陈　程

《传教士中文报刊史》评介

赵晓兰、吴潮著,复旦大学出版社 2011 年 7 月出版发行;全书 41.2 万字,32 开,共 433 页,系国家社会科学基金项目成果。

本书除绪论外分为十五章。绪论主要是对传教士中文报刊概念的界定、学术史的回顾与评价、本书的研究说明三部分。第一章至第三章介绍鸦片战争前传教士创办的报刊,第四章至第十二章介绍鸦片战争至 19 世纪末传教士创办的报刊,第十三章至第十四章介绍 20 世纪上半叶传教士创办的报刊,第十五章为全书总结,分三部分进行阐述,具体为"传教士中文报刊评价的基本演变以及本书的基本评价指向"、"传教士中文报刊发展的特点"、"传教士中文报刊的影响"。

针对传教士编辑、出版的中文报刊研究,早已得到学术界的广泛重视,以往专题研究传教士和报刊史的成果中都会相互关照,彼此提及。但是,单以"传教士与中文报刊"为题进行研究,本书则是第一部。整体上看,本书呈现出以下几个亮点:

第一,研究范围有所扩展。本书的研究范围始于 19 世纪初第一份传教士中文报刊《察世俗每月统计考》诞生,止于传教士中文报刊在中国内地停办的 20 世纪中叶。研究重点是 19 世纪,同时也兼顾介绍、评介了 20 世纪上半叶一些较为重要的、比较有代表性的报刊,尽管不够全面,但也描绘了一个基本轮廓。20 世纪之后尤其是进入民国以后,传教士中文报刊成为我国新闻史、出版史研究中被忽略的领域,有关著述很少提及,或者非常简略地一笔带过。因此,本书关于 20 世纪上半叶的研究,具有填补研究空白的意义。

第二,资料运用更加严谨。以往的研究中,往往是二手、三手资料的层层转引,舛误较多。本书撰写秉持的宗旨是,尽可能使用第一手资料或纸质原件,或缩微胶卷,或影印件,或数字化图像文档,见多少说多少,没见到也交代资料线索。这样做就使全书立在一个相当坚实的资料基础之上,传教士中文报刊以往研究中的某些疏漏借此弥补,舛误得以纠正,纷乱为之厘清。此外,对于报刊资料的收藏地点,尽可能地顺笔指明,这对于有兴趣深入研究的读者来说,不啻为渡河津梁,索骥图册。

第三,撰写体例有所突破。通常新闻史、出版史专著的写作体例,是以历史年代的沿革为基本线索展开,章节依据历史阶段的变化而设置。这样的体例表现了历史的延续性,但带来的问题是一些时间跨度长的报刊,被分散在不同的章节中分别提及，从而有零散之感。再者，某些报刊在历史上几经更名，当其在不同的章节中以不同的刊名出现时，该报刊的历史延续性难以完整体现。本书在写作体例上做了新的尝试，在历史年代的大框架内，以具体的报刊为中心进行叙述和分析，力求向读者展现各个具体报刊发展的完整历史。具体的做法是，将传教士中文报刊，依据其创刊年代的先后进行介绍评析；尤其是一些报刊系列，前后数度更名，本书对这些报刊系列单独设章节进行完整介绍，这也是本书在体例上区别于其他新闻史报刊史专著的一个方面。这样的体例处理，也存在着一定缺陷，使得全书像是一个"期刊简介大全"，理论体系性略显不足。

披览全书，总体来说本书界说清晰、搜罗丰富、结构完整、逻辑严密，学术史梳理系统而有分析，既有对传教士与中文报刊的宏观论述，也有对重点报刊的个案介绍。全书既吸收了学术界的已有成果，也有作者自己的心得，可称得上是传教士与中文报刊研究的上乘之作。

撰稿：王上嘉

《民国出版史》评介

吴永贵著，福建人民出版社2011年6月出版发行；全书654页，79万字，精装大16开。

本书篇幅宏大，内容翔实，以时间为经，历史事件和历史人物为纬，对38年的民国各个时期出版历史现象和出版活动进行全景式的阐述；对民国图书业历史，从行业经济史和出版文化史两个维度，进行宏观把握与概括；对有影响的出版机构和出版人物个案，进行微观研究和分析；对出版活动过程中商业利益和文化价值之间的平衡关系，给予特别关注；对中国共产党领导的出版事业，既探讨绍往，亦昭示先机，予以细致深入的论述。

全书共分十三章。第一章：晚清时期出版业的近代化转型。第二章：民国时期出版业的发展历程，以时间为序扼要梳理了民国出版业的近代化转型发展，以及新式出版的历史脉络。第三章：民国图书出版的学科分布与区域布局，重点介绍民国图书出版业在文化与空间上的分布。除了大施笔墨来描绘上海这一现代出版中心外，还以专节的形式，剖析总结出版次中心城市，有南京、北京、天津、广州，介绍抗战时期形成的出版新据点，包括重庆、桂林、香港，以帮助读者从地域上了解民国出版业的整体面貌。

第四章：民国时期先后出现的七大出版机构，以近景式的个案观察，系统

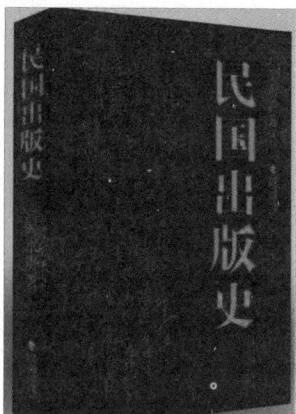

介绍和分析了商务印书馆、中华书局、世界书局、大东书局、开明书店、正中书局、贵阳文通书局这些耳熟能详的著名出版机构。接下来的第五章：其他有影响的中小书局，则列举新潮社、北新书局、亚东图书馆、泰东图书局、良友图书印刷公司、文化生活出版社、上海杂志公司、桂林文化供应社、永安改进出版社等中小出版机构的基本史实，来丰满民国出版的框架和内涵。

第六章：大书局重要出版人物列传。第七章：其他编辑出版人物列传，以两章篇幅推介民国著名出版人的事迹，以此为民国出版精英树立起一座座丰碑。他们是张元济、王云五、高梦旦、陆费逵、舒新城、黎锦晖、钱歌川、沈知方、章锡琛、夏丏尊、叶圣陶、华之鸿、鲁迅、巴金、张静庐、沈松泉、汪孟邹、汪原放、伍联德、赵家璧、张竞生。另外，第六章最后一节"曾在大书局供职的编辑出版人传略"，对杜亚泉、朱经农、周建人、茅盾、顾颉刚、郑振铎、丰子恺、钱君匋等42位出版家进行简略介绍；第七章最后一节"其他编辑出版人物传略"，对曾朴、丁福保、胡适、孙伏园、林语堂、郁达夫、梁实秋、胡风、李公朴、叶灵凤、施蛰存、储安平等另外42位出版家进行概略介绍。

第八章至第十章为编辑出版工作、书业经营与管理、出版法律与出版管理，是对民国时期编辑出版工作流程、书业经营与管理方面的专门论述。作者论述了民国出版业中的选题与组稿、装帧与印刷、发行渠道与方式、图书宣传与评介等工作流程；分析了民国书业经营与管理中的组织形式、机构设置、人员构成、制度管理、融资方式、多种经营等业务环节；介绍了各时期《出版法》、《著作权法》的制定和颁布、书刊查禁、版权纠纷、原稿及教科书预先审查、书业同业公会组织等民国出版管理等情况。

第十一章：教科书出版。第十二章：各类型图书的出版，设两个专章来重点介绍民国时期富有特色的教科书出版，以及古籍、工具书、儿童读物、丛书的出版情况。教科书出版着重分析教育变革给教科书出版带来的商机，从审定制到部编制转变对教科书出版所产生的影响，教科书出版竞争带来的进步，教科书快编快改与多级多元发展，以及高等教育发展与教科书编印的关系。古籍出版反映出传统文化与外来西学的冲突与共处；工具书和丛书出版分别体现着对知识单元和文献单元的组织，是知识急剧增多下的一种现实应对；儿童读物出版则是对国家未来的成长期待，对少年儿童的特殊关爱。

最后一章即第十三章：中国共产党领导的出版业，重点论述了包括苏区、根据地、解放区以及国统区内中国共产党所领导的红色出版活动，有宏观的出版事业历程描述，也有微观的出版机构分析，还有进步出版单位如生活书店、读书出版社、新知书店介绍，民国时期进步出版家邹韬奋、徐伯昕、胡愈之的详细列传，以及34位红色编辑出版人如陈独秀、李达、毛泽民、瞿秋白、张闻天、钱杏邨、蒋光慈、章汉夫、祝之澄、黄洛峰、艾思奇、华应申、徐寒雪、邓拓、姜椿芳等人的传略。

附录部分完整收录了民国时期的《出版法》、《著作权法》、《上海市书业同业公会章程》等8种出版法律法规及书业章程，加上数量众多的参考文献，给专业研究者和一般读者提供了较大便利。

其实，本书作者吴永贵是九卷本《中国出版通史》之《民国卷》的两位作者之一，在充分吸收利用《民国卷》成果基础上，作者摒弃民国时期的报刊史不论，专注于图书出版的历史研究，并将民国时期科技进步带给出版技术的变革，作为划分民国出版发展阶段的主要依据，其体例设置也围绕这些内容和技术特征而展开。

正如张国功在《中华读书报》上撰文《民国出版史：民国风流的因与果》所总结的：与一般单线地以时为序写史的安排不同，《民国出版史》追求既做出时序性的史实梳理而又以专题化论述落实论述。人、事、机构、制度建设、产品、文化环境等出版业相关的内容，一一呈现。别而言之，是单独的专题；合而观之，则浑然一体，立体地组合出一部丰富的民国出版史。

本书出版后引来的评论较多，集中性的观点是：史料翔实，内容详尽，印刷精美；注重出版社经营分析，有大量图表有助学习参考；对民国出版人和出版机构论述较为简单，有史料堆砌之嫌；文笔一般，开本过大，阅读略嫌枯燥。最具代表性的评价是亚马逊网上评论者"chenjca"所总结的六点，即不述报纸期刊专述图书出版，侧重共时性展示，关注边缘性出版机构，注重业界竞争策略，凸显出版机构对文化价值的追求，业界角度的附录安排。

撰稿：王彦祥

《民国时期成都出版业研究》评介

张忠著，四川出版集团巴蜀书社出版发行2011年6月，全书共22万字，261页。本书为"中国区域历史与文化"重大课题成果、"晚清民国四川学术文化"丛书之一。

本书由作者在其博士论文的基础上修改而成，重点介绍、分析了古代和近代成都的出版业，民国时期成都出版业的发展状况，民国时期成都出版业的经营，民国时期成都出版业的自治组织，民国时期成都出版

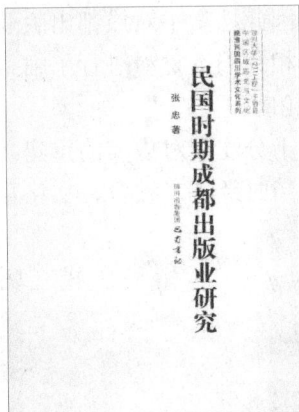

业的监管等问题。

晚清至民国时期是中国社会的大变动时期，也是中国转向现代化的重大变革时期，四川在地理位置上深居内陆，无论在社会变迁还是文化转型上，都呈现出相对鲜明的地域特色。本书研究的范围大致包括两个层面，一是成都出版业内部各方面的联系，二是成都出版业与社会的互动，譬如出版活动与政治、经济、文化、教育等活动的联系与影响。本书出版后受到多方关注，其特点如下：

第一，填补四川出版史研究空白。自西学东渐以来，近代中国出版业最发达的地区当属东南沿海地带，近代出版史研究自然也就集中于这一繁华之地。相对于东南沿海地区，偏居西南边陲的四川现代化转型起步晚，发展相对缓慢。这一历史特点不仅决定四川省相对较多地保留了一些传统因素，也致使四川文化及其载体——出版物与出版业具有鲜明的地域特色，因此对四川出版业的研究具有重要的学术价值。本书对民国时期成都出版业进行细致梳理，重建了成都出版业发展的史实，称得上是四川出版史研究的力作，有助于进一步深化对西南区域史，尤其是西南区域文化史的研究。

第二，有助于深化西南地区抗日战争史研究。成都出版业最繁盛的时期为抗战时期。其时，国民党政府西迁重庆，东部大量人口和出版企业也随之西迁，成都出版业一度呈现出反常的畸形繁荣。当时在成都图书、期刊、报纸供不应求，出版企业竞相创办，也促进了成都出版业的迅速发展。本书用相当大的笔墨，描述战时成都出版业的发展态势，揭示成都出版业与抗日战争的紧密关系，从一个侧面丰富了抗日战争史的研究。

第三，治学态度严谨、史料丰富翔实。史学研究以史料为生命线，"有几份材料说几分话"，否则研究即为无源之水。作者在史料搜集上颇下功夫，与其他出版史专著不同，在参阅大量同时代学者研究成果的同时，更大量征引了珍藏于四川省档案馆和成都市档案馆的民国档案资料，为提升本书的学术水平发挥了关键作用。民国期间出版业是一种经营较为分散的行业，因此档案中对成都出版业的记载十分凌乱，作者在阅读大量档案资料基础上，对相关档案材料进行了细致的整理，条分缕析，基本理清了民国时期成都出版业的轮廓。

除了上述特点，本书还存在一些缺点。如由于作者十分注重对史实的重建，着力于出版业内部各种因素的梳理，而对成都出版业与当时经济、教育、文化互动关系的研究，则略显单薄。

撰稿：钱　聪

《红色记忆——中央苏区报刊图史》评介

　　傅染生、李贞刚编著，系"红色收藏系列丛书"之一，解放军出版社2011年1月出版发行；全书32.6万字，16开，共362页。

　　全书共分八章，第一章概述中央苏区报刊的情况，第二章至第五章，详细介绍了177份刊物。其中第二章介绍了13种报刊，简述了闽西、赣南地区早期革命报刊，指出这是马克思主义传播的首要渠道；第三章介绍了76份党和群团组织报刊，指出这是党的重要喉舌；第四章简述中国工农红军报刊38份，指出这是红军运动的推动力量；第五章介绍了50份报刊，简述革命根据地建设的呐喊者，即苏维埃政府报刊。第六章为中央苏区报刊史大事记（1923年—1938年），第七章是中央苏区报刊资料研究，最后一章列出了中央苏区报刊目录，各种红色报刊达312种之多。

　　在内容编排方面，全书以简述中央苏区各种报刊为主，配以大量实物图片，以图说史。这样的编排体例使全书层次清晰，内容丰富而不杂乱，利于读者阅读。增加报刊史大事记以及相关的资料与研究情况内容，丰富了全书内容，也体现了图史写作的要求。

　　本书图文并茂，图片丰富，配以文字注释。正如李润波先生在"序言"中所说："从出版取材看，20世纪90年代初出版的三本苏区报刊史著作，仅有文字论述，反映报刊史图片极少，而且都是黑白图片，远远满足不了文化界、党史界、收藏界的研究需要。这几年，以图说史的著作不少，而专门以图述说中央苏区报刊史的图书，至今还是空白。顺乎社会发展潮流，《中央苏区报刊史》采用图文并重，以图说史的编辑方法，把中央苏区的报刊图片以及相关的资料图片熔于一炉，恰好能弥补这块空白，对于推动中央苏区新闻出版事业的研究和红色报刊收藏，具有十分重要的现实意义。"的确，将专题图像结集成书，系统地进行梳理，体现出历史的厚重感，成为不可多得的研究资料，从而显得弥足珍贵。与此相对应，在行文方面力求简略精当，叙述客观。书中文字主要介绍各报刊的创办者、创刊时间及地点、创刊背景、主要刊登内容、创办意义以及现存情况等要素。在介绍这些内容时，作者并没有施以过多的笔墨，而是以凝练的语言进行概述。

　　本书的一大特点是，以最新发现的材料为佐证，将中国共产党建党初期至抗日战争爆发前后的各种中央苏区报刊进行梳理，对以往一些不十分准确的说法做出纠正，较为系统地论述了这一时期内中央苏区报刊的发展情况，并结合大量

文史资料给出实证。如过去认为中央苏区的报刊总量有160多种，而随着调查结果的不断更新，现已达300余种。再如，过去认为红三军团于1930年7月29日发行的《红军日报》是我军最早出版的铅印军报，而古田会议纪念馆中却保存着一份1929年7月27日创办的《浪花》报。

正如作者自己所言，本书美中不足的是，由于中央苏区创办报刊时条件较为艰苦，且距今已70多年，为许多报刊的征集工作带来困难，所以导致部分史料图片缺失。即便如此，整体来说本书对于研究早期中国共产党报刊的相关工作，可起到十分重要的推动作用，且由于图片和史料的大量运用，增加了其收藏价值。

撰稿：李雪峰

2011年新出版专业图书提要目录

理 论 研 究 类

书名	作者	出版社	出版时间	内容提要
中国体育图书出版研究	吴文峰 著	北京体育大学出版社	2011.1	详见"新著评介"栏目中的本书介绍内容。
中国科技期刊核心竞争力研究	赵茜 著	西安地图出版社	2011.1	321页，25万字。全书分为五章，分别为：科技期刊发展状况、核心竞争力评价、核心竞争力研究、核心竞争力实施。作者在附录部分还编入了出版管理条例、期刊出版战略实施、科技期刊管理办法和科技期刊质量要求。作者通过应用数学模型以及统计分析方法，对科技期刊存在的问题进行了深入透彻的研究。
畅销书理论与实践	张文红 著	中国传媒大学出版社	2011.1	273页，对畅销书理论和出版传播实践进行了较为系统而全面的观照。上编介绍畅销书的定义与衡量标准、畅销书排行榜、畅销书的内容与形式等方面的理论；下编梳理近30年我国畅销书的出版传播实践；附录以年度盘点形式呈现近4年中国大陆畅销书发展概貌。作者在科学实证的数据采集和深入的理论研究中探讨畅销书背后隐含的文化机制，呈现出畅销书出版阅读与时代风尚的关联。
中国外语类辞书编纂出版30年	魏向清耿云冬王东波著	上海辞书出版社	2011.2	416页。本书是南京大学双语词典中心的大型研究项目的成果，概述了1978～2008年我国外语类辞书编纂与出版的基本情况，回顾了外语类辞书编纂与出版的规划工作，总结了外语类辞书编纂与出版的学术研究状况，阐述了外语类辞书编纂的现代化进程，全面评价了外语类辞书的编纂与出版对我国文化事业的作用。

续表

书名	作者	出版社	出版时间	内容简介
我国图书出版产业的市场竞争与创新战略	王勇 著	经济科学出版社	2011.3	详见"新著评介"栏目中的本书介绍内容。
新闻编辑（第二版）	陈红梅 编著	武汉大学出版社	2011.3	239页,37万字。当代新闻与传播学系列教材。围绕新闻编辑工作者的基本素养,详细阐述了新闻编辑学的基本原理及操作技巧,内容主要包括报纸的编辑策划、稿件的选择、修改及配置,标题的制作,版面的设计以及图片编辑等,所选实例和阐释过程的清晰性,实用性版面为主,强调理论性,修订版材料更加丰富、图文并茂,在提与上一版相比,高实用性的同时也增强了理论性。
科技期刊国际化研究	王字君 主编	中国地质大学出版社	2011.3	268页。主要内容有八个方面:其一,关于科技期刊国际化概念的认识,它的特征和市场定位;其二,国际化科技期刊须国际化的国际期刊是高质量的期刊;其三,国际化科技期刊必须外科技期刊的国际化状况和发展趋势;其四,国际化科技期刊必须凝聚众多全国内外涉刊人才;其五,国际化科技期刊必须用现代化的数字化出版手段武装起来;其六,科技期刊的数字化深化国际化期刊管理体制和运营机制改革;其七,科技期刊国际化必须国际化期刊与知识产权保护;其八,《地球科学》争取国际化之路。
出版产业链研究	方卿 著	高等教育出版社	2011.4	详见"新著评介"栏目中的本书介绍内容。
数字出版概论	陈生明 主编	南京大学出版社	2011.4	详见"新著评介"栏目中的本书介绍内容。
中国图书定价制度研究	陈昕 著	生活·读书·新知三联书店	2011.4	详见"新著评介"栏目中的本书介绍内容。

续表

书名	作者	出版社	出版时间	内容简介
出版专业基础·初级（2011年版）	全国出版专业职业资格考试办公室编	崇文书局	2011.5	本书是在2007版的基础上修订而成的。在充分继承原有教材主体内容的基础上，充分吸纳行业的新发展、学科建设的新成果。与2007版教材相比，新版教材更加贴近出版工作实际，也更加注意与中级本的衔接，使初级教材与中级教材在理论的逻辑严密性与内容的衔接合理性上更加科学。
出版创新与中国文化软实力	肖东发 张文彦 等著	中国社会科学出版社	2011.5	详见"新著评介"栏目中的本书介绍内容。
编辑学原理	吴平 芦珊珊 编著	武汉大学出版社	2011.6	详见"新著评介"栏目中的本书介绍内容。
出版管理学	于春迟 谢文辉 著	中国人民大学出版社	2011.6	详见"新著评介"栏目中的本书介绍内容。
现代出版管理新论	韩果 主编	四川大学出版社	2011.6	312页。该书介绍了新形势下出版工作的新变化，阐述出版活动中、策划、编辑、出版、发行工作在管理中的地位与作用，也介绍了出版法规、出版、印刷、发行的工作流程及要求，以及出版管理、出版策划和跨媒体出版等内容。
纵论出版产业的科学发展	齐峰 著	人民出版社	2011.7	33万字，本书分为四编：科学出版论、出版产业论、出版创新论、地方出版论。既有对中国出版发展轨迹的纵向梳理，也有对出版中现存问题的深度解剖，及出版实践经验的系统总结。
出版专业基础·中级（2011年版）	全国出版专业职业资格考试办公室编	上海辞书出版社	2011.7	全国出版专业职业资格考试的辅导教材之一。主要内容有出版概论、编辑概论、数字出版与数字出版产品、中国近代出版历史知识、出版行政管理、出版社经营管理、出版物市场及著作权知识等。

续表

数字出版人才培养研究	张志林 陈丹 黄孝章 著	商务印书馆	2011.8	详见"新著评介"栏目中的本书介绍内容。
皮书研究:理论与实践	谢曙光 编	社会科学文献出版社	2011.8	219页,24万字。本书是一部专题研究文集,作者在皮书的理论研究与实践探索过程中,积淀了大量资料与文献,将其筛选、整理并结集出版,对推进皮书的研创、发布事业无疑具有积极意义,同时对于学术传播史、编辑出版史也不乏研究价值。
百科全书论	金常政 著	上海辞书出版社	2011.8	341页,29万字。辞书研究文库之一。本书对百科全书的历史、地位、类型、性质、功用、选择、评价、使用及其编辑和编纂方法进行了全面、深入的研究。本书对指导百科全书的编纂实践、推动百科全书的理论研究,对于增进广大读者对百科全书的了解、更好地发挥百科全书在知识经济时代的巨大社会作用等方面,将起到重要影响。
专科词典论	徐庆凯 著	上海辞书出版社	2011.8	192页,17万字。辞书研究文库之一。本书特色明显,所涵盖的门类有通论和专论等,有学习词典的、有辞书史的、精品意识强,是一个特点。这套文库比较集中地展示了近些年来辞书理论的成就,将会推动辞书事业的发展、推动辞书理论的发展。
普通编辑学	邵益文 周蔚华 主编	中国人民大学出版社	2011.9	详见"新著评介"栏目中的本书介绍内容。
数字传播与出版转型	周蔚华 等著	北京大学出版社	2011.9	详见"新著评介"栏目中的本书介绍内容。

续表

高校校报编辑记者著简论	杨洪波 著	科学出版社	2011.9	270页，27万字。编辑理论与实务丛书之一。全面分析了高校校报工作者（编辑和记者）的基本修养和能力要求，展示了它有别于其他新闻报刊工作的独特色，同时也在当前大学生记者的选拔、培养与工作能力提升等问题上做了比较朴实深入地探索。本书是填补我国高校校报工作者能力和技术研究空白的力作。适合新闻报刊研究者、高等教育管理者、高校校报大学生记者阅读参考。
缔造东方新主流——当代新闻期刊的理念与实践	于德山 著 方晓红 编	中国广播电视出版社	2011.9	本书以当代新闻期刊为研究对象，分析当代新闻刊的传播类型、传播特征、典型代表、读者特征、产业特征，分析部分为绪论、上篇、中篇、下篇和结语五个部分。绪论部分对于期刊的定义、分类等问题进行了重新思考。上篇重点分析国内较为典型的新闻期刊。中篇着重新闻期刊的产业特征与未来发展。下篇分析、下篇着重点分析新闻期刊的发展困境及其未来发展。结语部分重点探讨了新闻期刊的发展困境及其未来发展策略。
编辑概论	陈桃珍 主编	重庆大学出版社	2011.10	321页，38万字。全国高职高专印刷与包装类专业教学指导委员会"十二五"规划教材，出版类专业系列教材之一。全书由10个模块、22项任务组成。从切实培养学生的编辑综合能力出发，为后续专业课程学习打下扎实的基础，既可作为一线编辑出版人员了解编辑知识，掌握编辑技能的工作手册，又可作为普通读者学习编辑基础知识的参考读物。

427

续表

书名	作者	出版社	出版时间	内容提要
出版散论	张宏 著	安徽大学出版社	2011.10	"出版，就是生活，出版的美丽，也就是生活的美丽。"这些富有哲理的语言，蕴含着一个出版人对出版事业的无限憧憬，无限热爱。在这种精神境界的引领下，张宏道出了"从业于出版，思考出版，研究出版，无怨无悔"。《出版散论》真实地记载了张宏对出版业特别是大学出版业的感悟、学习、探索的心路轨迹。以一种简洁而又直接的行文形式表达了作者对中国出版业的所思、所想、所感和所愿。
基于熵理论的出版社经营风险研究	张近乐 著	人民出版社	2011.10	详见"新著评介"栏目中的本书介绍内容。
外语出版编辑散论	孙玉 著	上海外语教育出版社	2011.12	详见"新著评介"栏目中的本书介绍内容。

行 业 实 践 类

书名	作者	出版社	出版时间	内容提要
图书出版产业评价体系	徐小杰 著	中国书籍出版社	2011.1	详见"新著评介"栏目中的本书介绍内容。
数字出版产业发展研究	黄孝章 张志林 陈丹 著	知识产权出版社	2011.1	对目前有关数字出版发展的相关概念、数字出版的发展历程及我国数字出版发展的现状和存在的问题做了全面的概述；阐述了数字技术对传统出版业出版流程、产业链及人才素质和能力等方面的影响；分析了内外部环境对我国数字出版的影响，包括政治、经济、社会及技术等环境对我国数字出版行业的影响；分析了我国数字出版行业发展状况及细分行业（如电子书、数字期刊、手机出版、网络游戏、图书搜索、数据库出版等）发展状况，市场环境发展特征，数字出版的发展模式，金融危机环境下数字出版的发展策略及数字出版的发展趋势。

续表

出版物物流管理概论	朱诠 著	中国书籍出版社	2011.2	详见"新著评介"栏目中的本书介绍内容。
学报编辑学散论	郑艳凤 著	吉林大学出版社	2011.2	200页，15万字。内容包括：论学报的导向、论学报的评估、学报的经济效益与社会效益。从田居俭先生倡导社会史研究看学报主编的作用，从郑惠主编《百年潮》想到的，从《百年潮》看学报的办刊，从"五四"时期报刊对新思潮的介绍看学报的改版，从"五四"时期报刊对新思潮的介绍看学报的创新等。
突围：音像图书连锁经营战略	刘邦雅 著	汕头大学出版社出版	2011.2	本书旨在为当前的音像图书连锁经营企业发展提供一套行之有效、科学严密的连锁经营管理战略，使中国音像图书连锁经营者起到良好的启示和帮助作用。《突围：音像图书连锁经营战略》可读性强、案例丰富、实用性强，适合音像图书连锁经营管理人员与工作人员，连锁经营企业的相关人员、企业培训人员以及对连锁经营管理有兴趣的人使用。
编辑出版行为理性研究	冯国祥 著	浙江人民出版社	2011.4	详见"新著评介"栏目中的本书介绍内容。
数字先锋	程晓龙 陈丹 主编	三辰影库音像出版社	2011.4	本书共分三部分：先锋人物、先锋事件、现地访谈。内容包括：陈昕 上海世纪出版集团党委书记、社长；侯小强 盛大文学CEO；刘迎建 汉王科技股份有限公司董事长；工信部发放3张3G牌照、手机出版或将迎来春天等。
报纸编辑精品导读	白贵 等主编	人民日报出版社	2011.5	详见"新著评介"栏目中的本书介绍内容。
出版专业实务·初级（2011年版）	全国出版专业职业资格考试办公室编	崇文书局	2011.5	39万字。全国出版专业职业资格考试辅导教材之一。是在《出版专业实务·初级》（2007版）基础上修订而成。

续表

中文古籍数字化研究	王立清 著	国家图书馆出版社	2011.5	244页，21万字。本书将中文古籍数字化研究置于广阔的社会背景之中，探讨中文古籍数字化自身的发展进程，阐释其对中华文化传承、读者阅读习惯和传统学术研究的影响，思考古籍数字化过程中存在的问题，并试图提出相应的解决方案。本书对中文古籍数字化理论研究有所贡献，对古籍数字化实践工作亦有所启示和参考。
心血三十年功业百世存——全国十大文艺集成书志新疆卷编纂纪实	新疆艺术研究所 编	新疆美术摄影出版社	2011.5	28万字。资料翔实、恢宏大气，凝聚了新疆各族文化工作者的心血和智慧，是目前支撑新疆非物质文化遗产保护事业的珍贵、重要专业文献。
千疮百孔香余香：《嫁衣的嫁衣——编辑文化学研究》学术指误	黄宝 主编	宁夏人民教育出版社	2011.5	详见"新著评介"栏目中本书介绍内容。
中国出版企业核心能力研究	应中伟 著	广东人民出版社	2011.6	详见"新著评介"栏目中的本书介绍内容。
出版集团战略投资论	刘伯根 著	新星出版社	2011.7	详见"新著评介"栏目中的本书介绍内容。
期刊营销管理新探	黄桂坚 著	广西人民出版社	2011.7	202页，13万字。全书分为理论篇和实用篇，其中理论篇三章，实用篇四章。本书既是作者的理论知识在期刊经营管理的应用，也是将平时从事的编辑活动归纳提升到理论层面的成果。针对期刊经营的严峻形势，探讨了期刊的营销管理模式。

续表

书名	编著者	出版社	出版时间	内容简介
网络编辑实务	肖昊　主编	机械工业出版社	2011.7	159页，23万字。是以"做中学、做中教"为理念，以工作过程的项目任务为主线，从实际运用的角度来构建教学内容体系，包括走进网络、初识网络编辑，使用网络编辑常用设备和技术，学会文字编辑处理技术、学会音频和视频处理技术、学会网页图像处理，学会网页版面设计七个项目；每个项目中的任务又由情景导入、知识链接、操作技巧、技能训练、学习评价和知识拓展组成。
出版专业实务·中级（2011年版）	全国出版专业职业资格考试办公室编	上海辞书出版社	2011.8	本书是全国出版专业职业资格考试的辅导教材之一，强调规范性操作，体现出版工作的"应会"要求。主要内容有出版物选题策划、图书编辑，书刊编辑、书刊校对业务，书刊的印制，期刊的出版，电子出版物的出版，音像制品的出版，出版物的成本与定价及著作权贸易与国际出版合营等。
网络新闻写作与编辑实务	詹新惠　著	中国传媒大学出版社	2011.8	247页，21世纪网络传播丛书之一。本书注重实务性与可操作性，运用大量的案例分析和详尽的解析，归纳、总结网络新闻写作与编辑的原理、方法与技巧，内容新、涵盖广，针对性强，让学习者既能从宏观上把握网络新闻的理论框架，又能在微观上了解、掌握网络新闻实务。本书体现出专业领域里新的思维方式，新的专业技术，新的案例分析。
指瑕集：宁夏图书编校质量检查结果汇编	朱昌平　主编	宁夏人民教育出版社	2011.8	297页，30万字。收录资深专家和专业审核而确定扎实的编校质量存在的问题，讨论认定，并严对其进行了改正。共三千余处差错，全书均按照结构体例安排，对照比较的方式介绍正误对照内容，以便于读者对编校错误进行区分辨析和认知掌握。
iPad/Android/Xoom/GALAXY Tab 电子书制作与发布	任星平、刘洁、陈畅频、叶旭　编著	人民邮电出版社	2011.8	围绕使用 InDesign 软件制作数字出版物的方式讲解各种功能的使用方法，在内容上多采用实例讲解各种功能的使用方法，让读者更快地掌握数字出版物的制作方式，适合从事出版物设计、制作相关工作的设计师阅读。

续表

书名	著者	出版社	出版时间	内容简介
校对实务	程德和 主编	重庆大学出版社	2011.9	本书是全国高职高专出版类专业系列教材之一。本书在借鉴已出版的校对图书的基础上，按照校对工作流程组织内容，结合高职教育和高职学生能力的培养，突出对高职学生的特点，做到理论与实践的紧密结合。本教材适用于学习校对的高职学生的课堂教学及出版企业对校对人员的岗前培训。
学术期刊编辑创新散论	俞亚山 主编	电子科技大学出版社	2011.9	本书收录的编辑技艺，发行的探讨，并着重探讨了办好专科学报和纺织类刊物的方式方法。本书收录了作者近10年来写作的论文，内容涉及学术期刊（学报）编辑出版、高等学校学报引文行为现状分析、最后论述人文社科学报的引文动机、引文作用、引文规范、引文的法律属性。
人文社科学报引文行为研究	赖方忠 著	四川大学出版社	2011.9	20万字，256页。全书从期刊及期刊管理、研究入手，渐次过渡到人文社科学报引文行为分析。
图书音像制品电子出版物营销分类法实施指南	何春华 黄凯卿 编著	海天出版社	2011.10	314页，全面介绍了《图书、音像制品、电子出版物营销分类法》标准的编制背景、原则和方法，对标准进行了剖析。从实际使用的角度详尽介绍了标准的结构和内容，方法和步骤，对可能遇到的疑、难，重点进行了深度解析，并指出了解决的方法和途径，对每一类目的分类要点和分类方法用大量的案例进行说明。
赢得读者	董瑞生 著	学习出版社	2011.10	本书主要反映了《半月谈》系列刊物如何推进创新。根据期刊市场发展变化的新趋势，从社会舆论层次的实际出发，深入研究各类读者的心理特点和接受习惯，准确把握当今媒体的分众化、传播多元化、创新内容、创新观念、创新形式、创新方法和手段，先后推出一系列新闻业务改革举措。
自由撰稿ABC	朱世荣 著	上海人民出版社	2011.11	194页，10万字。介绍了"自由撰稿应知会"，解答了"初学撰稿者三十问"，传授了"自由撰稿怎样选题"。本书分为三部分：第一部分为"基础篇"，第二部分为"经验篇"，第三部分为"实用篇"。

续表

书名	作者	出版社	出版时间	简介
大型双语词典之编纂特性研究	陆谷孙 王馥芳 著	上海译文出版社	2011.11	从项目管理的角度切入，分析了大型双语词典编纂时的特性。该书以英汉大词典为例，以英汉大词典编纂时期陆谷孙教授写的"大事记"为主要原始资料，对英汉大词典在成书过程中的种种情况予以了回顾与剖析。
名刊·名编·名人	宋应离 编撰	大象出版社	2011.11	是供高校编辑出版学专业教学用的参考书，也可供有期刊编辑和期刊研究者参考。本书选取的22家不同类型的刊物作为研究对象。每个刊物的研究内容分为：一是刊物的总结、社会影响，办刊宗旨、发展历程、办刊经验的总结，个人体会及经验教训；三是有关专家、学者、社会名人与刊物情缘。一是刊物创办的历史背景、社会影响；二是刊物的主编（总编）的办刊思想、个人体会及经验教训；三是有关专家、学者、社会名人与刊物情缘。
实践·探索·启迪——数字出版案例选编	新闻出版总署科技与数字出版司 编	中国书籍出版社	2011.11	350页，37万字。针对新形势下数字出版带来的一系列新难题进行分析与破解，科学应对各种新问题。本书以实践的力量回答了数字出版领域鲜活的成功个案，先行者的各种探索当前数字集结集出版，为推动数字出版产业发展提供可资借鉴的范例，以启发业界思路，鼓励大胆探索，推动创新实践。
欧美大型学术出版机构营销战略研究	刘银娣 唐敏珊 著	华南理工大学出版社	2011.12	184页，27万字。人文社科博士文库丛书。从欧美大型学术出版机构的营销环境着手，在对欧美主要大型学术出版机构营销实践分析和总结的基础上，归纳出欧美大型学术出版机构的具有共性特征的主要营销战略，旨在帮助我们了解国内学术出版机构落后的原因，并为我国学术出版机构的发展提供参考。
全媒体创意策划攻略	陈勤 等著	中央编译出版社	2011.12	332页。出版传媒文库之一。是一本实用性很强的媒体创意与策划专业书。每一章的基本理论概述部分，让读者明晰到底什么是媒体策划，怎样进行媒体策划；案例解析部分，通过经典案例解析，让读者知道如何将理论与实践相结合。本书适合新闻传播、出版编辑等传媒类专业学生使用。

续表

书名	作者	出版社	出版时间	内容摘要
		书 籍 设 计 类		
7天精通版式设计	锐拓设计 编	人民邮电出版社	2011.1	187页，31万字。全书由浅入深逐层编排，理论与实际相结合，文字简明易懂。本书的核心内容是从页面的基本构成到文字设计理论，再至图片设计的构成理论，再到版式设计在具体实践中的应用。
方正书版版面设计与制作项目教程	范丽娟 编著	国防工业出版社	2011.1	309页，高等职业教育包装印刷类专业"十二五"规划教材。以方正书版2008软件为基础，遵循基于工作过程的理念，采用项目式的编写方式，理论以"必须、够用"为度，实训项目注重实用性。具体内容分为名片版面PRO文件的制作，办公文件版面设计与制作，书籍版面设计与制作，图书版面设计与输出，企业报表版面排版，综合性图书版面设计与制作，期刊版面设计与制作，图书版面设计与制作、数学试卷版面排版、化学试卷版面排版，版面版10个项目。
版式设计与实用技术	李颖 郭丽娜 编著	清华大学出版社	2011.3	163页，高等职业院校数字媒体艺术系列教材。以平面设计理论为基础，全面、系统地介绍了关于版式设计的基本理论和表现方法。分为6章，第1、2章主要讲述版式设计的基本原理，分析了版式设计中文字、图片、网格系统及版次设计中文字、图片、色彩等的排列，基本类型、版式设计与印刷工艺等前期工作；第5章介绍了版式设计与印刷工艺等前期工作；第6章围绕版式设计的相关实用技术展开讨论。
版式设计（第2版）	辛艺华 著	华中科技大学出版社有限责任公司	2011.3	131页，29万字。高等院校艺术设计精品教程之一。内容主要来自于作者多年来从事版式设计教学工作的经验。作者的观点是在回答不同水平学生、从新生设计到原理融入对优秀设计作品的分析中，让学生从版式案例分析中掌握所呈现的设计技能。

续表

书名	作者	出版社	出版时间	内容简介
版式设计	朴明姬 主编	人民美术出版社	2011.4	121页。高等院校艺术类教材。在尊重传统的《版式设计》"教材编写"方面的内容的基础上，本书增加了"版式设计情感表达"深入浅出地阐述了版式设计的相关理论，集中了大量设计案例和相关专业的设计经验。对于平面设计从业人员具有较高的使用价值和参考价值。
版式设计	刘波 祁凯 编著	中国建材工业出版社	2011.5	122页，高等院校艺术设计系列教材。本书在教学过程中强调了版式设计的分类的方法，强调设计形式的实用性，用大量设计形式的构架代替了过去所谓纯粹理论的说教。
版式设计	庄黎 李艺 李金莉 编著	湖北美术出版社	2011.5	136页，21世纪高等院校视觉艺术设计专业教材。首先该"大道理"，站在读者的视觉感知与心理习惯的角度上寻求版式设计的"本源"；然后在此基础上总结"小原则"；继而结合实际分析各类版式设计去面对版式设计任务。引导学生以动态的、活性的思维方式去面对版式设计任务。
版式设计	刘春明 主编	四川美术出版社	2011.5	132页，新世纪高等美术系列教材。方法较好地解决理论和实践的结合问题，在重实践设计巧的前提下，将版式设计的基础理论进行较深入而通俗的剖析，并将这些理论和实际案例紧密结合。
版式设计	房婷婷 著	科学出版社	2011.6	232页，37万字，编排、文字、图形设计6大版块呈现。本书分为版式设计的视觉流程、图形的编排和版式设计网格的应用内容，深入分析了33种版式设计规律。每一章都有版式设计知识的导读，帮助读者掌握版式设计的基础知识，并通过案例展示版式设计的典型应用。
版式设计速查宝典	Art Tone 视觉研究中心 编	中国青年出版社	2011.6	205页，11种版式风格表现，164组优秀版式设计，328款内页设计，41套成功案例分析，30个对应客户群体，最少的篇幅，将版式设计最实用的工作流程完美呈现。以最简明的语言，包含了七大设计要点，而且目设计细节精确到具体字体的磅值、行距、段距和图形的类型、结构等方面。

续表

书名	作者	出版社	出版时间	内容简介
一定要会的 InDesign CS5 创意版式设计 108 例	贾荣林 陈大公 编著	电子工业出版社	2011.6	348 页。本书向读者详细介绍各种类型的平面设计和排版设计的方法与技巧。根据专业分类将 InDesign 排版设计制作划分为 11 章内容，各章全面而细致地讲解 InDesign CS5 软件的知识点及 InDesign 排版设计制作的技巧，并配有大量精美的图片说明，让初学者很容易掌握 InDesign 排版设计制作的方法。
电子杂志设计与配色	蒋永华 编著	中国科学技术出版社	2011.6	全面阐述了电子杂志的设计及配色。注重理论与实际相结合，深入浅出地梳理了电子杂志设计原理和设计原则，以及具体的配色技巧及解决方案。本书最大的特点就是运用理论知识的同时，又非常注重设计实践的指导性及实用性，这是一本切合实际的电子杂志设计教程。
版式设计	王勇 边卓 周雅铭 编著	中国民族摄影艺术出版社	2011.7	116 页，高等教育美术与设计专业"十二五"规划教材。本教材通过案例视觉性，操作阶段性及项目实战性的教学方法，并根据实际经验，设计出了由概念到手段，由设计理念到实际操作，由宏观控制到细节处理得一条实用的学习路径。
版式设计原理	SUN I 视觉设计 编	科学出版社	2011.8	详见"新著评介"栏目中的本书介绍内容。
创意版式设计	王绍强 编著	大连理工大学出版社	2011.8	255 页，本书不仅是单纯的形象思维，而且是实现设计成果制作流程与设计成果美学价值提升的艺术思维定向，科学设计方法与创造性思维辩证统一，相辅相成的有机结合。本书旨在从不同的设计领域，呈现出设计师们不同的创意观念、思路和方法，从而进一步分享丰盛的"创意大餐"。
版式设计	王汀 编著	华中科技大学出版社	2011.9	136 页，29 万字。国家示范校重点专业特色课程主讲教材，高等院校艺术设计工作过程导向"十二五"规划系列教材。

续表

书名	作者	出版社	时间	内容简介
版式设计	冯守哲 罗雪 曹英 编著	辽宁科学技术出版社	2011.9	160页，是"十二五"全国高等院校艺术设计专业规划教材。教材共分四章，内容包括：版式设计概述，版式设计的要素及信息整合设计，栅格系统与版式设计，版式设计与印刷。
范式革命：中国现代书籍设计的发端	赵健 著	人民美术出版社	2011.10	详见"新著评介"栏目中的本书介绍内容。
版式设计	白利波 钟铃铃 编	华中科技大学出版社	2011.10	128页，27万字。国家示范性高等职业院校艺术设计专业教材。包含局部探出、色彩搭配、图文分置、视觉延续、微型折页、幻灯语言、开放空间、隐现现设计、激活标题、图形分身、水平悬挂、费相努白和视觉悬浮等14个项目。
版式设计实用手册	SUN Ⅰ视觉设计 编	科学出版社	2011.10	180页，26万字。全书共分3个部分。在基础理论部分，主要介绍版式的基础知识和装订专业知识；在经典理论部分，通过图文结合的方式，对版式中图片内的处理方法，文字的编排方式以及版面图文的解析；在实用案例部分，根据所列举图片的版式和图版率框架进行扩展分析，向读者传递更加实用和图片的版式设计相关知识。
专业色彩搭配手册——版式设计	瞿颖健 曹茂鹏 编著	印刷工业出版社，北京希望电子出版社	2011.11	264页，25万字。共分8章，分别为"你好，版式"，版式设计的分类，版面排列的分类，文字的安排，图形的放置，纸张材料与色彩的选择，现代版式设计。书中设置了大量的案例都有相应的数值和作品赏析。

续表

书名	作者	出版社	出版时间	内容提要
			出 版 历 史 类	
中国图书史话	吴玲芳 钱万里 著	中国国际广播出版社	2011.1	143页。《中国读本》系列之一，包括春秋战国时期的图书，两晋南北朝时期的图书，隋唐五代时期的图书，宋元时期的图书，明清时期的图书，从五四运动到新中国成立前的图书等内容。
晚明商业出版	郭孟良 著	中国书籍出版社	2011.1	详见"新著评介"栏目中的本书介绍内容。
十六～十九世纪中国出版研究	章宏伟 著	上海人民出版社	2011.1	详见"新著评介"栏目中的本书介绍内容。
中国近代报刊角色观念的发展和演变	李滨 著	岳麓书社	2011.1	20万字。内容包括传教士对报刊角色的中国化阐述、早期维新思想家的报刊角色观、戊戌变法时期改良派的报刊角色观、革命派的报刊角色观等。
论政与启蒙：近代同人报刊研究——以《努力周报》为例》	沈毅 著	中国传媒大学出版社	2011.1	215页，以20世纪20年代初胡适等人创办的《努力周报》（《读书杂志》）为基础性资料和研究对象，并重点利用了胡适、周作人、陈独秀、鲁迅、蔡元培、傅斯年、顾颉刚等人的著作和日记，剖析了自由知识分子在新文化运动后后期和后期的政治现实的反应，总结周报论政与后期启蒙的得失。
民国刻本经眼录	彭卫国 胡建强 著	上海远东出版社	2011.1	199页。内容包括藏书家甲卷志忘机本、雪蓉吟草甲卷志忘机本、景宋刻本、雪宋末寒山子诗、景宋残本五代平话、景宋本坡门唱和门酬唱、影元人写京本通俗小说、玉台新咏、雪桥诗话初集、洪范明义、书林清话、迟鸿轩集、雪桥诗话初集、颜李学、字香馆诗、扬荷集、私家刻本、滋溪文稿、字香馆诗、陶庐百篇、上善堂书目、罗生山馆诗文集等。

438

续表

书名	著者	出版社	时间	内容简介
层叠的现代《现代》杂志研究	颜浩 著	中山大学出版社	2011.1	212页，26万字。本书展现的多种可能使人如入迷阵。而这也许也是现代的就是现代在当时中国的现状，而当今的中国在文化上也正处于一种多义多元的局面。历史也许在时间上真的是线性前进，而在文化意义上却可能是层叠和模糊的。
红色记忆：中央苏区报刊图史	傅荣生 李贞刚 编著	解放军出版社	2011.1	详见"新著评介"栏目中的本书介绍内容。
中国近代出版史稿	王建明 王晓霞 主编	南开大学出版社	2011.2	详见"新著评介"栏目中的本书介绍内容。
中国出版史料（近代部分）	宋原放 主编	湖北教育出版社	2011.2	573页，上、下册。本书收录的材料大致可分为两个部分：一些出版的法律法令和民国时期的几个主要出版社的规章制度；晚清和民国初期以来书目。
《新生命》研究	贺渊 著	社会科学文献出版社	2011.2	271页，24万字。本书围绕《新生命》杂志，对周佛海、梅思平、萨孟武、陶希圣等一批拥护国民党政权的知识分子的基本思想和态度进行剖析，分析其在探索中国前途方向的道路上所作出的理论思考。可以帮助读者一窥南京政府政权建立过程中的理论思考，及其与社会实践之间复杂的关系。
丁玲办《中国》	王增如 著	人民文学出版社	2011.3	266页，20万字。按照时间顺序，将《中国》杂志创办的过程，以及办刊过程中遇到的各种分歧、矛盾、纷争等问题一一写出来，并提供了大量的原始记录。可以从书中清晰地了解了《中国》创办的始末，也可以了解丁玲晚年的文艺思想，以及当时文艺政策的变化发展和文学创作本身的暗流涌动。该书对于丁玲研究、《中国》研究及其八十年代的文艺思潮研究和文化体制研究都具有重要的史料价值。

续表

甘肃出版史略（修订版）	白玉岱 著	甘肃教育出版社	2011.4	385页，35万字。全书共七章，涉及民国以前甘肃出版史、新中国成立后的发展变化，以及书籍的形式、生产方式，发行机构，少数民族语言文字图书的出版，甘肃出版研究等内容。本书全面反映了甘肃出版的历史与现状。
走进清华简	刘国忠 著 李学勤 主编	高等教育出版社	2011.4	239页，32万字。以近年来在国内外受到高度关注的清华简整理研究工作为基础，结合中国自古以来有关竹简的各种发现，探讨了有关中国古代学术发展中的许多重要问题。帮助读者了解竹简的历史、竹简的研究历程、清华简的整理保护工作及其对中国学术发展的巨大促进作用，并对目前已公布的几篇简文的内容进行了释读。
明清江南城市商业出版与文化传播	刘天振 著	中国社会科学出版社	2011.5	详见"新著评介"栏目中的本书介绍内容。
民国书影经眼录	吴良忠 著	上海远东出版社	2011.5	245页，23万字。主要内容包括：美术专著、近代木刻选集（2），谷虹儿画选，比亚兹莱画选，新俄画选，一个人的受难、亚洲在漫画中、建军图报（创刊号），铁流版画集（第一集），木刻艺术，赵望云西北旅行画记，木刻选集等。
中国帛书籍史	耿相新 著	生活·读书·新知三联书店	2011.6	详见"新著评介"栏目中的本书介绍内容。
晚清书报检查制度研究	张运君 著	社会科学文献出版社	2011.6	397页，35万字。本书搜集、征引了丰富的档案文献、报纸杂志、时人日记、文集等资料，对晚清政府的书报检查和教科书审定的全貌进行了系统的梳理，并深入剖析了其社会影响和历史作用。该书在论证书报检查制度的近代性、书报检查制度的引进源流、书报检查制度与时局的密切关联、学部审定教科书的流程等方面时有新见，弥补了学界研究的不足，具有重要的学术价值。

440

续表

书名	著者	出版社	出版时间	内容简介
西泠印社小志	叶为铭 编 沈慧兴 注释	浙江古籍出版社	2011.6	86页。是记载西泠印社1904～1914年间主要社会活动的原始记录，是目前最为详细的西泠印社《西泠印社小志》中记述西泠印社早期文献史料之一。沈慧兴对《西泠印社小志》初步的梳理，并提出了作者的一些观点，以进一步弘扬西泠印社精神，为西泠印社早期研究提供一点线索。
民国出版史	吴永贵 著	福建人民出版社	2011.6	详见"新著评介"栏目中的本书介绍内容。
民国时期成都出版业研究	张忠 著	巴蜀书社	2011.6	详见"新著评介"栏目中的本书介绍内容。
民国杂书识小录	李夫力 著	上海远东出版社	2011.6	308页，是一本民国时期出版的各种杂书版本的收藏类图书，共分四个部分：西风送书来、带图画的书、沽上号故纸、被遗忘的近代史上的"宏大叙事"，也非当下学术界关注的具有理论深度的核心问题，但搜书、读书、藏书、书籍的接续，书中的人物、故事，皆是乐事、书里的人物，均是历史的旁证，读来随处可见历史的浪迹和缩影。
中国红色报刊图史	张挺 王海勇 编	山西经济出版社	2011.6	504页，见证了从中国共产党成立到新中国的诞生所走过的光辉历程。中国共产党领导我国人民革命时期所创办的重要党报党刊以及在各地有一定影响的红色报刊，基本收集齐全，大部分编入号中，特别是许多记录有重大历史事件的红色报刊和号外，如第一次国共合作、遵义会议、二万五千里长征、西安事变等。
解放前珍贵红色报刊发刊词：《新青年》到《人民日报》	张忠耀 张远航 冯瑾 郁卫东 主编	中央编译出版社	2011.6	245页，23万字。新闻出版总署庆祝建党90周年重点出版物。收入的报刊以年代为序，时间跨度从1915年到1948年，所采发刊词均为图片形式，呈现了报刊的原貌；本书对每种报刊都做了简要介绍，涉及报刊的内容、历史、关键人物、重要事件等。

续表

书名	作者	出版社	出版时间	内容
清代两湖地区的出版业	江凌 著	中国书籍出版社	2011.7	详见"新著评介"栏目中的本书介绍内容。
晚清官书局述论稿	邓文锋 著	中国书籍出版社	2011.7	详见"新著评介"栏目中的本书介绍内容。
传教士中文报刊史	赵晓兰 吴潮 著	复旦大学出版社	2011.7	详见"新著评介"栏目中的本书介绍内容。
故纸堆里觅苍黄：民国报刊札记	张雪根 编	浙江古籍出版社	2011.7	本札记是作者收藏报刊时随手记录的心得、体会，其中既有杭州、上海的元素，也有人物、事件的元素，亦有各地的少见、稀见的民国老报刊。
文学革命与《新青年》传播	陈斯华 著	中国社会科学出版社	2011.7	249页。作者从传播学角度解读分析《新青年》在我国文学革命中的意义和影响。
出版史话	刘俐娜 著	社会科学文献出版社	2011.8	169页，11万字。是中国史话·近代精神文化系列之一。介绍了太平天国的出版物、洋务时期的官书局、西学东渐与译书热、商务印书馆，开明书店的马克思主义的出版法、新文化运动与出版，马克思主义的传播等一系列中国近现代史上出版事业历史的问题，从中可以看到中国出版事业在近代的发展过程。
早期《中国青年》研究（1923~1927）	周树立 著	大象出版社	2011.8	297页，25万字。主题分析，通过对《中国青年》杂志的创刊背景、与其他革命刊物的关系以及社会各界对早期《中国青年》的态度和评价五方面，分析了《中国青年》杂志早期的生存状态等内容。
《医界春秋》1926~1937：民国中医变局中的人和事	沈伟东 著	广西师范大学出版社	2011.8	包括《医界春秋》的办刊目的与周期《医界春秋》定位等内容；书中对陈无咎、丁仲英、夏应堂、恽铁樵、陆渊雷、曾觉叟、秦伯未、施今墨、秦安安等民国中医生其人其事进行描写。具有较高的史料价值。

续表

书名	作者	出版社	时间	内容简介
张元济论出版	张元济 著	商务印书馆	2011.9	225页，16万字。本书包括张元济先生论述出版文化、出版经营管理等方面的文章46篇，及其1916年至1921年工作日记摘录等。
陆费逵文选	陆费逵 著	中华书局	2011.9	33.5万字。是中国文库·哲学社会科学类之一。收录陆费逵先生撰写的相关文章90余篇，有还原历史、启发后学之作用。
报刊舆论与近代中国政治：从维新变法说起	刘兴豪 著	中央编译出版社	2011.9	288页，25万字。本书讲述了清末报刊舆论传播的各种作用，分析它们之间的互动关系。围绕报刊，指出了维新派与顽固派、洋务派展开的论战，并深入分析导致这场变法运动失败的原因。
古籍丛书发展史	吴家驹 著	南京师大出版社	2011.10	详见"新著评介"栏目中的本书介绍内容。
明代翻刻宋本研究	杨军 著	中国社会科学出版社	2011.10	447页。中国社会科学博士论文文库。通过检索历代和当代现存的书志、相关文献资料及实地访查，厘清了明代翻刻宋本的历史著录和现存状况，并在所搜集到的大量一手资料的基础上，对明代翻刻宋本这一出版现象与当时社会政治、文化发展的密切关系等方面，做了全面而深入的研究，填补了这一研究领域的空白。
印刷出版与知识环流：十六世纪以后的东亚	关西大学文化交涉学教育研究中心、出版博物馆 编	上海人民出版社	2011.10	498页，53万字。是日本关西大学召开的由关西大学文化交涉学教育学研究中心（ICIS）、出版博物馆联合举办的第三届出版史国际学术会议的成果续集。围绕"出版文献与文化交流"、"西学东渐与中国出版"、"东亚视域中的出版文化交流"四大主题，在整个东亚视域中讨论16世纪以来的欧语言接触与文献翻译、书籍流通、翻译出版、语言演化等问题，勾勒出西学东渐以来东亚地区的知识流动以及相互的影响。

续表

书名	作者	出版社	出版时间	内容简介
近代报刊与辛亥革命的舆论动员	王天根 等著	黄山书社	2011.10	273页。本书分为上中下三篇：上篇通过《清议报》和《民报》的分析，介绍了君臣政治与晚清政论报刊政治舆论的转向；中篇主要讲述性别政论清末民初男女平权革命的媒介表达；下篇论述家庭政治与都市生活对革命话语的平常心态。
近代中国报刊思想的起源与转折	邵志择 著	浙江大学出版社	2011.11	"数字未来与媒介社会丛书"之一。本书对近代报刊思想发展脉络进行了较为全面的分析和简述，主要内容包括：同光之际沪、港报及其办报理念、维新报人群与文人论政办报模式的形成，从译报到官绅互动中的权力与报刊，宪政框架下的报刊思想——以梁启超立宪时期报刊思想的转折为例等。
韬奋文录	邹韬奋 著	三联书店	2011.11	257页。汇编了邹韬奋在1925年至1937年发表的杂文、随笔、政论，共80多篇，体现了作者的新闻理念和出版思想，表现了一代知识分子追求真理、光明、进步的崇高品格。
报刊史话	李仲明 著	社会科学文献出版社	2011.12	161页。中国史话·近代精神文化系列之一。本书系统地介绍了中国近现代报刊业的发展情况。包括清末报刊业的发展、辛亥革命时期的报刊，民国初红军报刊，刊业的兴衰、国统区的报刊，中央苏区与红军报刊，抗战时期的报刊，并概括地介绍了中国近现代报刊发展历程中的重大事件和著名报刊。
《甲寅》月刊与中国新文学的发生	赵亚宏 著	人民出版社	2011.12	本书对清末民初启蒙思潮对于《甲寅》月刊和陈独秀努力《新青年》开拓和贡献的迹变轨进行梳理，对章士钊办刊宗旨、撰稿人队伍、栏目设置，对《甲寅》月刊文学刊载，文学观念变革等方面渊源关系的个案研究，通过文学批评展现，改良与文学革命，构建了新文学的理论并形成了文学批评观。

续表

书名	作者	出版社	出版时间	内容摘要
浙江印刷出版史	顾志兴 著	杭州出版社	2011.12	457页。浙江历史文化专题史系列丛书之一。本书分为八章，包括中唐、五代时期：浙江雕版印刷出版事业的开端；北宋：以杭州为代表的浙江雕版印刷出版事业的繁荣；南宋：以杭州为中心的雕版出版业扩展至全省各府州县；元代：浙江雕版印刷出版业的持续发展；明代：浙江出版事业仍处上游地位及湖州彩色套印出版物的崛起；清代：浙江雕版出版事业的衰落和重兴；民国时期刘承干为代表的浙江传统雕版刻书，以及独创性和重视浙江刻书出版家对中国文化的贡献，历代浙江独创性和质量的传统。
中国出版文化史论稿	范军 著	华中师范大学出版社	2011.12	378页，40万字。本书收录了30多篇文章，是作者近几年出版文化史学术方面研究的总结，文章主题涉及古代出版史、近现代出版史、出版职业道德。书中还收录了相关书评、研究综述和资料汇编。

文 化 阅 读 类

书名	作者	出版社	出版时间	内容摘要
书丛老蠹鱼	沈津 著	中华书局	2011.1	326页，16万字。随笔集记录了经眼的珍贵书籍以及经历的一些往事，其中既有中国历史上围绕着刻书、藏书、禁书发生的一些故事，可以借此窥见中国文化史、图书史的一角，看到古人们对书的种种态度；也有作者对亲身经历的回忆和关于版本鉴别的经验之谈。
穿行书林断简	葛兆光 著	社会科学文献出版社	2011.1	163页，13万字。作者从与书册"彼此纠缠或称者相依为命"的经历中总结出阅读的三种境界是侦探式的，即"旅游、围猎和侦探"。而作者从相关研究领域的现状与不足，文章由一部书展开，或探讨自己对史学观念与方法的认识，或阐发自己对史学志趣的感慨和对时代变迁与社会生活的关注。

445

续表

书名	作者	出版社	时间	内容
永远的十月：我的编辑生涯	张守仁 著	北京出版社	2011.2	作者通过讲述他从事文学编辑以来的一个个故事，告诉读者文学编辑的重要性；告诉读者一个文学编辑的思想、修养、境界、操守以及专业水平对一部优秀作品的产生，对一个优秀作家的成长有着多么重要的意义；告诉读者文学的繁荣发展以及当代文学史的构成，文学编辑会起到什么样的不可替代的作用。
出版文化的新世界：香港与上海	香港城市大学中国文化中心、出版博物馆 编	上海人民出版社	2011.2	详见"新著评介"栏目中的本书介绍内容。
阅读救自己	高希均 著	人民出版社	2011.2	264页，18万字。本书用最简明、轻松的笔调告诉读者：通过阅读，把自己从苦难和狭隘中救出。这本小书搜集了70余篇短文，写作的时间涵盖了近三十年的时间。文章的核心思想是提倡阅读，传播进步观念。
在书店	杨华 著	山东美术出版社	2011.2	308页。《在书店》为读者呈现世界各地的书店文化。作者走进各地书店，并非茫然一片地把自己浸染"书河"里，而是想从图书的起源，从最古老的书店开始慢慢回忆，探究那里曾经发生过的事，出现过的人，探究一家书店和一座城的关系，一家书店和一个时代的联系……
书界无疆	耿相新 著	中华书局	2011.3	238页，23万字。作者自选集。收文38篇，分四部分，"书页思辨"，重点分析了目前中国出版社的生存现状，"书业探微"，分专题探讨了中国古代书的起源，以及未来书业的发展态势；"书央出版印刷历史钩沉"，则是作者探访国外出版社、书店的感想和启示；"海外书景"主要是一些序跋，还有读书随笔；"品书阅画"
编辑出版与先进文化建设	黄强 著	甘肃教育出版社	2011.4	260页。本书分为"编辑悟学"、"出版问道"、"改革建言"、"经营学艺"等四编，联系读者出版集团的工作实际，既对编辑出版工作的任务、性质、方针、对策、形势等做了宏观的阐释，又对不同时期、不同背景下具体的工作做了微观及编辑理念，编辑人员素质和出版社，出版集团发展方针的编辑论述。

续表

编书记	沈昌文 等 著 郭凤岭 编	金城出版社	2011.4	215 页，18 万字。30 多位编辑，或书写自己编书的过程，或陈述做编辑的甘苦与宝贵经验，讲述的图书背后的故事，是编辑从幕后走向台前，倾诉以往真正想说而不能说的真话。
译书记	柳鸣九 等 著 郭凤岭 编	金城出版社	2011.4	207 页，17 万字。这是一本译者讲述他们的翻译故事的书。30 多位翻译家或从事翻译缘起、译介及出版历程、原著或译著版本比较等方面的译介情况，或通过讲述译介过程中的点滴趣事，译者背后的故事，或记录翻译过程中的甘苦与心得，拾零翻译理论的宝贵经验。
让《读者》御风而行	彭长城 著	甘肃教育出版社	2011.4	汇集了作者撰写的编辑论文，为《读者》杂志所写的卷首语、对《读者》杂志办刊过程及未来发展的思考和研究性文章。图文并茂，可读性强、生动地记录了《读者》30 年成长的足迹。
读者往事	胡亚权 著	甘肃教育出版社	2011.4	382 页，19 万字。系《读者》杂志前任常务副主编胡亚权长期从事编辑工作所撰写的期刊研究论文、编辑工作的心得体会，以及对《读者》杂志办刊历程的回忆性文字及其他序跋等。
做书店（增订版）：转型期中国书业的终端记录	徐冲 著	广西师范大学出版社	2011.4	汇集了作者 30 年书业生涯的观察与思考。作者参与筹建并主持的浙江图书大厦为同业翘楚。本书整理了大厦从筹建到目前运作时期作者的主要文字，凝聚了他对图书卖场的设计与管理、书店员工队伍建设、书店连锁经营等问题的心得体会。
出版文化与中国文学的现代转型	李春雨 著	北京语言大学出版社	2011.5	246 页，26 万字。本书以中国近现代出版文化的历史沿革为叙述角度，深入探讨了出版文化与现代文学运行机制的建立、中国作家的现代转型、文学社团的流变、文体发展格局等方面及其未来发展走向提供了新的视角。

续表

书名	作者	出版社	时间	内容简介
继续开新：作者读者编者回忆《文史哲》	周广璞 李扬眉 编	商务印书馆	2011.5	1951年5月，在时任山东大学校长兼党委书记华岗先生的主持下，山东大学文学院和历史语文研究所创办了综合性的学术刊物《文史哲》杂志。诚如罗竹风先生所说，"文史哲"的诞生绝不是什么偶然的，而是在当时山大学术空气浓厚的具体历史背景下合乎规律的事态发展。这是中华人民共和国成立后创办最早、影响最大的高校文科学报和人文社科杂志。
新编事文类聚翰墨全书研究	仝建平 著	宁夏人民出版社	2011.6	264页，22万字。内容包括著者对《翰墨全书》的编纂与流传，《翰墨全书》的校勘价值与价值等。
新民晚报副刊研究	张苑琛 著	上海交通大学出版社	2011.6	172页，21万字。新民晚报"夜光杯"被评为上海首届著名媒体品牌。本书也与它在广大受众群中广泛而深刻的影响力分不开。对其历史进行梳理，了解它的衍变轨迹，寻找它的发展规律，总结它丰富的办刊经验，从中汲取营养。同时，通过对现状和存在问题的分析，进一步了解它面临的机遇和挑战，对受众特点的研究，更准确地进行定位，力求对新时期新民晚报副刊的发展提供一些新的思路，对其他的报纸副刊提供参考价值。
书墨	王春瑜 著	商务印书馆	2011.6	263页，是书话文存系列之一。莫听穿林打叶声、编辑学者化、黄炎培所列九条教训、三十年藏书记、理而理而鸣、剽窃考、书海海声等、好书不厌千回读。
绿窗书影	赵芳芳 著	商务印书馆	2011.6	252页，是书话文存系列之一。书傍我欢歌；荒原呵，曾经敲开我的心扉；书情婉约；书色可餐；可入我的书；雅丽，曾经感动我的恒久不变的痴心；或煮字为食。咬文嚼字的另类表达等内容。包括书人写意；书影斑斓；你有有关的故事。
坎坷半生唯嗜书	王学泰 著	商务印书馆	2011.6	252页，为书话文存系列之一。知识的摇篮——图书馆；逛书店和买旧书；千林风雨两莺求友；万里云天雁阵行；话说"内部书"与"内部规说之的"内部书店"；在理论上的尴尬；没有一定公转的"内部"和与时流转的"内部书店"等。包括接触最早的书；"文革"中的琉璃厂；著者的劫劫；书与读书与店；"文革"内部；"文革"中期出版的几本怪书等。

续表

书名	作者	出版社	出版时间	内容简介
独立书店，你好！	薛原 西海固 编	金城出版社	2011.7	248页，16万字。为反映当代新人文书店的风景，既有可读性和实用性，也有收藏价值。以期更全面地反映当代中国的人文书店风景，既有可读性和实用性，也有收藏价值。
人民出版社往事真情	黄书元 张小平 主编	人民出版社	2011.8	510页，69万字。记录了我们党创办的第一个出版社——人民出版社的奋斗历程和辉煌业绩，再现了名家大家为人做事的风范。
岭海书香——广东人民出版社60年发展历程	广东人民出版社 编	广东人民出版社	2011.8	297页。本书分为五个部分，分别是广东人民出版社60周年历史总述；广东人民出版社60周年故事；广东人民出版社60本书；附录。本书60周年贺词；广东人民出版社60周年精彩故事；
为他人做嫁衣——译稿编辑生涯三十年	周颖如 著	世界图书出版公司	2011.8	112页，8万字。本书是一个三十余年躬耕于出版事业的老编辑的点滴记录。
书景	汪耀华 编	上海文化出版社	2011.8	由近几年来散见于各种报刊的短文章汇集精选而成：书业故事、书香漫话、书店新语、书边留言、书外观察。介绍有关书的各种故事、人物、史实、资料。
枝叶集（2）	上海市新闻出版工会 编	上海世纪出版社	2011.8	20万字。本书收录了来自上海10余家出版社、40多名图书女编辑撰写的文章，内容丰富，富于启迪。
纵心所欲：于稿样见与常见书之间	辛德勇 著	北京大学出版社	2011.8	299页，26万字。所收文章都是作者收藏和阅读古代典籍的心得。

续表

书名	编著者	出版社	出版时间	内容简介
一灯风雨：《读书》书人书话精粹	《读书》杂志编辑部编	生活·读书·新知三联书店	2011.8	读书人与《读书》杂志相濡以沫，风雨同舟，一路行来已整三十年。本书精选结集三十年间杂志所刊涉及古今中西、谈论书林掌故，既有助于版本知识、普及版本史研究，又祈愿能以此见证和纪念这永不磨灭的书人情结。
相约在书店	范用 著 汪家明 编	广西师范大学出版社	2011.8	269页，24万字。本书为煮雨文丛之一，是我国著名出版家范用先生生有关书、书店、作者、读者的随笔集，分三卷。第一卷写自己与书，第二卷是对师友的回忆文章，大部分忆及文化名人的书缘；第三卷乃作者有感而发的一些小而精的书评。各文简洁朴实，感情真挚，从容道来，掌故频出，书香弥漫。
我的读书笔记	肖复兴 著	广东教育出版社	2011.8	283页，37万字。全书分为三辑，青春阅读、书边拾感、读书之间。书中内容多为作者的读书心得体会，也有对泰戈尔、屠格涅夫等著名诗人、作家的缅怀。
读者时代	唐诺 著	上海人民出版社	2011.8	238页，12万字。本书是作者的一部阅读个案，包含13篇文章，也是作者历年13次阅读和想象之旅。
为人作序	萧丁 著	上海人民出版社	2011.8	211页，20万字。是作者历年所作序言、书评文字的结集，共收文近百篇。
任时光匆匆流去	沈昌文 著	上海书店出版社	2011.11	267页。在这部文字平白、看似东拉西扯的小书中，出版人"以文会友"办杂志"谈情说爱"，记录了一个编辑的历历往事，彰显出为他人做嫁衣而不厌苦辛的满腔热情，对出版名利的高尚风范，对出版事业的艰难前进之步伐。
书山问樵	隋人 著	河南大学出版社	2011.11	617页。全书分为九部分，即书为舟、刊为媒、情为衣、游为学、人为峰，社为天、民为家、事为业、学为用。每部分内容虽有侧重，但主旨明确的，即中国出版业的变化与经济、政治、文化、社会的发展息息相关，要适应中国出版发展，在改革中找到一条更好的生存之路，必须更新观念、开拓视野。

续表

书名	作者	出版社	出版时间	内容简介
书店之美（第2季）	田原 西海固 等著	金城出版社	2011.11	247页。内容形同随笔，基本上都是作者从北京第三极书局离职以后，开始考察各地书城、书店或者大大小小各类混合型书店，书吧的观察记录。
业余书店	邱小石 阮丛 著	中央编译出版社	2011.11	268页。本书记录了独立书店经营易洞的成长历程，内容涉及书店经营的故事，乐吧的思考的方方面面。
中国阅读——全民阅读蓝皮书（第二卷）	郝振省 陈威 主编	中国书籍出版社 海天出版社	2011.12	531页，37万字。出版行业研究报告丛书。在第一卷研究框架基础上增加上了数字阅读、阅读研究、阅读案例为主题。全书分研3个专题，并以儿童阅读作为年度研究主题。为主报告、领写专题、专题报告、年度观察、数字阅读、阅读思考、阅读案例、海外阅读以及附录十一个部分。
出版：絮语微言	张树相 著	中国社会科学出版社	2011.12	集结了作者在出版社期间撰述的有关图书出版工作的若干文章。这些文章结合实际，对图书出版的基本理念、经营管理、改革创新等都做了深刻的论述，其中还有部分图书评介为以及对某些出版情事的回忆。
微书话	胡洪侠 著	上海人民出版社	2011.12	256页，7万字。本书是胡洪侠的"微博体"书话短章。作者东采西摭，忽中忽外，有人有己，有书有事，书情书事，亦正亦邪，试图营造出一点小趣味，温暖那些或痴或狂的读书爱书藏书之人。
寸纸留香：国家图书馆西文藏书票集萃	国家图书馆典藏阅览部编著	国家图书馆出版社	2011.12	291页。从国家图书馆数百万册外文藏书中，精选其中所贴精美的西文藏书票近200幅，并对其特点及背景知识做适当著录与描述。很多藏书票出自名家之手，体现了较高的艺术和收藏价值。
书评人可以歇了	许骥 著	安徽教育出版社	2011.12	271页。共分6辑。是"80后"著名书评人许骥的书评文字的结集。第一辑：涉及林奕华、马家辉、梁文道等人所著图书。第二辑：香港图书。及西南方朔、张大春、蒋勋等人图书。第三辑：历史是个什么玩意。涉及德拉治国传奇》等图书。《不可征服：纳尔逊•曼德拉的艺术》等图书。第四辑：吴清源自传。评田艺苗《温柔的战曲》等图书。第五辑：机锋的艺术家："读"评雷蒙德•卡佛、小宝等人图书。第六辑：文化评论。

续表

报 告 文 集 类

书名	作者	出版社	出版时间	内容摘要
湖北人民出版社六十年纪念文集（1951~2011）	湖北人民出版社 编	湖北人民出版社	2011.1	649页。本书汇集湖北人民出版社在职工及老领导、老同志编撰的文章，回顾人民出版社建社以来湖北出版业的发展历程。
美的追寻（广西美术出版社20周年文集）	广西美术出版社 编	广西美术出版社	2011.1	内容分为以下几个部分：甘武炎出版论坛、编辑业务、校对业务、数字出版、编辑手记、人物评记、书评、画评、创作手记、心灵感悟。
坚持正确导向 牢记出版使命（第一辑）	中央宣传部出版局 编	学习出版社	2011.3	382页，33万字。主要包括：增强意识，严格把关，做先进文化的建设者和传播者；牢记使命，勇于担当，做社会主义先进文化的建设者和传播者，提高文化自觉意识履行出版社会责任——谈转企改制后出版人的文化担当等内容。
坚持正确导向 牢记出版使命（第二辑）	中央宣传部出版局 编	学习出版社	2011.3	331页。内容关于如何围绕中心、服务大局，坚持正确的出版导向，自觉抵制"三俗"及破环和谐稳定局面的出版物，全力提升整体宣传能力，为建设中国特色社会主义，实现中华民族的伟大复兴营造文化强势。
2009全国国民阅读调查报告	中国新闻出版研究院 编著	中国书籍出版社	2011.4	346页，24万字。由中国新闻出版研究院民阅读调查课题组编著。该报告主体分为四个部分：全国第一部分，18~70周岁成年人阅读与购买倾向调查报告；第二部分，14~17周岁青少年阅读与购买倾向调查报告；第三部分，9~13周岁少年儿童阅读与购买倾向调查报告；第四部分，0~8周岁少年儿童阅读与购买倾向调查报告。

续表

书名	著者	出版社	出版时间	内容简介
中国科协科技期刊发展报告（2011）	中国科学技术协会 主编	中国科学技术出版社	2011.4	384页。为及时反映中国科协科技期刊发展状况，客观反映中国科协科技期刊发展规律，分析科技期刊发展特点和发展趋势，把握科技期刊的管理解决策以及创新发展提供科学依据，中国科协自2006年起开始编制年度性科技期刊发展系列报告，并且在每年的中国科协科技期刊发展年会上正式发布。《中国科协科技期刊发展报告（2011）》全面总结并呈现2006—2010年5年间中国科协科技期刊总体发展状况及发展特点、重点反映中国科协科技期刊在精品科技期刊建设、数字化建设，体制创新以及中国科协科普科技期刊的现状及发展，并对中国科协科技期刊未来转型与变革提出分析和建议。
编辑工作三十年	胡汝骏 著	甘肃教育出版社	2011.4	219页，本书包括：八二自述、祖国人民的慰问团到了马良山、不配的人民战士、遥祭许老、默默者之歌、追记林草、室中诸友等。《编辑工作三十年》本书再版。增补修订，作者对原青海人民版本的修订，系作者胡汝骏对三十多年的编辑工作实践成果，尤其是编校工作心得体会的总结，对常用的汉语字词出现频率较高的错误的梳理与总结的基础上，编著的一本语言文字类工具书，对于编辑工作者有较强的实用性。
图书发行文集	翁耀明 著	华中师范大学出版社	2011.4	166页，本书收录了58篇文章，包括图书发行管理、网点管理、进货管理、发货管理、门市管理、发行改革、发行研究、发行教育培训、发行调查研究，还包括图书编辑和出版史生态研究等方面的内容。
海外新闻出版实录2010	新闻出版部署对外交流与合作司 编	中国传媒大学出版社	2011.5	"海外新闻出版实录丛书"之一，内容包括出版、动漫游戏、印刷与纸张、发行、版权、阅读、政策管理、海外看中国，全面反映了2010年世界各国出版业的最新动态和发展趋势，为中国出版提供了可资借鉴的经验。
中国编辑出版史研究（第二卷）	中国编辑学会编辑出版史专业委员会 编	九州出版社	2011.5	307页，32万字。主要收录了2009年11月20日至22日在北京召开的"中国编辑出版与社会变迁学术研讨会"的会议论文，涉及编辑出版史基础理论、编辑出版版物、编辑出版制度、编辑出版与社会变迁、文化传播、编辑出版人等八个方面的内容，反映了近年来我国编辑出版史研究领域的新进展。

续表

书名	主编	出版社	出版时间	内容简介
回顾·探索·研究——甘肃新闻出版六十周年暨改革开放三十周年出版科学研讨会论文集	张旭东主编	甘肃人民出版社	2011.5	论文集内容为"我与甘肃出版"征文活动的优秀论文。
我与甘肃出版——纪念甘肃新闻出版六十周年征文	张旭东主编	甘肃人民出版社	2011.5	159页，18万字。内容多为"纪念甘肃新闻出版业几代人六十周年征文"的文章，反映出甘肃新闻出版业艰苦创业的过程。
中国出版业发展报告 2010～2011	郝振省主编	中国书籍出版社	2011.6	265页，中国出版业蓝皮书。延续以往的风格，继续对2010年我国出版业各领域发展状况进行分析，对2011年我国出版业的发展趋势作出预测，对出版业发展等方面提出一些对策和建议。本年度的报告在框架、内容等方面进行了适当调整。突出的变化和特点是按照出版业的编、印、发、科、供、贸等出版产业链进行设置，框架只分成了三大部分，框架和篇幅比前几年都有所减少，力求更加精炼。除主报告外，还收录了新闻出版产业分析、图书出版、发行业、印刷业、报纸出版、期刊出版、音像电子出版、数字版权保护、出版科研、新闻出版产品与服务出口贸易以及香港特别行政区、台湾地区、澳门特别行政区出版业大事记、中国香港特别等14个专题报告。附录收录了中国出版业大事记以及中国台湾地区出版地区出版业大事记。

续表

中国书业年度报告 2010～2011	孙月沐 著	商务印书馆	2011.6	374页，作为中国图书商报·中国书业主干项目，以其产业视角、专业深度、实证实务态度，成为中国书业年度观察的品牌报告，为各地图书馆所首选。《中国书业年度报告（2010—2011）》涵括中国书业"大势大事"、"焦点热点"、"细分行情"、"数据分析"、"新媒传媒"等板块，以"华文与海外出版"作为参照，构成了权威、精当、周翔、实用的主体架构，并且新增了"2011中国书业 11 问"，2010 中国书业年度实力版图等相关内容，是一部全景、实用、值得典藏的年鉴式总报告。
出版理论与实务研究 2011	沈小农 主编	中国人民大学出版社	2011.6	382页，本书选取了出版社编辑经验汇编。对编辑行了总结，并汇集了一些书评。 工作，选题策划，审读加工，发行营销等方面的经验进
中国数字出版产业年度报告 2009—2010	郝振省 主编	中国书籍出版社	2011.7	439页，采用数据实证分析与文本分析相结合的方式，分析研究了 2009～2010 中国数字出版产业，包括：电子图书出版产业、数字报纸出版产业、互联网期刊出版产业、网络游戏出版产业、网络动漫出版产业、博客与播客出版产业、手机出版产业、数码印刷与按需出版产业和香港数字出版产业等。
出版工作研究（2011）	人民交通出版社 主编	人民交通出版社	2011.7	本书收集了关于出版、编辑、发行、营销等方面的理论研究著作 38 篇。可供专业人士及相关管理人员参阅。
福建出版科学论集（第七辑）	福建省出版工作者协会 主编	福建科学技术出版社	2011.7	本书收入了三部分内容：一是"纪念福建出版改革开放 30 周年"应征的有代表性的优秀文章，二是选自福建第十一届出版理论研讨会征文的优秀论文（优秀出版物奖、二届福建省优秀出版论文奖、三届荣获第和第三届中华优秀出版科研论文奖）（全国优秀出版科研论文奖）的优秀论文。

续表

2010 香山论坛: 科技·资本·创新 2010 香山论坛科技·资本·创新论文选编	中国出版集团公司战略发展部 编	中国对外翻译出版有限公司	2011.8	8万字。根据"2010 香山论坛"整理汇编而成，会议以科技、资本、创新为讨论对象，资本是共同关注点。本书收集了对传统图书产业、数字产业、杂志产业以及文化产业的其他门类等行业进行论述分析的文章，具有较高的理论研究价值。
书坛话语: 二〇一〇至二〇一一年度山东省出版研究论文选编	山东省出版工作者协会图书评论委员会 编	泰山出版社	2011.8	本书收集出版论文 23 篇，书评文章 20 篇。对出版业面临的挑战和机遇，做了比较深层次的思考。
为他人作嫁衣裳：薛德震编辑出版文集（增订本）	薛德震 著	人民出版社	2011.9	566 页。收集了薛德震同志在出版行业连续工作 52 年，其是担任人民出版社社长、总编辑十多年以来在在报刊发表的论文、书评、书序以及在重要场合的发言，共 70 篇。通过对人民出版社内部详细、真实的材料的深入具体的分析，可以清晰地看到人民出版社发展历程，其经验和教训对于其他出版单位是很有借鉴价值的。
林仲湘集	林仲湘 著	线装书局	2011.9	广西社会科学专家文集之一。该书内容分为五大部分。"索引研究"，收录有关索引学形研究论文 7 篇；"字形研究"，收录有关字形研究的论文 5 篇；"语言研究"，收录有关辞书研究的论文 8 篇；"古籍整理"，收录有关古籍整理的论文 6 篇；"怀念"，收录怀念已故师友的发言稿 1 篇。
许家康集	许家康 著	线装书局	2011.9	280 页，30 万字。广西社会科学专家文集之一。文集选收作者年鉴编纂理论研究方面的论文 36 篇，是作者从事年鉴工作 25 年来的经验总结和理论探索成果集成。
年鉴论坛（第二辑）	孙关龙 主编	中国农业出版社	2011.9	282 页，25 万字。年鉴研究、年鉴编纂研究与交流的不定期学术性出版物。获奖年鉴研究与实践经验交流。年间回眸与中国年鉴事业发展大事记六个部分。共收录各类学术论文 39 篇，大事记 1 篇，具有较高的学术参考价值。

书名	作者	出版社	时间	内容简介
我们是中国编辑	刘杲 著	海豚出版社	2011.10	241页，10万字。以编辑研究为主题，收入了著者有关的绝大部分文章。其中的新作，大部分几本文集，小部分是后来的新作。出于对历史的尊重，一律以人为本持原貌。深入探讨发展观的核心。提出以人为本是科学发展观的宗旨，要坚持维护广大人民服务的宗旨，要坚持维护广大人民的根本利益。
固本求新 弘文致远：中国出版集团公司核心理念征文集	中国出版集团公司企业文化建设办公室 主编	中国大百科全书出版社	2011.10	"学习贯彻集团公司核心理念"征文活动，优秀作品的合集，共有109篇文章。文集凝聚着各级领导对集团公司可持续发展定位的深入思考，凝聚着广大干部职工对弘扬公司核心理念的深刻见解。
2011第七届中国科技期刊发展论坛文集	第七届中国科技期刊发展论坛执委会 编	重庆大学出版社	2011.10	论文集收录了来自全国各科技期刊的论文69篇，共60余万字。编辑和科技工作者提交的论文，内容以"转变科技期刊发展方式与中国科技期刊的历史使命"为主题，涉及科技期刊的理论思考与实践探索、中外科技期刊业的多元化交流与合作，科技期刊品牌建设与学术诚信需求、科技期刊建设为主。
出版新形态研究	陈丽菲 主编	上海辞书出版社	2011.11	417页。收录上海师范大学有关出版理论研究成果。出版实务研究、数字出版研究等出版理论研究成果。
信息时代的传媒经济与管理	王关义 李治堂 主编	经济管理出版社	2011.11	202页。传媒经济管理文库，是北京印刷学院传媒经济与管理研究的部分成果。本书共分为三篇：第一篇为传媒产业转型与发展，共有论文9篇，从宏观的角度探讨了中国传媒产业的发展；第二篇为传媒企业运营与管理，共有论文8篇，从微观的角度探讨了中国传媒业的经营与管理问题；第三篇为综合管理与人才培养，共有论文8篇，从综合的角度研究了经济管理的问题。

续表

书 名	作 者	出版社	出版时间	内容提要
往事如昨——江西人民出版社成立60周年纪念文集	江西人民出版社 编	江西人民出版社	2011. 11	289页。是江西人民出版社为庆祝建社60周年而发起的以"我与赣人社的峥嵘岁月"为主题的征文结集，内容多为纪念文章，同时配有许多珍贵的历史照片。
学报编辑论丛 2011	刘志强 主编	上海大学出版社有限公司	2011. 11	本书是中国高校学报和科技期刊理论研究与实践经验介绍的论文集，也是系列丛书《学报编辑论丛》的第18集。全书刊载论文67篇，内容包括：学报改革与发展、编辑理论与实践、编辑素质与人才培养、数字化出版及期刊工作研究等5个栏目。
第二届中华优秀出版物奖 全国优秀出版科研论文奖获奖文集	中国新闻出版研究院 编	中国书籍出版社	2011. 12	607页，48万字。本书收录了出版、编辑、期刊、著作权、图书营销等五大领域的59篇优秀论文，是出版界人士实战经验的总结。

专业译著类

书 名	作 者	出版社	出版时间	内容提要
版式设计与文字编排	[美] 丽莎·格雷厄姆 著，周姗 译	上海人民美术出版社	2011. 1	319页。本书是平面设计基础教程，收录的设计项目中既包括典型的设计应用，也有报告、名片、公司新闻通讯、横幅、传单等的制作步骤。用平实完整的语言解释了设计的基本原则，解密了一流视觉设计过程。

续表

书名	著译者	出版社	出版时间	内容简介
APA出版手册（简明版）	[美]美国心理学会 编，周晓林、叶铮、张璇 等译	人民邮电出版社	2011.2	219页，20万字。以《美国心理学会出版手册》为参照，简洁明确又全面完整地介绍了科学出版的写作规范和格式标准。读者可以为自己的文章选择最佳的规范格式，有利于语言的清晰明确和格式的规范准确。读者可以学习如何避免期刊编辑常见的语法错误，如何为统计数据和图表选择合适的格式，避免标明资料来源、避免剽窃指控，以及如何从种类繁多的资料来源选择参考文献。
图书出版业（第二版）	[美]艾伯特·N·格雷科 著，周丽锦、褚悦周 译	清华大学出版社	2011.3	311页，34万字。新概念出版论丛之一。概述了图书出版业的发展状况。涉及编辑、市场营销、图书市场和生产过程。作者把一般图书（成人图书、儿童图书和大众市场平装书）作为全书的重点论述，同时概览了其他主要图书类别，以便能够全面地描绘这个内容丰富的行业。
阅读的未来	[美]达恩顿 著，熊祥 译	中信出版社	2011.5	232页。国内第一本探讨数字化生存环境下阅读的未来的专著。
出版大畅销	[日]植田康夫 著，甄西 译	国际文化出版公司	2011.7	395页，36万字。深度剖析日本出版业大畅销背后的秘密。新闻出版总署署长柳斌杰为之作序，中国版权保护中心特别推荐。是《出版大朋溃》《出版大冒险》《出版大畅销》的姊妹篇。收录了日本《出版新闻》杂志的社长清田义昭，《创》杂志新编篠田博之的主编植田康夫和《是谁扼杀了"图书"》的作者佐野真一从2000年～2004年的关于日本出版行业的座谈会内容，以及日本出版行业报纸《新文化》"畅销书方程式"栏目从2000年～2005年的文章作为基本内容，深度剖析了日本出版业从2000年～2005年大畅销的原因以及畅销的方法和诀窍。

续表

书名	作者	出版社	时间	内容
最伟大的书	[美]A.爱德华·纽顿 著，陈建铭 译	浙江大学出版社	2011.7	是美国著名藏书家爱德华·纽顿的代表作之一，介绍了《圣经》到英国十六、十七世纪出版的各种珍稀版本《圣经》，从古登堡《圣经》到其他书话写作的机缘，美国古书收藏的故事，丘吉的藏书事迹等，配以精美的书影、老照片和图片，读来赏心悦目。《最伟大的书》是其《藏书之爱》系列的第二本，美国藏书著作的经典。
版式设计——日本平面设计师参考手册	[日]Designing 编辑部 著，周燕华，郝微 译	人民邮电出版社	2011.8	283页，是由日本著名设计杂志《DESIGNING》编辑部出品，专为版式设计人员准备的创意与技巧宝典。本书的一个非常显著的特色就是从创意和技巧两方面进行讲解。87组 Before 与 After 对比案例，以及40个拓展案例解析，与之相关的267个软件的案例饱含了大量的设计创意和技巧，以及40个 InDesign 和 Illustrator 必须掌握的软件技术，直观地呈现出版式设计的要点。从软件技术、版面构图、文字设置、图片摆放和颜色运用等多个方面给读者以丰富的创意灵感及实战技巧。
古典时期的图书世界	[荷]H.L.皮纳 著，康慨 译	浙江大学出版社	2011.8	作者用简明简练的语言，提纲挈领地概括了古希腊和罗马图书的产生、发展与变化的过程，以及读者范围和阅读习惯的演变，经典文献的传播过程，对了解西方文明史和图书史有重要的参考价值。
搜书之道	[美]A.爱德华·纽顿 著，陈建铭 译	浙江大学出版社	2011.8	作者总结了他几十年的收藏经验。《搜书之道》是其《藏书之爱》系列的第三本，美国藏书著作的经典。

续表

书名	作译者	出版社	时间	内容简介
藏书之乐	〔美〕A. 爱德华·纽顿 著，杨传纬 译	浙江大学出版社	2011.8	爱德华·纽顿的代表作，与老版相比，本书新增 8 篇文章。《藏书之乐》系列的第一本，爱书的经典。作家在书中详细描述了自己已爱书的外观形式、爱书的时间痕迹、爱书的流浪过程、爱书的价格波动、爱书的交易纪录，记叙藏书过程的乐趣，道尽图书收藏的苦涩甘甜，欣悦哀愁。
报刊装帧设计手册（插图修订第 6 版）	〔美〕蒂姆·哈罗尔斯 著，展江、曾彦 译	世界图书出版公司	2011.9	293 页，是一本全面、实用，全书内容循序渐进，具有可操作性的报纸杂志的信息图像处理，从版面的基本布局到复的技巧。新版本但增加了几十个报纸版面范例，并且与时俱进，扩展了网页设计和处理数字图像方面的内容。指导作者一步步提高设计报纸版面范例，并且设计指南。
移民报刊及其控制	〔美〕罗伯特·E·帕克 著，彭鹏、陈静静、展江 译	中国人民大学出版社	2011.10	462 页，45 万字，是当代世界学术名著·新闻与传播学译丛·大师经典的土壤，是一套集。共四部分，分别是：第一部分"移民报刊的内容"，第二部分"外文报刊的内容"，第三部分"移民报刊的自然史"，第四部分"对报刊的控制"。
版式设计（第 2 版）	〔英〕加文·安布罗斯、保罗·哈里斯 编著，蔡峥嵘 译	中国青年出版社	2011.12	215 页，全面剖析了平面设计的基本元素和基本技巧。既有系统的理论阐述，又有经典的实例展示，是一体化的平面设计基础教程。《版式设计（第 2 版）》英文版由欧洲著名艺术图书出版社 AVA 出版，目前畅销全球几十个国家和地区，并被翻译为多种文字版本。世界多所著名设计学院将其指定为平面设计基础教材。
我在 DK 的出版岁月	〔美〕克里斯托弗·戴维斯 著，宋传航 译	浙江大学出版社	2011.12	274 页。由克里斯托弗·戴维斯著，宋传航译。是作者个人的回忆录，回顾他于 DK 前 25 年独立出版社——追求卓越、探寻创新、驱策成功的精髓。不仅希望勾勒这家公司的精彩岁月，共享成功，共享的欢乐。也想重温他们在 DK 齐心协力共度的精彩岁月。

续表

书 名	作者	出版社	出版时间	内容提要
		资 料 工 具 类		
中国出版学研究综录：1949～2009	李新祥 编	中国书籍出版社	2011.1	详见"新著评介"栏目中的本书介绍内容。
中国出版文化史研究书录（1978～2009）	范军 编撰	河南大学出版社	2011.1	共收录1978年1月至2009年12月共32年间中国内地出版的有关出版文化史方面的论著、译作、资料集等约3500种。附录著录相关图书和资料约4400种。全书按内容分为12个部分：出版史类、出版史料类、编辑史类、书刊文化史类、新闻传播史类、发行史·藏书史类、印刷史类、版本史·文献学类、出版人物类、出版机构类、综合及其他类·个人文集、综合及其他类二。
现代书刊校对技能手册（编辑作者常用手册系列）	中国出版工作者协会校对工作委员会编，周奇、杜维东主编	中国标准出版社	2011.1	220页，25万字。系统地介绍校对的功能、方法、操作技术以及文字技术整理工作，以介绍现代校对方法和技能为主，是一种实用的工具书。
常见语言文字错误防范手册（编辑作者常用手册系列）	周奇 主编	中国标准出版社	2011.1	315页，11万字。它是一本编辑、校对及其他文字工作者的案头工具书。手册共8章，分别是：1.常见错别字；2.常见词语误用；3.常见异形词误用；4.常见数字用法错误 5.常见标点符号使用错误 6.常见语法错误 7.常见逻辑错误；8.篇章。
生活·读书·新知三联书店大事记（上册）（1932～1951）	生活·读书·新知三联书店 编	生活·读书·新知三联书店	2011.1	本书记录了从生活书店创建、读书出版社成立、新知书店诞生，到1951年三联书店并入人民出版社的大事。

续表

《中国版协三十年》1979~2009	中国出版协会 编	人民美术出版社	2011.1	这是一本画册，刊载了大量的记录中国版协历程的图片。包括中国出版者协会成立与历届代表大会；中国出版者协会主办的评奖；中国出版者协会举办的活动；开展对外及港、澳、台图书交流活动；中国出版工作者协会组织机构及主办的出版社与杂志；中国出版工作者协会委员会；省、自治区、直辖市地方版协；中国出版工作者协会三十年大事记等。
天山南北飘书香	王峰 主编	新疆美术摄影出版社、新疆电子音像出版社	2011.1	209页，是一本反映新新华书店发展变迁的纪念画册，分为亲切关怀、文化拓荒、传播文明、世纪书香、事业兴旺、新的起点以及附录七个部分。
中国版权年鉴（2010）	中国版权年鉴编委会 编	中国人民大学出版社	2011.3	本书是我国唯一全面系统反映中国版权创造、运用、保护和管理基本专业性工具书。本年鉴为2009年全国版权保护与版权相关产业发展的综合概况、动态信息，文献资料和统计数据，并增添港澳台版权和国际版权的信息。2009年卷为第二卷。全书主要汇辑2009年创刊，动态
人民文学出版社六十年图书总目（1951~2011）	人民文学出版社 编	人民文学出版社	2011.3	1081页，90万字。收录自1951年3月至2011年3月人民文学出版社建社六十年间出版的各类图书。主体部分收入以人民文学出版社名义和作家出版社、外国文学出版社、天天出版社等副牌社名义出版的图书。
陕西人民出版社60年大事记（1951~2011）	吴新年 主编	陕西人民出版社	2011.3	459页。本书记录了陕西人民出版社建社60年的大事，要事和好事。反映了陕西人民出版社在60年的奋斗历程。
全国出版专业职业资格考试大纲	全国出版专业职业资格考试办公室 编	上海辞书出版社	2011.7	根据出版业发展对专业技术人员提出的专业知识和实务能力要求，在总结、分析历年考试工作实践的基础上，对2010年版进行了修订，形成2011年版。

续表

书名	编者	出版社	时间	内容简介
上海书业名录（1906～2010）	汪耀华 编	上海书店出版社	2011.8	529 页。编者在对大量档案文献进行梳理、搜集、甄别，还原存历史真实所有书业的名录汇编，内容为近现代上海书业，内容包括 1906 年至 2010 年上海书业在整个中国书业中的重要地位和价值，也为近现代上海书业史、出版史和文化史的专题性研究，提供了一份系统翔实的珍贵史料。
中国学术期刊评价研究报告：RCCSE 权威期刊、核心期刊排行榜与期刊指南（2011～2012）	邱均平 燕令霞 刘霞 等 编著	科学出版社	2011.8	600 页，110 万字。由中国科学评价研究中心、武汉大学图书馆以及中国科教评价网联秋研发。本书是国内外最重要的中国学术期刊分类分级排行榜与权威期刊、核心期刊指南之一。全书共三章包括：中国学术期刊评价的意义、理念和做法；各权威期刊和核心期刊的排名与结果分析；中国学术期刊的排名与期刊指南。附录汇集 SCI、SCIE、EI 收录的中国期刊、其他英文文学术期刊，缩略语表，便于广大读者阅读、使用。
守望西泠——陈振濂西泠印社社史研究书法展	陈振濂 著 黄坤明 编	浙江古籍出版社	2011.9	287 页。"守望西泠——陈振濂西泠印社史研究书法展"于 2011 年 9 月 28 日在余杭良渚博物院隆重举行。中国西泠网除了全场跟踪报道之外，还在论坛举办同步网络展。本书将本次书法展的内容展现给读者。
2011 中国新闻出版统计资料汇编	新闻出版总署出版产业发展司 编	中国书籍出版社	2011.10	272 页。主要内容包括：图书出版、期刊出版、报纸出版、音像、电子出版物出版、出版物发行、出版物印刷、出版物进出口、版权管理及贸易、出版机构、人员及单位名录。
实用科技术语手册（编辑作者常用手册系列）	陈瑞藻 主编	中国标准出版社	2011.10	714 页。系《编辑作者常用手册系列》之一。内容共涉及 20 个一级学科，共选 1.5 万余条术语。以各学科主干的、核心的术语，特别是工作中易混易错的术语以及由于科技发展而出现的有变化的新词为收词原则，采用"简明""准确"给出各学科规范术语的同时，还列出了对应的不推荐使用术语及必要的注解说明。

续表

出版物上数字用法	国家质量监督检验检疫总局、中国国家标准化管理委员会 编	中国标准出版社	2011.11	本标准于2011年7月29日由国家质检总局和国家标管委联合发布，并于2011年11月1日实施。此标准一直以来在出版界及相关领域备受关注，也是图书及报刊编校质量差错认定细则的重要检查内容。
中国出版年鉴（2011）	中国出版年鉴编辑部 主编	中国出版年鉴社	2011.11	2011卷内容经典浩瀚，信息量再次加大，采用全文、摘编和索引、图表等综合编辑方法，分层面表达信息，更加方便检索查。阅口把原二级栏目"记事"、"评奖表彰"等升为一级栏目，一目了然。

辑录：李雪峰　王上嘉

信 息 资 料

2011 年专业学术会议一览表

说明：会议名称标有底纹者，此表后有具体的会议内容介绍。

会议名称	时　间	地　点
读览天下 2011 年期刊发展大会	1 月 6 日	北京市
第五届中国书业营销创新论坛	1 月 7 日	北京市
2011 中国书业高层论坛	1 月 8 日	北京市
2011 年北京图书订货会高层论坛	1 月 8 日	北京市
第八届中国文化产业新年论坛之"蓝海之光 ——资本时代与数字变革"	1 月 8 日～9 日	北京市
2011 电子书产业峰会	1 月 9 日	北京市
方正电子 2011 年数字出版研讨会	1 月 13 日～14 日	北京市
阳光中国·2011 传媒发展年会	1 月 15 日	北京市
首届国际中医翻译与出版编辑学术会议	1 月 15 日～17 日	北京市
江苏省科学技术期刊编辑学会 2011 年会暨 六届三次理事会议	1 月 21 日～22 日	马鞍山市
2011 年国家出版基金专家研讨会	2 月 15 日	北京市
2011 精品期刊学术研讨会	3 月 16 日	武汉市
2011 方正阿帕比上海数字出版研讨会	3 月 17 日	上海市
2011 中日版权保护研讨会	3 月 18 日	上海市
2011 数字出版三亚论坛	3 月 24 日～27 日	三亚市
2011 华夏阅读论坛	3 月 31 日	苏州市
第三届南方科技期刊发展论坛	4 月 7 日	广州市
"中国图书对外推广计划"第七次会议	4 月 7 日～8 日	杭州市
中国辞书学会辞书编辑出版专业委员会第六 次学术研讨会	4 月 9 日	北京市

续表

会议名称	时　间	地　点
第八届中国民营书业发展论坛	4 月 16 日	南昌市
2011 年全国地理期刊编辑出版年会	4 月 21 日～25 日	福州市
2011 国际电子书产业高峰论坛暨首届国际电子书包应用峰会	4 月 28 日	扬州市
中国出版协会第六次代表大会	5 月 5 日	北京市
2011 数字出版与文化产业国际研讨会	5 月 8 日	北京市
中国编辑学会"编辑学术研讨会"	5 月 10 日～14 日	合肥市
第七届中国（深圳）文博会 2011 数字出版高端论坛	5 月 13 日	深圳市
世纪金榜 2011 版图书浙江销售研讨会	5 月 20 日～23 日	杭州市
第 21 届全国图书交易博览会中国出版发展论坛	5 月 28 日	哈尔滨市
黑龙江地域民族文化图书研讨会	5 月 28 日	哈尔滨市
中国教辅版权规范与维护专家咨询与座谈会	5 月 28 日	哈尔滨市
第 11 届中国科技期刊青年编辑学术研讨会	5 月 28 日～29 日	广州市
近代编辑出版活动与中外文化交流学术研讨会	5 月 28 日～29 日	北京市
第 26 届全国古籍出版社社长年会暨年度优秀古籍图书评奖会	5 月 29 日～30 日	哈尔滨市
第十届全国综合类人文社科期刊高层论坛	6 月 7 日～10 日	合肥市
第 23 次全国档案期刊工作研讨会	6 月 9 日～13 日	沈阳市
第三届海峡新闻出版业发展论坛	6 月 12 日	厦门市
2011 两岸数字出版创新研讨会	6 月 15 日	台北市
第 26 届全国少年儿童出版社社长年会暨 2011 中国少儿出版高层论坛	6 月 15 日～16 日	南京市
2011 年江苏出版编辑策划研讨会	6 月 16 日	徐州市
全国地方科技出版社社长总编辑年会	6 月 17 日～19 日	乌鲁木齐市
2011 中国国际版权保护论坛	6 月 18 日	大连市

续表

会议名称	时　间	地　点
数字化时代文艺图书出版发行研讨会	6 月 21 日	武汉市
第九次全国体育学术期刊编辑研讨会暨第 23 届全国体育院校学报研究会年会	7 月 6 日～9 日	重庆市
重庆市高校期刊研究会 2011 年暑期学术研讨会	7 月 13 日～17 日	重庆市
2011 香港书展国际出版论坛	7 月 20 日	香港
第九届全国医药卫生期刊编辑出版学术会议	7 月 23 日～26 日	齐齐哈尔市
全国图书编校质量工作研讨会	8 月 4 日～6 日	长春市
第十三届中韩出版学术年会	8 月 11 日	北京市
全国首届教育期刊改革与发展高峰论坛	8 月 11 日～12 日	北京市
第七届海峡两岸华文出版学术研讨会	8 月 14 日～16 日	高雄市
科技期刊创新与发展研讨会	8 月 19 日～25 日	乌鲁木齐市
中国科学院自然科学期刊编辑研究会第 21 次学术研讨会	8 月 21 日～25 日	呼和浩特市
长江流域暨西北地区科技期刊协作网学术年会	8 月 27 日～31 日	西安市
首届中英国际出版论坛	8 月 28 日	北京市
2011 中国图书对外推广计划外国专家座谈会	8 月 29 日	北京市
2011 年中国图书馆馆长与国际出版社高层对话论坛	8 月 29 日	北京市
2011 中国畜牧兽医学会期刊编辑分会年会暨中国畜牧兽医科技期刊发展论坛	8 月 29 日	延吉市
2011 中文数字出版与数字图书馆国际研讨会	8 月 29 日～30 日	北京市
2011 北京国际出版论坛	8 月 30 日	北京市
中华中医药学会编辑出版分会 2011 年会	9 月 3 日～5 日	敦煌市
江西省第五届发行论坛	9 月 9 日	南昌市
中国编辑学会第十五届年会	9 月 15 日	济南市

续表

会议名称	时　间	地　点
中国编辑学会工具书与百科全书专业委员会年会暨学术讨论会	9 月 15 日	北京市
第九届全国核心期刊与期刊国际化网络化研讨会	9 月 16 日～21 日	太原市
中国索引学会 2011 学术年会暨成立 20 周年庆典	9 月 18 日～21 日	济南市
第三十二届华东地区教育出版社年会	9 月 20 日	青岛市
第八届长三角科技期刊发展论坛	9 月 23 日～24 日	上海市
中国高教学会期刊工作分会 2011 年学术年会	9 月 24 日	焦作市
第七届全国电子与网络编辑年会	10 月 14 日～16 日	保定市
2011 年中南地区大学版协"上下游业务对接研讨会"	10 月 17 日～20 日	武汉市
第七届中国科技期刊发展论坛	10 月 17 日	重庆市
中国版协科技出版工作委员会成立 30 周年纪念大会暨第 20 届全国科技出版社社长总编辑年会	10 月 25 日～26 日	北京市
中国高校科技期刊研究会第 15 次年会	10 月 28 日～11 月 2 日	南京市
海峡两岸"数字出版产业链构建"高峰论坛	10 月 29 日	厦门市
"阅读好书，打造精品——同根同源话阅读"京台出版发行高层论坛	10 月 29 日	厦门市
两岸数字出版运营模式研讨会	10 月 30 日	厦门市
全国教育出版数字化发展研讨会	11 月 1 日～3 日	太原市
美国儿童图书出版情况介绍暨出版高端研讨会	11 月 2 日	北京市
新形势下"三农"读物编辑出版工作研讨会	11 月 8 日	北京市
2011 年全国青年学术期刊编辑研讨会	11 月 11 日	南宁市
2011 中国版权年会	11 月 12 日	北京市

续表

会议名称	时　间	地　点
2011 上海书籍设计研讨会	11 月 20 日～22 日	上海市
中华中医药学会编辑出版分会年会暨中国期刊学会中医药编辑工作研讨会	11 月 23 日	厦门市
2011 年"西学东渐与东亚近代知识的形成与交流"暨第四届出版史国际学术研讨会	11 月 25 日～26 日	北京市
2011 全国新闻出版业网站年会	11 月 26 日	北京市
首届江苏省科技期刊创新发展论坛	11 月 28 日～30 日	南京市
2011 年广东省科技期刊编辑学术年会	11 月 29 日	东莞市
华东地区高校自然科学学报编辑协会 2011 年学术年会	11 月 29 日～12 月 3 日	黄山市
江西省民营出版物发行企业座谈会	11 月 30 日	南昌市
第二届亚太数字出版峰会	12 月 1 日～2 日	北京市
万方数据版权保护研讨会	12 月 5 日	福州市
2011 两岸四地华文出版年会	12 月 7 日～8 日	澳门
世界知识产权组织数字环境下的版权管理和执法国家研讨会	12 月 8 日～9 日	上海市
阅读的快乐味道研讨会暨 2011 年度童书排行榜 Top10 发布会	12 月 9 日	北京市
第六届香山论坛·亚布力峰会	12 月 15 日	亚布力镇
2011 年数字出版人年会	12 月 22 日	北京市
第六届中国期刊创新年会	12 月 26 日	北京市

辑录：钱　聪

2011 年重要专业学术会议简介

第五届中国书业营销创新论坛　　　　　　　　　　1月7日　北京

　　本届论坛以"转企改制　资源整合　迎接书业新时代"的主题展开讨论，就书业改革和营销创新听取各方声音。国内出版界精英汇聚一堂，畅所欲言，发表新锐观点，总结经验教训，共谋发展之路。此次论坛除了传统的政策解读、创新专场和圆桌对话三部分外，还突破创新加入了全国新华书店"一网通"的开通盛典，使这个由中国新华书店协会立项，全国32家省、自治区、直辖市发行集团和中国图书商报社共同参与的中国新华书店跨地区协作网项目得到更多人的关注和肯定。开通盛典得到了新闻出版总署的高度重视，副署长阎晓宏、中国新华书店协会会长兼中国出版集团副总裁王俊国和中国图书商报社社长兼总编辑孙月沐共同开启了项目开通的水晶球。此外，活动中还为"中国书业营销创新论坛"的注册揭牌，预示着中国图书商报社对于"中国书业营销创新论坛"品牌的持有更加规范化、专业化、透明化。

第八届中国文化产业新年论坛　　　　　　　　1月8日～9日　北京

　　出版论坛围绕"蓝海之光——资本时代与数字变革"进行讨论，集合产官学三方的精辟观点，两岸产业发展交流与分享，对于未来数字出版的发展关注、共识、转型、变革、特色等方面，提出诊断与建言。论坛主要内容有：数字化出版服务的再思考、数字出版的发展共识、出版转型问题与资本力量、数位产业链与商务模式的变革、新商务模式的版权困境与突破、塑造独特与精致的中国特色、作者、出版商、平台：一个都不能少。中共中央宣传部出版局副局长刘建生认为，数字出版趋势总体是好的，但出版形式是令人担忧的。网络文字图片堆积太多，网管人员不具备任何出版应有素质，泛泛的网络化出版不能叫作数字出版。他指出，数字出版必须贯穿出版的基本理念与核心价值，出版业不是重形式而应是重内容的产业。对此，本次出版论坛主席、北京大学新闻与传播学院肖东发教授提出精品策略的观点，关注出版人为世界留下什么精品，内容质量将影响未来的产业发展。

阳光中国·2011传媒发展年会   1月15日 北京

年会围绕传媒管理创新与市场竞争力等话题展开研讨。组织专家顾问团推举出"年度社会服务媒体"、"年度产业发展媒体"、"年度管理创新媒体"和"年度数字化转型媒体"各10家，以及"年度优秀传媒经理人"10名。会议提出与会媒体人应借助年会这一平台交流和探讨新想法、新思路，共论改革之策，共谋发展之计，为中国传媒业的发展贡献智慧和力量。企业界需要与媒体沟通，媒体也需要社会各界的理解和支持。新闻出版报社社长姜军、总编辑马国仓，新闻出版总署新闻报刊司副司长丁以绣和来自传媒界、学术界、企业界的嘉宾近百人参加了年会。本届年会由《中国新闻出版报》主办，中国人民大学等7所高校新闻院系联办，阳光保险集团独家协办，上海盛大网络发展有限公司战略支持。

2011年国家出版基金专家研讨会   2月15日 北京

会议研讨了2011年度国家出版基金资助重点选题方向，并就进一步提高国家出版基金资助项目的质量、加强国家出版基金规范管理等话题进行了广泛的讨论。邬书林在讲话时指出，国家出版基金成立以来已经取得了显著成绩，建立了一系列规章制度，积累了重要经验，在全国出版界和学术界产生了重要影响。已资助的项目也产生了一批很重要的成果，对科研和出版起到了很大的推动作用。他说，这次专家讨论对2011年出版基金重点资助的项目选题方向和国家出版基金的运作管理等方面都提出了有针对性的意见，特别是对国家出版基金如何围绕国家的工作大局，反映中国自然科学和社会科学研究的实际状况，多出精品，给出了很好的建议，要在今后的工作中加以落实。中国出版集团公司总裁聂震宁，中宣部出版局副局长郭义强，财政部教科文司副司长王家新，教育部社会科学司副司长徐维凡，科技部科研条件与财务司副司长吴学梯，国家出版基金管理委员会办公室主任李璐、副主任颜永刚，国家古籍整理出版领导小组办公室副主任王然等参加座谈会。

2011精品期刊学术研讨会   3月16日 武汉

研讨会的主题是如何办好精品期刊。与会者从不同的角度、不同的层面，精辟地阐述了办精品期刊之道。他们的发言关注到科技期刊的改革与发展，关注到加强精品期刊理论建设等重要内容，充分展示了湖北省科技期刊编辑团结进步的整体形象。本次学术会议采取了与国际学术会议接轨的形式，会上有讨论、有质疑，生动活泼，气氛热烈。中国科学院岩土力学所所长李海波致热情洋溢的欢迎辞，中国科学院编辑研究会秘书长戴利华、中国科学院出版委员会主任金建辉发表讲话。他们的讲话为推进湖北省科技期刊精品化、国际化，为提高科技期刊出版人才的政策法规水平起到了重要指导作用。

"中国图书对外推广计划"第七次会议　　　4月7日～8日　杭州

会议总结了"十一五"期间"推广计划"取得的成绩和2010年工作情况，提出了"十二五"期间的工作目标，部署了2011年的重点工作。国务院新闻办公室副主任王仲伟、新闻出版总署副署长邬书林出席会议并讲话，浙江省委常委、宣传部长茅临生到会致辞。会议强调，2011年"推广计划"将重点关注提高版权输出数量和质量、数字出版"走出去"、出版企业开拓海外阵地三方面内容。进一步加强选题策划能力，寻找具有国际水平的选题和方向，在增加版权输出数量基础上提高质量；鼓励企业加快推进优秀出版物通过数字出版方式进入国际市场，让"中国主题"和"中国内容"跟上国际数字出版的潮流；鼓励有实力的出版企业开发海外阵地，推进本土化进程，使境外市场主体形成"自我造血"机能，增强中国出版业的可持续发展能力。

第八届中国民营书业发展论坛　　　　　4月16日　南昌

本次论坛以"新形势、新机遇、新选择、新发展"为主题。由中国新闻出版研究院、江西省新闻出版局主办，江西金太阳教育集团承办，这是民营书业发展论坛第一次在京外召开。新闻出版总署出版产业发展司司长范卫平、江西省新闻出版局局长黄鹤、中国新闻出版研究院院长郝振省等领导出席会议。会议由中国新闻出版研究院副院长魏玉山、江西省新闻出版局副局长程利民主持。对民营书业的发展，郝振省提出了五点建设性意见：一、尽快出台促进民营书业发展的指导意见；二、给予民营书业更有力的财政货币政策、信贷政策和税收政策支持；三、对民营实体书店给予政策支持。四、民营企业需要建立现代企业制度，构建人才保障体系；五、追求创新，提高出版物质量。江西金太阳教育集团董事长陈东旭、北京大学新闻与传播学院教授肖东发、江西省新闻出版局发行处处长朱胜龙、中文天地出版传媒股份有限公司总经理曾少雄、京版北教控股有限公司总经理刘强、北京修远文化传播公司董事长唐小平、新闻出版总署教育培训中心党组书记宋英亮等嘉宾在论坛上分别发言，并同与会代表进行了深入交流。

2011年全国地理期刊编辑出版年会 4月21日～25日 福州

本届年会的主题为地理科技期刊的创新与发展。本届年会由中国地理学会编辑出版工作委员会和福建师范大学共同主办，福建师范大学地理科学学院、《亚热带资源与环境学报》承办。来自全国33种地理学及其相邻学科期刊的50余位代表出席了本届年会。参会各期刊代表围绕地理科技期刊建设与发展策略、办刊思想、期刊影响力的提升、体制机制创新以及期刊编辑素质培养与管理等理论和实践问题进行交流与探讨，交流了办刊经验。在研讨会上，中国学术期刊（光盘版）电子杂志社王鹏副社长做了题为"中外科技期刊对接与国际化传播"的大会报告，北京玛格泰克科技发展有限公司的关研经理做了题为"地理期刊网构建"的大会报告，《亚热带资源与环境学报》执行主编郑达贤教授介绍了《亚热带资源与环境学报》的发展历程，科学出版社期刊出版中心蒋超编辑介绍了有关科技期刊审读工作的情况。会议期间，与会代表参观了福建师范大学新校区、福建师范大学地理科学学院的院史展览、福建师范大学地理科学学院学术成果展示和湿润亚热带山地生态国家重点实验室培育基地。

2011国际电子书产业高峰论坛暨首届国际电子书包应用峰会

4月28日 扬州

扬州峰会的主要着重点是电子书包。此次电子书包峰会聚集了硬件方如元太、高通，软件方如中国出版集团、中国人民大学出版社等单位。产业链上中下游将共同就电子书包的标准、体验、应用等环节进行探讨。中国电子书包产业的春天迟到了10年。10年数字出版的飞速发展才积累了电子书包今日之成效。经过电子书、平板电脑的先期普及，已经有越来越多传统出版机构意识到了电子书包的"含金量"，同时也有更多终端生产商参与进来，一起为电子书包的普及出谋划策。经过近两年的普及，电子书已经使数字阅读成为一个能被大众接受并熟知的词汇。从行业细分、应用人群、政府支持、版权保护等诸多方面来看，电子书包都有优于电子书的生命力。

中国出版协会第六次代表大会 5月5日 北京

中宣部副部长孙志军，新闻出版总署副署长李东东、阎晓宏、孙寿山，中纪委驻总署纪检组组长宋明昌，中国出版工作者协会主席于友先，民政部民间组织管理局副局长杨岳，中国记协书记处书记顾勇华，出版界老领导徐惟诚、宋木文等出席大会。本次会议也是中国版协换届大会。第五届版协理事会、常务理事会自2006年4月26日产生，任期5年，2011年期满换届。本次会议经民政部批准，"中国出版工作者协会"从第六届起更名为"中国出版协会"。按照行业协会负责人的规范要求，协会主席、副主席也相应更改为理事长、副理事长。这次大会是在我国出版业全面落实党中央、国务院文化体制改革决定并取得重大胜利的新形势下召开的，体制的转换对协会建设提出了新的客观要求。为了顺应这种需求，"中国出版工作者协会"更名为"中国出版协会"，应该说，这是向行业协会过渡迈出的可喜一步。

2011 数字出版与文化产业国际研讨会　　　　5 月 8 日　北京

研讨会由北京大学新闻与传播学院现代出版研究所、中国新闻出版研究院联合主办。本次研讨会涉及文化与出版产业、数字出版的发展革新以及出版文化产业的教育与商业化、文化与认同、数字出版的国际竞争力等多个领域。中宣部出版局副局长刘建生出席会议并讲话。加拿大出版研究中心主任、西蒙·弗雷泽大学传播学院教授罗兰德·劳瑞默，北京大学新闻与传播学院常务副院长徐泓，北京大学现代出版研究所所长肖东发，中国新闻出版研究院办公室主任刘拥军，数字出版研究室主任张立，中国人民大学出版社总编辑周蔚华，南京大学出版科学研究所所长张志强，中文在线董事长童之磊等多位中外学界和出版业界人士发表了主题演讲。肖东发在开幕式上致辞表示，文化软实力已经成为综合国力和国际竞争力的重要组成部分，而数字出版是文化产业的生力军，在数字出版的广阔市场前景下，应注重出版产物的人文精神的核心，让数字出版与服务社会相统一，保持独立的价值和理性的出版方向。与会代表共同探讨了目前出版业数字内容建设的核心问题。

第 21 届全国图书交易博览会中国出版发展论坛　　5 月 28 日　哈尔滨

论坛以"融合与提升，传统出版和数字出版共赢"为主题。全国人大常委会副委员长、民进中央主席严隽琪出席论坛并讲话，新闻出版总署署长、国家版权局局长柳斌杰作主旨演讲。柳斌杰在主旨演讲中表示，加快传统出版与数字出版的融合发展是"十二五"时期产业发展新目标。他强调，进一步推动我国传统出版与数字出版的融合发展，推动行业技术素质的提高，是当前摆在我们面前的一项重大而紧迫的课题。融合发展过程中，特别是"技术不先进、融合不彻底、体制不适应"三个问题，需要我们下功夫研究，切实加以解决。在论坛上，安徽出版集团有限责任公司党委书记兼总裁王亚非、上海新华发行集团董事长哈九如、中文在线董事长童之磊、中国人民大学教授郭禾、黑龙江出版集团董事长李久军、同方知网技术有限公司总经理王明亮等就"传统出版和数字出版如何共赢"展开对话。

近代编辑出版活动与中外文化交流学术研讨会　5月28日～29日　北京

学术研讨会由中国编辑学会编辑史专业委员会举办。中国编辑学会常务副会长兼秘书长王德有、副会长兼常务副秘书长袁良喜出席会议。来自全国编辑出版学界和业界的二十多名专家、学者在大会上作专题发言。大家围绕会议主题，就近代编辑出版活动与近代中国社会变迁、近代翻译和编辑出版西学著作、近代重要编辑出版人及其编辑思想、近代教科书的出版活动等进行了深入的研讨交流并取得了积极成果。本次会议具有以下三个显著特点：一是许多研究成果凸显地方特色，以发掘地方出版史料为基础，研究成果具有独创性；二是紧密联系工作实际；三是历史与现实紧密结合。与会专家和学者一致认为，编辑史专业委员会为大家提供了很好的学术交流研讨平台，充分肯定了委员会长期以来在组织编辑史研究方面发挥的积极作用。参会专家和学者纷纷表示，一定要继续加强对中国和海外编辑史料的发掘研究，不断创新，努力在中国近代编辑出版史研究上取得新进展，把编辑史研究提高到一个新的水平。

第26届全国古籍出版社社长年会暨年度优秀古籍图书评奖会
5月29日～30日　哈尔滨

年会上，各古籍社社长评选出本届全国优秀古籍图书奖获奖书目，中华书局获得多个奖项。其中《琴曲集成》《商周金文摹释总集》《近出殷周金文集录二编》《向达先生敦煌遗墨》《韩愈文集汇校笺注》《邵雍集》获一等奖，《肇论校释》《四明文献集》（外二种）《春秋公羊传译注》《易学象数论》（外二种）《二十世纪出土玺印集成》《宋集序跋汇编》《论衡校读笺识》获二等奖，《中华经典名著全本全注全译》丛书获普及读物奖。

第十届全国综合类人文社科期刊高层论坛　　6月7日～10日　合肥

中宣部出版局副局长刘建生、国家新闻出版总署办公厅处长杜大力、中国科学技术信息研究所主任潘云涛、广东省新闻出版局处长郭秀文等领导，以及全国各精品期刊代表出席了会议。中宣部出版局副局长刘建生对本次会议的召开做出重要谈话。刘局长就目前科技期刊出版物的现状做出回顾，并指出当前科技文化体制的改革势在必行，需统筹规划、分类指导。国家新闻出版总署办公厅处长杜大力对当前科技期刊面临的技术、法律和政策环境进行了解读。他强调科技期刊应走在传统出版向数字出版转型的前端。另外还要善于学法用法，为修法贡献良策。及时掌握政策动向，以在改革发展中抢占先机。中信所主任潘云涛做了题为"经济转型期我国科技期刊的战略选择"的报告。他从科学中心转移的准备，数字化时代的挑战，学科策略的布局及科研诚信的支撑四个方面做出探讨，指出目前中国多语种科技期刊的比例还很低。因此，应发展多语种科技期刊，发展一定比例的英语科技期刊，以增加中国科技期刊的国际显示度。

2011中国国际版权保护论坛　　6月18日　大连

研讨会以更加贴近企业的形式，本着求真务求的精神，广邀专家、学者、企业家等现身说法，借鉴各地的软件产业发展成功经验，共同探讨软件产业成功方法和途径。软件与服务外包业科技含量高、附加值大、吸纳知识型人才就业能力强，其成果的转化需要依赖于企业的自主创新，因此相关知识产权保护显得尤为重要。知识产权保护在国际经济、科技、贸易中的地位和作用得到了前所未有的提升。当前，在全球化激烈竞争的背景下，我国软件企业日益重视自主创新和品牌价值，只有自创舞台，拥有核心技术，企业才能自强自立，产业才能做强做大。此次论坛为进一步实施全球知识产权战略，普及知识产权保护知识，加快建设创新型国家，为国产软件企业创建舞台，使其全面加强自身的创新以自主创新技术参与国际竞争，进一步增强全社会尊重和保护知识产权意识，提高企业运用知识产权制度参与竞争的能力和水平奠定了理论基础。

数字化时代文艺图书出版发行研讨会　　6月21日　武汉

为了应对数字化时代文学图书出版发行工作面临的新形势、新挑战，繁荣文学图书出版事业，本次研讨会以数字化时代文艺图书的出版发行现状及发展趋势为中心进行了广泛研讨。本次研讨会由湖北省出版工作者协会、长江文艺出版传媒集团主办。会议邀请全国30多家重点书店的50多位业务骨干参与研讨。

2011香港书展国际出版论坛　　　　　　　　7月20日　香港

一年一度的香港书展，已经不仅仅是港人的精神盛宴，几十万入场拥趸更是令内地出版展商兴奋不已。伴随盛暑热风，维多利亚港湾再度迎来一场文化聚会。2011年的香港书展又一次刷新了往届记录。据主办机构香港贸易发展局称，为期7天的香港书展共吸引了约95万人次入场，较去年增长3%。此届香港书展，内地展团表现不俗。2011年内地参展商数量较去年增加了25%，其中以中国出版集团以及江苏主题馆两大展区最为引人注目。内地展位逐年扩大、邻港地区优势再现、内地图书精品增多等特点贯穿论坛始终。

全国图书编校质量工作研讨会　　　　　　8月4日～6日　长春

为了把新闻出版总署出版物质量管理年活动落到实处，本次研讨会探讨了在图书出版单位转企改制后的新形势下如何做好图书编校工作，加强图书编校质量管理等问题。来自全国24个省、市、自治区的131家出版单位，280余位编校质量管理人员和编校业务骨干参加了会议。

第十三届中韩出版学术年会　　　　　　　　8月11日　北京

年会以"数字化背景下的出版业发展趋势与对策"为主题，中韩两国出版领域的专家、学者就数字化背景下出版业发展现状、存在的问题及未来发展趋势等问题进行了深入研讨和交流。来自中韩两国学术界的十位专家学者在会上发表了精彩演讲。中国新闻出版研究院基础理论研究室副研究员庞沁文做了题为"数字出版的商业模式与数字出版的未来"的演讲，提出了数字出版的7种商业模式，并对数字出版的未来进行了展望。中国新闻出版研究院应用理论研究室主任、副研究员徐升国演讲的题目为《手机出版的特征及其在中国的发展》他就手机出版的发展现状、主要特征、发展趋势与大家进行了交流。中国新闻出版研究院动漫研究中心副主任、研究员王彪演讲的题目为《中国新媒体动漫的发展现状与趋势》，对网络动漫和手机动漫的发展现状及发展趋势做了深入阐述。中国新闻出版研究院出版标准化研究室主任、副研究员刘颖丽演讲的题目为《数字出版标准的现状与思考》，阐述了中国数字出版标准的特点、现状及制定过程应注意的问题，并特别介绍了目前我国正在研制的一些重要标准。

全国首届教育期刊改革与发展高峰论坛　　8月11日～12日　北京

全国首届教育期刊改革与发展高峰论坛由中国人民大学书报资料中心基础教育期刊社主办。国家新闻出版总署报刊司王国庆司长、教育部中国教师发展基金会杨春茂秘书长、全国教育科学规划办公室张彩云副主任、南京大学CSSCI创始人和设计者苏新宁教授、北京大学《中文核心期刊要目总览》蔡蓉华主编、中国人民大学书报资料中心高自龙总编，以及全国80多家综合类、学科专业类和学报类教育期刊的120多名代表参加了会议。中国人民大学书报资料中心给参会的40多家教育类期刊颁发了"2010年人大复印报刊资料教育类重要转载来源刊"的荣誉证书，这是中国人民大学书报资料中心首次给源发刊颁发"重要转载来源刊"证书。此次论坛为不同类型的教育期刊搭建了一个广阔的对话和交流的平台，对于进一步促进教育类期刊的合作，共同应对教育类期刊面临的挑战，具有重要意义。中国人民大学书报资料中心也将进一步发挥桥梁纽带作用，在期刊评价领域扩大自身的影响力。

第七届海峡两岸华文出版学术研讨会　　8月14日～16日　高雄

本次研讨会的主题为"华文出版与数字化"，与会专家学者分别围绕"数字出版时代到来"这一现实问题进行了充分的研讨。本次研讨会由台湾南华大学出版与文化事业管理研究所、北京大学现代出版研究所和河北大学新闻传播学院联合主办。南华大学校长陈淼胜教授、北京大学现代出版研究所所长肖东发教授和河北大学新闻传播学院院长白贵教授先后在开幕式上致辞。台湾图书出版事业协会理事长陈恩泉先生、台湾工业技术研究院光电工业研究所企化及技术推广组组长应台发先生先后做了题为"两岸出版交流与合作出版的观察"和"软性电子纸的开发及应用"的报告。开幕式由南华大学出版与文化事业管理研究所教授、原所长万荣水先生主持。

首届中英国际出版论坛　　8月28日　北京

来自英国牛津布鲁克斯大学国际出版研究中心的Angus Phillips主任、Adrian Bullock副教授，以及著名的英国版权代理人Toby Eddy先生与北京大学、北京印刷学院的学者及业界精英和媒体同仁，围绕"版权贸易及出版新趋势"主题进行了深入的探讨。牛津布鲁克斯大学国际出版研究中心的Angus Phillips主任代表英国培生教育集团版权总监Lynette Owen女士发表了题为"版权的购买与输出"的主题演讲。演讲详细地介绍了版权贸易的整体流程、中国出版商在输出版权以及购买版权中应注意的一些主要事项。与会的中国学者也就出版新趋势发表了自己的观点。全国政协委员、北京印刷学院新闻出版学院院长聂震宁在讲话里提到：文化产业一定要以文化为主，不要以多元化经营为借口，过多地搞其他产业；要大中小企业并举，关注民营书业；作者稿费的起征点800元也是几十年不变，应该提高才适合国情，也鼓励作者创新。

2011 北京国际出版论坛　　　　　　　　　8 月 30 日　北京

这次论坛的主题是"数字时代的国际出版业走向"。全国人大常委会副委员长、民进中央主席严隽琪出席论坛并致辞。严隽琪在致辞中说，伴随着新技术、新产品、新解决方案的不断问世，数字出版的浪潮来势汹涌，全球出版格局也因此发生了翻天覆地的变化，出版业的数字时代已经到来。我国以数字出版为标志的新的出版业态开始呈现出高速发展的势头。抓住数字化的契机，把握好我国出版业未来发展的方向，更有效地推动我国出版的转型升级，需要完善支持数字出版的政策、促进数字出版的立法工作、加强数字出版物的版权保护、提高数字出版的国际合作水平。当前，对国际出版业来说，以移动互联网、云计算等为代表的新兴技术正在迅速普及，数字化大潮给出版业带来了深刻变革。来自国内外的出版界权威人士围绕论坛主题进行了主题演讲，并就数字技术革命、数字时代的创新业态与盈利模式等问题进行了讨论。

中国编辑学会第十五届年会　　　　　　　9 月 15 日　济南

本届年会由中国编辑学会主办、山东省编辑学会协办。来自全国出版界、高校的100多名代表出席会议。

年会围绕"编辑规范与编辑创新"这一主题，就新时期编辑工作的重要性和发展方向等问题进行了探讨。来自全国出版界、高校的代表从不同方面阐述了编辑规范与编辑创新对出版工作的重要性和必要性。大家一致认为，编辑工作是出版工作的中心环节，是文化传播的中坚力量，也是全媒体工作的中心环节，必须坚持编辑工作规范化，注重出版物的文化价值。

第七届全国电子与网络编辑年会　　　　10 月 14 日～ 16 日　保定

　　本届年会由中国编辑学会、中国编辑专业学会和电子网络编辑专业委员会联合主办，河北大学新闻传播学院承办。出席此次年会和研讨会的嘉宾有：新闻出版总署科技与数字出版司副司长宋建新、中国编辑学会会长桂晓风、中国编辑学会副会长田胜立、中国编辑学会副会长袁良喜、北京大学新闻传播学院教授肖东发、新浪网总编辑陈彤等，以及其他来自国内众多高校、出版社、数字出版单位及网站的约50位学界和业界代表。会议采取主题发言与分组讨论相结合的方式。宋建新副司长通过最新数据向大会做了有关数字出版产业发展的情况汇报，对数字出版的现状和发展趋势表达了自己的观点。新闻出版总署原副署长、中国编辑学会会长桂晓风发表重要讲话。针对中国出版行业的新动向以及对编辑职业发展与培养的新要求，在三个方面阐述了自己的独到见解：第一，树立中国编辑三大理念，"大文化""大媒体""大编辑"；第二，数字出版以及电子网络的思考；第三，做一个有理想、有素养、有作为的数字化编辑。

第七届中国科技期刊发展论坛　　　　　　10 月 17 日　重庆

　　本届论坛围绕"转变期刊发展方式与中国科技期刊的历史使命"主题举行了报告会、科技期刊国际化高峰论坛、专题论坛和科技期刊进院校等专项活动。新闻出版总署副署长李东东、中国科技协会副主席程东红、重庆市政协副主席陈贵云等出席开幕式并讲话，中国期刊协会会长石峰在论坛上作主题演讲。程东红表示，中国科技期刊发展论坛与新闻出版总署联办以来，规模和影响逐年扩大，对推动期刊发展和相关政策制定发挥了积极作用。下一步，中国科协将加大扶持力度，深入推进精品科技期刊工程，着力培育一批在国内外有较高知名度和影响力的品牌科技期刊。

"阅读好书，打造精品——同根同源话阅读"京台出版发行高层论坛
10 月 29 日　厦门

　　本次论坛以"阅读好书，打造精品——同根同源话阅读"为主题，来自京台两地的七位出版界的领导和专家发表了演讲。2010年6月29日《海峡两岸经济合作框架协议》的签署，开启了两岸关系以及两岸经贸合作交流的新局面。由厦门和台北轮流作为主办城市的海峡两岸图书交易博览会已经举办了六届，为海峡两岸的文化交流起到了重要作用。此届论坛的举办恰逢党的十七届六中全会闭幕之

际，建设文化强国的宏伟目标，为本届海峡两岸图书交易博览会赋予了特殊的意义。海峡两岸同根同源，加强两岸文化交流，对建设文化强国意义重大。北京市是全国政治、文化中心，全国60%的出版资源都集中在北京。北京与台湾的出版合作，对推动两岸文化交流，无疑具有极其重要的作用。在本届海峡两岸图书交易会筹办之际，北京市新闻出版局会同台湾业界协会和专家，策划、组织了"京台出版发行高层论坛"，旨在促进海峡两岸出版资源共享，共同打造出版精品，推动两岸的大众阅读。

全国教育出版数字化发展研讨会　　　　　　　　11 月 1 日～3 日　太原

本次研讨会汇聚了120余位来自全国出版管理部门、出版集团、出版社、报刊社、新华书店以及民营书业企业的代表。与会专家表示，教育图书是出版行业的重要领域之一，如何把教育图书与数字出版的优势有机地结合起来，如何深度发展以数字化内容、数字化生产和数字化传输为主要特征的教育出版产业，如何改变教育出版主要依赖纸质出版物的现状，使其在激烈的竞争格局中赢得先机值得业界思考，教育图书的出版面临着新一轮的机遇和挑战。

新形势下"三农"读物编辑出版工作研讨会　　　　11 月 8 日　北京

本次研讨会就新形势下的"三农"读物编辑出版工作，从不同侧面研讨分析了我国"三农"读物编辑出版工作的现状、发展趋势及对策与措施。目前"三农"图书已成为我国图书出版中的重要板块，策划"三农"图书的出版社和选题数量逐年递增；农业实用技术类图书依然是"三农"图书中的主流；"三农"读物出版形式丰富多彩，针对性、实用性更强。中国编辑学会会长桂晓风说："编辑工作在为农业服务中具有特殊责任和使命。"在推动文化大发展大繁荣中，编辑要有更高的文化自觉；要更加主动为"三农"服务；要改革创新提高编辑工作服务"三农"的水平，真正做到"走基层、转作风、改文风"，为服务"三农"做出出版业的特殊贡献。

2011 中国版权年会　　　　　　　　　　　　　11 月 12 日　北京

年会围绕在数字网络环境下，如何建立畅通的授权渠道，建立著作权人与使用者、传播者间的利益平衡等话题进行探讨。与会专家一致认为，遏制猖獗的侵权盗版现象是版权界面临的最大挑战。不管是云计算，还是数字出版，技术和版权保护既有联系，又有区别。新技术对版权的创作、传播和使用方式将不可避免地带来革命性的变化，也带来了很多问题。但是，不要过度渲染互联网新技术对版权制度的影响。因为，技术的发展并没有颠覆设立版权制度的基本原则，即创作产生权利，使用权利就要经过许可的原则。技术发展并没有对版权制度的设计带来颠覆。国家版权局版权管理司司长于慈珂，新闻出版总署法规司司长王自强以及来自版权理论界、法律界、学术界、产业界的近200名代表参加了会议。

2011 全国新闻出版业网站年会　　　　　　　11 月 26 日　北京

本届年会以2011年的行业热点"内容资源的多元化经营"为主题，旨在探索行业网站如何利用多渠道传播和多终端发布以促进新闻出版行业的升级转型。新闻出版总署副署长孙寿山委托科技与数字出版司司长张毅君在会上宣读了他的书面讲话。会议明确提出建设社会主义文化强国的战略目标，为新闻出版业下一步改革与发展指明了方向，也必然成为数字出版产业发展和新闻出版业网站建设的新目标和新要求。在年会主论坛上，新闻出版总署科技与数字出版司副司长宋建新、南方报业传媒集团总编辑张东明、缔元信CEO秦雯、中图一购CEO王俊、中国移动互联网产业联盟秘书长李易、人民出版社技术总监黄犟以及中国大百科出版社编审王勤围绕会议主题分别发表主旨演讲。在移动阅读分论坛和电子商务分论坛上，来自传统出版单位、通信运营商、数字技术公司、新媒体公司的代表们就数字阅读时代的新闻出版业网站建设发表演讲，并与现场听众进行了深入交流。

江西省民营出版物发行企业座谈会　　　　　　11 月 30 日　南昌

参加本次座谈会的有金太阳教育研究有限公司、赣江文化发展有限公司等二十余名民营书业代表，围绕湖北考察调研活动和新一年的企业规划，共话体会，畅谈发展。与会代表们一致认为，"走出去"的参观学习方法，使得江西民营书业眼界大开，认识了不足，找到了差距。决心要转变思想，开拓创新，在企业文化、人才培养、合作联盟等方面加强力量。代表们对新的政策环境下民营企业未来的发展前景进行了探讨，分析了新形势下民营书业受到的数字化、网络化冲击，讨论了渠道建设、教材教辅市场整治、零售书店压力等面临的严峻问题，研究了企业的发展规划和应对措施，并对管理部门提出了合理化建议。

第二届亚太数字出版峰会　　　　　　　12月1日～2日　北京

来自全球的300多位数字出版行业的专家、企业和机构的决策者参与了讨论。北京方正阿帕比技术有限公司总经理赫思佳针对"云出版服务平台"做了主题演讲。随着人们数字阅读习惯的逐步形成，整个数字出版产业面临着更多的机会，但同时在模式、渠道、安全、展现形式方面依然还存在很多困惑。如何满足读者日益迫切的数字化阅读需求，形成自己的服务特色和最佳商业模式成为摆在传统出版商转型进入数字出版市场时亟须解决的重大课题。本次亚太数字出版峰会旨在帮助处在转型时期的不同规模的传统出版商在一个集成移动、社交、虚拟的产业环境中达成更好的实质的商业成果。此外，也为他们提供了一个了解世界各地数字出版发展并与数字出版业界领袖人物探讨最新技术、方案和商机的机会。

2011 两岸四地华文出版年会　　　　　　12月7日～8日　澳门

年会就围绕传统实体书店未来的发展方向展开探讨。中国出版协会、台湾图书出版事业协会、香港出版总会及澳门出版协会等近30位代表出席会议。澳门出版协会理事长陈雨润表示，近年来，在网络资讯快速发展和铺租急速飙升的情况下，许多传统书店的经营受到很大的冲击，2007至2009年间，传统书店关闭了两万多家，情况令人忧虑。希望本次年会能寻找到传统书店继续生存、发展的方法或途径，也希望政府、社会共同予以关心。

阅读的快乐味道研讨会暨 2011 年度童书排行榜 Top10 发布会
12月9日　北京

本次会议主题为"阅读的快乐味道"。一年一度的优秀童书排行榜评选，《父母必读》杂志社和红泥巴读书俱乐部及众多父母一起，见证了中国大陆儿童的优秀图画书逐渐走向繁荣的历程。每年，经过开放读者自评、编辑评选以及专家点评三方面并行的评判环节，这个多维度的评选系统已连续七年推出自己的年度"优秀童书排行榜Top10"，"优秀童书排行榜Top10"独特的公信力和影响力，已经深入到千千万万年轻父母的心中，成为越来越多的中国父母选择童书的风向标。

第六届香山论坛·亚布力峰会   12月15日   亚布力

本次峰会围绕"产业转型与出版创新"这一主题深入探讨全国出版发行行业的现状和未来。来自全国12家出版集团20家出版社的专家、学者齐聚黑龙江。中国出版集团公司总裁谭跃在致辞中表示，未来五年，出版业的发展面临着越来越多的不确定性，唯一确定的就是，这个产业必将发生深刻而剧烈的变革。谭跃认为，这种变革既来自于体制机制的大胆创新，又来自于资本力量的深入影响和新兴技术的强烈挑战，这三种力量将共同推进出版产业的转型。从2006年～2010年，中国出版集团公司先后举办了5届香山论坛，已经成为国内出版行业有一定品牌影响力的峰会。香山论坛和出版产业的改革发展一路走来，成为业内加强交流、密切联络、集中智慧、增强合作的开放舞台。

第六届中国期刊创新年会   12 月 26 日   北京

中国期刊创新年会举办的目的是促进期刊社之间的交流与合作，推动我国期刊业快速持续发展。本届年会由中国期刊协会、中国新闻文化促进会和中国新闻出版研究院主办，《出版发行研究》杂志社承办。新闻出版总署副署长邬书林，中国期刊协会会长石峰，中国新闻文化促进会会长李东东等出席并讲话。新闻出版总署新闻报刊司司长王国庆、出版产业发展司司长范卫平分别对报刊改革的重点和方向以及新闻出版体制改革和新闻出版产业发展的有关问题做主题发言。中宣部出版局副局长刘建生、中国新闻出版研究院院长郝振省等出席会议。来自全国各地期刊出版单位的代表和有关专家学者结合各自经验体会，围绕财税政策支持文化产业发展等问题进行了交流研讨。邬书林强调，期刊界要认真学习党的十七届六中全会精神，深刻领会精神实质和思想内涵，积极探索我国期刊业改革发展的道路。他指出，要以十七届六中全会的重大思想创新和理论创新指导期刊业的改革发展创新，找到期刊业前进的方向和动力；要从建设文化强国的目标任务中明确期刊业的定位，找到期刊工作的着力点和突破口；要研究借鉴国际大型期刊出版集团的经验，努力实现我国由期刊大国向期刊强国迈进。

辑录：钱 聪

2011 年度主要博士和硕士专业论文目录

博士学位论文

博士论文题目	作　者	学位授予学校
面向不确定性的出版：论英国现代出版商的形成	于　文	北京大学
金代图书出版研究	李西亚	吉林大学
数字图书馆版权获取研究	周丽霞	吉林大学
《古逸丛书》编刊考	蒋鹏翔	复旦大学
出版与近代文学现代化的发生	张　霞	复旦大学
媒介与学生：思想、文化与社会变迁中的《学生杂志》（1914～1931）	刘宗灵	复旦大学
孙毓修版本目录学著述研究	乐　怡	复旦大学
领袖著作与意识形态：孙中山著作的出版与传播研究（1919～1949）	何建国	华东师范大学
民国时期上海民俗书刊出版研究	杨　茜	华东师范大学
县志编纂与地方社会：明清《瑞金县志》研究	李晓方	华东师范大学
学前儿童图画故事书阅读理解发展研究	李林慧	华东师范大学
中国古代抄书研究	董火民	山东大学
民国《经济评论》（1947～1949）研究	高　璇	武汉大学
传媒集团经营的制度约束与制度创新	包东喜	华中科技大学
从合作社性质的民营报纸到共产党的党报	李　理	华中科技大学
插画在中国文化创意产业中的专业化发展	钟渠盛	中国艺术研究院

硕士学位论文

硕士论文题目	作　者	学位授予学校
北京市		
宋版书插图演变研究	杜　羽	北京大学
江标生平与著述刻书考	黄　政	北京大学
《阅微草堂笔记》版本与评点研究	胡光明	北京大学
2000～2009：《青年文学》十年改革"青春路"	王　嵘	北京大学
轻阅读时代的郭敬明现象	张岩雨	北京大学
我国出版企业融资问题研究	韩冰曦	北京印刷学院
我国出版产业结构转型研究	赵光菊	北京印刷学院
我国出版生态可持续发展研究	王　挺	北京印刷学院
我国出版企业的产权改革与公司治理	张巧梅	北京印刷学院
论出版业与农村文化建设	戚小池	北京印刷学院
数字技术对传统出版产业的影响	周　宴	北京印刷学院
传媒产业融合条件下的出版内容重要性研究	乌　瑶	北京印刷学院
民国上海民营出版机构的生存发展研究	刘志斌	北京印刷学院
建国以来长城主题图书的出版研究	徐丽丽	北京印刷学院
科技图书编辑规范化研究	李玉为	北京印刷学院
世博图书出版研究	邓美玲	北京印刷学院
新世纪以来我国生活类图书的出版研究	侯亚南	北京印刷学院
美国文学类畅销书十年变迁（2000～2009）	武　迪	北京印刷学院
我国报刊图片编辑机制研究	王馨悦	北京印刷学院
民国时期学术传播中的《燕京学报》研究	王　娟	北京印刷学院
视觉文化视野下《良友》画报的图像叙事分析	辛丽霞	北京印刷学院
巴金主编《收获》杂志的编辑思想及实践研究	张　妍	北京印刷学院
《经济学人》杂志运作模式探析	周　翔	北京印刷学院
出版物团购消费行为研究	陈　玲	北京印刷学院
北京地区出版物流企业运作模式研究	马　杰	北京印刷学院
网络口碑营销研究	张　瑞	北京印刷学院
从网络文本的特点看网络编辑职能的变迁	王　菲	北京印刷学院
论我国出版社数字化转型中的电子书创新应用研究	朱　婧	北京印刷学院
数字版权环境下的电子书盈利模式研究	彭　琳	北京印刷学院
数字出版企业成长性评价体系研究	李小琴	北京印刷学院
数字出版媒介移动化特征研究	何志成	北京印刷学院

续表

硕士论文题目	作 者	学位授予学校
数字融合背景下全媒体出版的透析	孙佳迪	北京印刷学院
数字出版物的虚拟媒介表达研究	张维娣	北京印刷学院
出版业内容平台类网站建设研究	郭 剑	北京印刷学院
基于 Web2.0 的多人协同知识生产机制研究——以互动百科的历史类知识生产为例	夏云峰	北京印刷学院
面向出版行业的异构系统数据整合平台研究与实现	李 鹏	北方工业大学
天真之眼——儿童图画书设计研究	陈 露	北方工业大学
影视类杂志的编辑设计研究	由 佳	北方工业大学
基于 CEBX 的跨终端在线阅读系统的设计与实现	邹进波	北京邮电大学
基于 Web2.0 技术的公开评议开放存取期刊管理系统的分析与设计	沈锡宾	北京邮电大学
手机阅读分析系统应用展现层的设计与实现	吴 波	北京邮电大学
中国数字出版的版权问题研究	刘一鹏	北京邮电大学
M 出版集团激励机制研究	陈子今	北京交通大学
S 期刊出版数字化战略转型研究	孟 扬	北京交通大学
我国行业报社的薪酬体系建设探析	陈海岚	北京交通大学
转企改制背景下科技出版社发展战略研究	李锦侠	北京化工大学
论 WTO 体制下的出版物进口和分销制度	李 搏	中国政法大学
图书维持转售价格制度的反垄断法研究	刺 森	中国政法大学
我国报纸发行网络转型直复营销网络的可行性研究	郑徐光	中国政法大学
多民族地区的媒介研究	窦克林	中央民族大学
全媒体时代公民的媒介素养研究	杨 婷	中央民族大学
新媒体时代报纸编辑转型研究	刘蓓蓓	中央民族大学
文化多样性背景下中国少数民族地区报纸的功能研究	荆琰清	中央民族大学
少数民族地区都市报定位与功能研究	乔丽莎	中央民族大学
论文摘报的品牌战略	黄俞榕	中央民族大学
数字报经营模式初探	王 青	中央民族大学
报网融合研究	刘建波	中央民族大学
论网络环境下的版权保护	钱铁鑫	中央民族大学
论现代书籍设计对书籍销售的影响	韩 叙	中央民族大学
人教版《PEP》和康轩版《Hello Darbie》小学英语教材设计的比较研究	张 幸	中央民族大学
插图重复性研究	陈 曦	中央美术学院
阅读的革命	包莹莹	中央美术学院
丰子恺书籍装帧艺术研究	李晓峰	中国艺术研究院

硕士论文题目	作 者	学位授予学校
河北省		
范敬宜编辑理念研究	马博文	河北大学
张静庐出版思想研究	齐晓艳	河北大学
孙殿起《贩书偶记》研究	冯汉才	河北大学
宋代雕版书籍类型学研究及量化分析	郑 曼	河北大学
解放前商务印书馆的经营与管理研究	焦翠兰	河北大学
三联书店"双效"图书的出版风格及成因探析	李文浩	河北大学
中华儿童教育社研究（1929～1937）	张文超	河北大学
HB 大学出版社转企改制后的薪酬管理研究	李星莹	河北大学
中国图书"走出去"战略问题研究	咎莹莹	河北大学
我国数字出版产业发展现状及策略分析	胡 昀	河北大学
1999～2010 年中国内地民营书业研究	李增彩	河北大学
河北教育出版社儿童图画书形态设计特征研究	何 智	河北大学
XX 公司 YY 电子书利基营销模式研究	杨培业	河北大学
环保书出版研究	张 毓	河北大学
2006～2010 年养生保健类畅销书研究	程楠楠	河北大学
《小说月报》革新期（1921～1922）副文本研究	马鲁纤	河北大学
《凤凰周刊》十年发展策略研究	吕红星	河北大学
《光明》杂志研究	何建立	河北大学
《老人世界》杂志存在的问题及其发展对策分析	安 彪	河北大学
影响企业内刊传播效果的因素与应对策略分析	李秋萍	河北大学
《光明日报》书评版（2005～2009）研究	武 娜	河北大学
《河北日报》（2000～2010 年）改版研究	李云青	河北大学
中国近现代回族报刊形式风格研究	闪晓宇	河北大学
商务印书馆与中国近代音乐文化传播研究	翁 娜	河北师范大学
《光明》半月刊研究	司晓磊	河北师范大学
《文学》月刊与三十年代文学	王燕双	河北师范大学
基于工作流技术的出版单位人力资源管理系统研究	丁 洁	华北电力大学
山西省		
金元平阳刻书的特点及文化影响	王永胜	山西大学
明张慎言诗集版本考略	王丽娟	山西大学
民国时期阎锡山统治区的山西图书出版研究	张苏梅	山西大学
晋版"三农"图书的出版现状及对策研究	落志芳	山西大学

续表

硕士论文题目	作 者	学位授予学校
民国时期山西党政军期刊研究	谢晓敏	山西大学
民国时期的《山西日报》研究	孙春燕	山西大学
山西大学校报史研究	贺 霞	山西大学
内蒙古自治区		
"东蒙书局"之研究	哈顺通拉嘎	内蒙古大学
蒙文学会编辑出版活动之探析	韩萨日娜	内蒙古大学
满洲国时期新京文化机构的蒙文编辑出版活动	王玉芹	内蒙古大学
民国时期呼和浩特蒙文编辑出版活动之概述	胡红梅	内蒙古大学
民国时期张家口地区蒙古族出版机构研究	斯琴青和勒	内蒙古大学
蒙古文古籍识别技术的研究	苏向东	内蒙古大学
新历史主义视角下的《大街》	丁 慧	内蒙古大学
《花的原野》研究（1972～1978）	永 梅	内蒙古大学
《内蒙古生活周报》（蒙文版）初探	那仁格日乐	内蒙古大学
不同社会制度视角下对中美杂志的比较研究	白 石	内蒙古大学
辽宁省		
鲁迅1924～1926年与报刊关系研究	韩瑞玲	辽宁师范大学
儿童本位观视野下幼儿图书市场现状的调查研究	王 欣	沈阳师范大学
高校校报标题语言风格研究	武 亮	沈阳师范大学
日报与晚报新闻标题语言风格差异研究	康晶晶	沈阳师范大学
从"世界最美的书"论中国书籍设计之意境美	王明松	沈阳师范大学
儿童读物装帧设计与儿童审美心理相关性的研究	李小琦	沈阳师范大学
《现代汉泰词典》编撰评析及修订意见	陈琳乐	大连理工大学
我国管理学期刊开放存取现状及认知态度调研	张 帆	大连理工大学
建国初期《人民日报》推进马克思主义大众化的历史考察（1949～1956）	刘 霞	大连理工大学
吉林省		
吉林出版集团图书项目质量过程控制	张岩峰	吉林大学
吉林出版集团外语教育出版公司营销策略研究	付卫艳	吉林大学
辽宁出版集团人力资源发展战略研究	高 杨	吉林大学
中国纺织出版社降低图书库存项目优化方案设计及评价	董 超	吉林大学

续表

硕士论文题目	作者	学位授予学校
图书综合管理系统	王宇	吉林大学
《盛京赋》图书出版项目进度计划管理研究	杨旭	吉林大学
《盛京时报》特刊研究	张雪松	吉林大学
《麒麟》杂志研究	邓薇薇	吉林大学
《商海智慧》创刊号项目过程管理研究	崔珺	吉林大学
上海《勤奋体育月报》研究	岳虹妍	吉林大学
《文艺报》关键词研究 1956～1965	罗舒予	吉林大学
范约翰与他的《小孩月报》（1876～1881）研究	李嘉玮	吉林大学
我国报纸导读研究	石锐	吉林大学
报社文稿信息管理系统	满爽	吉林大学
网上书店系统设计与实现	关键	吉林大学
网络环境下著作权法律保护研究	张洪伟	吉林大学

黑龙江省

硕士论文题目	作者	学位授予学校
《明星半月刊》专栏特色研究	杜楠	黑龙江大学
《生活》周刊"读者信箱"研究	陈明明	黑龙江大学
网络文学及其版权保护模式研究	杨昱婷	黑龙江大学
谷歌数字图书馆版权问题及我国版权策略研究	董永飞	黑龙江大学
国内外数字图书馆版权问题解决方案研究	冯艳光	黑龙江大学
数字图书馆适用法定许可制度研究	卢国强	黑龙江大学

上海市

硕士论文题目	作者	学位授予学校
近代中国人的朝鲜亡国著述研究	徐丹	复旦大学
教育报刊的体制改革研究	叶露怡	复旦大学
我国预防医学类学术期刊的发展特征	洪琪	复旦大学
从英文报刊看新教传教士对中国近代语言文学的认识	狄霞晨	复旦大学
《经济学人》杂志个案研究	朱昭昭	复旦大学
《新社会》的"新社会"之梦	周瑞瑞	复旦大学
《银行周报》研究（1925～1937）	李辉	复旦大学
改进的聚类挖掘算法对网络自助出版"长尾"文本的推荐应用	刘晨晨	复旦大学
现代世界体系结构中的中国图书版权贸易逆差分析	杨琪	复旦大学
P2P技术引起的版权侵权问题研究	阎海峰	复旦大学
大众媒体把关人的侵权责任研究	刘源源	复旦大学

494

续表

硕士论文题目	作 者	学位授予学校
论版权商业价值的评估	宋秀坤	复旦大学
网络服务提供者版权侵权责任限制研究	左振欣	复旦大学
书籍出版与文化传播	朱 丽	华东师范大学
我国出版业转制背景下图书编辑创新能力研究	于 泓	华东师范大学
电子稿件审阅系统的设计与实现	周仁锋	华东师范大学
高级对外汉语教材中的文学作品选编研究	朱 慧	华东师范大学
新世纪以来文学类畅销书研究	毛蓉蓉	华东师范大学
《蒙学报》与晚清中国儿童文学的觉醒	李艳利	华东师范大学
《文汇报·笔会》（1956.10～1957.6）研究	杨 霞	华东师范大学
从《文群》到《收获》	钟游嘉	华东师范大学
开放存取期刊综合评价指标体系研究	蒋 静	华东师范大学
网上书店的设计和实现	陆雅婷	华东师范大学
电子阅读器对数字阅读的影响及未来趋势发展分析	李 玥	华东师范大学
数字教室环境中电子书数字版权保护的应用研究	张兴超	华东师范大学
论非法作品的著作权保护	黄 霞	华东政法大学
P2P 技术引起的版权间接侵权问题研究	张 爽	华东政法大学
版权法体系下的"接触权"研究	徐 聪	华东政法大学
美国版权法中引诱侵权规则研究	汪西菲	华东政法大学
高校学生的电子图书使用行为研究	任会兰	上海交通大学
华蘅芳《学算笔谈》研究	祝 涛	上海交通大学
需求约束对数字出版产业的影响研究	李 燕	上海师范大学
图画书种类的基本划分	沈敏江	上海师范大学
2002～2010 年国内网络自主学习期刊文献分析	张子然	上海师范大学
《图画日报》视野下的清末社会文化研究	程 艳	上海师范大学
我国体育类核心期刊英文编辑加工质量现状与控制	翟宗鑫	上海体育学院
我国体育微博客现状和发展趋势研究	马凌云	上海体育学院
论上海连环画业的社会主义改造（1949～1956）	程 佳	上海社会科学院
大学出版社发展数字出版的问题及对策研究	王 凤	上海社会科学院
走出数字时代的版权困境	蒋 巍	上海社会科学院
《侵权责任法》中的网络版权间接侵权责任	邱 坤	上海社会科学院
江苏省		
民营书业走向出版的转型期研究	葛丽媛	苏州大学

硕士论文题目	作 者	学位授予学校
基于儿童心理特征的少儿图书选题策划研究	崔 晔	苏州大学
中华书局本《汉书》卷八十至卷九十三校勘札记	沈加云	苏州大学
浅谈儿童绘本中插图的趣味性	陈 瑜	苏州大学
小学"大阅读"品牌建设的理论和思考	王 勤	苏州大学
中国当代民营书业选题策划研究	牛金霞	南京师范大学
晚明杭州坊刻曲本研究	潘星星	南京师范大学
屈大均《皇明四朝成仁録》校读举异	王 艳	南京师范大学
中华书局标点本十七史礼志部分校读札记	姚 远	南京师范大学
互动元素在现代书籍设计中的实现及意义	迟俭辉	南京师范大学
新世纪我国健康类杂志健康传播观念的异化与重构	任宝凤	南京师范大学
报纸专栏个性化研究	庄 佳	南京师范大学
金陵刻经处雕版印刷技艺传承研究	陈筱娇	南京艺术学院
钱君匋书籍装帧设计研究	徐素雅	南京艺术学院
论书籍装帧中的设计语言	陈佩琳	南京艺术学院
报纸版面设计的易读性探析	于 飞	南京艺术学院
浙江省		
江浙沪晚报的健康传播比较研究	刘瑞英	浙江大学
数字图书馆对传统版权的挑战及应对	周雪霏	浙江大学
安徽省		
编辑出版学创新性人才培养的课程体系设计研究	丁 林	安徽大学
转企改制背景下安徽出版集团经营战略研究	张 暄	安徽大学
安徽出版集团战略人力资源管理	孙 立	安徽大学
出版企业风险导向内部控制研究	丁银玲	安徽大学
改革开放以来中国出版业市场化道路的探索研究	刘红平	安徽大学
大学出版社绩效管理探析	王 黎	安徽大学
改革开放以来中国政府对民营书业的规制研究	陈 真	安徽大学
儿童图画故事书形态设计研究	戴静静	安徽大学
我国动漫期刊的发展模式研究	张万晖	安徽大学
手机阅读内容研究	江叶婵	安徽大学
我国出版社数字出版的版权问题与对策研究	王金凤	安徽大学
文化创意产业中的版权保护研究	邓 琳	安徽大学
论我国大学出版社核心竞争力建构	曹恒娜	中国科学技术大学

续表

硕士论文题目	作　者	学位授予学校
我国传统图书数字化转型的路径研究	卢丽莉	中国科学技术大学
基于健康养生书市场现状下的出版社会责任研究	蒯明锋	中国科学技术大学
BHO技术在企业数字版权管理系统中的应用研究	陆文海	合肥工业大学
山东省		
出版全球化进程中的文化传播策略研究	丁园园	山东大学
高校教辅数字出版模式研究	武利军	山东大学
基于网络的稿件管理系统的设计与实现	潘　伟	山东大学
英租时期威海卫报纸研究（1898～1930）	董文娜	山东大学
《齐鲁晚报》青岛版运营探析	张　静	山东大学
手机报综合平台的设计与实现	余　奇	山东大学
时代夹缝的书香	李亚洲	山东大学
论传统经典小说的儿童版图书改编	张晓云	山东师范大学
《大众日报》创刊研究	刘　晨	山东师范大学
林乐知与《上海新报》	常贵环	山东师范大学
新媒介环境下晚报副刊变革及其发展趋势研究	李　莎	山东师范大学
河南省		
鲁迅译文编辑思想研究	刘斌凯	河南大学
陈原出版管理思想研究	李　昊	河南大学
沈知方的出版理念与策略研究	陈　楠	河南大学
赵家璧选题策划思想研究	王晓哲	河南大学
朱仙镇木版年画出版传播研究	徐丽敏	河南大学
音乐图书出版的数字化问题研究	谢晓娜	河南大学
电纸书发展的大众化研究	任　猛	河南大学
《河南日报》（农村版）特色研究	衡　林	河南大学
都市报地方版发展对策研究	韩庆亚	河南大学
著作权集体管理收费制度研究	董　行	河南大学
网络版权侵权的诉讼管辖	霍世英	河南大学
网络作品著作人身权保护研究	陈存款	河南大学
合理使用制度对信息网络传播权限制研究	王川梅	河南大学
论新媒体时代我国图书出版业的发展策略	韩玉红	郑州大学
数字图书的营销策略	武晓鲁	郑州大学
民初《女子白话报》研究	张蕊蕊	郑州大学

续表

硕士论文题目	作 者	学位授予学校
湖北省		
戴文葆编辑思想研究	徐大庆	华中师范大学
阙道隆编辑实践与编辑理论研究	马文静	华中师范大学
文档协同编辑协作机制及应用研究	石映辉	华中师范大学
商务印书馆的现代企业制度研究（1897～1949）	何国梅	华中师范大学
农家书屋图书结构研究	王敬敏	华中师范大学
学术期刊的综合评价研究	李应萍	华中师范大学
中国男性杂志的文化解说	谭 琼	华中师范大学
《文艺春秋》（1944～1949）杂志研究	肖爽爽	华中师范大学
从改写理论看杨宪益与《中国文学》杂志	徐巧灵	华中师范大学
一份独一无二的报纸——《参考消息》	王春燕	华中师范大学
湖北日报《焦点》栏目空间叙事研究	盛安陵	华中师范大学
试析在汉报刊对武汉会战的舆论宣传	李蕊平	华中师范大学
中学生阅读问题研究	李丽娟	华中师范大学
中澳报纸书评的态度对比研究	冯 瑞	华中师范大学
上海书业公会版权维护研究（1905～1937）	唐 婧	华中师范大学
论数字环境下的版权扩张	谈 园	华中师范大学
湖南省		
湖南出版投资控股集团有限责任公司发展战略研究	马 睿	湖南大学
凤眼看世界——中国女性期刊发展研究	周 丹	湖南大学
期刊装帧设计与读者心理研究	胡一杰	湖南大学
基于"文化工业"理论的手机文学出版研究	蔡 斌	湖南大学
论中国图书版权贸易的文化策略	邱 石	湖南大学
企业化背景下的出版价值追求	田常清	湖南师范大学
沈知方的出版理念及其践履	周 李	湖南师范大学
舒新城编辑出版思想研究	唐兴年	湖南师范大学
论钟叔河编辑实践	龙小芳	湖南师范大学
我国高职院校出版与发行专业课程体系建设研究	周蔡敏	湖南师范大学
20世纪80年代湖南图书出版人才群体研究	谭 慧	湖南师范大学
国立编译馆之国定教科书：缘起、演进和评析	曾艳华	湖南师范大学
教辅图书出版的现状和未来走向预测	陈银霞	湖南师范大学
论义务教育美术教辅书籍的定位、编写与特色	任 苗	湖南师范大学
"95后"少儿畅销书运作研究	陈 曦	湖南师范大学

续表

硕士论文题目	作　者	学位授予学校
从儿童绘画特质看儿童读物插画的设计要素	吴　璐	湖南师范大学
湖南美术出版社三十年书籍设计变迁之研究	张晓蕾	湖南师范大学
我国手机小说出版初探	熊　妹	湖南师范大学
版权补偿金制度研究	颜　欣	湖南师范大学
湖南出版集团核心竞争力研究	曾颂华	中南大学
中南出版传媒资本运营研究	易春花	中南大学
HNWY出版社选题项目负责制研究	罗　行	中南大学
试论城镇化背景下我国社区报的发展空间与策略	张　琳	中南大学
英汉学术书评的比较	李彩霞	中南大学
出版企业数字内容管理研究	董光磊	湘潭大学
数字出版企业的知识服务研究	刘　治	湘潭大学
数字环境下多元化版权授权模式研究	张　婵	湘潭大学
中美数字出版商业模式比较研究	姚　娟	湘潭大学
北洋政府时期商业报纸现代化研究	杨　静	湘潭大学
《今日女报》差异化战略研究	张大为	湘潭大学
鲁迅报纸副刊实践及编辑思想研究	宁　瑜	湘潭大学
成舍我的办报实践与办报思想研究	袁　玮	湘潭大学
非洲华文报纸整体面貌研究	尹红磊	湘潭大学
借助手机媒体平台的报纸盈利模式探究	马军辉	湘潭大学
广东省		
媒介融合背景下数字出版产业价值链治理研究	邱楚芝	暨南大学
我国网络新闻编辑的职业化研究	吴桂霞	暨南大学
小学华文教材插图及版式研究	李庆红	暨南大学
学报编辑中语言文字规范化探析	范　琳	暨南大学
《美华文学》（1995～2009）研究	温明明	暨南大学
电子杂志的编辑特色研究	罗晓娃	暨南大学
电子图书消费者阅读及购买行为探析	杨明慧	暨南大学
论版权价值之变迁与重构	周洁枝	暨南大学
网络版权合理使用制度研究	张　蔚	暨南大学
ERP系统在传统出版行业的应用研究	熊　雁	华南理工大学
出版企业ERP系统实施	陈中岳	华南理工大学
电子书版权保护机制研究	万冬朝	华南理工大学
论网络游戏版权侵权及法律责任承担	柯东明	华南理工大学
数字图书馆版权侵权损害赔偿研究	姚淑姬	华南理工大学
网络视频数字版权管理关键技术研究与实现	陈俊伟	华南理工大学

续表

硕士论文题目	作 者	学位授予学校
浅析书籍的形态	鞠枫玲	汕头大学
清末民初时期的文人与书籍设计的转型	田刘一杭	汕头大学
从"世界最美的书"中国获奖作品浅析中国当代书籍设计观念的变化	吴 曼	汕头大学
基于SOA的数字版权管理平台的设计与实现	雷钰锋	汕头大学
广西壮族自治区		
我国全媒体出版的传播解析及发展初探	秦崭崭	广西民族大学
电子书的未来	应佳纯	广西民族大学
"杨红樱现象"研究	陈曼榕	广西师范大学
《文馆词林》编纂研究	攸兴超	广西师范大学
重庆市		
改制背景下大学出版社核心竞争力研究	刘 涛	西南大学
1902～1932商务印书馆企业文化研究	郭志刚	西南大学
后改制时代出版权试点研究	罗 静	西南大学
我国养生类图书乱象的成因及消解策略研究	李 逮	西南大学
Web2.0环境下学术原生数字期刊导航系统构建研究	郭 刚	西南大学
《中学生学习手机报》运营机制研究	李朝阳	西南大学
大学生手机阅读行为研究	付玲玲	西南大学
重庆版《大公报》文艺副刊的抗战诗歌研究	程艳芬	西南大学
论未经批准的境外作品的著作权保护	苑静宇	西南政法大学
数字版权语境下的知识共享许可协议研究	范 俪	西南政法大学
网络技术在出版中的应用研究	于京华	重庆大学
国内数字出版所处困境及发展途径研究	张彦华	重庆大学
十九世纪五六十年代《海国图志》在日本的传播和影响研究	刘 勇	重庆大学
《国民公报》副刊《文群》研究	陈东海	重庆师范大学
《中央日报·平明》研究	杨德亮	重庆师范大学
四川省		
出版流动资产控制策略研究	郑 瑜	西南交通大学
陕西省		
我国出版社转企改制后的社会责任研究	赵 莹	陕西师范大学
我国媒体出版社竞争力研究	欧阳孝艳	陕西师范大学

续表

硕士论文题目	作者	学位授予学校
编辑出版技术手段现代化研究	马俊	陕西师范大学
中小学教辅图书的网络出版研究	张悦悦	陕西师范大学
我国数字出版机构与传统出版机构博弈分析	张军娜	陕西师范大学
新世纪以来女性主义图书在中国的出版及传播要素解读	王琛	陕西师范大学
论书籍装帧中艺术与技术的统一	胡伟	陕西师范大学
我国科普期刊出版商业模式创新	赵芳	陕西师范大学
《南方人物周刊》叙事方式研究	朱叶	陕西师范大学
中国女性新闻杂志运作模式研究	杨娜	陕西师范大学
澳门首份中文报刊——《镜海丛报》	马颖	陕西师范大学
中央苏区时期《红色中华》报研究	韩云	陕西师范大学
2001～2010十年《解放军报》的女性报道研究	刘蕙	陕西师范大学
新媒体时代我国市场化报纸生存探析	张雪思	陕西师范大学
全媒体时代报业网站的视频应用研究	武雪	陕西师范大学
手机报的新媒介意义与发展模式探析	李昕燃	陕西师范大学
GY大学出版社核心竞争力评价与培育方案研究	冯新建	西北大学
陕西出版集团职能部门绩效考核研究	高秀琴	西北大学
专业出版社数字出版发展策略研究	辛文婷	西北大学
晚清《西国近事汇编》研究	原付川	西北大学
天主教在华第一份中文期刊《益闻录》研究	孙潇	西北大学
旅游杂志的品牌形象塑造研究	杜丽婷	西北大学
我国新闻周刊中的女性形象研究	韦娜	西北大学
《农学报》与其西方农学传播研究	刘小燕	西北大学
徐铸成与《文汇报》的适应性之路研究	张娟	西北大学
报纸副刊现状研究	周倩	西北大学
移动终端数字版权管理组件的设计与实现	肖雷	西安电子科技大学
《音乐周报》十年发展研究（2000～2009）	张莹莹	西安音乐学院
甘肃省		
甘肃出版产业发展思路及对策	张万英	兰州大学
基于模块化理论的图书出版产业价值网络构建与运行机制研究	唐黎	兰州大学
基于网络分销平台的中小型出版社多渠道协同分销模式研究	王攀科	兰州大学
云计算时代下中小型出版社数字出版商业模式研究	段琳琳	兰州大学

硕士论文题目	作 者	学位授予学校
《读者》杂志品牌战略研究	张娅琼	兰州大学
《视野》杂志经营现状、问题与对策研究	马 静	兰州大学
数字时代版权利益平衡问题探究	高 渊	兰州大学
数字图书馆的著作权侵权问题研究	张晓雪	兰州大学
新疆维吾尔自治区		
《绿洲》1957～2000 研究	李素红	新疆大学
汉文版《新疆日报》与《内蒙古日报》比较研究	何美玉	新疆大学
生活服务类报纸现状以及在乌鲁木齐地区创办的市场空间研究	凯拉·穆塔力甫	新疆大学

辑录：李 婷

2011年中央国家机关

"强素质　做表率"读书活动讲座简介

中央国家机关"强素质　做表率"读书活动开办三年多来，通过定期推荐书目、举办读书讲坛、邀请名家导读、开展读书交流等形式，服务并引导中央国家机关党员干部认真读书学习，创建和培育有中央国家机关特色的常态化、长效化读书品牌。通过不断努力和精心实施，读书活动已取得了很大的成功。截至2011年年底，主题讲座已成功举办32场，累计向中央国家机关党员干部推荐了69种图书，同时主办方开展了读书交流、主题征文、忠实听众评选等一系列活动，在中央国家机关党员干部中形成了持久的读书氛围。

目前，读书活动的影响已经远远超出中央国家机关范围，读书活动的推荐书目成为一些地方党委政府和单位指定的干部学习用书，并有数家地方相关单位与主办方联系，希望在当地移植中央国家机关"强素质　做表率"读书活动的模式。可以说，读书活动在一定程度上也促进了地方的读书学习，带动了全民阅读。新闻出版总署副署长孙寿山如此评价："这里既授课也交流。主讲嘉宾作为研究者、学者，是带着缜密的思考和探讨问题的态度走上讲台的，听课的领导干部也是带着问题和思考来听讲的，双方在课堂上交流互动非常踊跃，这有利于培养领导干部分析问题的科学思维，使他们在工作中面对纷繁复杂的问题，能够做出科学和正确的判断。"

现将2011年中央国家机关"强素质　做表率"读书活动讲座内容做简要整理。

1. 中国艺术中的智慧——由八大山人谈起

2011年1月22日，主讲人：朱良志（北京大学哲学系教授）

【内容简要】　朱良志教授主要讲述了中国传统艺术中积淀的思想与智慧以及在今天的价值。他从八大山人谈起，介绍了八大山人的人生经历和艺术成就，在大量作品的展示中，展现了作品背后所蕴含的有价值的思想，八大山人的画作不只是一种视觉的表现，更是一种独特的生命感觉和思考，是他对于生命存在的体会。在对话篇，朱教授认为，中国艺术，中国诗讲永恒，并不是活的很长久，是瞬间永恒。不是寻求长久，而是怎样能够进到时间的背后、进到物质世界的背后，去体会世界的意思。在荷园篇，朱教授从荷花出淤泥而不染讲到了中国哲学，谈到了最终价值归属的问题。在孤独篇，他讲到了对孤独和独立的思考，讲到了人的尊严以及人的独立个性，这是人得以存在的根本理由。最后在平宁篇，他讲到了内心深处的平和。另外，朱良志教授就如何欣赏国画艺术，如何汲取国画艺术的营养，了解艺术的灵性、哲学的悟性等方面，都做了详细的讲解。

2. 社会建设与民生问题

2011年2月26日，主讲人：李培林（中国社会科学院社会学研究所所长，中国社会学学会会长）

【内容简要】 李培林教授从阐述社会建设与民生问题的概念入手，提出了我国发展阶段性特征的四点重大变化，所有这些变化都与保障和改善民生相关联。然后他以民生问题为轴心，论述了一系列的发展问题，论述了科学发展观的主题和转变发展方式的主线问题。关于就业与劳动关系问题，他讲到了登记失业率与调查失业率的差别，高校毕业生的急剧扩张、就业率的下降、工资水平的下降和结构性的失业等。关于收入分配和扩大消费问题，他讲到了产出增长与消费增长不协调、基尼系数和家庭消费率、中产阶级板块较小，社会认同度和发达国家有很大不同的问题以及教育、住房和医疗保障三大领域的问题。关于社会保障和社会改革问题，他讲到了制度的碎片化和全国统筹的矛盾，经济发展周期性和人们福利消费的刚性上涨的矛盾，人口结构和家庭结构变化，特别是老龄社会压力的问题。关于社会管理和社区建设，他讲到管理由单位向社区过渡的问题，过去是单位人，现在是社区人。最后讲到了价值观念、网络舆情和社会心态的问题。

3. "十二五"规划：编制与解读

2011年3月26日，主讲人：胡鞍钢（清华大学国情研究中心主任、清华大学公共管理学院教授）

【内容简要】 胡鞍钢教授用大量统计数据和例证进行比较分析，从我国五年规划的基本功能、方法论、定位、目标设计原则与指标比重等方面进行了深入论述。他认为，五年规划的分析框架或基本方法论包含两部分的内容，其一是五年规划的背景，其二是基于背景的战略分析。胡鞍钢教授指出，"十二五规划"主要体现为主题、主线、指导方针、目标、任务、政策与项目。第一，主题是从远处着手，是文章的主旋律，是灵魂和题眼。第二，主线是从近处着手，是解决全局问题的突破口，是需要攻坚的堡垒。第三，目标是我们的蓝图、愿景。第四，任务是确定了基本方向之后的一个途径问题。第五，政策与项目，即"两个抓手"，一个是软抓手，即为了实现目标而建立的政策体系；一个是硬抓手，涉及国家的重点项目和重大工程，它能使我们的五年规划落地。最后对"十二五"规划做了客观准确的评价。

4. 中国的三农问题与三治问题

2011年4月30日，主讲人：温铁军（中国人民大学农业与农村发展学院院长）

【内容简要】 温铁军教授根据自己长期的理论积累与实践积累，引用大量图表与数据，通过纵向对历史的剖析和横向对多国的比较分析，就我国"三农"及相关问题进行了深入阐述。温教授从党史讲起，他认为，中国之所以有三农问题，主要原因是工业化原始积累。改革开放前近60年，工农产品剪刀差和农村剩余劳动力向城市作的贡献加总是17.3万亿。温教授进一步指出，1949年以来，我国因四次大规模引进外资进行工业化，形成了四次国家债务，而每次国家债务带来两次危机，这八次危机在很大程度上是靠向"三农"转移。因此维持农村稳定是国家的重大战略。温教授认为，乡土社会的治理问题是世界难题，如何化解乡土社会因治理成本过高而导致的对抗性冲突是今后研究的重点，把对抗性的，特别是大型的、跨县的对抗性组织转化成非对抗性组织，这样才能稳定。如果要用法律手段去强压，其结果一定是矛盾越来越激烈。

5. 民族问题——世界与中国

2011年5月28日，主讲人：郝时远（中国社会科学院副秘书长）

【内容简要】 郝时远研究员从当代世界民族问题的基本态势、世界民族问题对我国的影响、当代中国民族问题的主题、关于中国民族事务与民族问题的几点思考等展开阐述。他认为，当代世界民族问题的基本态势呈现八个突出特点，而这些问题的普遍高涨，不是以社会制度或意识形态为界限的。当前，我国的民族问题主要有几点：一是"西藏问题"趋于国际化；二是"东突"组织死灰复燃；三是"台独"势力形成气候；四是不成气候的"南蒙古运动"。就解决中国民族问题，他认为，首先，要把握统一的多民族国家的国情，即"天下统一""因俗而治""和而不同"；其次，西部大开发战略与解决民族问题，西部地区、少数民族及其聚居地区的现代化发展，直接关系到中华民族的现代化成败，关系到我国陆路边疆地区安全、稳定和发展繁荣的形势，关系到我国与邻为善、与邻为伴和睦邻、安邻、富邻周边外交方针的实践等一系列的重大问题；再次，反分裂斗争任重道远；最后，要坚持中国特色解决民族问题之路不动摇。

6. 在探索中前进的中国共产党

2011年6月25日，主讲人：张启华（全国政协委员、中共中央党史研究室原副主任）

【内容简要】 张启华研究员讲述了党在改革开放前29年里波澜壮阔而又曲折复杂的历史进程。总结来说有三个关系：一是成就与失误的关系，29年来有成就也有失误，成就辉煌，失误惨痛，但成就是主流和本质；二是集体领导和领袖责任的关系，毛泽东同志作为第一代领导集体的核心，对失误当然要负有主要责任，但是其他领导同志也有一定的责任，这里有对社会主义建设规律认识和把握的问题；三是两个30年的关系，探索是整个60多年的主线。60多年的历史是一个整体，我们要把握历史的连续性和整体性，改革开放新时期30多年的发展同前29年的发展紧密相连。中国特色社会主义道路的选择不是对前29年的否定，而恰恰是在前29年奠定的基础上发展起来的，是继承其正确的、改正其错误的，与时俱进地创新发展的结果。

7. 禅宗与中国文化

2011年7月30日，主讲人：葛兆光（上海复旦大学文史研究院院长、历史系教授、博士生导师）

【内容简要】 葛兆光教授从南宗禅与北宗禅、禅思想与禅文化在中国的基本问题以及禅宗对中国文化的影响等方面展开阐述，南宗和北宗的差异主要在三个方面，一是北宗强调"渐修"，南宗强调"顿悟"；二是北宗认为修行就是痛苦的，佛教、佛寺、戒律的存在都是必须的，而南宗认为不需要；三是对"明镜"的不同意味。禅思想与禅文化在中国的基本问题，包括四个方面：静坐、关于"佛性"和"空"、顿悟、不立文字。禅宗对中国文化的影响，主要表现在：第一，从中国宗教信仰的角度讲，禅宗的形成对于佛教的意义是非宗教化，使得佛教越来越不像宗教；第二，在传统士大夫的人生观和价值观上，禅宗实际上对儒家的精神世界是种补充，也是一种补救，使得士大夫可以在责任和放任、入世和出世之间找到一种自我协调、自我放松的方式；第三，禅宗对中国文学和艺术影响很深；第四，从古代中国人的思维世界来说，禅宗是对理性思维方法的补救。

8. 从辛亥革命到中国共产党的建立

2011年8月27日，主讲人：金冲及（中央文献研究室原常务副主任）

【内容简要】 金冲及先生对辛亥革命、五四运动、中国共产党成立三大历史事件进行了描述和分析，深刻揭示了三大历史事件前后相继、一环紧扣一环的发展过程。金先生通过还原了辛亥革命的历史真相，总结了辛亥革命的三大历史功绩，同时也对它的失败做了客观的评价。五四运动作为新民主主义革命和旧民主主义革命的转折点，之所以这么说，是因为五四运动后，马克思主义在先进分子中逐步成为主流。"科学"和"民主"的大旗依然高举，而且有了新的更深刻准确的内涵：民主不只是少数人的民主，应该是大多数人享有的民主。科学不只是一般的反对愚昧迷信，而且要以辩证唯物主义和历史唯物主义来观察和分析问题。这才是"转折点"。金冲及先生通过对中国共产党建立的历史的讲解，分析了中国共产党的建立和中国革命的胜利是历史的必然和人民的选择，并总结了中国共产党的三大基本历史经验。

9. 贝多芬交响乐综述与赏析

2011年9月24日，主讲人：卞祖善（教育部艺术教育委员会常务委员）

【内容简要】 卞祖善教授通过知识讲解与音乐欣赏相结合的方式，从维也纳古典乐派、贝多芬交响乐综述与赏析、贝多芬交响乐在中国、贝多芬交响乐是影响人类历史进程的华章四方面展开阐述。卞教授介绍了维也纳古典乐派的三位杰出代表，海顿、莫扎特、贝多芬。详细说明了贝多芬九大交响曲的艺术特征，并总结了九大交响曲的两条路线，回顾了贝多芬交响乐曲在中国的传播和演出历史，高度评价了贝多芬的《第九交响曲》，认为它是贝多芬交响乐创作的一个总结，也是音乐史上古典交响乐的一个顶峰。

10. 把握未来的重要一课——21世纪的信息科技

2011年10月22日，主讲人：张亚勤（微软公司全球资深副总裁）

【内容简要】 张亚勤先生首先讲了整个IT产业技术的发展，包括技术的创新和技术发展的趋势，其中技术发展的趋势主要有：从PC时代走向互联时代；从PC走向PC+；计算的架构将从"端"（Client）走向"云+端"（Cloud+Client）；IT整个范围或者地理发生了变化。同时他介绍了IT行业的四大定律，即摩尔定律、贝尔定律、吉尔德定律和麦特卡尔夫定律。介绍了IT产业三个最关键的领域和相关技术：第一个是移动互联，它融合了三个产业，PC、移动以及互联网；第二个是云计算，并对云计算的战略规划给出四点建议。第三个是自然用户界面。他将整个信息产业正在发生的巨大变革总结为"1234"：一个是云；二是智能化和多元化；三个中心，以人为中心，以服务为中心，以数据为中心；四个目的：提供内容，提供社区、提供通讯、提供商务。张亚勤先生对于IT企业创新和人才战略提出了自己的看法。

11. 中国文化近代转型的启思

2011年11月26日，主讲人：丁伟志（中国社会科学院原副院长、社科院荣誉学部委员）

【内容简要】 丁伟志先生介绍了晚清七十年间文化思潮的变迁、新文化运动的崛起、战争年代的文化风云三个部分的内容，系统地梳理了中国文化近代转型的来龙去脉，探讨了这一过程在中国文化史上的地位和作用。对于晚清七十年间文化思潮，他认为如何对待"中学"和"西学"，成为当时文化论坛议论的中心。新文化运动是文化思潮变迁的高峰，在这一时期新旧文化矛盾冲突非常尖锐，可以用"裂变"来形容当时的文化剧变。同时，在"五四"前后发生了两次文化路向之争，一是"五四"前的东西文明长短之争；二是第一次世界大战结束后的文化路向之争。"五四"以后，文化思潮得到了新发展，有左翼文学运动和第三次文化路向之争，即中国本位的文学论和全盘西化论两种主张。他认为中国近代文化的发展经过了三个阶段：第一阶段是晚清70年；第二阶段是民国38年；第三阶段是我们中华人民共和国迄今的62年。

12. 先秦诸子研究与现代文化建设

2011年12月24日，主讲人：杨义（中国鲁迅研究会会长、中国社会科学院学部委员、中国社科院文学所前所长、澳门大学文学院讲座教授）

【内容简要】 杨义先生通过大量生动翔实的诸子故事，以全新的研究视角和研究思路追溯中国思想文化的源头，还原文化现场，破解千古之谜。首先，他通过大量史实，揭开了庄子身世之谜，紧接着解读韩非子、老子思想，同时对孔子"女子小人论"做了还原，对孙武为何不见于《左传》的原因做了解释。最后对墨子做了全新解读，认为墨子带有比较浓厚的草根文化色彩。他认为，先秦时期是中国思想大规模原创的大时代，是中国思想创世纪的大时代。研究先秦诸子，在某种意义上，就是研究我们的原本，研究我们文化的DNA。他提出文化研究、文学研究除了时间维度之外，很重要的是空间维度。从文化地理学的角度分析，不仅可以破解诸子文化基因的来源，而且对解释诸子的想象方式和理想追求也大有裨益。

辑录：郝玉敏

2011年中央国家机关

"强素质　做表率"读书活动推荐书目

中央国家机关"强素质　做表率"读书活动，是由中央国家机关工委和新闻出版总署联合举办，中国新闻出版研究院承办，人民出版社、新闻出版报协办的一项公益性活动，旨在通过定期推荐书目、举办读书讲坛、邀请名家导读、开展读书交流等形式，服务并引导中央国家机关党员干部认真读书学习、开阔文化视野、全面增强素质，进而有效推动学习型党组织的建设，大力促进全民阅读活动的持续、深入开展。这次推荐书目活动始于2010年10月，经专家荐书会围绕政治、经济、历史、文化、科技五个方面综合考量，认真遴选，最终从61种图书中推出了18种，作为2011年的中央国家机关"强素质　做表率"读书活动的推荐书目，供大家阅读、学习参考。

一、政治类

1.《中国共产党历史第一卷（1921～1949）》（上、下册）

中共中央党史研究室 著，中共党史出版社，2002年版

【推荐理由】　《中国共产党历史》第一卷约74万字，记述的是1921年～1949年中国共产党领导中国新民主主义革命的历史。它是中央党史研究室在1991年出版的《中国共产党历史》上卷的基础上修订而成的。《中国共产党历史》第一卷坚持以马克思列宁主义、毛泽东思想、邓小平理论和"三个代表"重要思想为指导，充分体现中共中央《关于若干历史问题的决议》和《关于建国以来党的若干历史问题的决议》精神。

2.《中国共产党历史第二卷（1949～1978）》（上、下册）

中共中央党史研究室 著，中共党史出版社，2011年版

【推荐理由】　《中国共产党历史》第二卷记述中国共产党从1949年10月中华人民共和国成立到1978年12月党的十一届三中全会召开这29年的历史。该书坚持以马克思列宁主义、毛泽东思想、邓小平理论和"三个代表"重要思想为指导，深入贯彻落实科学发展观，以中共中央《关于建国以来党的若干历史问题的决议》和中央有关重要文献为依据，充分吸收改革开放30多年来党史学界重要研究成果，坚持解放思想、实事求是、与时俱进，坚持党性原则和科学精神的统一，全面准确地反映了我们党带领全国各族人民进行社会主义革命和开展大规模社会主义建设的不平凡历程，是一部正确总结历史经验的权威性党史基本著作。

3.《当代中国民生》

李培林 著，社会科学文献出版社，2010年版

【推荐理由】 本书以中国社会科学院"社会状况综合调查"第二期所取得的数据为基础，在导论"社会巨变"这一主题的引导下，从大众消费、就业形势、社会保障、社会支持、收入差距、社会分层、人力资源、农民工问题、性别歧视、老龄化、家庭结构变化和"80后"群体等众多社会层面，揭示了中国民生问题的总体面貌。

4.《大国的责任》

金灿荣等 著，中国人民大学出版社，2011年版

【推荐理由】 本书对中国的"大国责任"进行系统梳理，探讨了中国国际责任的缘起，从维护世界和平、促进共同发展的角度，详细介绍了中国在对外承担国际责任方面的成就，展现了中国负责任大国的形象，将中国的大国责任总结为维护和平、促进发展、推动合作、友好共处四个方面，并在全书的结尾对中国的发展做出展望，阐述了"中国的崛起是世界的福音"的观念。

5.《中国震撼：一个"文明型国家"的崛起》

张维为 著，上海人民出版社，2011年版

【推荐理由】 张维为教授通过自己走访一百多个国家的所见所闻，以国际关系学者的深厚学术背景，独特观察和理性分析，丰富了"中国模式"的深刻含义，提出了中国作为一个"文明型国家"崛起的命题。作者认为，中国的崛起不是一个普通国家的崛起，而是一个五千年连绵不断的伟大文明的复兴，是一个"文明型国家"的崛起；"文明型国家"崛起的深度、广度和力度都是人类历史上前所未见的；这种"文明型国家"有能力汲取其他文明的一切长处而不失去自我，并对世界文明做出原创性的贡献。

6.《舆论引导艺术：领导干部如何面对媒体》

任贤良著，新华出版社，2010年版

【推荐理由】 本书面向各级领导干部和普通党政干部，从实际操作切入，通过分析典型案例，来阐述正确面对媒体、有效引导舆论的基本方法和步骤，并介绍了一些必备的新闻理论知识，具有较强的实用性。作者密切跟踪和研究国内外

特别事件中的新闻舆论效应，深入分析总结其成功的经验和失误的教训，不断探索运用新闻舆论解决社会矛盾、维护社会稳定的规律，从新时期新闻传播的新特点、有效引导舆论的基本经验、正确面对媒体和记者的基本方法等方面，总结形成了本书。

二、经济类

1.《中国国家竞争力报告——国家竞争力蓝皮书》

倪鹏飞 主编，社会科学文献出版社，2010年版

【推荐理由】 报告选取全球100个主要国家，从竞争力产出的角度，对1990年~2008年的国家竞争力进行研究比较分析，并以这100个国家为参照系，用指标数据分析和比较中国在这些国家中的位置和竞争环境。

2.《中国新农村建设报告》

温铁军 主编，福建人民出版社，2010年版

【推荐理由】 本书通过对"三农"问题的原因和背景的分析，对新农村建设的宏观背景和战略意义进行了全面阐述，指出新农村建设是一项国家战略。作者依托在全国14个省的30多个村级和县级新农村建设试验区，对一系列重要问题进行了干预性试验，而研究中的许多重大发现恰恰来源于这些试验。

3.《应对气候变化报告（2010）——坎昆的挑战与中国的行动》

王伟光、郑国光 主编，社会科学文献出版社，2010年版

【推荐理由】 全面介绍哥本哈根会议以来全球应对气候变化的最新进展，深入分析中国应对气候变化的行动、成效和面临的挑战，力图为读者全景式地展示国内外应对气候变化关键问题的最新进展和发展方向、坎昆会议各种可能的国际气候政策选择，以及中国应对气候变化的长期战略。

三、文化类

1.《国学四十讲》

卞孝萱、胡阿祥 主编，湖北人民出版社，2008年版

【推荐理由】 国学是立国之本，民族之魂。发掘国学之精华，弘扬其优秀传统，有助于推动我国现代学术之发展，是精神文明建设的一项基础性工作，意义极为重大。尊崇国学，绝不意味着自我封闭，而是使中国文化走向世界，并在研究国学的同时，融合西方优秀文化，与时俱进，使国学精神与时代要求相适应。

2.《西方哲学精神》

何兆武 著，清华大学出版社，2003年版

【推荐理由】 作者在分析、评价从古代到近代西方哲学史上著名的人物和流派的理论、观点的基础上，由中西比较的视点出发，以西方哲学和文化的若干特质进行阐述。

3.《钱学森故事》

涂元季、莹莹 著，解放军出版社，2011年版

【推荐理由】 本书以图文结合的形式，通过6个篇章121个精彩故事，真实反映了钱学森同志求学治学、爱国报国、勇攀高峰的具有传奇色彩的人生经历，生动展现了钱学森同志的卓越贡献和高尚品格，以及他对待科学严谨务实的态度、平易近人的工作作风。从中可以体会到老一辈科学家对科学的执着追求和无私奉献，对祖国、对人民的无限热爱。

4.《梁衡红色经典散文》

梁衡 著，中国人民大学出版社，2011年版

【推荐理由】 该书取材广泛，立意高远，意境宏阔，既有理性与大气，又有哲理与形式之美。书中既赞颂了中国近代史、现代史上有关民族革命建设的一些大事件，如虎门销烟、改革开放等，又挖掘了那些于平凡朴素中体现了民族精神的小事件，如绿化植树、乡村教育等；既评议了一些古往今来的大人物，如韩愈、辛弃疾、林则徐、毛泽东、周恩来、彭德怀、邓小平等，并从他们为人所熟悉的事件中阐述出更多新鲜而深刻的道理，令人耳目一新，也有大量篇目是在为劳动者作传，为无名者立名。

四、历史类

1.《历史的轨迹：中国共产党为什么能？》

谢春涛 主编，新世界出版社，2011年版

【推荐理由】 本书以故事讲思想，以事实讲道理，将广大党员群众关心的13个重大党史问题，通过客观的分析，准确地进行解读，充分展示了中国共产党领导人民进行社会主义革命和建设的光辉历程、丰功伟绩和成功经验。

2.《遵义！遵义！》

阎欣宁 著，解放军文艺出版社，2011年版

【推荐理由】 本书是一部描写我党我军重大转折时期的长篇小说，围绕"遵义会议"这一重大历史事件，用文学的手法记述了中央红军从第五次反"围剿"失利退出中央苏区到遵义会议召开、在事实上确立毛泽东同志领导地位的历史过程，反映了党领导人民艰苦奋斗、赢得革命胜利的历史必然性。

五、科技类

1. 《聚合四大科技提高人类能力——纳米技术、生物技术、信息技术和认知科学》

罗科〔美〕、班布里奇〔美〕 编，蔡曙山等 译，清华大学出版社，2010年版

【推荐理由】 本书堪称"21世纪科学技术的纲领性文献"，由美国70多位一流科学家共同完成。本书标题的核心语词是"聚合科技"，分别代表纳米技术、生物技术、信息技术和认知科学。本书断言，这四大科学技术的聚合将会"加快技术进步速度，并可能会再一次改变我们的物种，其深远的意义可以媲美数十万代人以前人类首次学会口头语言"。

2. 《中华科学文明史》（上、下）

李约瑟 原著，柯林•罗南 改编，江晓原主持上海交通大学科学史系翻译，上海人民出版社，2010年版

【推荐理由】 李约瑟所著的《中国科学技术史》对现代中西文化交流影响深远，本书是该著的缩写本，深入浅出、举重若轻地勾勒出了中华几千年来辉煌的科学技术与文明史。最为难得是，在论述中国古代科学文明时，作者经常能够展现出东西方文明广阔的历史背景，而历史上中国与欧洲之间科学与文化的交流及比较，则是贯穿全书的一条主线。本书内容丰富，视野宽广，堪称是中国古代科技与文明通史的经典权威读本。

3. 《没有两片云是一样的》

姜奇平、胡泳 著，商务印书馆，2011年版

【推荐理由】 著名信息经济学者姜奇平与著名财经评论家胡泳为我们描绘了云时代的万象。通过对"云之象""云之用""云之义"的阐释，作者探讨了云计算的特征和商业应用、云时代的意义等诸多问题，描述了云计算技术所带来的巨大改变，并对由此引发的更多可预见的颠覆性的变革进行了深入思考。本书不是一本关于技术的书，它更关乎技术的语境及其背后的"道"。

辑录：郝玉敏

2011年度编辑出版学研究十大关键词

关键词1：十二五规划

2011年4月20日，《新闻出版业"十二五"时期发展规划》颁布。《规划》先对"十一五"时期新闻出版业的成绩做了回顾，继而描绘了"十二五"期间新闻出版业的努力目标：到"十二五"末，新闻出版业发展方式转变基本到位，新兴业态蓬勃发展，数字出版等战略性新兴产业领域的发展达到世界先进水平。新闻出版产品和服务更加丰富，公共服务能力和水平进一步提高。基本扭转新闻出版产品和服务的出口逆差状况，大幅度提升中华文化的国际传播力和影响力。基本形成以公有制为主体、多种所有制共同发展的产业格局，以民族文化为主导、吸收外来有益文化共同繁荣的开放格局。基本建立起统一开放、竞争有序、健康繁荣的现代出版物市场体系，以人为本、面向基层、惠及大众的新闻出版公共服务体系，技术先进、传输快捷、覆盖广泛的现代传播体系。

《规划》描绘了未来五年新闻出版业的蓝图，为出版业的发展提供了政策导向，对推动我国由新闻出版大国向强国迈进，实现新闻出版业大发展大繁荣具有重大意义。

在新闻出版业"十二五"规划正式颁布后，紧接着印刷业、数字出版等与行业息息相关的"十二五"规划也相继登场，不仅为行业未来五年的发展指明了方向，也深刻地影响了行业对未来发展的理解。

关键词2：实体书店倒闭

书店是人们消费精神文化产品的重要场所，是承载心灵重量的神圣殿堂，是城市的文化地标。但随着网络售书的日渐兴起，渠道优势正被网络化替代，产品优势正被数字化替代，读者社区正被虚拟化替代，实体书店举步维艰。越来越多的书店正从城市的地图中消失。2011年2月16日，美国第二大连锁书店Borders由于无法偿还银行10亿美元债务，正式申请破产保护。6月2日，北京著名学术书店风入松贴出歇业告示。之后，光合作用也因欠债等原因，被迫将SOHO现代城店、五道口店撤店。越来越多的城市规划中的文化地标已经没有了书店的立锥之地。

中小实体书店的艰难现状引起了出版业界和学界的广泛关注。不少两会代表、委员及业界同人疾呼，"不能眼睁睁看着传统实体书店一个个倒下，因为实体书店不仅仅是个单纯卖书的地方，它还具有引领阅读导向、信息收集、塑造城市形象、陶冶公民情操、形成文化氛围等功能"。在很多发达国家，书店都享有税收减免等优惠政策，在十七届六中全会提出"深化文化体制改革、推动社会主义文化大发展大繁荣"的今天，实体书店正应站在传播文化的前沿，享受发展的成果，而不是无声死去。

关键词3：教辅出版改革

教辅图书出版在我国出版市场份额中占据很大比重。由于读者群数量众多且较为稳定，教辅出版在出版业中的发展一直比较稳定。但是目前，很多教辅图书粗制滥造、差错满篇的问题十分严重。因此，需要对教辅市场进行管理，以促进教辅市场的良性运行。2011年8月16日，新闻出版总署下发了《关于进一步加强中小学教辅材料出版发行管理的通知》。《通知》以"治散治滥，打盗打非"为重点，从出版、印刷复制、发行、质量、价格、市场等6个方面明确了对教辅出版发行的规范管理要求。2011年8月～9月，各地新闻出版管理部门又对2010年以来中小学教辅材料出版、印刷复制和发行的情况进行了全面清理检查。新闻出版总署领导还亲自带队深入全国各地进行督查，深入治理中小学教辅材料散滥问题。

2011年，人民教育出版社在全国开展一系列维权活动，掀起了一场维权风暴。作为撑起教辅出版半壁江山的出版社，人教社竖起的维权大旗成为了业内关注的重点。2011年伊始，人教社就发表了《人民教育出版社关于知识产权保护的声明》。人教社教辅维权举措，是出版社维护自身知识产权的一种举措，也有保护其自身经济利益的目的。而此前在教辅市场最活跃、收获也颇丰的民营公司则面临巨大的侵权压力。人教社的维权行动或将改写教辅市场格局。

关键词4：云出版

"云出版"是指出版的一切流程都通过"云出版"服务平台进行，其中既包括出版内容的聚合，也包括店面、通信、互联网、无线等不同发行销售渠道的集成，可以融合不同地区、不同载体和形式的各类发布平台，既可以共享资源，又可以面向不同服务对象提供专业化的内容和应用服务。新型"云经济"为数字出版的商业模式创新提供了无限的可能。互联网时代的数字出版即将进入"云出版"时代，"云出版"成为研究者关注的新话题。

2011年度关于"云出版"的研究主题主要集中在两个方面，一是云计算给传统出版带来的挑战与机遇，探索使用云计算促进出版业数字化转型的途径；二是云出版架构下的出版业态及其赢利模式。相信在未来几年，随着技术的不断完善和理念的不断创新，基于"云出版"框架的数字出版模式将会更加完善。

关键词5：少数民族出版

2011年新闻出版总署出台了一系列规划和政策，大力扶持少数民族新闻出版事业发展。据新闻出版总署财务司司长艾立民介绍，"2011年民文出版专项资金总规模达6000万元，为2010年的2倍"。2011年制定的《新闻出版业"十二五"时期重大项目建设规划》中，明确提出资助民族宗教政策法规解读、科技致富、民族职业教育等出版物的出版，每年资助重点民文（含民汉双语）图书1000种、重点民文音像制品500种。资助优秀汉文、外文出版物的民文翻译，每年翻译图书800种、音像制品500种。

在2011年发布的《新闻出版公共服务体系建设"十二五"时期规划》中，将在新疆实施的新闻出版东风工程范围扩大到内蒙古、广西、西藏、宁夏、新疆等5个自治区，新疆生产建设兵团、青海省以及四川、云南、甘肃等省的民族地区。在出版基地建设方面，构建了新疆民文出版基地、藏文出版基地、蒙文出版基地、朝鲜文出版基地、西南民族文字出版基地等国家民文出版基地。创办一批民文数字出版新媒体，支持民族地区省级党报开发创办民文版手机报。

关键词6：出版法规修订

2011年3月19日，国务院公布了《国务院关于修改〈出版管理条例〉的决定》（第594号令）和《国务院关于修改〈音像制品管理条例〉的决定》（第595号令），自公布之日起施行。《出版管理条例》和《音像制品管理条例》是我国新闻出版管理的主要行政法规，这两部条例的修订是适应新闻出版业改革全面推进、新媒体新业态加快发展和深化政府职能转变、加强行业监管的需要而进行的，是新闻出版法制建设的一件大事。

随后，《出版物市场管理规定》《订户订购进口出版物管理办法》和《音像制品进口管理办法》等部门规章也做了相应的修订。制定或修订了中小学教科书出版发行管理办法、接受境外机构或者个人赠送出版物的管理办法、网络出版审批和管理办法等配套规章，完善了两个新条例设定的有关行政许可项目的具体办理要求。

当前，以宪法为指导，以3部行政法规为核心，以5部部门规章为支撑，以251件规范性文件配套的新闻出版法律体系基本建立。这些为新闻出版业改革发展提供了有力的制度保证。

关键词7：精品力作出版

2011年，围绕着纪念建党90周年、辛亥革命100周年、西藏和平解放60周年，出版界推出一大批主题鲜明，导向正确，思想性、艺术性、可读性俱佳的出版物。同时，1397个代表国家水准的重点出版项目圆满完成。它们记录了历史，传承了文明，服务了读者，在一定程度上满足了社会需求。

2011年是中国共产党成立90周年。7月1日，中宣部和新闻出版总署向全社会推出200种反映中国共产党90年光辉历程、有较高思想水平和艺术水平的优秀出版物。特别引人注目的是《中国共产党历史》第二卷的出版。"党史二卷"记载的是从中华人民共和国成立到党的十一届三中全会召开的历史。

2011年是辛亥革命百年，全国有100多家出版社策划纪念辛亥革命100周年的图书选题400余种。中华书局出版的《中华民国史》、广东人民出版社的《辛亥革命与中华民族的觉醒》、人民出版社的《辛亥革命的前前后后》等书，既有学术价值，亦有现实意义，受到市场欢迎。另外，国家图书馆出版社的《辛亥革命稀见文献汇编》、凤凰出版社的《南京临时政府遗存珍档》，江苏人民出版社的《辛亥革命江苏地区史料》等书，更是对清末民初文献进行了汇编整理，其中不乏首度公开面世的珍贵资料，具有重要的研究价值。

关键词8：出版航母现身

2011年6月初，上海世纪出版集团和上海文艺出版集团重组工作会议举行，上海出版业迎来了新一轮整合。此次世纪出版集团与上海文艺出版集团重组后，上海文艺出版集团有限公司、上海人民出版社有限公司、世纪出版股份有限公司(世纪出版集团控股)等，将并列为上海世纪出版集团下属独立法人企业。世纪出版集团的资产规模将达到40亿元，成为国内出版业的"航母"级企业。重组后的世纪出版集团旗下的出版单位数量、报刊拥有量位居全国第一，对于以内容生产、内容创新著称的世纪出版集团而言，确实来到了自己的战略机遇点。

上海出版两强的这次重组说明，做强做大国有重点出版企业是未来出版业的长期趋势，这样的整合有利于出版企业整合出版资源，发展为跨地区、跨国界的出版集团；有利于其发展先进的出版技术手段，实现业务平台再造和业务形态转型，并建立与推广品牌，增进集团的核心竞争力。同时，这样的整合往往会为各大出版集团创造机遇，吸引资本的目光，推进上市工作。

关键词9：国际交流

2011年是我国新闻出版业实施"走出去"战略成效显著的一年，也是我国出版国际交流急剧增加的一年。

1月25日，在美国纽约肯尼迪机场维珍书店，上海新闻出版发展公司与法国拉加代尔公司联合举办的"阅读中国"外文版中国图书全球春节联合展销活动开幕。这是中国外文版图书第一次在全球主流书店举行大型联展活动。

2011年8月31日～9月4日，北京国际图书博览会举行，共达成中外版权贸易协议2953项，比2010年增加574项。9月29日，亚马逊"中国书店"启动。"中国书店"成为亚马逊图书频道首页上最显著的7大特色书店之一，也是亚马逊网站上有史以来第一个以"国家"命名的主题书店。10月12日～16日，第63届法兰克福国际书展举行。中国展团携4000余册精品图书亮相书展，实现版权输出及合作项目共计2424项。

出版国际交流大大提升了中华文化的国际影响力、传播力，对于促进文化交流与传播，促进中国出版事业的发展具有重要意义。随着我国新闻出版体制改革的逐步深入，出版行业面临的发展环境也在不断变化。出版"走出去"已成为众多出版单位未来重要的发展战略。

关键词10：绿色印刷

经过两年多时间的积累，绿色印刷在2011年迎来了新的高潮。2011年3月2日，随着我国印刷行业首个绿色印刷标准《环境标志产品技术要求印刷第一部分：平版印刷》的颁布实施，针对印刷企业的绿色印刷认证工作也随即展开。

为了适应国家的绿色印刷发展需求，中国印刷科学技术研究所与科印网，在新闻出版总署印刷发行管理司的指导下，联合主办了旨在印刷行业推广绿色理念，褒奖绿色印刷先锋典范，树立绿色印刷标杆的"2011'绿色印刷在中国'系列活动"。10月，新闻出版总署和环境保护部联合发布《关于实施绿色印刷的公告》，对实施绿色印刷的范围、目标、组织管理、标准，绿色认证、工作安排与配套保障进行全面的规定，标志着绿色印刷在中国的发展进入一个全新的阶段。在11月举办的绿色印刷周上，新闻出版总署印刷发行管理司和环境保护部科技标准司举办绿色印刷推进会，公布了首批获得绿色印刷环境标志产品认证的60家印刷企业名单。以此为契机，各地协会、院校、企业和媒体等开展了轰轰烈烈的绿色印刷宣传活动，再一次让绿色环保理念深入印刷企业的发展肌理。

为了更好地促进绿色印刷的发展，在2011年年底举办的第四届全印展上，主办方特别设立了绿色印刷专区，集中展示了近年来绿色印刷的发展成果，为绿色印刷在2011年的发展画上了句号。

撰稿：陈　程

后　记

《编辑出版学研究进展（第三卷）2011年度报告》终于面世了。

在《编辑出版学研究进展（第二卷）2010年度报告》出版之后的一年多里，我们研究团队对研究进展的定位、内容组织、运作模式等又进行了新的思考、设计。作为一本追踪、梳理编辑出版学研究现状与成果的研究著作，仍然保持了这样的定位：服务出版科研，服务社会，培养人才。可以说，在项目的开展过程中，不断努力，加以完善。为了力争权威，力求深入，课题组全体人员竭尽全力，付出了大量的时间和精力。

与《编辑出版学研究进展（第一卷）2009年度报告》和《编辑出版学研究进展（第二卷）2010年度报告》相同的是课题组的研究有清晰的技术路线，相对周严的运作模式，建立在掌握大量一手资料的基础上，对编辑出版学研究成果进行梳理，对编辑出版学基本理论问题和现实问题进行思考、分析。与前两卷的不同之处：一是内容结构进一步优化，去掉了政策解读部分，优化了年度热点分析、深度分析两个部分，并扩充了信息资料部分，除了原有的学术会议检索、重要学术会议简评和硕博论文检索之外，增加了年度十大关键词、中央国家机关读书活动的相关资料。通过内容结构的调整，力求全景式、深度反映2011年度编辑出版学研究的现状，为编辑出版学领域的研究者提供尽可能丰富、全面的文献资料；二是更关注出版活动中的新问题、新现象，关注出版业界的热点话题，强调问题导向，力图贴近行业实际，发现问题并准确提出问题，力求为解决问题提供新思路、新观点；三是人员结构进一步优化，2009和2010卷的编写人员主要是硕士研究生导师和在读的硕士研究生，2011卷的编写人员则在原有人员基础上，吸纳了编辑出版学领域的同行、学者，还有已经走上出版工作岗位的原研究团队成员，研究团队人员结构的优化使研究的质量得到进一步保证。

在项目运作过程中，在读研究生得到了系统的学术训练和编辑出版工作的实际训练。他们从信息的检索、搜集，到筛选、分析利用，继而完成各自的课题研究，撰写研究报告，分别交换审读，并作编辑加工。在此过程中，经过多次研讨，数易其稿，不断开阔研究视野，在训练中掌握学术规范。姜曼、柳亿达、杨洁、普黎洋、周葛参与了本书最后的编辑加工，柳亿达绘制了全书的插图，王若玢完成全书的版式设计、优化和排版、改版工作。

　　本卷作为北京出版产业与文化研究基地2011年重点科研项目的子课题，获得出版资助。中国新闻出版研究院院长郝振省先生为本书提出重要建议。本书主编之一，王彦祥老师为本书研究对象的确定，研究技术路线的设计，部分内容评审，包括项目运作过程的管理做了大量工作。

朱　宇

2013 年 10 月